U0145959

果。为此，北京大学人文学部决定编辑出版"北京大学人文学科文库"，旨在汇集新时代北大人文学科的优秀成果，弘扬北大人文学科的学术传统，展示北大人文学科的整体实力和研究特色，为推动北大世界一流大学建设、促进人文学术发展做出贡献。

我们需要努力营造宽松的学术环境、浓厚的研究气氛。既要提倡教师根据国家的需要选择研究课题，集中人力物力进行研究，也鼓励教师按照自己的兴趣自由地选择课题。鼓励自由选题是"北京大学人文学科文库"的一个特点。

我们不可满足于泛泛的议论，也不可追求热闹，而应沉潜下来，认真钻研，将切实的成果贡献给社会。学术质量是"北京大学人文学科文库"的一大追求。文库的撰稿者会力求通过自己潜心研究、多年积累而成的优秀成果，来展示自己的学术水平。

我们要保持优良的学风，进一步突出北大的个性与特色。北大人要有大志气、大眼光、大手笔、大格局、大气象，做一些符合北大地位的事，做一些开风气之先的事。北大不能随波逐流，不能甘于平庸，不能跟在别人后面小打小闹。北大的学者要有与北大相称的气质、气节、气派、气势、气宇、气度、气韵和气象。北大的学者要致力于弘扬民族精神和时代精神，以提升国民的人文素质为己任。而承担这样的使命，首先要有谦逊的态度，向人民群众学习，向兄弟院校学习。切不可妄自尊大，目空一切。这也是"北京大学人文学科文库"力求展现的北大的人文素质。

这个文库目前有以下 17 套丛书：

"北大中国文学研究丛书" （陈平原 主编）

"北大中国语言学研究丛书" （王洪君 郭锐 主编）

"北大比较文学与世界文学研究丛书" （张辉 主编）

"北大中国史研究丛书" （荣新江 张帆 主编）

"北大世界史研究丛书" （高毅 主编）

"北大考古学研究丛书" （沈睿文 主编）

"北大马克思主义哲学研究丛书" （丰子义 主编）

"北大中国哲学研究丛书" （王博 主编）

"北大外国哲学研究丛书" （韩水法 主编）

"北大东方文学研究丛书" （王邦维 主编）

"北大欧美文学研究丛书" （申丹 主编）

"北大外国语言学研究丛书" （宁琦 高一虹 主编）

"北大艺术学研究丛书" （彭锋 主编）

"北大对外汉语研究丛书" （赵杨 主编）

"北大古典学研究丛书" （李四龙、彭小瑜、廖可斌
主编）

"北大人文学古今融通研究丛书" （陈晓明、彭锋 主编）

"北大人文跨学科研究丛书" （申丹、李四龙、王奇生、
廖可斌主编）[1]

这17套丛书仅收入学术新作，涵盖了北大人文学科的多个领域，它们的推出有利于读者整体了解当下北大人文学者的科研动态、学术实力和研究特色。这一文库将持续编辑出版，我们相信通过老中青学者的不断努力，其影响会越来越大，并将对北大人文学科的建设和北大创建世界一流大学起到积极作用，进而引起国际学术界的瞩目。

---

[1] 本文库中获得国家社科基金后期资助或入选国家哲学社会科学成果文库的专著，因出版设计另有要求，会在后勒口列出的该书书名上加星号注标，在文库中存目。

"北大中国史研究丛书"序

　　近年来,北大的人文研究开始活跃起来。国际汉学家研修基地、人文社会科学研究院、区域与国别研究院纷纷成立,举办各种各样的学术活动,会议、工作坊、讲座纷至沓来。一时间,学术气氛浓郁,不同学科也进一步加强了交流。与此同时,新的人文学部也在沉闷的评审、提职、定级、评奖的会议之外,开始组织讲座、论坛和工作坊,建设跨学科研究平台;构筑"北京大学人文学科文库",希望整体展示人文学科的学术成果。我等受命编辑"文库"中的"北大中国史研究丛书",得到同行的踊跃支持。

　　北大的中国史研究,可以追溯到1899年京师大学堂初设时的史学堂,作为新式教育的一科,包含中国历史研究。1903年,史学堂改为中国史学门和万国史学门,相当于今天的中国历史和世界历史两个专业。1912年京师大学堂改称国立北京大学,1919年设立史学系。1952年院系调整,新的北大历史系又接纳了清华大学历史系和燕京大学历史系的许多著名学者,使北大历史系成为研究中国历史的重镇。在北大史学系到历史系的发展历程中,中国史学研究的队伍不断壮大,名家辈出,也产生了许多传世名著。

　　但是,由于在20世纪经历了多次国难、内战、政治运动,在处于政治旋涡中的北大,史学研究者也不免受到冲击甚至没顶之灾。而且,最近几十年来社会观念巨变,大学里政经法等社会科学越来越受到重视,文史哲则日渐萎缩,历史学科的规模更是受到较大的限制。

　　然而，历史学作为一个综合性大学的基础人文学科，是不可或缺的。而中国历史，更是居于中国大学首位的北京大学所不可或缺的。北大的中国史研究者，也有着比其他人更加厚重的义务，需要更加努力地做好自己的研究。中国近代学术起步要晚于西方和日本，所以在相当长的一段时间里，即便是中国历史研究领域，也有不少优秀的学者是西方或日本培养起来的，陈寅恪先生因而有"群趋东邻受国史，神州士夫羞欲死"的感叹。历次政治运动，也使国人的许多研究领域拉开了与国外优秀学者的距离。但改革开放以来，包括北大学人在内的中国学者奋起直追，在中国史的许多方面，我们已经走在了学科发展前列，产生出一批优秀的学术著作，为东西洋学者同行刮目相看。

　　过去，北大历史系学人的特点之一，就是单打独斗。一些优秀学者在各个出版社出版的著作，为弘扬北大学术，做出了极大的贡献。但这样的做法，也使得不少学术研究成果，变成各种丛刊的组成部分，显现不出北大的学术积淀。"北京大学人文学科文库"的想法之一，就是把北大学人的成果凝聚在一起，形成一个比较宏大的气势，推进北大的人文研究。这一做法，对于北大中国史研究，无疑有助于提振士气，凝聚力量，可以集中展现北大中国史学科的研究成果。相信北大历史系暨中国古代史研究中心的学者，有义务，有承担，把自己最满意的研究成果，在"北大中国史研究丛书"中陆续推出。

荣新江　张　帆

2018 年北大校庆前两日

目 录

起首语　航路更是商道

历史研究讲究时空关系，时间与空间犹如历史演变的经纬，时空本是客观存在，但人类对时空的认识却又有主观性，对无限时空的认识总是有限的。以人类的认知，从川流不息的时间来看，其"前后"关系可谓之"时序"，本书的研究时序从"大航海"时代开始，延展至中国历史的近代时期。从不断拓宽的空间来看，其"左右"关系可谓之"位序"，本书的位序力求放大至全球的范围，但以中国为基点。时序与位序构成"前后左右"的关系，在经纬线交叉的坐标点位上便是历史发展的关节，也是本书的研究重点：聚焦于人类经贸活动的重头——中国与西方之间的商道兴替和商品交流。时空在特定条件下可以人为地改变，"坐地日行八万里"在突飞猛进的科技面前并非神话（从亚音速到超音速再到高超音速），客观存在的时空无法改变，但对无止无休无边无际的宇宙加上有限度的"时空"，本身就是人的创造。既如此，在如梭的年代，人的"用时量"可改，"距离感"可变，人可以通过技术和工具，将相对时间"缩短"，将相对"空间"拉近。这方面，最重要的就是交通通信工具的进步和陆途（车马）、海路（舰船）、航线（飞机）乃至太空路线的开辟。正因为本书研究的前后"时序"略长，左右"位序"略宽，商道多歧，货品繁杂，学术先进们的相关研究成果不便按"格式"放在前面一并叙述，就在相关章节中引注标示。作者习惯于学术论著的写法，文词难免学究、枯燥、晦涩。此番试图改变一下文风，文句尽力浅白通俗，增加可读性，添加故事性。尝试未必成功，敬请体谅！

本书瞩目商道，实际上以道路上流通的大宗商品的兴替立论，以中外新商道（此时段主要是海路）上的主要货流为焦点。商道不是单纯的"人行道"，没有商品往来去还于道上，便无所谓商道。商道的开辟，古往今来的各种游记、日记、海图、"针路""凿空"等已有大量述论。古时的中外贸易货品集中于丝绸（绢、纱、绫、罗、锦、缎、绨、绮等）、瓷器（青瓷、白瓷、唐瓷、建窑瓷、邢窑瓷、长沙窑瓷、越州窑瓷等）、香料（胡椒、檀香、麝香、沉香、丁香、豆蔻、桂皮、生姜、乳香、安息香等）、珍奇（琥珀、象牙、犀角、珠玑、玳瑁、贝壳、火珠等）、异兽（狮虎、鹦鹉、大象、海豹、珍禽、奇鱼、长颈鹿等）、贵金属（金子、银子、汞等）等大类，这些已有众多研究者讨论，也逾出作者预设的研究时段。如果说，古代的国际贸易是"上半场"，那么，近代的国际贸易则是"下半场"，两场之间有直接的贯通联接，也有很大的差别。近代远距离大宗物品的交通重心从陆路转移到海道，人类通过海洋实现了"全球通"，外贸商品的代换加速，物美价廉的舶来品使享用阶级从上层普及下层。本书集中研究 16—19 世纪上半叶鸦片战争之前（少许内容为了"故事"的完整性——如"东、西、南、北洋"，如外币在华流通等，稍有延后）中国与西方海上商道上流动的大项物品，这些新商道上的新货品与此前有很大的不同，大宗货品间的更新换代引致不同商道的生息盛衰，蕴含不断演变着的时代背景。物流伴以人流，人流引发意识流，进而肇致多重社会影响。因为侧重从具有重要影响的个别货品来条分缕析，叙写舶来舶去品的变换，章节之间不免有时空的交叉。

坦率说，至今为止的历史研究过多地注意形而上的方面，"学术研究总是存在这样一种倾向：它越来越远离其更为注重实践的表亲——技术，而技术也被有文化者和学者精英推到了一边；通过这种方式，'科学'越加变得与抽象主题相关，与综合性的科目联系更为密切"①。根底里，似乎有一种思维定式，不是就事论事，而是就事论理，仿佛不上升到理论总

---

① [英]杰克·古迪：《金属，文化与资本主义：论现代世界的起源》，李文锋译，杭州：浙江大学出版社，2018 年，第 365 页。

结的层面，不跃升到哲学哲理的档次，就没有高度与深度。所以，政治、制度、阶层、思想、文教、宗教、帝王、名人、意识形态等层面的研究太被关注（这方面的研究自然是必须的必要的），但对形而下的研究着力费功相对较少。实际上，人首先要有满足生存繁衍的基本条件，要满足衣食住行的基础需求，没有这些，一切形而上的东西都无从谈起，任何时候，物质都是第一位的，与人类生存相关的物品是更重要的，这是唯物主义的基本观点。当然，因为要研究外贸商路、货品以及其在各领域的发散、影响，研究中西远洋交通的开辟、转进，包括西方各群体前后相继打开中国内地商道的行迹、手段，形而上层面的研究也定然不能偏废。

由此念想起头，本书便尤为注重研究一件件"具世界意义"的货品流通及其兴废，故较多使用史料、统计，较多出现数字、数据，较多进行实证考察。民国年间，著名的"南开经济调查"的创立人，将量化方法引入中国经济研究领域的先驱方显廷曾发感慨："4000 余年来中国人一直是以近似值的观点，而不是以量的精确性来观察事物。以国家的人口统计为例……其数据可以偏离准确度达数以千万计"，并表示"南开经济研究所的愿望是：通过统计数字的收集、编纂和分析，以数量来表示国内的经济情况"。[1] 不忘先贤来时路，方前辈指陈的是民国年间的状况，此后的情形有了很大改观，中国学者的研究愈益融入世界学术研究的主流。不过，本书以方先生的告诫为鉴，努力还原持之有据、言之有数的史实，多以"实在话"来讲说"大路货"的全球流通史及背后潜藏的鲜为人知的故事。

研究秉持原创，追求新意。因此，在研究时段上，本书择取地理大发现之后至鸦片战争之前三百余年间的中西贸易史作为研究时段和重点，因为该时段的学术存在地位略显尴尬，治中国近代史的学者多把它归入明史和早期清史的研究范畴，而治明史和早期清史的学者又多把它归为中国近代史前延期的研究范围，使得此研究领域形成各方缺乏相对独立深入研究的局面，这一相关领域的研究也多作为鸦片战争后中外关系史的附属前奏来略加追溯。因此，此期中西关系史的研究相形薄弱，形成若干空白。实

---

[1] 方显廷：《方显廷回忆录》，方露茜译，北京：商务印书馆，2006 年，第 78—79 页。

际上，这三百年的中西关系史是应该独立成章的，它具有自身的特点，与后来的历史虽有关联，但毕竟性质上又大不相同。至于鸦片战争之后中国与西方关系史（包括贸易史）的研究，硕果累累。故不列入考察。

在研究主体上，把握此时段中西方关系的主体。应该说，鸦片战争之前中西交往历史的主要内容不是学界长期热衷的殖民史或鸦片入华史，也不是宗教碰撞史和文化交流史，而是贸易的历史。这种贸易在主要时段上是正常的互利的贸易，是市场主导下的物品交流，是物质上的互通有无。形而上的宗教文化的交流主要地还是建立在形而下的物质交流基础之上的，非法的走私贸易相对正常贸易而言还是局部的，时间要短得多。俗语谓"物离乡贵"，不仅生产创造价值，商货在流通中也创造价值，远距离的国际贸易尤其增值。贸易史和物流史无疑应该成为这个领域中格外值得注意的方向[①]。

在研究环节上，历史演进往往环环相扣，缺一不可，从而形成完整链条，本书坚持问题意识，力图弥补前此研究中的缺失环节。为什么绵延千年屡断屡续的古丝路到了明朝前期以后不复存在？主要原因在于与丝绸同具贴身穿用舒适性的棉布的世界性普及，"南京布"在欧美的畅销佐证了棉织品的优势。古丝路废滞后，"茶叶世纪"来临；西人用什么来交换中国茶叶呢？白银凸显，"茶银之路"由是熙熙。为什么在美洲白银产量剧降，多数欧美海上贸易国退出中国市场的严峻情势下，惟有美国和英国能独得其利？关键在于解决了白银短缺后的替代产品。美国依靠新开发的花旗参、檀木、皮毛等货品输华换购，英国则依赖印度商品来维系中英贸易。为什么在1820年出现了棉花与鸦片的贸易易位？原因在于输华的印度棉花同时受到中国和英国市场的双重制约。为什么说鸦片贸易在特定时段的英国是既定选择？中国茶叶不可缺，美洲白银又短缺，印度棉花再受限，英国的自产货在华销售要么长期亏本（毛呢等），要么数量太少（铅等），鸦片贸易应运而出。为什么英国对华鸦片输出的猖獗主要在某个时

---

① 本书所谓"物流"主要指物品由此到彼的流动，特别是大宗外贸商品的流动。而非现代"物流"（Logistics）的概念，现代物流的概念是包括运输、储存、保管、包装、装卸、流通加工和物流信息处理等物品由供应地流向接收地以满足社会需求的一种经济活动。

段？此与工业革命的开始至完成有必然联系。为什么鸦片战争的爆发有着某种必然？通过鸦片贸易，英国人实现了白银流向的改变，白银外流给中国带来了严重问题。清政府实行严厉禁烟乃不得已的选择；而鸦片是当时英国唯一拿得出来进行"交换"的大宗商品（毒品），是中、英、印三角贸易的基石，所以，英国人又不允许中国人禁绝鸦片，双方均无回旋余地，战争不可避免。这是一个步步推进的历史过程，其间环节相连紧扣，既是历史的，又是逻辑的。

在研究重点上，凡前此研究较多者，本书少谈。丝绸之路，研究成果海量，本书仅只聚焦于该路衰落原因的探究，力图呈献一得之见；重点在于新商道的兴起和行之于道的大宗外贸物品更替的研究。"大航海"实现陆海交通转换后，中西间新辟出众多商路。条条商路，旧去新来，生生灭灭。"丝绸之路"停歇后，有"茶银之路"的崛起；"白银之路"中衰后，有"洋参之路""皮毛之路""檀香之路"，特别是"棉花之路""鸦片之路"的兴发。但随着货品的不济，大部分商路"其兴也勃焉，其亡也忽焉！"鉴于前此学术先进们对中国与东南亚海上贸易和中国与俄罗斯陆路贸易研究较多，作者难以在这方面有所贡献。故此，本书以中国与西方远洋贸易的步调来谋篇布局，走势是跨越的海洋愈来愈大，先是地中海沿岸国的首发；随之是大西洋沿岸国的称雄；其后是跨越太平洋的对华贸易；然后，转至印度洋，但此间印度对华贸易的主持者仍是西人。本书的重点在择取此时段前人论述较少而又有连续记载可寻的大宗外贸品的来去（此前和此后时段大宗商品、外贸体制、交易面相与此期有诸多不同），在具有自我见解"点位"处加以新释，而将众所周知的"面上"叙述省略，这在澳门、条约、钱币、通商口岸、东方贸易圈等章节的叙写中表现尤为明显，可能会部分导致文气不连贯。

本书是 2017 年度国家社会科学基金的结项成果（立项批准号：17BZS015）。课题的研究却早在立项之前，上个世纪末至本世纪初，作者的研究兴趣仍集中于晚清政治史特别是中外条约史等领域，但课题进行期间，必然要涉及经贸领域。2003 年，拙著《转折——以早期中英关系和"南京条约"为考察中心》出版，前一阶段的研究告一段落。本人的研究兴致相当程度上转移到中国与西方大宗物品交流史的界面。2017年，本人承担的国家社科基金后期资助项目《中外旧约章补编（清朝）》结项后出版。[①] 作者也能将精力全部转投，于是以"古代丝绸之路的衰落与近代新商道的开辟研究"为题，申请获批了该年度国家社会科学基金项目。同时，亦获北京大学人文学部的经费资助，被纳入"北大人文学科文库"之中。十有余年，一路走来，得到诸多同仁同好的支持鼓励，心存感念！

要说明的是，课题申报前后，作者已在该研究领域耕耘有年，虽然谈不上"回首廿年劳扰恨，已令白发负青山"。[②] 但的确是孜孜矻矻，不敢稍息，并撰写了若干相关文章，目的有三：一是课题申请前，进行前期备课，显得有备而来，便于"中标"。二是项目获批后，撰文刊文履行中期检查的立项承诺。三是持续推进研究的深度和广度，先行刊发于外，听取各种反馈意见，以便及时修正改进。有鉴于此，本书中的若干章节业已发表：第一篇之第三节载《浙江大学学报（人文社会科学版）》2017年第3期，中国人民大学复印报刊资料《明清史》2017年第8期全文转载；第四节第二部分载《中西文化研究》2009年第2期；第四节第四部分载《中西文化研究》2008年第2期。第二篇之第一节第一、二、三部分载《历史档案》2016年第4期；第一节第四部分载《世界历史》2013年第2期；第一节第五部分载《历史研究》2019年第5期；第二节第三部分载《中国史研究》2001年第2期；第二节第五部分载《中国边疆史地研究》1999年第3期；第二节第六部分载《北大史学》2003年总第9辑；第二节第七部分载《文化杂志》2008年春季刊；第四节载《中国史研究》2020年第2期，中国人民大学复印报刊资料《明清史》2020年第5期全文转载，《高等学校文科学术文摘》2020年第5期摘要转载；第三节载《南国学术》2019年第3期；第五节载《福建论坛》2015年第12期；第六节载《广东社会科学》2003年第3期。第三篇之第一节第一部分载《福建论坛》2019年第7期，中国人民大学复印报刊资料《中国近代史》2019年第11期全文转载；第一节第二部分载《安徽史学》2013年第2期，中国人民大学复印报刊资

---

① 郭卫东编：《中外旧约章补编（清朝）》，北京：中华书局，2018年。

② 陶樑：《红豆园馆诗话》，洪业：《勺园图录考》，民国二十一年铅印本，第208条。

料《中国近代史》2013 年第 6 期全文转载；第一节第四部分载《澳门理工学报》2021 年第 3 期；第一节第五部分载《山西师大学报》2021 年第 1 期，中国人民大学复印报刊资料《经济史》2021 年第 2 期全文转载；第一节第六部分载《史学集刊》2022 年第 1 期；第二节载《广东社会科学》2013 年第 2 期，中国人民大学复印报刊资料《明清史》2013 年第 6 期全文转载；第三节载《安徽史学》2015 年第 6 期，中国人民大学复印报刊资料《明清史》2016 年第 2 期全文转载；第四节载《清史研究》2015 年第 1 期，中国人民大学复印报刊资料《明清史》2015 年第 5 期全文转载）。第四篇之第一节内容分别载于《北京大学学报》2014 年第 4 期，中国人民大学复印报刊资料《明清史》2014 年第 11 期全文转载，以及《天府新论》2014 年第 4 期；第二节载《近代史研究》2014 年第 5 期，中国人民大学复印报刊资料《明清史》2015 年第 2 期全文转载；第三节载《学术研究》2011 年第 5 期。当然，这些论文纳入本书时，都进行了全新架构，如内容史料的大加补充，前言后语的铺叙联结，文字数据的推敲修正。即或如此，全书完成后，既松了一口气，又心内惴惴，作品呈上，犹如丑媳妇见公婆，期待读者的批评指正！

一　游弋"深蓝"

所谓地理发现是指遥隔大海的"新大陆"的发现，从此，洲际远洋航道被打通串联，海路环球旅行成为可能，从国界到洲际的放大拓宽不仅是海道的无缝连接，而且使人类活动的历史从过往的国别史、地区史演进成为大洲乃至全球的历史。之前，各国的对外商贸主要在洲内进行，极少走向大洲以外，即如丝绸之路等，也是中间几次转手投送，少见一次性不间断的洲际贸易。大航海通过海洋运送开辟了洲际层次上相互依存的众多新商道，本书便以大洲为地理单元来架构成篇。

严格说来，地理发现应该理解为任何一个文明种群第一次到达所有人类种群的未知地域或第一次确定已知地域间的空间联系。那么，哥伦布

（Cristoforo Colombo）等"地理发现"不过是前人发现的重演，"地理发现"的说法并不"科学"。但是，所谓的"地理发现时代"又确实是由哥伦布和后继者们所开创。它不仅使大海大洋的物理阻断得以弥合，不仅使古人关于大地球形的天才猜测得到实践证明，也不仅使地球科学的进步迅速地由古代阶段提升到近代阶段，进而促进了天文学、航海学、气象学以及造船技术等的总体飞跃进步。它的意义更在于：从这以后，东西半球、新旧大陆、五大洲、三大洋被密不可分地联为一体，人类真正全貌地发现了生斯养斯的地球表面，我们现在习称的全球一体化浪潮的掀动正是从那个年代首开其端，真正意义上的"世界史"正是从那个时候揭开篇章。

世界上本没有路，走的人多了也便成了路，道路是人流物流的通道，古往今来，人流物流越密集，道路就越密布；道路是此点抵达彼点的路径，两点相连便成路线，人类进步的一项重要指标便是两点之间的路线愈来愈长，分出的点线交叉（近世更形成了立交）愈来愈多，此通彼达愈来愈便捷。只是，在古代的相当年月中，人们把海道视为畏途，"海深无际曰洋"①，深海是人类难以越过的物理距离，望洋兴叹一语道尽人们的向往和无奈，"广洋巨浸，船一开帆，四望惟天水相粘，茫无畔岸"②。人类行踪基本局限于贴着海岸线的近海，小小船只风雨飘摇，载重量无足挂齿，远距离贸易主要依靠陆路。公元 79 年，西域都护班超遣部将甘英往通大秦：

> 抵条支，临大海欲度。而安息西界船人谓英曰：海水广大，往来者逢善风三月乃得度，若遇迟风，亦有二岁者，故入海人皆赍三岁粮。海中善使人思土恋慕，数有死亡者。英闻之乃止。③

中原人氏甘英不解大海的广阔，认为漂洋过海似履平地，幸亏海边人劝止，冥冥之中有招呼，苦海无边，回头是岸。生活在陆地上的人，对汪洋大海终是又爱又怕，海市蜃楼，蓬莱仙境，充满兴趣又深感不测。经久

---

① 马端临：《文献通考》卷三二五《四裔考二》，杭州：浙江古籍出版社，2000 年，第 8961 页。
② 梁廷枏：《粤海关志》，袁钟仁点校，广州：广东人民出版社，2014 年，第 53 页。
③ 范晔：《后汉书》卷八八《西域传》，北京：中华书局，1965 年，第 2918 页。

不息的海上传说既有宝藏，又有海妖，踏步海洋往往被视为冒险——冒着危险进入天地茫茫之间，一片汪洋都不见，涉足风暴不时而遇的未知界域，即便是近海岸线也不能幸免于海啸的摧毁，早期的航海人被目为冒险家。在海上讨生活的人往往有自己独特的海洋崇拜——妈祖、海神之类，将生命托付给未知的神灵。海洋孕育了生命，又葬送了生命，海洋是难越天堑，深渊是葬身之所。直到"大航海"曙光来临，无边无际的海洋方才成为无遮无拦的通途，人类终于能够进入深海，游弋惊涛骇浪的"深蓝"。从 16 世纪到 19 世纪，是海洋交通的时代，随之引出海洋经贸、海洋政治、海洋国际、海洋战争、海洋殖民的兴发，人类主要围绕海洋来发现、进展、作文章。人群涌动熙熙攘攘，多为利来利往，开海人的冒险犯难为的是千古流传的无尽宝藏，是"天方夜谈"的兑现，是"芝麻开门"的渴望，是马可·波罗描述的富足远方，不为利益，便失去"新航道"开辟最原初的动力。所以，海路很大程度上也是商道，是财富的前路，是生产者、流通者、消费者之间供需互利的通达。①

15 世纪前后，人类已经为远洋积蓄了力量，储备了条件，幽幽长路有了可以视见的光亮，在不到一百年的时间里，人类对深海的探索迈上了一个对后来人产生无比影响的新台阶。此间，有郑和"七下西洋"，有哥伦布"发现"美洲，有达·伽马（Vasco da Gama）到达印度，有麦哲伦（F. Magellan）完成环球航行，也有后继者开始寻找不经过麦哲伦海峡就从欧洲到达东印度群岛乃至中国的新通道。物质上的贸易利益和精神上的宗教传播成为航向彼岸"新世界"的两大召唤。西班牙、葡萄牙、法国、英国等先后在 15—17 世纪参与了对南北美洲的探险，西方人对非洲的"探险"持续到 18 世纪末。在此前后，航海家对太平洋进行了更加全面的探索，发现了许许多多"新"岛屿，还有对大洋洲腹地的发掘。一条条海上商路被开辟，万路归一——莫不是奔着财富踏浪前行。

---

① 关于中外海洋经贸的研究，学术先进们成果丰硕，简列如下，张维华：《明代海外贸易简论》，上海：上海人民出版社，1956 年；林仁川：《明末清初私人海上贸易》，上海：华东师范大学出版社，1987 年；陈希育：《中国帆船与海上贸易》，厦门：厦门大学出版社，1991 年；黄启臣：《清代前期海外贸易的发展》，《历史研究》1986 年第 4 期；杨国桢：《关于中国海洋社会经济史的思考》，《中国社会经济史研究》1996 年第 2 期；以及台湾学人编辑出版的多辑本的《中国海洋发展史论文集》等。

远航首先是科技革命的成果。其中，有航海知识和地理知识的跨越进步。由于自然的、实际上也是必然的分工结果，从文艺复兴肇始，各门科学便走上了专门化和分科化的道路，同时也是学科解构和重构的进程，地理学本来就具有既具体又复合的学科特征，它始终是一门既综合又细分的科学，大量汲取天文学、气象学、地质学甚至还有人类学和各门人文社会科学所已取得的成果。1456 年，葡萄牙人掌握了使用象限仪测量星际，计量纬度。① 15 世纪的航海图加倍注重准确、实用、细致。16 世纪和 17 世纪的海洋学更呈现一派蓬勃发展的图景，航船定位更加精准，已能利用船上的仪器测量已知天体的地平线纬度或相对邻近恒星的位置，星辰大海收入眼底。对原有仪器在不断改进，如直角器罗盘、航海象限仪以及后视杆、航海六分仪、航海钟等，不一而足。荷兰人惠更斯（C. Huygens）1659 年设计了适合船用的摆钟（用在海上指示时间，确定经度）；被称为英国皇家学会"第一位实验监管人"的胡克（R. S. Hooke）则是"那个时代最多产的发明家"，他发明了测深仪（用来测定海深，无需测量绳）；还发明了可用于获取深海样品的仪器；另如磁倾计、风速计和比重计也被列为远洋航行的必需装备。还有天文天象知识的飞速进步，胡克就经常前往钱治（Change）胡同的咖啡馆，与雷恩（C. Wren）等人"共同谈论行星的行动"，自然也涉及气象、星象、星定位等领域。②

二　海洋商道

商道须快捷，有赖不断出新的交通工具。工具在人类生活中的重要性毋庸多言，正是靠着工具划出了人类与一般动物的区别，交通工具的改良是其中重要方面。交通一旦从陆地步入海洋，海洋便在人类生活中显示出从未有过的重要性，这有赖舟楫，远古是独木舟；5 世纪后发展成为有龙

---

① ［新西兰］M. N. 皮尔森：《新编剑桥印度史：葡萄牙人在印度》，邵菊译，昆明：云南人民出版社，2014 年，第 23 页。

② ［英］亚·沃尔夫：《十六、十七世纪科学、技术和哲学史》上册，周昌忠、苗以顺、毛荣运等译，北京：商务印书馆，1997 年，第 129 页。

骨的构架帆船,依靠风力,行旅海洋,是人类第一次不依靠人力、畜力等能够远足的践行。10 世纪后出现了甲板、驾驶台、尾舵等。12 世纪,罗盘传入西方,在目力不可及的远方,使较为准确线路的航行成为可能。地理发现后的西人正是依赖远洋交通技术的优势,称雄于世。13 世纪,艉舵迅速取代了旧式的侧向操舵装置。14 世纪,葡萄牙人改制了阿拉伯人的三角帆索具。15 世纪,风帆更有大的改进,此前都是用横帆,这种风帆适合顺风行驶,但遇到强劲逆风或乱风时就非常麻烦。这时出现的多桅风帆可以迎合多变的风向扬帆远航,高大宽阔多向风帆的普遍使用是远航得以实现的极重要原因。季候风成为远距离航行需要特别考虑的因素,人们不仅要了解出发地的气象,还要了解沿线与目的地的风季,方能一帆风顺,全球的风向风力被纳入视野。有了风帆助力,船的载重量从过去不到 200 吨的狭长桨帆船改换成能达到 800 吨的圆体帆船,人们开始建造大吨位的重载船,小船不能游弋深海,汪洋大海中的一叶扁舟难有存活的可能;惟有大船能够抗衡大江大海中的波涛汹涌,挺住深海的大风大浪。这时,载重量高达 1000 吨甚至 2000 吨的艨艟巨舰现身,这些庞然大物使岸上的人们受到震撼。1597 年 2 月 13 日,有位医生在马赛港口看到俘获的热那亚巨轮,惊叹不已:"这是在地中海下水的最大船舶之一,远看像是海上的一幢五层楼住房,我估计其载重量至少有 1.6 万公担(即现在的 800 吨)。有 8 张或 10 张帆挂在两根高得惊人的桅杆上。"只有大船才能够适应远洋航行,运得了数月无法靠岸的充足给养和淡水,最关键的是载得了大批的货物,"船身大同路程远有关。大船长期垄断远渡重洋的航行。……大船经常载运份量重、体积大和单位成本低的货物,这些货物理所当然地由水路运输"。大船还容易抵御海上风暴;船上有众多的船员、士兵和投掷手,使海盗望而生畏,不敢轻易冒进。大船以相对低廉的运费和安全可靠使包揽运输得以实现,后来竟至于,远洋航运长期处在"法律上的或者事实上的垄断时期"。1552 年居然有法令规定,"美洲船队只接收 100 吨以上,有船员 32 名以上的船。菲利普二世 1587 年 3 月 11 日的一项决定把船舶吨位提高到 300 吨"。1558 年从里斯本前往葡属东印度群岛的"加尔萨号"排水量为千吨级。1592 年的"玛德拉德号"由于吃水太深,因此不能驶到伦敦，这艘船超过 1800 吨，载货 900 吨，加上 32 门大炮，还可载客 700 人。1634 年，一位旅客在里斯本港口感叹：葡萄牙人历来有造大船的习惯，"方圆几里的森林甚至还不够造两艘船，一艘这样的船需要 300 人工作一年时间才能勉强完成，所需的钉子和其他必要的金属器材重达 500 吨"，这种大船的吨位可以达到 2500 吨，仅船员就有 400 人。甚至有说法，直到 18 世纪，欧洲船舶的最高吨位基本与两个世纪前相当，载重不过 2000 吨左右。[①] 而荷兰人较早区划了货船（经贸用途，载重量愈大愈好）和战舰（军事用途，速度愈快愈好）的混合，航船的分门别类日渐细化。

从 15 世纪开始，洲际交通步入了"海洋世纪"，这个局面一直延续到 19 世纪火车的出现，甚或 20 世纪汽车、飞机普及之前，在这期间，人类交通并非海陆空的立体，仍是平面的，远距离的交通尤其是海平面的。商道中流动的物品必须量大，构成大物流，方能实现利益的加速度增长。拉德纳（Lardner）提出"运输和贸易的平方规律"：运货距离的增加，将会扩大销售货物的面积，就像增加运货距离的平方那样（因为圆的面积与其半径的平方成正比），因此，距离能够使货物凭空增值，相距越远，增值愈大。英国经济统计学创始人配第（William Petty）研究了陆运与水运间的差别："运送同样的货物时，水运环绕地球的费用大约只是从切斯特到伦敦的陆运费用的两倍。"[②] 水路货运价格优势凸显，直到今天，海运仍然以其低成本占据长距离货运的主流，十万吨级的油轮、集装箱轮穿梭不息地航行在各大洋面。

相比起来，中国出现的弘舸巨舶比西方要早。中国虽属大陆型国家，却也有广阔的海洋和绵长的海岸线，沿海地区民众自来水行山处，"以海为田"，海里讨生，"饭稻羹鱼"，擅长舟楫之术。考古发现，秦汉时期的广州已能制造可以乘风破浪的远洋航船，这些船型吃水深，抗风浪，汉朝

---

① ［法］费尔南·布罗代尔：《菲利普二世时代的地中海和地中海世界》上卷，唐家龙、曾培耿等译，北京：商务印书馆，1998 年，第 438—445 页。
② ［美］罗伯特·金·默顿：《十七世纪英格兰的科学、技术与社会》，范岱年等译，北京：商务印书馆，2000 年，第 210 页。

译使曾乘坐这样的大船穿越南海，航向印度洋，远至今日的斯里兰卡。[①]
宋朝的"海商之船……大者五千料，可载五六百人"[②]。15 世纪初郑和下
西洋乘坐的船更是被直呼为"大宝船"，据《明史·郑和传》载："造大舶，
修四十四丈、广十八丈者六十二"，规制阔大。可惜的是，自那以后，国
人目光内敛，中国的造船业逐步落伍于西方。相反地，西方的大船业在嗣
后有了超迈发展。较之中国这样内陆型为主的国家，西欧、南欧主要是海
洋型国家，在那里，海运有着更紧迫的需要，虽然不可能完全取代陆运，
但渐渐成为远程贸易的首选，只要有水路通达就可以。1610 年来华的意大
利传教士艾儒略（Giulios Aleni）骄傲地有文专述各色西洋海船：

> 海舶百种不止，约有三等：其小者仅容数十人，专用以传书信，
> 不以载物。其舟腹空虚，可容自上达下，仅留一孔，四围点水不漏，
> 下以镇石，使舟底常就下。一遇风涛，不习水者，尽入舟腹中，密闭
> 其孔，复涂以沥青，使水不进。其操舟者则捆缚其身于樯桅，任水飘
> 荡。因其腹中空虚，永不沉溺，船底又有镇石，亦不翻覆。俟浪平，
> 舟人自解缚，运舟万无一失，一日可行千里。中者可容数百人，自小
> 西洋以达广东则用此舶。其大者上下八层，最下一层镇以沙石千余石，
> 使舶不倾侧震荡，全藉此沙石。二三层载货与食用之物。海中最难得
> 水，须装淡水千余大桶，以足千人一年之用，他物称是。[③]

西方大船给中国人以震慑，屈大均（1630—1696）为广东番禺人，行游南
北，所见甚广，见识到"洋舶之大者，曰独樯舶，能载一千婆兰，一婆兰
三百斤，番语也"[④]。此言非虚，英国在 16 世纪晚期和 17 世纪，纽卡斯
尔和伦敦的煤炭运输量有大幅增长，前者增长了 19 倍，伦敦则增长了 30
倍。[⑤] 这都是大船的功效。

---

① 李庆新：《濒海之地：南海贸易与中外关系史研究》，北京：中华书局，2010 年，第 9 页。
② 吴自牧：《梦粱录》卷一二"江海船舰"，杭州：浙江人民出版社，1980 年，第 111 页。
③ [意]艾儒略：《职方外纪》，谢方校释，北京：中华书局，2000 年，第 156 页。
④ 屈大均：《广东新语》下，北京：中华书局，1985 年，第 481 页。
⑤ [美]罗伯特·金·默顿：《十七世纪英格兰的科学、技术与社会》，范岱年等译，第 186—187 页。

海洋巨阔，路程漫长，时间耽搁越久，风险愈大，货物愈易受潮腐坏，船的速度也成关键。在自然动力年代，风帆愈来愈大，愈挂愈多，以至难以再大再多。进入到蒸汽动力年代，航船可以不再依赖靠不住的自然动能，转而依靠机械动能加速度。1807年，美国人富尔敦（Robert Fulton）首次制造实用汽轮，1822年，英国开始制造蒸汽发动的铁制轮船。1833年，"皇家威廉号"汽船从新斯科舍行驶到英国。5年后，"天狼星号"和"大西洋号"汽船以16天半和13天半的时间朝相反方向越过大西洋，行驶时间为最快帆船所需时间的一半。同年来自中国的报道也印证了蒸汽船的航速：

> 孟买用炊气船，炊气船或曰水蒸船，即俗称火船者是也。其用滚水之蒸汽而使机关转行，令船快走，故名也。近来英国之东地公司，有以炊气船寄要书送至孟买。如此则二月可到，若用常船，则须三四月之间方到。[1]

1840年，横越大西洋的定期航运线建立，靠天吃饭的"帆船时代"捉摸不定的日程被预先宣布出发和到达日期的"轮船时代"替换，有规则有时效的"海洋铁路"出现。到1850年，汽船已在运送旅客和邮件方面胜过帆船，并开始成功地争夺货运。19世纪后期，蒸汽动力全面取代风帆成为海船的主要动力，钢铁、石油、电气等新装备广泛运用于舰船，螺旋桨取代了人工桨，帆影点点即或在内江内河也渐渐消失，"风帆"成了人们的运动器械或观赏玩物。

商路以商品立辙，商品进出口随国家经贸实力的变化而盛衰，汪洋大海中搭建起了一条条不断兴替的航道商路。地理发现之后，最先建起海上商路的正是"新大陆"的捷足先登者——葡萄牙人和西班牙人。葡萄牙国际商路中最重要的是里斯本—果阿—马六甲—澳门—长崎—澳门—果阿—里斯本路线。此线路是不断延伸方才形成的，好望角航线初开时，贸易范围不确定地限于印度的马拉巴、马来西亚、印度尼西亚、摩鹿加和斯里兰

---

[1] 《新闻》，爱汉者等编：《东西洋考每月统记传》，黄时鉴整理，北京：中华书局，1997年，道光癸巳年十月，第54页。

卡等地区，贸易航线也基本是里斯本至印度往返。到葡人占据澳门和 1570 年长崎成为日本固定的对外商埠之后（葡萄牙人 1543 年就已进入了长崎），直接稳定的商路延长到东亚，贸易区域扩及中国与日本，交易物品也由香料扩展到丝绸、瓷器及贵金属。从而形成货物来自亚欧美非几个大洲，起终点在里斯本，直接起点在果阿，折返枢纽在澳门、长崎的对华、对日贸易航线。每年 4—6 月间，由葡萄牙王室任命的中日贸易船队司令指挥的大帆船（日本人称为"黑船"）顺西南季风自果阿出航，装载着来自美洲经里斯本辗转东运的白银和来自欧洲的毛呢、玻璃水晶制品、钟表等"打簧货"、葡萄酒以及来自印度的棉布等先驶马六甲停靠，把少量船货换成苏木（Sapan wood，产于印度、吕宋等地用来作为红色家具染料的植物）、檀木，特别是胡椒等香料，于 7—8 月间驶抵澳门，卸下大部分船货换成丝绸、黄金、糖、棉布等中国货，在澳门一般要待近一年的时间，目的是组织货源。到第二年的夏季借西南风离华，乘季风驶抵日本长崎等，将各色中国货以高价脱手，并采购以白银为主的某些日本货。当时中国以银为通货，银价较高，日本盛产银，又以黄金为通货，两国的金银比价相差很大，如 1592 年及以后的若干年份，1 两黄金在日本可换银 12—13 两，在广州仅兑 5.5—7 两。此时日本发动侵朝战争和倭寇骚扰中国沿海，导致明政府实行对日贸易禁绝政策，使葡萄牙人乘虚而入，在很大程度上支配了中国对日贸易，出口日本的货物利润率如低于 100% 则被经营者视为不合算。[1] 到 10 月底东北风起后，大帆船又载着沉重的银子再返澳门，以日本银购买来年的丝绸、瓷器、黄金等，到第三年的秋天乘季风返回印度。如此，整个航程即便不包括好望角航线也要三年，而在每一个贸易航程中，葡萄牙人都可以赚一笔，在整个贸易过程中每艘船大概可以赚到 20 万金币，除去关税等外，经营者的赢利约为 10 万金币[2]，这是葡萄牙国际商路中最赚钱的路线。[3] 所以，在葡萄牙政府与商人之间、葡萄牙王室与葡印总督之间、葡印总督与澳门议事会之间，乃至西班牙与葡萄牙之间，在在

---

① Kaempfer, *The History of Japan*, London: 1728, Vol.1, p.311.

② C. R. Boxer, Fidalgos in the Far East, 1500—1770, *Fact and Fancy in the History of Macao*, London: 1948, p.40.

③ [美] 桑贾伊·苏拉马尼亚姆：《葡萄牙帝国在亚洲 1500—1700 年政治和经济史》，何吉贤译，澳门：纪念葡萄牙发现事业澳门地区委员会，1997 年，第 147—148 页。

引起对该路线的长期激烈争夺。

澳门—菲律宾是葡萄牙人的另一条商路，从中国东南沿海至马尼拉原是中国商人的传统航道，1567 年后，明代维持 200 年的朝贡贸易体制向私人海外贸易让出一块地盘，私人海外贸易蓬勃发展起来，由漳州至马尼拉是重要的商业路线之一，每年至马尼拉的中国海外贸易船少的有 6—7 艘，多的有 40—50 艘。自 16 世纪 80 年代开始，这条航线面临葡萄牙人的进逼，1581 年，西班牙国王菲里普二世兼任葡萄牙国王后，葡萄牙商船开始光顾西班牙殖民地马尼拉，但由于荷兰舰队的袭击，数量不多。1609 年，西班牙、荷兰缔结《12 年休战协定》，荷兰人减少对西、葡商船的打击，转而对行驶在南洋水域的中国商船进行海盗袭扰，仅 1617 年便劫夺 11 艘，致使中国官府一度禁海。葡萄牙人又故意向中国人渲染荷兰人的威胁，还直接出面抢劫中国商船，使得中国海船的这一传统商路部分萎缩，葡萄牙船蹈虚而入，自 1619 年以后即相当有规律地来往于马尼拉。1620 年，从澳门抵马尼拉的葡船达到 10 艘。这些自澳门出航的葡船每年冬季乘北风南驶，载运中国货（早在 1608 年，澳门运往马尼拉的商品已值 20 万比索，1620 年马尼拉进口税总额中澳门来货所占比重是 13.2%，到 1640 年增至50% 以上 [1]）；第二年夏季乘西南季风返澳。这段航线又与主要由西班牙大帆船经营的美洲（墨西哥、秘鲁）至菲律宾航线连接，所以，葡萄牙人自马尼拉回航澳门时携带的货物除少量是来自南洋群岛的产品外，主要是来自美洲的白银。

当时的葡萄牙人在东方还存在有澳门—大、小巽他群岛，果阿—摩鹿加，马六甲—科罗曼德尔，果阿—莫桑比克等较次要的贸易航线。这些航线无一例外地是建立在当地的香料、象牙、黄金，中国丝绸和印度棉织品的互换基础上。

葡萄牙的各条国际商路在 17 世纪中叶不约而同地陷入萎顿。对中、日贸易，由于耶稣会士大批进入日本发展势力，葡人向日商大量借贷无力偿还等引起日本统治者的警觉，中日商人直接交易和荷兰对日本贸易的

---

① 金应熙主编：《菲律宾史》，开封：河南大学出版社，1990 年，第 157 页。

崛起等项冲击，1639 年，日本政府颁布"锁国令"，持续近一个世纪的澳门对日商路关闭。对各海外地区的贸易，由于殖民主义国家间的互相争夺，葡萄牙原有的东方据点不断退却，荷兰人陆续把葡萄牙人赶出安汶那（1605）、雅加达（1619）、马六甲（1641），尤其是后者的丧失使得澳门与果阿的联系几被切断；英国人又于 1622 年夺走了控制红海和波斯湾入口的霍尔木兹，葡人在西印度洋的优势几近丧失。由于葡萄牙人在马尼拉的哄抬物价等违规操作和西班牙、葡萄牙两国在东方争夺中的矛盾，1636年，西班牙王室敕令中止澳门与马尼拉的商贸往来，1640 年 12 月葡萄牙本土爆发摆脱西班牙奴役的革命，澳门与菲律宾的贸易纽带被恼怒的西班牙人完全扯断。由于明末农民大起义和清军入关对内地生产的破坏，以及葡萄牙殖民者的得寸进尺引起中国人的警惕，澳门与中国大陆的贸易也出现中衰。从达·迦马进入印度洋算起，葡萄牙东方殖民帝国的极盛期前后不足百年。到 1700 年，其在东方的据点只剩澳门、果阿、帝汶等难以成线的孤立点，葡萄牙人的所谓"东方商路"伴随其国势的衰落风光不再。

　　存在更为久远的是西班牙大帆船商道。1565 年，"圣巴布洛号"挂帆从宿务载运肉桂驶往墨西哥；1566 年，"圣赫罗尼莫号"由阿卡普尔科驶至马尼拉，这一来一往，标志历时 250 年之久的"大帆船贸易"启运。"大帆船贸易"是以菲律宾的马尼拉为转运站，其西点连接美洲（墨西哥的阿卡普尔科等），东点连接中国（明朝时为海澄月港、清朝时为厦门等），支点伸及欧洲的一条十分重要的国际大商道。"靠天吃饭"的大帆船（Galeones）通常 6 月份前后由马尼拉启航，由于没有固定季风，风向多变，可资停靠的口岸很多，抵达阿卡普尔科往往需要半年时间，由阿城回航马尼拉则要快得多，两个多月即可到达。商道的中国至菲律宾一段，自宋代起中国海舶就有活跃的贸易活动[①]，及至明朝，月港等地已形

---

① 菲律宾至中国商路较早就由阿拉伯人和菲律宾人等开辟，马端临《文献通考》卷三二四载："又有摩逸国，太平兴国七年（982），载宝货至广州海岸"，摩逸国，又称"麻逸"，就是今天的民都洛岛（Middoro）。但随后中国海舶成为该航路的主要航行者，成书于宋宝庆元年（1225）的《诸蕃志》卷上《麻逸国》《三屿》，以及成书于元至正九年（1349）前后的《岛夷志略》《麻逸》篇载：宋、元朝的中国商人已经常至菲律宾群岛的摩逸，三屿（今卡拉棉群岛——Calamian、布桑加岛——Busuanga、巴拉望岛——Palawans 等三岛）。见赵汝适：《诸蕃志》，杨博文校释，北京：中华书局，2000 年，第 141、143—145 页；汪大渊：《岛夷志略》，苏继庼校释，北京：中华书局，1981 年，第 33—37 页。

成有规律的成批量的"中国船"（nao de China）往返于这一海道，其间在 17 世纪上叶，虽曾遭到葡萄牙人一度染指而部分萎缩，但并未停止。学者们一般认为这一时期葡萄牙人已将中国海船逐出马尼拉航线，并垄断了中、菲贸易，是过高估计了葡萄牙人的"能量"，据统计，即便是在葡萄牙殖民者经营澳门—马尼拉航线的猖獗期，中国至马尼拉的商船数也达到：1621 年是 30—40 艘；1626 年是 100 艘；1629 年是 40 艘；1631 年是 50 艘；1634 年是 40 艘；1636 年是 33 艘。[①] 17 世纪中叶葡萄牙国际商路萎顿后，这条航线的主要航行者又成了中国人（在明清更迭之际和 1661 年郑成功收复台湾后清廷为防备郑氏采取的 20 余年的迁海政策时受到影响，其后恢复）。商道的菲律宾至美洲一段，主要由西班牙殖民者控制。麦哲伦初达菲律宾（1521）后，又不断地有西班牙远征队来到这个群岛。1543 年，比拉洛夫斯（Ruy Lopez de Villalobos）的远征队再抵群岛中的坦达亚岛（Tandaya），为献媚于王室，将西班牙王子菲利普（Felipe）的名字命名于坦达亚岛，后成菲律宾群岛的总称。不过，西班牙人真正在菲律宾群岛站住脚还是 1565 年 6 月黎亚实（Miguel Lopez de Legazpi）远征队强迫宿务岛首领图帕斯缔结"不平等条约"以后的事。时菲岛的自然资源没有得到开发，但菲岛尤其是马尼拉的地理位置十分有利，于是定位于国际间的转运贸易，货物由西、南、北三方集中马尼拉，再从那儿装船往阿卡普尔科，分销往墨西哥城—维拉克鲁斯—欧洲等地。根据 16 世纪 70 年代的文件看，华商运到马尼拉的货物有面粉、食糖、干鲜果品、瓷器、丝织品、铜铁锡等金属、家畜家禽、家具等，还有印度棉布，波斯地毯，爪哇胡椒，锡兰宝石等。以后，由于美洲和欧洲市场的需求，中国的丝绸脱颖而出，压倒其他货品，与美洲白银一并成为马尼拉转运货品的最大宗。

在世界海图中，最先"发达"的地中海毕竟"太小"，葡萄牙、西班牙的海上霸主地位，被阔大得多的大西洋沿岸国取代。16 世纪、17 世纪之交，摆脱了西班牙人统治赢得独立的荷兰共和国，海军力量与海外贸易齐头并进。荷兰人执念"凭借海洋而强盛，驶向海洋必繁荣"，到 1650

---

① 李金明：《明代海外贸易史》，北京：中国社会科学出版社，1990 年，第 121 页。

年代，荷兰锻就了世界上最为强大的海军；其商船总吨位也超过英、法、葡、西四国总和。荷兰在海上贸易中处于绝对优势，大西洋至东方的更多商路被开辟。海上商路更多地是国际商道，西人的商道还与中国人开辟的对外商道连接，实现了早期的海内外物流循环。例如荷兰人在东南亚的来华商道就分为两段，从中国至东南亚的一段主要运送经营者是华人（也有少量葡萄牙等外籍人士参与），从东南亚到欧美的一段运送经营者是西人（基本没有华人）。当时，巴达维亚是中国商船的重要目的地，从 1684 年到 1754 年，共有中国船只 853 艘到达巴达维亚，其中来自厦门 385 艘，广州 127 艘，宁波 119 艘。中国商人是巴达维亚活跃的商贸群体。1729 年前，荷兰东印度公司并不直接派船到中国口岸，而是惯于接待前来巴达维亚采购的华商，实行以货易货的间接贸易。荷兰殖民者用廉价垄断的热带产品换取中国货品，再转销欧洲，因此还可节省到达中国口岸需要缴纳的关税。1684 年，4 艘中国船抵达巴达维亚，运来各种中国货，返航时回购胡椒 2429 担。次年，7 艘中国船前来购买 2550 担胡椒。[1] 从 1694 年的统计数据可以看出，即便中国商船出售了价值 325533 荷兰盾的货物，但巴达维亚政府仍出超 366064 荷兰盾，荷兰人出售给中国商船的货物要远远多于从中国人手中购买的货物。18 世纪前十年，荷兰在中转贸易中均实现了出超，并不需要支付白银。[2] 中葡商船在巴达维亚购买胡椒入华的数额不小，1685 年 5000—6000 担，1692 年增加到 13561 担，1704 年达到高位 23550 担；1716 年愈发冲上高点，输华 26010 担；翻过年大幅下降，仅输入 1948 担。1721 年仅 500 担；1723 年又恢复到 23529 担；1724 年至 1731 年每年输入都在万担以上；1743 年是百多年来输入的低点，为 275 担；此后多年在四位数的水平间浮动；1754 年，输入量只有 1685 担。[3] 中外合作，诸点策应，多个族群既共享又争夺，形成了一条源远流长的香

① George Bryan Souza, *The Survival of Empire: Portuguese Trade and Society in China and the South China Sea, 1630—1754*, Cambridge University Press, 1986, pp.135,143.

② Leonard Blusse, *Strange Company: Chinese Settlers, Mestizo Women, and the Dutch in VOC Batavia*, Foris Publications, 1988, p.126.

③ George Bryan Souza, *The Survival of Empire: Portuguese Trade and Society in China and the South China Sea, 1630—1754*, p.148. Source: GM, and ARA, VOC 1904/KA 1796 to VOC 2848/KA 2740. 胡椒输华问题可详参曹茜茜：《鸦片战争之前胡椒输华问题研究》，北京大学历史学系硕士论文，2017 年。

料海路。只是，胡椒不是生活必备品，而是有之更好，没有亦可的商品，输入量和价格都波动不定。

接续而来者是英国，图欲称霸海上世界，必得挑战荷兰才能"上位"。两国间相继发生了第一次英荷海战（1652—1654）、第二次英荷海战（1665—1667）、第三次英荷海战（1672—1674），英国终于获胜，海洋霸权易主，英国作为世界海洋霸主的时间最长。作为岛国的英国所处的位置特别适宜于海运，其四面濒海，大多数产业区都在海边，在这方面，远胜于欧洲大陆上的竞争对手。18世纪末，"英国人成了五大洲的运输者"，其商船的吨位是法国的两倍，是荷兰、瑞典与丹麦的5倍，是西班牙的10倍。[①] 1788年，英国的商船总数为12464艘，总吨位为1278千吨；到1870年，英国的商船总数增至26367艘，总吨位增至5691千吨。[②] 处于四海之中的不列颠，一旦超迈了海洋沟壑的羁绊，犹如脱缰野马狂奔开来，英国随之成为殖民"海上领土"最广大的国家，号称"日不落帝国"。与葡萄牙、西班牙、荷兰等早期殖民者竭泽而渔式的单纯榨取殖民地的"一锤子买卖"政策有些许区别，英国对殖民地除了掠夺的一面，还有"建设"的一面，除了对殖民地榨取的一面，还有长期培育增值的一面，除了经贸利益猎取的一面，还有更注重政教制度和价值观念输出的一面。客观说来，英式殖民政策对殖民地的影响更为深远，北美、澳洲、印度、新加坡、香港等无不如此，至今犹存的"英联邦"便是证明。此新殖民政策也给"大英帝国"殖民地独立之后带来更为深重的或优或劣较难摆脱的因袭"负重"。

市场是商品交换关系的汇合点，远洋贸易使得大海港每每成为大集市，吞吐吸纳之间，依托港口的城市发展起来。作为早期港口城市的利物浦就得益于此，它正因为是港口城市，所以成为英国进出口的通关，成为大纺织工业和大冶金工业的出口港，成为商贸交易中心和堆积海外产品的货栈仓库。利物浦还是贩卖奴隶的重要城市，是连接非洲奴隶和美洲农场的转

① [法]佩雷菲特：《停滞的帝国：两个世界的撞击》，王国卿等译，北京：生活·读书·新知三联书店，2013年，第17页。

② 杜平：《从护航到封锁攻击：19世纪后期英国海上商船保护政策再探讨》，《社会科学研究》2021年第1期，第206页。

运站。如此这般，海外原料、劳动力和产出品都依托海运码头解决。四面临海的不列颠，只隔英吉利海峡而与具有广阔腹地的欧洲大陆邻靠，在海洋经济时代充分享有空间位置的地利之便。根据英国海关的记录，1700年离开英国港口的商船吨数不超过 317000 装载吨，1785 年是 1055000吨（突破百万量级），1787 年是 1455000 吨；1800 年和 1801 年分别达到1924000 吨和 1958000 吨。再看英国的输出入。在 1715 年，输入是 600 万镑；1760 年升到 1000 万镑；1790 年是 1900 万镑；1795 年接近 2300 万镑，1800 年是 3000 万镑以上。输出也一样，1715 年是 750 万镑，1725 年是 1100 万镑，1771 年 17161 万镑，1784 年 1500 万镑，1790 年增到 2000万镑，1800 年增至 41877 万镑。[①] 吞吐量铸造着巨型港口，可停泊巨轮的深水港最有发展潜力，海港成了莫大的"地利"，成了享用不尽的人文与自然资源。巨港诞生着巨大的海港城市，欧洲的里斯本、阿姆斯特丹、汉堡、圣彼得堡，中国的广州、香港，美国的纽约、洛杉矶，日本的长崎、东京，印度的孟买、加尔各答，还有新加坡等港口城市的兴起无不如此。

　　上海的崛起堪为中国港口城市的典范，鲁迅的好友日本岗山人内山完造曾经在上海生活了 35 年（著名的"上海内山书店"创办人），写有《上海下海》一书，虽由译音联想得名，但书名透出的城市形象亦与上海所处的地理位置贴切契合。[②] 1843 年之前，因着广州独口开放政策的影响，上海主要承运国内有限的航运，地理区位优势得不到发挥，当时上海县的人口只有 50 万，其中的 30 万还是远郊人口，真正县城和近郊人口仅只 20万，充其量是一个中等规模的城镇，非但不能与南京（1852 年为 90 万人口）、杭州（鸦片战争前夕为 60 万人口）相比，即便与小桥流水的苏州（鸦片战争前夕为 50 万人口）相比也等而下之。但是，1843 年上海作为"五口"之一的开放城市，外经贸适得其地地勃兴起来，到了 1862 年，上海仅市区的人口就已达到 300 万。一跃成为当时中国最大的港口城市和举世闻名的特大都市。上海正是大江大海的产物，一江长水向东流，江河的

---

① [法]保尔·芒图:《十八世纪产业革命：英国近代大工业初期的概况》，杨人楩、陈希秦、吴绪译，北京：商务印书馆，1983 年，第 76—77 页。

② [日]内山完造:《上海下海：上海生活 35 年》序，杨晓钟等译，西安：陕西人民出版社，2012 年，第 2 页。

流域范围越广阔纵深，流经的地区越富裕，流入的大海越阔大，沿岸地区越广袤，这个江海连接点的经贸价值就越高，发展潜力就越大。上海正是中国最大的内河——长江的出海口，不偏不倚地位于中国沿海的中段，中国最大的江河由此通向世界最大的海洋——太平洋，背靠中国最富庶的地区，江南又是当时中国最重要的出口商品——茶叶、丝绸、棉布的主产区，不消说，上海乃外向性经济所孕育，乃港口城市的脱胎。海里有财富，水中讨生活，"跑码头"成为某些营生者的别称，"老码头"适为熟悉行道中人的代称，"混码头"专为靠水吃水辈的贬义。百川汇海，江河入洋，上海是江海之城，是水陆之市，"上海下海"的水域与陆地接缝处的码头具有了格外重要的意义。一位鸦片战争结束后即来到中国多地转悠的英国人对上海留下了这样的印象：

> 我到过的那些城镇中，没有哪个具有上海这样的优势：它是中华帝国的门户，进出中国的主要关口。沿着黄浦江进入上海，扑入眼帘的是一片林立的船桅，马上就能让人意识到这儿的贸易规模有多大。来自沿海各地的船只云集于此，不仅有华南的，还有来自华北山东、北直隶的，每年还有相当多的船只来自新加坡和马来群岛。上海便利的内陆中转优势也举世无匹，它位于扬子江冲积平原上，平原上众多美丽的河流纵横交错，其间又有很多运河往来钩连，大多数运河近乎天然形成，另外一些则是人类的伟大作品。由于这一地区地势低平，潮水在起起落落之间，能够深入到内陆很远的地方，有利于地方上的人们将其出口货物运送到上海，也方便他们把进口来的货物分送到很远的内陆去。[①]

海路与陆路在港口城市实现对接，是近代陆海运一体化的重要特征，由于海运催生，陆运也有了跨越性进步。海运货物总得上岸，于是海运牵拉着陆运，海道带动着陆路的修筑，众多以海边为起始端点的大路、小路、公路、马路被密集修建起来，形成海陆路网，据《法兰西帝国路程大

---

① [英]罗伯特·福琼：《两访中国茶乡》，敖雪岗译，南京：江苏人民出版社，2015年，第69—70页。

全》载，"该书有三卷，在 1806 年到 1811 年间再版了多次，它提供了穿越法国 130 个省的 344 条驿路和 245 条小路的详细地形描述"①。陆海联运更有效的是铁路的通达，英国同时也是世界的第一条铁路首先直通海港，就是尝试接续陆海交通。铁路的出现充分利用了轨道滑行技术，作为岛国的英国是火车的诞生地绝非偶然，1830 年，英国的铁路就比世界任何地区都多。1838 年，英国已经拥有 500 英里铁路；1850 年，拥有 6600 英里；1870 年，拥有 15500 英里。而在 1840 年欧洲大陆和美国的铁路超过了英国。接续而来，铁路在中国也有了曲折铺设，1873 年，英国兰逊—瑞碧公司以祝贺同治皇帝婚礼为名，提出送一条"婚礼铁路"给清朝，被拒绝。三年后，英国怡和洋行在上海自行修建了江湾至吴淞口的铁路，长 30 里，被国人看作是"异物"，两江总督沈葆桢只得以 285000 两白银购回后拆毁。但近代交通发展的势头难以阻遏，到 1894 年，中国已铺设了由天津经大沽、滦州并延伸到关外的铁路，全长 705 里。公路、铁路与港口的成龙配套更使陆海交通畅通无阻。

捷运货流与信息流带来源源不断的财富，电报、电话等的发明使信息喷涌般地爆发开来，海底电缆的铺设使人类又一次利用了大海，信息流通过电流跨洲越洋瞬间可达。1850 年，世界上第一条海底电缆穿过英吉利海峡直通英国与法国，1866 年，敷设了横跨大西洋的电缆，建立了东半球与美洲之间直接的通信联系。1882 年的夏天，电话（时以英文译音称"德律风"，显示其来自外洋）也在上海出现，《淞南梦影录》对此有浓墨重彩的描摹："上海之有德律风，始于壬午季夏。其法，沿途竖立木杆，上系铅线，线条与电报无异，惟其中机括不同。传递之法，只须向线端传语，无异一室晤言。"②

新商道的便利带来商品前所未有的规模化流动，物流带动了资本流。航海尤为冒险，也尤为烧钱，要有大量风险资金投入，成则一本万利，败则血本无归，投资人要有相当的魄力和财力，远洋运输也是积聚资本的重

① ［法］让·蒂拉尔：《拿破仑时代法国人的生活》，房一丁译，上海：上海人民出版社，2007 年，第 118 页。
② 葛元煦、黄式权、池志澂：《沪游杂记·淞南梦影录·沪游梦影》，上海：上海古籍出版社，1989 年，第 118 页。

要手段，"新大陆"探险每每和东印度公司之类的企业并行而起，有其内在原因，个别人哪怕是王公贵胄也很难独自承担巨大的海损海险。为集聚资本，多实行招股，王室贵族等参股其中，有钱人和有权人实行合作，促进了西方金融体系的建构。"资本以利润的形式从世界各地源源流入欧洲……德雷克在对西班牙人的一次私掠巡航中，获得了等于其远航投资额4700%的利润。伊丽莎白女王为他提供了几条船，也分得了一些股份，净赚250000英镑。她将其中一部分投资于黎凡特公司，该公司的利润后又用于创办为英国赢得印度帝国的东印度公司。……德雷克用'金鹿号'船带回来的掠夺物完全可以看作是英国对外投资的源泉和起源。"[①] 控制了政府、军队、银行的权贵阶级愈发热衷于海外扩张、海外殖民、海外经贸、海外掠夺。

本书的研究对象是16—19世纪前期中西方的大宗商品交换史，这是海洋交通空前发展的时代，寓目海商，聚焦海路，兼及海交引发的诸般变化。严复《原强》有言：

> 海禁大开以还，所兴发者亦不少矣：译署一也，同文馆二也，船政三也，出洋肄业四也，轮船招商五也，制造六也，海军七也，海署八也，洋操九也，学堂十也，出使十一也，矿物十二也，电邮十三也，拉杂数之，盖不止一二十事。此中大半皆西洋以富以强之基。[②]

---

① ［美］斯塔夫里阿诺斯：《全球通史——1500年以后的世界》，吴象婴、梁赤民译，上海：上海社会科学院出版社，1992年，第280页。
② 中国史学会主编：《中国近代史资料丛刊·戊戌变法》（三），上海：上海人民出版社，1961年，第53—54页。

第一篇　中国对外远洋商道上的重要货品

　　中国的海外贸易历史悠久。早在秦汉之前，中国已同近海国家有了贸易往来；汉代时，中国商船已达及印度东南海岸；隋唐时，商船远航已延伸至波斯湾；宋元时，海外贸易更加繁荣；明代时，郑和下西洋远达非洲东海岸和红海沿岸地区。可惜的是，入明朝不久以至清朝，中国人自主的海外贸易因"海禁""闭关"等政策而走向衰落。也在此时，海道大通，国际贸易中的海路份额日见居重。中国却反其道而行之，成为例外。

　　海上商道兴起后，中国与俄国、越南、缅甸、老挝、中亚等陆地边贸虽有较大发展，但与海洋贸易相比，较为有限。本篇侧重研究中国大宗商品输往西方的洲际远洋贸易，这也是中国与外国发生联系较晚、距离中国较远的他国异乡，又是此间中国外贸出口的主要去向。中国与东亚、东南亚的相对"近海"贸易以及中国与周边国家的"边贸"已经有比较详实的研究。至于郑和"下西洋"也曾实践了跨洲远洋航行，但毕竟偶发，且主要目的是播扬"皇威"于四海，贸易因素很少，研究者也很多。因此本篇对于这些议题都不多重复赘述。

　　地理发现之后新航道的开辟者是西方人，所以中外洲际间远洋贸易也基本由西人掌控，此格局与之前东方人从事东方贸易的情况大有不同，这局面一直持续到20世纪上半叶，也就是说，中国对外远洋商路操控于西人之手，他们长期垄断着中国的对外远洋物流。直到进入19世纪，在中西方贸易中西人运送的大部分货品都还是中国"制造"，源自中国。没有了陆地关山重重的遮蔽，海平面可以使人极目远眺，视野更远。中国与外国的物质流动，也影响着中国人的认知流动。

一　大洋世界

清人追溯"故自元以前，尚不知有西洋诸国……万历以后，西人遵海远求荒僻，又得亚墨利加之北，移人实之……然当利玛窦之来，礼臣据《会典》，但知有西洋琐里，尚未知有大西洋……逮奉圣化覃敷，南洋开禁，重译旅来……入市之有合省国，即新辟亚墨利加之旷野。而若荷兰、若佛兰西、若英吉唎、若喘、若连，则统逮于西洋"①。大航海时代后，远洋事务增多，海外来客日繁，引致国人的关注目光渐移大海。由此，中国人的海洋观发生重大变化。东洋、西洋、南洋、北洋，是自古以来中国人对域外地理的指向统称，此等概念不乏演变②，反映出中国人视野在不断望远，亦是中国人世界观历史变迁的留痕。③

中国内陆空间广阔，自成地理单元，中华民族的主体肇兴于中原腹地，很自然地国人对于周边地理的认知局限在陆域近海。中国古代多个朝代撰修"九域志"，基本是中国政区的囊括；"东夷、西戎、南蛮、北狄"，

---

① 《海国四说序》，梁廷枏：《海国四说》，北京：中华书局，1993年，第1页。按："自元以前"一语未必真确，远古的"海客谈瀛洲"不说，秦朝便有徐福泛海之举，相传公元前219年，秦始皇巡游至东海岸边，征召方士询问海上神山与仙药，徐福建言海上有三座神山"仙人居之"，随即组成船队从山东琅琊出发东入大海"求仙"，是为中国有史记载第一次有组织、有意识、成规模的航海行动，船队据说到了日本。尽管后来纪晓岚称"日本余见其五京地志及山川全图，疆界袤延数千里，无所谓仙山灵境也"（纪昀：《阅微草堂笔记》卷二〇，清嘉庆五年望益书屋刻本，第364页）。但是直到今天，日本仍有许多关于徐福的遗迹和纪念场馆。徐福事难以确考。汉代张骞的"凿空"却是真确，使国人的眼界扩及中亚、南亚；班超、甘英的出行更使国人晓得西亚、东南欧和东北非的"大秦""骊轩"；而西汉时的海上丝路已开通印度洋航线，经南中国海，抵达印度南部；宋代曾出任福建路市舶司提举的赵汝适也作《诸蕃志》，上卷言58国概况，其中涉及非洲和意大利西西里岛。

② 伯希和、向达、冯承钧、方豪、夏鼐、谭其骧、韩振华、李孝聪、万明、刘迎胜、吴松弟、刘义杰、黄纯艳等学者在此问题上有杰出的研究，兹不细列。本章节特别侧重于就"东洋""西洋""南洋""北洋"概念的演化来阐发国人近代海洋观及世界观的形成变迁。

③ 高翔在讨论观念文化史时指出："人类以文化的方式存在和发展，观念既是组成人类文化的细胞，又通过符号、价值、生活方式等形式体现出自己独有的时代内涵。观念研究的目的，是从动态的角度，从一个相对广阔的视野，通过比较细致而深入的方法，展现一个时代总的精神风貌，为揭示社会变迁的内在轨迹奠定知识基础。"高翔：《近代的初曙：18世纪中国观念变迁与社会发展》，北京：社会科学文献出版社，2000年，第1—2页。

是对中原本体外围的贬称和目力所及。那个时期的中国人由于东边洋海的隔断，步履多向西延伸，《汉书》《后汉书》专列《西域传》[①]，"西极""西胡""西天""西戎"等词汇泛指远方。[②]"自生民以来，禹迹所及，中国九州之地，则偏东海。其西南北三海，则虽列代好勤远略之君，发译使，赍金币，尚莫睨其涯际。"[③]

因之而来，国人对海洋的知识较之"海洋民族"相对狭窄。对特大海的认识用"洋"来指称方位，不算太早。有学者考订，"洋名起于两宋之际"，"两宋之际应是'海'、'洋'并用，而且逐渐以'洋'代'海'的时期"[④]。宋人在"海"之内划分出若干小海域的"洋"，"洋"比"海"小，与后来的认识正好相反。[⑤]元人曾述及"附舶东西洋"[⑥]；所以，一般认为，自元代"始有东西洋一名，至明时而通行"。据考，此时的"东西洋"仍属于后来的南亚或东南亚（即后来的"南洋"）。[⑦]不过，明人的眼光似乎还不如元人来得远阔，元时的熊太古尝言"广州舶船出虎头门始入大洋，东洋差近周岁即回，西洋差远两岁一回"[⑧]，距离都不近，这时的"洋"肯定比"海"要大，说明至晚到元朝时"海"与"洋"的概念已经有了反转。故清人言："西洋在西南海，去中国极远，于古无可称。"[⑨]近人也判定："今之所谓南洋，包括明代之东西洋而言，东西洋之称，似首见《岛夷志略》著录，然至明代始盛行。大致以马来半岛与苏门答剌以西，质言

---

① 西域古来形成广狭两义，狭义指天山以南，昆仑山以北，葱岭以东，玉门关以西的新疆南疆地区；广义的西域则指中原王朝政权以西的广大地域，泛指中亚、西亚、南亚，乃至北非和欧洲等。

② 杨伯峻：《列子集释》，北京：中华书局，1979年，第90页。

③ 魏源：《海国图志》（上），陈华等校注，长沙：岳麓书社，1998年，第64页。

④ 陈佳荣：《宋元明清之东西南北洋》，《海交史研究》1992年第1期。

⑤ 黄纯艳近年来对此问题有清楚梳理和深入探讨。详见氏著：《中国古代官方海洋知识的生成与书写——以唐宋为中心》，《学术月刊》2018年第1期；《宋元海洋知识中的"海"与"洋"》，《学术月刊》2020年第3期。

⑥ 汪大渊《岛夷志略》"张序"，苏继庼校释，第1页。以"东西洋"等概念称谓外域外洋的，较早见于元代的《岛夷志略》（1349年撰），该书作者汪大渊浮海多年，书中"甘埋里国"条曰"居西南之地。……来商贩于西洋互市"。"古里佛"条曰："当巨海之要冲，去僧加剌密迩，亦西洋诸番之马头也。"详参汪大渊《岛夷志略》，苏继庼校释，第364、325页。

⑦ 方豪：《中西交通史》下，上海：上海人民出版社，2008年，第426、346页。

⑧ 熊太古：《广州舶船》，《冀越集记》，清乾隆四十七年吴义凤抄本，第16页。

⑨ 梁廷枏：《海国四说》，第216页。

之，今之印度洋为西洋，以东为东洋。"①又与后世的"东西洋"观念大相径庭。

（一）明朝时期

15 世纪前后，是人类跨洋越海的关键期和陆海观念的演变期，在欧洲，进入了"大航海时代"；在中国，则出现郑和船队"七下西洋"的壮举，"夏六月己卯，中官郑和帅舟师使西洋诸国"；"夏六月乙巳，郑和还自西洋"。②由是，"西洋"成为常见词，"西域"与"西洋"一字之差，却反映出国人的行踪从陆地迈向了远洋。不过，行踪还是限制了眼界，根据遣使泛海者留下的《西洋番国志》《瀛涯胜览》《星槎胜览》等实录，当时所谓"西洋"实是后来的"南洋"③，"而一部分为印度洋也"④，离后来指称的"西洋"相距仍远。约在明武宗正德十五年（1520）成书的《西洋朝贡典录》，书名带有"西洋"，实际也只是叙写了"三宝太监下西洋"时所到过的南海地区，该书开篇即谓"西洋之迹，著自郑和"，郑和船队"浮历数万里，往复几三十年，而身所至者，仅二十余国云"；该书"是编记西洋诸国朝贡之事，自占城以迄天方，为国二十有三"；又谓"西洋诸国，永乐间初来朝贡者四十有二"，所指"西洋"仍是"南洋"。⑤迄隆庆元年（1567），明穆宗宣布解除海禁，民间私人"准贩东西二洋"，是为历史上有名的"隆庆开关"，只是，此"东西二洋"仍不脱前朝的范围。更有，刊刻于明万历四十五年（1617）张燮的著作虽以《东西洋考》命名，并以"东洋""西洋"提纲挈领，但眼界与前人没有太大进步，周至不过东南亚，"大港（今菲律宾吕宋岛北部阿帕里港〔Aparri〕）是东洋最先到处"。"文莱（今加里曼丹岛北岸文莱国〔Brunei〕一带）即婆罗国，东洋

---

① 冯承钧：《中国南洋交通史》，北京：商务印书馆，1998 年，第 1 页。

② 张廷玉等：《明史》卷六《成祖本纪二》，杭州：浙江古籍出版社，1998 年影印本，第 8 册第 22—23 页。

③ 谢清高口述，杨炳南笔录，安京校释：《海录校释》，北京：商务印书馆，2002 年，第 299 页。

④ 方豪：《中西交通史》下，第 426 页。

⑤ 黄省曾：《西洋朝贡典录》，谢方校注，北京：中华书局，2000 年，第 7、121、64 页。另按：嘉靖时郑晓《皇明四夷考》称："永乐初西洋之役，虽伸威海表……"也是将"南洋"作"西洋"。参见郑晓：《吾学篇》，《皇明四夷考》卷上"日本"。

尽处，西洋所自起也"。^①其"东西洋"仍旧在后来的"南洋"兜转；后来专指"东洋"的日本则不入"东洋列国"篇，而与略为出新的"红毛番"（今荷兰）同列"外纪"里，时人视"东邻"仍为"远夷"。^②这里的"西洋"实指南中国海及迤西的印度洋，而"文莱"是"东洋"与"西洋"的分界。^③迄明中叶，各"洋"的方位在官方记载中均含混，例如"东洋"，永乐《实录》记："赐浡泥国王麻那惹加那，乃及于阗、东洋等处使臣，交址（趾）谅江府知府莫等宴。"^④又载：总兵官"奏率兵至青州海中灵山遇倭贼交战，贼大败……浙江定海卫百户唐鉴等亦追至东洋朝鲜国义州界"。此"东洋"泛指临近朝鲜的中国东部海域^⑤，又与上条材料所记位置不同。再如"南北洋"，嘉靖《实录》曰："改吴淞江游兵把总为南洋游兵都司，驻竹箔沙图山，游兵把总为北洋游兵都司，驻营前沙。"^⑥万历《实录》云："倭寇一自北洋、一自广海突入，意在窥犯兴化漳南地方。"与后来的"南洋""北洋"空间概念混不搭界。^⑦

　　各"洋"之中，较早修正明确的是"西洋"观念，这应该说从利玛窦（Matteo Ricci）等耶稣会士来华后开始，他们对中国古称的"西洋"概念有了借用和换用，更准确的说是校正和重构，是旧话语的新解释。遂而对中国人的"西洋观"乃至世界观产生重大影响。此前国人的"西洋"主要还是局限于亚洲的范围，利玛窦等来华后，引入了洲际的概念，"又以地势分舆地为五大洲：曰欧逻巴、曰利未亚、曰亚细亚、曰南北亚墨利加、曰墨瓦蜡尼加"^⑧。除后一个大洲"Magellanica"是依据16世纪探险家们的想象，为不符实际的臆断外，其余谈到的地球上各大洲的分布情况基本

---

① 张燮：《东西洋考》，谢方校注，北京：中华书局，2000年，第131、95、260、102页。冯承钧先生的考证是"东西洋"指的是"今日南海以西之地，今名曰印度洋或南洋者……耶稣会士东来，又名欧罗巴洲或葡萄牙国为大西洋，印度或卧亚（Goa）曰小西洋。自古迄今，其名凡三变"。冯承钧：《中国南洋交通史》，第91页。

② 张燮：《东西洋考》，谢方校注，第1—3页。

③ 张廷玉等：《明史》卷三二三《外国列传四》，第8册，第881页。

④ 《大明太宗文皇帝实录》卷八二，永乐六年八月癸卯。

⑤ 《大明太宗文皇帝实录》卷八九，永乐七年三月壬申。

⑥ 《大明世宗肃皇帝实录》卷四八四，嘉靖三十九年五月丁亥。

⑦ 《大明神宗显皇帝实录》卷一二七，万历十年八月戊申。

⑧ 转引自黄时鉴、龚缨晏：《利玛窦世界地图研究》，上海：上海古籍出版社，2004年，第165—166页。

是对的。一下子使中国人放眼全球，"有利玛窦自欧逻巴国越八万里泛海而来，其言海外大国猥多，而西视神州，目为大明海居地才百之一"①，极目世界，中国不过是其中的小部分。

利玛窦将"西洋"与欧洲相联，利氏等耶稣会士首先在广东开辟教基，"自称大西洋人，居澳门二十年，其徒来者甚众，至国初已尽易西洋人"②。万历二十九年（1601），利玛窦入京师，仍自称从"大西洋"来，明朝廷对其所称来路进行核查，礼部向皇帝报告，《会典》上只有"西洋索里国"，没有"大西洋"（北京官员似较孤陋寡闻，闽、广等地是时有指"大西洋"为南洋者，但也不是后来意义上的"大西洋"③）。但"西洋琐里国"（今印度东南部科罗曼得尔［Coromandel］海岸一带）与"大西洋"似乎不是一地，"西洋琐里，近琐里。……洪武三年使来。（永乐）二十一年，西洋十六国遣使千二百人贡方物"④。1372年，琐里国使臣来华，明朝皇帝"顾中书省臣曰：'西洋诸国，素称远蕃，涉海而来，难计岁月，其朝贡无论疏数，厚往薄来可也。'"⑤利玛窦的身份和来路，有意无意间引入了一种新观念，导入了一个新世界，将中国与前所未见的真正的全球世界相联结。

想来，利玛窦是利用已有汉语词汇"西洋"，放大其为"大西洋"，以壮行色，力求中国人高看自己而已。有人便指出此乃"诳世"之言：

> 彼诡言有大西洋国，彼从彼来，涉九万里而后达此。按汉张骞使西域，或传穷河源抵月宫，况是人间有不到者。《山海经》《搜神记》《咸宾录》《西域志》《太平广记》等书，何无一字纪及彼国者？⑥

① 孙毅：《大明海居地才百之一》，汤开建汇释校注：《利玛窦明清中文文献资料汇释》，上海：上海古籍出版社，2017年，第468页。
② 印光任、张汝霖：《澳门纪略》卷上，澳门：澳门文化司署，1992年，第71页。
③ 顾炎武《天下郡国利病书》卷九六"郭造卿访闽山冠议"云："海外之夷，有大西洋，有东洋，大西洋则暹罗、柬埔诸国……而东洋则吕宋，其夷佛郎机也。"反映时人的"大西洋"概念，与后来大有区别。
④ 郑晓：《皇明四夷考》，台北，台湾华文书局据嘉靖刻本影印，第548—549页。国人认指南亚的印度等为"西方""西天"由来已久，至明代，长篇神怪小说《西游记》亦是此概念。
⑤ 张廷玉等：《明史》卷三二五《外国列传六》，第8册，第887页。
⑥ 魏浚：《利说荒唐惑世》，徐昌治：《圣朝破邪集》卷三，香港：建道神学院，1996年，第183页。

怀疑归怀疑，可以确认的是，通过利氏，中国人逐渐明确其人来自西洋，这个"西洋"与中国前此认知的"西洋"迥不相同，而要愈发向西，指向欧洲。接续利氏，后来的天主教士也异口同声地以"大西洋"标榜来处，意大利教士高一志（Alphonse Vagnoni）"自称其国曰大西洋"[①]；西班牙教士庞迪我（Diego de Pantoja）、意大利教士熊三拔（Sabbatini de Ursis）国别不同，也纷纷以"大西洋国陪臣"自称。[②]

利氏辈传入的西洋观对中国人产生了持续广泛的影响，时人羡赞："有大西洋国士姓利讳玛窦实号西泰，友辈数十，航海九万里，观光中国。"[③]万历年间进士沈瓒称"利玛窦者，西洋人也"[④]。翰林院侍读学士顾起元记"利玛窦，西洋欧逻巴国人也"[⑤]。署名"花村看行侍者"的僧人径直将利玛窦等冠以"西洋来宾"[⑥]。筚路蓝缕以启山林，并至庙堂之上，新"西洋"的新认识已传播至社会上下各阶层。利玛窦逝后，墓碑镌刻："利先生，讳玛窦，号西泰，大西洋意大里亚国人。"[⑦]"大西洋"是大概念，"意大利亚"是其中的某国，宏观微观兼备，指向更加具体准确，以至于清朝乾隆年间刊印的《皇清职贡图》列出的专篇绘图中有《大西洋国夷人》《大西洋国夷妇》《大西洋合勒未祭亚省夷人》《大西洋合勒未祭亚省夷妇》《大西洋国夷僧》《大西洋国女尼》《小西洋国夷人》《小西洋国夷妇》等。[⑧]可见"西洋"新构词已相当普及。此新西洋观放大转移了中国人的"西洋"视域，过去的"西洋"确乎离中国太近，范围太小，"自中国及

---

① 方豪：《中国天主教史人物传》，北京：宗教文化出版社，2007年，第106页。[法]费赖之：《在华耶稣会士列传及书目》上，冯承钧译，北京：中华书局，1995年，第88页。

② [西]庞迪我、[意]熊三拔：《奉旨再进新译图说疏》，见《熙朝崇正集》卷二，韩琦等校订，北京：中华书局，2006年，第26页。

③ 王应麟：《钦敕大西洋国士葬地居舍碑文》，[比利时]钟鸣旦、[比利时]杜鼎克主编：《耶稣会罗马档案馆藏明清天主教文献》第12册，台北：利氏学社，2002年，第231—232页。

④ 沈瓒：《近世丛残》，汤开建汇释校注：《利玛窦明清中文文献资料汇释》，第20页。

⑤ 顾起元：《客座赘语》卷六，北京：中华书局，1997年，第193页。

⑥ 花村看行侍者：《西洋来宾》，汤开建汇释校注：《利玛窦明清中文文献资料汇释》，第57页。

⑦ 高智瑜、马爱德编：《栅栏：北京最古老的天主教墓地》，澳门：澳门特别行政区文化局、美国旧金山大学利玛窦研究所，2001年，第127页。

⑧ 永璇监修，董诰撰：《皇清职贡图》，台湾：华文书局据乾隆二十六年刊本影印，第95—119页。

小西洋，道途两万余里……又由小西洋以达大西洋，尚隔四万余里"①。利氏向明朝皇帝呈《大瀛全图》②，附以中文注释。放眼大海，极目天舒，一改中国人对世界看法的固闭，否定了在中国流传千年的战国齐人邹衍（或许还有早于邹衍者）的"大九州说"③，而提出了海外世界的大洋大洲，自此，地中海、亚细亚、欧罗巴等汉文地理词语启用至今，进而开启了中国人崭新的"地理大发现"。

利氏新说还确立了中国在世界版图中的位置，利玛窦的《大瀛全图》（《万国舆图》）1584年在肇庆"仙花寺"首展，以后多次翻刻，播扬中华，西哲们依据地球圆形的新认知，证明"地既圆形，则无处非中。所谓东西南北之分，不过就人所居立名，初无定准"④。纠正了中国位于世界之中的旧观念（实际上，外国人自来便很少认同中央之国的观念⑤，他们旧称中国的常见名字有："赛里斯""秦那""秦国""唐""华""契丹""鞑靼""震旦""支那"等⑥，就连China也只是与瓷器

① 章潢：《舆地山海全图叙》，汤开建汇释校注：《利玛窦明清中文文献资料汇释》，第102页。
② 本书原用《山海舆地全图》，幸得审读者纠正。甚表感谢！此类修正后面文论中尚有，不再一一道谢。
③ 中国古代虽流行"大九州说"，但恣意想象成分不少。真正绘制成图册的"大九州"基本仍限于中国及左近地区。现存中文最早的所谓世界地图是宋代的《华夷图》（1137年），只绘及朝鲜、越南与中国相邻部分。它仍只能被视为国家地图，至多不过是宗藩图，离真正意义上的世界地图相去甚远。中国传统地图学包括其奠基人裴秀创制的"制图六体术"等，侧重于发展测绘小范围大比例尺地图，这与以古希腊为源头产生起来的西方地图体系正好相反，古希腊的地图学是在适宜航海的过程中发展起来的，茫茫海洋至阔至大，小范围大比例尺地图显然不适应，大范围小比例尺的航海图、在无固定地物标志的海洋上确定位置的经纬测法、为避免地球曲率半径采取的投影法等都应时应需地发展起来。亚里士多德（前384—前322）确认了由公元前6世纪毕达哥拉斯学派创立的大地球形观念；迪凯亚科（前355—前285）在地图绘制史上第一次引入基准纬线的概念；埃拉托色尼（约前276—前196）第一次以投影技术绘制了世界地图；托勒密（90—168）第一次建立了世界经纬网络，并确定了800多个经纬点，使世界地图的精确绘制有了基础。中国内陆腹地广大，可供开发的陆地十分广阔，极适应内求性的以农立国；反观古希腊与地中海沿岸国，腹地小，内陆空间有限，农业发展天然受局限，但海域范围广，极适应外向性的航海商贸发展。由此导引出中西发展路数的种种差异。
④ ［意］艾儒略：《职方外纪》，谢方校释，第27页。
⑤ 1640年来华的葡萄牙传教士安文思（Gabriel de Magalhaes）记述："中国，即中央的王国，用此名称呼它，或因他们认为中国位于世界的中央。"［葡］安文思：《中国新史》，何高济、李申译，郑州：大象出版社，2004年，第1页。
⑥ 黄兴涛对"支那"一词的来龙去脉有很好的考订，其指出："支那"一词最早是古印度对中国的称呼，在唐宋时已被音译成中文，也作脂那、至那、震旦、振旦、真丹等。古印度两大史诗《摩诃婆罗多》和《罗摩衍那》都曾以"cina"来指称中国。后来，西方各国流行的对中国的称谓"China"，实由此演化而来。参见黄兴涛：《"支那"一词的近代史》，《文史知识》1999年第5期。

相关①）。尽管为照顾中国人的既有观感，利玛窦"绘此世界全图，甚宽广，俾容纳汉文解释其中。又为博华人之欢心，特将中国位于图之中央"。②即或如此，当中国人第一次看到利玛窦的地图将中国置于中央稍偏的位置时，也很难接受，中国居然不在世界最中，对"他们的帝国并不在地图的中央"，"不禁有点迷惑不解"；随着新知的普及，后来的"中国人大多承认他们以前的错误，并引为笑谈"。③中国的部分读书人因此对世界地理方位有了大致了解。传教士并将"东、西洋"作了重新划分和全新图示，若以中国为基准，"则从大东洋至小东洋为东海，从小西洋至大西洋为西海"④，东海指中国以东的海洋，西海指中国以西的海洋。万历二十三年（1595）有人刊书称颂"今天下无不知有西泰利先生矣"⑤。此乃教友的溢美之论。利玛窦的知名度还没有那么高，但在中国的某些读书人中确已成为知名人士。⑥

新世界观被普遍接受仍有过程，比如大小西洋的混乱，意大利传教士艾儒略（Giulio Aleni）称"海舶从小西洋至大西洋者"，此处的"小西洋"，

---

① 利玛窦自称来华后有一重要的"地理发现"，就是弄清楚了历史上欧洲人所指称的契丹（Cathy）与中国（China）的真实含义和来龙去脉，根据他的解说：早年，中国是以鞑靼人所用名称而为欧洲所知，"鞑靼人称中国为Catai"，"以后葡萄牙人用中国（China）这个名字，把这个国家的名声传遍全欧洲，这个词很可能得自暹罗居民"。利玛窦在1608年3月8日致罗马总会长阿桂委瓦神父的书信中，兴奋地汇报了这一"地理大发现"，并称这一发现随即"传到印度，后来又传到欧洲"。自从《马可波罗行纪》问世以来，西方人带着寻找遥远"契丹"的梦想向东方进发，他们不知契丹与中国实为一个国家，现在终于有了结果。参见林金水：《利玛窦与中国》，北京：中国社会科学出版社，1996年，第269—273页。欧阳哲生：《古代北京与西方文明》，北京：北京大学出版社，2018年，第123—124页。

② ［法］费赖之：《在华耶稣会士列传及书目》上，冯承钧译，第44页。

③ ［意］利玛窦、［法］金尼阁：《利玛窦中国札记》，何高济、王遵仲、李申译，北京：中华书局，1983年，第6页。另按：1614年来华的耶稣会士陆若汉（Joannes Rodrigue Teuzzu）在答朝鲜译官李荣后书中言及："《万国图》以大明为中，便观览也。如以地球论之，国国可以为中。"转引自方豪：《中西交通史》下，第593页。

④ ［意］艾儒略：《职方外纪》，谢方校释，第146页。

⑤ 方豪：《中国天主教史人物传》，第55页。

⑥ 除了接受者外，也有不少人作文攻击利玛窦的《大瀛全图》，"且如中国于全图之中，居稍偏西，而近于北。试于夜分仰观，北极枢星乃在子分，则中国当居正中，而图置稍西，全属无谓"。见［明］许大受：《圣朝佐辟》，徐昌治：《圣朝破邪集》卷四，第193—194页。甚至到清乾隆年间的官书也愤愤不平地认为利玛窦描绘的"墨瓦兰泥加洲（美洲），夫以千余里之地，名之为一洲；而以中国数万里之地为一洲，以矛刺盾，妄谬不攻自破矣"。见乾隆官修：《清朝文献通考》卷二九八"四夷六"，杭州：浙江古籍出版社，2000年。是时的中国人习惯对外自称"我朝""大清""上国""天朝"等，不能接受与传统的"大"中国不符的观点。

指的却是印度。① 明末清初的顾炎武仍说："盖海外之夷，有大西洋，有东洋。大西洋则暹罗、柬埔寨诸国"②；大儒们的认识停留于前。更多的仍将葡萄牙称为"大西洋"，"大西洋国又名布路叽士"和"布路亚"等③，"即住澳门之夷，明以来所谓大西洋国也"④；而将1510年被葡萄牙人占据的印度西部的果阿（Goa）称作"小西洋"。⑤ 有时"大西洋"又与"西洋"混淆，"西洋即今葡萄牙，与西洋人书同，即澳门之祖家"⑥。这些概念到比较晚近才最后澄清，1870年，吕调阳指出，"大西洋"有两种意思，一是"欧罗巴全洲之总称"；另是葡萄牙占领澳门后，"华人遂以大西洋国称之"。⑦ 魏源以后见之明的口吻不太客气地评说："至明太监郑和下西洋之图，仅至西南洋五印度，尚未至小西洋。"⑧ 又批评《明史·外国传》"大蔽有三"，首要的便是"西洋与南洋不分"。⑨ 不过郑和去处比魏源述说略远。皮锡瑞也更正，"明之所谓西洋，即今南洋"⑩。此外，还有"吕宋"的混乱。⑪ 当然，也有西方人提出的许多概念，东方人并不完全接受，典型者如"东印度""鞑靼"等，其中重要原委在于前词以西方为中

---

① [意] 艾儒略：《职方外纪》，谢方校释，第118页。

② 顾炎武：《天下郡国利病书》第26册《福建》，上海：集成书局，光绪廿七年。

③ 谢清高口述，杨炳南笔录，安京校释：《海录校释》，第200、203页。

④ 《四洲志》，林则徐全集编辑委员会：《林则徐全集》第10册，福州：海峡文艺出版社，2002年，第50页。

⑤ 谢清高口述，杨炳南笔录，安京校释：《海录校释》，第85—87页。

⑥ 梁廷枏：《海国四说》，第216页。

⑦ 谢清高口述，杨炳南笔录，安京校释：《海录校释》，第203页。即或后来林则徐组织编译《四洲志》，也专列《大吕宋国》章节，详参林则徐全集编辑委员会：《林则徐全集》第10册，第52页。

⑧ 魏源：《海国图志》（上），陈华等校注，第45页。

⑨ 魏源：《海国图志》（上），陈华等校注，第347页。

⑩ 皮锡瑞：《鉴古斋日记评》卷四，北京：中华书局，2015年，第583页。

⑪ 吕宋，旧时一般指菲律宾，也出现混指，"银多从番舶而来。番有吕宋者，在闽海南，产银"。参见屈大均：《广东新语》下，第406页。菲律宾不产银，当时银主产地为西班牙属美洲殖民地，菲律宾适时同为西班牙殖民地，有此混指，故将西班牙长期称为"大吕宋国"。参见《海录校释》，第214页。鸦片战后的徐继畬就驳斥了黄毅轩《吕宋纪略》的说法，菲律宾"地多产金银"，徐指出：实际盛产金银的是"南、北亚墨利加墨西哥、秘鲁诸国"，这些国家与菲律宾都曾是西班牙"属藩"，中国人将菲律宾称为"吕宋"，马尼拉称为"小吕宋"，西班牙称为"大吕宋"，西班牙银元又长期流通世界，故易生混淆。菲律宾实际并不盛产金银。详参徐继畬：《瀛寰志略》，上海：上海书店出版社，2001年，第29、33页。

心，西人的"东"反而是国人的"西"，后词则带有殖民心态的贬义。①

　　这时期，由于"西洋"成为常见词或惯用语，其不仅与人事相连，还与物事关系，出现许多以"西洋"冠名的物件，舶来品打上了商路起点大洋的印记。较早出现的有"西洋布"②，仅成化十一年（1475），明朝廷便对亲贵多有此物赏赐。③ 只是据考，该布并不产自西方，而产自东方的印度古里等地。④ 另如"西洋炮""西洋楼""西洋教""西洋钟""西洋镜""西洋历法"等，还有略后一些的"西洋参"，即北美洲产的人参，虽然不是欧洲产出，但是最早由法国人发现，由西方人运来却是不差。利玛窦于万历二十八年十二月二十四日（1601 年 1 月 27 日）在向万历皇帝进献"土物"的清单中便开列了诸多以"大西洋"命名的物品，如"大西洋琴""大西洋各色锁袱"（毛呢）、"大西洋布并葛"，甚至还有"大西洋行使大银钱肆个"⑤。各种通过海洋商路来至中国的"洋货"琳琅满目，"洋"与"货"联为一个词语，到这个时期，真可谓："走洋如适市。朝夕之皆海供，酬酢之皆夷产。"⑥ 从方位到方物，从大海大洋到漂洋过海的

---

① 有日本学者就曾提出：利玛窦的"世界地图"将从北西伯利亚至马来半岛的广大区域标记为"亚细亚"，第一次将此概念引入亚洲。当时，欧洲人对东方地区的称呼也有"东方"（Orient）、"印度"（India）、"鞑靼"（Tartar）等。其中，"东方"是指"太阳升起的地方"，与古罗马人所说的"西方"（occident），即"太阳落下的地方"相对，和亚洲一样，也是缺乏具体内容的名称罢了。而其他两个稍微有些内涵。"印度"主要是指居民不阅读圣经的土地。哥伦布"发现新大陆"后，将"印度"分为东西两部分。在 1494 年西班牙和葡萄牙瓜分世界的《托尔德西里亚斯条约》里，就分别成为"东印度"和"西印度"。两者均被认为是基督教应当征服的地方。自此以后至 19 世纪，欧美各国都成立了类似"东印度公司""东印度舰队"等以"东印度"命名的在亚洲活动的组织。而中国人和日本人则不接受"东印度"这个西方地理名词，因为中国和日本自古就知道"印度"（天竺）。另外，"鞑靼"则是令欧罗巴人想起被蒙古征服的历史的名词，欧洲人将"鞑靼"一词用于满族建立的清朝。清朝承认自己是"鞑靼"的一个种族。而对汉族来说，这个称呼具有将自己视为北方蛮族之嫌，并不愿接受。日本曾一度将自己当作是"鞑靼"中的一个种族。不过，"鞑靼"一词的使用主要还是限定于中国北方的蒙古族、满族以及其他种族。于是，中国人、日本人并不将自己的居住地称为"东印度""鞑靼"。参见 [日] 三谷博：《亚洲的发明——区域在 19 世纪的产生》，梁奕华翻译，《日本·中国·韩国国史对话的可能性——第 4 次圆桌会议论文集》，东京：日本渥美国际交流财团关口全球研究会出刊，2020 年，第 9—10 页。

② "西洋布"起源甚早，1904 年和 1906 年沙畹和伯希和分别撰文阐述宋朝时犹太人就已经将"西洋布"（另说出自天竺——并非单指印度，泛指西方、西域等地的棉布）进贡于汴梁北宋朝廷。参见方豪《中西交通史》下，第 398—399 页。

③ 《大明会典》卷一一○ / 礼部六十八 / 给赐一 / 王府（回赐附）。

④ 黄省曾：《西洋朝贡典录》，谢方校注，北京：中华书局，2000 年，第 41—42 页。

⑤ [意] 利玛窦：《贡献方物疏》（贡献物单附），见《熙朝崇正集·熙朝定案（外三钟）》，韩琦等校订，北京：中华书局，2006 年，第 19—21 页。

⑥ 张燮：《东西洋考》，谢方校注，第 15 页。

货品，洋洋大观，不一而足，个中变化可谓是微言大义。

（二）清朝前期

明清鼎革后，清朝延续明朝的"西洋"理念，并对其他方位的"洋"有了一个逐步明晰确定的过程，形成了我们今天仍在沿用的东、西、南、北洋的概念用法。明清改朝换代，清政府接纳了西洋教士继续在钦天监等处供职，在实行"禁教"政策之前，对西人甚至更加宽大。对西方的人与物也多冠以"西洋"的前缀。1678 年 10 月，康熙皇帝发出《致西洋国王阿丰肃敕谕稿》[①]，此处的"西洋国王"是葡萄牙国王阿丰肃六世（AlfonsoVI），前时：

> 西洋国主阿丰肃遣陪臣本多白垒拉进表，贡狮子。表文曰：谨奏请大清皇帝万安。前次所遣使臣玛讷撒尔达聂叨蒙皇帝德意鸿恩，同去之员俱沾柔远之恩，闻之不胜欢忭，时时感激隆眷，仰瞻巍巍大清国光，因谕凡在东洋所属，永怀尊敬大清国之心，祝万寿无疆！俾诸国永远沾恩等日月之无穷。今特遣本多白垒拉赍献狮子。天主降生一千六百七十四年三月十七日奏，辛未。[②]

值得注意的还有"东洋"的字眼，指的应该是葡萄牙、西班牙在东方的殖民地，而非日本。应该说，中日交通源远流长，但以"东洋"单指日本，却比较晚近。[③]宋人著作："永宁寨地名水湾，去法石七十里，干道间毗舍耶国人寇，杀害居民。遂置寨于此，其地阚临大海，直望东洋，一日一夜可至彭湖。"[④]此处的"东洋"，指的是标地东边的大海。明末清初，中日海上贸易相当活跃，康熙年间，对"东洋""南洋"的指向有了比较

---

① 《康熙致西洋国王阿丰肃敕谕稿》，中国第一历史档案馆编：《清中前期西洋天主教在华活动档案史料》第 1 册，北京：中华书局，2003 年，第 9 页。

② 《大清圣祖仁皇帝实录》卷七六，康熙十七年八月己朔。

③ 对此，学者们有所研究，但并非题无剩义。参看吕顺长：《清代中国人对日称呼演变考略》，《日语学习与研究》2019 年第 2 期；黄东兰：《东洋史中的"东洋"概念——以中日两国东洋史教科书为素材》，《福建论坛》2018 年第 3 期。

④ 真德秀：《西山先生真文忠公文集》卷八，《四部丛刊》景明正德刊本，第 106 页。

清晰的思路，与后世接近，康熙四十年（1701），江宁织造曹寅等派杭州织造乌林达莫尔森前往"东洋"进行贸易调研，该员回国后，直接进京向康熙帝报告，之后康熙决定重开中日海上贸易。此处的"东洋"专指日本。[①]康熙五十二年（1713）二月《实录》：

> 朕昨问投诚海贼陈尚义，伊等出洋行劫，遇西洋船只，惧其火器不敢逼近。惟遇东洋商船，则掠取其银米，亦不尽取。以此商船仍往来不绝也。中国与西洋地方，俱在赤道北四十度内，海洋行船中国人多论更次，西洋人多论度数。自彼国南行八十度至大狼山，始复北行入广东界。常六阅月在海中，不见一山。又自西洋至中国有陆路可通，因隔鄂罗斯诸国，行人不便。故皆从水路而行。鄂罗斯距京师约万二千里，西洋及土儿虎特地方皆与鄂罗斯接界。[②]

五十六年（1717）正月《实录》：

> 凡商船照旧东洋贸易外，其南洋吕宋、噶啰吧等处，不许商船前往贸易。于南澳等地方截住。令广东、福建沿海一带水师各营巡查。违禁者严拿治罪。其外国夹板船照旧准来贸易。令地方文武官严加防范。[③]

康熙年间绘制的《东洋南洋海道图》里面标识的"东洋针路"包含厦门往日本的航路（但此"东洋"不仅只是日本，还包括菲律宾、文莱等）。[④]康熙还组织传教士等利用西方新法对中国某些地区进行了大地测量，在地理知识方面践行中外合作，编纂了更精准的新地图。到乾隆年间就更详细了，"日本，古倭奴国，亦称东洋。在台海东北，由大鸡笼经关潼白畎过尽山花鸟屿，放船水程五十九更可至长岐（崎），或作畸港，长

---

① 中国国家档案局、北京大学编：《锦瑟万里　虹贯东西：16—20世纪初"丝绸之路"档案文献集萃》，北京：中华书局，2019年，第43页。

② 《大清圣祖仁皇帝实录》卷二五三，康熙五十二年二月甲寅。

③ 《大清圣祖仁皇帝实录》卷二七一，康熙五十六年正月庚辰。

④ 陈佳荣、朱鉴秋主编：《中国历代海路针经》，广州：广东科技出版社，2016年，第501—502页。

岐（崎）者，日本互市地也，有上将军主之。王则住京城，称为东洋，去长岐（崎）极远，不干政事，为上将军守府而已，故历代止争将军，无有争王者。其民白晰，刚劲好勇，视死如归，男子生则授一利刃，出入佩之，遇有所争，辄以死相期；其黠者先刺仇家，然后自割其腹，国法独许殓自割者，以其勇也。凡屋地铺厚褥方广与室，称名曰毯踏绵，入必脱履"。描述日本历历在目，尤为详实，对"东洋"之所在已经明晰。但同样由官方人士主修的同一本书又谓"盖海外，有大西洋，有东洋。大西洋则暹罗、柬埔诸国；……东洋则吕宋，其夷佛郎机也"。① 话语又糊涂了，此指称当是摘引自前朝文字，"盖海外有大西洋，有东洋；大西洋则暹罗、东埔诸国，其国产苏木、胡椒、犀角、象牙诸货。东洋则吕宋，其夷佛郎机也，其国有银山，夷人铸作银钱独盛，中国人若往贩大西洋，则以其产物相抵。若贩吕宋则单得其银钱"②。地理知识的确立与普及要反复敲定，方才约定俗成。

基督教与中国传统文化有别，华教龃龉由来已久，康熙晚年，教廷特使多罗（Charles）到北京，提出八条禁约，引致清廷的强烈反弹。1720 年底，康熙传旨："教既不行，在中国传教之西洋人，亦属无用。"③ 由此（不仅由此），从最高当局层面将"西洋人"与西教联系，在很多场合成为对中华抱有企图，中国官民需严加防范的负面词汇。雍正年间，冲突因宫廷内争愈发加剧，有"苏努教案"发生，"西洋"因教背负恶名④。清政府厉行禁教特别是耶稣会被教廷解散之后，西方教士来华渐稀，加上闭关政策的趋严，中国从外部获得新知的机会大大减少，西人传入的"大洋"知识愈来愈少。到鸦片战前，西人的观感是"中国官府全不知道外国之政事，又少有人告知外国事务，故中国官府之才智诚为可疑"⑤。

此时，却有异军突起，就是国人开始转手西洋知识，少数几位"自东

---

① 范咸、庄年、褚禄等：《（乾隆）重修台湾府志》卷一九《杂记》，清乾隆十二年刻本。

② 黄叔璥：《（康熙）台海使槎录》卷一《商贩》，清文渊阁《四库全书》本。

③ 《康熙朱笔删改嘉乐来朝日记》，中国第一历史档案馆编：《清中前期西洋天主教在华活动档案史料》第 1 册，第 36 页。

④ 赵尔巽等：《清史稿》卷九《德宗本纪》，北京：中华书局，1977 年，第 3 册，第 320 页。

⑤ 《澳门新闻纸》，林则徐全集编辑委员会：《林则徐全集》第 10 册，第 213 页。

徂西"的中国人带来了某些西洋见闻。这些浪迹天涯的中国人往往都是跟西方来华的商舶货船去往海外的，佐证在此时段，以传教士为主力的传播西学者确实较前减少，但随着新海路的开辟，新对华贸易国的入列，中外的物流、人流、资金流，甚至包括信息流较前还有发展；随此往来西方的中国人传入的西学反而加增。康熙四十六年（1707）冬，居处内陆腹地的山西平阳人樊守义随西人辗转往欧洲，开了"洋荤"，康熙五十八年（1719）三月初回国，此长期游历，一举结束欧人之东来者不绝如缕的背景下中国行人不复往西的历史。守义五十九年六月十三日（1720年7月17日）抵达广州，同年九月十一日（1720年10月12日）至热河觐见康熙，以淹留异域13年的亲历亲闻著《身见录》，被誉"实国人所撰第一部欧洲游记"，书中大量使用"洋"的概念，既有地名所指，如"询以大西洋人物风土""北眺大西洋"等，又有物品泛称，如"洋物""洋船"等。[1] 同样有海外经历的陈伦炯的《海国闻见录》于雍正八年（1730）成书，引人注目地以方位"洋"来纲领，其中，《东南洋记》由近及远记述"自台湾而南"的区域[2]，包括今菲律宾群岛、望加锡、摩鹿加群岛（Moluccas IS）及加里曼丹等；尤具开创意义的辟有《东洋记》章节，记述日本及琉球等，和后来指称颇近似（日本系海上岛国，人们惯用的"浪人""漂流民"等都与大洋海浪有关），因作者到过日本，描写贴切入微[3]；《南洋记》记述印度支那半岛、马来半岛等，为此地理范围指称的较早出现，后世流传，成为定论[4]；《小西洋记》记述南亚、西亚、中亚，此指称易混淆，未能长久延续，但显露从古称到近称的演变痕迹；《大西洋记》记述非洲及欧洲。该书在乾隆年间即有乾隆九年（1744）和五十八年（1793）两个刻本，之后又多次翻刻，影响较大。以上述书册为对比，

---

① 转引自方豪：《中西交通史》下，第596—598页。
② 陈伦炯：《海国闻见录》，李长傅校注，陈代光整理，郑州：中州古籍出版社，1985年，第40页。
③ 陈伦炯：《海国闻见录》，第35—37页。另按："东洋"概念由中国人创造，日本人的接受也值得考查。18世纪初期，新井白石曾将询问潜入日本西方教士的情况记录下来，名曰《西洋纪闻》。里边并未出现与之对应的"东洋"。效意中国"东洋"的用法在1802年山村才助编著的《订正增译·采览异言》里出现。
④ 陈伦炯：《海国闻见录》，李长傅校注，陈代光整理，第48页。

被誉为"中国人著书谈海事，远及大卤洋外大西洋，自谢清高始"①，其称誉便名不符实了。谢清高系广东嘉应（今梅州）人，约生于乾隆三十年（1765），死于道光元年（1821），年纪不大便跟从商贾从事海外贸易，在海上遇风暴落海，被外国商船搭救，后随外船游历多国，堪称古代奇幻漂流记。1820 年在澳门遇同乡杨炳南，清高口述海外见闻，炳南记录，参考他籍，勒定成书，定名《海录》，于同年或稍晚刊行。该书设有"东洋八岛"专章，"因以上八岛俱在东海"，但此"东洋"反倒不如陈伦炯的"东洋"来得"准确"，不是特指日本的"东洋"，而是指西南太平洋诸岛（今巴布亚新几内亚、斐济等）以及澳大利亚等；距离后来所指的"东洋"日本反倒相去更远。②

乾隆年间，除了《海录》等书外，以"东洋"专指日本的说法多了起来，"而铜筋之产于东洋者，江浙等省纷纷购买"③。明朝以来，日本钱币大量流入中国，东南沿海，不乏"行使宽永钱文之处"，该钱"乃东洋倭地所铸，由内地商船带回。江苏之上海、浙江之宁波、乍浦等海口行使尤多。查宽永为日本纪年"④。定位日本为"东洋"已是相当明确。道光十八年（1838）的《粤海关志》也将朝鲜、日本等列入"东洋记"内；又细分出"东南洋"，该地区"自台湾而南"，包括菲律宾、印度尼西亚、文莱等，有东南亚的初态；"南洋"包括越南、暹罗、柬埔寨；还有"小西洋"，包括印度、伊朗、乌兹别克以及俄罗斯的西伯利亚以及里海和死海周边诸国等，该书之"洋"除陆域外，并列海洋，其"小西洋"另指印度洋，"小东洋"另指南海，"大西洋"指今大西洋，"大东洋"指太平洋。⑤

后来，人们把西学东渐的历程分作两个阶段，第一阶段为抄袭外人说法的时期，特点是"以西洋谭西洋"，"斯纯乎以夷人谭夷地也"⑥，就是完全抄袭。待抄袭引进到一定阶段，中国人具备了相应基础历练和消化吸

① 《吕调阳序》，谢清高口述，杨炳南笔录，安京校释：《海录校释》附录 4，第 331 页。
② 谢清高口述，杨炳南笔录，安京校释：《海录校释》，第 279—282 页。
③ 《大清高宗纯皇帝实录》卷二二七，乾隆九年十月癸酉。
④ 《大清高宗纯皇帝实录》卷四一九，乾隆十七年七月甲申。
⑤ 梁廷枏：《粤海关志》，袁钟仁点校，广州：广东人民出版社，2014 年，第 578—597 页。
⑥ 魏源：《海国图志》，陈华等校注，原叙。

收，便进入第二阶段，即中外混化洋为中用的新境界；这两个阶段都从鸦片战后开始。不过，从"洋"观念的演进来看，此从求诸外人到求诸自己的过程，并不在鸦片战争之后才发生，某些领域在鸦片战前早已发生。只是领略的人员较稀，影响比较有限罢了。

1807 年后，基督教另一系统的新教传教士远涉重洋接踵来华，他们多来自新兴的资本主义国家，在中国再续欧风美雨吹拂。他们办的刊物径直揭橥"东西洋"的名目，谓《东西洋考每月统记传》（英文名：*Eastern Western Monthly Magazine*），1833 年 8 月 1 日在广州（1837 年迁至新加坡）发刊，是西方人在中国境内最早用中文出版的期刊，传教士郭士立（Charles Gutzlaff）等编撰。需要注意，这个时期西方传教士用"东西洋"做刊名，其意已不再是向中国人介绍早已流行的世界地理方位指南，而是有意将"东西洋"并列，此处的"东洋"不指日本，而指与"西洋"相对的东方中国。[①] 本意在强调东西方的平等，"夫天下万国，自然该当视同一家"[②]；对外国人"何可称之夷人，比较之与禽兽待之。……莫若称之远客或西洋，西方或外国的人"[③]。批评天朝中人的无知自大，对待西人的不平等，这在办刊"缘起"中有清楚表述：中国人"自称为天下诸民族之首尊，并视所有其他民族为'蛮夷'。如此妄自尊大严重影响到广州的外国居民的利益"[④]。这里，地理概念不再重要，反倒是地缘政治文化意义凸显，这是较早将地理词汇换用成政治文化词意的做法，追求所谓的并列等同是其办刊宗旨，该刊从第一期即辟《东西史记合和》栏目，断断续续刊登了 11 期，其中"东史"便是中国史，"西史"便是以英国为主的西洋史，目的是进行东西方历史的"较量"。[⑤] 非但寻求平等，还要"西洋人"居上居重。实际上，到 18 世纪后期，英国人就普遍认为英王乔治三世是"海上的君主……800 万英国人既然统治了大海，他们就能以主子的身份对

① 《新闻之撮要》，爱汉者等编：《东西洋考每月统记传》，道光甲午年二月，第 25、92、140 页。
② 《新闻》，爱汉者等编：《东西洋考每月统记传》道光癸巳年八月，第 25 页。
③ 《论》，爱汉者等编：《东西洋考每月统记传》道光癸巳年八月，第 14 页。
④ 黄时鉴：《"东西洋考每月统记传"影印本导言》，爱汉者等编：《东西洋考每月统记传》，第 12 页。
⑤ 《东西史记和合》，爱汉者等编：《东西洋考每月统记传》道光癸巳年六月，第 3 页。

3亿中国人说话了"①。《东西洋考每月统记传》也揭明"出版是为了使中国人获知我们的技艺、科学与准则"②。言词间掩藏不住的是居高临下的洋洋自得，是学生摇身变成先生的顾盼低瞧，因此，刊物不遗余力地介绍"西洋国"中"西洋民"的各种"西洋"技艺和"西洋新法"。③用优势力量强行大举侵入中国的气息已经翕然可闻。

（三）清朝后期

鸦片战争爆发，西人用洋枪洋炮轰开中国门户，逼迫国人"睁眼看世界"。回望前事，从清朝实行闭关政策后，国人对外部世界的认识严重滞后，自我封闭的结果是，未能将"洋人"封锁在国门之外，却将国人锁闭在国门之内。梁启超将此视为"西学中绝"时段。④鸦片战争以血火的残暴方式强迫中国人正视敌人的同时也更大程度地开放自我。英国驻华商务代表德庇时（J. F. Davis）的《中国人》1836年在伦敦出版，几年后，就由林则徐主持译出，其中对中土与西洋的物事人文进行多方面比较，"中国之画，惟重写意，不如西洋之工细。而洋画人物，又是一片黑影"；"西洋医不诊脉，而中国及回回医皆信脉理"；"中国钦天监凡举事必择吉日，西洋绝无此说"；"牛痘一法，系由西洋传至粤也"；英国"国都，街市皆以煤火通于墙筒，互相贯通，光明如昼，绝无纱灯纸灯"。⑤比较之中见及西洋优长。鸦片战争刚结束，魏源在林则徐组译《四洲志》的基础上撰《海国图志》付梓，醒目地以"海国"冠名，表明讲述的都是些海上之国；又以各"洋"章目，分别叙说"东南洋""西南洋""大西洋""小西洋"等，新列"外大西洋"系大西洋连接美洲的部分。⑥是书所论超过前人的地方很多，也有退步之处，作者尽管认同西洋地图将地球划分为

---

① ［法］佩雷菲特：《停滞的帝国：两个世界的撞击》，王国卿等译，第12页。

② 黄时鉴：《"东西洋考每月统记传"影印本导言》，爱汉者等编：《东西洋考每月统记传》，第12页。

③ 该刊提出的"南洋洲"的概念，与后来中国人所用概念大致相同，泛指东南亚一带，"南洋诸洲以中国偏东，形势用针取向俱在丁未之间"。详参《南洋洲》，爱汉者等编：《东西洋考每月统记传》道光癸巳年六月，第7、10页。

④ 梁启超：《中国近三百年学术史》，夏晓虹、陆胤校，北京：商务印书馆，2011年，第32页。

⑤ 《华事夷言录要》，林则徐全集编辑委员会：《林则徐全集》第10册，第345页。

⑥ 魏源：《海国图志》（上），陈华等校注，第1、4页。

欧、亚、美、非、澳等大洲，又不以为然，"梵典分大地为四大洲，《西洋图说》得其二焉，而强割为五为四"。并援引佛经认为地球只有四个洲——东胜神州、西牛货洲（美洲）、南赡部洲（亚非欧洲，南赡部洲为"四洲之冠"，中国又是其中最尊贵的"东方人主"）与北具庐州。东胜神州与北具庐州在北极之海与南极之海当中，还没有被发现。荒诞不经之处时可见及。[①]继承魏源瞩目世界地理者不绝如缕，乾嘉时期学人研究西北陆域地理的热情部分转向东南海域洋面，杀青于 1846 年的梁廷枏著作也以"海国"冠名，内容部分取材于美国来华教士裨治文（E. C. Bridgman）的《合省国志略》。[②]

比上述更明显进步的是徐继畬，1848 年推出《瀛寰志略》，初刻本刊印于鸦片战后新开"五口"之一的福州，其时其地耐人寻味，徐氏有意识地少用"夷"等带有文化贬损的字眼，多使用"西洋"等代词；"东洋二国"条曰："东洋浩渺一水，直抵亚墨利加之西海，数万里别无大土，附近中国者止有日本、琉球二国。""南洋滨海各国"条目下记载四国，除暹罗（今泰国）外，越南、缅甸、南掌（老挝）属今东南亚，与"南洋"小有区别。附图中惹眼地关照到世界最大海洋，称太平洋为"东洋大海"，又称"太平海"与"大洋海"。描述欧罗巴，"就其大者言之，约十余国。……凡中国之所谓'大西洋'者，皆此土之人也"。此处的"大西洋"已经专指欧洲，不混同其他洲的国家。书中专列"南洋各岛"与后来的"南洋"所指范围类似。[③]因内容超前，《瀛寰志略》出版后受到非议，此后十余年，未能再版，受者小众。封闭已久的目光乍见光亮，还需适应，完全睁眼尚需时日！

此时，"洋"的观念不断聚小或放大，聚小的一面，"洋"更多指向西洋，洋人专指西人；放大的一面，各种"洋器"广泛进入中国人的日常生活，在大洋彼岸海风的劲吹下，中国人的消费结构也有了重要变化。开埠

---

① 魏源：《海国图志》（下），陈华等校注，第 1847—1849 页。另按，吕祖有诗："太阳才出东洋海，直照西牛古贺洲。"《吕帝诗集》下卷，清重刊道藏辑要本，第 113 页。看来，魏源的字词本有古意。

② 《海国四说序》，梁廷枏：《海国四说》，第 1 页。

③ 徐继畬：《瀛寰志略》，第 7、18、10—11、4、28 页。

以后，洋风愈炽，价廉、物美、耐用的舶来品以不容阻挡的势头侵夺着传统土货的固有市场。洋货的大批量进入一方面造成传统产业的衰落和劳动力的重新配置。"洋布、洋线、洋花边、洋袜、洋巾入中国，而女红失业；煤油、洋烛、洋电灯入中国，而东南数省之柏树皆弃为不材；洋铁、洋针、洋钉入中国，而业冶者多无事投闲。"另一方面，城市居民从市场获得商品成为无可奈何选择，同时人们对消费品的挑选余地有了空前扩大，"及内地市镇城乡，衣土布者十之二三，衣洋布者十之七八"。①洋货成为人群追逐的对象。"洋"的字眼渐及衣食住行玩等生活的基本方面，出现"洋服""洋面""洋房""洋车""洋船""洋油""洋灯""洋乐"等坊间俗谓，包罗万象，好一个"洋"字了得。乃至于，通商口岸的人们开始追求莫名所以又随处可见的"洋气"，道光初年，"民间喜寿庆吊，陈设繁华，室宇器用侈靡，金曰洋气"②。此"洋气"特指"西洋"，与其他"洋"没有关系（20世纪后也沾染上一些"东洋味"）。如此这般，附着在具像实指的形而下名词，变成模糊抽象见仁见智汪洋浩博的形而上名词，而有了某种意识形态上无所不包的泛意，"洋玩意"等习称便带有凡属西洋物件都是不入人法眼的贬义；而"师夷长技"的首要器物坚船利炮则是国人最为推崇的"洋器"；"洋鬼""洋奴"更是对"洋人"或依附"洋人"者的咒骂。褒贬之间，人们对"洋"的观感也呈现两极，亲疏爱恨泾渭分明，更与传统的家国情怀联结。

鸦片战争前后的相关作品表明，中国人面临的主要威胁和外贸对象早已从陆域转向海域，"历代边备多在西北，其强弱之势，主客之形，皆适相埒，且犹有中外界限。今则东南海疆万余里，各国通商传教，往来自如。阳托和好，阴怀吞噬"③。海洋与海国已然晚至地成为中国人的关注重点，"洋"也成为国人形容"大海""大洲"和大区域的常用冠词，各个"洋"也有了相对准确稳定的统指。

① 郑观应：《盛世危言》卷七"纺织"，上海：图书集成局，1896年。
② 黄钧宰：《金壶七墨·浪墨》卷四"鬼劫"，《续修四库全书》1183"子部·杂家类"，上海：上海古籍出版社2002年影印本，第50页。
③ 赵尔巽等：《清史稿》卷四百十一"列传"，第39册，第12017页。

不过，比较起来，"东洋""西洋""南洋"的范围相对稳定，"北洋"的概念仍较混沌，北洋"已成近代上习见名词，但多忘其语源"①。与东、西、南三洋一样，"北洋"的源头古义仅是地域概念，但中国的极北多为广袤的内陆腹地，距洋较远，"洋"的范围颇不确定。宋人言"北洋入山东，南洋入江南"②；又说"北洋，路极险恶"。③佐证"南、北洋"的联配用词未必晚于"东、西洋"，但"洋面"也仅限于近海，"宋代'东海'范围从福建路、两浙路到京东路划分了数十个'洋'。福建本地民众及地方官员从福建的角度，将福建以北的两浙路海域称为'北洋'"④。元人述"中国之外，四海维之，海外夷国以万计，惟北海以风恶不可入"⑤，显见对向北之海较为陌生。明人叙"沙船能调戗使斗风，然惟便于北洋，而不便于南洋。北洋浅，南洋深也。沙船底平不能破深水之大浪也，北洋有滚涂浪，福船苍山船底尖，最畏此浪。沙船却不畏此，北洋可抛铁猫（锚）。南洋水深，惟可下木椗"⑥。此"北洋"所指还是近海。又说"去岁天津遭风，五船飘入北洋"⑦，指的是北方渤海。明朝后期来华的耶稣会士并未因袭中国传统的"北洋"观念，较多引入的是与其相关的"西洋"理念，可以发现，晚明后，"西洋"一词常见，"北洋"用语却少；甚至到清代前期，概念也含混。乾隆年间，"春汛巡洋会哨一折，内称前往南洋、北洋会哨，至交界地方，缘温州镇、定海镇兵船尚未到汛"⑧。此处的北洋在浙江等南方地界。嘉庆年间，"上海、崇明、海门、通州有熟悉北洋，专载客货往来关东、天津、登莱、胶州"⑨。道光年间，"商船装载货物驶至北洋，在山东、直隶、奉天各口岸卸运售卖"⑩。又转回北方

① 吴虬：《北洋派之起源及其崩溃》，北京：中华书局，2007年，第5—6页。

② 文天祥：《文山先生全集》卷一三"别集"，《四部丛刊》景明本，第305页。

③ 姚宽：《西溪丛语》卷下"南北海上交往"，北京：中华书局，1993年，第94页。

④ 黄纯艳：《宋元海洋知识中的"海"与"洋"》，《学术月刊》2020年第3期，第158页。

⑤ 汪大渊：《岛夷志略》"吴序"，苏继庼校释，第5页。

⑥ 茅元仪：《武备志》卷一一七《军资乘水·战船二》，明天启元年刻本。

⑦ 程开祜：《筹辽硕画》卷四四，刻本，明万历年间，第1053页。

⑧ 《大清高宗纯皇帝实录》卷一三二七，乾隆五十四年四月辛亥。

⑨ 陈文述：《颐道堂集》文钞卷一，刻本，清嘉庆十二年，第908页。

⑩ 《大清宣宗成皇帝实录》卷七九，道光五年二月癸亥。

地界。"上海各项船只有南洋、北洋之分，北洋沙船有印照戳记，南洋闽粤各船归行户专管。"①可证，嘉道年间的"北洋"已经趋向专指中国北方近海——更多的是渤海、黄海。反倒是《海国图志》将"北洋"的范围极度扩大，竟然包括北冰洋及南面各海连接欧、亚二洲的部分，波罗的海沿岸国家的部分海域，丹麦以西的北海东部及北美洲的格陵兰岛周围海域，还有挪威、俄罗斯、瑞典、丹麦、普鲁士等国的海域。②该书的"北洋"范围时而指上述地区，时而又单指俄罗斯，为此专设多卷次。《四洲志》中将"与蒙古满洲相毗连之地"的俄国亚洲部分称为"北洋俄罗斯东新藩在阿细亚洲内地"③，是处的"北洋"当对魏源有所启发。吕调阳也附"北洋俄罗斯国"，干脆称"《四洲志》俄罗斯"，袭用可证。④

　　续后，"北洋"概念有了绝大变化，从地理称谓变动为政治官称。"北洋"概念的转变与"南洋"用词的先行变化有些关系。"南洋自五口通商，外洋麇集，换条约诸事交涉纷繁，咸丰八年，曾颁钦差大臣关防，或归两广总督，或归两江、江苏督抚兼管。"后来定归两江总督专责，有"南洋大臣"之称⑤。1859年1月29日，咸丰上谕："着即授两江总督何桂清为钦差大臣，办理各国事务，所有钦差大臣关防，着（两广总督）黄宗汉派员赍交何桂清祗领接办"⑥，乃"南洋大臣"之设。请注意，此处的"接办"是指与两广总督兼五口通商大臣的职任交接。至此，"南洋"出现多义，一是指中国国内南方近海区域特别是通商口岸，"南洋大臣"便据此义而来。再是指中国南海及外域，"惟中国之南洋，万岛环列，星罗棋布，或断或续"。⑦更多的指国外的"南洋"，"壬寅，懿旨遣杨士琦赴南洋各埠考察，奖励华侨"。⑧清朝灭亡后，便专指后者。

---

① 《大清宣宗成皇帝实录》卷三六〇，道光二十一年十月壬寅。

② 魏源：《海国图志》上，陈华等校注，第1、4页。

③ 《四洲志》，林则徐全集编辑委员会：《林则徐全集》第10册，第123页。

④ 《吕序本附北洋俄罗斯国》，谢清高口述，杨炳南笔录，安京校释：《海录校释》，第319页。

⑤ 王之春：《清朝柔远记》，赵春晨点校，北京：中华书局，1989年，第331页。

⑥ 《上谕》，贾桢等编：《（咸丰朝）筹办夷务始末》卷三三，北京：中华书局，1979年，第1245页。

⑦ 徐继畬：《瀛寰志略》，第28页。

⑧ 赵尔巽等：《清史稿》卷二四《德宗本纪二》，第4册，第955页。

　　1860 年中外《北京条约》的签订迫使中国开放更多向北方延展的口岸，若再由"南洋大臣"兼办全中国的通商口岸事务，范围过大，名实不符。1861 年 1 月 20 日清廷谕令将北方的牛庄、天津、登州划归新设天津的三口通商大臣管理①，"北洋"的概念发生改变，前此，清帝谕军机大臣等："普噜嘶与夷商公议，先遣两轮船赴北洋听信，拦阻漕船，并阻南北往来商船……夷酋普噜嘶之意，兵船到齐，概赴天津附近数处，一齐侵犯等语"②。此时仍是地理概念，指趋近天津的北部沿海。下则史料更说明问题："探闻夷船赴北洋窥探，以津沽防堵严密，欲用兵船一二十只虚攻大沽，牵掣我师；另觅得山海关以内海岸，约定各兵船由此登陆，径奔都门"。③

　　至"三口通商大臣"设立，"北洋"开始有了并非前词前义的转换，1867 年 10 月 12 日上谕"请饬南、北洋通商大臣于熟悉洋务各员中"选派送京。④南、北洋大臣呼应，这里使用的"北洋"显明已不是地理概念，而成了政治概念，成了官称。惟此时，一般是"南北洋"并提，"北洋"不单独使用，只偶见于少量官书中。1864 年湖北官书局刻印《南北洋合图》，其中《南洋分图》覆盖范围从江苏省北部于黄河口南至广东省与广西分界处，属"南洋大臣"界区；《北洋分图》覆盖范围从江苏省北部于黄河口以北至俄罗斯希鲁河（锡林河）河口，属"北洋大臣"界区。⑤周至阔大，此时，"南洋大臣"一般放在"北洋大臣"之前，一方面出于前南后北的汉语顺口，而且南洋大臣的设置在北洋大臣之先；另一方面，在称谓早期，南洋大臣比北洋大臣的职份要重，因为当时南方的开放口岸比北方多，比北方早，"南洋大臣"往往由两江总督兼理，前期的"北洋大臣"不过是专理三个口岸的大臣，长期由侍郎级别的官员充任，且没有属地辖区。⑥

---

① 《上谕》，贾桢等:《（咸丰朝）筹办夷务始末》卷七二，第 2691—2692 页。

② 《大清文宗显皇帝实录》卷三一一，咸丰十年三月甲午。

③ 《大清文宗显皇帝实录》卷三一四，咸丰十年闰三月癸亥。

④ 《大清穆宗毅皇帝实录》卷二一一，同治六年九月乙丑。

⑤ 成一农:《明清海防总图研究》，《社会科学战线》2020 年第 2 期。

⑥ 《大清德宗景皇帝实录》卷二，光绪元年十月甲申。

1870年"天津教案"发生的很重要原因便是主理北方外交的"三口通商大臣"没有辖区管理权，地方官不受约束，官民互动引爆中外冲突，鉴此，查办教案的大员奏请"三口通商大臣一缺即行裁撤。所有洋务海防各事宜，着归直隶总督经管，照南洋通商大臣之例"。上谕依准，于11月20日裁三口大臣，授直隶总督李鸿章为钦差，办理通商事务[①]，"津海归直隶津海道管理，山海归奉天奉锦山海道管理，东海归山东登莱青道管理，俱隶北洋"。[②] 为了对应"南洋大臣"的职衔，"与北洋遥峙焉"[③]，在任命李鸿章为通商大臣的同一天还宣布行用"北洋通商大臣"称号[④]，"至是裁归直隶总督兼管，因有北洋大臣之称，颁发关防"。[⑤] 如前述，此称谓在三口通商大臣时期就有使用。但出任者崇厚并不以"北洋"自称，其名衔仍只称"三口通商大臣兵部左侍郎"，不似李鸿章受任后，直隶总督与"北洋大臣"几乎形成固定的联配称谓，只要一提"北洋"，时人印象便是直督的兼任官衔。

李鸿章的"北洋"，不只是地名改官名的变动，而为其政治生涯别开生面，为汉臣介入清朝外交开启新局。1870年10月20日，李鸿章在给丁日昌的信函中强调兼差的重要性；又专门报告乃师曾国藩[⑥]。李鸿章借此机缘，将"北洋"的职份做得轰轰烈烈。也说明外洋事务的日渐重要，外洋情事在政府治理中的地位愈益凸显，南北洋大臣即是外洋见重的产物，"自道光以来，海疆日辟，于是始置北洋、南洋通商大臣，关道及监督隶之"[⑦]。

李鸿章兼"北洋"后，深感前此"三口通商大臣职分较卑"，在外事活动中多有不便，"按照条约，并无载明通商大臣与领事交涉仪式，往来公文俱用照会平行，迨崇厚洊升侍郎，相沿已久，碍难更改。兹臣以总督

---

① 李鸿章：《裁并通商大臣酌议应办事宜折》，顾廷龙、戴逸主编：《李鸿章全集》第4册，合肥：安徽教育出版社，2008年，第107—109页。

② 赵尔巽等：《清史稿》卷——九《职官志》，第12册，第3451页。

③ 赵尔巽等：《清史稿》卷——六《职官志》，第12册，第3339页。

④ 《大清穆宗毅皇帝实录》卷二九三，同治九年闰十月壬子。

⑤ 王之春：《清朝柔远记》，赵春晨点校，第328页。

⑥ 李鸿章：《复丁日昌》，顾廷龙、戴逸主编：《李鸿章全集》第30册，第112页。

⑦ 赵尔巽等：《清史稿》卷——九《职官志》，第12册，第3451页。

兼办，又蒙特颁钦差大臣关防，各国和约载有专条，未便过事通融，致亵国体而启外人骄慢之渐"。[①]认定必须提高"北洋"品级，才能符合直督名分和中外观瞻。李鸿章认为其所任"北洋"并不是三口通商大臣的延续，而是另开新张，事务有交接延续，职务却是新创。[②]朝廷也声明"北洋"为督臣中特重职分，"直隶、江南为南北洋总汇"。[③]因地位特殊，故而选定重臣，朝廷期望殷殷，"泰西各邦工商并重，特设专部经理其事，故利权独揽。中国虽无商部之设，南北洋两大臣均有通商兼衔，宜由两大臣饬令各省海关道，于年终时会同税务司将此一年内贸易情事详加考核"。[④]《清史稿》曰："国家旧制，相权在枢府，鸿章与国藩为相，皆总督兼官，非真相。然中外系望，声出政府上，政府亦倚以为重。其所经画，皆防海交邻大计。"[⑤]廖平的比喻似乎更形象："以今制喻之，京师如周，南北洋大臣如二伯，行省督抚如方伯，各省道员如卒正。"[⑥]

也为了外交上的方便应对，遂将直隶总督的常驻地从保定移到天津。作为中国北方最大的海陆交通口岸，作为离北京最近便的海路关口，"天津为畿辅屏蔽，海疆咽喉"。上谕同意"前因东、豫各省匪踪未靖，总督远驻保定，兼顾为难，特设三口通商大臣驻津筹办，系属因时制宜；而现在情形则天津洋务、海防较之保定省防关系尤重，必须专归总督一手经理，以免推诿而专责成。……通商大臣业已裁撤，总督自当长驻津郡，就近弹压，呼应较灵，并着照所议，将通商大臣衙署改为直隶总督行馆，每年于海口春融开冻后移扎天津，至冬令封河再回省城，如天津遇有要件，亦不必拘定封河回省之制"。[⑦]李鸿章接任后对"北洋"就任地点的分析更加到位，"保定控扼河朔，又居直境适中之地，昔人于此建置省城，实得形要，是以历任总督均须驻省办事"；但"自各国通商开埠、公使驻京，

---

①　李鸿章：《裁并通商大臣酌议应办事宜折》，顾廷龙、戴逸主编：《李鸿章全集》第4册，第107—108页。

②　李鸿章：《赍交三口通商大臣关防片》，顾廷龙、戴逸主编：《李鸿章全集》第4册，第129页。

③　《大清穆宗毅皇帝实录》卷二九五，同治九年闰十月戊子。

④　杨家禾：《西学储材六端》，陈忠倚编：《清经世文三编》卷二十，光绪石印本，第400页。

⑤　赵尔巽等：《清史稿》卷四一一"列传"，第39册，第12017页。

⑥　廖平：《何氏公羊解诂三十论》，成都：四益馆经学丛书，光绪十二年，第2页。

⑦　李鸿章：《裁并通商大臣酌议应办事宜折·附遵旨议奏毛昶熙裁撤三口通商大臣折》，顾廷龙、戴逸主编：《李鸿章全集》第4册，第108—110页。

津郡为往来冲途，尤为京师门户，关系极重"。[1] 从保定迁移天津，反映李鸿章及朝廷关注点的转移，从省防到国防，从河防到海防，从内部到外部，从内陆到海疆，从内政到外交的转变。保定更多关注于"内"，关注于"省"，天津更多关照于"外"，关照于外洋"通商事务"。[2] 不仅办理三口事务，而且办理整个中央外交。

> 直隶为各省领袖，屏蔽京师。自五口通商，特设北洋大臣，以直督兼任。形势较他行省为要，体制亦较他行省为肃。[3]

天津作为京畿等广大内陆腹地的出海口，地位日显，成为中国北方的最大口岸商埠。北洋大臣的设置是传统宗藩外交和地方外交到近代外交和中央外交的过渡。李鸿章上任后处理的第一个重大外交问题，是 1870 年开始的与"海国"日本的议约，1871 年，李与日本大藏卿伊达宗城签署中日《修好条规》。1873 年，日本特派全权大臣副岛种臣来华，"当他路过天津的时候，曾同李鸿章总督举行了会谈，李氏已经开始实施在随后的二十五年当中致力于中国外交关系的卓越影响了"[4]。1879 年，朝鲜事务从礼部办理转由北洋大臣直接监管，由驻日公使协助。而同西方各国的交涉，选派留学生，海关口岸管理，购置外械武器等，均由北洋介入。此前满族包揽外交，从鸦片战前的《尼布楚条约》开始的一系列对俄国的边界通商交涉，中国和英国的第一个条约——《南京条约》、中国和美国的第一个条约——《望厦条约》、中国和法国的第一个条约——《黄埔条约》，一直到第二次鸦片战争时期的"四国新约"，战后的中俄《勘分西北界约记》等，无例外的都是由满人包办谈判签字画押。在中日条规前，已经有先是曾国藩、后是李鸿章主持天津教案的交涉，也有介入中英新约谈判，但中日条规仍是有清一朝较早由汉臣主持签订的对外条约。从当时的情形

---

① 李鸿章：《裁并通商大臣酌议应办事宜折》，顾廷龙、戴逸主编：《李鸿章全集》第 4 册，第 107—108 页。

② 王之春：《清朝柔远记》，赵春晨点校，第 328 页。

③ 陈夔龙：《梦蕉亭杂记》，荣孟源、章伯锋主编：《近代稗海》第 1 辑，成都：四川人民出版社，1985 年，第 407 页。

④ [美] 马士：《中华帝国对外关系史》第 2 卷，张汇文、姚曾廙、杨志信、马伯煌、伍丹戈合译，北京：商务印书馆，1963 年，第 292 页。

看，并无刻意满汉畛域的意识，说明从湘淮军崛起后，汉臣势力愈来愈大的状况，到这时有了一个外交上的转变。也因此成为满汉权力关系变化的一个分界，满汉权势进入汉升满降的快速通道。自此以后，中外条约中的汉文本很大程度上替代了满文本，清朝外交中的汉臣某种程度上替代了满臣。这都是从李鸿章的北洋大臣开始变化，史乘于此有特别说明："调直隶总督兼北洋通商事务大臣。十月，日本请通商，授全权大臣，与定约。"李鸿章"尤善外交，阴阳开阖，风采凛然。外国与共事者，皆一时伟人"[1]。李鸿章也自言："处兹脊地，又近长安，冠盖络绎，殊苦应接不遑。"[2] 不仅如此，"北洋"的含义续有延伸，如军事方面，1874 年，总理衙门创议筹办海防，提出"先就北洋创设水军一师"，1875 年，李鸿章受命督办北洋海防事宜。1888 年制定《北洋海军章程》，"北洋海军，设于光绪中叶，直隶总督李鸿章实总之"[3]。"北洋"事务从外交扩及军界，此延伸点与"洋人""洋务""外洋""大洋"有密切关联。又如经济方面，有"北洋机器制造局""北洋官铁路局"等的兴办：

> 总督兼北洋大臣李初统淮军至津，立有行营军械所，旋以北洋经办海防，广置船炮，所有水陆马步各营需用军器，悉归储存支发，因改名曰"北洋军械总局"。[4]

李鸿章甚至在南洋大臣地界的长江流域特别是上海筹设轮船、电报、军工、纺织等企业。但所有事业均与"外洋"有关，以外交为出发点，涉及各种"洋务"新政。北洋之"洋"，一是地域海洋，再是"洋务"，凡与外洋有关的事务，举凡政治、军事、外交、文教、宗教等均归管辖，但以当时"通商大臣"的表称和略后洋务运动的实操来看，经济、商贸仍是重头，其间，外洋情事有扩大，更有延承；随着与"外洋"交往的增多，此类事务愈来愈多，权限管辖愈来愈广。先谓"北洋通商事务大臣"，后呼"北

① 赵尔巽等：《清史稿》卷四一一《李鸿章传》，第 39 册，第 12016—12017、12021 页。

② 李鸿章：《致曹艺溪》，顾廷龙、戴逸主编：《李鸿章全集》第 30 册，第 153 页。

③ 赵尔巽等：《清史稿》卷一三六《兵志》，第 14 册，第 4042 页。

④ 徐宗亮：《（光绪）重修天津府志》卷二四，刻本，光绪二十五年，第 530 页。

洋大臣"，末了干脆简称"北洋"，用语日渐简化，说明词语的使用已经约定俗成，蔚然普及。于是，北洋大学、北洋医院、北洋商店、北洋官报、北洋大药房等名称趋时涌现。

《钦定大清会典》中关于南北洋大臣的职责描述是："北洋大臣一人，掌北洋洋务、海防之政令，凡津海、东海、山海各关政，悉统治焉。""南洋大臣一人，掌中外交涉之总务，专辖上海入长江以上各口，其闽粤浙三省，则兼理焉。"①南洋大臣的权限似乎比北洋还要大，北洋大臣仅掌北洋洋务，南洋大臣却掌中外交涉总务。实际上，自总理衙门成立后，长江中下游及东南各省的中外交涉事件，大事咨告总署，小事各省官员办理。南洋大臣未发挥多大作用。李鸿章曾数年兼任南洋大臣，也是同样不被外人待见。但对北洋，外人却愿意打交道，因由何在？

首先，有体制上的原因。北洋大臣的前身三口通商大臣就有参与国家外交的传统，李鸿章不仅继承此例，且加以扩大，仿佛总署的外派代行机构，李鸿章几乎参与了此后清廷的一切对外活动，从接受国书、订约换约，到勘界划界、教案处理、筹设使领等。其次，效率较高。"马嘉理案"发生，总署以查清事实相推诿，英使威妥玛（T. F. Wade）认为其有意拖延，以绝交相威胁，离开北京，但在天津被李鸿章拖住。使得持续一年之久的交涉得以解决。待中英《烟台条约》签订，李鸿章在中外交涉中名声鹊起，并形成了一种印象："总理衙门总理大臣巧词推卸，仍诿之北洋，并不一运筹策。朝廷将安用此无用之总理大臣为耶？"②西方国家意识到：与独当一面的北洋大臣打交道，要比与有众多兼职大臣的总理衙门交涉要有效得多，总署是合议制，效率低下，北洋大臣是首长独任制，或成或否，一言而决。"在有些事情上，洋人厌倦于等待总理衙门会议召集到适当人数并在众多大臣中达成谅解，便跑到天津去从李鸿章总督那里，花一个小时就能解决问题。"③再次，李鸿章的个人因素，"李文忠公高掌远拓，才气

---

① 昆冈等：《钦定大清会典》卷一〇〇，光绪二十五年，第13—14页。

② 安维峻：《谏垣存稿》，戚其章主编：中国近代史资料丛刊续编《中日战争》（六），北京：中华书局，1993年，第515页。

③ W. A. P. Martin, *A Cycle of Cathay*, P.H.Revell Co, 1897, pp.339—340.

横溢。中兴名将，三朝元老"。①北洋因为地处畿辅重地，加上李氏的个人威望，权责不断扩大。"光绪三十年间，朝有大政，每由军机处问诸北洋，事权日重，往往有言官弹劾，赖中朝信任，未为动摇。"②从广州到江南，再到天津，从"五口"到"南洋"，再到"北洋"，中国对外交通的屏障逐渐移往腹心，天津可以说是京都最后的海岸屏障，而这道屏障的设置比较成功，外人多视此为清朝的中央外交，而不是前此的地方外交，李鸿章也多被视为中央外交代表，而非地方官员，"惟是枢臣与疆臣事同一体"③，"北洋外交"某种程度上是清廷外交。从天津教案后至甲午战争的二十余年间，清朝外交有某种北京的总署与天津的"北洋"并存办理的二元化征象。

"北洋"在李鸿章年代，似乎成了他一人尊享的专称，张树声等也曾做过直督兼"北洋"，但在时人眼光中，只有李鸿章一人堪称"北洋"。李鸿章"兼职成了国家外交全局的主持人。总理衙门几乎办每一件事都要向他通报情况，向他咨询，吸取他的主张，他的外交实权发展到了几乎无所不包的地步"。④"滑稽家尝言：东洋、西洋与南洋、北洋，可以囊括世界，中国之两洋与外国之两洋遥遥相对。"⑤时人戏言可为李鸿章的"北洋"做一注脚。北洋外交，主要还是海上来华的国家，与"洋"意相符。

甲午战争爆发，"北洋"外交也盛极而衰，"中日衅起，战事多北洋大臣主之"⑥。梁启超说得更极端："甲午之役，西人皆谓日本非与中国战，乃与李鸿章一人战也。""北洋外交"在中国外交中扮演的角色愈来愈走向主轴。但到达顶峰势必坠落，随着战事急转直下，李鸿章黯然免职，"北洋"外交戛然而止。伴随列强势力的深入，中国近代的变化多从外到内，先从与外部相关的事体演变，进而拉动内部的变迁，其间既有中外之间的

---

① 陈夔龙：《梦蕉亭杂记》，荣孟源、章伯锋主编：《近代稗海》第1辑，成都：四川人民出版社，1985年，第327页。

② 张一麐：《古红梅阁笔记》，上海：上海书店出版社，1998年，第43页。

③ 安维峻：《谏垣存稿》，戚其章主编：中国近代史资料丛刊续编《中日战争》（六），第519页。

④ 张振鹍：《试论直隶总督与晚清外交》，衡志义主编：《中华学人论稿·清代直隶总督研究》，北京：中国文联出版社，1999年，第126页。

⑤ 吴虬：《北洋派之起源及其崩溃》，第5—6页。

⑥ 赵尔巽等：《清史稿》卷四八六《王颂蔚传》，第44册，第13439页。

折冲，也有中央与地方的博弈。《马关条约》签署后，李鸿章的外交主导作用完结。继任者无论是临时替换的王文韶，还是受慈禧宠幸的荣禄，或者掌军权的袁世凯，在外交上都无法发挥李鸿章的作用，北洋大臣专门职掌外交的原初含义逐渐不存。甲午战后，袁世凯编练新军，"北洋军阀"于此创建基础，"盖清末编练正式陆军始于小站北洋系，北洋系之名于是乎产生"①。含义有了再变，前此外交的意味淡去，而成了派系称谓。李鸿章的"北洋"，侧重外交或与外事有关的"洋务"；袁世凯的"北洋"更多地具有了军事政治派系的意思，尽管也与直隶总督有渊源，"北洋"成为20世纪初叶中国政坛上最重要派系集团的称谓。到民国北洋军阀统治时期，直隶的地域含义也略去，而成为中国主要统治集团的简称。从地域到官职，再到派系，从外交到政治、经济、军事等各方面，汪洋恣肆，洋洋盈耳，逐波扩大，"北洋"名称的变化与放大，折射出近代中国历史演变的某些轨迹，具有丰富的时代内涵。

（四）时空演变

中国人观世界首先注目西方，因为其他方向多有难以逾越的大洋，西边则是陆域。海至大者谓之洋，古代人类所处，"大海只在沿海一带才有生气。航行几乎总是紧贴海岸进行，正如在内河航运的初期，像螃蟹一样，从一块岩礁爬到另一块岩礁"②。人类的活动局限于陆地，顶多是近海。但海洋究竟占据了地球表面的大部分，陆境尽头便是海，中国不属单纯的内陆国家，亦濒临海洋，中国人定然不会单向度地观察或进步。随着对海洋认知的提高，以国家陆域来定位海洋，"东西南北洋"概念产生，"洋"的字眼本身就说明国人已经在"面向大海"，"洋"与方位联结，说明人们的目光从先前的陆地转向海洋。"南、北洋"用词在宋代业已使用，这是内外交通商贸兴盛的年代；"东、西洋"概念至晚在元代提出，正是横跨欧亚的蒙古大帝国的时间；明朝中期以后，在原先概念上又有各"洋"的

---

① 孙宝瑄：《忘山庐日记》（上），上海：上海古籍出版社，1983年，第714页。

② ［法］费尔南·布罗代尔：《菲利普二世时代的地中海和地中海世界》上卷，唐家龙、曾培耿等译，第142页。

重新定位与观念的全新修正。说明"大航海"来临后，历史进程在此节点有了划时代的迈进。地理发现主要是跨洲的"新大陆发现"，这必须通过"新航路"的开辟才能实现，发现陆地之前，先得经过海洋，这只能通过远航来实现。人们的生活也愈益与海洋不可分割，除了传统的渔业和近海航运以外，新生的远洋航运蓬勃发展起来，新航道成为外贸商路的主要通道，从载量和费用来说，风帆胜过车轮，桨舵优于马驼，西人源源不断地通过海上商路来华。中国人的"东西南北洋"概念伴随条条航路的开辟有了与时俱进的演变和确认。随着中国人地理知识的拓宽，"西洋"的概念最先被析出改造，同样是"西"，古时的"西域"与近世的"西洋"大相径庭，主要所指从陆域改为海域，远方的客人商货通过大洋来，若以中原为基址，这些海域实际上并不在中国的"西"而在"东"，"洋客"主要从东南沿海进入，"西域"和"西洋"有洋为中用古为今用的借代承继关系；"东洋"的概念也有变化，从早期的"东洋则吕宋"[①]，到后来特指日本；"南洋"的内涵外延不断修正后方才定位；"北洋"的指代形成略晚，亦最为多变。历经几百年的衍生变化，"东西南北洋"的指向范围愈来愈明确，词语用意也约定俗成地相对固化。另外，这些所谓的方位"洋"，主要指的并不是真正的海洋，而是濒海或遥远的陆地，这或与人们的足履目光由陆域到海洋，最后仍旧落实到人们生活的陆域的逐步转变有关。在全球化日渐成为热词的当下，我们更要关注在此进程里中国人是如何历时性地进步，中国人如何从古代的"天下观"提升为近代的"世界观"，而这近代世界观的形成很大程度上与海洋观的极端放大相伴生，只有了解了"海洋"，才能完整准确地知晓世界。

中国人的世界观受到外国人世界观的影响，是东西方相互融合的产物。应该看到，东西南北洋均为中国古称，古人们视域受限，只能各以自己所处来看视，先观"本体"，然后才是"他体"，说不上以"东方"为中心，还是以"西方"为中心，只是也只能是以"己"而非"他"为中心，这是很正常很自然的，是那个年代世界的通例。届欧洲人"发现新大陆"

---

① 顾炎武：《天下郡国利病书》第26册《福建》，上海：集成书局，光绪廿七年铅印本。

与中国人"下西洋"，在时空上不约而同而又若相符合，从不同方向同为开辟大航海时代的滥觞，均是其中的组成部分。自此以还，全人类的世界观开始交流互动，时空交错愈发复杂多歧，历史演进愈发多向、多维、多元，人类能够做到眼观全球后，方有世界物理空间的完整和统一。这一融合既是潜移默化地"代出""代入"，又有文化的强力移植输入。客观上说，西洋人是世界海路大通的开辟者。中世纪的东方是文明之"光的源头"（英国诗人威廉·怀特黑德〔William Whitehead〕1759 年的诗句），是西人羡慕追求的富地，"直到相对晚近的时候，对于西方来说，东方仍然意味着富裕、新奇和奢华"。① "到东方去"成为欧洲扩张者的原动力，这在后来却也成为西方殖民者称霸世界之后"西方中心论"的起点。欧美列强世界霸主的名单改头换面，也是殖民者控制愈来愈大海洋的结果——从地中海起航，由大西洋岛国或沿岸国接棒，再转入太平洋诸国，谁想称霸世界，谁必拥有大洋。相形之下，直到晚清之前，多见欧洲人"自西徂东"来到中国，少见中国人"自东徂西"去到欧洲，其间有一个不平衡。职是之故，那时中国人对世界的看法，主要是受到西方的影响，既有西学东渐与东学西渐的双向互动，更多的是西学的单向输华，国人认识新世界主要是接引新西学的结果。早期入华的西人介绍来处，将中国传统的"西洋"观念解构，原来的"西洋"变成了"南洋"，新的"西洋"却重构为更远方的"泰西"，"东洋""北洋"也相继改定，前近代的中国人知"天下"（"天下"是有"高低、尊卑、贵贱"的，强调等级秩序），不知"世界"（世界相对"平面"），自此修正形成中国人的新世界观、真世界观、全世界观，届 19 世纪基本确立。

因之，中国人放眼世界的历程是距离中国愈来愈远，同时也愈来愈放弃中国中心的观念，与中国人不太接受"东印度""西印度""远东""近东"等以西方为中心的地理区划称谓一样，西方人也不太接受"东西南北洋"等以中国为中心的地理概念（早期来华西人对"西洋"名称不过是短时借用改造而已）；20 世纪民族平等国家独立意识兴盛之后，中国人也逐

---

① ［美］雅克·当斯：《黄金圈住地——广州的美国商人群体与美国对华政策的形成，1784～1844》，周湘、江滢河译，广州：南方出版传媒、广东人民出版社，2015 年，第 72 页。

步放弃传统的"东西南北洋"区划概念，而愈来愈多地行用亚、非、欧、澳、南北美、南北极，以及太平洋、大西洋、印度洋、北冰洋等举世通用名词。中国人的世界观具有不断趋新持续发展的底色，既是古代与近代、东方与西方理念不断融汇逐步修正的结果，又具与时俱进演生变动未有穷期的特质。李鸿章尝有后人经常引述的言说：

> 窃惟欧洲诸国百十年来，由印度而南洋，由南洋而东北，闯入中国边界腹地，凡前史之所未载，亘古之所未通……合地球东西南朔九万里之遥，胥聚于中国，此三千余年一大变局也。[①]

二　古丝路的衰退

上古时代，中国丝绸已越过帕米尔到印度、波斯，及至欧洲[②]。进而，从西汉初年到明代，形成了一条横贯东西连接欧亚的重要商道，这条总长7000多公里的交通干道及支线，曾把古老的黄河、恒河、希腊、波斯等几大文明绾结，世人谓之"丝绸之路"。这一概念最早由德国地理学家李希霍芬（Ferdinand von Richthofen）提出，狭义上指从中国的古都洛阳、长安连接中亚今乌兹别克斯坦的撒马尔罕的交通商道，以及陆续开辟的延伸线

---

① 李鸿章：《筹议制造轮船未可裁撤折》，顾廷龙、戴逸主编：《李鸿章全集》第 5 册，第 107 页。

② 早在公元前 4 世纪，亚里士多德就提到希腊科斯岛有妇人穿丝织透明的衣服。随后，罗马人也对这种轻薄衣料爱恨交加，称之为"织风"（woven wind），重量与黄金等价。也有人谴责这种衣料的轻薄。塞内卡（Seneca）（前 4—公元 65 年）就曾指责丝绸既不能保暖也不能遮羞，妇女穿它几乎与赤身裸体无异，还要向公众展示。[美]埃里克·杰·多林：《美国和中国最初的相遇——航海时代奇异的中美关系史》，朱颖译，北京：社会科学文献出版社，2014 年，第 24 页。

路。以丝绸为媒介联通外界，外贸商路的主旨明白无疑。①

（一）走向萎靡

除了生生不息的陆上丝路，海上丝路也逐渐兴起。在近两千年间，丝绸始终是中外陆海贸易的主打产品，悠远商道，漫漫长路。只是海上丝路的运送人渐渐地由东方人变成了西方人②，"泰西之来中国购丝，始于康熙二十一年（1682），其时海禁初开，番舶常取头蚕湖丝，运回外洋"③。实际上，比这个时间要早。海道开通后的丝绸贸易流向愈发远大，在旧有的丝路外，更新了若干新卖区。在亚洲方向，自 1557 年葡萄牙人占领澳门后，便操纵中国和日本之间的蚕丝贸易几达一个世纪，此间，每年输往日本的蚕丝约为 4000—6000 担。④ 在美洲方向，西班牙殖民者扮演了重要角色，出现了丝绸流向世界，白银流向中国的"丝银之路"。⑤ "诸夷皆好中国绫缎杂缯，其土不蚕，惟借中国之丝到彼，能织精好段疋服之以为华

---

① 有关丝绸之路的研究成果非常多，诸如卜洪登：《丝绸之路考》，北京：中国经济出版社，2007 年；余太山：《早期丝绸之路文献研究》，上海：上海人民出版社，2009 年（北京：商务印书馆，2013 年）；刘迎胜：《丝绸之路》，南京：江苏人民出版社，2014 年；荣新江：《丝绸之路与东西文化交流》，北京：北京大学出版社，2015 年；等等。另有专研海上丝绸之路，诸如陈高华：《海上丝绸之路》，北京：海洋出版社，1991 年；黄启臣主编：《广东海上丝绸之路史》，广州：广东经济出版社，2003 年；李庆新：《海上丝绸之路》，北京：五洲传播出版社，2006 年；徐杰：《海上丝绸之路》，长春：吉林出版集团有限责任公司，2012 年；孙光圻、刘义杰：《海上丝绸之路》，大连：大连海事大学出版社，2015 年；等等。外人的著述也有若干，诸如：[美]比尔·波特：《丝绸之路》，马宏伟、吕长清译，成都：四川文艺出版社；等等。还有专门的丛书和论文集，诸如余太山、李锦绣主编的《丝瓷之路》，北京：商务印书馆，2012 年；龚缨晏编：《20 世纪中国"海上丝绸之路"研究集萃》，杭州：浙江大学出版社，2011 年；周鑫、王潞：《南海港群：广东海上丝绸之路古港》，广州：广东经济出版社，2015 年；等等。但多为研究古丝路的辉煌期，专事探究其衰落原因的成果较少。

② 关于丝绸之路的开辟者，一般认为以古代中国人为主，近年来出现的新提法是古代的各国各族人民共同开辟，更有学者极言："这'古代各族各国人民'中是不包括古代中国或华夏各族的，也就是说，这条交通路线完全是由西方向东方开拓的，是欧洲及西亚、中亚的各族各国人民向中国开辟的。"（详见葛剑雄《丝绸之路的历史地理背景》，《西北工业大学学报（社会科学版）》2020 年第 1 期，第 58 页）此说法值得注意，但完全否认古代中国或华夏各族在开辟丝绸之路中的作用，则略嫌绝对。仅就狭义的古丝绸之路来说，并非没有中国人的开辟贡献。更遑论在漫长的岁月中，在多条陆路和海路的丝道中，主要开辟者屡有变化，不能完全否定华夏各族人民在其中的作为。

③ 杨家禾：《通商四大宗论》，求自强斋主人辑：《皇朝经济文编》卷四五，光绪二十七年石印本，第 6 页。

④ [美]李明珠：《中国近代蚕丝业及外销（1842~1937）》，徐秀丽译，上海：上海社会科学院出版社，1996 年，第 75—76 页。

⑤ 何芳川主编：《中外文化交流史》下卷，北京：国际文化出版公司，2008 年，第 931 页。

好，是以湖绵百斤值银百两者，至彼得价二倍。"[①] 是时，中国丝绸占领美洲市场的速度异常之快。1602 年，秘鲁总督报告："身居利马的西班牙人都穿用价格昂贵的绸缎，妇女衣着之华丽举世难寻。"稍后，"从智利到巴拿马，到处售卖和穿着中国丝绸"。1637 年，墨西哥主要城镇中以中国生丝为原料的织工竟有 14000 人。[②]

随后，英国成为对华贸易的重头，也成为西方对华丝绸贸易的重要国家，马士（H. B. Morse）曾编纂《东印度公司对华贸易编年史》，该书主要利用英国东印度公司档案辑录（该公司的原档早就难以参阅），各种数据均来自原始记录，详实、准确、可靠，是国际学界公认的权威记录。本作较多地参阅引用了该著的数据，主要基于以下考虑，长时段的历史研究讲究资料史源尽可能不中断的连续性，经济商贸史的研究更讲究数据来源的连贯一致性（参阅多种数据固然很好，但也容易出现不同角度不同取舍的记录，导致纷乱错漏，标准不一，莫衷一是）。根据马士书记录：1674 年，英国东印度公司从中国购买的货品中已包含丝织品。1679 年，东印度公司董事部命令购买丝织品 18500 匹，丝绒 300 匹，另有生丝 40 捆。数目及价格是：披肩丝 9500 匹（每匹 2300 铜钱），苏炫丝 5000 匹（每匹 1300 铜钱），毛丝 2000 匹（每匹 5500 铜钱），薄绸 2000 匹（每匹 1350 铜钱）。[③] 数量不小，品样繁多。1694 年，公司船"多萝西号"（Dorothy）到厦门，该船主要"投资于精细货品——在指定的购货项目中 30000 匹为丝织品，而生丝在每磅不超过 6 先令的价钱内，尽量买入"。1697 年 7 月，400 吨位的"纳索号"（Nassau）从伦敦放洋厦门，公司要求的购货品种是生丝 30 吨，丝织品 108000 匹，优质丝绒 600 匹。几个月后，"特林鲍尔号"（Trumball）的购买品中也包括丝织品 41000 匹及丝绒 150 匹。1698 年，280 吨位的小战船"舰队号"（Fleet）也被用来装货，在厦门购生丝

---

① 黄叔璥：《（康熙）台海使槎录》卷一《商贩》，清文渊阁《四库全书》本。

② E. H. Blair and J. A. Robertson, *The Philippine Islands 1493-1898*, Cleveland, 1903, Vol.3, pp.179-181; Vol.8, p.8, Vol.30, pp.75-77; Vol.27, p.199.

③ ［美］马士：《东印度公司对华贸易编年史（1635—1834 年）》第一、二卷，区宗华译，广州：中山大学出版社，1991 年，第 8—9、40 页。按：该书有新的修订译本，但笔者研究此领域已有多年，当时仅有前译版本。好在，前本亦翻译精良，有少量存疑处，笔者也尽力查核英文原著。故，本书也出现少数英文原著的征引。

20 吨，丝织品 65000 匹，丝绒 1300 匹。1704 年 1 月 27 日，"肯特号"从广州回航货物中有价值 80000 两银的丝织品。因为西商订购的丝织品数量较大，难以短时备齐，往往需要预定，交货期大约在 90—100 天。[①]

华商与西商在丝绸贸易上既有合作，也有摩擦。1735 年，英国购买丝货的商人就与中国商人发生冲突，英方认为中方索价太贵，中方解释"这是由于生丝市价高涨至每担银 180 两"，故交货价也必须水涨船高，否则，中方就会亏本，中方同时保证"在重量、色泽及质量"上会有严格限定，在此条件下，英商同意提价，于是将定单分别交由 10 名中国商人承办，并要求每位华商都要本人签订合同，如有违反，英方将向中国官府申诉。但第一批样品送来时，经检查，发现重量、色泽和质量都有问题。中国商人争辩，交货是由合同价格决定，这样的钱只能买这样的货。双方各执一词，争论从 1735 年 9 月 1 日拖到 11 月 11 日，英国大班让"通事"（中国翻译）投诉于当时代理粤海关监督的两广总督，被通事拒绝。英国大班只得自行前往，并企图违规擅入广州城门，被清朝军官劝阻，要英人返回商馆，答应安排谒见。第二天，却未作见面安排，英商于是集结城门口，两广总督派出书吏接受投诉。该办事员对英商软硬兼施，一面进行安抚，同时警告今后"不得再以这样的琐事打扰"。广东官府也对中方商人施加压力，最后，将价格"减少了约四分之一"。这样的处理，转引致中方商人的不满，一度拒绝交易，中英商人"之间关于丝织品问题的争执，引起这样大的骚动，以致没有一个商人愿意谈任何生意，除非等这件事解决后"[②]。

因丝织品为历史久远的出口大宗，中国历朝对其制定有林林总总的关税章程，立项甚多，规矩细致。1735 年厦门海关对丝织品征收的关税是：花缎与光缎每尺征银 1 分 5 厘，高哥纶（Gorgoroon）与绸缎每尺征银 2 钱，丝帕每尺征银 6 分，披肩丝每尺征银 3 分，生丝每担征银 1 两 2 钱（每担除皮重 3%）。此间广州出口的丝织花色品种有：缎、绸缎、小枝花纹绸缎、高哥纶、高哥伦条纹花纹、花缎、薄绸、花纹、宝丝花纹、条纹花纹、

---

① ［美］马士：《东印度公司对华贸易编年史（1635—1834 年）》第一、二卷，区宗华译，第 141、223 页。

② ［美］马士：《东印度公司对华贸易编年史（1635—1834 年）》第一、二卷，区宗华译，第 225—226 页。

丝帕等。[①] 说明那个时间出口西方的丝绸品类是很多的，因为穿用舒适光鲜亮丽，而受到外人欢迎。这些相对规制的原料运去后大多需要再加工剪裁，以量体裁衣地制作衣服。丝绸长时间作为中国的独占产品，因地制宜形成若干大的产区，其中两个最大产区是珠江三角洲和长江三角洲，广东在 1753 年时有 168 万亩土地种植蚕桑，每年可以生产大约 1100 万磅丝，此时，中国出口丝中有约 1/4 在广东生产，长三角洲的丝产量则是广东产量的约三倍（3300 万磅）。[②]

但实际上，在这之前的明朝中期，传统的丝绸之路便呈现衰败。是时，海上丝路渐被西人占据，陆上丝路更为凋零。丝绸无论在国外出口还是国内需求方面，均表现出坠落，"明代的绢价比宋代下降几近 60%"，宋代平均每匹绢合银 1.57 两，明代平均每匹合银 0.625 两。这里虽然包含有白银价格降低的因素，但若是将绢价按当时米价折算，再作比较的结果仍然是"明代正统至嘉靖，绢价明显下降，并比宋代低约 11%"[③]。说明银丝价格比不是原因，的确是丝绸价格不断跌落。再以生产来看，传统的高档丝织业多受官府控制，宋代设官局织造，元改为织染局，明承元制，惜规模缩减，中国的官营丝织业在这时急剧萎缩，明初官局每年仅 5.6 万匹的造解任务，而地盘小许多的北宋徽宗时每年仅从江西一路调买的绸帛就有 50 万匹。明初时即或是这大为减少的数额也完成不了，成化十三年仅仅造解了 25741 匹。[④] "贡丝"也大为减少。官局在明成化、弘治以后愈发衰败，北京的外织染局，原设人匠 758 人，"后渐逃"，到成化八年（1472）"仅存其半"[⑤]，至嘉靖七年（1528），只剩 159 人。[⑥] 这也与明清时期朝廷需用更多地从市场采购而不是官局供应有关系。

① ［美］马士：《东印度公司对华贸易编年史（1635—1834 年）》第一、二卷，区宗华译，第 237—238、195 页。

② ［美］彭慕兰：《大分流：欧洲、中国及现代世界经济的发展》，史建云译，南京：江苏人民出版社，2003 年，第 307 页。

③ 许涤新、吴承明主编：《中国资本主义发展史》第 1 卷《中国资本主义的萌芽》，北京：人民出版社，2003 年，第 128—129 页。

④ 《大明宪宗纯皇帝实录》卷一六五，成化十三年四月丁未。

⑤ 《大明宪宗纯皇帝实录》卷一〇一，成化八年二月辛未。

⑥ 官修：《大明会典》卷一八九"工部九"，明万历年间内府刻本。

丝绸贸易的不振甚至波及边地，直接影响衰微中的丝绸之路。清政府与哈萨克等中亚人群贸易的乌鲁木齐、伊犁、塔尔巴哈台等市场，曾经每年都由内地调进大量绸缎以供贸易。但自乾隆朝至咸丰朝，由内地调运绸缎绫纱绢等项丝织物至新疆重要口岸的数量便有所变化，除乾隆二十六年（1761）的大量调运之外，三十二年（1767）也达到近两万匹。但到四十二年（1777），伊犁咨调内地绸缎仅为 1120 匹，其后年份也徘徊在 2000 匹至 6000 匹之间。塔尔巴哈台每年咨调绸缎仅仅数百到两千余匹。[①]致使乾隆年间之后，清朝与中亚用绸缎换马匹的传统贸易开始出现问题。因生丝价上涨而绸缎价格没有相应调整，绸缎质量明显下降，而哈萨克、布鲁特的马价却明显上涨，嘉庆年间已经出现了"哈萨克赶来牲畜少而价值贵，官换不值"的情况。[②]清政府中亚地区贸易起初调用绫绸是红、绿、蓝、月白、真紫等色，缎疋则多青、蓝、大红、酱色、古铜、茶色、棕色、驼色、米色、库灰、油绿等色，后因"俱不易换"，花色品种也大为减少。[③]这些情况，道尽了清代丝绸在传统丝路上的衰落实情。

作为中国传统出口商品的丝绸，其衰落更表现在其在中外贸易中的地位被替代。1722 年，英国东印度公司从中国输出货值总计 211850 两白银，其中丝绸价值 83700 两，占比约 39.5%；茶叶价值 119750 两，占比约 56.5%[④]。与此同时，在荷兰的对华贸易中，茶叶占总货值的比例迅速过半：1723 年为 67%，1730 年为 73%。[⑤]茶叶取代丝绸的位置是相对而言，并不是说丝绸不再是出口大项，而是说与茶叶相比，丝绸退居"二线"，再是说明丝绸出口处于萎缩。但不排除，中西丝绸贸易仍有间歇发展。

先看英国的情况，18 世纪中叶，英国东印度公司对中国丝货的投资主要集中在生丝上，对丝织品则较少。但仅就生丝而言，1765 年至 18 世纪 80 年代，公司生丝购买量尚属平稳；进入 18 世纪 90 年代至 1824 年，数量出现减少，具体说来，此时期生丝量维持在 1000—2000 担之间的年

① 惠祥等纂：《钦定户部则例》卷九四"杂支·伊犁、塔尔巴哈台事宜"，刊本，清同治年间。
② 《巴哈布等奏》道光十一年四月十二日，中国第一历史档案馆藏：《军机录副·民族类》。
③ 惠祥等纂：《钦定户部则例》卷九四"杂支·伊犁、塔尔巴哈台事宜"，刊本，清同治年间。
④ ［美］马士：《东印度公司对华贸易编年史（1635—1834 年）》第一、二卷，区宗华译，第 169 页。
⑤ 庄国土：《鸦片战争前 100 年的广州中西贸易》上，《南洋问题研究》，1995 年第 2 期。

份仅有 1790 年、1792 年、1794 年、1812 年、1813 年和 1814 年。其余年份，均不足千担。相较前一阶段，有所退步。[①] 同时，公司进口的丝织品数量也不见多，最多的年份是 1767 年，该年，8 艘东印度公司商船在广州购入 16210 匹丝织品。但这样的年份并不多见，公司在很多年份甚至不购入丝织成品，1765 年，公司因丝织品价格和生丝价格对比，前者要高于后者太多，不划算，所以没有购入；1769 年，公司"因缺乏资金，没有购运生丝或丝织品"。[②] 更多的年份，公司虽购进丝织品，数量却微乎其微，如 1811 年，19 艘公司船统共运回 56 担丝织品；1812 年，23 艘公司船共运回 22 担丝织品；1814 年，22 艘公司船共运回 239 担丝织品；1815 年，24 艘公司船共运回 23 担丝织品；1816 年，28 艘公司船共运回 332 担丝织品。[③] 其余年份则未见输出。除公司之外的另一大从事对华贸易的群体——散商的情况也不见得好。

表 1-1　英国散商从中国输出丝织品数量（1771—1819 年）

年份	经营者	来华商船（艘）	丝织品（担）
1771	散商	13	580
1772	散商	4	668
1774	散商	4	3348
1811	散商	25	969
1812	散商	13	72
1813	散商	18	319
1814	散商	23	143
1815	散商	23	284
1816	散商	39	95
1817	散商	39	794
1819	散商	17	1000

资料来源：马士《东印度公司对华贸易编年史》，区宗华译，第三卷，第 1—365 页；第四、五卷，第 578—625 页。

---

① 此节所用统计表格与数据由覃许永制作。特表感谢！

② [美]马士：《东印度公司对华贸易编年史（1635—1834 年）》第四、五卷，区宗华译，第 550、543、567 页。

③ [美]马士：《东印度公司对华贸易编年史（1635—1834 年）》第三卷，区宗华译，第 153、171、203、226、241 页。

除了表 1-1 中列出的年份，1770 年代至 1810 年代的其他年份，未见散商从广州装运丝织品的记录。在散商投资丝织品的年份中，丝织品数量呈无规律的波动起伏，相差悬殊。表 1-2 是此时期英国东印度公司和散商从中国输出丝绸的另一大品类——原材料生丝的统计表，可以从中比对公司与散商、成品与原料的差异：

表 1-2　英国东印度公司和散商从中国输出生丝数量（1771—1833 年）

年份	经营者	来华商船（艘）	生丝（担）
1771	东印度公司	约 20	1600
	散商	13	4
1772	东印度公司	约 13	1426
	散商	4	105
1773	东印度公司	9	2028
1774	东印度公司	13	1293
	散商	4	369
1775	东印度公司	5	2112
	散商	8	1196
1776	东印度公司	8	7
	散商	16	965
1777	东印度公司	9	1829
	散商	9	1142
1778	东印度公司	7	1827
	散商	10	277
1779	东印度公司	5	1605
	散商	8	2027
1780	东印度公司	12	2514
	散商	12	537
1781	东印度公司	11	1206
	散商	6	699
1783	东印度公司	13	776
	散商	3	147
1784	东印度公司	13	678
	散商	8	41
1785	东印度公司	13	525
	散商	9	298

（续表）

年份	经营者	来华商船（艘）	生丝（担）
1786	东印度公司	29	2889
	散商	24	189
1787	东印度公司	29	2339
1788	东印度公司	26	1877
	散商	24	1214
1789	东印度公司	21	1620
	散商	37	2371
1790	东印度公司	25	1527
	散商	21	1216
1791	东印度公司	11	786
	散商	12	954
1792	东印度公司	16	1272
	散商	23	1764
1793	东印度公司	18	762
	散商	22	1051
1794	东印度公司	21	1160
	散商	23	1464
1795	东印度公司	16	711
	散商	17	460
1796	东印度公司	23	599
	散商	17	1201
1797	东印度公司	18	453
	散商	22	1415
1798	东印度公司	16	488
	散商	16	955
1799	东印度公司	15	871
	散商	15	111
1800	东印度公司	19	827
	散商	21	302
1801	东印度公司	26	603
	散商	6	259
1802	东印度公司	19	569
	散商	19	13
1803	东印度公司	18	965
	散商	25	1475

（续表）

年份	经营者	来华商船（艘）	生丝（担）
1804	东印度公司	21	600
	散商	18	56
1805	东印度公司	17	158
	散商	36	369
1806	东印度公司	19	671
	散商	60	685
1807	东印度公司	14	701
	散商	37	452
1808	东印度公司	15	618
	散商	39	983
1809	东印度公司	14	413
	散商	26	854
1810	东印度公司	15	715
	散商	19	554
1811	东印度公司	19	763
	散商	25	149
1812	东印度公司	23	1257
	散商	13	705
1813	东印度公司	20	1192
	散商	18	870
1814	东印度公司	22	1680
	散商	23	1413
1815	东印度公司	24	282
	散商	23	360
1816	东印度公司	28	659
	散商	39	
1817	东印度公司	16	417
	散商	39	1700
1818	东印度公司	16	360
	散商和私商	35	1882
1819	东印度公司	24	863
	散商	17	2777
1820	东印度公司	23	832
	散商	27	2793
1821	东印度公司	24	802
	散商	36	5320

（续表）

年份	经营者	来华商船（艘）	生丝（担）
1822	东印度公司	19	562
	散商	21	4616
1823	东印度公司	21	597
	散商	24	2614
1824	散商	30	3595
1825	散商	39	6985
1826	散商	51	4186
1827	散商	42	3570
1828	散商	53	7248
1829	散商	47	5990
1830	散商	50	6668
1831	散商	68	8451
1832	散商	67	6651
1833	散商	82	9920

资料来源：马士《东印度公司对华贸易编年史（1635—1834 年）》，区宗华译，第一、二卷，第 323—722 页；第三卷，第 2—368 页；第四、五卷，第 2—267 页，第 579—614 页。

　　根据表 1-2 可知，1816 年之前，英国从中国输出的生丝数量，有些年份公司多些，有些年份散商多些。而从 1817 年开始，散商的数量开始大幅超过公司。丝织品贸易更是如此，1824 年后，公司干脆退出了这项不起眼的丝绸业务，将份额全部留给散商。但即或是公司与散商两者加起来，对于英国这样一个国际贸易最大户来说，数量从来不过万担，也少得可怜。

　　再看美国的情况，1784 年，美船首航至中国，返航货品中包括 490 匹丝织品。从当年至鸦片战争爆发，美国从中国输出的生丝很少，高值为1789 年的 660 担。且年际间数量极其悬殊，如 1793 年仅 36 担，1794 年甚至只有 3 担，堪称"零星"，说明建国不久的美国加工能力有限。除了生丝外，熟丝也被出口至美国，1792 年，美国商船便运载了价值 62000 两白银的 155 担熟丝回国。在各类货品中，数量些微。[1]19 世纪初期，美国对华生丝贸易依旧延续上世纪的状态，量少且不稳定。因此，此间缺乏生

---

[1] ［美］马士：《东印度公司对华贸易编年史（1635—1834 年）》第一、二卷，区宗华译，第 418、492、525、570、523 页。

丝加工能力的美国以直接输运丝织成品为主，其绸缎在 1821 年突破 20 万匹，1825 年达到 619614 匹，数量可观。这些丝绸，不仅供应美国本国使用，还分销往世界各地。1822 年，美国从中国输出 381430 匹丝织品，其中运往美国的有 369763 匹；运往欧洲的有 250 匹；运往马尼拉和巴达维亚的有 970 匹；运往南美洲的有 10447 匹。1824 年，美国船运往美国的丝织品 571846 匹；运往欧洲的 1706 匹。1825 年，美国从广州出口丝绸的分配走向：运往美国价值 199640 元的 434 担生丝，价值 2496402 元的 565455 匹丝织品；运往欧洲价值 51060 元的 111 担生丝，价值 71483 元的 16343 匹丝织品；运往南美洲、马尼拉等地价值 148432 元的 37816 匹丝织品。1826 年，美国输出总数是 260 担生丝，303885 匹丝织品，其中运往美国生丝 210 担，丝织品 269928 匹；往欧洲生丝 50 担；往南美洲和桑威奇群岛丝织品 33957 匹。1828 年，美国船只运丝绸出广州后的分配地点：美国生丝 68 担，丝线 144 担，丝织品 211310 匹；欧洲生丝 260 担。1829 年美国船只运出广州后出口货的分配地点：美国价值 97750 元的 230 担生丝，价值 67150 元的 158 担丝线，价值 792892 元的 169642 匹丝织品。南美洲、桑威奇群岛和加利福尼亚价值 40950 元的 117 担生丝，价值 29750 元的 70 担丝绒，价值 101343 元的 14011 匹丝织品。1832 年，美国船只运往美国生丝 144 担、丝线 72 担、丝织品 211249 匹，运往欧洲丝织品 3970 匹。[①] 美国对从中国输出的丝绸进行再分配，转销往他国，牟取差价，美国人充当着中国丝绸的二道乃至三道贩子。

至于其他欧洲国家从中国输出的丝绸更是减少。葡萄牙等早期对华贸易国的地位早被他国替换。法国对华丝绸贸易集中在 18 世纪中后期，之后便中断。至于荷兰，略加补充，随着荷兰丝绸纺织业能力的增强，中国丝织品的运入对本土产品形成竞争，因而遭到当地丝绸生产商的反对，他们要求严格限制成品进口。但进口商并未完全放弃该项经营，特别是一些高端绸缎，仍从中国小量运入。而作为原料用于荷兰丝织业的生丝进口则受到鼓励，18 世纪，荷兰商船从中国运载的生丝量每年不到千担。19 世

---

① ［美］马士：《东印度公司对华贸易编年史（1635—1834 年）》第四、五卷，区宗华译，第 6—55、90—109、148—149、192、210、350 页。

纪初期，录得千担的突破：1829 年达 7860 担[①]；即或如此，总量也不大，且只是有限的年份。

瑞典，"乾隆二十七年，特旨准配买丝斤。是年十月，瑞国商棉是旦等呈称：不谙织作，以不能自织之国，若止准带丝斤，仍属无由服用。现在瑞国已缺乏绸缎二三年，恳先准带绸缎成匹者二千斤，由两广总督苏昌代奏，并请嗣后每丝千斤，止准带绸缎八百斤，毋得额外多求。至现在瑞国恳先带绸缎二千斤之处，为数无多"。[②] 在一般商船禁止贩运丝绸出洋的时期，因瑞典商人的恳求，清廷破例准允瑞典商船在 1762 年运载丝绸回国。瑞典对华丝绸贸易的频率在 18 世纪较高，以 1775 年分界，之前，瑞典商人偏重进口成品，年进口最高额为 1772 年的 1068 匹。[③] 之后，瑞典商人多进口生丝，年进口最高额为 1785 年的 281 担，其次为 1788 年的 127 担，其他年份均在 50 担以下。[④] 佐证该国的丝织行业此期有了些进步，主要进口对象从成品转移到原料，但需用量委实太小，应该只是些家庭作坊织用。到 19 世纪初期，瑞典商船来华频率大幅降低，仅个别年份运载少量丝绸，如 1815 年的 8 匹[⑤]，微不足道。

丹麦，直接来华购买丝绸的时间集中在 18 世纪，而丝绸输出的侧重也随着时间有所不同。早期，丹麦商人以投资织品为主，但年际间织品进口量呈递减趋势，从 1764 年的 4489 匹减少到 1772 年的 985 匹。1775 年之后，丹麦商人几乎停止进口丝织品，仅进口生丝，年际间的数量也波动很大，一些年份并未投资或仅运入几担生丝，少数年份进口量过百担，高值为 1781 年的 331 担。整体而言，从广州出口到丹麦的丝货数量并不多。[⑥]

神圣罗马帝国、俄罗斯、西班牙、普鲁士、意大利等国商人亦在一些年份赴广州采买丝货，但数量很少，年代隔断，皆为生丝，年输入量不超

① ［美］马士：《东印度公司对华贸易编年史（1635—1834 年）》第四、五卷，区宗华译，第 197、236 页。

② 梁廷枏：《粤海关志》，袁钟仁点校，第 479 页。

③ ［美］马士：《东印度公司对华贸易编年史（1635—1834 年）》第四、五卷，区宗华译，第 598 页。

④ ［美］马士：《东印度公司对华贸易编年史（1635—1834 年）》第一、二卷，区宗华译，第 432、469 页。

⑤ ［美］马士：《东印度公司对华贸易编年史（1635—1834 年）》第三卷，区宗华译，第 227 页。

⑥ ［美］马士：《东印度公司对华贸易编年史（1635—1834 年）》第一、二卷，区宗华译，第 384 页。

过 200 担。综上所述，英美之外的其他欧洲国家对华的丝绸进口贸易活动多集中发生在 18 世纪。之后贸易形势急转。1800—1833 年间，以英美为首的国家从广州港口运出的生丝数量整体呈上升趋势，1830—1833 年间中国出口生丝的年平均数近乎是 1800—1804 年的 8 倍。其中，英国是进口中国生丝最多的国家，每个时段占比均在百分之九十多，占据了绝对优势地位。而美国进口的生丝数量远低于英国，占比均在百分之六以下，但美国此时期的生丝占比已比除英国外的其他国家的总和还多，成为输出中国生丝的第二大国。[①]此外，英国在 1834—1837 年期间，从广州输出的生丝数量"上升到平均每年 10000 担"，这是前时未有的突破。不过，此乃短期情状，英国在 1838—1842 年间的年平均生丝进口量"又降为 2500担"。[②]19 世纪上半叶，中国出口至西方市场的丝织成品的情况似乎好过生丝，只是数量也一直处于动态变化中，英国、美国是最主要的进口国，从表 1-3 中可以约略窥见。

表 1-3　从中国输出至英国、美国的丝织品数量（1811—1832 年）

年份	中国输出总数（匹）	英国数量（匹）	美国数量（匹）
1811	2515	1025	1490
1812	360	94	266
1813	463	463	
1814	542	382	160
1815	3169	307	2854
1816	427	332	95
1817	2982	794	2188
1819	6119	1000	5119
1820	3966	2366	1600
1821	336614	60000	276614
1822	419272	37842	381430
1823	371000	21000	350000
1824	612052	38500	573552
1825	653326	33712	619614

[①]　严中平等编：《中国近代经济史统计资料选辑》，北京：中国社会科学出版社，2012 年，第 15 页。

[②]　[美]李明珠：《中国近代蚕丝业及外销（1842~1937）》，徐秀丽译，第 77 页。

年份	中国输出总数（匹）	英国数量（匹）	美国数量（匹）
1826	363885	60000	303885
1827	460494	40000	420494
1828	301310	90000	211310
1829	267403	80000	186653
1830	378457	93000	262107
1831	318177	49500	268677
1832	273902	54682	215219

资料来源：马士《东印度公司对华贸易编年史（1635—1834年）》，区宗华译，第三卷，第152—382页；第四、五卷，第6—382页。

据表1-3，从1811年到1820年，从中国输出到西方的绸缎仍较为有限，每年总量皆远低于万匹。1821年，英国丝织品进口量达到60000匹，美国进口量达到276614匹，分别实现了万匹和十万匹的突破。英美两国从中国输出的生丝量有一转换，早期英国数量一直远超美国；在1810年代，美英两国互有赶超；19世纪20—30年代后，美国从中国输出的丝织品数量大多高于英国，成为主要的丝织品进口国。要指出的是，到1830年代末期之后，中国丝织成品向整个西方（包括英国、美国）的出口全都大幅下降，反倒不如原料丝的表现。

此间和后来的史料均说明，丝绸贸易地位的下落是相对于茶叶等贸易量值比较而言，从绝对量上看，丝绸外贸仍处于时进时退、丝进绸退、美（国）进欧（洲）退、总体衰退的状态。1830—1833年，英国商人从广州出口的生丝每年约为4300担，1834—1837年间，上升到年均10000担，在随后的四年里又降为2500担；鸦片战争后，又小有增长，1845年，英国从中国输出的生丝达10576担。[①]

谈到此，有几点需要强调：一是我们所说的明代中期以后丝绸之路的衰歇，是沿用学界的通行观念，是特指传统丝绸之路的断绝，是专指丝绸

[①]　K. N. Chaudhuri, *The Trading World of Asia and English East India Company 1660—1760*, Cambridge University, 1978, p.351. 另参 [美] 马士：《东印度公司对华贸易编年史（1635—1834年）》，区宗华译，第一、二卷，第334页；第三卷，第6、174、356页。

在中国外贸中相对地位下降，已被茶叶等出口货品替代[①]，从此没有了以丝绸为主流的国际商道。二是丝与绸贸易地位的倾斜，即生丝与丝织品两者之间的变化，越往后延，生丝的出口份额占比越大，证明机器生产环境下的西方对原料的需求加大，而仍处在手工作业的中国丝绸纺织业的优势渐失，西方更需要原料而非成品，两者之间是有很大差别的，中国更多地成为列强的原料供应地。据统计，在鸦片战争之前约20年内，广州出口绸缎价值每年在四五百万银元，在1820至1824年间，其年均出口值竟达1220万银元。但在与欧美机器纺织业的竞争中逐渐落败，到鸦片战争后，每年仅一百多万银元，如1846年，广州出口丝织成品仅135万银元，与战前最好时有近十倍之差。[②]三是古丝路衰微后并不意味着明代中期以降中外丝绸贸易就没有间歇性发展，特别是在个别地区，如鸦片战争后的上海等，但此地的发展每每以彼地的衰落为代价。

表1-4　广州、上海生丝出口量（1843—1858年）

年份	广州（担）	上海（担）	合计（担）
1843	1430	——	——
1844	2083	——	——
1845	5430	5146	10576
1846	2843	12157	15000
1847	960	16941	17901
1848	——	14507	
1849	849	12190	13039
1850	3444	13794	17238
1851	1927	16505	18432
1852	2839	22461	25300
1853	3662	46655	50317
1854	——	43386	

① 茶叶取代丝绸贸易地位的局面直到19世纪80年代后期才有了反转，是时中国茶叶的世界市场被印度、日本挤占，相形之下凸显了丝绸贸易的份额，1880年时丝绸在中国出口贸易总值中的占比是38%，茶叶是45.9%；到1890年丝绸占比下降到33.9%，茶叶占比下降更厉害，为30.6%，丝绸在外贸中的地位重回老大；到1900年，丝绸占比30.4%，茶叶跌落到16%，两种货品都下降，只是茶叶相对落差更大。而棉花等占比有了大幅提高。此统计未细分丝与绸，当以生丝出口的份额要大得多。参见王翔：《近代中国传统丝绸业转型研究》，天津：南开大学出版社，2005年，第50页。

② 刘永连：《近代广东对外丝绸贸易研究》，北京：中华书局，2006年，第55页。

（续表）

年份	广州（担）	上海（担）	合计（担）
1855	——	44969	——
1856	——	63357	——
1857	——	47989	——
1858	——	68776	——

资料来源：[美]李明珠《中国近代蚕丝业及外销（1842~1937）》，徐秀丽译，第82页。

（二）究竟为何

有学者认为：陆上丝路凋敝的重要原因是陶瓷贸易的兴起，因为陆上交通辗转，陶瓷易碎，海上运输比陆路安稳，载量也大。据估计，一支由30只骆驼组成的沙漠商队，只能装载9000公斤的货物，而一艘海船可载货60万至70万公斤，相当于两千头骆驼的运量，"二者的优劣是显而易见的"。[①]中国外销瓷的量确实很大，18世纪90年代中期，荷兰"中国委员会"每年派出4—5艘商船到中国，每艘可在底舱装25万件瓷器。[②]上述分析表面看来似乎有道理，但只能说明海上商路对陆上商路有优势，特别是在重载货物方面，却难以说明海上商路除了运送陶瓷以外，同样可以运送丝绸（在海道大通后的一段时间里，海上丝路确实在相当程度上替代了陆上丝路），在运量大增的情况下，为何丝绸外销反而疲弱易势。这里的关键在于：陶瓷（使用）与丝绸（穿用）难以形成替代关系。

更多的人认为古丝路的断绝主要是因为国际地缘政治的变化。明朝中叶，嘉峪关对外交通中断，丝路也便不再。此说难以说明另一个疑惑：从历史上看，丝路绵延千年，旋起旋落，但总是能够衰而复振，屡扑屡起。丝绸之路，汉代确立，魏晋衰减，唐代鼎盛，由盛转衰也在此发生，公元751年的怛逻斯战役和755年的安史之乱，使唐帝国元气大伤，退出河西，丝路中落。及至北宋，与北方的辽、金、西夏处于对抗态势，南宋建都杭州之后，国家经济文化中心南移，西域各国亦分裂割据，丝路几度断绝。到13世纪蒙古人建立元朝，大军西征中亚、西亚，丝路复通。明朝郑和七下西洋，丝绸为重要载货，却也是丝路的回光返照。自永乐帝逝后，在

---

① 何芳川主编：《中外文化交流史》上卷，第62页。

② [荷]包乐史：《中荷交往史》，庄国土、程绍刚译，香港：路口店出版社，1989年，第98页。

西北方向上采守势，退入嘉峪关自保，西域大部分地区先后为察合台汗国与叶尔羌汗国统治，丝绸陆路古道真正衰落下来，绵延千年的丝绸之路终于消停。为什么悠悠古道因国内外政治时局和治理版图的变迁而屡次中断，但总能回头再来，一脉相承，不绝如缕，但明朝中期以降，却再也未能复苏，丝路终于成了"古道"？

也有人认为是中国政府的超经济干预导致丝绸出口贸易的中落，特别是入清以后，衰情愈甚。清政府曾规定："向来湖丝出洋每船以万斤为限，茶叶并无定制。"[①]顺治十八年（1661），清廷颁布"迁海令"，命沿海及各岛屿居民内迁 30 里到 50 里，界外房屋村舍毁焚，并严令军民人等不得私出境外，违者处斩。[②]广东地区在康熙元年（1662）实施第一次内迁后，康熙三年（1664）、康熙十八年（1679）又奉令迁界两次。广东第二次海迁波及饶平、澄海、潮汕、东莞、香山等 24 个州县，第三次内迁波及顺德、番禺、南海等蚕桑较为发达的地区，蚕养殖与丝生产遭受巨大冲击。海禁重创丝绸的生产与出口，丝绸对外贸易陷入低潮，外船与中国直接的丝绸贸易成为偶尔，丝货多数只能通过走私贸易运出，17 世纪七八十年代，英国只有转道从越南等地间接买入中国丝，价格自然要贵出不少。法国也曾为了搜求中国丝货而前往，然而得到的"礼物很少"，只有一些生丝和杂货，"价值共约银 150 两"。[③]而荷兰很长时间处在与中国的间接贸易状态，以巴达维亚为据点收购中国帆船运来的丝货，此种方式，也相当受阻。

但海禁并不永久，而是时紧时松。1684 年，康熙下令开放海禁，在福建、江苏、浙江、广东四省设立海关，国内外商船可以合法地进出上述四个口岸直接进行互市。一段时间后，清廷又颁行"南洋禁令"（1717），中外贸易的活动地域压缩。不过，该禁令对本国商人与船只出海管制严格，对外国来华船只则"听其自来"。[④]此前，中国商船行止于东南亚等地，西方对华贸易多由西人自营，受到的影响不大。再有，有些禁令落实

---

① Public Record Office, *British Foreign office Records*, 1087/7.

② 欧初、王贵忱主编：《屈大均全集》第 4 册，北京：人民文学出版社，1996 年，第 51—52 页。

③ ［美］马士：《东印度公司对华贸易编年史（1635—1834 年）》第一、二卷，区宗华译，第 38—40 页。

④ 中国第一历史档案馆整理：《康熙起居注》第 3 册，北京：中华书局，1984 年，第 2324—2325 页。

起来大打折扣，以至徒具虚名，禁洋"之名未能尽禁洋之实"。①雍正元年（1723），清政府重申严厉"海禁"，西方商人无法在南洋地区购进中国丝货，间接贸易遇阻，客观上推动西方商人驾船直接来华进口丝绸。从清廷实施南洋禁令开始，中国人越发退出丝绸运送的角色，主要由西方人来承担。中西海上丝绸之路，西方人日渐扮演着运送主人，这是海禁政策很糟糕的一个负面，将华商圈禁在国门之内，让外商占据主场。到1727年，福建总督鉴于外贸不畅，影响民生，请求废除禁令，雍正帝从之，此年"海禁既弛，诸国咸来互市，粤闽浙商亦以茶叶、瓷器、色纸往市，后并准带土丝及二蚕湖丝。其往也，由粤东虎门至鲁万山，经七洲洋，至旧柔佛……由柔佛转循海岸而西北，则为马六甲"②。但到了1759年，清政府因江、浙等省"丝价日昂"，颁行单品禁令，禁止生丝出口，下令对"私贩出洋"的行为"严行查禁"③：

> 倘有违例出洋，每丝一百斤，发边卫充军。不及一百斤者，杖一百，徒三年。不及十斤者，枷号一月，杖一百。为从及船户知情不首告者，各减一等，船只货物俱入官，其失察之汛口文武各官，照失察米石出洋之例，分别议处。④

乾隆二十四年十二月（1760年2月），户部议奏："本年御史李兆鹏奏请禁丝斤卖出洋，经部议准在案。至绸缎绵绢是否应禁，设有私贩出洋，应否与丝斤一并计算轻复位拟等语。查绸缎等物，总由丝斤所成，自应一体严禁，请嗣后绸缎绵绢，如有偷漏私贩者，亦按斤两多寡，分别科罪。失察文武官弁，照例议处。"⑤生丝和丝织品出口贸易皆被明令禁止。出口禁令下达时，各国商人已购买并装载了各类丝货，正待粤海关的通行证，准备开船运出广州港口。乾隆二十四年九月辛亥（1759年10月24日），

---

① 黄叔璥：《（康熙）台海使槎录》卷一《商贩》，清文渊阁四库全书本。

② 王之春：《清朝柔远记》，赵春晨点校，第103页。

③ 故宫博物院文献馆编：《史料旬刊》第18期，北京：故宫博物院文献馆印，1931年，第656—657页。

④ 故宫博物院文献馆编：《史料旬刊》第5期，北京：故宫博物院文献馆印，1930年，第158页。

⑤ 故宫博物院文献馆编：《史料旬刊》第5期，第158页。

"两广总督李侍尧奏：现准部咨，严丝出外洋之禁，文到之日为始，实力稽查，俾无透露。唯是外洋夷船，向系五、六月收泊进港，至九、十月出口回帆。本年陆续进口夷船二十三只……各夷商已将出口货物买齐，或已搬运下船，或贮行馆。请将外洋夷船丝禁，以乾隆庚辰（二十五）年为始；其本年各夷船已买丝货，准其截运出口，不致守候变售"。得旨："如所议行。"①清廷决议丝禁下达之时已完成的丝绸交易，仍准许外商运出该部分丝货，暂不受限制，以免耽误季风期，滞留中国反更麻烦。丝绸出口禁令下达不久，1760 年，江苏巡抚陈宏谋上奏：向来用中国的丝绸等货"前往日本易铜，回掉分解各省以供鼓铸。今丝斤已禁，若将绸缎一概禁止，所带粗货不敷易铜，请将绸缎纻绢等准其买办"。清廷结合实情议定："该商每年共办铜二百万斤，需铜本银三十八万四千余两，除杂费并置买药材糖货外，应于每船搭配绸缎三十三卷，分装十六船，每卷照向例计重一百二十斤，毋许浮多。每船三十三卷，计额船十六只，应携带五百二十八卷。"②罗网又重新打开一面，官方派遣到海外采办铜料的商船得以按规定携带丝绸出口。乾隆二十七年（1682），清廷感到丝价高企，未必因为出口太多，区区出口量对中国庞大的生产力来说不成比例，"前因出洋丝斤过多，内地市值翔踊，是以申明限制，俾裕官民织纴。然自禁止出洋以来，并未见丝斤价平"。禁丝出口不但没有能拉低丝价，反而使外贸受阻，外商抱怨，国税减少，"英吉利夷商伯兰等以丝斤禁止出洋，夷货艰于成造，吁恳代奏，酌量准其配买"。清廷检讨"此盖由于生齿日繁，物价不得不贵，有司恪守成规，不敢通融调剂，致远夷生计无资，亦堪轸念"。同意请求，准许英国商船"循照东洋办铜商船搭配绸缎之例。每船准其配买土丝五千斤、二蚕湖丝三千斤，以示加惠外洋至意。其头蚕湖丝及绸、绫、缎匹，仍禁止如旧，不得影射取戾"③。鉴于减少丝绸外流的政策并未使国内丝价下跌，反而造成经营桑蚕、丝业的商民生计和丝货买卖受到影响；而外商来华贸易时则购买丝绸屡屡不遂，于内于外均受

---

① 《大清高宗纯皇帝实录》卷五九六，乾隆二十四年九月己卯。

② 刘锦藻：《清朝文献通考》卷三三"市籴二"，杭州：浙江古籍出版社，2000 年，第 5164 页。

③ 梁廷枏：《粤海关志》，袁钟仁点校，第 360 页。

其害。乾隆二十九年（1764），清廷下令废除丝禁政策：

> 且英吉利、葛剌巴等国，先后以织纴不供，恳请卖给货买，俱已特旨准其酌带配用，是外洋诸国取给于蚕丝者，正复不少，亦宜一视同仁，曲为体恤。现在新丝绸将届收成，所有出洋丝斤，即着弛禁，仍遵照例行。……每年出东洋额船十六只，应请每船准配二、三蚕糙丝一千二百斤。按照绸缎旧额，每一百二十斤抵绸缎一卷扣算。如愿照旧携带绸缎者，亦听其便。……其由江苏省往闽、粤、安南等处商船，每船携带糙丝，准以三百斤为限，不得逾额多带。闽、浙二省商船，每船准配土丝一千斤、二蚕粗丝一千斤，其绸缎、纱罗及丝绵等项，照旧禁止。至粤省外洋商船较他省为多，其配往各洋丝斤出洋售卖者，按年份核算，其数目亦较他省加广，请令每船于旧准带丝八千斤外，再准加带粗丝二千斤，连尺头总以一万斤为率。其头蚕、湖丝、缎匹等项，仍严行查禁，不得影射夹带滋弊。[①]

至此，清廷不再完全禁止丝绸出口。清廷政策颠来倒去的反复折腾确实影响到丝绸对外贸易，特别是将华商逼出丝绸出口渠道，转由西商承接，对海上丝路某些运送区段的易主起了国人痛西人快的作用。但这些单独针对丝绸贸易的施政有限，大部分政策实行的是针对全部外贸货品，而在那个年代，私下贸易昌盛，存在大量名禁实难禁的现象，海禁并未阻止茶叶外贸的蓬勃发展，也不应令丝绸贸易太受影响，不能成为丝绸之路中断的主要原因。甚而，清朝采行海禁政策时断时续，大多只禁华人，不禁外人；执行也时紧时松。近年来，学界屡有否认清朝采行闭关政策的见解，此议值得省思。

（三）生物因由

古丝路的衰落，是综合因素肇致，与上面提到的交通梗阻、地缘政治、

---

① 梁廷枏：《粤海关志》，袁钟仁点校，第361页。另可参见刘锦藻：《清朝文献通考》卷三三"市籴二"，第5166—5177页。

政府施政、路线转移等均有关系。但其中特别值得提出的是生物原因。前列几种说法侧重瞩目的都是外部原因，丝路之所以能够屡断屡兴还有商品属性的内在因由，那就是丝绸对人们的不可或缺。很长时间里，若要追求贴身穿着的舒适性，舍丝绸外难寻他物，丝绸具有某种"唯一性"。中古以前，人们的穿着主要是皮毛和大麻、亚麻、葛布织品，这些材料有一个共同缺点，就是质地粗糙，刺扎皮肤，特别是旧时的鞣纺技术差，使其贴身穿用很不舒服。而丝绸恰好弥补了这个缺陷，是那个年代不可多得的适合贴身穿用的衣被材料。外人之所以千年渴望丝绸，还因为自己不能生产，植桑养蚕"这种新鲜事到了 14 世纪才在西方国家出现，况且规模也很小"①。衣着为人们日常所需，这也正是中国丝绸在世界范围内盛销不衰的原因所系，是丝绸之路千年存续的奥妙所在。

丝路衰落的根本原因在于生物种属的替代，丝作为一种生物产品，在化工业兴起之前，当以另一种生物产品作为规模替代，那就是棉花。蚕丝是动物纤维，棉花是植物纤维，同样的穿着材料之间方能形成顶替，亦即棉布的出现及其在世界范围内的普及是丝绸地位相形见绌的最重要因由。转过来说，也正因为此，棉花的普遍栽种和利用在服装史上简直是划出了一个新时代，它使人类找到了一种生产成本更低却又贴身穿用非常舒适的材料。棉的最大特点是"附体轻暖"②，由是，丝绸的贴身舒适性很大程度上被代替，丝绸对人类穿着的影响力因之降低。元朝初年的人对丝、麻和棉的优劣就有比较：棉花"比之蚕桑，无采养之劳，有必收之效；埒之枲苎，免绩缉之工，得御寒之益。可谓不麻而布，不茧而絮"③。明代的人更称："凡葛蔓生……破析至细者，成布贵重"，可见葛布成布不易。"凡苎麻无土不生。……绩为当暑衣裳、帷帐"，麻布保暖性差，只适合夏季，"惟破析（撕裂麻皮）时穷日之力只得三、五铢重"，耗费工力。④不仅是原料加工，实际上从大麻和亚麻的栽种到制作都带来一系列问题，"这

<hr />

① ［法］福西耶：《中世纪劳动史》，陈青瑶译，上海：上海人民出版社，2007 年，第 160 页。
② 宋应星：《天工开物》，潘吉星译注本，上海：上海古籍出版社，2008 年，第 109 页。
③ 汪灏等编：《广群芳谱》卷一二，北京：内府刻本，康熙四十七年，第 184 页。
④ 宋应星：《天工开物》，潘吉星译注本，第 110—111 页。

两种植物都会耗尽土壤的养料，这意味着不能年年种它们。……另外，在收获时需要将它们连根拔起，接着又是令人疲惫不堪和枯燥乏味的剥皮劳动，然后再将麻杆泡在活水里'沤烂'，而这样做会散发出臭气并且会毒死水中的鱼群，也就是说，种麻会引发邻里间激烈的争吵"[①]。这是从劳动成本和环境污染着眼，于舒适性考虑，棉布更是远超麻衣葛布。

棉花已经在地球上生长了一千万至两千万年，自然界进化出多类棉花，大类有草棉（Gossypium herbaceum）及树棉（Gossypium arboreum），树棉在中国更多地称为"木棉"，在南方很常见，"肉质的花瓣有时作为食物，丝一般的雄蕊晒干后可填充坐垫"[②]。但旧时的国人也有将"木棉"与"草棉"混称的，后来方才区别开来。逐渐的，草棉优胜劣汰其他棉属，多年生树棉在较为寒冷的地带难以过冬，只有一年生的草棉才适宜包括较温冷带的大部分地区，因为冬季来临之前，棉桃已经收获，不存在过冬问题。中国的广大温带地区正是如此，在一年生品种发展起来之后，棉花栽培才得以普及，于12世纪后成为长江中下游及至华北地区的重要作物。草棉还适合大面积播种、培植、收获，因此迅速称霸棉花帝国，在世界范围播种。

棉与丝之间的比较优势立马显现，棉花更适合普及，栽植技术简单，耐碱性在所有主要作物之上，自南纬25度至北纬42度30分之间的大多数地区均宜生长；还有棉花的增产也更容易，增加棉花供给面积较之增加蚕丝、羊毛以及亚麻要便捷，棉株对自然条件的要求非常宽泛，而桑树的栽培在气候和土壤上的要求远更严苛；比较起来，桑株择地性强，培育难度大，仅适合在温暖湿润无霜期120天以上的地区种植，木本的桑株培育期比草本的棉株要长得多，植桑的增用土地面积也不为少。左宗棠曾在福建推广植桑，因为气候和土壤不宜失败；有人在松江、太仓及江苏濒海地区推行蚕桑，也告失利。可见，即或在丝绸富地的江南，适宜蚕桑的地区也是有限的。[③] 养蚕业原先起源于中国北方，到南北朝被引入南方，转到

① ［法］福西耶：《中世纪劳动史》，陈青瑶译，第160—161页。
② ［美］卫三畏：《中国总论》上册，陈俱译，上海：上海古籍出版社，2014年，第258页。
③ 清朝农工商部编：《中国生产实业统计表》"江苏"，日本：大阪重印本，1912年，第704—706页。

明代，原为中国重要蚕丝产地的华北地区已经很少植桑养蚕，后来者的多次试验也均告失败，此与气候变迁有关，天意若是，非人力可为。桑蚕养殖是高密度劳动，据测算，种植桑树的劳力比许多作物要高，种一英亩水稻一熟需要 76 天，一英亩茶叶需要 126 天，一英亩桑叶则需要 196 天。养蚕费时更多，每年伺养春蚕的"蚕月"是最为忙碌的时间，养蚕者往往废寝忘食，如果自家照看不过来，则需雇工，人工是仅次于桑叶的第二大养蚕费用，有时占到总费用的 30%—50%。① 古籍中一再反映：蚕事"为时促而用力倍劳"；"头蚕始生至二蚕成丝，首尾六十余日，妇女劳苦特甚"。② 养蚕比植桑所费功夫不少，从育种到吐丝，从收茧到成丝再到能够使用的丝绸要经过诸多环节，绫罗锦缎，富贵华丽，里面的讲究却极其繁复，非内行人不得其详。明清的蚕桑手册指出，如果"蚕宝宝"（此通用词本身就说明蚕的娇嫩）在饥饱、干湿、冷热之间失去平衡，就会染病死亡，蚕在干燥的气候中方能健旺生长，而植桑却需要潮湿，如此一来，养蚕和植桑在阳光与雨水、干燥与湿润之间便形冲突。③ 由于天气非人力所能控制，植桑养蚕过程的每一步都存在极大危险，养蚕也就有了许多忌讳迷信，蚕儿异常娇贵，不仅喜暖厌冷、喜洁厌脏、喜静厌闹，而且讨厌各种异味，如炸鱼炒肉的气味，又如烟、醋、酒、油、麝香等气味，甚至讨厌高声说话和舂捣之声。19 世纪长期寓华的卫三畏（S. W. Williams）就此繁缛过节写道：

> 养蚕时，要非常小心不能受到噪音和强光的干扰；要常常更换箩筐，才会有足够的位置和清洁的地方；极其注意蚕的状态，按时喂养，及时做好结茧的准备。做茧要有三天，六天内要煮死蛹，将茧缫出丝来。养蚕的人将茧密封在瓮里，里面用席子和叶隔开，撒上盐，然后埋在地下，这样可以杀死蛹，并使丝保持柔软、强韧、有光泽。……杀死蛹的另一种方法是将茧铺在盘中，放在沸水上面蒸，一次蒸两盘，

---

① ［美］李明珠：《中国近代蚕丝业及外销（1842~1937）》，徐秀丽译，第 163 页。
② 汪日桢：《湖蚕述》卷一，吴兴汪氏刻本，光绪六年，第 1—2 页。
③ 彭泽益：《清代前期江南织造的研究》，《历史研究》1963 年第 4 期，第 92—94 页。

按热度上下交替，注意能杀死蛹而不使丝受损。……1844 年法国派到中国的使团调查了丝绸业，询问了熟悉技术的人，使团的报告包括大量的技术细节，这是任何地方也见不到的。1848 年艾德的目录汇编在圣埃田展出，拥有的论文仅关系到丝绸和桑树的就达 453 篇。[①]

生丝是动物蚕宝与植物桑树两大种属结合而成，棉花单纯是植物种属，比较起蚕桑养殖与丝品生产的费工费时费事费力来说，棉花和棉布要远为省工省时省事省力得多，但在穿着的舒适感上，两者差别不大。

另从市场角度看，丝织品因价格昂贵，被视为"上服"，只有上流社会才享受得起，庶民百姓多以葛麻等粗织品遮体，"吾国丝业甚早，锦绣黼黻，皆丝织品也。而布以麻为之，贫夫之褐，直粗麻耳"[②]。棉布则是一种广谱的衣被材料，茸密轻暖，物美价廉，比葛麻织物舒适，又比丝帛产品耐用。既可作高档服饰，也可制低档服装，棉布洗涤后的缩水率要小于绸缎，方便剪裁并可反复清洗，"棉布缝制的袍子可以经常更新，不比绣金铺银的袍子做一件就要穿很久；布袍的花色可随季变化"[③]。棉花取代毛、麻、丝成为人们最重要的纺织原料后，棉织物成为衣料的首宗，"内地、回疆则以布疋为重，绌锻丝绫视之亦不甚爱惜也"[④]。一句话道明清代以来即或在传统丝路上，人们对丝绸的轻视和对棉布的看重。

尽管"考之古籍，中国夏禹之世，已有用棉织布之举"[⑤]，只是传说而已。草棉业在中国的发展大约始自宋代，"宋、元之间，始传其种入中国。关、陕、闽、广，首得其利"[⑥]。元代初年，浙东、湖广、江东、江西等地曾由政府设置"木棉提举司"，责民岁输棉布 10 万匹，这是政府向民众收取棉布实物贡赋之始。[⑦]元代黄道婆发明改善弹棉纺纱工具，棉品

① [美] 卫三畏：《中国总论》下册，陈俱译，第 606—607 页。

② 屈弹山：《雉尾集·松江布与黄道婆》，《大众》，上海：1944 年，第 20 期第 144 页。

③ [法] 布罗尔：《15 至 18 世纪的物质文明、经济和资本主义》第 1 卷，顾良、施康强译，第 381 页。

④ 参见椿园七十一：《异域琐谈》卷四《外藩·郭酣列传》。

⑤ 黄省曾：《西洋朝贡典录》，谢方校注，第 7 页。

⑥ 丘浚：《大学衍义补》卷二二，清文渊阁《四库全书》本，第 250 页。

⑦ 宋濂等：《元史》卷一五《世祖本纪》，北京：中华书局，1976 年，第 19 页。

加工技术上了台阶。"棉的纤维，较苎麻和亚麻短，因此纺纱和织布都需要更换工具，这一过程花去了两三百年，一直到 13 世纪，棉纺织生产和棉花栽培才成为中国农村的两大常见行业。"① 迄明朝，棉花已成中国最重要的经济作物，政府对农户种棉有强制规定，还允许"税粮亦准以棉布折米"②。棉花"乃遍布于天下。地无南北皆宜之，人无贫富皆赖之。其利视丝盖百倍矣"③。

丝绸意义的降低与棉布的兴盛在时间上大体重合。通过数据比对，"1750 年前后全中国的棉花产量起码与 1870 年同样高，或者说肯定与 1900 年同样高"。1750 年前后，在中国蚕丝业最发达的杭嘉湖地区人均享有丝"两磅左右"；同时"江南人均棉花产量 14 磅多"。④ 进而引出劳动分工和自然经济结构的变易，"纺织"的内涵发生变化，"纺与织的地区分工，最早出现于明代中期"；自古所谓的"男耕女织"实际上直到明代后期才"开始成为一种重要的分工模式"。⑤ 正因为如此，万历年间的江南名士田艺蘅方能引证那样一段著名的话："男子不织而衣，女子不耕而食，男女贸功，相资为业。"⑥ 男耕女织彼时才成为习俗。棉布的成功，取决于它质量、款式、价格的多样性或广谱性，适合不同人群，男女老少皆宜，富人穷人"通用"。

各地区出现了棉进丝退的状况，即或在边地，也出现以棉布替代丝绸的情况，茶马交易外，丝马交易换成布马交易。乾隆二十七年（1762），鉴于丝绸产销的低落，伊犁将军开始调运棉布，包括额征余粮折交布、金折布、采买布三项。叶尔羌、和阗两城每年额运布 52845 匹、喀什噶尔每年额运 11100 余匹。乾隆四十一年（1776），因哈萨克到伊犁贸易者渐多，恐官布不敷应用，需要更多备办棉布。叶尔羌、和阗两地官员次年即添办 8500 余匹，运往伊犁。⑦ 塔尔巴哈台调运所需贸易备赏回布始于乾隆三十

① [意] 乔吉奥·列略：《棉的全球史》，刘媺译，上海：上海人民出版社，2018 年，第 35 页
② 张廷玉等：《明史》卷七八《食货志》，北京：中华书局，1974 年，第 1894 页。
③ 邱浚：《大学衍义补》卷二二，第 250 页。
④ [美] 彭慕兰：《大分流：欧洲、中国及现代世界经济的发展》，史建云译，第 132、309、313 页。
⑤ 李伯重：《多视角看江南经济史（1250—1850）》，北京：生活·读书·新知三联书店，2003 年，第 363、323 页。
⑥ 田艺蘅：《留青日札》卷三"男耕女织"条，徐懋升刻本，明万历三十七年，第 22 页。
⑦ 《高朴等奏》，中国第一历史档案馆：《朱批·民族类》乾隆四十二年八月初一日。

年（1765），最初咨调量为一两千匹，后因哈萨克贸易牲畜渐多，咨调达到三四千匹不等。① 嘉庆、道光年间，伊犁暨塔尔巴哈台调取喀什噶尔、叶尔羌、和阗回布数量大致每年为 96000 余匹至 99000 余匹。② 调拨棉布之举长期维持，咸丰二年（1852），因哈萨克人赴伊犁等地进行贸易，在喀什噶尔等地将此项棉布内额征余粮及黄金折交布之赋改为折征钱文，停止采买布匹。停采棉布不久，发现贸易客户不舍棉布，咸丰五年（1855），重又继续奏调棉布，以供贸易之需。③ 调运棉布一直持续到同治初年，对维持清朝与哈萨克和中亚的官方贸易起了很大作用。

　　棉花的普及在西方同样有体现。这一选择过程经历了几百年的时间，世界各国基本同步，但欧洲要晚一些，"棉花在欧洲是异国事务。……据报道，有许多欧洲人想象棉花是一种'菜羊'（vegetable lamb），是植物和动物的混合。中古时期的欧洲流传的故事是，小羊长在植物上，夜里弯身饮水"④ 欧洲大致从 12 世纪开始试验性地加工棉花，13 世纪后，棉花随着纬起绒织物（亚麻的经纱和棉布的纬纱）的发展开始更新旧纺织材料。15 世纪，威尼斯"大壳船"承运来自塞浦路斯或叙利亚的大包棉花甚至出现两个棉花起运周期，一次是在 2 月，6 艘船；另一次是在 9 月，两艘船。巨大的棉包需要巨载工具。一份注明为 1449 年 12 月 1 日的公证文书提供了组成 1450 年 2 月棉花运输船队的 5 艘船的吨位，分别为 1100 波特、732 波特、566 波特、550 波特和 495 波特，即在 250 吨至 550 吨之间。⑤ 17 世纪后，棉布在欧洲有了较多人穿用，但多为进口的东方棉织成品，并长期处于禁限与反禁限的纠缠中，在西欧，亚洲的棉布首先被法国禁止（1686 年），随后被英国（1702 年部分禁止，1721 年全面禁止）；在南欧，西班牙也于 1717 年禁止东方的棉布；欧洲大陆的其他地方也相继

① 永保、兴肇：《塔尔巴哈台事宜》卷二"库贮仓廪积贮"，吴丰培辑，刻印本。

② 汪廷楷、祁韵士：《西陲总统事略》卷五"粮饷棉布"。

③ 《奕山等奏》，中国第一历史档案馆：《朱批·民族类》咸丰四年四月初七。

④ [美]斯温·贝克特：《棉花帝国：资本主义全球化的过去与未来》，林添贵译，台北：远见天下文化出版股份有限公司，2017 年，第 38 页。

⑤ [法]费尔南·布罗代尔：《菲利普二世时代的地中海和地中海世界》上卷，唐家龙、曾培耿等译，第 441 页。

颁布禁令。禁令难以围堵之时，英国复对棉布实行高关税，从 1690 年代初起逐年攀升，最初设定是 20% 的征税率，到 1700 年达到 35%。1721 年索性颁布法令，规定除了平纹细布和蓝色棉布之外，禁止销售和使用所有亚洲棉布。欧洲人抵抗棉布，不是为了保护中国的丝绸，而是为了保护母国的产业支柱——毛纺业，故禁令被视为是"绵羊和毛料的胜利"。[①]

商品经济究其底色是自由经济，行政阻拦与蓬勃发展的商品经济在斗法中每每败下阵来，人们可以用手脚、用金钱来选择。1736 年的《曼彻斯特法案》对棉布生产开了一个口子，规定英国生产的棉绒品是合法的。此后，英国颁布《棉坯布法令》以刺激棉纺业的发展，到了 1828 年，过去作为毛纺业重镇的英国（特别是英格兰和威尔士，但在苏格兰和爱尔兰，亚麻的地位则超过毛皮制品），"毛纺已无影无踪，麻纺也差不多"。[②]毛麻是英国的主打产品，尚且此况，更毋庸谈及外来的丝绸了。这不独是英国呈现的场景，日本也在此前后减少了"对中国蚕丝依赖性"；18 世纪以后，"俄国人对日趋下降的丝质发出了怨言，在贸易总量中棉花逐渐占了更大的比重"。[③]英国作家笛福（Daniel Defoe）说，棉布"悄悄潜入我们的家，我们的衣橱和寝室，窗帘、靠垫、椅子，最后床铺本身全都是印花平布"[④]。棉布不断挤占着原先纺织品的地盘，葛布消退，麻、毛、丝愈来愈少量化、高档化、混纺化，棉花一枝独秀，棉布独领风骚。

中国人是很幸运的，在化纤材料诞生之前，世界上最主要的几种服装材料——毛皮、亚麻、丝绸、棉花，中国人很早就已享用。根据对鸦片战争前国内主要商品的估计，其中棉花年产量 255.5 万担，商品值 1277.5 万两银，占国内商品值的比重为 3.3%；棉布为 31517.7 匹，商品值 9455.3 万两银，占国内商品值的比重为 24.39%。而丝的年产量 7.1 万担，商品值 1202.3 万两，占国内商品值的比重为 3.1%；丝织品为 4.9 万担，商品值 1455 万两，占国内商品值的比重为 3.75%。棉花及棉织品与生丝及丝

① [意] 乔吉奥·列略：《棉的全球史》，刘媺译，第 72、121—122 页。
② [法] 布罗代尔：《15 至 18 世纪的物质文明、经济和资本主义》第 3 卷，顾良、施康强译，第 663 页。
③ [美] 李明珠：《中国近代蚕丝业及外销（1842~1937）》，徐秀丽译，第 75—76 页。
④ [美] 斯温·贝克特：《棉花帝国：资本主义全球化的过去与未来》，林添贵译，第 49 页。

织品所占商品值比重的悬殊之大出人意料，棉花及制品成为仅次于粮食的第二大商品类别（粮食的商品值 16333.3 万两，占国内商品值的比重为42.14%）。[①] 对于人类的生存质量而言，除了食物以外，衣物最为重要，所以，在世界经济中，最大的非农业部门往往都是纺织业；而棉花、桑树的栽植，又是棉农、蚕农的事，这又是农业经济了。棉花成为全球市场经济一体化的关键，还在于它将长距离的初级产品和成品贸易连接起来，将商业经纬编织到千万里之外，这又涉及了商贸和交通。

纺织是最早实现全球化的制造业，除了中国棉业的兴起外，棉花的普及可谓世界性。恰如布罗代尔（Fernand Braudel）所言："一部服装史应该把我们引向纺织品的历史，引向生产和交换的地理学。"[②] "相知无远近，万里尚为邻。"在全球化进程中，物种的交流非常重要，中国在食物方面得益于美洲农作物的引进，在衣着方面得益于棉花棉布的普遍应用，它们都是来自于外域的物种。古谚曰："五月棉花秀，八月棉花干，花开天下暖，花落天下寒。"物种的交流使得国人有了更多的"衣"和"食"，满足了生存所需的两项最基本条件——"吃"的口腹之欲，"穿"的温体之需，减少了冻馁之虞。仅从人类的生存质素着眼，国际贸易中的"民族主义"、单边主义、动辄制裁是万万不足取法的；在经贸领域中掺入制度较量、国民情绪、政体纠葛、意识纷争乃至国内法的无边际扩大也是需要大加克制的。

不独中国如此，棉花无翅而飞，流通世界。以国际棉花市场上的大户英国来论，18 世纪初，英国的原棉进口量不足 500 吨，到 1800 年突破25000 吨，再到 1860 年，超过 50 万吨。[③] 这就造成了棉丝地位的互换，棉花的份额居重，丝绸的地位下降。在前工业革命时代，因为经济的不发达和交通工具的低劣，能够进入国际贸易的商品很少，而那些主打产品每每能因此对贸易国发生重大影响。如果说主要供达官贵人享用的丝绸是古代

---

① 许涤新、吴承明主编：《中国资本主义发展史》第 1 卷，第 289 页。

② ［法］布罗代尔：《15 至 18 世纪的物质文明、经济和资本主义》第 1 卷，顾良、施康强译，第 384 页。

③ ［美］龙多·卡梅伦·拉里·尼尔：《世界经济简史：从旧石器时代到 20 世纪末》，潘宁等译，上海：上海译文出版社，2009 年，第 181 页。

国际贸易的产品，那么供普通大众消费的棉花则是近代国际贸易的产品。棉花对丝绸的易代，也因此具有了历史转型的标志意义和符号象征。嗣后，直到人造纤维的出现，方出现又一大变迁，"欧洲发展起来的人造丝生产在 1929 年以前尚未开始严重影响美国的丝制品消费，不过，它在除丝袜以外的所有可以用丝来织造的产品中成了真丝的严酷竞争者。1939 年由杜邦（Dupont）引进的尼龙，攫去了尚未被人造丝触及的最后丝市"。① 这却没有撼动棉花的地位，棉花在 2013 年"仍然无所不在，全世界至少生产一亿两千三百万包棉花，每一包重约四百英磅，这些棉花足够替全世界每个人制作二十件恤衫，把这些棉包一一堆高，可以创造高达四万英里的一座巨塔，平躺下来，它们可以环绕地球一圈半。……美国有一则广告正确地宣称：'棉花是我们生命的基础'（Cotton is the fabric of our lives）"②。棉布被认为是最自然、对身体最无害、最时髦的衣品，化学纤维则屡受诟病。一部服装的演进史，亦是人类文明和科技进步的递进史。我们经常谈论政治学意义上的"再疆界化"，其实，物种的流播也有再疆界化乃至去疆界化的历程，亦即物种突破一个地区的界域传入另一个地区遂而蔓延全球的转进，其影响并不比国际政治学理念上的"再疆界化"来得小。

丝退棉进带来的结果是多方面的，不仅是古丝路的衰退和新棉路的兴发，大规模棉田的开辟使可耕地巨量增长，其中的很多地块不太适合需水量较多的农作物生长，却适合较耐旱的经济作物棉花的长成，如中国的新疆、埃及的某些地方、美国的内陆等，使人类的作物地理版图有了空前扩展。丝退棉进不仅是生物意义上的"天演论"，也是人们自然而然的择取，是生产者和消费者不约而同的优选，它给耕织结合的生产者开辟了另一大块新天地，给消费者提供了另一大类物美价廉的新穿戴。丝绸之路的消停和棉花经济的崛起又是一个具有划时代意义的转变，它使人类贴身适用性的衣被材料从"唯一"的华贵锦缎下移到再普通不过的棉布，最底层的平民百姓也享用得起，使全社会各个阶层的生存生活质素赖此而进了一大步，消费品从"少数人"独享到"全人类"共用正是古代经贸向近代经贸转换

---

① ［美］李明珠：《中国近代蚕丝业及外销（1842~1937）》，徐秀丽译，第 98—99 页。
② ［美］斯温·贝克特：《棉花帝国：资本主义全球化的过去与未来》，林添贵译，第 9 页。

的重要表征之一。联想到近代工业革命正是从棉纺织业起步，近代的大机器生产正是从机纺纱布开始，近代交通业的飞速发展正是由原棉与织品的庞大进出口量不断推动，近代的工厂制度正是从棉纺织厂奠基……这一切互为因果的链条可以拉得很长很长，起始的端点却在棉花，后将叙写。总而言之，将丝退棉进喻为"时代"变迁的重要迹象，当不为过；将"丝路"视为古时的"旧商道"，将"棉路"看作近世的"新商道"，两者间的兴替，亦有历史趋势必然的内在因由。

三　时髦的"南京布"

服务于少数人的古丝路衰落后，并没有给人们的穿用带来"严重后果"，因为服务于大众的新商道代之而起，其中"棉路"在全球商路的建立中举足轻重，这方面的内容太过丰富多彩，前章侧重于"面"上的叙述，本章偏重于"点"上的分析，聚焦于曾一度畅销欧美的中国"南京布"的故事[①]。概因棉的生根开花始于亚洲，印度和中国又长期居于世界棉花生产与棉布纺织的顶级位阶。早在其他大洲掌握棉花的栽培、棉线的纺纱和棉布的编织之前，这两个国家就已出品美观耐用的印花布从而享誉西方。

（一）释名分色

"南京布"是英语的汉译名，英文称 Nanking Cloth，也有的索性简写作 Nankeen。得名于明清时代来华经商的西方人。"南京布"虽以"南京"得名，却并不主产于南京。初版于上世纪 40 年代的严中平的代表作《中国棉纺织史稿》指出："真正的所谓南京土布，或东印度公司指定订购的所谓棕色土布，不知究竟出产在那个地区，大约即江南苏松一带所织的一种紫花布。"[②] 大致框定了一个范围，但没有坐实。严著之所以犹豫，可能因为南京与苏松毕竟地名有异。对此，后来有研究者作了解释，称明代

---

① 关于中西"南京布"贸易，仅见片段论述涉及，系统专论乏见。

② 严中平：《中国棉纺织史稿》，北京：科学出版社，1963 年，第 18 页。

的南京，本身便指以南京为首府的整个南直隶地区，辖区包括南京城及左近的苏州、松江等州府在内的大片范围。入清以后，虽然行政建制多有变迁，但"南京布"这一主要在西人中流行的名称却沿袭下来。① 金国平更有考证："南京布"原初的西文翻译本来就是"松江布"，那是在英文译词之前的葡萄牙语和西班牙语中的译词，其根据是从 1580 年开始记录的耶稣会士的资料中，有购货清单明确提及所购货物有宽窄幅不一的"松江布"，其产品被誉为"松江美布"，就是从语义学的演变视角来考察，在西方语言中，也是先有"松江布"的字词（在葡萄牙语和西班牙语），后有英语"南京布"的字词，因为后来英人成为西方对华贸易的"老大"，在西方世界，英语的"南京布"才逐步取代了葡语和西班牙语的"松江布"的称谓。②

松江长达几百年居于世界棉纺织最发达地区绝非偶然。这一地区开始种植棉花大致在南宋的中后期，屈弹山引元末陶宗仪《辍耕录》说：

> 松江乌泥泾土地硗瘠，谋食不给，乃觅木棉种于闽广，初无踏车椎弓之制，率用手去其子，线弦竹弧，按椊而成，其功甚艰，有黄道婆自崖州来，教以纺织，人遂大获其利，未几，道婆卒，乃立祠祀之。……黄道婆疑是粤妇，以织布之法授之松人。③

16 世纪后期来华的利玛窦称"棉籽传入这个国家只是四十年前的事"④，延时太晚，当然不是事实。棉业到明代已形成相当优势，特别是在松江等地，"到 1620 年，松江 130000 公顷可耕种土地中，一半以上都留给了棉花。在这一时期上海南部的嘉兴地区，百分之九十以上的土地都用于栽培棉花"⑤。由于长江三角洲的沙壤适宜于棉花种植，加上该地

① 张忠民：《"南京棉"与"南京布"小考》，《历史教学》1986 年第 8 期，第 59 页。

② 金国平：《葡萄牙语和西班牙语中关于"松江布"的记载及其吴语词源考》，《史林》2015 年第 1 期，第 57—58 页。

③ 屈弹山：《雉尾集·松江布与黄道婆》，《大众》1944 年第 20 期，第 144 页。

④ [意] 利玛窦、[法] 金尼阁：《利玛窦中国札记》，何高济、王遵仲、李申译，第 13 页。

⑤ [意] 乔吉奥·列略：《棉的全球史》，刘媺译，第 35—36 页。

区民性细腻，讲求工艺，使得松江左近成为举世瞩目的优质棉布产区。"查江南苏、松繁庶，而贫民俯仰有资者，女子七八岁以上，即能纺絮，十二三岁即能织布，一日经营，供一人之用度有余。"[①]松江棉布甲冠全国，"绫布二物，衣被天下"[②]。随着时代的演变，南京布的生产区域有扩大之势，从松江扩及江南的很多地区，"自吉贝入中土，初以音译，既而以意译曰木棉，以别于丝之帛。宋元以来，初植于交广，旋由闽而浙而苏以达于松江"，这是棉花种植传于松江的路线，棉花植栽或由外地传入，但织布技艺则是由松江为顶点弥散于他地，"而松地织布之风遂盛，今江浙一带，家家有纺织之具，未始非渐染松风，而松江所产之布，遂享盛名，故吴人有松江买布之讴"。[③]徐新吾等指出，南京布也产自上海，并"成为当时各国争购的对象"[④]。这便是指入清以后的情形。松江本来就邻近上海，又是松沪文化的发源地，素有"先有松江府，后有上海滩"之称。"上海平原就像一个巨大的花园……棉花也就成了这儿的主要农产品。实际上，这儿是南京棉的一大产区。"[⑤]利玛窦也有记述：上海左近盛产"棉花，因此布匹颇丰，整个地区大约有二十万名织布工人。织出的布匹大部份供应朝廷和北直隶。布匹来自上海（Xamhai）及其他地区"[⑥]。清代南京布的产地，更在上述地区发育泛大，扩及整个太湖地区乃至江南地区。1833 年来华的美国公理会士卫三畏，在其所著的《中国总论》（*The Topography of China*，1848 年初版，1883 年修订再版）中写道："外国人称为'南京布'的棉布就以产地得名……一提到织物或是其他较通常手工制作更为优良的任何物品，就说是来自南京，其实，这样说的意思不过是来自这一带。"[⑦]加上江浙一带地理位置优越，竖江横海，东临大海，北枕长江，大运河沟通南北，海运则南联闽粤，北连华北东北，外通欧美，

①　黄彭年等：《畿辅通志》，李文治编：《中国近代农业史资料》第 1 辑，北京：科学出版社，2016 年，第 103 页。

②　郭廷弼、周建鼎、包尔康等：《（康熙）松江府志》卷五"风俗·户口"，刻本，康熙二年。

③　屈弹山：《雉尾集·松江布与黄道婆》，《大众》1944 年第 20 期，第 144 页。

④　徐新吾主编：《江南土布史》，上海：上海社会科学院出版社，1992 年，第 96 页。

⑤　[英]罗伯特·福琼：《两访中国茶乡》，敖雪岗译，第 71—72 页。

⑥　[意]利玛窦：《耶稣会与天主教进入中国史》，文铮译，北京：商务印书馆，2014 年，第 466 页。

⑦　[美]卫三畏：《中国总论》上册，陈俱译，第 71 页。

水陆交通的四通八达，增强了棉花棉布的商品性能，道光年间："沙船之集上海，实缘布市。……凡所取给，悉出机杼。"[①] 由松江等地发散，江南一带均成为中国棉纺业的中心，"江苏省在中国棉纺织业界之地位，堪与英国棉业中心之兰克夏（Lancashire）相比拟。1918年该省之纺锤占全国所有纺锤80.32%"。方显廷总结棉业集中地形成的原因，第一条就是棉花主产地，江苏也长期是中国最大的棉花产地，1918年至1929年间，江苏省的棉花产量"约当全国产额32.3%"。[②] 其他原因还有：交通运输便利，居民购买力强，邻近广大市场，商业金融发达，外贸优势明显等。

"南京布"名气太大，别的地区也有用此名义以利销售的，其又被泛称为或冒称为中国甚至邻国制造的布，19世纪初叶寓华的西人写道：此品"可以分为公司南京布和窄幅南京布两种。前者品质最优，也最受重视。南京布亦产于广州和中国的其他地方，以及东印度群岛。中国产的南京布，至今在色彩和质地方面，仍优于英国的产品。价格每百匹60至90元不等。出口到欧美，数量可观。很适合温暖地带作夏服用"[③]。

南京布是有色彩的，其中以棕色（赭色）和紫色（褐色）为主。19世纪上半叶在广州居住的龙思泰（Anders Ljungstedt）描述"南京布（Nankeens）本品是一种棉布，得名是因为织这种布的带红色的棉纱产自南京"[④]。所记"红色"接近赭色。前面引用的耶稣会士资料中还提到有"蓝色及赭色""浅或深蓝色"，这与严中平的叙述也合拍，"真正的所谓南京土布，或东印度公司指定订购的所谓棕色土布"[⑤]，而以紫花色为大宗，所以，南京布也称"紫花布"。紫花布是那个时代欧美上流人士的时髦穿戴，无论是《大卫·科波菲尔》中的"nankeenbosom"，还是包法利夫人的紫花布长袍，或是基督山伯爵的紫花布裤子，推及英国绅士上穿杭绸衬衫下着紫花布裤子的花俏配装，统统都是来自中国的紫花布。

南京布主要以紫花色彩出现，这是没有疑问的。问题是，这些紫花布

① 包世臣：《安吴四种》，李文治编：《中国近代农业史资料》第1辑，第104页。

② 方显廷：《中国之棉纺织业》，北京：商务印书馆，2011年，第20—21页。

③ [瑞典]龙思泰：《早期澳门史》，吴义雄、郭德焱、沈正邦译，北京：东方出版社，1997年，第352页。

④ [瑞典]龙思泰：《早期澳门史》，吴义雄、郭德焱、沈正邦译，第352页。

⑤ 严中平：《中国棉纺织史稿》，第18页。

究竟是用有色棉纺织而成，即是用"紫花"（紫色棉花）直接纺织成布，还是用常见的黄白色棉花织成布后，再行染制而成？通常的描述是：南京布主要用有色棉纺织而成，就是用所谓的"紫花"作原料织成的土布，由于它是用色棉织成，因此不经印染就具有天然颜色。[①]笔者却认为，不完全排除由紫色棉等直接纺织而成，但那只是很小的批量，大部分应该还是由正常的黄白色棉制成布后再染色而成。所据理由，一是从技术上来说，若用原彩色棉直接纺织而成，那么，天然彩色棉很容易出现变异，特别是千家万户耕织家庭种植纺织，颜色很难统一，势必千差万别，成本也特高。实际上，棉花的祖先——野生棉纤维常带有棕褐色等天然颜色，早在2500年前的秘鲁北部就有彩色棉的种植，经过长期的栽培优化才渐成黄白色。笔者不排除南京棉中有少量的天然彩色棉，但其颜色较浅，产量低，变异分离不稳定，适纺性较差，据称，紫棉的出衣率大致要比白棉减少一半还多[②]，因此不易开展大规模的生产。所以苏松地区大量种植的还是白棉（黄棉）。再是从时人的记述上来说，明代宋应星就指出：棉花"有白、紫二色。种者白居十九，紫居十一"[③]。鸦片战前来华的卫三畏叙述"大面积的棉田在长江流域，白的和黄的品种种在一起"[④]。1843年到1844年，英国植物学家罗伯特·福琼（Robert Fortune）在考察上海及周边地区后写道：上海"是南京棉的一大产区，大量的棉花就从这儿装船运往华北、华南以及附近一些岛屿。所产棉花既有白棉花，也有黄棉花，南京布即由黄棉花纺织而成"，这是对南京布纺织棉色的明确指陈。还记录"中国棉，又叫南京棉，属于植物学家所说的草本棉。……黄色的棉花，中国人又把它叫做'籽棉'，南京布便是由它纺织而成"。特别重要的是，福琼还记述：上海周边还广泛种着某种十字花科的植物。从这种植物中可以提取出一种靛青色或蓝色的染料，中国人把它叫作"天青"。大量天青被运往上海及

---

① 张陈典等：《（乾隆）嘉定县志》卷一二"杂类志·物产"，刊本，乾隆七年。

② 一般的棉花"皆二十而得九"；而"紫花，浮细而核大，棉轻，二十而得四"。参见徐光启：《农政全书》卷三五"蚕桑广类·木棉"。

③ 宋应星：《天工开物》，潘吉星译注，第107页。

④ [美]卫三畏：《中国总论》下册，陈俱译，第590页。

中国北方的各个城镇，用以染制蓝布。①

　　染制无论在东方还是西方都是一门古老的技术，中世纪的欧洲有专门采制染料的人，他们采摘"植物中的菘蓝和靛蓝……并将这些植物的叶子或种子磨碎熬煮，这是手艺人的活"②。福琼的发言应该具有客观性和权威性，说明大宗棉花还是黄白色，形成紫花布是用天青等染料后来染制。中国农学家徐光启也指出，紫色棉"布以制衣，颇朴雅，市中遂染色以售"，确认加以染色，但质地反倒"不如本色者良"③。所以，大批量的紫色花布，应该是后来加染的，所使用的就是本色棉花，而不是彩色棉。染色也未必在当地，各地有各地的特色工艺，"蓝色染料来自两种植物，一种是蓼蓝，产于南方；另一种靛青在上海和舟山有种植"④。故有"织造尚松江，浆染尚芜湖"⑤的俗语。

　　关于出口的先发国家。紫花布大量用于出口，从江南运往中国外贸口岸，再转口海外，"紫花布专行闽广，本色者各省行之"⑥。有研究者认为：上海土布销往英国为海外输出之嚆矢，"我国最初输出的棉织品，就是土布。大约在十八世纪三十年代，（英国）东印度公司首先在上海地区购买土布百匹，作为试销"⑦。此说未必正确，一是时间并非晚至18世纪，中国手工纺织棉布外销欧洲的历史，早在16世纪就由最早东来的葡萄牙人等开辟，南京布经葡萄牙人和西班牙人之手，销往海外，西人全球范围的经销促进了松江棉布在国际市场上的快速商品化，使得明代中期，中国的纺织品就已名扬海外。再是国别有误，最初转运南京布的并非英国人，而是最早来华的葡萄牙人等。这反映出地理发现之后较早来华的西人群体及西方殖民国家的先后"坐庄"——操控海洋贸易的最早是葡萄牙人、西班牙人，然后是荷兰人，最后方才轮到英国人、美国人。这些国家"前

---

① [英]罗伯特·福琼：《两访中国茶乡》，敖雪岗译，第71—72、137—138、127页。

② [法]福西耶：《中世纪劳动史》，陈青瑶译，第161页。

③ 徐光启：《农政全书》卷三十五"蚕桑广类·木棉"。

④ [美]卫三畏：《中国总论》下册，陈俱译，第591页。

⑤ 宋应星：《天工开物》，潘吉星译注，第109页。

⑥ 《法华镇志》，郑光祖：《一斑录·杂述》，青玉山房印本，咸丰二年。

⑦ 徐新吾主编：《江南土布史》，第96页。

仆后继"陆续成为经销南京布的大客户。

（二）"高光时刻"

南京布创造了中国手工棉布出口的"高光时刻"。与葡萄牙人和西班牙人早就认识到南京布的服饰价值不一样，根据档案记载，南京布在英国人那里，最初是用于珍贵丝品的包装布等，并不起眼。1731 年，英国东印度公司改变此前用箱子包装生丝和丝织品的办法，"我们有时曾考虑怎样去包装生丝的问题，我们发现将南京布加上一块好的涂蜡的布，并以草席包裹，然后用绳捆扎"。英国人发现这有两个好处，一是比箱子要缩小体积，二是"在包里的色彩比在箱子里要好得多"。法国公司董事部也觉察到这一办法的好处，于是命令"将全部生丝用包运送"①。这是所见英人涉及南京布的较早记述。可以看出，此时的英国人对南京布并不陌生，也不稀罕，故用作包装布。英人对南京布的初始认知，应当是与葡萄牙人、西班牙人、荷兰人往欧洲的转运有关。

英国人最早认识到南京布的价值所在，并特意专门进口是在 1734 年。这年，东印度公司董事会命令来粤商船"哈瑞森号"（Harrison）"购买南京手工织品，特别指定幅宽一英码的南京棉布"，定购数量 100 匹，每匹单价 3.5 两银子，90 天交货。英方还觉察到，"至于广州织的一码宽的棉布，按廷官行商提出的价格则比董事部限定的价钱高 50%，而且质量差"。不怕不识货，就怕货比货，相比之下，广州布比南京布不但质量次，而且价格高。不过，购买过程不知哪个环节出了麻烦，订购的南京布"不能按时收到"。英人转向另一外贸大港——福建厦门购货，回复却蹊跷："无从订约购买。"② 可能是本地人服用的是当地生产的棉布，不愿为了英人的些许需求远距离自福建往江南订货。

1735 年的《关税税则》规定南京布每尺征税银 6 厘。这是中方的规定，说明南京布的出口已经有了一定的稳定量级，只有出口品达到较大量级且持续稳定才会有征收关税的价值和必要。翌年，鉴于此前的教训，公

---

① ［美］马士：《东印度公司对华贸易编年史（1635—1834 年）》第一、二卷，区宗华译，第 204—205 页。
② ［美］马士：《东印度公司对华贸易编年史（1635—1834 年）》第一、二卷，区宗华译，第 223—224 页。

司专门指示属下要"特别努力去搜购南京布，就是要真正在南京纺织的产品"。英人经比较后认为，广州织品洗后褪色，而真正的南京货则不褪色，南京布还要比他地所产的布结实，反映英人对南京布的认识加深。这年，公司船"里奇蒙号"（Richmond）一举购得南京布 10374 匹，打开了"南京布"直接批量化输英的口子。除了该船外，"诺曼顿号"也购得少量南京布，却"购得大量的长、宽、厚度较大的广州布"，与南京布比较，广州布的质次价高显露无遗，购南京 2560 匹的价钱不过是 896 两银；而购广州布 2010 匹，价钱却高达 2894 两银，广州布量少，却价昂。此次所购广州布是那种宽厚度较大的布匹，也许是一个理由，但性价比毕竟较南京布要差得多。由此更易理解西人偏爱南京布的原因。1738 年，"通常的长度和宽度的"南京布每匹成本为 0.31 两银；英国的两艘船又购买了南京布 9530 匹。1739—1740 年，又购买南京布 4000 匹。1741 年，公司购买南京布 15699 匹。1750 年，英国从中国购运南京布 5740 匹。[1]

由于需求渐趋稳定，而且数量增加，更重要的是，南京布的生产和调运（从江南运送广州）需要时间，临时准备大批量的货来不及，西人又不可能长时间在广州等货，于是，南京布和茶、丝一样，需要"预付定款，现在已成为一个惯例"[2]。因为这些货品需要生产时间，又是大宗需求，要事先确定生产量，故要求预定。既然预定，提交定金也是当然，以对买卖双方形成约束，保障稳定的货源。1754 年，英船从广州装运南京布的情况是，6 艘船每船平均装运 1200 匹，每匹 0.34 两银。1766 年，英公司购南京布 18000 匹。1774 年，英公司购南京布 10000 匹。[3] 到 1782 年，英人购买南京布已经达到 20000 匹的量级。[4]

除英国外其他国家的消费也值得注意。中国的纺织品较为广泛地存在于 16 世纪的俄国文献中。例如，在 16 世纪末的一本商业税册中记载有一

① ［美］马士：《东印度公司对华贸易编年史（1635—1834 年）》第一、二卷，区宗华译，第 223—224、238、251—254、257、262、275、283、296 页。

② ［美］马士：《东印度公司对华贸易编年史（1635—1834 年）》第一、二卷，区宗华译，第 376 页。

③ ［美］马士：《东印度公司对华贸易编年史（1635—1834 年）》第四、五卷，区宗华译，第 432—433、542—543、614 页。

④ ［美］马士：《东印度公司对华贸易编年史（1635—1834 年）》第一、二卷，区宗华译，第 396 页。

种被称为"中国布"的织物，而在沙皇伊凡·瓦西里耶维奇 1557 年的行军服登记单中也列有用中国织料缝制的无领袍。[①]

1784 年后，美国人介入，渐成购买大户。该年的 8 月 25 日，美国第一艘抵华商船"中国皇后号"（Empress of China）到达广州，12 月 27 日返航，运走南京布 864 匹，成本 362 两银。[②]说明他们对南京布早已知晓，来华之初，即列入采购名单。在此前后，还有多国介入。1764 年外船出口情况是：荷兰船 4 艘装运南京布 15000 匹；法国船 4 艘装运 11510 匹；丹麦船 2 艘装运 26400 匹；瑞典船 1 艘装运 747 匹。[③]说明需求所在，多国参与。但除了英美两国外，其他国家的购入都是时断时续不稳定的。

1786 年，各国对南京布的需求有增加：英国 42000 匹；美国 33920 匹（其中便有再次来华的"中国皇后号"的运出，说明在美国销售不错，故去而复返再次购运）；这年，荷兰为购进大户，为 98200 匹；丹麦 78000匹；瑞典 10900 匹，法国 72000 匹，西班牙 37000 匹，共计 372020 匹。突破十万匹量级，其中荷兰、丹麦、法国名列三甲；法国人口较多，又是时装之国，若许进口量还可以理解。而荷兰特别是丹麦如此大的进口量，的确让人讶异！这当不限于本国消费，或转销于欧洲他国。1790 年广州出口的南京布共计 509900 匹，其中英国 96500 匹；荷兰 22200 匹；丹麦70000 匹；法国超过上述国家，达到 154500 匹，时尚之都的消费果然不容小觑。令人匪夷所思的是，法国的购买量居然无法与美国的 166700 匹相比，美国后来居上，成为南京布的最大进口国。

1792 年各国共计 402200 匹，其中英国 74500 匹；荷兰 11400 匹；美国剧减为 69600 匹，表明消费并不稳定，超量进口后需要一定时间消耗；这年，法国的输入继续领先，是 143600 匹；但又冒出了一些中小国家，热那亚和托斯卡纳 10000 匹；瑞典 35000 匹；丹麦 41000 匹；西班牙17100 匹。

1793 年是 421000 匹，其中英国 95000 匹，需求量稳步上升；荷兰

①　孟宪章主编：《中苏贸易史资料》，北京：中国对外经济贸易出版社，1991 年，第 2 页。

②　［美］马士：《东印度公司对华贸易编年史（1635—1834 年）》第一、二卷，区宗华译，第 417—418 页。

③　［美］马士：《东印度公司对华贸易编年史（1635—1834 年）》第四、五卷，区宗华译，第 539—540 页。

25000 匹；瑞典 30000 匹；热纳亚 21000 匹，美国却骤然达到 250000 匹，雄踞第一。

1794 年，共计 598000 匹，这是南京布输出的又一高点。其中占比：英国 207000 匹；美国 220000 匹；荷兰 13500 匹；让人费解的是热纳亚，竟然输入南京布 157500 匹，如此数量，显然不仅仅是用于当地的消费，而是用于转口。

1795 年，英国 125000 匹；美国 685000 匹；瑞典 45000 匹；西班牙 150000 匹，共计 1005000 匹，突破百万量级，上了一个关键台阶。

翌年略有下降，总出口仅为 820200 匹。1797 年愈发下落，仅录得 573000 匹。[1] 证明市场经济的不二规律便是商品多，超过需求，供给定然减少，反之亦然。

所以下落之后必有上涨，1798 年，较上年增加了近三倍，突破二百万匹，共计 2125000 匹，其中，英国 332300 匹；而美国一个国家就超过百万匹，达到 1530000 匹；其他还有瑞典的 36700 匹；丹麦的 226000 匹。这个数字为整个 18 世纪的最高点。越年又有剧减，说明市场容纳有了问题，这提供了市场经济供大于求的典型例证，南京布的销售完全应和国际市场供求关系的随机变动。

1799 年的数字是 1160000 匹[2]，和上年比较减少将近一倍。应该看到，此间，英美两国稳定居于南京布输出的前两位，而且，美国后来居上，超过英国。单从市场容纳量来看，美国本国是不可能有如此大的消费，只能说明，美国不仅是自用，还用于转销。

1800 年广州只输出南京布 14713 匹（英国 7422 匹；美国 6366 匹；瑞典 385 匹；丹麦 481 匹；普鲁士 59 匹），不到上年的零头。为何降低如此厉害？重要原因是"大不列颠正与法国、西班牙的统治者进行战争……今年这段时间，无从另选航线"，战争风暴袭击下，航道不畅，航线中断，只有停驶或绕行。同年，西班牙和葡萄牙之间也发生战争，欧洲处于拿破

---

① [美]马士：《东印度公司对华贸易编年史（1635—1834 年）》第一、二卷，区宗华译，第 440、496—497、510、525、570、579、590、607 页。

② [美]马士：《东印度公司对华贸易编年史（1635—1834 年）》第一、二卷，区宗华译，第 624、635 页。

仑战争的漫天战火之中。

1801 年，战事略有平息，贸易部分恢复，英国输出南京布 184700 匹；远离战场的美国受到影响甚小，乘机渔利，只是一国就达到 1400000 匹，而当年中国出口南京布总计 1584700 匹。美国占据了百分之八十以上。

1802 年，战争范围缩小，英国进口南京布 204500 匹；并对美国形成挤压，美国进口 750000 匹，较上年骤减了近一半；其他还有，荷兰 500匹；瑞典 135000 匹；丹麦 28500 匹；普鲁士 18500 匹；汉堡 500 匹；值得关注的是法国也进口了 34000 匹，此乃战时喘息。

1803 年，中国向欧美的南京布出口量有所减少，不足百万匹，为941000 匹。

1804 年，有了恢复性增长，英国公司 190000 匹，散商 210000 匹；美国 1235000 匹；瑞典 23000 匹；丹麦 62000 匹，较上年增加近百分之八十，共计 1720000 匹。[1]

1805 年的数字基本稳定，共计 1679500 匹，包括英国的 366000 匹；美国 1250000 匹；丹麦 57000 匹；还有俄国的 6500 匹，这是在广州口岸冷不丁新冒出的大国，输量虽然不大，且又是由遥远的北方辗转通过广州输出。当时的俄国被限定在西北方向的恰克图等地贸易，此类舍近求远从广州方向出口俄国，在清政府是不允许的，在南京布的出口历史上也是偶发，反映出俄国试图染指对广州的贸易，却遭到中国和其他西方列强的厉声叫停。[2]

英国东印度公司的档册长期以来，只将中国出口的茶叶、生丝，还有就是南京布作为要项统计，由此可以看出，南京布在中国出口商品中所据有的重要位置。另一个值得注意的现象是，大致从 19 世纪初开始，除了英美两国外，其他西方国家基本退出此项贸易，这应该是与购买华货的最主要物品——美洲白银的短缺有关；还有此间绵延十余年、烽火正炽的拿破仑战争严重波及了欧陆国家。购买南京布几乎成了英美两国的独角或是

---

[1] ［美］马士：《东印度公司对华贸易编年史（1635—1834 年）》第一、二卷，区宗华译，第 657—658、667、695、707、723 页。

[2] ［美］马士：《东印度公司对华贸易编年史（1635—1834 年）》第三卷，区宗华译，第 2 页。

双簧戏。

1807 年，英国 288000 匹；美国 1200000 匹；其他国家没有。1808 年，英国 475000 匹；美国 300000 匹；他国阙如。1809 年，好歹增加了西班牙一个国家，所购 15000 匹，而这年中国外销南京布是 1245000 匹，西班牙仅占很小的比例，其他悉数由英国和美国瓜分。1810 年，又仅剩英美两个购买国。其数目是：英国公司 3991 匹；美国 6391 匹；中国全部的出口才有 10382 匹，[①] 数据陡降到近乎于无的程度，之所以会这样，有中国与外国两方面的原因。外方，与英美之间关系的紧张有关；中方，与税收的提高及中外纠纷有关。这年，中方自行提高"行佣"（行商向中国官府缴纳的税收），据说此次"又增加了三倍和四倍"，这很难避免要转嫁到外商，"行商全部缴付的款项，最后终于落在欧洲贸易上面"，并导致关税"征收定额的不固定"。没有确定的预期性是贸易的大敌，不知未来会怎样变化，从而引起外商抗议；中外关系显出紧张，此间，行商谦官、鹏官等拖欠外商债务，即所谓的"商欠"问题"爆雷"以及"黄阿胜案件"（华民黄阿胜被英人杀害，中方勒令英方交出凶手）等引出的中外交涉。该年度为中西方贸易的多事之秋，马士（H.B.Morse）的书将这年冠以"勒索与凶犯"的标题。

1811 年，情况有所恢复，当年中国共计出口南京布 634400 匹，其中英国 455800 匹；美国 178600 匹。出口的巨升巨降，反映出非经济因素对经贸的深重影响。1812 年，共计 418400 匹。表现略差，也属正常年景。1813 年，输出国有了变化，就是所有的输出都由英人包揽，共计 610000 匹。[②] 原因也很简单明了，就是当年英美战争加剧，"公海"成了英国独霸的"私海"，美船来华商道被堵截。1814 年的记录有些混乱，以"担"为计量单位（据说每担约百匹，不尽然），该年度，不完全估算共计 7635 担。到 1817 年，国际情势平静，南京布的贸易也渐入佳境。英国 643000 匹；美国 586000 匹；共计 1229000 匹。均有大幅增长。1819 年，英国

---

① ［美］马士：《东印度公司对华贸易编年史（1635—1834 年）》第三卷，区宗华译，第 51、74、98、127 页。

② ［美］马士：《东印度公司对华贸易编年史（1635—1834 年）》第三卷，区宗华译，第 142—149、126、153、171、187 页。

427000 匹；美国 2932000 匹。两国相加创记录地达到 3359000 匹。价值方面，英国 369426 元；美国 1334060 元。1820 年，英国 470000 匹（公司 202000 匹，接近上年预定的数额；散商 268000 匹，数量不稳定）；美国 440000 匹，总计 910000 匹。英国东印度公司为 1821 年贸易季度预定总计是 150000 匹。[①] 比前些年减少 5 万匹。1821 年，英国 552000 匹（公司 147000 匹；散商 405000 匹）；美国 1324000 匹，总计 1876000 匹。1821 年南京布出口价值，英国公司 125062 元，私商 385564 元，总计 510626 元；美国 807000 元。1823 年，广州出口南京布价值，英国 626992 元；美国 181018 元。1824 年，英国 579750 匹；美国 536000 匹，总计 1115750 匹。1825 年，英国 496000 匹；美国 721000 匹，总计 1217000 匹。1830 年，英国 925250 匹；美国 125750 匹，总计 1051000 匹。[②]

　　南京布在国际市场上的大卖，说明在棉布部分替代丝绸后中国的手工纺织业仍然走在世界前列。松江用自产棉当然不敷，需从外地（如山东等地）乃至外国输入部分棉花，才堪保证正常纺织。据统计，至同治六年（1867），入华棉花仍有 336072 担，这些棉花相当部分运销松江和太湖地区。这个问题，作者与严中平等前辈认识略有不同，严先生认为进口棉主要是两广地区使用，实情并不如此，其实外来的印度棉花等亦曾流入长三角，而且南京的价格要高于广州[③]。国人利用输入原料再以制成品输出国外，其原料的价值便两次出现在对外贸易中，形成完整的产供销链条。南京布即如此，原棉输入，织成布匹后输出，输出的是独得的工艺和再加工的劳动力，后一次构成的价值远远超过第一次。与此形成鲜明对照的是英国的统计数字，其原料输入、成品输出在英国官方的统计资料中列为"再输出"项目，率先进入近代外向型国家行列的英国对"再输出"十分在意，这是一桩两头在外的好买卖，外国输华的棉花等赫然在列。[④]

① ［美］马士：《东印度公司对华贸易编年史（1635—1834 年）》第三卷，区宗华译，第 203、304、329、343、346、364—365、368、371 页。

② ［美］马士：《东印度公司对华贸易编年史（1635—1834 年）》第四、五卷，区宗华译，第 6、24、89、93、109、236 页。

③ 参见郭卫东：《印度棉花：鸦片战争之前外域原料的规模化入华》，《近代史研究》2014 年第 5 期。

④ ［英］马歇尔：《货币、信用与商业》，叶元龙、郭家麟译，北京：商务印书馆，1997 年，第 131 页。

英国从事对华贸易有两个既勾结又疏离的群体，那就是东印度公司与散商。散商来源颇为复杂多元，其中的部分甚至来自东印度公司内的职员，他们厕身南京布的贸易行列。1765 年，"不列颠国王号"（British King）船长皮古（Capt. Pigou）的"个人贸易"中就包括有价值 110 两银子的南京布。1767 年，英国东印度公司船"格洛斯特公爵号"（Duke of Gloucester）船员的载运细目中也有南京布，船上有些地位的人物基本都参与此道，其中船长 500 匹，大副、二副、三副都是 200 匹，医生 100 匹，会计 100 匹。[①] 显然是以在船上"地位"职务的高低来分配份额。这些人，源自公司，却离心公司，有体制上的原因（公司给职员配比"优待吨位"），也有他们自身逐利的因素。他们中的某些人，后来干脆脱离公司单干，成为"个体户"，汇入散商队伍。散商的其他来源还有：居住在印度的英籍和印籍商人，特别是活跃于孟买等地的巴斯（Parsi）人等，"其回夷贸易中国者曰港脚，用英吉利旗"。[②]

散商与公司在南京布贸易中有一个此涨彼消的过程，1786 年，英国东印度公司的输出量是 40000 匹，散商仅为 2000 匹，两者相比，后者的弱势很明显，差距还不是一星半点。但短短几年后，到 1790 年，东印度公司进口南京布 40000 匹，散商进口竟然是 56500 匹，已然超过了公司。不过，这时期，双方仍处在"拉锯"状态。1792 年，公司 60000 匹，散商 14500 匹。[③]1793 年，公司 70000 匹，散商 25000 匹。1794 年，公司 90000 匹，散商 117000 匹，后者的数字猛然增加。1795 年后，散商的输入量又有几年逶迤，这年，东印度公司 80000 匹，散商 45000 匹。1796 年，公司与散商的相应数字是 119200/25000 匹。1797 年是 144700/103300 匹。1798 年是 136300/196000 匹，此为散商在 18 世纪输出南京布的高点。公司与散商之间的角力愈发激烈，两者势力轻重犹如此起彼伏的跷跷板。

---

① ［美］马士：《东印度公司对华贸易编年史（1635—1834 年）》第四、五卷，区宗华译，第 526、558 页。
② 梁廷枏：《海国四说》，第 63 页。
③ ［美］马士：《东印度公司对华贸易编年史（1635—1834 年）》第一、二卷，区宗华译，第 440、496—497、510 页。

1799 年，公司 180000 匹，散商 170000 匹。[①]后者力量不断壮大，但局面并不稳定，散商毕竟是私商个体户，要与公司团队较量不易。步入 19 世纪后，散商的赢面趋于稳定，到 1817 年，公司 210000 匹；散商 433000 匹。均有大幅增长，但散商的增长速率更高。1818 年，公司 191700 匹；散商 606800 匹，该年出口南京布的价值，公司 166167 元（以西班牙银元计值），散商却达到 550000 元，无论从布匹数还是销售额，后者都是前者的三倍多。1819 年，公司 203700 匹；散商 223300 匹。价值方面：公司 163000 元，散商 206426 元，总计 369426 元。1820 年，公司 202000 匹；散商 268000。出口南京布价值，公司 178035 元，散商 424374 元[②]。1821 年，公司 147000 匹；散商 405000 匹；出口南京布价值，公司 125062 元，私商 385564 元，总计 510626 元。1823 年，广州出口南京布价值，东印度公司索性没有，散商独购花费 626992 元。1824 年，公司也只是 5000 匹；散商 574750 匹。1825 年，英国公司 7000 匹，只是维持在千匹的量级，这实在是一个可有可无的数量，散商 489000 匹；价值方面，因量太小，公司没有登录，而散商的记录却高达 509375 元。值得注意的是，这年，另有公司 20 艘船只的指挥及职员私人贸易的情况为南京布 92000 担。这不是公司行为，而是公司职员的自行交易，本质上与散商贸易无异，可见，公司工作人员长期从事此项经营，并加速游离于公司之外。1826 年，公司也没有交易，散商的交易量却达到 239200 匹；交易额达到 201628 元。[③]1827 年，公司进口 3500 匹，显示出百足之虫死而不僵的形态；散商 758000 匹，毕竟大势已定。1828 年，英国公司 4000 匹；散商 957000 匹，接近百万匹，这是散商在华经营南京布的高点。该年度广州年出口南京布价值，英国公司 3200 元，私商 648789 元，总计 651989 元。1830 年，公司淡出南京布交易；散商 925250 匹。1831 年，公司 1000 匹，近乎于

① ［美］马士：《东印度公司对华贸易编年史（1635—1834 年）》第一、二卷，区宗华译，第 525、570、579、607、624、635 页。
② ［美］马士：《东印度公司对华贸易编年史（1635—1834 年）》第三卷，区宗华译，第 304、329、343、346、364—365、368、382 页。
③ ［美］马士：《东印度公司对华贸易编年史（1635—1834 年）》第四、五卷，区宗华译，第 24、89、93、109、123、127、129—130、146 页。

无；散商 315500 匹。1832 年，公司又没有输出；这年，私商从广州出口南京布价值 85050 元，公司却是了无入账。①

在南京布的贸易领域，散商已经彻底击溃了公司。一叶落而知秋，公司在华贸易的垄断地位已经岌岌可危。果然，1833 年后，公司完全退出南京布的经营。1834 年 3 月 20 日，怡和洋行派遣的由怀特塞德（Whiteside）指挥的 488 吨散商船"萨拉号"离穗，此时居留广州的美商亨特（W. C. Hunter）将之称为"载着自由茶叶"的"第一艘自由船"②，但仔细检验，该船载货中有 8000 匹南京布，却没有茶叶，不知亨特所言是否正确。此乃散商直接驶往伦敦的最早的自由船。③

流通环节中，与外商相对应的是中国的行商，西商对南京布的订购采办多通过行商来完成。1817 年 3 月 14 日，英国东印度公司为来年预定南京布，便通过下列行商：沛官，50000 匹，茂官，20000 匹，昆水官，90000 匹，另有 40000 匹未指定，总计是 200000 匹。此类代理持续时间很长。1819 年的情况也一样，英国东印度公司在这年 3 月为来年预定南京布也是通过上面的几家行商来进行，说明其预订对象具有一定的稳定性，轻车熟路毕竟比生手陌路要稳妥。1820 年，英国东印度公司为下年贸易预定的南京布（匹）如下：沛官的 40000；茂官的 20000；昆水官的 90000；总计是 150000 匹。但另据记载，该年度英国公司实际购买 202000 匹，实际购买量超出预订量，说明临时购买也能兑现，但增量不能太大。④1821 年，英国东印度公司为下年订购数目是：沛官的 100000 匹；西成的 80000 匹；行商有所变化，证明西商的联系对象在基本稳定的情况下小有变动。⑤南京布也作为行商的抵债物，而乐于被西商所接受。档册中便有行商石琼官

① ［美］马士：《东印度公司对华贸易编年史（1635—1834 年）》第四、五卷，区宗华译，第 174、194、236、267—268、352 页。

② ［美］亨特：《广州番鬼录》，沈正邦译，第 33 页。

③ ［美］马士：《东印度公司对华贸易编年史（1635—1834 年）》第四、五卷，区宗华译，第 357 页。

④ ［美］马士：《东印度公司对华贸易编年史（1635—1834 年）》第三卷，区宗华译，第 310—311、349、371、382、368 页。

⑤ ［美］马士：《东印度公司对华贸易编年史（1635—1834 年）》第四、五卷，区宗华译，第 11 页。

为了偿付拖欠英国公司的欠款，于是用南京布等作抵的例子。[①]也可以看出，在清政府广州一口通商制度以及限制外商政策的管束之下，南京布的预订必得托付给中方代理人，临时来粤的外商不能进入内地的南京布产区，也不熟悉购货及转运渠道，行商便是外商的重要代理人。当然，居留广州的行商并非南京布购销的全程代理人，南京布的生产远离广州，又是千家万户的分散业态，其间必有诸多层级的集中与再集中、转购与再转购，批发与再批发，最终落到行商手中，因为行商是那个时代唯一被特许与外商打交道的享有垄断权的官商，而广州又是唯一的开放口岸。外商只有通过广州行商订货。

　　南京布曾是中国重要的出口商品，在大宗出口货品中居于前置位序。整个土布出口，在广州对欧美的海上贸易中经常性地居于茶叶、丝绸之后，位居第三。1817年，英国总计输出茶叶6381517西班牙银元，生丝635440元，丝织品262000元，南京布548940元，白铜907500元，其他商品1033564元。再看美国，同年从中国输出茶叶4325500元，丝织品722000元，南京布500000元，其他商品250000元。该年度西方世界从中国出口的大宗商品总计是：茶叶10707017元，生丝635449元，丝织品984000元，南京布1048940元，白铜907500元。在这些年份，南京布的出口势头几乎盖过丝绸，从单项商品交易额看，仅略低于茶叶。南京布的出口量很大，而此年南京布的出口相比往年并不算多。随着出口量的增大，南京布的创汇也愈来愈多。1818年，仅英国人的南京布出口值就达到716167元。[②]1819年中国的大宗出口货物是（以西班牙银元计值）：茶叶10612952银元，生丝1700674元，绸缎3351029元，而南京布的出口为1703486元，南京布出口超过生丝，次于茶叶和丝织成品。[③]

①　[美]马士：《东印度公司对华贸易编年史（1635—1834年）》第一、二卷，区宗华译，第577页。

②　[美]马士：《东印度公司对华贸易编年史（1635—1834年）》第三卷，区宗华译，第310—311、326、329、343页。

③　姚贤镐编：《中国近代对外贸易史资料》第1册，第254—255页。

表 1-5 东印度公司自中国输出的主要商品价值（1760—1833 年）

年份	出口商品总值（银两）	茶叶价值（银两）	茶叶占总值百分比	生丝价值（银两）	生丝占总值百分比	土布价值（银两）	土布占总值百分比	其他价值（银两）	其他占总值百分比
1760–1764	876846	806242	91.9	3749	0.4	204	0.1	66651	7.6
1765–1769	1601299	1179854	73.7	334542	20.9	5024	0.3	81879	5.1
1770–1774	1415428	963287	68.1	358242	25.3	950	0.1	92949	6.5
1775–1779	1208312	666039	55.1	455379	37.7	6618	0.5	80279	6.7
1780–1784	1632720	1130059	69.2	376964	23.1	8533	0.5	117164	7.2
1785–1789	4437123	3659266	82.5	519587	11.7	19533	0.4	238737	5.4
1790–1794	4025092	3575409	88.8	274460	6.8	34580	0.9	140643	3.5
1795–1799	4277416	3868126	90.4	162739	3.8	79979	1.9	166572	3.9
1817–1819	5139575	4464500	86.9	183915	3.6	121466	2.4	369694	7.1
1820–1824	6364871	5704908	89.6	194779	3.1	58181	0.9	407003	6.4
1825–1829	6316339	5940541	94.1	——		612		375186	5.9
1830–1833	5984727	5617127	93.9	——		——		367600	6.1

资料来源：严中平等编《中国近代经济史统计资料选辑》，北京：中国社会科学出版社，2012年，第13页。

各货价值皆按采购成本计数，1776年以前，茶叶量值包括私人输出在内，其后只为公司输出数。

原注：（1）"其他"项内包括其他出口品如瓷器、西米，并包括广州公行开支、船钞等在内。（2）1800—1816年原资料有量无值。（3）1825—1829年土布占总值不足0.05%。

英美等国对南京布的分销功能值得注意，不仅仅是供应本国，而且分销他国，英国和美国分别成为南京布在欧洲与美洲的最大分销商，特别是美国，分销范围不限于美洲，甚而扩及欧洲，挤占英国的分销势力范围。1801 年，美商运出 140 万匹，其时美国人口不过 530 余万，平均 4 个人便进口一匹，这自然不是美国的独自消费，兼转运于美洲和欧洲大陆。1812 年的记述是："美国人用现银大量购买（中国）土布，公开地在欧洲南部出卖，并到西印度去非法出卖。"[①] "非法"是英国人的看法，因为侵占了英人的"地盘"，表明国别间的竞争。如果说欧洲市场还有多国竞争，那么，美洲市场则由美国独享。北美大量进口中国的"南京布"，很重要的原因在于那时的美洲市场是"利伯维尔式"的场地，在棉布消费方面，

① H. B. Morse, *The Chronicles of the East India Company Trading to China 1635-1834*, Vol.1, pp. 224-225,254-255; Vol.2, pp.61,391; Vol.3, p.181.

没有欧洲那样的种种限制。美洲的优势还在于，从这里到欧洲的路途，比从亚洲甚至西非海岸到欧洲的路途更短，运费也更便宜，因此，由英国船输出的布匹价格比由美国船输出者昂贵，前者每匹价格为八角零七厘九毫，后者则为五角七分四厘七毫。[①]

1819 年，美国进口南京布的分配情况是：运往美国 1841000 匹，运往欧洲 958000 匹，运往南美洲 133000 匹，欧洲市场曾长期被欧洲人自己垄断，却被迅速崛起的美国人打开缺口。美国在成为生产大国之前，已奋力成为贸易大国。[②]1822 年，美国人运往美国的南京布有 1070706 匹，价值 607813 元；往欧洲的有 12000 匹，价值 6600 元。1824 年，美国船只运出广州后的分配地点：运往美国的南京布有 532000 匹；往欧洲的有 4000 匹。1825 年，美国又开辟了一些新的南京布分销地，除了运往美国的价值 464800 元的 664000 匹以及往欧洲的价值 6750 元的 15000 匹以外，还有运往南美洲以及马尼拉等新地点的 42000 匹，价值 29400 元。马尼拉离中国更近，也由美国染指，为后来菲律宾成为美国殖民地的先声。1826 年，美国进口总数是 308700 匹，运往美国的南京布有 267400 匹，价值 187183 元；往欧洲的没有；往南美洲、桑威奇群岛，41300 匹，价值 28924 元。[③]1828 年，美国船只广州出货后的分配地点：运往美国的有 392900 匹，价值 282982 元；往欧洲的 60000 匹，价值 42000 元。呈现欧洲与美洲双边分配的状况。1829 年，美国船只运出广州的分配地点：运往美国的南京布有 305568 匹，价值 215148 元；往欧洲的没有；往巴西 5000 匹，价值 3500 元；往南美洲、桑威奇群岛和加利福尼亚的 39400 匹，价值 31525 元。在经销范围扩大的同时，市场也在不断细分。1830 年，美国船只运出广州出口货的分配地点：运往美国的南京布有 118750 匹，价值 76394 元；往欧洲的 7000 匹，价值 4550 元；往南美洲、桑威奇群岛缺乏统计。美国人漂洋过海，几乎是全球洲际分配，四处兜售中国布。1832 年，美国进口 39000 匹，全部运往美国，往欧洲的没有；而当年荷兰人从

---

① 方显廷：《中国之棉纺织业》，第 341 页。

② [美] 马士：《东印度公司对华贸易编年史（1635—1834 年）》第三卷，区宗华译，第 365 页。

③ [美] 马士：《东印度公司对华贸易编年史（1635—1834 年）》第四、五卷，区宗华译，第 125、105、148—149 页。

中国采购了 10000 匹，很大程度上满足了欧洲的需要，说明在此领域国别竞争激烈。[①] 荷兰人的抢滩改变不了长期形成的格局，从较长时间段来看，英国和美国仍是全球最大的两个南京布的分播中心。

（三）后来居上

19 世纪初叶是南京布出口的高潮，此后有所波动，在 1810—1814 年间降至低位，单以美国来看，1809—1810 贸易年度，美国从广州输出南京布 3769000 匹，这也是美国船只从广州输出南京布的顶点，1810—1811 年是 2048000 匹，1811—1812 年便剧减为 425500 匹，1812—1813 年再行腰斩，只有 201000 匹，而 1813 至 1815 两个贸易年度仅有 105000 匹。嗣后有所恢复。1819—1820 年度达到 3135700 匹，是美国船只从广州输出南京布的次高年份。此后再迅速减少，不再恢复，1820—1821 年度 685000 匹；1823—1824 年度 252200 匹；1826—1827 年度 308725 匹；1828—1829 年度 392500 匹[②]，这是美国的情况。再看整体状况，1815—1819 年，广州对欧美海上贸易中的土布出口量是 1301200 匹，但到 1830—1833 年，出口量仅为 422721 匹。[③] 显见，1819 年是一个关键年份，从这年开始，南京布外销遇到了劲敌，那就是日渐崛起的西方机织棉布的冲击。从这时起，不再是南京布外销的增长，而变成西方入华棉布的见涨，此乃中国手织土布与舶来机织布的根本逆转。

据说，在 1620 年，英国已经有棉制品出口到法国、西班牙、荷兰等。在 18 世纪中叶，英国所有的棉布出口有 94% 销售到非洲和美洲。18 世纪的最后几年，不列颠生产的棉布有 61.3% 外销出口。[④] 但据 18 世纪后期的试销情形来看，英国的手工粗制棉布的竞争力在亚洲特别是中国和印度还远不够格。实际上到 19 世纪头二十年英国的棉布质量也还不行，还要再晚一些年，因为中、印等国的手工棉纺织技术精进，远不是西方所能

① ［美］马士：《东印度公司对华贸易编年史（1635—1834 年）》第四、五卷，区宗华译，第 192、210、259、337 页。

② ［美］马士：《东印度公司对华贸易编年史（1635—1834 年）》第四、五卷，区宗华译，第 404 页。

③ 严中平：《中国棉纺织史稿》，第 19 页。

④ ［美］斯温·贝克特：《棉花帝国：资本主义全球化的过去与未来》，林添贵译，第 55、68、90 页。

比拟。

但是，伴随工业革命的来临，中国人的手工便无法与西方的机器争衡。初始，西方的机织布先是占领本土市场，对南京布形成挤压，故在1819—1820 年度南京布向西方的外销势头下落。西方机织布在占领本土市场的同时，还拼力向海外市场包括中国这个大市场倾销。开始，西方机织布的入华曲折拖沓，机织布有一个改进和让中国人见识优势的接受过程，1821 年，较大批量的不列颠印花布入华，共输入 4509 匹，亏损超过60%，西人得出的结论是"显然英伦棉织品的时代仍未到来"。不过，这个时代很快到来，机器的改良是神速的，1827 年，"不列颠花布已首次售得利润。本季度公司账下输入为 15300 匹，发票价值船上交货为 21261 镑，而包括保险费和运费则为 23241 镑"；其售价为 25704 镑。机织布已经显出优长，特别是在幅宽上，"花布为 40 码长，其中在同一发票的 7600 匹，有 600 匹宽 30.5 英寸，有 3100 匹为 35 英寸，而 3900 匹为 36 英寸"。宽幅大面是机器织布的强项，这是手工织机难以企及的，所以，英国的"委员会则推荐以后应全部为宽 36 英寸的"。[①]

表 1-6　英国本土棉纺织品对华贸易的趋势（1817—1834 年）

年代	自英输华（银两）	自华输英（银两）	中国的出入超（银两）
1817–1818	—	395237	395237
1818–1819	—	488640	488640
1819–1820	—	265987	265987
1820–1821	—	433734	433734
1821–1822	9807	367651	357844
1822–1823	—	337264	337264
1823–1824	—	451434	451434
1824–1825	—	321162	321162
1825–1826	1895	366750	364855
1826–1827	36144	145172	109028
1827–1828	124983	467876	342893
1828–1829	183338	469432	286094

[①] ［美］马士：《东印度公司对华贸易编年史（1635—1834 年）》第四、五卷，区宗华译，第 2、156 页。

（续表）

年代	自英输华（银两）	自华输英（银两）	中国的出入超（银两）
1829–1830	215373	355295	139922
1830–1831	246189	386364	140175
1831–1832	360521	115878	–244643
1832–1833	337646	61236	–276410
1833–1834	451567	16304	–435261

资料来源：严中平《中国棉纺织史稿》，北京：科学出版社，1963 年，第 19 页。

中国和英伦之间棉纺织品的对流反映出，早先是中国完全的单向输英，从 1817—1821 年，英国没有棉纺织品进入中国，1821—1822 年度后的三年（1822—1825）也没有；1821—1822 年度，英国开始小批量的对华输入本国生产的棉织品，虽然数量很小，却具开创意义，因为这是大机器生产的布匹；此举在中英两国同时发生作用，先是英国市场对中国手工棉织品的需求急速减少；转而，中国对英国机织棉品的需求出现增长。从 1831 年始，中英两国棉织品的输出入有了根本改变，英国输华额首次超过中国输英额，几年之间（主要是 1825—1830 年的 6 年间），情况颠倒。在 1831 年度，中英棉织品输出入不仅有了变化，而且幅度很大，从上年中国的出超 140175 银两迅速转为这年中国入超 244643 银两，两相折扣达到 30 多万两银子。在此大趋势下，即或在东印度公司退出南京布市场的局面下，散商对南京布的输出也未见增长，反而下降，仅为 30600 匹，较上年下降 4 倍。[1] 中英两国沿承数百年的棉布进出口格局正在发生根底上的逆转。在工业革命的推动下，英国的机织布显示出物美价廉的优势，其对南京布的挑战已经赢得了压倒性优势，此时的主音格调已经不是南京布手工织机的声响，而是西方工厂织布机器的轰鸣。确如释迦所言，"这情况是到一八三一年以后才改变的"。[2] 这是工业革命的律动加速度。出口商品的优势在于人无我有、人劣我佳、人贵我廉，而其软肋，在于别人也能生产同类产品，且规模更大、数量更多、质量更好、价钱更低。新的制造方法带来价格下降，英国一百支棉纱在 1786 年每磅还值 38 先令，到 1804

---

① ［美］马士：《东印度公司对华贸易编年史（1635—1834 年）》第四、五卷，区宗华译，第 356 页。

② 严中平等：《中国近代经济史统计资料选辑》，第 9 页。

年值 7 先令 10 便士。[①] 英国 "纺机的进步使得 1775—1826 年这五十年里，棉纱的生产费用由 120 便士跌到 6.5 便士，就是说，跌落了 94% 还强"。织机的进步，不如纺机那样快，但从 1820 年到 1830 年这十年间，由于动力织机的使用，棉布的市价也跌落一半左右。[②]

　　是时，不仅是英国一家独大，其他列强也急起直追，1844 年 2 月 16 日英国驻华公使璞鼎查（H. Pottinger）从香港致英国外相信件中谈到棉织品在华销路问题："北方各口岸英国棉织物贸易很可增加 30%—40%，特别是上等漂白及本色洋布，漂白布贸易仍操于英商之手"，但近年来美国货已成为英国货的劲敌。更让英人担忧的是，除了美国货以外，"法国货及瑞士货对英国货有压倒优势"[③]。

　　上面是从布匹的输出入量上来分析，我们还可以从货价上来考察。1821 年，英国输入中国的棉织品价值 13621 银元，美国输入的价值 179410 银元，合计为 193031 银元；中国的棉布输出为 1317626 银元，出入两相折扣，中国的出超仍为 1124595 元。到 1830 年，中国棉布的出超地位初次改变，这年英美输入值为 701108 元，中国的出口值降至 617560 元，中国入超 83548 元，数额不大，却标志着中国棉纺业在外国棉纺业的冲击下陷入万劫不复境地的滥觞（前列表 1-6 是英国单独的对华进出口棉布统计，现加上美国，此项逆转要早一年）；两年后，英美等国的棉布输华价值到了 1061356 元，而中国棉布的出口值又降至 128825 元，中国入超加大到 932531 元。中国棉布进出口的消长在美国甚至比在英国表现还厉害，前面说过，美国曾是中国棉布的运出大国，一般年景下，美国进口中国棉布的价值占其进口中国总货值的 14% 以上，但 19 世纪 20 年代前后，中国棉品在美国的市场被西人夺占，到 1840 年，中国棉布销美仅值 2000 余美元，市场近乎泯灭。倒过来看，在 1832 年，美国商船运进中国的棉布却价值 591468 银元，而英国运进中国的棉布价值是 468953 银元，

①　[法] 保尔·芒图：《十八世纪产业革命：英国近代大工业初期的概况》，杨人楩、陈希秦、吴绪译，第 201 页。

②　严中平：《中国棉纺织史稿》，第 41 页。

③　姚贤镐编：《中国近代对外贸易史资料》第 1 册，第 260 页。

美国输入英国棉布的价值居然凌驾英国之上（这种情况在 1821 年或更早就已经发生）。[①]不过，美国人输华的这些棉织品主产地多为英国，美国人是在倒买倒卖（仅 1831 年至 1832 年贸易年度，美国人运到广州的英国棉布是 62000 匹，下一贸易年度陡然猛增到 143000 匹）。美国是在 1826 年才有自产的粗棉织品至中国，但发展相当快，到 1842 年，就有 50 万匹美产棉布输华。[②]

从明后期到清中期，南京布的海外销售经历了从盛转衰的过程，其原因为何？

南京布的盛销欧美，在于那时中国的棉纺织水平领先于世界。南京布的国际流通是传统丝路中断后中国衣被材料的新兴替，反映出棉花崛起后世界人们的新选择，中国的最优质棉布得到全世界的认可，说明了人类衣被史出现重大转折时中国传统的纺织技术依然领先于世界。面对中国向海外大批量地出口棉织品，西人不得不承认：中国"土布供给我们祖先以衣料"[③]。中国长期保持着世界上重要棉纺织品出口国的地位，中国、印度在手工纺织方面具有传统优势。到 18 世纪后期，欧洲缺乏棉花原料的问题在远洋运输业蓬勃发展的情状下不再是问题，棉花成为欧洲重要的纺织原料，用棉去毛成为风潮。18 世纪 90 年代后的一段时间，因为气候不稳令羊毛失收，加上英国纺织界经营方式的改变，弃羊毛而改为引入价钱便宜的原棉作纺织原料，更加剧英国羊毛业的深度衰退，出现破产潮。[④]棉纺织业借机蓬蓬勃勃发展起来。西方人在手工方面与东方人竞争不利，于是依靠"手的延伸"——新工具的发明，既然"技"不如人，便从"器"上用功，从工具入手，以求在一个相对未知的领域内弯道超车。对于西人，棉纺织机器工业的发生既是科技自然发展的结晶，也是百姓日常穿用情势所迫的结果。

---

① Fong, H. D., *Cotton Industry and Trade in China*, Tientsin, 1932, pp.246,273.

② ［英］格林堡：《鸦片战争前中英通商史》，康成译，北京：商务印书馆，1961 年，第 170 页。

③ H. B. Morse, *The International Trade and Administration of the Chinese Empire*, London: 1908, p.282.

④ M. Greenberg, *British Trade and the Opening of China, 1800-1842*, Cambridge University Press 1951, p.1.

棉之所以具有革命性，不是单单因为机器的应用，而是因为机器和棉共同使得生产得到了急剧的扩大。任何其他的天然纤维，都没能做到这一点。制造业的革命，以阿什顿（Ashton）的名言来说是"棉的浪潮"，而不是"工具的浪潮"。如果在羊毛和亚麻上运用工具，其结果必定要微弱得多，因为原棉供应的弹性非常之高。从19世纪初开始，美国成为欧洲棉纺织业的主要原棉供应地，由于英国更容易获得美洲的棉纤维，这成为英国棉纺织业击败法国和西班牙取得成功的关键因素。①

真是成也萧何，败也萧何，正是中国手工棉纺织技术的先进发达，才有南京布的遍销天下，也正因为技术传承的落伍，才有市场的拱手相让。这里，工具是决定性的要素，大机器工业用无生命的、不知疲倦的、完全顺从的蒸汽能、机械能、化石能、风能、电能、太阳能、潮汐能、原子能来代替那些资源有限而能力又参差不齐的人力。南京布的衰退，在于欧美近代工业革命的开展和中国传统棉纺织业的抱残守旧，在英国由棉纺织业首先突破迈步进入机器生产的时候，原本领先于世的中国棉纺织技术却长期裹足不前。19世纪中期，英国机器生产的棉布获得了"曼彻斯特布"（Manchester cloth）的称呼，名声大噪，出口往世界各地。蒸汽轮机的发明不仅改良了纺织机的动能，而且给远洋运送提供了新动力，中国、印度等东方传统纺织国家进而沦为英国机织棉布的出口地。曾在华叱咤风云百多年至今不衰的英国太古洋行（公司）的早期发迹就是将"英国纺织业重镇兰开夏郡生产的棉织品输出海外"。②采用大机器生产的英国棉纺织品（机制棉布和棉纱）横扫世界棉业市场。中国的土布业遭到严重摧残，"南京布"的亮色褪化！

不过，中国的土布业依旧顽强生存，除了满足庞大的国内市场需求外，小量精美织品仍有出口，直到1883年英国出版的《中国博览》还记载：

---

① ［意］乔吉奥·列略：《棉的全球史》，刘媺译，第202—203页。

② 钟宝贤：《太古之道——太古在华一百五十年》，香港：生活·读书·新知三联书店有限公司，2016年，第8、11页。

中国造的南京土布，在颜色和质地方面，仍然保持其超越英国布匹的优势地位……（英国）人人以穿着"南京布"为荣，似乎没有这种中国棉布裁制的服装，就不配称为绅士，难以登大雅之堂。[①]

手工制品在某些方面长期保有传统工艺优势，虽然小众，却成时尚，手工裁缝，私人订制，量体裁衣，价格不菲。在大工业的机器批量制式出品时代尤其如此，更显难得可贵。

南京布的外销堪称丝绸之路的续篇，同样是纺织品，同样热销于世，同样的中国生产者和全球消费者，同样的中国产地和世界市场。差异就是材质从丝绸转成了棉花。这也说明，在棉布替代丝绸的一段时间里，中国的棉布生产手工技艺始终领先，中国人在手工纺织领域长期享有难以超迈的地位，前期是丝织业，后期是棉织业，只要是手工制作，心灵手巧的中国人一直居于世界各民族之林的前列。直到机器工业时代来临，局面改观，优势不再，终被取代。

再补一则此后的信息，1963 年，曾为世界棉花交易中心的利物浦棉花交易所的物品被拍卖，盛极一时的百年老店凄凄惨惨关张，标志着欧洲的棉花帝国霸业在一片唏嘘声中终结，在此前后，一直到进入 21 世纪，英国乃至西方的棉织业持续萎缩，东方的棉纺织业重新振兴，河东河西，海洋平面，水又回流，真个是风水轮流转的天道轮回。

四 "茶叶世纪"的来临

丝路中衰后，茶路代之而兴，丝绸之路的停滞并未给中国外贸造成重大影响，更大宗的新品随之替代，此品即是茶叶。茶在中国的培植饮用历史悠远漫长，早在商代以前，巴蜀之地的巴族就已利用茶。但直到 16 世纪中叶，茶才为西方人知晓，与同为中国远古产品的丝绸相比，何其晚也！从 18 世纪初叶开始，茶叶在中国对外贸易中突然崛起，结束了两

[①] ［英］罗伯特·福琼：《两访中国茶乡》，敖雪岗译，第 71—72 页。

千余年来丝绸在中外贸易中的称霸。茶叶成为该世纪国际贸易的重要货品，无怪乎，人们要称此世纪为欧亚贸易的"茶叶世纪"①，一条条通往各大洲的茶路成为中国外贸出口最昌盛的商道，更远距离的洲际海上茶路与往昔的陆路"茶马古道"并行共荣。中国茶较早见诸欧洲文字是公元1559 年出版的意大利人拉莫修（Ramusio）所撰的《航海记》（*Navigationi et Viaggi*）。但拉莫修未至中国，也没有亲品茶叶，他只是将从波斯人哈只·马合木（Chaggi Mehomel）那里听闻的有关中国茶叶的讯息记录了下来。而西人中最早在中国亲口品尝到茶叶并留下文字记录的可能是葡萄牙人加斯帕·达·克鲁士（Gaspar da Cruz），作为天主教士的他 1556 年在中国沿海一带游历数月，曾多次饮用茶，回国后撰来华见闻，1570 年在故乡病逝，死后仅 16 天，所撰《中国志》（*Tractado em que se cotammuito per esteso as cousas da China*）在其故乡恩渥拉出版。其中有关中国茶叶的记述文字如下：

> 如果有人或有几个人造访某个体面人家，那习惯的作法是向客人献上一种他们称为茶（Cha）的热水，装在瓷杯里，放在一个精制的盘上（有多少人便有多少杯），那是带红色的，药味很重，他们常饮用，是用一种略带苦味的草调制而成。他们通常用它来招待所有受尊敬的人，不管是不是熟人，他们也好多次请我喝它。②

（一）漂洋过海

历史上每每有一些关节，在这些个节点上，渐次积累的量获得质的突破。18 世纪 20 年代，正是丝绸和茶叶贸易地位互换的转折点。史册记载：在 1717 年的英国对华贸易中，"茶叶已开始取代丝成为英国的主要货品"；1720 年，茶叶在英国对华贸易上"又进一步占优胜的地位"。③ 1722 年，

① 吴建雍：《18 世纪的中国与世界》（对外关系卷），沈阳：辽海出版社，1999 年，第 205 页。

② ［葡］克鲁士：《中国志》，见［英］C. R. 博克舍编注：《十六世纪中国南部行纪》，何高济译，北京：中华书局，1990 年，第 98 页。

③ ［美］马士：《东印度公司对华贸易编年史（1635—1834 年）》第一、二卷，区宗华译，第 156—158 页。

在垄断英国对华贸易的东印度公司从中国进口的总货值中，茶叶已占有 56% 的比例，与丝绸的进口值相比具有了较大优势，1761 年更达 92%，[①] 之后略有波动，但茶叶总是超过丝绸。很多年份，茶叶的出口额约占中国 全部外贸出口额的 90%—95%。[②]

表 1-7 英国东印度公司自中国输至英伦本土茶叶量的发展趋势 （1760—1833 年）

（指数：1780—1784 年平均为 100）

年份	茶叶量（担）	占总量百分比
1760–1764	42065	75.7
1765–1769	61834	111.2
1770–1774	54215	97.5
1775–1779	33912	61.0
1780–1784	55590	100.0
1785–1789	138417	249.0
1790–1794	136433	245.4
1795–1799	152242	273.9
1800–1804	221027	397.6
1805–1809	167669	301.6
1810–1814	244446	439.7
1815–1819	222301	399.9
1820–1824	215811	388.2
1825–1829	244704	440.2
1830–1833	235840	424.2

1776 年以前包括私人运输在内，其后只为公司输出数。

资料来源：严中平等编《中国近代经济史统计资料选辑》，第 14 页。

---

① 丝绸出口在中国外销货品的占比已然很小。兹列举若干年份英国东印度公司自中国输出主要商品的 统计数据：1817 至 1819 年，公司年平均自中国输出商货总值 5139575 两银，其中茶叶价值 4464500 两 银，占比 86.9%，生丝价值 183915 两银，占比 3.6%，土布价值 121466 两银，占比 2.4%；其他货物价值 369694 两银，占比 7.1%。1820 至 1824 年，公司年平均自中国输出商货总值 6364871 两银，其中茶叶价 值 5704908 两银，占比 89.6%，生丝价值 194779 两银，占比 3.1%，土布价值 58181 两银，占比 0.9%；其他货物价值 407003 两银，占比 6.4%。而 1825 至 1829 年度的年平均数，茶叶价值占比更高达 94.1%；1830 至 1833 年的年均数茶叶占比也达到 93.9%。姚贤镐编：《中国近代贸易史资料》第 1 册，第 275 页。

② C.Y. Hsu, *The Rise of Modern China*, Oxford University Press, 1995, p.148.

民国初年的研究者有言："一千六百一十五年，为英人到远东营茶叶之初年。时有东印度公司，掌握远东政治及商务之霸权。但该公司在支那日本，尚不过小经营耳。每次定货，只由总司事发函至其代理，求取中国上等之'Chaw'一坛（有认为 Chaw 是闽人呼茶之音，似乎不确，Chaw 或许从广州土语而来，后来葡萄牙人的音译来自广州土话 Cha，而英国和荷兰等国的茶叶译音是来自厦门土语 te 或 tay）。而茶价异常昂贵，时有所谓'掷三银块饮茶一盅'之谚，观此即知其价矣。"[①]这模糊地提供了通过地区发音考察茶路的途径。后来者寻此线索研究得出中国茶输入西方最早经由葡萄牙人或荷兰人之手，"茶叶"一词的不同发音可概见茶叶的传播路径分为陆路和海路两个方向，即广东话系统的 CHA 是经由陆路，向北传送到恰克图、蒙古、俄罗斯，向东到朝鲜、日本，向西到印度、中东、近东和东欧的部分；在西欧，只有葡萄牙是属于广东话系统而非自陆路传入的，因为葡萄牙人久居广东澳门，而受此发音影响。另一话语系统则是福建话的 TE 的系统，深受与厦门开始直接贸易的荷兰的影响，茶经由荷兰而扩展势力范围至西欧各国和北欧，这是从南海航路向西方的传播，是谓海路。[②]这是陆、海大的划分，细分又有多条茶道，西方的茶主要是通过海道输送。

在荷兰，"1591 年荷兰人出于某种原因（将茶）带到欧洲，但一两次样品不能形成贸易，如果有人饮用一定有所记载"[③]。经荷兰人之手，喝茶之风逐步在欧洲传播开来，喝茶加牛奶也许是荷兰人的首创，喝茶的效果在荷兰曾引起争论。1685 年，医生戴克尔（C. Decker）在海牙出版了《奇妙的草药——茶叶》，他在书中极力推崇这种神奇的饮料，还宣称，自己每天都要喝上一百到二百杯茶。这话肯定是吹牛！这是正面肯定的意见，负面否定的人也不少。1698 年 4 月 2 日，《海牙信使报》（*Haegse Mercurius*）刊登文章，称前面提到的"戴克尔喝茶成癖，以致浑身枯萎。每当他快步走路时，甚至可以听到他干瘦的身躯内骨节咯咯作响"。此言

---

① 冯国福：《中国茶与英国贸易沿革史》，《东方杂志》第十卷第三号，1913 年 9 月 1 日，第 33 页。

② 陈慈玉：《近代中国茶业之发展》，北京：中国人民大学出版社，2013 年，第 1 页。

③ ［美］卫三畏：《中国总论》下册，陈俱译，第 617—618 页。

也不能相信。在很多反对喝茶的医生中，很重要的是莱顿的"世界名医"布尔哈弗（H. Boerhaave），他主张放弃茶，改喝"营养丰富的啤酒"，从他的丰满尊容，可以推测其本人身体力行这一论点。早期喝茶之风仅流行于有钱人家，因为远途舶来的茶叶价钱不菲，1700年前后，1磅茶叶价格高达50—70荷兰盾，这只是普通茶叶的价格，换作"宫廷用茶"，1磅茶叶的价格高达100荷兰盾！二十年后，荷兰东印度公司为了抵制西方的竞争对手，故意倾销茶叶，扰乱市场，有时甚至让商人用独轮车载茶叶在近处推销，以致茶价暴跌，1磅茶叶跌价至2.5荷兰盾！茶价剧跌的结果使平民百姓也能享用这种原先十分昂贵的远洋商品，茶叶成了市民日常生活的可口饮料。要了解荷兰人如何广泛地接受喝茶的习惯，应该介绍1700年的一个品茶会：茶叶进入欧洲初期，仅是在特定茶馆饮用，但不久后，打扮得花枝招展的太太和衣冠楚楚的先生们也召集朋友在家里品茶，这种洋洋自得"显摆"的"品茶会"成为流行的社交方式；喝茶时总是同时品尝各种甜点、蜜饯，谓之"茶点"。品茶会时，大量茶水令膀胱不堪忍受，客人们只好不时出去方便，有人据此说这类品茶会也可能堕落成为"游手好闲者聚会的场合"。正如当时的文学家所描写的：在这样的场合惬意清谈，很容易使年轻的太太小姐们上瘾，茶成了"女人的烟"。当时的流行喜剧《喝茶成癖的女郎》《丢失的钻戒和挥霍的茶小姐》都是讽刺这类女士的作品。正是通过这些社交方式，荷兰妇女得以走出家庭，与同性、异性交往，在这个意义上，茶在妇女解放运动中起了始料不及的作用。茶叶对中荷贸易影响巨大，1790年代中期，负责承办荷兰与中国直航事务的"中国委员会"每年会派出四至五艘船到中国，这些大商船每艘都会装运五六十万磅的茶叶。[①]

在法国，茶叶最初被作为药物使用，后成饮品，流风渐盛。自号"太阳王"、在位72年的路易十四（Louisx XIV）的早餐时光，"按惯例，有两杯药茶和汤，但需在繁琐的仪式之后，才能庄严地将药茶奉上"。路易十四餐点饮料包括橙汁、酒类、茶和咖啡等，其中茶属高档奢侈品，一

---

① [荷] 包乐史：《中荷交往史》，庄国土、程绍刚译，第98—99页。

斤中国茶时价 70 金法郎。向国王呈献时还有专用茶桌和茶具。由于路易十四不喜喝茶，所以廷臣们也不敢当面饮茶。①茶水和茶具仅仅是图慕虚华的摆样，十足的"凡尔赛风"。路易十四生于 1638 年 9 月 5 日，卒于 1715 年 9 月 1 日。他摆设茶汤却不饮用，说明饮茶开始常见，但不普及，未能成为人们生活中的不可缺少。国王的个人爱好左右着臣子们的表面做派，却不妨碍大臣们私底下饮茶。不过，茶叶在其后时代方才在法国普及，而且法国人对茶叶的钟爱程度始终不如英国人，不知是否是"太阳王"留下的遗风余韵。茶叶在法国的流行受阻还有战争封锁的原因，继后的拿破仑时代，一般家庭用早餐，"喝咖啡、茶或巧克力，吃面包和黄油。早餐后来成了大陆封锁政策的主要牺牲品——对英国商品的禁运导致了糖、茶叶和可可的短缺"②。延至 19 世纪 40 年代，在华西人总结：英国之外，美国"销用绿茶最多"；而在欧洲大陆"销用茶叶，以荷兰、俄罗斯两国为最"，但法国"酒多便宜，故不甚销中国之茶叶"。③看来，茶叶和酒精两种"致瘾性"饮品有某种对冲，盛产世界上最好葡萄酒的法国，舍此方能就彼，或者是有此足矣，不再稀罕彼。

在俄罗斯，茶叶在 1802—1807 年，占中国对俄总输入额的 42.3%，1812—1820 年，增为 74.3%，1821—1830 年续增为 88.5%，1831—1840 年为 93.6%，1841—1850 年则高达 94.9%。五口通商后，福州、厦门成为福建茶就近出口的主口岸，1860—1870 年代前半期为福建贸易茶的黄金时代，出口量几达中国全部输出茶的 40% 以上。其他地区对俄国的茶出口量也迅速增加，明显的是两湖地区，扩大了往昔的对俄茶贸易；1860 年汉口被辟为贸易港后，多个省区的茶集中于此，中国所谓的"边贸茶"——砖茶从山地运到汉口，成为运销的大路货，该茶品不怕碾压，适宜颠簸运输，给俄罗斯冬季漫长、气候寒冷的许多地区送去了温暖热意和维他命，出口的茶叶或由陆路输往西伯利亚，1869 年以后更直接输送至敖德萨。④

①　[法]雅克·勒夫隆：《凡尔赛宫的生活（17～18 世纪）》，王殿忠译，济南：山东画报出版社，2005 年，第 38、119 页。

②　[法]让·蒂拉尔：《拿破仑时代法国人的生活》，房一丁译，第 147 页。

③　《澳门新闻纸》1839 年 10 月 19 日，林则徐全集编辑委员会：《林则徐全集》第 10 册，第 195 页。

④　陈慈玉：《近代中国茶业之发展》，第 89 页。

在英国，东印度公司很快成为中国茶的最大买主。广州是政府规定的华茶集中出口地，其贸易季节从 10 月到翌年 3 月，外船在 10 月乘西南季风入港，随后在东北季风中离港，茶庄于 8 月至 11 月将茶提交行商，行商包装后，于 11 月至来年 1 月转交东印度公司。一份文人策论说：英吉利"最获利者，莫如出口之茶叶，每年大小数十舶，航运回国"[①]。1784 年，英国国会通过大量削减茶叶进口税的"交换法"（Commutation Act），茶叶贸易愈受鼓励。1825 年后，东印度公司索性把丝绸、瓷器等项贸易留给"散商"去经营，茶叶干脆成了公司"从中国输出的唯一的东西……以至国会的法令要限定公司必须保持一年供应量的存货"。在相当时间里，茶叶贸易收入占了英国国库总收入的十分之一和东印度公司的大部分利润。[②] 嘉庆年间，两广总督奉上谕：英国"夷船所贩货物，全籍内地销售，如呢羽、钟表等物，中华尽可不需，而茶叶、土丝，在彼国断不可少，倘一经停止贸易，则其生计立穷"。[③] 这还是天朝君臣盲目自大的惯性思维，中国当局对英国的茶叶需求估计过分，英国人不至于因为缺乏中华茶叶就"生计立穷"，但茶叶的确是英国对华贸易很长时期的最大追求。

在北美殖民地，茶叶伴随殖民者的嗜好越海传播，对殖民地发生深刻影响。1647 年，荷兰人将茶叶携至美洲。随后，西班牙人、葡萄牙人，特别是英国人将饮茶习惯带入美洲各地。到 18 世纪 20 年代，茶叶已成为殖民地人们的必需品。[④]18 世纪五六十年代，为了平衡各利益团体的关系，英国禁止本国东印度公司直接向北美销售茶叶，而是需要先在伦敦拍卖后再由英国商人运送北美销售，多次换手交易使得茶价畸高，也带来走私猖獗，北美殖民地的外国（特别是荷兰）走私茶约占当地消费量的 80%，极大地压缩了英国东印度公司辗转却是"合法"的茶叶利润。1767 年 6 月，"托时德财政法案"（Townshend's Revenue Act）通过，决定向转口的茶叶等物品征收高关税，激起殖民地的强烈反对；1769 年 5 月，宗主国决定废

① Public Record Office, *British Foreign office Records*, 931/13.

② ［英］格林堡：《鸦片战争前中英通商史》，康成译，第 3 页。

③ 王之春：《清朝柔远记》，赵春晨点校，第 165 页。

④ ［美］韩德：《中美特殊关系的形成——1914 年前的美国与中国》，项立岭、林勇军译，上海：复旦大学出版社，1993 年，第 7 页。

除"托时德法案"关于其他物品的关税，但价值不菲的茶税除外，使得北美殖民地的茶价居然高出英国本土一倍。① 这一来，走私茶更是趁机以低价进入，1769—1772 年，英国输入该地区的茶叶 10619900 磅，法国、瑞典、荷兰、丹麦四国输入的茶叶 19902000 磅，走私货已是超过英国，使英国东印度公司库存积压 17000000 磅茶叶。② 英国陷入左支右绌的境地，1773 年 5 月，在东印度公司强烈请求下，英国政府颁布《茶叶法案》（Tea Act of 1773），法案允许英国东印度公司直接向北美出口茶叶，从英国向北美出口的茶叶可以获得全额退税，只需向殖民地海关象征性地缴纳每磅 3 便士的茶叶税，因之而来，英国东印度公司有可能全面垄断北美殖民地的茶叶运销。此举打破了既有的运销格局，影响到了众多既得利益集团，暂时性的茶价下跌还隐藏着取消多元竞争后垄断价格上扬的大概率发生。人们终于忍无可忍，12 月 16 日，"抗茶会"的武装人员扮成印第安人，"居民易装服，蒙假脸具，一拥登其船，掷茶水中"③，在波士顿将 3 艘试图靠岸的英国轮船载运的 297 箱茶叶倾倒在海湾，史称"波士顿倾茶事件"。直接参与者不到 150 人，但观众却有成千上万，倾茶者架起绞车，用滑轮组把装着茶叶的货箱从舱内拉上来，然后凿开货箱将茶叶倾倒海中，经过近三个小时的操作，时值退潮，倒入海湾的茶叶向外扩散。有人驾小船靠近试图把海里的茶叶舀起带回，很快被码头上的火枪队劝离。倾茶事件意味着北美殖民地人民对英国殖民统治的暴力反抗进入到有组织的层级。

伦敦对事件做出强烈反应，因为这是对宗主国的公然挑战。试图平息紧急事态的军队出动，遭到殖民地方面的武装反抗，战争爆发，波士顿骚动成了独立战争的导火索。来自中国的茶叶居然在北美引发了一场大革命，这场革命居然诞生了美利坚合众国，茶叶这一小小叶片的威力直可洞见！当然，美国摆脱英国的殖民而独立有诸多更重要的因素，茶叶不过是引火线，但为什么偏偏是中国的茶叶成为引爆物呢？个中串连关系和连锁反应令人匪夷所思，又让人寻味再三！是时的美国人已然是中国茶叶的

---

① J. Steven Watson, *The Reign of George Ⅲ 1760—1815*, London: Oxford University, 1960, p.198.

② Jeremy Gregory and John Stevenson, *Britain in the Eighteenth Century, 1688-1820*, London and New York: Routledge, 1999, pp.21-22, 169-170.

③ 梁廷枏：《海国四说》，第 69—70 页。

大拥趸，缘此，美国独立后最首要的贸易目标便是中国，最重要的进口货物便是茶叶。1784 年，美国首航中国船只的运载货品中茶叶占有最大比重。到 1796 年，美国在中国收购的茶叶数量已比除英国外的所有欧洲国家收购总和还要多。1784—1811 年，美国共有 368 艘商船从中国运出茶叶 100369920 磅。而 1828 年茶叶占中国输美货物总额的 45%，1837 年是 65%，1840 年是 81%。因茶叶结缘，太平洋上"最年轻与最古老的两个帝国"建立起了直接联系。[①]

（二）风靡英伦

英国人堪称最嗜茶的西方民族，其来有自。英人索西尔（W. E. Soothill）称，1615 年，英国人最早从日本人那里听说了中国茶，并求代购。[②] 这来自日本的 "Chaw" 是否转运到了英伦，可能还是大成问题。另有记载说：1637 年由威德尔（J. Weddell）率领的英国船队成员曾在广州得见茶叶，返回伦敦后，参加者曼第（Peter Mundy）曾以惊诧口吻描述了中国茶。曼第等人可能在广州品尝了茶叶，但威德尔船队中国之行的回航货物中并没有茶叶是可以肯定的。他们对这种树叶运回国能否卖得出去没有把握。[③]

1657 年，荷兰人把少量中国红茶转运英国，这应该是茶叶首次登陆英伦。同年，"伽内先生在伦敦开了一家卖茶水的店铺"[④]。1658 年 9 月，英国报纸刊登了茶叶介绍，试销茶叶售价 60 先令一磅[⑤]。1660 年，英国国会的征税条文中已有每加仑茶水征收 6 便士的规定。[⑥] 1662 年，英王查理二世迎娶葡萄牙公主凯瑟琳（Catherine），饮茶嗜好被带入宫廷，饮茶成了时尚品味和社会地位的标签，"英人争先恐后以饮茶为一荣幸事"，凯瑟琳获誉"饮茶王后"。英国东印度公司也不失时机地迎合王室成员的心

① ［美］泰勒·丹涅特：《美国人在东亚》，姚曾廙译，北京：商务印书馆，1959 年，第 41 页。

② W. E. Soothill, *China and West*, London: 1925, p.67.

③ Hakluyt Society, *The Travel of Peter Mundy*, London: Cambridge, 1919, Vol.3. p.191.

④ ［美］卫三畏：《中国总论》下册，陈俱译，第 617—618 页。

⑤ "*Mercurius Politicus*", Vol.345, Sept.1658.

⑥ T.Volker, *Porcelain and the Dutch East India Company*, Leiden: E. J. Brill, 1954, p.49.

头好，1664 年，公司或从荷兰人手中，或从派华职员处花 4 镑 5 先令购 2 磅 2 盎司茶叶"作为一种珍奇的礼品"赠送英王，据称这种叶片"香味隽永作用柔和"。[①] 1666 年，公司又购 22 磅 12 盎司茶叶再献英王。东印度公司是很有商业头脑的，利用王室作宣传，效果自然奇佳。1667 年，伦敦街头已有广告：茶具有"舒筋活血……治疗头痛、眩晕忧伤，消除脾胃不适"[②]之功效。经销茶叶已具有看得见的商业价值。这年，公司董事会指令其在中国贸易的商人采购 100 磅茶叶运回英国。1668 年，公司抢先在政府注册，获得运茶进入英国的特许。[③]

　　但 17 世纪后半叶茶叶在英国的销售情况并不稳定。1669 年英国进口茶叶数量是 143 磅 8 盎司，1670 年是 79 磅 6 盎司，1671 年是 266 磅 10 盎司，1673—1674 年由某咖啡公司购买了 55 磅 10 盎司，1675—1677 年干脆没有进口。可能是为了弥补前三年没有输入的缺口，1678 年的进口量一下子到了 4717 磅，但价格也随之大跌，每磅以 8 先令 6 便士至 12 先令 4 便士出售，较前的 60 先令或更高的价码降低不小。1679 年后的进口量又锐减，只有 197 磅，1680 年 143 磅，1681 年没有进口，1682 年是 70磅，1683—1684 年又没有进口。1685 年进口量大增，除了从马德拉斯和苏拉特两地获得转口的华茶 12070 磅外，还直接从中国厦门进口特优茶15000 斤，这批进货由"中国商人号"（China Merchant）运送，领船的大班格勒曼（Gladman）严格按照东印度公司的指示行事，包装半数罐装，半数壶装，外再用箱装，公司指令要求壶要用白铜制造，以显"上档次"，每壶盛茶叶 1 至 4 斤。1686 年的进口又上演了上年进口多下年势必进口少的循环老剧，只有 65 磅，1687 年是 4995 磅，1688 年是 1666 磅，1689 年又大幅增加，达到 25300 磅，但积货又重现，这年"公主号"（Princess）从厦门返航后，听到董事会的人诉苦："近来贸易不佳……茶叶除上等品外，而用罐、桶或箱包装的也同样滞销……（英伦）的茶叶进口关税，每

①　David Macpherson, *The History of the European Commerce with India,* London: 1812, p.131.

②　王沪摘译自《史密斯学会学报》，见《世界博览》1984 年第 2 期。

③　赵尔巽等：《清史稿》卷二百七十三"列传"，第 33 册，第 10029—10030 页。冯国福：《中国茶与英国贸易沿革史》，《东方杂志》卷十第三号，1913 年 9 月 1 日，第 33 页。

磅征课 5 先令以上。"茶叶价格也大幅下跌，"在很长时间内每磅售价为 5 至 10 英镑"。这个时候，"低级茶叶每磅售价不超过 2 先令或 2 先令 6 便士"，意味着连缴税的钱都不够。情况有些不妙，变化随之开始。经过近半个世纪的"养成"，喝茶人多了起来；特别受益于进口茶叶分级售卖的方法，低等茶叶的价格愈发跌落，英国人终于开始普遍接受了茶叶。情况大致从 1697 年出现转机，茶叶似乎从这年开始魔幻般地一下子征服了英吉利民族。从此以后，除个别年份例外（1705 年），英国年进口茶叶均在万磅以上，售价也提高到每磅 16 先令左右。[①] 1660 年曾在咖啡馆喝过茶的佩皮斯（Pepys）先生在"将近 7 年后"，在他本人的家里面已经可以"看到妻子在弄茶"。劈波斩浪运来的中国茶进入了千家万户的英国普通家庭。此后的一百年，英国的茶叶消费量增加了四百倍。1762 年的一位作者写道：苏格兰最卑贱的家庭都已经改饮茶了。[②] 英国和荷兰成了欧洲两个茶叶的最大消费国，续起者还有东欧、北欧和北美的国家。

茶叶最初在英国等西方国家还另有功能，就是"被释义为救命之药"[③]。一些流行的家庭指导丛书推荐：吞服茶与山楂煮的水或牛奶可以治疗孕妇的羊水破裂；而服用蟑螂与茶共同配制的药可以治疗肾病等。[④] 俟晚近的时候，来华西人仍记述：

> 考之医生记载，茶有药材之性，茶叶系通用之物，天下之人每日饮者，何可计数？决无伤害之性，茶叶之盛行普遍天下，如阿细阿、

① [美] 卫三畏：《中国总论》下册，陈俱译，第 617—618 页。兹将英国初期茶叶进口数量例举如下：1690 年进口 47471 磅；1691 年 13750 磅；1692 年 18379 磅；1694 年 352 磅；1695 年 132 磅；1696 年 70 磅；1697 年 22290 磅，每磅售价 30 先令；1698 年 21302 磅；1699 年 13201 磅（此年另有记载为 2 万磅以上，似更准确）；1700 年 90947 磅；1701 年 66738 磅；1702 年 37052 磅；1703 年 77974 磅；1704 年 63141 磅；1705 年 6739 磅；1706 年 137748 磅；1707 年 32209 磅（另有记载为 6 万磅以上）；1708 年 138712 磅；1709 年 98715 磅；1710 年 127298 磅。上列数字根据以下几种数据综合统计而得出：William Milburn, *Oriental Commercial: Containing a Description of the Principal Places in the East India, China and Japan, etc.*, London: Black Parry & Co., 1813, Vol.2, pp.531-534；前揭：*The History of the European Commerce with India*, p.131; Jan Barrett Botsford, *English Society in the Eighteenth Century, As Influenced from Oversea*, New York: 1965, pp.65-66.

② [英] 哈孟德夫妇：《近代工业的兴起》，韦国栋译，北京：商务印书馆，1959 年，第 20—21 页。

③ Simpson Helen, *The London Ritz Book of Afternoon Tea: The Art and Pleasures of Taking Tea*, New York: Arbor House, 1986, p.13.

④ R. b. Schwartz, *Daily Life in Johnson's London*, University of Wisconsin Press, 1985, p.137.

欧罗巴、阿墨利加诸洲未有不好茶也。[①]

　　早先，享用茶叶的特权只属于王公贵族，在地区分布上，也是集中在首府。17 世纪，当伦敦已经开始"很时尚地出现公园茶室（Tea-garden）"的时候，"茶在约克郡（Yorkshire）的乡间几乎还是闻所未闻的东西"[②]。18 世纪初，茶叶开始向大众饮品过渡，其向平民的普及，通过与富人接触的人群较早开始。在 1700 年，"为皇室服务的职员和商店主们也能分享舒适优裕的生活，早上有巧克力，两小时后又有茶水"[③]。佣人也扮演了茶叶向大众消费转化媒介的角色，"佣人们往往可以享用与主人同样的好茶叶，然后还可以把这些饮用过的茶叶收集起来第二次出卖给穷人"[④]。饮茶之风蔓延，英格兰第一家茶馆由 T. 川宁（Thomas Twining）创办，1717年，他将在伦敦的"汤姆咖啡馆"改造成"金里昂"茶馆。[⑤]"专业"场所的味道更浓。

　　饮茶闲聊除了场所以外，还要有"彩头"，有吸引眼球的娱乐节目，早期的"茶园"一时间成了名媛名流们的"会所"。"茶园"是从"茶馆"发展而来的，"1732 年的沃克斯霍尔是这类茶园的第一家。1742 年建立的拉内拉赫成为同样著名的茶园。在这些茶园中，有些把饮茶与其他表演和体育活动结合起来，玛丽勒本茶园提供欢宴和烟花；博蒙特赛茶园备有画展，库柏茶园提供音乐会；白色通道茶园则提供板球。在 18 世纪高峰时期，伦敦有 30 多家茶园"[⑥]。

　　中国各地区的茶叶品种和差别也渐被英人熟悉，并根据各人口味和经济状况的不同形成了各茶品的消费群体。说实话，那个时代许多英国人对

① 《澳门新闻纸》1839 年 10 月 19 日，林则徐全集编辑委员会：《林则徐全集》第 10 册，第 198 页。

② A. S. Turberville, *Johnson's England*, London: Oxford University Press, 1952, Vol.2, p.140.

③ Jan Barrett Botsford, *English Society in the Eighteenth Century, As Influenced from Oversea*, New York: 1965, p.265.

④ Kirstin Olsen, *Daily Life in 18th Century England*, London: Baker & Taylor Books, 1999, p.126.

⑤ [美] 埃里克·杰·多林：《美国和中国最初的相遇——航海时代奇异的中美关系史》，朱颖译，北京：社会科学文献出版社，2014 年，第 48 页。

⑥ [英] E. E. 里奇、C. H. 威尔逊主编：《剑桥欧洲经济史》第 4 卷，张锦冬、钟和、晏波译，北京：经济科学出版社，2003 年，第 268 页。

中国的最初了解，尤其是对中国某些省区的了解，是通过茶叶来实现的。1705 年，绿茶第一次在伦敦露面 [①]，茶叶的另一大类别被英人知晓，但英国人对绿茶的清淡味道不太受用。早期英国市场上的主流茶是武夷茶，据 1787 年的统计数字显示：武夷茶（bohea）成为消费群体最钟爱的茶品，这年茶叶的总消费量是 18852675 磅，其中武夷茶就占了 6493816 磅 [②]。"当时的茶是夹杂着尘土的黑色叶子，闻起来像烧焦的青草，是一种粗制的茶叶。在今天，就算是鉴赏家也不会去品尝那样的茶，但作为喝茶传统的启蒙物，它就是当时的英国人拥有的全部。……在 18 世纪 20 年代，转折点出现了，当时的英国正处在全盛时期。中国似乎可以无限供应茶叶，抵达英格兰的茶叶数量让英国人做梦也想不到。一旦普及，武夷茶就不再是优缺性的象征，而成为商贩和他们家人的饮料。" [③] 饮茶口味随着量增而调高，更多的茶叶品种被领略，英国人于是知道茶叶有绿茶和红茶等许多品种和成色的区分，像绿茶有珠茶（gunpowder tea）、熙春茶（hyson），红茶有白毫（pekoe），还有花茶（bloom tea）。工夫茶（功夫茶 congou）因饮用花式繁多，又在粤、闽流行，给西人留下深刻印象。武夷茶出口量最大，"也比较不时髦"，18 世纪，饮用此茶的人最多，此茶又混合其他茶叶成为一种居中口味的茶，被称为"温和工夫茶"（congou kind，作者按：此名称并不恰当，"工夫茶"并不是一种茶叶，而是起源于潮汕地区的一种泡茶技法，那时的西人不解，误以为是另一种茶叶）。[④]

茶叶依据不同质量而价格悬殊。1707 年时，1 磅武夷茶卖 16 先令，而"极品武夷茶"是 26 先令。五年后，"极品武夷"的卖价只是 18 先令，而较低档次的只卖到 10—14 先令 [⑤]。到 1727 年，武夷茶的售价降到 13 先令，1732 年，又跌落到 11 先令 [⑥]。可以看出，茶价的总趋势是走低。

---

① C. Y. Hsu, *The Rise of Modern China*, London: Oxford University Press, 1995, pp.148-149.

② Adam Anderson, *History of Commerce*, London: 1787-1789, Vol.4, p.667.

③ [美]尼克·邦克：《大英帝国的崩溃与美国的诞生》，银凡译，北京：民主与建设出版社，2017 年，第 6—7 页。

④ Mui Hoh-Cheung, and Mui H.Lorna, *Shops and Shopkeeping in Eighteenth Century England*, Kingston: McGih-Queen's Univerdity Press, 1989, p.54.

⑤ "*The Post-Boy*", July 31,1707 and December 21, 1712.

⑥ "*Read's Weekly Journal or British Gazetteer*", January 8, 1732.

1766 年，英国每磅茶叶的平均售价约 5 先令。[①]可以说，这时茶叶的售价几乎每个英国人的钱包都负担得起，茶叶渗入到最底层的民众，成为全民消费饮品。

1721 年，英国对中国茶叶的进口量首次突破了百万磅。1717—1726年，英国平均年茶叶的消耗量在 70 万磅，在 1732—1742 年间，年均消耗量增加到 120 万磅[②]。1762 年，东印度公司仓库中面向家庭出售的茶叶存货就有 400 万磅，这个数量还在不断增加；1785 年，达 1085.6578 万磅，五年后，达 1503.5722 万磅。[③]一段时间里，东印度公司在中国用价值 11 便士的白银可以购买 1 磅茶叶，并在英国用超过 3 倍的价格将其出售。"在 1763 年法国战败后的和平年代里，大不列颠和广州之间茶叶贸易的规模在八年时间里翻了一番。"[④]

茶叶给英国人的社会生活带来诸多变化。一本 1766 年出版的书写道："王公贵族们在招待会上穿着考究的衣服，三五成群地饮茶、玩牌、聊天。"[⑤]另一本在 1776 年出版的书也以同样写意的笔触写道："在游览胜地，有乐队在演奏美妙的乐曲，还款待适口的茶水。"[⑥]这是上流社会饮茶聚会的闲适画面。一位编织女工的"厨房可能自豪地拥有一套中国瓷器，有一把茶壶，一只茶叶罐，里面装有红茶和绿茶"，这是平民百姓的饮茶用具。"来自欧洲大陆的旅行者对 18 世纪的英国饮料颇不习惯，认为英国人的茶水中没有加奶很难喝"[⑦]，这是来自外国人的抱怨。茶叶还改变了英国人的作息，"中午稍晚一些时候，人们要停下来喝茶，在 18 世纪，午茶演变成一顿分开的饭点"[⑧]。18 世纪，先从英国人开始，蔓延整个西

---

① Jonas Hanway, *An Essay on Tea*, p.268.

② Jonas Hanway, *An Essay on Tea*, London: 1756, p.216.

③ David Macpherson, *Annals of Commerce*, Vol.4, London: 1805, p.336.

④ [美]尼克·邦克：《大英帝国的崩溃与美国的诞生》，银凡译，第 6 页。

⑤ Smollett, Tobias G., *The Expedition of Humphrey Clinker*, Penguin Classics, 1976, p.50。

⑥ John Entick, *A New and Accurate History and Survey of London, Westminster, South Wark and Other Places Adjacent*, London: 1776, Vol.4, p.446.

⑦ Simpson Helen, *The London Ritz Book of Afternoon Tea: The Art and Pleasures of Taking Tea*, New York: Arbor House, 1986, p.13.

⑧ Porter Roy, *English Society in the Eighteenth Century*, New York: Penguin USA, 1990, p.273.

人世界，都养成了"喝午茶"的习惯，时至今日，习性依然。中国茶叶竟然能使一个或多个外国民族的作息习惯发生变化！

茶叶的大批量进口和消费，还使其成为英国政府税收的重要来源。1723 年，卧坡勒（Walpole）请求设立茶叶等的征税制度，结果"在七年中，这些物品的税额每年上涨 12 万镑"①。后来，茶税不断提高，在 18 世纪中叶时长期保持在 100% 甚至更高的税率水平上，进而成为英国关税收入的一个最重要税项。高关税又带来猖獗的走私。大规模走私是一种具有国际分工性质的勾当，荷兰、法国、西班牙、瑞典的走私犯负责从中国弄货，运到英国海岸后，由英国走私犯接手，再转交给英国国内的茶叶私贩经销，各环节成龙配套。民间有茶叶流通地下管道的种种传闻，1721 年的报刊就以揶揄的语气记载：

> 大量价格异常低廉的茶叶通过荷兰人的手被带进奥斯坦德（Ostend），靠我们忠诚的走私者，对于如何逃税，经常有无穷的狡猾新方式被成功使用。英国东印度公司用不着为无法从中国带更多的茶叶而苦恼。因为有大批内外勾结的人代之效劳。②

比利时的奥斯坦德成为其他西方商人向英国走私茶叶的最早基地。法国的南特是另一个向英国走私茶叶的集散地，1733 年的记载有：批量茶叶从这里被销往根西岛，最终目的地是英伦。③英国国内的走私者也遍布有通航条件的近海，萨克森（Sussex）、哈葩郡（Hampshire）、肯特（kent），到处都充斥着走私者。在那个世纪初叶连茶叶都闻所未闻的约克郡，未几，"茶叶走私犯便分布在该地的沿海岸地区"④。茶叶造假也应时而生，在 18 世纪 60 年代，英国政府发现"有数以百万磅计的野山梨叶、桦树叶和其他

---

① Georgiana Hill, *History of English Dress from the Saxon Period to the Present Day*, New York: 1893, p.148.

② "Applebee's Original Weekly Journal", August 19, 1721.

③ K. N. Chaudhuri, *The Trading World of Asia and the English East India Company 1660-1760*, London: Cambridge University Press, 1978, p.392.

④ J. Carswell, *From Revolution to Revolution: England 1688-1776*, London: Routledge & Kegan Paul, 1973, pp.74,78.

树叶被掺杂在茶叶中出售"①。

尽管政府严格查禁，但逃避关税以获取高额利润还是极大地诱惑着非法贸易者，能节省不少钱又诱惑着消费者，两者利益纠缠，恶性推动走私。来自 1783 年海关部门的估计是"近三年来走私增加了三倍，每年经非法走私流入英国的茶叶高达 2100 万磅"②。情况变得如此之糟，以至于某些大茶商要建立联盟来自我保护，这是对政府无力保护合法者利益的抗议。③政府必须采取更有力的措施，官员布克（Burke）建议大幅下调茶叶税，从根本上动摇走私者的基础，使其无利可图，这是治本之策，但要面临政府关税减少的危险。不过，局势已到不如此便难以阻遏走私大规模蔓延的关头，因为这种走私活动是由外国人大规模参与的。这已不单纯是保护英国合法商人权益的问题，而是保护英国国家利益的问题了。1784年，政府采纳了布克的建议，将原来 119% 的茶叶关税率下调到 12.5%。茶叶价格大降，走私无利可图，东印度公司的销售量剧增，1783 年尚少于585.8 万磅，1785 年即超过 1500.0 万磅。④英国东印度公司在广州购买茶叶的数量反超欧洲大陆各公司的总和，税率的调低使英国公司战胜了外国竞争者，使英国国内的合法商人战胜了走私犯。

茶叶从宫廷的炫耀品到上流社会的嗜好品，又到一般大众的普及饮品，英国人成为饮茶民族。迎合时尚固然是一个因素，"追逐时髦的风气在 1730 年代曾达到高潮"，但茶叶普及另有一些深层的社会原因，或与英国的清教运动有关，与圣公会提倡清廉纯洁的享受有关。18 世纪早期在牛津大学任教的韦斯廉（John Wesley）就曾强烈主张圣公会教徒应该以茶代酒，"清洁的茶水对严守教义的人是很好的饮品"⑤。茶叶的爱好者们断言：茶叶的柔和特质作为一种文明会养成个人性格；与此相反，酒却经常

---

① J. Hanway, *Letters on the Importance of the Rising Generation of the Labouring Part of Our Fellow-Subjects*, London: 1767, Vol.2, pp.180-181.

② Derek Jarrett, *Britain 1688-1815*, London: 1965, pp.397-398.

③ "Read's Weekly Journal or British Gazetteer", February 14, 1736.

④ Georgiana Hill, *History of English Dress from the Saxon Period to the Present Day*, p.194.

⑤ J. Carswell, *From Revolution to Revolution: England 1688-1776*, London: 1973, pp.101-102.

导致暴力和错误，饮茶减少了酒徒的出没。[①] 因此饮茶便特别地得到妇女、医生、公职人员、教会人士和禁酒人士的青睐。茶叶在中下阶层成为酒的部分代用品，除道德因素外，还有价格因素，酒的价格毕竟比茶叶昂贵。茶叶特别适合英人口味，或许还与不列颠的民族禀性有关，这是一个不紧不慢按步就班有规有矩的民族，是一个生活节奏悠闲，讲究不愠不火优雅绅士风度的民族，茶叶的品格恰好与之相得益彰，英国人也有时间和耐心来慢慢地品茗。

茶叶在英国也并不总是获得好评。克来顿（J. Clayton）宣称："饮茶嗜好可耻地吞没了人们的时间和金钱。"[②] 诗人摩尔（H. More）将茶叶具有提神兴奋作用同多次骚乱联系在一起进行痛斥[③]。对茶叶作出的"声讨"大量充斥在那个世纪的各种作品中，集大成的便是海崴（J. Hanway）在 1756 年出版的《茶叶随笔》（Essay on Tea），这位著名的旅行家和慈善家写道：饮茶会引起坏血病，削弱抵抗力，影响睡眠，损害牙齿，败坏胃口。其对女性的损害来得特别大，使她们丧失花容月貌和美丽青春。[④]

这些对茶叶歇斯底里发泄的相当部分都是没有道理的，反映出英国社会中少数人对陌生国度新鲜物品不予接受的心态。民众的消费才不管文人的诅咒[⑤]。1800 年前后的英格兰，每人每年消费约 1 磅茶叶，1840 年为 1.4 磅；到 1880 年，人均年消费达到 5 磅左右。而在欧洲的其他国家，数字要低得多，甚至到 1840 年，"欧洲输入的 8000 万到 9000 万磅茶叶，也只不过是供给每个居民每年 4 盎司"，而这年中国人均消费茶叶 11 盎司弱。[⑥] 遥隔重洋的英国人的消费量远远超过茶叶产地的中国人，舶来物在异国的分量超过了母国居民！这是海洋商路发达带来的福利。

---

① George L.Craik, *The History of Commerce*, London: 1844, Vol.2. p.215.

② E. P. Thompson, *Customs in Common: Studies in Traditional Popular Culture*, New York: New Press, 1993, p.386.

③ Guy Williams, *The Age of Agony: The Art of Healing,1700-1800*, Academy Chicago Publishers, 1996, pp.51, 57-58, 61-65.

④ Jonas Hanway, *An Essay on Tea*, pp.208, 213, 218, 220, 222-223.

⑤ Anon, *A Modern Sabbath, or a Sunday Ramble in and about the Cities of London and Westminister*, London: 1807, p.72.

⑥ [美] 彭慕兰：《大分流：欧洲、中国及现代世界经济的发展》，史建云译，第 109 页。

（三）划了时代

18 世纪 20 年代出现的丝茶贸易地位的互换不能单纯视为中国两个出口货品的消长，内中包含深巨的"历史意义"。丝绸让位给茶叶表明：为穷人运来茶叶比为富人运来丝绸要获利更多，这一天的到来，标志着世界贸易进入到了"近代体系"，从为上等人提供华贵锦缎到为大众提供日常饮料，转折的确是历史性的。由于生产水平的落后、交通的不发达，古代的国际贸易主要是为皇家贵族服务，海外商品对一般平民来说是享受不起的；近代国际贸易最重要的变化就是服务对象由贵族转向大众，舶来品的享用从上流社会转至普通百姓，茶丝贸易地位的一升一降典型地反应出时代的重大转变。丝路的退却也未给中国国内的经济社会带来多大的负面影响，从内需来说，丝绸的国内消费依旧发展；从外贸来看，丝路断绝，茶道"吃香"，交替并行，互为补位；在土地利用上，植茶多在山地，植桑多在平地，两两兼得。

应该说，茶叶与丝绸一样，天然具有利于贸易的"品性"，体轻价高，易于运输。但为什么中国远古就有的两种产品——丝绸和茶叶，前者很早就飘洋过海，甚而形成延续千年的丝绸之路，而茶叶却迟至 17 世纪前后才传至西方世界？两者比较，丝绸的传播何其之早，茶叶的传播又何其之晚？

很重要的原因在于，茶叶在西方流行开来需要特定的技术条件和时代环境。随着地理大发现，几乎在同一时期，非洲的咖啡、美洲的可可（后来发明制成巧克力后用量大增）和亚洲的茶这三种"异国嗜好"不约而同至欧洲（烧酒业也同时在欧洲蓬勃发展起来）。可可传入欧洲是 1520 年，咖啡 1615 年由阿拉伯中转传入威尼斯。茶叶、可可、烟草、咖啡等，除了奢侈品属性以外，还都是易"成瘾性食品"，一旦食用，每每"上瘾"，竟至不可离；而这些食品饮料，也往往都是需要通过国际市场方能获得。茶叶、咖啡这些"提神醒脑"的新饮料几乎同时在欧洲大行其道，还从人群嗜好的角度透射出社会环境业已出现或正在酝酿着重大变化。首先，人们比以前"有钱"了，这都是些生存必需品之外或之上的"奢侈品"，按时下流行语来说属于"轻奢"商品，对人们的生存，不是不可或缺，对某些人来说，不吃巧克力反而利于减肥，不喝茶、咖啡反而利于睡眠，这些"轻奢"品只有在人们满足基本生存需求后仍有余钱剩银才会购买。其次，人们比以前"有闲"了，上述种种均为"消闲"饮品，反映群体公众活动更多了，品茗喝咖啡都有人聚才好，咖啡馆、茶馆等应运而生，并屡屡成为近代欧洲重大革命和风潮的策源点，茶叶、巧克力、烧酒、咖啡都属于"兴奋剂"，在欧洲各国革命的前夜流行起来，其中关联，委实可以做一篇大文章。推论再广一些，城镇更多了，城市生活更丰富了，中世纪毫无生气少有交往的黑暗封闭时代已经或即将结束，市民阶层的力量更加强大，人们的情绪趋于激昂，旧时宁静的心态不再平静，躁动的人群需要"兴奋剂"来加以温润发酵，社会也开始了躁动……有生产才会有消费，反之同样，有大宗消费才可能有大宗生产，而大宗消费必有特定的历史环境，中国古已有之的茶叶偏偏在 18 世纪后的欧美获得广泛市场，绝不偶然。东西方的联系前所未有地紧密，地球上的人们不可分地联为一体，更主要的不是通过某种制度体系，某种意识形态，而是通过经济，通过与普通人群日常生活相关的一件件物品。在近两百年的时间里，茶叶之路不仅是东亚，而且是中西方诸多商路中最具影响力的，"茶叶消费促使西方人来到中国，可以说在这个意义上创造了中西关系"[①]。福惠所至，泽被亿万子民。

　　茶叶世界流通的晚至还因为茶不是能够简单移植的品种，茶株择地性强，培育难度大，成品制作工艺复杂。试想，从茶树栽培到采摘时令（"明前茶"与其后的茶相隔不过几天，价差极大），从烘焙技法到饮茶窍门（茶具的选择推动了中国陶瓷器的技艺精进，水质及水温的挑剔，品茗的姿态关节"酿出"登峰造极的"茶道""茶艺"），有多少过节讲究和极繁复的个性化体验。茶不仅仅是一种产品，还是一种文化和艺术，是积淀了一个民族悠久文明的结晶体。对一个简单物品的引种、仿造、复制乃至发展都不是太难。但对一种已达到艺术层面物品的把握却很难。这也是外人想尽办法要知道茶叶的秘密，但中国的茶叶在中土以外的地方长期难以存活发展，特别是难以达到与中国相匹无二境界的奥秘所在。

---

① ［美］雅克·当斯：《黄金圈住地——广州的美国商人群体与美国对华政策的形成，1784～1844》，周湘、江滢河译，第 72 页。

（四）西人试种

茶叶是大宗消费品，是国际贸易的重要标的物，其国际流通的意义不亚于它在日常生活中的实用性，茶叶贸易跨越半个地球，带动各种各样的物流齿轮转动起来。茶叶是投机买卖的对象，是多个国家就业和税收的某种源泉，作为茶叶生产和出口国的中国不用说了，单单以英国的茶商而言，茶叶的流行，缔造出一批依靠中国茶叶为生的经销商。在1764—1765年时，英格兰有大约5万家小酒馆和小食店出卖茶水；同一时期，英格兰和威尔士有32234名有执照的茶商，这些都是合法茶商，如果算上没有执照非法经营的茶商，那么，数量很可能加倍。还有一些是跨行业擅自经营茶叶的，比如在18世纪中叶，"有一些名曰玩具店（toyshops），却是出售扇子、瓷器、茶叶、丝绸等"中国货。到1801年时，拥有执照的合法茶商已有56000人，这些执照持有人有很多只是经营茶叶的小本生意，年收入约在60—300镑。在当时各类职业的收入群体中处在中上水平。也有大商号，著名的川宁（Richard Twining）、安格腾（Edward Eagleton）等，当时茶商一般只经营数十镑茶叶，但在大茶商的仓库里存放的茶叶却超过1吨乃至更多。[1]利益高企，财源滚滚，养活众生，怎不令人眼热。茶叶在几个世纪中，是成交值最大的国际贸易商品之一，也是一种可以作为那时世界市场衡量标准的大宗货品，犹如要把握现代世界经济的脉搏，仅需要密切注意金价、粮价、房价、油价和股价等金融衍生品的起伏，大致就可以了。正因为茶叶贸易有大利所在；而茶叶长期为中国所独有，利润的很大部分也由中国人独享。为了打破这种独占局面，西人千方百计地开始偷植茶树，这是一个对未来中西贸易影响巨大的举动，意在营造与中国输出茶路分道而行的新茶路起点，此举最终导致世贸主茶道的分流改向。英国人早有图谋：

> 绿茶、黑茶在英吉利系置于火房培植，领纽士始带生茶树到欧罗巴，尚未知有许多难种之事。至一千七百六十三年，领纽士即今依格

---

[1]　Mui Hon-Cheung, and Mui H.Lorna, *Shops and Shopkeeping in Eighteenth Century England*, pp.167, 268-269. 另参见 Kirstin Olsen, *Daily Life in 18th Century England*, pp.197-198, 67, 75 & 144。

嘛船主，在中国开船之时，即将新鲜茶子栽于盘中，带回压色尔，即已长出茶秧，移种干燥松土之地，不用火气熏烘，自然生长，摘其嫩叶，愈摘愈茂，后亦结子，却不宜种在园中也。栽种绿茶比黑茶尤难，在英吉利须要常在火房中，若在露天，即周年开花矣。①

1763 年带回英伦的茶种只能在火房培植，难得成活。到了 1792 年 9 月 8 日，英国东印度公司董事会主席拜龄（F. Baring）、副主席柏哥斯（J. Smith Burges）训令即将使华的马戛尔尼（G. V. Macartney），要马氏获取有关茶叶的"最佳情报"，并窃取能在印度等地种植的茶树"佳种"。马戛尔尼也不负重托，来华期间对这方面的经济情报多方调查，并在清朝直隶总督长麟等人的帮助下，从浙江茶区获优质茶树数棵。此举并不光明磊落，联想到千百年来外人千方百计偷取中国的蚕丝技术，要说窃取经济情报、商贸信息、工艺秘技、知识产权、禁运物种等，西人可谓是肇始者，堪称行家老手。这些茶树被运往印度时，加尔各答植物园据说在 1780 年以来已有茶树种植，马戛尔尼获得的茶树也栽种园中，但未能大面积引种，其研究和观赏价值大于商业价值，与英人的期待有很大差距，不能说是成功。

进入 19 世纪后，对中国茶叶早就熟悉的葡萄牙人试图再次引种，或许考虑到前此引种海外不成功的教训，是因为只偷取茶树，没有招聘懂技术的人员指导，茶树在外域难得培育成活，葡人于是一揽子引进，同时从澳门向巴西引进茶树种子和植茶华工。澳门《文化杂志》第 22 期系《巴西与澳门》特辑，其中刊发了莫拉（Carlos Francisco Moura）《十九世纪上半叶澳门与巴西的关系》的作品，该文饶有意致地介绍了 19 世纪初叶由澳门前往葡萄牙殖民地巴西的植茶华工的情形，文章叙说：1811 年 3 月 1 日里约热内卢植物园建立，园内陆续栽种了若干来自"东方的植物种子"；1813 年，应负责指挥转运"珍贵亚洲品种"的皇家部队师长刘易斯·阿布雷乌·维埃拉·巴伊瓦（Luis de Abreu Vieirae Paiva）的请求，澳门参议员拉法尔·波达多·阿尔梅达（Rafael Botado de Almeida）等人从澳门往巴西

---

① 《澳门新闻纸》1839 年 10 月 19 日，林则徐全集编辑委员会：《林则徐全集》第 10 册，第 198 页。

"寄来大批茶种"，这批种子随即被转给里约热内卢的植物园栽种。葡萄牙人的抱负很大，当时中国茶叶是世界上获利最丰厚的国际商品之一，"中国每年向英国出口的茶叶价值二千万士姑度"，因此，葡萄牙人不满足于只是将茶树作为植物园中的观赏品来欣赏，他们还想在纬度相近气候类似的巴西将中国茶树大规模引种，使其成为有利可图的经济植物。于是，不但引进中国的茶种，而且引进中国种茶人的计划形成。前外交和作战部部长唐·罗德里哥·苏萨·高地尼奥伯爵（D. Rodrigo de Sousa Coutinho）是计划的倡议者之一。"伯爵命人从中国找来数百名中国种植者，以使人了解种植和焙制茶叶的好处。"1814 年 9 月，中国种茶人被送到圣·克鲁斯农场附近。其后几年，"差不多有三百个中国人住在罗德里哥·费雷塔湖附近和圣·克鲁斯农场"，而仅在里约热内卢的植物园就种植有 6000 株茶树。[①] 莫拉的文章给我们提供了两个重要信息[②]：其一，作为那个时代中国最重要的出口品——茶叶，在美洲大陆最早引种的情况。16 世纪地理大发现之后，来自美洲的植物渐次引入中国；而今，却反过来是中国的茶树被引种于美洲大陆，南来北往，中国的古老植物种子被贡献于"新大陆"。其二，中国的植茶工人被转移到拉丁美洲，这是其后波涛汹涌华工潮的先路人。但莫拉的文章史源主要来自收藏于巴西、葡萄牙等地的西文史料，作为中西方的双向交流，收藏于其他地方的中文等史料的互证当是不可缺少。也正因为此，莫拉在文中要指明："尚未找到证明第一批中国人到达的文件以弄清几个疑点，比如到达的确切日期、人数、来自中国何地、聘用条件等等。"[③]

不同国别地区及其语种间的史料互证或互补是研究中外关系史的必须，现就上述问题进行若干补白。补充史料的一个来源是收藏在葡萄牙东波塔档案馆的有关清代澳门的中文档案，是华人之间的私人通信。此档案由刘

---

① 详参 [葡] 莫拉：《十九世纪上半叶澳门与巴西的关系》，载澳门文化司署编辑出版：《文化杂志》中文版第 22 期，1995 年春季。

② 不仅莫拉于此有专论，同刊的几篇文章也言及。如莫罗（Fernanda de Camargo-Moro）的《澳门和巴西：需要加强的古老对话》，雷戈（Antonio da Silva Rego）的《澳门与巴西的直接关系：一个不可实现的梦想？》等文，俱见《文化杂志》中文版第 22 期，1995 年春季。由此可见此问题在中巴关系史上的重要性。

③ [葡] 莫拉：《十九世纪上半叶澳门与巴西的关系》，《文化杂志》中文版第 22 期，1995 年春季，第 34 页。

芳编辑，章文钦校注，澳门基金会出版。其中有关赴巴西植茶华工的资料有以下几则：

其一，为嘉庆十七年（1812）七月华工石保自里约热内卢的娘娘花园给在澳门的铺户南兄等人的信，叙述他们在巴西的种茶生活：

> 叩别荆庭屡迁，年月日久。弟自愧浪迹江湖，不得酬兄台之恩。弟前岁粮兄台手上，头路西洋，往去种茶生理。到兵头埠，茶树十余条，细茶仁种，泥土三块，并无声气。七月半，兵头搭过船，弟二人往去西洋王。到于八月丁涯大子花园。九月兴工，弟俱已料理，分发乌鬼十余人锄园地。大子说及时刻要种。弟说及月令不通时气，十一月种子日。工欲善其事，必先治用其生。不生不见面，茶仁甚少。九冬十二月、正月、二三月正当热，所有大小官府男女来看，亦无所有。大子说及百让种，不使尔种，所种要唐山细茶，果木花种：弟又兼且求来，铺盖、锅铫俱已料理来。目下闲住，每月支使用银十二元。弟所虑者，日后不敢见兄台面，和计过桥拆板，此人无情无义之人，方入西洋籍，入于拜庙，身上番衣，全于弟不和气。因算伙足银钱使，用弟所使，后来二人拆开伙足家伙，锅铫对象。启者：杨亚传说及不求陈么兄弟所遭害，所说本事。做茶所讲茶师，弟不晓做茶细茶，未曾见面。同房间住，不同餐，同园不同做。做茶家伙对象一无所有。兹今壬申年（1812）三月，亚抱游至免帝船到埠。问及兄台财源广进，身体平安，可喜可贺。弟问及书信；亚抱、鼻烟官说及无信带来。寄来茶树两箱，未知钦差大人（章文钦注：钦差大人及下文之澳门钦差大人——后件之国使大人，俱指判事官［番差］眉额带呐[Miguel de Arriaga Brum da Silveira]）寄来茶种多少？并无声气。弟所忧虑者，澳门钦差大人及兄台茶种寄来，弟紧用种。弟看泥土，乌泥、黄泥、沙土，水土甚好，风色不好。埠头食物、布疋甚至高价。乌人无万事，甚多人口，另各手老番、鼻烟官、亚抱带回内外吉信三封。兹今便寄梁隆哥大厨带回内外信二封，烦兄台收入开拆，转寄家中平安信。弟患多两方回家，不敢忘兄之恩。弟等皇上、娘娘声气出

处（章文钦注：娘娘应指葡萄牙女王玛丽亚一世［Maria.I］，皇上当指女王玛丽亚的丈夫，尊称为佩德罗三世［Pedr. Ⅲ］）进退之归。茶生不生，三年为满回唐山。余言不尽，华不尽言。家中及店中兄台无忧虑矣。南四兄台察前。再者，店中兄弟朋友未及另札音问候。叩禀字愚弟石保拜托纸笔多少。[①]

其二，为同一年份华工亚腾等致澳门铺户的信，信中同样叙述其在巴西王家花园的种茶情形，并托带茶种及制茶工具。略谓：

> 字奉南兄台得知：弟谅兄生理店中，财源滚滚，利路滔滔。年前岁澳门粮国使大人种细茶，往西洋王家花园佣工。粮食用工赀银三钱二分，每日食物、布疋甚贵。兹今托赖上天神祖庇佑，身体平安。三人开得茶园地一座，落得细茶种，条条可生，国王甚至欢喜。启者连界上下一十余里。亚传、石宝，和计两人，兄无烦忧虑矣。弟嘱托信到澳门店中，望兄转朱梅官（章文钦注：朱梅官即朱作宁，澳门诵户。嘉庆二十年因贩卖鸦片案，被两广总督发往新疆充苦差）宝行讨取红纸货单银，同宗亚喜货单红纸，共银二十九大员。向朱梅官讨回，二份均分，寄回家中救济之贫，千祈至嘱。信到店中，烦兄携来老气细茶种，细茶匣不可开孔，不可泄气，不可落藏酒气、雨湿、咸水。时时小心料理，不可失误。又嘉应州锅头十大口，做茶家伙物件样样要紧关。至今澳门钦差大人细茶仁甚多，大箱小箱，不知几多。无用细茶种，枉费功劳，枉费心机。千远水路，山遥水远，笔不尽言，谨此达上。信到之日，回信通知于知之。南兄台福星拱照。愚弟亚腾拜托字，代笔弟石宝拜候（章文钦注：石宝即上件之石保）。[②]

文辞不美，言语浅实，反倒确证出自务农务茶人的手书。需要郑重声明的是，章文钦先生在校注以上史料的同时，已经指出需将此中文史料与

[①]　刘芳辑：《葡萄牙东波塔档案馆藏清代澳门中文档案汇编》上册，章文钦校，澳门：澳门基金会，1999年，第121—122页。

[②]　刘芳辑：《葡萄牙东波塔档案馆藏清代澳门中文档案汇编》上册，章文钦校，第123页。

前述葡国学者莫拉的文章相比照，并将两种资料可堪比对之处一一指明。笔者不过是将上述材料复述并与下述新揭出材料进行联带分析。

补充史料的另一来源是收藏在澳门档案馆《海外历史档案》中的相关葡文资料，系葡人间的官方通信。[①] 其中有关赴巴西植茶华工的资料有以下几则：

一为 1813 年 12 月 30 日 "澳门高级大法官或检察总长席尔瓦（即眉额带呗）顾问或参谋致海事及海外领地事务部大臣或部长若昂·德·阿尔梅达梅洛·卡斯特罗（D. João de Almeida Meloe Castro），即加尔韦亚斯伯爵的公函：报知以'玛利亚一世号'货轮寄运植物和种子，以及期后寄运更多植物及锅子，用于烘烤茶叶"。同份公函还有附件：由塞巴斯蒂昂洛·佩斯拉莫斯（Sebastião Lopes Ramos）详细整理的一份由该货轮寄运的植物和种子的清单。[②]

二为同日席尔瓦致加尔韦亚斯伯爵的另一份公函："报知寄运茶树种子往巴伊亚（Bahia）和有关派遣中国籍木匠往巴西之用途，木匠之薪酬为葡币 12 元或以上。"[③]

三为 1814 年 6 月 18 日来自巴西方面的两封回函，其一曰：

> 海事及海外领地事务部大臣或部长安东尼奥·德·阿劳若·德·阿泽维多（António de Araújo de Azevedo）致澳门高级大法官或检察总长米格尔·德·阿里亚加布鲁姆·德·席尔瓦（Miguel de Arriaga Brum da Silveira）顾问或参谋之公函（拟本），确认已收到由"玛利亚一世号"货轮寄运之植物和种子。[④]

---

① 此材料由曾在澳门民政总署工作的朱杏桂及同仁提供中文译稿并慷慨同意摘要使用（朱小姐予本书写作有很多帮助，不仅于此）。笔者就此表示衷心感谢！

② 澳门档案馆藏海外历史档案：澳门，箱号：36，文件编号：33，公函，1813/12/30。

③ 澳门档案馆藏海外历史档案：澳门，箱号：36，文件编号：34，公函，1813/12/30。

④ 澳门档案馆藏海外历史档案：澳门，箱号：36，文件编号：33，公函，1813/12/30 的附件，1814/06/18。

其二曰：

　　报知已寄运更多茶树种子往巴伊亚（Bahia）以及与中国籍木匠订约，聘用他们在皇家造船厂或兵工厂工作。[①]

　　前揭档案，既有葡人之间的通信，也有华人之间的飞鸿，既有官方公函，也有私人信札，既有中文，也有葡文。对象不一，面相各异，语言不同，但所言内容却一致。从中可见，为了分享获利丰厚的茶叶利润。驻澳葡人提出了生产与贸易双管齐下的方案，一方面是向美洲殖民地输出中国的植茶技术，以便在中国以外的地区直接生产茶叶，此乃洲际间物种交流的大手笔。另一方面是新辟赴欧洲的茶路，以便打破英国人对国际茶叶市场的某种垄断。其实，葡澳居民很早就从事中国茶的外贸，就有过运送茶叶的经历。1680 年代，中国人和葡萄牙人在巴达维亚和苏拉特开辟了经营茶叶及其他中国物产的市场。是时，甚至各国的东印度公司等大主顾也从这些市场上转购中国茶，而"苏拉特市场则是从那些往来澳门与果阿及达曼的葡萄牙商船购买的"[②]。到 1717 年，巴达维亚政府命令"不准中国帆船卸货，除非是荷兰（东印度）公司已将他们运来的茶叶卖完"。同年，清政府宣布禁止大陆沿海居民从事南洋贸易，第二年，康熙"允许澳门的居民在一般的禁令之下可以享有例外"。就此给驻澳葡人提供了独占南洋贸易的时机。广州商人因自己的船只不准出海贸易，只好租用葡萄牙的货舱赴巴达维亚。葡人则乘机大量建造船只，仅 1718 年在澳门注册往巴达维亚的葡萄牙船就从 9 艘增加到 23 艘。[③]他们几乎垄断了当时广州对荷兰东印度公司的茶叶贸易，荷兰公司只好购买葡萄牙船载运的茶叶，结果不仅数量达不到要求，而且价格飙升，如 1718 年购到的茶叶仅达董事会要求量的一半，每担武夷茶需花费 115—125 荷元，比往年平均增价 75%。

---

① 澳门档案馆藏海外历史档案：澳门，箱号：36，文件编号：34，公函，1813/12/30 的附件，1814/06/18。

② ［美］马士：《东印度公司对华贸易编年史（1635—1834 年）》第一、二卷，区宗华译，第 10 页。

③ C.R.Boxer, *Fidalgas in the Far East 1550-1770*, The Hague: 1948, p.211.

1721 年巴达维亚的茶价甚至相当于广州价格的两倍多。[①]一时间，"由澳门至马尼拉和巴达维亚的船只，出入频繁，澳门关税达二万两。澳门市贸既盛，人口日增，自在意中"[②]。曾有澳门咏茶诗曰："名茶细细选头网，好趁红花满载装。饱唉大餐齐脱帽，烟波回首十三行。"[③]显示粤澳茶贸的盛况。不过，"这种好运道仅仅维持了很短一段时间，因为雍正帝取消了他父亲的禁令，在 1723 年允许他的子民重新从事对外贸易"。澳门的商业运输"就衰竭下去了"[④]。由此概见，茶叶贸易与葡澳经济的起落盛衰是多么地息息相关！但这一时期仅是单纯的茶叶贸易，未涉及茶树移植。鉴于葡人早就知道茶叶的厚利所在。时光流逝到 18 世纪末 19 世纪初，葡澳当局认为，他们的机缘来到了。为此，驻澳葡人对 1776 年之后有关茶叶贸易带来的利益进行了调查。[⑤]1811 年 3 月 24 日，席尔瓦审判官致函海事及海外领地事务部部长加尔韦亚斯伯爵，"报知已寄出一封写给派遣往斯德哥尔摩之使节若昂·保罗·贝泽拉（João Paulo Bezerra）的信件之副本，内容谈及把茶叶输往北欧国家的贸易"[⑥]。次日，席尔瓦再向加尔韦亚斯伯爵和若昂·保罗·贝泽拉使臣"提出开展中国茶叶输往北欧国家的贸易，并以里约热内卢为中转站"[⑦]。这样，就以中国茶叶为纽带，将澳门、巴西和欧洲联系起来，即以澳门为出发点，以里约热内卢为中转点，以北欧为目的地（因西欧有英法等列强，难以楔入，而北欧较易染指），这实在是试图营造一个联结亚洲、美洲和欧洲的庞大国际贸易网络。直到 1816 年 12 月 10 日，席尔瓦还向继任海外领地事务部部长安东尼奥·德·阿劳若·德·阿泽维多（António de Araújo de Azevedo）提出

---

① Kristof Glamann, *Dutch-Asiatic Trade 1620-1740*, The Hague: 1958, pp.217-218.

② 周景廉编著：《中葡外交史》，北京：商务印书馆，1991 年，第 137 页。

③ 中国第一历史档案馆、澳门基金会、暨南大学古籍研究所合编：《明清时期澳门问题档案文献汇编》第 6 册，北京：人民出版社，1999 年，第 787 页。

④ [瑞典]龙思泰：《早期澳门史》，吴义雄、郭德焱、沈正邦译，第 146 页。

⑤ 澳门档案馆藏海外历史档案：澳门，箱号：10，文件编号：21。（附记：作者曾应澳门民政总署之邀进行澳门茶叶贸易的研究，期间得到民政总署诸同仁的多方帮助，特致谢意！）

⑥ 澳门档案馆藏海外历史档案：澳门，箱号：32，文件编号：38，公函，1811/03/24。

⑦ 澳门档案馆藏海外历史档案：澳门，箱号：32，文件编号：37，公函编号：17，附件，1811/03/25。另参海外历史档案：澳门，箱号：32，文件编号：38，公函编号：18，附件，1811/03/25。

"有关运载茶叶往欧洲之船只，不需驶往停靠港之好处和便利"①。试图开辟新茶路，重振葡澳在国际茶叶交易中的赫赫声名。但19世纪初叶的葡萄牙国势业已相当衰落，自1807年起，葡萄牙王室为逃避欧洲拿破仑战争而迁往巴西，至1821年，王室始返回葡萄牙。连老家都已经顾不上的葡萄牙流亡王室政府自然也无力实施此庞大的洲际贸易计划。

　　贸易难行，另辟路线，技术和人力资源的引进却在实施。澳门一度成为中国茶叶生产技术流向世界的通道，澳门在各大洲之间的物种交流、人才交流和技术交流等方面扮演着部分源头的角色。根据上述史料，我们还可以看出更详细的讯息：植茶的华工最早到达巴西并不是前此记述所认为的1814年的9月，而可以提前到1811年甚或1810年，也就是在里约热内卢植物园建立之初或筹建之时，亦即最早的一批茶树种子运到巴西之时，这些工人的月工薪为12元；正如章文钦所指出："里约热内卢另一处有中国人种茶的地方是圣·克鲁斯皇家农场，为葡国宫廷的夏宫。""虽然本件之娘娘花园是指里约热内卢植物园，抑或圣·克鲁斯皇家农场，仍有待进一步研究。但内称：'前岁……上头路西洋，住去种茶生理'则在嘉庆十五年（1810）已有中国人前往里约热内卢种茶。寄信人石保应为中国内地有经验的种茶人。经收信人南兄或四兄，即在澳门开店的中国人之介。由判事官眉额带呐安排前往里约热内卢种茶。'月支使用银十二元'及'三年为满回唐山'，应为在澳门启程时所订合同规定的条件。"②

　　再有，中国茶种从澳门运往巴西，并不是一次，而是多次。除了1810年或1811年的茶种寄送外，在1813年底还通过"玛利亚一世号"货轮转递了更多的茶种，以至于在巴西的植茶华工认为"澳门钦差大人细茶仁甚多，大箱小箱，不知几多"，而且，以前寄的茶种与当地的物候不对路，以至"无用细茶种，妄费功劳，妄费心机"，而要求另外寄送"老气细茶种"。在巴西植茶的季节选择上，当地主管人员与华工亦有争拗，最后华工以"月令不通时气，十一月种子日。工欲善其事，必先治用其生"作劝说词，末了仍是按照懂行的中国工人的意见办理；种茶在巴西也是一件轰

① 澳门档案馆藏海外历史档案：澳门，箱号：41，文件编号：18，公函，1816/12/10。

② 刘芳辑：《葡萄牙东波塔档案馆藏清代澳门中文档案汇编》上册，章文钦校，第123页。

动朝野的新鲜事，上至国王王后，下至子民百姓均予关心，植茶季节，"所有大小官府男女来看"，"落得细茶种，条条可生，国王甚至欢喜"，在民间算是一种盛况，在葡廷亦算一桩大事。

在中国茶树引种巴西这件事上，除前揭莫拉教授文章中提到的诸人外，澳门判事官席尔瓦和前后两任葡萄牙海事及海外领地事务部大臣加尔韦亚斯和阿泽维多似乎起了更重要的作用，这些转运，不仅有茶种，还有焙制茶叶的工具，说明几年前种植的茶叶已有收获，非但是种茶技术在巴西传播，而且制茶技术也传入巴西，这也不可等闲视之，古语云："善蒸不如善炒，善晒不如善焙；盖茶以炒而焙者佳。候干燥以锡罐盛之，勿通风，可久藏。其行商统名松萝，贩者用木箱，箱内锡皮，箱外箬皮篾衣，不使通风走湿；北至口外，南至澳门。"[1] 可见，制茶焙茶技术的关键与奥妙，并不亚于种茶技艺。此外，赴巴西华工的作业范围也在扩大，从最早的植茶工发展到在皇家造船厂或兵工厂里做工的木匠，或许是前去巴西植茶工的心灵手巧给当地人留下印象，继而又有聘请技术木匠之举，他们的薪酬也以植茶工人为参考系数，为葡币 12 元或以上[2]。

上引莫拉的文章还提到一封 1812 年的信函，其中透露来自澳门的茶树种子在巴西的领受人是卡罗斯·安东尼奥·那比安（Carlos Antonio Napion）中将，此人的身份不但是里约热内卢植物园的主任，同时还任罗德里哥·费雷塔斯湖火药厂的厂长[3]。这就为来自澳门的华工为何从植茶行当旋又扩大到军火兵工行当提供了有踪迹可循的线索。旅居巴西华工的信件里还表露出种种不满和无奈，其中言及中国种茶人到巴西后，相互间很快便有了隔阂，原因之一是对同伴"即入西洋籍"，奉洋教，着"番衣"的作派看不惯，此乃"民族情绪"的流露使然。这些华工属于契约工性质，到巴西后，人身享有自由，并有黑人做帮手（所谓"分发乌鬼十余人锄园地"是也），待遇尚属可以，这比鸦片战后在澳门等地兴起的"猪仔贸易"

---

① 朱自振编：《中国茶叶历史资料续辑》，南京：东南大学出版社，1991 年，第 180 页。

② 澳门档案馆藏海外历史档案：澳门，箱号：36，文件编号：34，公函，1813/12/30。

③ ［葡］莫拉：《十九世纪上半叶澳门与巴西的关系》，《文化杂志》中文版第 22 期，1995 年第 1 季度，第 34 页。

时的华工境遇要好。

从前揭史料看，巴西的土壤甚好（"水土甚好"），但气候于种植茶叶不完全适宜（"风色不好"），还由于其他方面的原因，巴西引种中国茶的计划最终昙花一现。于此，史料有如下记载：

> 19世纪初，葡萄牙人曾从澳门向巴西移植中国劳工。当时葡萄牙王国首相倡议在葡属巴西殖民地发展种植茶叶事业。最初这位首相设法从澳门选出几名种茶工人，携带中国的优良茶种，在里约热内卢郊区种植园试种。这次试验效果良好，于是在澳门的葡萄牙人于1810年前后奉到国内指示，令他们从广东、福建招募有种茶经验的中国农户移植到巴西种茶。自此以后，有几百口中国男女移民从澳门出洋，移居巴西圣保罗州。葡萄牙人希图在巴西把茶叶发展成为大宗出口物质的尝试不久就完全失败。由于气候和土壤条件不合，和中国种茶人有不满情绪，不能在巴西安居乐业，葡萄牙放弃在巴西种茶计划。圣保罗州中国种茶人聚居地不多时也消失得无影无踪，只在圣保罗州留下茶谷这个地名。后来葡萄牙政府用资助意大利移民劳工旅费办法，大力鼓励他们进入巴西，在当初中国人种茶地点种植咖啡。19世纪40年代，圣保罗州成为专供出口的咖啡生产中心。①

经过多方摸索，均不理想，西人无奈，只好不在西方引种茶树，改在水土物候相宜的东方。有英国驻印度军官布鲁士（Bruce）少校，在1820年代首先试种商业性（而非仅是观赏）的茶苗，到1827年，爪哇出现第一批茶树。1830年代，茶开始作为一种商品在印度有计划地种植。

英国人的引种成功给荷兰人以鼓舞，荷兰人接踵于后，"茶叶销用极广，又极兴旺，所以我等在各处尽心栽种，以敌中国独行之买卖。阿山地方原有出产茶叶，为数颇多，足敷本地用度。后经没鲁吐在山上边地方寻出共有五十五块，俱已栽种茶树。近来所收之茶，已有出口，所有培植茶

---

① 陈翰笙主编：《华工出国史料汇编》第6辑，北京：中华书局，1984年，第282页。另参C. A. Montalto de Jesus, *Historic Macao*, Macao: 1926, p.428。

树，俱交印度官府保护。一千八百三十九年四月初二日兰顿已有阿山茶叶
到去，均以为奇。其茶小种有三种，白毫有五种，各经纪争买致得高价。
经好茶师考察，以此茶有伤原性，致有烟气苦味，皆由工人制造之不善
也。我等尤需留心讲求，须得尽用中国工人栽种，尤需福建之人，曾经种
过茶叶者经理其事，方可其即与武彝（夷）无异。此时所以不能胜于中国
茶叶者，因为短少栽种之人"①。于是就地招募东南亚华侨栽种，力图因
人制宜，因地制宜，尽早见利。

> 近来数年，荷兰在属下噶啦吧地方亦用力栽种，以敌中国之茶
> 叶。一千八百三十八年已有两种茶叶由噶喇吧运往荷兰售卖，噶喇吧
> 所种之茶树，多系官府招觅在各岛住下之中国人，其中福建者居其大
> 半，故噶喇吧茶树蓄茂美好，必满谋此事人之心意。②

规模经营方能得到利益，荷兰殖民者在更多的东方土地上推广栽种，
"各处地方均曾用力栽种，如新埠嘛底呢厥散爹里流耶呢啰等处"。但屡种
屡败，"均皆徒劳无功，今已陆续废弃不种。在没啦济尔亦用心栽种，望
其生长，费用许多银钱，亦不中用，亦已照样弃去"。检讨不利的原因，
也没有清晰结果，知其然，不知其所以然。茶树对气温有一定要求，不能
太冷，也不能过热，喜漫射阳光，"其所以不能长成者，或因地方不同，
或因地土不宜，或因地热，或因潮湿，或是因人全不谙于培植收摘之故。
若数者兼备，断无有不生长蕃美如中国也"③。多番努力不遂，只得收手
作罢。

此地不成，改换他处，西人的不懈努力终于结出硕果。1838 年首批
印度茶叶被运到伦敦，共输出茶 40 磅，白毫茶之价平均为 28 先令，熙春
之价为 19 先令，数量不大，另辟蹊径，意义非凡。次年输出 95 盒。1840
年成立"阿萨姆公司"（Assam Company），积极研究培植印度茶，其中起

---

① 《澳门新闻纸》1839 年 10 月 19 日，林则徐全集编辑委员会：《林则徐全集》第 10 册，第 197 页。
② 《澳门新闻纸》1839 年 10 月 19 日，林则徐全集编辑委员会：《林则徐全集》第 10 册，第 197—198 页。
③ 《澳门新闻纸》1839 年 10 月 19 日，林则徐全集编辑委员会：《林则徐全集》第 10 册，第 198 页。

了大作用的有前章提及的英国植物学家罗伯特·福琼（Robert Fortune），人称"茶叶大盗"，被视为"史上最大的商业间谍"。他于 1848—1851 年间多次往返于中国"茶乡"，在中国最著名的茶叶产地——武夷山、松萝山、徽州以至江浙的诸多茶区，搜罗了大量的茶种及幼苗，并准备了大批育种柜，先是偷运到上海乃至出境香港等地，又挖空心思地分成多批次，分别装在不同的船上——以防意外发生（此船不至，他船可至），运往加尔各答等，再分发印度的多个地区（包括后来以"名茶"享誉世界的"大吉岭"）；同时招募有经验的中国茶农随行，以便指导；还包括"一大堆加工茶叶的各种用具"。略后，福琼不无得意地写道："如今，喜马拉雅茶园可以夸口说，他们拥有的茶树树种许多都是来自于中国第一流的茶叶产区——也就是徽州的绿茶产区，以及武夷山的红茶产区。"① 这些数以万计的"盗种"茶树迅速繁衍，印度的茶叶栽培面积，在 1859 年时为 7600 英亩，1880 年就扩充为约 21 万英亩，1905 年更增加为 53 万英亩。同时，1870 年代开始在锡兰实施大规模的茶园投资，1878 年其栽培面积已经达到 4700 英亩，1885 年为 10 万英亩，1895 年更扩大为 30 万英亩。在英国和殖民地朝野的努力下，在大茶园的规模经营下，印度茶叶产量飞速增长，1870 年，英国总输入量中，印度茶为 1300 万磅，仅占 10%，1875 年为 2559 万磅，占 13.1%。英国渣打银行和其他银行看好此项产业，投资加持印度茶业的发展，印度茶的迅猛增收导致国际茶价的持续下降和更适合西人胃口茶叶的大量出现。②

　　茶种苗的窃取偷运在正常国际商道和合规国际贸易之外另辟一条见不得人的下作之路，物种的外流具"原本性"，也对原生国的产销具有"颠覆性"。西人的偷植举动不仅改写了地球植物地理的分布，而且重新打造了世界贸易的地图。交逼之下，中国茶逐渐丧失国际市场，1886 年，中国茶叶的出口量达到历史最高水平 295565423 磅。此后，尽管国际茶叶的消费量持续增长，但中国茶叶出口总量却萎缩。1889 年，印度茶叶在国际茶

① ［英］罗伯特·福琼：《两访中国茶乡》，敖雪岗译，第 400—410 页。

② E. H. Pritchard, The Instructions of the East India Company to Lord Macartney on his Embassy to China and his Reports to the Company, 1792-1794, *"Royal Asiatic Society's Journal"*, October 1938, Vol.10. 另参 Hill, Georgiana, *History of English Dress from the Saxon Period to the Present Day*, New York: 1893, p.135.

叶最大市场英国的出口总量首次超过中国；印度茶因为味浓适合加奶，而受到西人欢迎，"大吉岭"成为世界级名茶产地的新招牌。到 1893 年，华茶在英国市场上已经被称为"充数之物"。1900 年，出口总量只有十几年前的一半多一点，184576000 磅，仅占国际茶叶出口量的 30%。[1]

日本也来瓜分"蛋糕"，日茶 1860 年代开始进入国际市场，当时主要输出港口是横滨；1899 年清水港开放为通商港埠，静冈茶由此港输出，1909 年，该港超过横滨成为日本最大的茶叶输出港。在美国市场上，1908 年前后，日本茶绝对碾压中国茶。1917 年的美国茶市，日本茶输入 52418963 磅，中国茶仅输入 22927600 磅，印度茶则有 11051692 磅。中国茶在除了本国以外的世界各地全面溃败，条条出发于外国的新茶路迅速铺设全球，启程于中国的旧茶道很快缩短以至消失。到 1928 年，中国在英国茶叶市场上占的份额只有区区 1.59%。中国茶在国际市场上的霸主地位最终被印度、锡兰（主要是红茶）、日本的茶叶（主要是绿茶）所取代。[2]使得中国外销茶产地深受其苦，温州的"瓯茶"曾有名于外，当地"出产实苦无多，阖郡出口之货以药材、茶、矾、瓯柑为四大宗，岁约百数万金。……则致于人之故也。三项之中尚属吾郡特产茶，则无论印度、东洋、俄、美等邦日渐广植"，竞争外茶不过。检点下来，有些是自我作践，品质不如外茶，"宜聘请谙练茶师先于郡局自行严拣，分等装箱，务使瓯茶着实可靠"。[3]内因与外因作祟，中国茶在国际市场上已风光不再，在国际商道上称雄三个世纪的中国对外"茶叶之路"基本停歇，中国茶叶世界外贸的时代宣告终结，有待后来的续写。

---

① 林齐模：《近代中国茶叶国际贸易的衰减——以对英国出口为中心》，《历史研究》2003 年第 6 期。

② 陈慈玉：《近代中国茶业之发展》，第 237、245—246 页。另按：中国茶早在日本种植，有人云"海航载日本东洋茶花有红白二种"（高士奇：《独旦集》卷三《古今体诗》，清康熙清吟堂刻本），只是，此种茶花仅供观花，饮用的是另一种茶，日本对中国的多种茶树均有移植。再按：直到今天，中国茶在国际市场上的地位虽有很大恢复，但出口数量也不能称雄，质量更不足道。高档天价茶叶只在国内吆喝叫卖。在国际茶市上，远不能和日本等出产的茶叶叫板。

③ 陈虬：《蛰庐文略》卷八《温州出口土产宜设公司议》，瓯雅堂刻本，清光绪十九年。

第二篇 欧洲对华商道上的重要货品

先要说明，俄罗斯虽然位列欧洲国家，但其地跨欧亚两洲，与中国发生直接贸易关系的也主要是其亚洲部分——边贸（清初即开始的恰克图定点贸易长年不衰，恰克图与广州一北一南遥相呼应成为中国外贸的双子星，后来中俄边境贸易点续有增扩）。关于中俄两国贸易问题的研究前人贡献良多，本人在该领域研究无多，再有本作不多涉及陆地商路的研讨，主要研究循海路而来的欧洲对华贸易国家。故中俄贸易不赘述。

欧洲对华海上商路的开辟者是葡萄牙人，其商道具有排他性，迫使他国另寻他路。1608 年，那不勒斯总督秘书给西班牙权贵勒马公爵（Duke of Lerma）写信阐述开辟对华新商路的问题，该路起点在西班牙港口和加勒比海岸城市迪奥斯（Dios），绕道巴拿马地峡，通过菲律宾群岛抵达中国，此路线的最大好处是可以避开葡萄牙人管控地区，成为葡属东印度群岛常规路线外的另一选择。[①] 此乃西班牙人寻求对华新商路的努力。随后，有多国的寻觅。但从长时段来看，欧洲的对华贸易，以英国最为重要，其来华商路有多条，此处以英国第一个到达中国的马戛尔尼使团来华路线寻踪一二：1792 年 9 月 26 日，马戛尔尼使团近 700 人乘坐 3 艘舰船从英国朴茨茅斯港出发，10 月 1 日经过韦桑岛，9 日到达马德拉海域，随后绕行加那利群岛、佛得角群岛，11 月 18 日，船队穿过非洲赤道，之后绕过好

---

① 中国国家档案局、北京大学编：《锦瑟万里 虹贯东西：16—20 世纪初"丝绸之路"档案文献集萃》，第 10 页。

望角；1893 年 3 月 6 日，船队停泊巴达维亚（雅加达），4 月 28 日抵达南中国海的入口邦加海峡，5 月 25 日，船队驶向岘港，6 月 20 日，停泊澳门海面，抵达目的地中国。历时近 9 个月。[①] 马戛尔尼作为出访使节，停靠以至略微绕行某些地区有顺带的邦交任务。此路线仅供参考，一般商船耗时不会那么长。

一　打开在华商路的重要手段：设立据点

葡萄牙是新商路的捷足先登者，1513 年，葡萄牙的"官方旅行团"到达广州珠江口外的屯门。1553 年，葡萄牙人以欺骗手段获得在"蚝镜"（澳门）的驻舶贸易权，澳门逐步成为葡萄牙经营对中国内地、日本、印度的贸易据点。[②] 澳门地近广州这一当时中国最大的（在很长时间还是唯一的）对外通商口岸，也是海路来华登岸的便捷通道，每每成为西人进入中国大陆通道的第一重门户，西人停靠此站点后再行分路多途深入中国各地。澳门自古以来属于中国领土，这在 16 世纪中叶葡萄牙人盘踞澳门后同样如此。但是，自那以后，澳门也成为西方殖民者在中国最早的占据地（中国政府曾向联合国指正香港、澳门并非外国的"殖民地"），成为鸦片战争之前西人在华独一无二的可以长期"合法"居留的地方，成为西人入华的第一站和中西方商贸的中继站。在中外合力营建下，澳门的城市形态和社会样态有了绝大改变，一方面，"欧化"日浓；另一方面，又保留了很多中国传统色彩。

（一）贸易入居

海路贸易对古老的陆路贸易造成了很大冲击，却给西人带来希冀，达·伽马的首次航行将大量东方产品带回里斯本，第二次航行更不得了，

---

① ［法］佩雷菲特：《停滞的帝国：两个世界的撞击》，王国卿等译，第 3—41 页。

② R. Ptak, *Portuguese Asia, Aspects in History and Economic History*, Stuttgart, 1987, pp.117-118. 按：对澳门的初次"开埠"论者极多，本章不拟重复，而多关注于笔者先行提出的澳门的"二次开埠"议题。详参拙著《论 18 世纪中叶澳门城市功能的转型》，《中国史研究》2001 年第 2 期。

仅各种香料就带回了 35000 英担。无量宝藏的诱惑，各种香料的刺激，葡萄牙人极力在东方扩势，因其力量有限，只能是"据点式"的占领，点位占据是葡人殖民政策的一大特征，反映出其有限国力与称霸野心之间的矛盾与折中。1510 年，葡萄牙人攻占果阿，将其发展成在印度的统治中心。1511 年，葡萄牙人占领马六甲，迫切想同中国展开贸易。1515 年，一位为葡萄牙人服务的意大利人在信件中显露了与中国通商的热情，胡椒在马来西亚只值 4 达卡（ducat，中世纪在欧洲流通的金银币），而在中国售值 15 达卡。[①] 1516 年，葡萄牙人与苏门答腊北部的巴赛（Pasai）达成协议，在港口建立商馆，装货运往中国。1521 年与 1522 年均有葡萄牙商船装载货品到达广东，企图与明朝开展贸易。未成，葡人被逐出广东。随后葡人在漳州、泉州、宁波等港口寻找机会，为掩人耳目，部分交易在沿海岛屿上进行。嘉靖年间，主张通商者林希元曾言"佛郎机之来，皆以其地胡椒、苏木、象牙、苏油、沉束、檀、乳诸香，与边民交易，其价尤平"[②]。这些贸易物，统统局限于亚洲货流的内部循环。中葡通商于 1554 年正式恢复后，开始了欧亚货流的双洲循环，商路延长，1588 年以后的十多年可以视为澳门贸易的鼎盛期。船队每年装载大量的玻璃器皿、水晶、呢绒等西方货品，从葡萄牙出发，沿途停留不同贸易点，先到科钦换取宝石和香料，到马六甲再换取香料和巽他的香木，到澳门时船上既有西方商品又有东方商品，混搭一块，在澳门，被换成丝绸等中国商品，余下的货物在日本被换成金条。

此时的澳门成为东亚极重要和繁盛的国际商贸港，由此连接欧亚多地商埠的发财之路令其他西方列强垂涎不已，拦路劫财成为国家行为和民族行动，葡萄牙世界海上霸权地位遇到挑战。荷兰舰队于 1602 年埋伏在马六甲海峡，突袭去澳门装货的葡萄牙船只，船上的货物被荷兰人抢劫，运往阿姆斯特丹卖出高价。1641 年葡萄牙人失去了马六甲，又相继失去了更

---

① 唐纳德·F. 拉赫：《欧洲形成中的亚洲》第一卷《发现的世纪》第一册（上），周宁总校译，北京：人民出版社，2013 年，第 135 页。

② 中国第一历史档案馆、澳门基金会、暨南大学古籍研究所合编：《明清时期澳门问题档案文献汇编》第 5 册，北京：人民出版社，1999 年，第 260 页。

多的东方据点。^①

由于葡萄牙国势的下落和其他殖民国家的新兴，葡人商路遭到围堵，澳门进入了漫长的衰落期，这种局面更由于葡萄牙有关当局实行排斥其他西人进入澳门的自闭政策而愈发严峻。依赖于中西贸易的澳门在葡人商路陆续被其他西方国家挤占的情形下，却孤立无援地不许他国西人"和平"入澳，此种自相矛盾的政策令澳门经济雪上加霜难以为继。1680 年，一位过境的中国文人写道："至入其境，见城无百堵，众无一旅，家无积粟，凄凉满襟。"^②来自葡澳人自身的记录更能说明问题。1733 年 12 月 28 日，葡澳当局表示，因为没有钱，只得用火药来支付澳门主教的薪水；1735 年 3 月 26 日，又宣布已不能继续支付负责夜巡的 3 位军官和 21 名士兵的薪酬；1752 年 4 月 5 日，议事会讨论澳门的活路，结果一筹莫展，"鉴于这种紧迫的需要，大部分人无法活下去"；1753 年 12 月 10 日，议事会禀报果阿总督，已经取消了澳门议员的俸禄，解雇了防守圣老楞左堡垒的士兵和市外科医生，原因是拿不出给这些人的开支。在禀报中，议事会还以乞求口吻写道：在"如此巨大的贫困之中，如果总督不能伸出双手给予我们施赠，我们肯定无法继续在这块毫无生机的土地上生活下去"。果阿总督也别无良策，只是命令议事会"强制最富有的居民留在澳门"，否则澳门这座城市将"既缺人又缺钱"。12 月 27 日，葡澳还向葡萄牙国王发出呼吁：如果不救济澳门，"他的皇冠上肯定会失去这颗宝贵的明珠"。^③澳门社会经济处在崩溃边缘。

除了澳门内部社会经济危机以外，还要面对清政府对外政策的变局。18 世纪 40 年代之前，清政府对外人入澳没有一定之规，政策随意性很大。如 1725 年，清廷命令"其无故前来之西洋人，一律不许（在澳门）容留居住"^④。但到 1732 年，鉴于来华外船增多，造成"他族逼处"省会

---

① Devaid Bulbeck, *Southeast Asian Exports since the 14th Century, Cloves, Pepper, Coffee, and Sugar, Development in Asian Societies*, New York: Oxford University Press, 1985, p.76.

② 陆希言：《澳门记》，转引自方豪《中国天主教史人物传》第 2 册，第 250 页。

③ [葡] 施白蒂：《澳门编年史》，小雨译，澳门：澳门基金会，1992 年，第 122—123、146—147、154、150—151 页。其后，葡萄牙国内发生大地震，使葡萄牙政府无暇顾及澳门。

④ 印光任、张汝霖：《澳门记略》上卷"官守篇"，南京：江宁藩署，光绪庚辰重刊本，第 27 页。

的局面，广东督抚转而建议来华外船的停泊点改在澳门，"臣等详查澳门原系内地，西洋人不过赁居，岂容澳夷视为己物？如云澳门为西洋人之地，不便容别国洋艘停泊，岂黄埔内地顾可任其久停耶？"提议从当年起，外船"在澳门海口拉青角地方与西洋澳夷船同泊"。[1]此议得到清廷批准，却未被葡澳当局很好执行。1750年，中方正告葡澳当局：如再不许外人进入澳门，那么，葡澳应该把"准许任何外国人在澳门居住的专有权"移交中方。[2]这次命令与以往相比，显得格外严厉，它不是带有随意性的临时举措，而关乎清朝此时的重大国策转移，亦即闭关政策的开始推行。葡澳当局面临两种选择，一是因应时势，开放澳门；二是继续排斥外人，这势必与中国政府形成对抗。葡澳是否有力量继续这种对抗，大成疑问。澳门的主权归属中国，葡萄牙人只是"借居者"，他们越俎代庖的排拒之所以能够在相当时间里得逞，是因为中国政府在这方面尚无定见，而今，大政方针既定，葡方难以抗拒。

　　1757年1月15日，澳门总督高定玉（Anthony Pereira Coutinho）虚张声势地重申对外人的"王室禁令"，实际却开放了口子，允许外人在路过澳门"等待交通工具时"停留[3]，表明其政策出现松动。2月9日，是澳门城市转轨的重要一天，在高定玉到场的情况下，议事会议决："为了向外国人表示好客，而准许他们暂时在澳门居住。"[4]澳门的房主可以租房给外国人，特别是那些"作为各国的某种意义上的代表人物和各公司的大班"。不久，议事会进一步议决，并为葡属印度总督批准，允许各国商号迁入澳门并使用自己的行号名称。事实上，在这之前，就有其他国家的商人冒名葡澳商号在澳居留的情况，这是对葡方几百年来不欢迎外人入澳政策的原则修改。联系到两个月后（1757年4月10日）清廷采取的关闭其他口岸，实行广州独口通商的政策，那么，葡澳议事会做出的那纸决定的意义就愈发重大深远了。大陆的其他口岸封闭，只留广州，西人又不能在

---

① 王之春：《清朝柔远记》，赵春晨点校，第85页。

② [葡] 施白蒂：《澳门编年史》，小雨译，第135、142页。

③ [葡] 施白蒂：《澳门编年史》，小雨译，第153页。

④ [瑞典] 龙思泰：《早期澳门史》，吴义雄、郭德焱、沈正邦译，第48页。

广州久住，而需留居澳门，澳门不得不接纳那些海道来往的西方人而实现其城市功能的转型：由葡萄牙人的贸易港向所有来华西人居留消费地的转变。外人入澳合法化给这座城市的功能带来重要变化，澳门开始了从东亚古老的葡人贸易据点到西方侨民聚居区的功能转换。正如一位西方学者在上个世纪初所指出的："葡萄牙人的贸易衰落了，但澳门却繁盛起来，它在中国人的监督下，变成各国与广州间贸易的基地。一切进口船只都在那里雇佣引水和买办，它们也从那里决定出发的方向；商人们在每季季末，都从广州商馆回到那里，并在那里等待下一季度的来临。"①

（二）公司驻地

在西方各国成立的众多"东印度公司"中，英国东印度公司在世界贸易中发挥的作用最大，对华贸易额最高；同时，也是驻澳门最大的"外资"机构。

1238 年，英国人通过阿昔新人（Assassins）之口第一次听说中国，但他们所了解的中国实际上更多的是由成吉思汗西征而在西方世界带来莫大影响的蒙古人，其后，英国人和蒙古各汗国有少量接触。但这些往来主要是通过欧洲陆路转道。16 世纪下半叶，在都铎王朝最后一个女王伊丽莎白（Elizabeth I）时代，环球航路的开辟与先行国家航海贸易获得惊人财富的消息大大刺激了英人，伊丽莎白宣布：

> 如同大海和空气，对普天下的众生皆可平等享受一样，英国有与西班牙人相同的从事海外贸易的权利。②

1600 年，在英国王室支持下，217 名伦敦的商人、爵士、官员集资 68373 镑，组成了东印度公司（The East India Company），该年 12 月 31 日，伊丽莎白向公司颁发了特许状，赐其独占好望角至麦哲伦海峡之间的贸易 15 年，期满后可展延；1609 年，詹姆斯一世（James I）颁发公司以永久独占

---

① ［美］马士：《中华帝国对外关系史》第 1 卷，张汇文、姚曾廙、杨志信、马伯煌、伍丹戈译，第 50—51 页。

② M. E. Willbur, *The East India Company*, Stanford University Press, 1945, p.8.

特许权。1657 年，克伦威尔护国主（Lord Protector Gromwell）又"发给特许状以资加强"。1661 年，查理二世（Charles II）再发特许状。可见，这是一个由王室大力支持，官商联姻政经合一的跨国公司。东印度公司为英国在亚洲的殖民扩张奠定了基础，也是中英贸易的主要参与者。公司甫成立，便将目光投视澳门，因澳门地位特殊，是当时中国的对外门户，是葡人在华窃占的贸易据点；嗣后，东印度公司与澳门发生密切关联。

多有论者将地理发现后英国人抵达中国的描述起笔于 1637 年的威德尔（J. Weddell）船队来华，这当然不能说是准确。在这方面，东印度公司才是开路先驱。1620 年，新成立不久的英国东印度公司商船"玉可号"（Unicorn）首抵中国海域，在澳门附近的马可作岛（Macojo）触礁沉没，当地居民售英人两船以作归途，其中一只被葡萄牙人劫往澳门。1622 年，"澳门成为外国人前往每年一度的广州交易市场的基地或跳板"。同年，根据英国、荷兰《防卫条约》的规定，两国各提供 12 艘军舰合组"防卫舰队"（Defend Fleet），舰队曾至澳门海面。1635 年，东印度公司同葡属果阿总督林哈列斯伯爵（Count de Linhares）缔结《休战和对华自由贸易协议》，允许英商在澳门贸易，条件是要把葡萄牙人的财宝从澳门运到果阿（由于荷兰人封锁，葡人的这一航道基本被封堵）。此次航行据说在果阿居民中引起了一阵不大不小的狂热，某些居民不惜将他们妻女的珠宝作为抵押以筹措经费，人们把这次机会称为"仿佛是一次大赦"。英国人期望已久的对华直接贸易在澳门方向首先打开一道门缝。1635 年 7 月 23 日，英船"伦敦号"抵达澳门，这是有史以来"第一艘英国船在澳门停泊"。[①]却遭葡澳当局冷遇，葡澳总督拒绝服从其名义上司果阿总督的命令，不愿英人染指获利未可限量的对华贸易。葡澳当局试图阻难英人在澳门上岸，英人不管不顾强行登陆，并在岛上搭建了两所临时住所。葡人只有催促英人尽快返回。葡澳总督还说服中国官员出面，向英船征收高昂的船钞关税等费用。"伦敦号"在澳门停留三个月，与广东官员进行了接触，提出在广州进行贸易的要求，允诺将以比葡人低一倍的价格向中方出售商品。

---

① ［葡］施白蒂：《澳门编年史》，小雨译，第 35、43 页。

"伦敦号"的航行不能说是成功，林哈列斯的继任席尔瓦（Dom Pedro da Silva）后来指出："没有比允许英国人赴澳门对葡萄牙的利益损害更大的事了。"[①]"伦敦号"此行所得不多的利润也被果阿当局扣留[②]。"伦敦号"之行后，葡印果阿总督的态度也发生转变，根据葡王敕令，指示葡澳当局："避免与英国人发生交易或让其在澳门久停，也不许把船只出售英人。"[③]1664年，英国东印度公司船"苏若特号"（Surat）再抵澳门，同样受到葡澳当局的阻挠。1683年，英人试图对澳门直接贸易再作努力，有"卡罗琳那号"（Carolina）赴澳，行前考虑到葡澳的态度，所以，公司指令该船大班，若澳门不接纳，可往距澳门6海里的潭仔停留。果然，船抵潭仔时，澳门总督文礼士（Belchior Amaral de Menezes）便通知英商："没有果阿总督的特许，他不能允许英人在当地进行任何贸易，否则，他会有被锁铐回国甚至被斩首的危险。"这当然只是一种耸人听闻的唬人话。[④]

在很长一段时间里，葡澳当局尽力不许外人插足澳门。逐渐地，在中西贸易中，澳门被撇到一边，仅成为广州的外港和中国与葡萄牙等个别国家的贸易地，而广州则上升为中外贸易的主要口岸。以英国东印度公司来说，基本以1690年为界，此后，便很少有船只与澳门直接贸易了。[⑤]这使得澳门经贸遭到重挫。形势逼迫葡澳当局不得不改变方略，前面说的1757年葡澳当局的政策转向便是如此，澳门向所有来华西人打开了门户。

一般认为一度依傍于东印度公司的"英国散商是澳门人最早的房客"，1769年1月24日，议事会批准索萨（Inacio de Sousa）神甫的姐妹把房屋出租给"英国私人的准照申请"，标志着散商居澳的合法化。实际上，在这之前，已有不少英国人在澳门居住，以致1769年8月时，一些初来乍到的英国人在澳门岛上发现一所房屋竟赫然挂着"英国酒店"的招牌，上书"居住舒适，消遣高雅"。英国东印度公司则显得较为谨慎，尽

---

① C. A. Montalto de Jesus, *History Macao*, Hong Kong: 1902, pp.95-96.

② W. Forster, *The English Factories in India*, London: Oxford, 1919, Vol.5, pp.102-107.

③ C. A. Montalto de Jesus, *History Macao*, pp.95-96.

④ [美]马士：《东印度公司对华贸易编年史（1635—1834年）》第一、二卷，区宗华译，第19、24、28、32—35、42、50—53页。

⑤ [美]马士：《东印度公司对华贸易编年史（1635—1834年）》第一、二卷，区宗华译，第309—321页。

管在 1759 年 4 月 23 日，澳门议事会就已同意公司"皮特号"（Pitt）船长威尔逊（W. Wilson）在装货期间的留澳申请，但公司在澳门设立机构则相对迟缓。1761 年，先是法国和荷兰的商行由广州迁到澳门，一两年后，丹麦和瑞典商行也在澳门立足。1765 年，葡印总督允许法国东印度公司代表瓦克林（Francois Vauqulin）在澳门居留。[①] 英国人力图滞留广州，等待更有利条件的出现，约在 1765 年（乾隆三十年），英东印度公司大班（Supercargoes）"始有在澳押冬者。赁居澳屋，不惜重费。初仅一二人，后接踵而至，遂有二班、三班以及十班之号。并有携家来，不肯归国者"。[②] 大班驻澳并未得到公司认可。直到 1770 年，公司在伦敦和加尔各答分别召开秘密会议，同意公司人员和机构的驻澳行为，在那之后，公司"大班"在两个贸易季节间居留澳门渐成习惯。1772 年，公司在广州贸易"休闲期间"居澳的申请得到澳门方面的批准。同年 7 月，公司与澳门居民科斯达（Antonio Jose da Costa）订立协议，租用他"南湾的大宅院"，租期 3 年，年租金 450 西班牙元。[③] 略后，公司又租用著名的白鸽巢花园作为长久驻地，花园临近圣安多尼教堂，由葡萄牙富商俾利喇所建，建成后不几年，被英国东印度公司租用，作为在澳门的办事处。公司还专门从伦敦派出园艺师对花园加以修葺打理，并作为搜集中国植物的处所，然后将这些物种转运伦敦皇家植物园种植。1815 年，又利用花园的部分用地兴建了基督教坟场，马礼逊（Robert Morrison）等众多中西交往中的重量级人物长眠于此。

无论从商业贸易还是地缘战略的角度看，澳门都是西人海上来华的便利门户，又背靠中国这个无可估量的富产地与大市场。作为那个时代对华贸易的最大国际机构——英国东印度公司派出机关常驻澳门，是中国、英

---

① ［葡］施白蒂：《澳门编年史》，小雨译，第 163、164、156—157、160 页。

② 黄培芳：《香山县志》卷四"海防·附澳门"，刊本，道光七年。

③ ［瑞典］龙思泰：《早期澳门史》，吴义雄、郭德焱、沈正邦译，第 49 页。对澳门有细致研究的文德泉主教 1984 年所提供的数据表明：南湾大宅院"上面的大房子即十六根柱子的房子，现为圣老楞左教堂对面的慈幼会"。转见施白蒂：《澳门编年史》，小雨译，第 167 页。另按：对租用科斯达房子一事，东印度公司方面的记载略有不同，称早在 1772 年前，公司已租用科斯达的房子，租期 3 年，1772 年又延租约 2 年。见［美］马士：《东印度公司对华贸易编年史（1635—1834 年）》第四、五卷，区宗华译，第 600 页。

国和葡澳当局关系史上的一件大事；是清朝闭关政策与澳门特殊居留地定位角逐的结果；也是中英贸易迅速发展的产物。但到了 1830 年代，东印度公司这个庞大的商业帝国，这个跨国公司中的巨无霸，这个政商合一的托拉斯，在自由贸易浪潮的冲击下，走到穷途末路，原先那个几百年来力挺东印度公司的英国最高当局限令：

> 该公司自一千八百三十四年四月二十二日后应迅即停止其商务贸易，将国内与国外之存货及动产出售，将商业资本与货栈、地产、住宅、承继财产部分之账目分开，将所有借款概行收回。[①]

1834 年公司对华贸易垄断权的解除在中英关系史上是具有界标意义的事件，英国对华贸易除了一小块天地外——东印度公司仍在华保持了一个"财政委员会"——基本成为自由商人的天下。还是在 1834 年，东印度公司在澳门的机构撤出，俾利喇家族于是收回白鸽巢花园的公司驻所。1885 年，花园为澳门政府购买，变成对外开放的场所，1920 年，部分用房被改建成贾梅士博物馆，1989 年，花园转手给了东方基金会办事处。东印度公司撤出澳门后，更多的"自由商号"入驻澳门，众多的新行号纷纷抢滩进入中国市场。这是自由贸易者们的胜利，自由竞争也产生了混乱，由此造成部分新的资金经验不足的新行号的迅速出盘。[②]在混乱与整合过程中，一些大商号，诸如"怡和洋行""颠地洋行"等崛起，他们产生于港澳地区并在当地有很大的势力。

（三）二次开埠

如果说，葡萄牙人的占据是澳门历史上的第一次开埠，那么，1757 年后的转型则是澳门历史上的第二次开埠。各国商人驻澳后，在经贸文教、城市面貌等各个领域发生了广泛而深刻的影响。

首先，在经贸方面，澳门居民和葡澳当局寻找到了新活计，经此政策

---

① 千家驹：《东印度公司的解体与鸦片战争》，《清华周刊》第 37 卷，1932 年第 9—10 合期。
② ［英］格林堡：《鸦片战争前中英通商史》，康成译，第 170—171 页。

转轨，澳门官民已主要不是靠那些早已萎缩的贸易航线来维持生计，而是靠来澳外人的消费求得生存。面向外侨的服务行业成为澳门经济复兴的主要支柱，1827 年的史录是：大部分葡侨"借他们的土地所有权的独占为生"，向各国来澳人员出租房屋，"澳门最近盛行房屋投资，现在留居澳门居民的唯一可靠的资本投资办法就是出租房地产"。1832 年，仅外人向当地居民支付的房租一项就超过了 3 万元 ①，如果再加算上仓库租金、代理佣金、租船运费以及常年居住在这儿的吃穿行乐等各项生活开销，那将更是一个难以估量的大数。旅馆业、仓储业、代理业、金融业、出租业等外向型行业蓬勃发展。澳门还一度成为外人对华走私贸易的重要基地。首当其冲的是鸦片。初始，葡萄牙殖民当局曾力图把澳门变成葡人经营鸦片的垄断市场。因为葡萄牙商人搞不到那么多货，反给英国等乘虚而入的机会，用自己的船只贩运鸦片廉价倾销。② 这一切逼使葡萄牙人改变政策，允许外商租用澳门船运鸦片进入澳门，葡澳人收购或代理外人鸦片遂成"合法"。鸦片贸易找到了一个安全的逗站而迅速发展起来，大批鸦片船锚定澳门。③ 许多大的葡籍代理商大发横财，如为英国比尔商行（它是后来在华经销鸦片的最大商家"怡和洋行"的前身）做鸦片代理的著名商人詹那里渥（Senhor Januzrio de Almeida）、巴罗斯（Sur Manoel des Barnos）等即是。甚至澳门的一些高级官员也卷入了这桩罪恶买卖，比尔商行就与"澳门审判长阿利加先生（Senhor Arriaga）暗中勾结，专心做起大规模的鸦片生意"。另有前澳门总管阿莱尔（Bemardo Aleire）也对大鸦片商马地臣（J. Matheson）的"利益"予以关照，条件是要马地臣替他偿还一笔"旧债"。还有冒充葡萄牙人的身份从事此项贸易，如达文森行的创始人原籍苏格兰，却长期以"归化的葡萄牙人的身份出现"。而达文森行又是英国仅次于"怡和"的在华第二大鸦片商家"颠地行"的前身，在 19 世纪 40 年代以前，

---

① [美] 马士：《东印度公司对华贸易编年史（1635—1834 年）》第四、五卷，区宗华译，第 162 页。另参见 [瑞典] 龙思泰：《早期澳门史》，吴义雄、郭德焱、沈正邦译，第 49 页。

② [美] 张馨保：《林钦差与鸦片战争》，徐梅芬、刘亚猛、许罗迈、萧致治、叶大波译，福州：福建人民出版社，1989 年，第 19 页。

③ J. B. Eames, *The English in China*, London: 1974, pp.232-33.

这两家商行控制了中国鸦片贸易量的 2/3。[①]

　　葡澳方面和各国鸦片贩子在极力促使加大鸦片输华问题上有一致点，1792 年 8 月 14 日，议事会甚至投票表决反对中方试图在澳门设立鸦片稽查的建议。[②]但他们之间又有矛盾，无论如何，外商对鸦片要经过葡澳转手的作法是不满意的，这不仅要使葡澳人参与利润分肥，而且使对华鸦片贸易受制于葡澳。所以，在鸦片输华史上长期或明或暗地存在着外人与葡澳的较量。1805—1806 年度，澳门鸦片市场出现大萧条，其中重要原因是该年英方对前往加尔各答的葡萄牙船课征重税，作为报复，澳门当局便严禁任何非葡籍船运鸦片入澳。于是鸦片的贸易基地从澳门移到黄埔。这种转移不是一下子就完成，在此过程中仍有相当部分的鸦片交易还在澳门进行。葡澳与他国那种既互相利用又互相争夺的情况依然存在。1813 年，英国东印度公司发现，产于麻洼（Malwa）的"白皮土"输华量的增长已对公司操控下的"大土"构成威胁，于是禁止麻洼烟从孟买出口。麻洼鸦片只得从葡萄牙控制的果阿和达曼寻求新出海口，使这项日益增长有利可图的贸易落入当地的葡人之手，澳门也分享余利。[③]而英国散商则租用悬挂葡萄牙旗的船只，将"白皮土"运入澳门，使得东印度公司印度鸦片的产销垄断和葡澳当局对澳门鸦片的销售垄断均发生问题。1819 年，东印度公司致函孟加拉国总督，要求英国政府出面干预，直接与葡萄牙政府"进行蹉商，俾后者据以禁止非（公司）垄断的鸦片输入澳门"，而澳门方面则提出要给他们的"损失"以"补偿"。交涉无果而终。1820 年，英国鸦片商找到了一个比澳门和黄埔更安全方便的地点，就是伶仃洋面，鸦片交易基地转移至此。澳门作为鸦片转运中心的地位衰落，当然还不能说鸦片走私在澳门就已绝迹，有材料表明，直至 1839 年林则徐广东禁烟时，在澳门的鸦片仍有 3000 箱上下。而英国商务代表还一度想把对华贸易特别是鸦片贸易的基地设立在澳门。[④]除鸦片外，澳门还长期成为中国纹银、大

① ［英］格林堡：《鸦片战争前中英通商史》，康成译，第 103—104、114、107、27 页。

② ［葡］施白蒂：《澳门编年史》，小雨译，第 195 页。

③ A. Coates, *Macao and the British 1637-1842*, Hong Kong: 1989, p.126.

④ W. C. Costin, *Great Britain and China 1833—1860*, London: Oxford, 1937, p.61.

米以及华工走私出口的重要场地。

其次，在文教方面，"开埠"主要是商埠，但又不只具商贸意义，澳门地处中外交通要道，其向所有来华西人的二次开埠使它原有的中西文化交汇地和辐射点的功能更加强化扩大。明清之际，澳门就是天主教会人士进入中国的门阶和西学的重要传播地。这些文化的扩散不仅局限在葡萄牙人和天主教会人士方面，还向广大的华人受众散播。1748 年前后的"唐人庙"事件便是例证。清政府实行禁教政策后，在内地教案的查缉中各地方当局不约而同地发现，西洋教士基本上都是由澳门往返于大陆的，澳门是在华西人前赴内地的启程端点。澳门因此成为被清朝大吏异口同声指控的众矢之的。面对各省压力和朝廷谕令，对澳门事务负有直接责任的广东官员不敢怠慢，两广总督策楞和广东巡抚准泰紧急"密饬地方文武各官钦遵谕旨实力查拿"[①]。具体负责澳门事务的香山县知县张汝霖立即"细加密访"，不查不知道，一查吓一跳，澳门不仅有多处西人教堂，还竟然有一个华人的传教处所，位于澳门三巴寺下，"名为进教寺，端为唐人进教之所建"，故而又名"唐人庙"。该堂创建于 1679 年，自此成为南部中国华人天主教的传教中心，其由华人牧师主持堂务，除常年作为澳门华人教徒的礼拜场所外，在"封斋"等重大宗教节庆时，更成为珠江三角州及至外省教徒来澳进行宗教活动的聚会场所。"唐人庙"与澳门众多的教堂不一样，是华人主持专门面向华人的天主堂，针对性极为明显，反映教会业已在中土华地落地生根甚而开枝散叶。鉴于"唐人庙"的重大威胁，张汝霖奏请关闭。此时处于澳门"二次开埠"前夕，清廷的对澳政策已有宽松迹象，中央政府并没有同意广东当局草拟的处置方案，认为过于严厉。乾隆的朱批是："此事行之已久，亦无大关系，何必为急遽，反启外人之疑哉。"[②]在朝廷的干预下，最后确定对澳门"唐人庙"采取适度的措施——既不要影响中外关系大局，又要杜绝西教在华人中的传播。对教堂，不是

---

① 中国第一历史档案馆、澳门基金会、暨南大学古籍研究所合编：《明清时期澳门问题档案文献汇编》第 1 册，第 226 页。

② 《贵州总督张广泗奏报民人蒋应举等自首曾入天主教折》等，中国第一历史档案馆编：《清中前期西洋天主教在华活动档案史料》第 1 册，第 95、98、105、121、130、135 页。中国第一历史档案馆、澳门基金会、暨南大学古籍研究所合编：《明清时期澳门问题档案文献汇编》第 1 册，第 219、223、217、227 页。

采取由清朝官府即行拆毁查没的方式，而是交由葡澳当局"严加封锁，交该夷目看守，谕令毋许私开，亦不得复行修葺，任其坍塌。所有寺内西洋经卷器物，着夷人自行收回另储"。对居澳外人的宗教信仰维持不加干涉的策略，"至于天主教礼拜诵经，乃该国夷风，彼自循其俗，我天朝原不禁止。但不许引诱内地民人习入其教，以干罪愆"。对寓居澳门并与外籍妇女建立了婚姻关系的华人教徒采取自首的办法，"或娶有夷妇及生有子女者，亦许令自首"。对华人教民采取既往不咎下不为例的政策，"所有从前入教愚民，本应遂加治罪，第念无知被诱，姑从宽典，合亟晓谕严禁，为此示仰合属军民暨在澳人等知悉，嗣后务俱革面革心，恪遵法纪"。[1]外人入澳合法化后，对教会网开一面的政策更加宽大，澳门不仅是西方商人在华允可长期居住的地点，也是禁教年代西方教士"合法"活动的唯一据点。1807 年 9 月 7 日，"伦敦会"教士马礼逊（R. Morrison）抵达澳门，揭开基督新教传入中国的帷幕。中国第一位新教徒蔡高的洗礼（1814 年）和第一位新教牧师梁发的按立仪式（1823 年）均由马氏在澳门举行。澳门是鸦片战争前各国新教传教士进入中国大陆的最主要孔道，普鲁士最早来华的教士郭士立（K. F. A. Gutzlaff），美国最早来华的教士裨治文（E. C. Bridgman）等都将澳门作为主要落脚点。

西人还在澳门创办了一系列具有"开创"意义的文化机构。1806 年，英国东印度公司职员在澳门建立了较早的公共图书馆，拥有以英语读物为主的 4000 册以上藏书。1839 年，中国第一所具有近代教育范式意义的"马礼逊学堂"在澳门创办，从这里又走出了中国近代第一批留学生——容闳、黄宽、黄胜。外人在中国境内创办的第一份外文报刊《蜜蜂华报》是 1822 年 9 月 12 日在澳门发刊，而鸦片战争前后在来华外侨中影响最大的《中国丛报》（*Chinese Repository*）也有几期是在澳门出版，时人又称《澳门月报》。学者们多把 1835 年 11 月出现在广州的"新豆拦医局"视为中国西医医院的发端，其实，早在 1569 年，澳门就出现了中国境内最早的西医医院"圣辣菲医院"；1827 年，英国医生郭雷枢（T. R. Colledge）

---

[1] 暴煜：《（乾隆）香山县志》卷八"濠镜澳"，刊本，乾隆十五年。

等又在澳门建立了中国最早的西医眼科医院。这些"中国之最"成为后来中国近代型文教医疗机构效仿的重要范式。不足 6 平方公里的弹丸小岛在东西方文化交流中起到了极其巨大的作用，这一切，相当程度上得益于澳门的二次开埠，使其增多了几抹宗教异彩和多元文化氛围。

再次，在外交方面，商道上往返的不仅仅是商人，澳门还一度成为西方各国外交官的居住或停留地。1793 年英国代表团——马戛尔尼使团的在华始末站均为澳门。1816 年，英国阿美士德（W. P. Amherst）使团来华，初到中国的停泊点是在澳门附近的老万山群岛（Ladrone Islands），而其离开中国前也同样在澳门小住。1834 年，英国政府首任驻华商务监督律劳卑（W. J. Napier）来华，最初的抵达地是澳门，后又在澳门病死。[①]之后的三任商务监督德庇时（J. F. Davis）、罗宾臣（G. B. Robinson）、义律（C. Elliot）都把澳门作为长期驻地，澳门俨然成了英国官方驻华代表最重要的驻节地（英国政府将东印度公司停止在华活动后正式派出的驻华代表名曰"商务监督"，而非"公使""领事"，是因为鸦片战前中英只有商贸关系，而无"外交关系"，同时亦显出"商务"是此期最主要的"业务"）。

鸦片战争爆发后，澳门还是中国与西方国家办理外交的重要地点，中美历史上的第一个条约《望厦条约》签订于此已是众所周知。另有中法天主教弛禁交涉也主要在澳门进行，却鲜为人知，当简述一二。1844 年 8 月 13 日，法国遣华使节拉萼尼（Theodore de Lagrene）抵达澳门，9 月 29 日，清朝钦差大臣耆英与广东布政使黄恩彤莅临濠镜。10 月 5 日双方会谈在澳门展开。为何将澳门作为弛禁交涉的重要地点？以拉萼尼的来华行程观之，他 1844 年 8 月到澳门，除当年 11 月底短期访问中国香港和赴各口岸外，还于同年 12 月 21 日至 1845 年 7 月 14 日间前往马尼拉和雅加达等地，此外，他的大部分时间都在澳门，直到 1846 年 1 月 11 日从澳门启程回国。不妨说，澳门是其来华的主要驻节地，而有关弛禁的交涉在澳门进行，对各方来说，都有诸多便利条件。从教会一面说，澳门是明清之际天主教入华的最早地区和教会在华活动的大本营。1555 年 8 月，巴莱多（Melchior

---

① *British Parliamentary Papers, China*, Vol.30, pp. 245-248, 276-277.

Nune Barreto）在浪白澳成立传教所，标志耶稣会在中国传教的开始。澳门还是礼仪之争时西洋教士的避居地和转赴中国大陆的中转站，几乎所有的来华天主教士都要在此停留，再转赴中国的其他地区。仅弛禁交涉前的几年间，只是法国在澳或是乘法船来澳的传教士就有：1835 年法国遣使会传教士董文学（Jean-Gabriel Perboyre）抵达澳门，从此出发前往湖北等地；同年，法国遣使会士孟振生（Joseph Martial Mouly）抵达澳门，其后成为内蒙古的第一位天主教主教；1841 年受耶稣会总会的派遣，会士南格禄（Claudius Gotteland）、艾方济（Franciscus Esteve）、李秀芳（Benjaminus Bruteyre）从法国乘船前往中国，于 10 月 21 日抵达澳门；同年，法国遣使会神父古柏察（Regis-Evariste Hue）离澳转往直隶著名的西湾子法国传教区传教；1844 年 8 月 13 日与拉萼尼同时来华 6 名耶稣会士中的五位，即葛必达（Stanislas Clavelin）、鄂尔壁（Joseph Gonnet）、疸良仁（Louis Taffin）、郎怀仁（Adrien Languillat）、辛斐禄（Pamphile Sinoquet）抵达澳门，瓦尼（Adame Vanni）则因患病中途折回；等等。[①] 对法方来说，澳门是鸦片战前来华西人的聚居地，有强大的教会势力可作援引和咨询顾问。在清朝一方，对西方各国的交涉一般安排在广东进行，而严禁外人深入内地堂奥，所以，澳门也是比较好的交涉地点。几相辏缘，使澳门成为弛禁的交涉地。在清朝官宪黄恩彤等有意无意的配合下[②]，定下大盘子：弛禁不以条约形式而以谕令形式出现。[③] 在臣子的操弄和外人的威胁之下，道光皇帝无奈屈服，1844 年 11 月 11 日，以五百里加急方式发圣旨，该旨称中国政府历来就没有将天主教视为邪教，"亦未尝严申禁令……既未申禁，更无所谓弛禁"。还声言，既然法国使节"久住澳门"，对这些情况"自必有所闻见"。这一说法很有点装聋作哑的味道，将"礼仪之争"后彰明昭显的禁教政策视作乌有，明明是行之一百二十年的禁教，却说成是"未申禁"，道光的底气也不足，只想同法国人私下了结，"正不必家喻户晓

---

① 顾卫民：《中国天主教编年史》，上海：上海书店出版社，2003 年，第 349—357 页。

② 《拉萼尼致法国外长信》，1844 年 11 月 1 日，转见张雁深：《中法外交关系史考》，史哲研究社，1950 年，第 40—41 页。

③ 《两广总督耆英奏为酌拟天主教弛禁简明节略呈览折》，中国第一历史档案馆编：《鸦片战争档案史料》第 7 册，第 535 页。

也"。① 对法国人的强请不能不有所让步，朝廷和列祖列宗的脸面又不能不顾，一面想让法国人知道中方已在开禁上做了退让，使其"输服"；另一面又不想让中外周知，想不动声色地把事办了。耆英体谅圣意，很快拿出方案，既不用"明降谕旨晓谕中外"；甚至也用不着"颁发檄谕，晓谕该夷"，只需以耆英的名义拟写"简明节略"奏报，朝廷在上批写"依议"二字，表示皇上已经同意，然后由耆英私下交给法使就可以了。② 道光对此方案大加激赏。12 月 14 日，清廷以"节略"底稿，重新誊写一过，并按照耆英的要求，以奉朱批的形式写上"依议"两字。耆英的奏折在法国人的眼里转成了上谕。③ 至此，教禁解除了；清廷的颜面保住了；法国使臣解救在华教会的使命也有了着落。但纸包不住火，澳门交涉的消息迅速曝光，"四散在中国内地教区的洋人中，有些人称法国公使在这伟大帝国里是教会的救星"。江南教区的罗伯济主教"在苏州颁布了一张热情洋溢的谕单，嘱令属下教友连续在三个主日上举行谢恩祈祷"。④

　　最后，在城市功能方面，澳门实现了建城史上的第二次开埠，愈来愈多的西方人来到澳门。当然，葡人对外人的留难仍时有可见。1789 年，英国人抱怨澳门人"趾高气扬，动辄拒不理会……经长期航行后（在澳门）得不到任何新鲜食品"。⑤ 但无论如何，转折毕竟出现。澳门开始了从葡国贸易据点到西方各国侨民聚居区的转型。1809 年 5 月 7 日，清朝两广总督百龄亲赴澳门，了解的居民情况是，葡属居民 4963 名，英国人 40 名，荷兰人 7 名，瑞典人 4 名，菲律宾人 9 名，普鲁士人 2 名，等等。⑥ 在葡人而外，英人最多。再有，这里统计的是长住人员，临时来澳的数量就要

①　《著两广总督耆英晓谕法人天主教既未申禁更无所谓弛禁上谕》，中国第一历史档案馆编：《鸦片战争档案史料》第 7 册，第 531 页。

②　《耆英奏天主教弛禁酌拟简明节略附陈折》，文庆等编：《（道光朝）筹办夷务始末》卷七三，北京：中华书局，1964 年，第 6 册，第 2899—2900 页。

③　《著两广总督耆英照其所奏将变通弛禁习教之事行知法人并颁给美国诰书事上谕》，中国第一历史档案馆编：《鸦片战争档案史料》第 7 册，第 543 页；[法] 史式徽：《江南传教史》第 1 卷，天主教上海教区史料译写组译，上海：上海译文出版社，1983 年，第 76 页。

④　[法] 史式徽：《江南传教史》第 1 卷，天主教上海教区史料译写组译，第 77 页。

⑤　[葡] 施白蒂：《澳门编年史》，小雨译，第 168、171—173、193 页。另按：葡人内部关于澳门向其他西人开闭的争议直到 1845 年 11 月澳门宣布为所谓"自由港"后才完全消停。

⑥　故宫博物院编印：《清代外交史料》嘉庆朝三，北京：刊本，民国二十一年，第 2 页。

比这大得多。适应外侨的娱乐业也成了澳门的另一支柱产业。各国侨民居澳促进了澳门的"繁华"，提高了其在世界上的"知名度"，成了一个供外侨松弛精神放浪形骸的销金窟，成为远东地区最著名的纸醉金迷的十里洋场。"侨民从广州商馆一个'季度'的圈禁生活中逃出来，在这讲究仪表和礼节"之地，沉迷于纯欧式的享乐。①音乐会、化妆舞会、赛马赌博、业余戏剧、油画展销、游览观光，令人目不暇接，恰所谓"男女喜歌舞佚荡"②，真是夜夜笙歌，日日欢场，各国驻华机构也经常性地在澳门"举行盛大晚宴和舞会"，那个时代出版的《澳门公正报》称"这部分反映了当时澳门上流社会的生活"③。凡此种种，使澳门演变成一个众多人种、民族、宗教、习俗、语言、人文精神和风俗习惯共处混杂光怪陆离开放兼容的特区，这在世界上也是不多见的。这些产业类型奠定了此后澳门城市发展的基本模式，至今仍能溯其流变渊源，见其历史影响。

（四）一个悖论

一项政策的出台，在不同的时间和空间，其实际施行情况大不相同，差别出入既不可免，绝然相反的情况也非仅见，也就是我们习见不鲜的政策在实行过程中的走形和变异，这在通信资讯不发达的传统社会尤然，其因在于上下贯通的折扣，官员素质的不一，检查考核的困难，还有地区实情的差别，等等。而关于政策的配套也是值得注意的，有时政策与配套的举措不同调不同步，或是完全相反，此面的政策须与另面的举措配套方能实施，亦未可知。而且，这是政策制定者的有意设计而为，不如此，政策便难以实施。关于清朝闭关政策，已经被诸多史家进行过反复研评，但对这一政策具体实施过程中的差别面相，却论述较少。实际上，在这一政策（不仅仅是这一政策）推行的百年间，是有诸多变数的；即或在同一时段，其执行的结果在不同地区也大相径庭，是时粤澳两地的外洋妇女政策

---

① ［英］格林堡：《鸦片战争前中英通商史》，康成译，第119—120页。

② 中国第一历史档案馆、澳门基金会、暨南大学古籍研究所合编：《明清时期澳门问题档案文献汇编》第5册，第581页。

③ ［葡］施白蒂：《澳门编年史》（十九世纪），姚京明译，澳门：澳门基金会，1998年，第64页。

在中国内地闭关政策和葡澳当局无奈开门迎客背景下便显出差异性表现与结果。这或许是一个饶有趣味的议题：此地（中国内地）施行的某项举措（"禁番妇入省"等）会在彼地（澳门）引出巨大的反应；而在此地属于一种恶性施政（闭关政策除广州一个口岸外，将西人海路来华的所有大陆关口商道封堵，将中国自绝于外部世界，此乃造成 18 世纪中叶之后中国落伍的重要原因，于此，学界已有定论）却在彼地意想不到地引出了良性结果。其间，澳门并非闭关政策的执行地域，而是其配套措施的衍生地区，内地的闭关须以澳门的开关作为必要前提，这真是一个吊诡的悖论！历史的发展就是这样的匪夷所思又具深刻的内在关联，历史的链条便是由这样一个个连锁反应的环节所逻辑或非逻辑地组串，既有"铜山东崩，洛钟西应"的正向串结，也有"种豆得瓜"的反向串结，而往往是此地施行的政策要以彼地的配合来完成，结果却引出了完全二致的发展路向，历史的轨迹便是如此这般地充满了异常丰富的辩证内涵。我们的考察，不仅要看到历史发展的"正数"，而且要看到历史发展的"负数""变数"乃至"异数"，不仅要看到前因后果的"正相关"，还要看到"前言不搭后语"的"负相关"，看到几者之间的关联和反转。

　　明季，有西洋商人来华，明政府担心其擅入广东省城，易激成事端，故颁令外商只得在澳门交易，随行来华的"番妇"也只能停留船上或滞留澳门。澳门成为来华西商的集结地和海路通华商道的终点。清朝立国后，继承这一政策。但明末清初对来华外商的管理时紧时松，1744 年，澳门海防军民同知印光任有具议上请："其从前潜入夷教民人，并窜匿在澳者，勒限一年，准其首报回籍。"印某的禁令试图使澳门"夷人混杂"的状况有所改观，却造成另一方面的后果，就是居澳不成的"夷商"竟然违反清廷不许在广州"住冬"的禁令，悄悄地在"十三行""列屋而居"。[①]到 18世纪中期，随着中西贸易的剧增，来华外人增多，"番妇"随行进入广州商馆的问题开始显露，这自然是清政府更不愿意看到的。政策的走向于是发生转移。1746 年，清朝当局对商民居澳政策有重大调整，这年，清朝两

---

① 印光任、张汝霖：《澳门记略》卷上"官守篇"。

广总督下令禁止"番妇"进入广州，所有西方妇女只准停留澳门①，表明清朝当局已经开始考虑以政令形式明确地把澳门当作是西方妇女来华的暂时居处。在各种情势推动下，1749 年，清朝当局颁布著名的《澳门善后事宜条议》，条议分别以汉文和"番字"刻石，置放于香山县丞衙门和澳门议事会，条议的第十一款明确规定：

> 禁夷人出澳……该夷目严行禁止，如敢抗违，许该保甲拿送，将本犯照违制律治罪，夷目分别失察，故纵定议。②

此条款引人瞩目地将过去禁止外人入澳改变为禁止外人出澳。1751 年发生的"老连案"更是坚定了清政府"禁番妇入省"政策的实施。这年 7 月 8 日，荷兰商人亚毕时（又称"老连"）携带"番妇"一名和"番女"两名进入广州瑞丰洋行居住，当即引起广东地方官员的严重关注，饬令亚毕时将"番妇"带返澳门③。为以儆效尤，防止同类事件再度发生，广东布政使等专门颁布规例，晓谕中外：

> 嗣后有夷船到澳，先令委员查明有无妇女在船，有则立将妇女先行就澳寓居，方准船只入口；若藏匿不遵，即报明押令该夷船另往他处贸易，不许进口。④

这项规定使外国妇女入澳居澳得到中国政府更正式的允可，具有了某种法令性质。需要注意的是，清政府这时仍未实行一口通商制度，说明在这以前，就已经厉行对外国妇女的查禁制度，"禁番妇入省"是清朝闭关政策诸多施政中较早推出的一项配套内容。广东当局的这一条规同时亦为外国妇女留居澳门开了合法化的口子。澳门作为中国领土之一部，中国政府天经地义有权对其进行管理，同意入澳从本质上看也就是同意进入中国某一

① [葡] 施白蒂：《澳门编年史》，小雨译，第 135 页。
② 暴煜：《（乾隆）香山县志》卷八"濠镜澳"，刊本，乾隆十五年。
③ [美] 马士：《东印度公司对华贸易编年史 1635—1834》第四、五卷，区宗华译，第 238 页。
④ 梁廷枏：《粤海关志》，袁钟仁点校，第 522 页。另参卢坤：《广东海防汇览》卷三十七"驭夷"，刊本，清道光年间，第 516 页。

特殊地区。但进入澳门毕竟又与进入中国内地有很大差别，这里有必要研究闭关政策的实施起点，由"禁番妇入省"到促使澳门开禁，再到广州独口通商，再到闭关政策的其他禁限，其中若隐若显地映示出闭关政策由点及面渐行扩大的演变轨迹，而其中的澳门扮演了值得注意乃至不可或缺的角色。

禁令颁布后，广东臣僚大多能认真执行，澳门成为中国官方对外籍妇女的遣返地。1769年，有英商菲臣私带妇女进入广州，当局立即"将该番妇押往澳门"[①]。1825年3月，英国商船"拉卡萨号"在海面遇难，船上大副的妻子莫利夫人（Mrs. Morley）获救后乘中国帆船进入广州，英国东印度公司驻华代表得讯后立即向中方解释她是"不知道有什么禁止外国妇女前往广州的章程"，莫利夫人也很快遵照中方的规定转移到停泊于黄埔的英国商船上。1830年初，英商怀特曼（J. C. Whiteman）携妻进入广州商馆，在中方抗议下，被迫迁往澳门。同年4月，丹麦船主耶鲁尔夫（Capt. Kierulf）之妻来穗，两广总督认定"夷妇违反章程"，勒令退返澳门。在此同时，有3名外国妇女从澳门潜穗"参观"，广东当局"谕饬洋商驱逐"，甚至以"封舱"相威胁，"强制她们立即离去"[②]。

1830年是"番妇入省"的多事之秋，10月份，英国东印度公司驻华"大班"盼师（Willian Baynes）公开挑衅性地带着妻子和葡萄牙籍婢女进入广州。引起中方的强烈反应，爆发了鸦片战争以前中外之间关于"番妇入省"问题最严重的冲突——"盼师案"。盼师夫人入广州后，两广总督李鸿宾随即令其退回澳门。英方则向广东督抚与将军提交了抗议书，谓"根据英伦法令，每个男人只能娶一个妻子，因此在谕令上所称的所谓外国妇女就是外商的婚配妻子。公司工作人员每年需要六个月或更长的时间留在广州"，如不许携带夫人，实在不近人情。广东官宪对此"严行驳斥，谕以仍遵旧制，毋得稍违"[③]。在相持不下的情况下，英方从停泊于黄埔的

① 《广东将军庆保等奏报英国大班携眷来省并私带枪炮等情折》，中国第一历史档案馆编：《鸦片战争档案史料》第1册，第106页。

② ［美］马士：《东印度公司对华贸易编年史（1635—1834年）》第四、五卷，区宗华译，第113、263、284、285页。

③ ［美］马士：《东印度公司对华贸易编年史（1635—1834年）》第四、五卷，区宗华译，第237页。

外船上召集武装水手携带枪炮登陆进入商馆，中方也派出部队戒备，双方剑拔弩张，大有一触即发之势。但英方百余人的武装根本不可能与中方抗衡。略后，英国武装人员撤回黄埔。盼师夫人也快快返回澳门 ①。

　　"盼师案"给朝臣的刺激颇为强烈。1831 年 4 月 19 日，工科掌印给事中邵正笏就这一事件连上两道奏折，奏折后附有外商违例的 8 条清单，其中多条牵扯澳门。朝廷对此奏折相当重视，第二天即排除有牵连嫌疑的广东原有官员，单独指示新任广东巡抚朱桂桢，要求"逐款严密访查"。6 月 27 日，朱桂桢回奏，称派人到澳门调查，结果是盼师夫人进入省城，澳门当局并没有协助情事。② 其实，在邵正笏要求整肃之前，广东当局已经注意到这个问题。1831 年 3 月 19 日，广东大僚拟定并向朝廷奏报了《防范夷人章程八条》，这个章程基本上是对 1751 年的"禁番妇入省条规"和 1759 年的《防范外夷章程五条》的重申，但规定更为具体严格："夷人私带番妇入馆，及在省乘坐肩舆，均应禁止也……嗣后应严谕各国大班夷商，不许携带夷妇至省居住。倘敢故违，即停其贸易，并即押令回澳。一面责成关口巡查弁兵，如遇夷人携带妇婢赴省，即行拦阻截回。"鉴于盼师曾带澳门的葡籍婢女同时入省，又特意规定，受雇于外人的葡萄牙妇女也只准在澳门居住，不得潜往广州，如有违反，惟葡澳当局是问，使葡澳当局不敢玩忽。③ 4 月 27 日，朝廷批准章程。

　　从此，清政府对"夷妇"通过澳门进入省城的问题采取了更严厉的立场。1834 年 7 月 15 日，英国首任驻华商务监督律劳卑抵华，将妻女安顿澳门后，在男性随员陪同下进入广州商馆，但清朝方面仍不放心，粤督卢坤接报后，"并行各炮台弁兵严密防范，不准该夷兵船进口及番妇人等来省"④。粤海关监督中祥还向久与外人打交道的行商发布命令："不准私带外国妇女进入广州，胆敢故违，立即停止通商，并将此等妇女强制送还

---

① 故宫博物院编印：《清代外交史料》道光朝三，第 49、42 页。

② 《工科掌印给事中邵正笏奏为广东贸易英人等日增桀骜请饬严定章程折》《广东巡抚朱桂桢奏报访查广东贸易英人等滋事并有人私运偷税情形折》，中国第一历史档案馆编：《鸦片战争档案史料》第 1 册，第 73—77、81—84 页。

③ 梁廷枏：《粤海关志》，袁钟仁点校，第 565—566 页。

④ 《两广总督卢坤等奏为律劳卑来粤不遵法度现予封舱示惩片》，中国第一历史档案馆编：《鸦片战争档案史料》第 1 册，第 146 页。

澳门。"^① 其后，每当英方更换商务监督，清政府每每要向其重申禁令。1835 年 3 月 8 日，经道光皇帝批准，卢坤等又推出《防夷新规八条》，规定"容留隐匿""番妇""至省"者，"照私通外国例治罪"；官兵未能查出者，也按照"失察故纵，从重究处"^②。

反观澳门方面，尽管从葡萄牙人占据澳门后，即陆续有除葡国妇女以外的他国妇女在澳居住，但那只不过是属于私潜暗藏性质的行为。葡澳当局在禁止除葡人外的各类"外夷"入澳的问题上，采取了比中国政府更没有通融性的不欢迎态度，即长期实行不许外人入澳的封闭政策。1718 年 5 月 7 日，出于对澳门缺少葡国居民，而违规私入澳门的外人相对增多的担心，葡印总督专门颁令，禁止澳门修道院接收女信徒^③；1731 年 1 月 23 日，葡澳总督下令将违规进入澳门的外国船只驱逐出境；1733 年 1 月 23 日，澳门议事会拒绝清政府提出的允许外商在澳门集中贸易的建议；1745 年 3 月 22 日，葡王若奥五世颁令禁止外人在澳门结婚，以逼使他们离去；1746 年 3 月 9 日，葡王室发文禁止外人在澳门停留。^④

前已述及，直到 1757 年，葡澳当局才被迫对既定施政做出前所未有的修正，面向所有外国侨民（自然也包括外国妇女）开放澳门，各西方国家来华妇女由此获得在澳门的合法居留权。情形有了很大改观，1812 年，英国东印度公司驻华委员会首次将英国人的日常情况登录在册。这年的登录项目有：5 月 9 日，商馆管事劳森（Boyd Lawson）与女佣费思曼（Elizabeth Faithman）举行婚礼。6 月 29 日，马礼逊（R. Morrison）与玛丽（Mary Morrison）的女儿诞生。7 月 18 日，大班咸臣（James Brabazson Urmston）的幼子出生。而从孟买来澳的一个小女孩则被命名为"玛丽亚"（Maria）。9 月 12 日，公司驻华委员会第二主席刺佛（J. W. Roberts）带着新娘来到澳门，第二年的 1 月 3 日，育有一子。上面记录的全部婚配、生

---

① ［日］佐々木正哉編：《鸦片战争前中英交涉文书》，東京：严南堂书店，1967 年，第 5 页。

② *British Parliamentary Papers, China 30*, p.90. 另参梁廷枏：《粤海关志》，袁钟仁点校，第 570 页。

③ 此道命令后成空文，到 1731 年 1 月，修女人数不但没有减少，还从颁令前的 33 人增到 40 人。参［葡］施白蒂：《澳门编年史》，小雨译，第 95、134 页。

④ ［葡］施白蒂：《澳门编年史》，小雨译，第 116、120—121、134—135 页。

育行为都在澳门。[①]

外人特别是外籍妇女入澳的合法化造成了一种独特景观，就是澳门女性居民的人数大大超出男性。应该说这种男女比例失调的现象在澳门早已存在，这是早期远洋商埠的典型特征，运载商货的远洋航行毕竟对女性太过辛苦，这是"爷们"的事；定居异国他乡对家庭夫妇更是多有不便，所以，存在着很多"临时夫妇"和"露水夫妻"。1697 年，索萨（Francisco de Sousa）在《征服东方》一书中描写当年的澳门人口是："葡萄牙人共有一百五十户；基督徒共有一万九千五百位，其中一万六千位为妇女。"1730 年，葡澳总督向广东当局的人口报告是："夷人五百十七，夷奴六百六十六，夷妇一千三百九十七，夷婢九百九十九。"女性人数已是奇多，时人发出这里"仿佛是座女人城"的惊叹。[②]这种情况的出现主要缘于澳门长期是海港贸易型城市，商人、水手、探险者、军人、教士等男性的流动性很大，而寄生于、托庇于、服务于上述流动男性的女性则不便于外出远航，多取定居方式。闭关政策实行和外人入澳合法化后，更强固了这种性别的比例差，到 1810 年的情况是：白种男人，1172 人；白种女人，1846 人；男性奴仆，426 人；女性奴仆，606 人。1821 年 6 月 1 日《广州纪事报》提供的数字更为悬殊：以葡籍为主的外国妇女有 2693 人，而葡籍 15 岁以上的男性仅为 640 人。在这些统计数据中，大概以 1834 年的统计最为详细和准确，这年 12 月澳门的葡籍人口数目是：总人数 5093 人，其中女性为 3137 人，男性为 1956 人[③]。这种情况的出现并不奇怪，其原因主要在于两个方面，一是前面所说的外籍男性多为流动，真正的长住人员不多，如 1820 年，仅英、美两国来至广东海面的商船就有 70—90 艘，这些船上的船员就有二三千人。[④]除商人和海员外，澳门还成为西方教会人士、军事人员和各国来华官员的居住或停留地，而这些人员同样多

[①] [美] 马士：《东印度公司对华贸易编年史（1635—1834 年）》第三卷，区宗华译，第 178 页。

[②] [葡] 施白蒂：《澳门编年史》，小雨译，第 66、135 页；中国第一历史档案馆、澳门基金会、暨南大学古籍研究所合编：《明清时期澳门问题档案文献汇编》第 6 册，第 218 页。

[③] [美] 马士：《中华帝国对外关系史》第 1 卷，张汇文、姚曾廙、杨志信、马伯煌、伍丹戈译，第 50—51 页；另参 [瑞典] 龙思泰：《早期澳门史》，吴义雄、郭德焱、沈正邦译，第 36—37、234—237 页；邓开颂、吴志良、陆晓敏主编：《粤澳关系史》，北京：中国书店，1999 年，第 185 页。

[④] A.Coates, *Macao and the Britsh 1637-1842*, p.125.

为男性。与此对比，澳门的女性却往往是长住的，即常住的女性围绕于临时来澳的男性。第二个原因是清政府对外商实行严格约束的政策所导致，1760 年，两广总督李侍尧特别重申严禁外商在广州"住冬"："在广州贸易各国商人，于买卖事竣，船只开行之后，所有各国派来管理贸易之人，及有帐目未清之商贩，因例不准寓居广州，亦赴澳门，向大西洋赁屋而居。"① 也就是说，来华外商在贸易季节可以居住广州，而在贸易季节结束后必须返回澳门。由此一来，男性居民的统计要受到贸易、航程和季节的影响，而女性居民的统计则不太受这些因素的左右，因此就要多出男性很多。因为上列统计是常住人口，而不包括临时人口，如果将临时来澳人员一并考虑，实际澳门的性别比，并非完全就像统计那样悬殊。再有，在众多女性中，白人女性长期畸少，一位 19 世纪初叶在澳门的英国姑娘有这样的记述：

> 比起人数微不足道的女性，这里的男性人数达二十倍以上。除了我，这里只有一位未婚的老姑娘。导致许多追求者紧追不舍，让她不胜其烦，以致在日记里写道：天哪，男人到底是什么样的动物！真是不可理喻。②

与澳门群聚了大批外来女性的情况适成鲜明对照的是，广州商馆却成了外籍单身汉的大本营。据 1836 年的调查，侨居广州的有 307 位外国男性，其中非亚洲籍有 213 人，他们中有 23 人是"有家眷"的，这些家眷无一例外"当然留驻澳门"③。19 世纪初叶在广州、澳门等地居留了 20 年的美国商人亨特（William C. Hunter）对广州商馆中的外国人有这样描述："我们这些可怜的广州（外国）人，都是身不由己的修道士。就连女人的声音，即使你不爱听也罢，都是一种奢侈品，广州政府的官员是不允

---

① 会典馆：《清会典事例》卷五十一，北京：中华书局影印本，2012 年。

② ［美］埃里克·杰·多林：《美国和中国最初的相遇——航海时代奇异的中美关系史》，朱颖译，第 176 页。

③ C. Y. Hsu, *The Rise of Modern China,* Oxford University Press, 1995, p.151.

许他们的外国同性们享有的。"①西方人对清朝当局莫名其妙地禁止外国妇女进入广州的政策深感不解。清政府拒斥的道理很简单，1827 年，一名到访广州的巴尔的摩人被告知："如果让贵国的妇女进入我国生活，你们很快就会在我们之中建立家庭。随着家庭的繁衍生息，加上充裕的条件，假以时日，你们就能建立长期的殖民地。但如果我们禁止你们的妻子、姐妹、女儿居住或逗留，我们就有把握，在贸易上取得成功后，你们将会回到自己的国家，为其他种族的单身汉留下余地！"那时的广州是唯一对西人的开放贸易口岸，若外人长年居家落户于此，再从此地便捷深入，等于是打开众多防不胜防的内地通道，更让清政府防范。月是故乡明，虽然有多少西方人愿意永久居住在中国值得怀疑，但是天朝中人并不这么想。因此，在广州期间的西方男性只能是孑然一身，被称为"半野人"。②

闭关政策对澳门的反作用力，特别是外来妇女居澳的合法化对澳门社会影响殊大。从 18 世纪 60 年代后，澳门基本摆脱了难乎为继的经济窘况，城市面貌也有了很大改观，此前单调乏味的经贸元素减少，丰富多彩的浪漫之都的像貌露面，年方 20 的美国妙龄女郎哈丽雅特·罗伊（Harriet Low）于 1829 年 5 月 29 日作为多病姊姊的女伴，陪同怡和洋行的合伙人叔叔 W. H. 罗伊（William Henry Low）来到中国。哈丽雅特·罗伊性格活泼，在中国的 4 年间，写下了大量日记和书信，成为这一时期的重要人文记录。她常常用"浪漫"一词描绘周边的环境，"笔下是典型的前维多利亚时期女性的文字"，她认为澳门"看上去很漂亮，有一些很浪漫的地方"。③哈丽雅特·罗伊的感觉是准确的，外人大批入境，推进了澳门传统施政向更加开放的层面转移，1758 年，葡当局颁令给予华籍奴隶以自由身，并禁止再从帝汶等地输女奴入澳，人群的往来更为平等自由④。社会多元化的色彩浓重纷呈，即以最易反映一个城市外部表征的服饰而言，各

---

① ［美］亨特：《旧中国杂记》，沈正邦译，广州：广东人民出版社，2000 年，第 25 页。

② ［美］埃里克·杰·多林：《美国和中国最初的相遇——航海时代奇异的中美关系史》，朱颖译，第 176 页。

③ ［美］埃里克·杰·多林：《美国和中国最初的相遇——航海时代奇异的中美关系史》，朱颖译，第 176 页。

④ C. R. Boxer, *Fidalgos in the Far East, 1500-1700, Fact and Fancy in the History of Macao*, London: 1948, pp.238-240.

国来澳妇女的穿戴打扮便表现出外露、性感和多样化的特色，俨然世界服装的博览会场。于此，时人多有描绘：

> 妇螺发为髻，领悬金珠宝石，上衣下裳，用锦帕覆背，谓之巾缦……夷人所役黑鬼奴……通体黝黑如漆，惟唇红齿白。戴红绒帽，衣杂色粗绒，短衫，常握木棒。妇项系彩色布，袒胸露背，短裙无裤，手足带钏……大西洋国女尼，以白布缠领及胸，缁缦缁衣，革带革履……小西洋……夷妇青帕蒙首，着长衣围锦服于前，喜执绣谱，以习针黹。英吉利……妇人未嫁时束腰，欲其纤细，披发垂肩，短衣重裙，出行则加大衣，以金缕盒储鼻烟自随。法兰西……夷妇装束亦颇与荷兰诸国相类。荷兰……夷妇青帕蒙头，领围珠石，肩披巾缦，敞衣露胸，系长裙，以朱革为履。[1]

澳门女性社会的发达还带来了其社会地位的见重。"夷俗贵女贱男，生女则喜，长则赘媒人其家为后，生男出赘他氏。"[2] 当时有新潮思想的人对此重女轻男的风俗颇有称道，赋诗"生男莫喜女莫悲，女子持家二八时"[3]。迎来送往和生意买卖多由妇女打点，"交印全凭妇坐衙，客来陪接婿擎茶"[4]。在澳门街市上不乏"日中交易女商人"[5]。在择偶婚姻问题上，女性也有很大的发言权，"婚姻不由媒妁，相悦则相耦"[6]。西人的婚俗给国人以好奇，"女年及笄，父母与择偶，通知子女，如允从，女则解戒指以定。男媒闻于僧，僧访无故旧之亲，方准其匹配。至婚期，媒引男女至庙，僧即面问：你夫妇日后有无怨悔呢？均曰无之。僧诵经文，令媒引其齐至女家，设席以待，父母姊妹将女送至男家，亦设席，名曰交

① 傅恒：《皇清职贡图》卷一，沈阳：辽沈书社影印本，1991 年。

② 中国第一历史档案馆、澳门基金会、暨南大学古籍研究所合编：《明清时期澳门问题档案文献汇编》第 6 册，第 176—177 页。

③ 陈官：《澳门竹枝词》，转见陈兰芝辑：《岭海名胜记》，刊本，乾隆五十五年。

④ 李遐龄：《澳门杂咏》，《勺园诗钞》，刊本，嘉庆十九年。

⑤ 张琳：《澳门竹枝词》，《玉峰诗钞》，刻本，嘉庆戊寅。

⑥ 祝准：《新修香山县志》卷四"海防·附澳门"，刊本，道光七年。

印"[1]。澳门西俗在异性交往上较为开通，在礼拜或重要的节日前，"先一三日，夷妇相率浴于河，意在洁而事近亵，俱以青帕一方覆身首"[2]。因为西人礼数与华风相左，为中国礼教所不齿：

> 妇人与人有私，遇礼拜时必跪白于和尚（教士）前，盖求和尚申天主莫之罪也……又其俗，男子不得置妾，不得与外妇私，其妇约束极严。而妇人随所爱私之，其夫不敢过问。若其夫偶回本国，往来需时，必托一友主其家。其友三四日一过宿，若逾多日不至，妇则寻至，责以疏阔……习俗所尚，全与礼教相反。此天之所以别华、夷也。番妇见客，又有相抱之礼。客至，妇先告其夫将欲行抱礼，夫可之，乃请于客，客亦允，妇出见。乃以两手搴其裙跳其舞，客亦跳舞，舞相近似接以吻，然后抱其腰。此为极亲近之礼也。[3]

所言未必全然真实，确也在某些方面道出了西风与华俗的迥然不同。

女性产业发达的另一反映是各色妓院业的滋生蔓长。外商独居在广州商馆不近女色的时间是很无聊的，仅仅是为了做成生意而待在此地。他们抱怨广州夏季潮湿闷热，贸易季节工作时间超长，闲下来的时间又了无乐趣，诉说思乡之情时，最有共同怨言的或许是对"夷妇"的种种禁令——被迫离开妻女，割裂家庭，人为造成两地分居；回到澳门，仿佛霎那间到了花花世界。澳门民风历来比较随意开放，早在 16 世纪中叶，一些外籍商人就"已多年不进行忏悔，而且也不从事神圣的职业……还有些人甚至成天同他们雇来工作的一些亚洲姑娘鬼混在一起，无视道德和宗教规范"。[4] 无怪乎，荷兰东印度公司驻广州管理处的总管在 1770 年要留下那样切近刻薄的澳门观感：

---

① 暴煜：《（乾隆）香山县志》卷八"濠镜澳"。

② 方恒泰：《橡坪诗话》卷四"杂记"，刊本，道光十三年。

③ 中国第一历史档案馆、澳门基金会、暨南大学古籍研究所合编：《明清时期澳门问题档案文献汇编》第 6 册，第 621 页。

④ ［葡］洛瑞罗：《伊比利亚文献资料中关于 MACAU 的由来》，《文化杂志》中文版第 45 期，2002 年，第 1—16 页。

其种族混杂程度世所罕见，肤色有深浅不等的黑色、各种各样的黄色和白色。女人占总人口的三分之二，漂亮的女人稀少得像白色乌鸦；并且娼妓是女人们的突出职业。[①]

居澳的"葡萄牙商人通常都有几个在东南亚各口岸买来的女奴"，为整饬民风，以至于耶稣会"为规范这个新城镇的道德"和"维持当地民众的健康"，而将 600 多名亚洲女奴从澳门航运到印度果阿，"在她们中间，有两百多个是陷入情网最深，因而难以运走的女人"。[②] 教会中人也不干净，葡萄牙著名诗人薄卡热（Manuel Maria Barbosa do Bocage）于 1788 年曾在澳门小住，留下了这样的记录：

> 一座如此这般的大教堂，如今收容十四个身无分文的受薪教士，一贫如洗，无数卑贱的娼妇，一百个葡萄牙人，住所有如猪圈。[③]

澳门全面开埠后，这方面的情况又有了恶性发展。由于来澳外人（外商、水手等）多为成年男性，且多单身在外。于是形成了澳门的定居女性为外来的流动男性提供性服务的状况。甚至于"澳门人以作外国管理处的买主或代理人为生，并且把自家的妾提供给外国人"。尼古拉·费尔南德斯·达·丰塞卡（Nicolau Fernandes da Fonseca）在 1776 年写道：澳门的女人"为了钱或者几件衣服，她们愿意跟男人勾搭，尤其是外国男人"[④]。洛比兹（E. Roberts）1832 年提出的报告把澳门同加尔各答和马德拉斯并列，称其是当时"世界上最伤风败俗的地方"[⑤]。前面提到的美国女孩哈丽雅特·罗伊描述：如果西方代理人需要女性陪伴，往往会去澳门见妻子

---

① [葡] 施白蒂：《澳门编年史》，小雨译，第 165 页。

② [葡] 洛瑞罗：《伊比利亚文献资料中关于 MACAU 的由来》，《文化杂志》中文版第 45 期，2002 年，第 1—16 页。

③ 吴志良：《澳门政治发展史》，上海：上海社会科学院出版社，1999 年，第 86 页。

④ [葡] 施白蒂：《澳门编年史》，小雨译，第 149、165、172 页。

⑤ [美] 泰勒·丹涅特：《美国人在东亚》，姚曾廙译，北京：商务印书馆，1959 年，第 43 页。

或情妇，甚或召妓。如一名中国商人所说，"澳门多有私生子出没"。① 亨特也指出："澳门当时是东方的避难所，不分良贱，向所有的人开放。所以有俗言说，澳门是负债者和冒险家的乐园"②，东方"蒙特卡洛"的奠基正在斯时。娼寮妓馆多藏垢纳污，与赌博、吸毒、走私互有勾串，"赌馆娼寮，及河下蛋户，名为'咸水妹'，皆有规银，名曰'收花票'等语"③。"更有无耻之徒，纵容妇女受贿与通，谓之'打番'"④。文学的状物描摹每每是生活的真实写照，描写歌女洋妓的艳词淫句成为此间澳门诗坛久盛不衰的一大主题，澳门社会上的污浊也引出正人君子的忧虑。叶廷勋诗曰：

> 洋蜡高烧鼓吹奇，管弦声彻夜阑时。番僧不奉如来戒，笑拥蛮姬酒一卮。酣醉葡萄兴未阑，更逢知己倍加餐。小蛮亦爱风流客，一曲胡笳共倚拦。⑤

鉴于妓业的杂乱，清政府曾发布告示："禁夷匪夷娼窝藏匪类，该夷目严禁夷匪藏匿内地犯罪匪类，并查出卖淫夷娼，勒令改业，毋许窝留内地恶少赌博偷窃，如敢抗违，除内地犯罪匪类按律究拟外，将藏匿之夷匪照知情藏匿罪人科断。窝留恶少之夷娼男妇，各照犯奸例治罪，如别犯赌博、窃盗，其罪重于宿娼者，仍从重拟断。"⑥1793 年 6 月 17 日，香山知县许敦元又向澳门理事官下达"约束西商"的谕令：鉴于"各处夷人住居澳门者日益众多，诚恐良顽不一，不遵该夷目等管束。或此船凌暴彼船，是以谆切晓谕，以期和气相好，安分营生，正欲使各国夷众恪守向来规矩，

① ［美］埃里克·杰·多林：《美国和中国最初的相遇——航海时代奇异的中美关系史》，朱颖译，第176 页。
② ［美］亨特：《旧中国杂记》，沈正邦译，第 285 页。
③ 中国第一历史档案馆、澳门基金会、暨南大学古籍研究所合编：《明清时期澳门问题档案文献汇编》第 6 册，第 393 页。
④ 张心泰：《粤游小志》，小方壶舆地丛钞本。
⑤ 叶廷勋：《于役澳门纪事十五首》，《梅花书屋诗钞》，刊本，道光年间。
⑥ 暴煜：《（乾隆）香山县志》卷八"濠镜澳"。

不许违条犯法”[①]。

葡萄牙当局也深感外来人“败坏当地人的风俗”，为改变澳门的“声名狼藉”，1776年5月17日，葡印总督下令“不要再同意任何外国人在澳门居留”。随即，果阿殖民地法院和里斯本最高法院也裁决“要求把所有在澳门居住的外国人驱逐出去”，这无疑是一个将引致严重后果的决定，是一个与开放情势相逆的倒退决定。议事会不敢贸然奉行，转而征求某些显赫人物的意见。一向对澳门事务有重大发言权的吉马良斯主教认为果阿当局的命令只是不明事理的一厢情愿，因为这不是葡萄牙作决定就行，还涉及中国政府，鉴于澳门地位特殊，来自中方的旨意往往是难以违抗的，“十多年来，广东总督就把外国人打发到此地，本市不得不接受”。澳门已经成为中国对外关系程序中一个不能舍弃的组成部分，成为清朝闭关政策的一个不可或缺的连带环节。而且，欧洲各国把澳门视为居留地已是惯例使然，骤然改变是不可能的，对澳门本身也未必有利。主教的结论是：驱逐令“无法执行，至少不宜执行，因为驱逐提出的理由不符合事实，并且毫无意义”。[②]

但“琵琶女”“妹仔”“花舫”“瞽姬”等各种名目的妓业在澳门以至珠三角地区的泛滥[③]，也确实生出诸多社会问题，“澳门洋界，以商

---

① 刘芳辑：《葡萄牙东波塔档案馆藏清代澳门中文档案汇编》下册，章文钦校，第411页。

② [葡]施白蒂：《澳门编年史》，小雨译，第168、171—173、193页。

③ “瞽姬”多指旧时从事演艺特别是在风月场中卖唱卖笑乃至卖身的青年盲女。玩弄“瞽姬”之风在清代乃至民国初年的岭南等地尤其盛行。瞽姬，还有另一个更具广东语境的称谓“禾虫”，玩弄“瞽姬”也被戏称为“炖禾虫”，或是形容其微小脆弱，似又含有猥亵意味的“香酥可口”。“这一些盲妓们的生活或者可以说是被动的，她们的生存是为了别人家的幸福的，她们一部份除了在这寒冷的深夜巡徊于一般街巷里要求人家买她们的歌声以外，还要把她们的肉体贩卖的。而‘炖禾虫’也就是专对于嫖盲妓的一个术语。”（参见劳心：《广州的盲妓》，《人言月刊》第26—50期合订本下册，1934年，第926—927页）。在“一般人的眼里，她们是被认为另一种人的；她们的生活被人们摒弃到一般人的生活圈子以外，一切的日常生活都有着和通常不同的方式，而在这种异样方式的生活圈内的被人们认为另一种人的一群”。在岭南，瞽姬亦有三六九等，层次高的有公开馆舍，“门口都挂着一个XX书写的小招牌”，等而上的瞽姬日常主要是卖艺，卖身价码奇高，非一般人所能问津；档次略低是“没有挂牌的，她们除了弹唱去娱乐人们以外，还要拿肉体去供人们的蹂躏”。再等而下的便是沿街叫卖，“这些盲女走在街头，时而演奏乐器，时而以淫荡的言辞大声地招揽路人到她们那儿去玩”。（*Ecumenical Missionary Conference, Report of the Ecumenical Conference on Foreign Missions, New York,1900*, Vol.2, pp.242-243.）瞽姬曾盛极一时，这是以盲女为玩物的陋俗，乱红凋尽，孤香幽怨，反倒惹出风流才子们的艳思遐想，滋生莫明的一帘幽梦。此种病态玩俗民国以后在各地当局的清理下方才消失。

务著名，近亦凋落，只赌场妓院占多数耳"[1]，嗜赌嫖妓不务正业，影响正常商务，而中外商贸交通系澳门成为外人定居点的根本。为整肃风纪，1791 年，教会在澳岛开办了"圣玛丽妓女收容所"（Asylum of st. Mary Magdalen，中文称"保良局"），"不久就聚集了很多妇女"，但由于资金困窘，试图归化的妓女们的"劳动不足以维持自己的生活"，只得"被迫重新回复到她们也许已开始对之厌恶的情况"，重操旧业，1800 年 3 月 12 日，葡萄牙摄政王颁令解散该收容所[2]。情况继续恶化，甚至发展到严重危及社会安宁人群健康的地步。1830 年 10 月 9 日，清朝官员发布公告：要求澳门各色人等"洁身自好"，所有"为非作歹的花船"须在 15 日内离开澳门。次日，广东香山县令又发布公告：禁止妓女在私宅、棚屋和花船上卖淫。1836 年 12 月 31 日和 1837 年 8 月 4 日，澳门市政当局连续发布对妓业进行约束管理的法令，收效均告有限。直到 1851 年《关于澳门妓业第一号规章》的出台，这方面的情况才有所收敛规范。

此外，澳门外侨妇女的急速增长还引出了诸多社会问题。一是奢靡之风盛行，商人聚集地历来如此，澳岛居民"性侈，稍赢于财，居室服饰辄以华靡相胜"[3]。澳门又是西商的居留地，"不特澳夷为然，即通商各国富民，多半来华贸易，蓄资财，拥妻子，盖洋楼，造花园，大有聚国族于斯之意"[4]。两份 1774 年 12 月的报告称："外国人到澳门居住之后，穿着和饮食讲究奢华也随之而来，因为他们在公司挣钱很多，挥金如土。那些不能一直花天酒地的人们在结婚、过年和儿女洗礼时也不得不花许多钱，因为仅葡萄酒一项就是极大的开支，这对居民们家道衰败推波助澜。"曾几何时，作为西人赴华商道的终点站，"所有人来的时候穷困潦倒，很快便成了纨绔子弟，不想再从事原来的艺术和手艺"[5]。二是澳门女性的畸多也给社会的稳定带来了麻烦，男性季节性地外出，每当要乘南季风返回时，

---

[1] 中国第一历史档案馆、澳门基金会、暨南大学古籍研究所合编：《明清时期澳门问题档案文献汇编》第 6 册，第 279 页。

[2] [瑞典] 龙思泰：《早期澳门史》，吴义雄、郭德焱、沈正邦译，第 54—55 页及注释。

[3] 印光任、张汝霖：《澳门记略》卷下"澳蕃篇"。

[4] 厉式金：《（民国）香山县志续编》卷六"海防"，刊本，民国十二年。

[5] [葡] 施白蒂：《澳门编年史》，小雨译，第 170 页。

"则妇孺绕舍呼号以祈南风，脱卒不返，相率行乞于市"[1]，"澳夷中已有流为乞丐匪类者，行之之夷妇尤多"[2]。妇女们生计无着，只得逼良为娼或堕落为丐。对于丈夫外出而产生的生离死别，不乏离愁别绪诗歌的咏叹："少妇凝妆锦覆披，那知虚髻画长眉。夫因重利常为客，每见潮生动别难。"[3]男性外出或男性居少使家庭的建立或稳定成为问题，"夷少男而多女，又多挟资远出，累岁不归，则苦于汉奸之诱拐"[4]。而葡萄牙妇女每每与和华人婚配为荣，"得一唐人为婿，举澳相庆贺"[5]，这是说华人娶葡籍妇女为妻的情况。由于澳门成为各国来华妇女的聚居地，更多的还有在澳葡人娶外来妇女为妻的情况："居住澳门的外商，因为葡国妇女的缺乏，又不满意于马六甲或印度而来的妇女，于是便与日本特别是与中国的妇女结婚，他们羡慕中国妇女的优点。"[6]在这样的社会和时代氛围中，土生葡人社群的产生当不是偶然[7]，从中亦可窥见外人入澳合法化后对澳门历史产生的深刻影响。

外人居澳合法化对内地也产生了重要影响，它使闭关政策的实施成为可能。18世纪中叶以还，历史已经进入到这样的阶段：清朝的闭关政策只能是有限的，无法是全面的。缘由在于中外交往特别是经贸交往已经发展到相当程度，漫长绵密的中外往来不可能骤然割断。所以，中国的门户只能是部分或大部分封闭，而不可能全部封闭。它必须留一个口子，闭关政策的制定者便选定了广州，而广州对外人居住也有限制，并不许"夷妇"进入，这又是日常家居生活所不可少的，如果连基本的家庭生活都予以排除，夫妻远隔重洋，长期不能相聚，外人来华将裹足不前，因此必须在广

---

① 印光任、张汝霖：《澳门记略》卷下"澳蕃篇"。

② 中国第一历史档案馆、澳门基金会、暨南大学古籍研究所合编：《明清时期澳门问题档案文献汇编》第6册，第609页。

③ 吴历：《澳中杂咏》，《三巴集》，小石山房丛书本。

④ 中国第一历史档案馆、澳门基金会、暨南大学古籍研究所合编：《明清时期澳门问题档案文献汇编》第6册，第609、613页。

⑤ 屈大均：《广东新语》，第38页。

⑥ [法国]裴化行：《天主教十六世纪在华传教志》，萧浚华译，上海：商务印书馆，1936年，第110页。

⑦ 澳门的混血通婚现象和土生葡人族群早在葡人占据澳门不久就已产生，1562年，耶稣会士平托（F. Andes Pinto）来澳门传教时，就"曾遇见葡人卡尔佛（Vasco Calvo）偕其中国夫人与子女"，转见方豪：《明清之际中西血统之混合》，载包遵彭等编：《中国近代史论丛》第1辑第2册，台北：正中书局，1979年。

州近旁的澳门再开一个更大的口子，一个能满足外人日常生活家室起居的居所，这是不可避免的，否则，闭关政策难以施行。

1842 年 8 月，中英《南京条约》签订，其中第二款规定："自今以后，大皇帝恩准英国人民带同家眷，寄居大清沿海之广州、福州、厦门、宁波、上海等五处口岸。"① 自此，闭关政策终结，也终止了澳门长期享有的来华外国妇女唯一合法居留地的地位。

（五）哑吗嘞案

鸦片战争爆发后，葡萄牙政府也想乘机改变澳门的主权归属，由此发生澳门总督哑吗嘞（Ferreira do Amaral）被刺案，该案绝非偶然。表面看，葡澳当局无理的勒索摊派是事件起因，经济问题又导出刑事案件；实际上，是葡萄牙殖民者蓄谋已久力求改变澳门地位的图谋所致，葡方急于将先前的暂居商埠改为永远的归属地，将先前来华西人的贸易据点变为由其全面管治的殖民地。案发是哑吗嘞等步步进逼推行澳门殖民战略使各方矛盾激化所致，也反映出这一时期中国官民对此的奋起抵制，清朝当局将绅民放在外交的前置，"以暴制暴"在当时的危机状况下已具有很大的或然性。案发后，葡澳当局乘机侵夺中国在澳门的权利，而清朝有关当局的应对则过分软弱，使中国对澳主权在清朝君臣恍无知觉的情形下有了重大丧失。澳门作为西方各国来华人等的居留地，该案件更一度引起列强的干预和国际社会的纷乱，造成中国、葡萄牙、澳门两国三方关系史的逆转，并最终导致澳门据点的既存样态有了本质变化。

1849 年 8 月 22 日，哑吗嘞被刺身亡，这是葡萄牙人占据澳门以来死亡的最高官员。不仅如此，由于案发鸦片战争后，澳门事态处在极度敏感期，一时导出诸多变故。葡萄牙学者萨安东（Antonio Vasconcelos de Saldanha）评说："实际上，这是鸦片战争以来在华发生的最严重的国际事件之一，且不说谋杀的非系一普通'夷酋'，受害者乃一主权国家的驻华代表。因为它是一交战性质的国际冲突，带来了生命损失，造成了对中

---

① 王铁崖编：《中外旧约章汇编》第 1 册，第 31 页。

国领土的军事占领；六艘西方军舰停泊在澳门港内；外国军队登陆；外国
列强代表以致中华帝国最重要省份总督外交照会的形式，向中华帝国当
局发出了公开的恫吓！"① 中国学者费成康指出：事件发生后，"葡萄牙
殖民者侵夺中国在澳门各方面的主权"②，使开埠 300 余年的澳门受制于
葡萄牙的殖民统治。美国学者马士（Hosea Ballou Morse）、宓亨利（Harley
Farnsworth MacNair）指陈："中国由于战争失利而丧失了香港；现在又由
于一次暴行而断送了澳门主权。"③ 各国学者的评说未必完全精当，但足
见哑吗嘞事件对时局的重大影响。④

　　英国国家档案局（Public Record Office）现存有对哑吗嘞的主要行刺者
沈志亮 1849 年 9 月 15 日的亲录供状：

　　　沈志亮供：香山县人，年四十五，祖父母、父母都故，并无兄弟，
娶妻卢氏，生有一子，向在望厦村居住。西洋兵头哑吗嘞行为凶暴，
哑吗嘞在三巴门外开辟马道，把附近坟基概行平毁。哑吗嘞平时又把
澳门各店铺编列夷字，勒收租银。船艇每只还要勒银收用，如不应允，
就带夷兵拘拿，鞭打监禁。并借称犯夜安拿民人勒索银钱，合澳民人
忿怨不平。即西洋土夷也因哑吗嘞派银两，短给兵饷，奸淫妇女，各
有怨言。小的祖坟六穴，因哑吗嘞开辟马道，全行平毁。小的心怀怨
恨，起意乘间把哑吗嘞杀死。七月初五日午间，忽闻土夷传说，哑吗
嘞下午欲出关闸，跑马游玩，带人无多。小的就身藏尖刀，在那里路
旁等候。酉牌时分，哑吗嘞骑马跑过来，小的看见，乘他不防，把哑
吗嘞拉下马来，拔出身带尖刀，砍落他头颅，并砍断他臂膊一只，哑
吗嘞登时身死。小的就把头颅臂膊，一并拿取祭告祖宗，旋即逃走。

① 　[葡] 萨安东：《葡萄牙在华外交政策》，金国平译，澳门：葡中关系研究中心、澳门基金会，1997 年，
第 165 页。
② 　费成康：《澳门四百年》，上海：上海人民出版社，1988 年，第 299 页。
③ 　[美] 马士、宓亨利：《远东国际关系史》，姚曾廙等译，上海：上海书店，1998 年，第 134 页。
④ 　因哑吗勒事件影响巨大，几乎所有研究 19 世纪中期澳门历史的著述均对该事件有涉及。除上列各人
的著述外，还有：戴裔煊、钟国豪的《澳门历史纲要》，北京：知识出版社，1999 年；万明的《中葡早
期关系史》，北京：社会科学文献出版社，2001 年；黄鸿钊的《澳门史》，福州：福建人民出版社，1999 年；
吴志良的《澳门政治发展史》，上海：上海社会科学院出版社，1999 年；等等。

随即访闻查拿小的，小的害怕逃往各处躲避。今被兵役获解。哑吗嚟头颅臂膀，小的埋在土名桑田地方，现蒙查起解验。小的委因，哑吗嚟平毁祖坟，忿恨将他杀死，并无别的，只求恩典，所供是实。[①]

沈志亮供状事后也曾刊载在葡萄牙文报刊《大西洋国》上，因是多年后的转译，难见确状[②]。日本学者佐佐木正哉在 1964 年也刊出供状，此供状的原件同样收藏在英国国家档案局的外交部档案（British Foreign Office Record）中，但与笔者目下揭出的不是出自同一卷宗，佐佐木正哉辑出的文件卷宗号是 F.O.682，它以清朝钦差大臣兼两广总督徐广缙致英国驻华公使兼香港总督文翰（S.G.Bonham）照会附件的形式出现，当是沈志亮被擒后中方对英方就案件原委作出的解释。不知是在哪个抄录环节上出了差错，佐佐木正哉刊出的抄件虽与原件基本相同，但在若干重要字句上有差异，如抄件写出的哑吗嚟案发日期是道光二十七年七月初七日（1849 年 8 月 24 日），但实际的案发日可以确凿无疑地肯定是七月初五日（8 月 22 日）。这就使得后来者的考订颇多疑点，难以定谳。[③] 而笔者所辑出的卷宗号是 F.O.931，此卷宗原为清朝两广总督府档案，于 1858 年第二次鸦片战争中被英国军队掠走，先藏于北京，直到 20 世纪 40 年代后才被辗转运到英伦，收藏在大英博物馆，后移交英国国家档案局。可以确认，此份供状是未被传抄转译的原件。

供状必定是经过清朝官员删削过的，最明显的证据是刺杀哑吗嚟非一人所为，但在供状中却看不出其他疑犯参与的痕迹。稍后，在清朝官府的持续查缉下，拿获或击杀其他疑犯。除组织者沈志亮外，参与者还有郭金堂、郭亚安、李亚保、周亚先、周亚有、陈亚发六人，案件全貌至此完整

---

① Public Record Office, *British Foreign office Records*, 931/803.

② 《大西洋国》第 2 卷，第 361 页，转引自《葡萄牙在华外交政策》，第 158 页，作者萨安东专门提醒未将此葡文本与英国国家档案局收藏的中文原件加以比照。

③ [日] 佐佐木正哉编：《鸦片战争后の中英抗争》（资料篇稿），东京：日本近代中国研究会，1964 年，第 154—155 页。

地浮出[①]。下面通过沈志亮供状并参照其他文献，试将案发情况复原：

8月22日下午，哑吗嘞在副官赖特（Senhor Leite）的陪同下，骑马出游，18时许，哑吗嘞返回至关闸门莲花茎地段时，郭金堂"以野卉盈束，置于道。马闻香，不肯前"[②]。沈志亮跪在路边，假装告状人呈送状纸，高喊伸冤，哑吗嘞停下马，伸出他唯一的一只手准备接状纸，沈志亮从身旁的雨伞内抽出尖刀刺杀，哑吗嘞想拔手枪，却被掀翻下马，在近旁佯装叫卖物品的李亚保等人也一拥而上，将哑吗嘞刺死，并砍下头颅和左臂带走以祭告祖先。赖特的头上也挨了一刀，被掀下马，沈志亮等并未对其采取进一步行动，显见刺杀对象明确。[③]

因为哑吗嘞的"冷血性格"和强悍施政不仅招致中国官府和华人社群的群起反对[④]，也引起澳门土生葡人乃至葡人社群的强烈不满。所以，案发后，出现了一种令人惊诧的情况，那就是不同利益集团均处在被怀疑的位置，原来矛盾的双方或多方都被相互指责为有作案动机。其实，在哑吗嘞遇刺前就已"杀声四起"，西班牙驻华公使在给马德里的报告中说："一八四六年以来所采取的严厉措施带来的危险世人皆知，它一直笼罩在（哑吗嘞）总督的头上。"哑氏本人对这种危险也很清楚，在他1848年写给情人的信中说："他不害怕甚至出现在里斯本报复的威胁……独臂好汉五刀不死。"就在他死前两天还称："他在劫难逃。"而在他死的当天下午，其华仆曾劝告不要去关闸，"苦苦跪告他大有危险"[⑤]，果然一语成谶。

---

① ［日］佐々木正哉编：《鸦片戦争後の中英抗争》（资料篇稿），第155頁。《徐广缙等奏葡兵头哑吗嘞被杀缉获凶手正法折》，文庆等：《（道光朝）筹办夷务始末》卷八〇，北京：中华书局，1964年，第3214—3216页。

② 田明曜修、陈澧等纂：《（同治）香山县志》卷一五"沈志亮传"，刊本，同治十二年。

③ 以上案情的复原是根据葡方特别是中方的记述概括而成。当时英美在华人士对此也有大同小异的记录，兹附录在此以便对照。"是日傍晚，总督由其副官赖特陪同，同平时一样骑马闲游。……这时，有几个小孩来到他们跟前，手持竿头绑着树叶的竹竿敲打总督的马头。总督立即调转坐骑，试图对这种莽撞行为略施惩戒。这时有八个成年人冲上前来，围住总督的马。其中两人攻击他的副官，另外六人从袖管拔刀扑向这个不幸的受害者。总督失去右臂，又手无寸铁，无法抵御攻击，很快跌落马下。凶手们砍下他的头和手，并劈砍他的尸体。""*Chinese Repository*"，Vol.18, p.448.

④ 哑吗嘞的自负骄横性格于中文记载中可见一斑：哑酋"素负勇，曾与异国战，去一手获胜。抵澳门，举手言曰：'身出没波涛，锻炼兵火，所到必克，扫荡一清，双手尚用不尽也！'"田明曜修、陈澧等纂：《（同治）香山县志》卷一五"沈志亮传"。

⑤ 详参［葡］萨安东：《葡萄牙在华外交政策》，金国平译，第160页。

案发当天，葡澳当局紧急成立了以主教马杰罗（Jeronima da Mata）为首的五人政务委员会代理摄政，起草了《告民众书》，宣布刺杀是一种"残暴""卑鄙及怯懦的行为"，号召公众与当局合作维护社会治安，并宣称"澳门将永远是葡萄牙的澳门。政务委员会将不惜任何代价坚决维护它的完整、它的解放与独立"。同时向中方发出最后通牒性质的知会：

> 要求立即交出受害者的头、手。本澳政府将采取措施追查凶杀。同时，以此公文通知佐堂（清朝负责管理澳门事务的官员），若在二十四小时后（内）不交出头、手，本政府对由此而引起的一切后果概不负责。①

第二天，葡澳当局向粤督徐广缙递交的正式外交抗议书更具指向性，声称此前在广州发现过出钱购买哑吗嘞人头的揭帖，因此这一谋杀即便不是中国当局策动，至少也是授意和批准。葡澳当局还就"中国臣民对葡王陛下代表的侮辱及谋杀表示抗议。此次谋杀前所未有，因此，要求以命抵命。在葡王未下达有关命令之前，本政务委员会要求阁下立即逮捕罪犯，交还遇害总督的头、手，以便按照澳门人民的愿望，将其与尸体一同安葬。否则，本政务委员会对一切后果概不负责。然而，本政务委员会在此预先通知阁下：本要求系为在澳门隆重安葬本澳最高领导及葡王陛下代表之需要。这并不影响受到冒犯的葡王陛下行使她的权利。……它侵犯了国际法，尤其是侵犯了葡王陛下的主权"②。

对此指责，徐广缙予以驳斥："惟哑公使平日暴戾恣睢，各国想均闻见，毋庸赘述……谚云冤各有头，债各有主，未便专逞私愤，不察舆情。事须三思，且宜少安勿躁。"徐广缙认为案件正在侦破，不能就此认定就是中方所为，对中国官府卷入案件的指控更是无稽之谈。在给英国、西班牙等国公使的解释照会中，徐广缙更是反唇相讥，提出葡澳方面也不能完全摆脱嫌疑：

---

① 《大西洋国》第二卷，第229页。转引自 [葡] 萨安东：《葡萄牙在华外交政策》，金国平译，第151页。

② *Chinese Repository*, Vol.18, p.534.

　　　本大臣风闻，许久以来，兵头哑吗嘞秉性凶暴。其同胞恶之，欲
除其而后快。华夷分属，本部堂无意过问此事。……此外，既然凶手
系外来之徒，何以得知哑吗嘞当日骑马出游？也许葡萄牙人暗助谋杀，
以泄私愤。总督身亡后，凶手取其首级，卸其手臂，实乃出于旧隙之
报复行为。此足以证明前疑非空穴来风。[①]

　　葡澳再度进行了辩解和反驳，向中方通报了他们的调查结果：谋杀是中国
人在光天化日之下进行，案发现场离中国兵丁把守的关闸大门很近，完全
在其视野之内。凶手作案后的逃往方向也是关闸大门，这在把守该汛地的
中国员弁的供词中可以得到证实。甚至，杀手们很可能在那里逗留了一段
时间，向神灵供奉牺牲祭品和酒类，这由该处发现的血衣等可以得到验
证。说明，谋杀不仅仅是一般的杀手和路匪所为，因为哑吗嘞的头和手被
带走了，凶手能够无所畏惧地携带犯罪证据，可以很自然地推导出他们得
到某种"安全保护"。葡澳方还质疑中方侦破此案的作为并抗议。[②]

　　应该说，葡澳对中方"拖延"的指控没有道理，广东当局对案件的侦
破是抓得比较紧的。据澳门佐堂说案发当晚即"派遣差役到各处搜查"，
并"重金悬赏捉拿凶手"[③]。广东当局也立即在更大范围内布网，通饬毗
连各县营"悬赏购线"，布置侦破[④]。9 月 12 日，署顺德知县郭汝诚等缉
获沈志亮，徐广缙亲自提审，讯明案情，认为哑吗嘞"妄行横作，固有取
死之道。而该犯遽谋杀害，并解其肢体，实属残忍，事关外夷，未便稍涉
拘泥致资借口"[⑤]。于 15 日将沈志亮"绑出正法，委员押解首级，枭示犯

① 徐广缙：《思补斋自定年谱》，中国史学会编：中国近代史资料丛刊《第二次鸦片战争》（一），上海：
上海人民出版社，1978 年，第 155—156 页。另按：某些在澳葡人究竟在哑吗勒案件中扮演了何种角色
至今也还是一个谜。案件中，不仅中方怀疑有在澳葡人介入，葡人内部也有这方面的猜疑。驻北京的葡
籍主教当时曾致函葡萄牙政府："某些澳门人是此次谋杀的同盟，舆论早就将他们与此联系了起来。"而
哑吗勒生前也"获知有人煽动刺杀他，且此种煽动来自葡萄牙人"。[葡]萨安东：《葡萄牙在华外交政策》，
金国平译，第 154、161 页。

② 黄鸿钊编：《中葡澳门交涉史料》第 1 辑，澳门：澳门基金会，1998 年，第 54—55 页。

③ 黄鸿钊编：《中葡澳门交涉史料》第 1 辑，第 51 页。

④ 徐广缙：《思补斋自定年谱》，中国史学会主编：中国近代史资料丛刊《第二次鸦片战争》（六），第
155—156 页。

⑤ 中国第一历史档案馆编：《澳门问题明清珍档荟萃》，澳门：澳门基金会，2000 年，第 207 页。

事地方，以照炯戒"。将其杀害于前山鹿仔山下（今前山中学附近）。[①] 从抓获到杀头，不过 3 天，可谓结案神速。

抓捕沈志亮后，广东当局据其交待，将用石灰进行过防腐处理的哑吗嘞头手起出。9 月 16 日，中方致照葡澳当局对案件的侦破和中国官府的处置，又通知对方定于 9 月 27 日将哑吗嘞头手交还，并要求同时替换葡澳当局在关闸战斗中俘获的 3 名清朝汛兵（战斗的有关情况下将述及）[②]。但被葡澳所拒。葡方提出俘获的守护关闸的汛兵在哑吗嘞被刺时曾听任凶手逃逸，因此可以推定汛兵是凶手的同盟，至少已经渎职，拒绝将其释放[③]；要求中方首先应该无条件地交出被刺者的残肢；又表示对案件侦破并不满意，刺杀哑吗嘞另有主谋，中国官府应继续追查[④]。徐广缙认为葡方的指控莫须有，且对中国的司法主权作出挑衅，徐以总督身份告知审判严格按照程序，并无徇私枉法，顺德地方官捕获罪犯后，当即初审，录下口供，将罪犯押到县衙门，再到本城衙门，之后再到按察使，最后到总督

---

① ［日］佐々木正哉編：《鸦片戦争後の中英抗争》（資料篇稿），第 154—155 页。

② 明清两朝在关闸的布防为："查莲花茎有关闸一所，建自前明万历二年，为防御洋人要隘。嘉靖十四年，立游击专营，为前山营添关闸汛，用以总一员驻防，后改都司专营，归香山协管辖。道光二十一年，新建拉塔石炮台，将把总移驻炮台，仍兼管关闸汛务。道光二十九年，将该把总及炮位防兵退迁望厦村山后。" 厉式金：《香山县志续编》卷六 "海防"，刊本，民国十二年。

③ 葡方指责："这桩骇人听闻的凶杀案完事之后，那些人（凶手）便携带着那血淋淋的谋杀证据通过关闸的大门悄悄地溜走了。" 即中方官兵对凶杀置若罔闻。但中方却坚持汛兵对凶杀并不是无所作为，"守卫大门的中国将领说他看见 7 个带兵器的人跑过大门，便追赶他们"。黄鸿钊编：《中葡澳门交涉史料》第 1 辑，第 47 页。

④ 9 月 25 日葡澳政务委员会致函徐广缙，对中方处决沈志亮的方式提出质询："至于那个不幸的沈志亮——据说他自己宣称是真凶，没有哪个比阁下更应感到遗憾；其整个过程不仅仅是不合法的，而且违背了所有文明国家遵守的法律和习惯。……不管从哪一方面来看待这个不幸者的审判都可以看出其中的仓促和草率。这表露了那些给他下最后的判决，将他从这个他占据重要地位的场面中勾销的人们心头那点过度的焦急。" 葡澳还提出 "8 月 22 日的疯狂事件是七个中国人所为，这是臭名昭著、罪恶昭彰的事实。即使退一步承认一个人能袭击两个骑马者，至少在那种情况下，在那样短的时间里，一个人做那样彻底周到是不可能的，而且干得那样野蛮……所以，沈志亮若真的是一个凶手，那么很明显他有同伙，既然这罪犯已认可了自己的罪行，那么当局就有责任将他处死之前找出并验明他的同伙和那些知道这桩罪行的人"。葡澳当局还声称："对于阁下信内那张您希望我们把他当作罪犯口供的文字，本政务委员会只予以提醒：这篇文字除了不具备任何可信要素以外，也缺乏证实有效性的任何形式，虽然阁下亲自审讯过罪犯。另外，在这篇文字和阁下的第一封信之间，可以体味出十分相同的思想、语言，甚至于文风，从而足以让人觉得这两篇文字乃是出自同一人之手。" 黄鸿钊编：《中葡澳门交涉史料》第 1 辑，第 57—58 页。另按：后来还有葡籍学者据此思路提供了另一版本的说法，"此外，还有一种通常的说法是，诸凶从沿岸的客台（ke tai）村——近关闸——乘船前往广州领赏；望厦人氏金堂砍了致命的一刀并将哑吗勒的头手献交两广总督。他，连同他的两个帮凶获一颗额奖赏。沈志亮不过是前山同知花钱买来的替罪羊。显而易见，原本他以为只要援引华人的尊祖及孝顺，只要声明谋杀其祖坟被毁，便会获恩免。其他两人，郭亚安、张亚先在供词中援引了同样的理由"。转引自［葡］萨安东：《葡萄牙在华外交政策》，金国平译，第 165 页。

与巡抚，逐级复审后，才最终判决。"这一切有目共睹，有耳共闻，怎么说未遵守正常形式呢？中国罪犯由中国法律治罪，外国罪犯由外国法律判刑，这是条文里明文规定的，对所有国家都一样。葡人怎能违反条约，要将罪犯送到澳门？"至于其余在逃凶犯，已下令各地官员抓紧缉捕。抓到后，审判结果自会通报葡澳。中方还提出反诉："冤有头，债有主，如今真正冒犯贵总督的凶手已经由中国政府逮捕并处决。但那关押在澳门的三个中国兵丁，与目前这桩事毫不相干，贵政务委员会却只字不提。"中方认定真凶后迅速正法，葡澳方却责怪中方"处决来得匆忙草率，试问这样说良心何在？"[1]

澳门政务委员会此时处在矛盾境况，既不能因此导致与中方关系的全面破裂；又不能在葡萄牙政府、澳门居民和列强面前示弱。于是摆出两面姿态，一方面私下向中方部分妥协，说三名中国士兵"只是暂被扣留"，不是监禁，只要案情调查一结束，"即行释放"。另一方面，又于9月28日公告：

> 澳门居民们！中国人的背信弃义已经由昨天清朝官员对本政府的所作所为表露无遗。……本应在昨天早上五点钟在关闸大门进行交接仪式，但受委派官员迟迟不到。十点钟时，我们写了一封信给佐堂，表达我们的愤怒，抗议对本政府及被邀公众的怠慢。理事官收到佐堂的另一封信中说依照广东总督的命令，受委派官员不能交还头和手，除非我们先将扣留的三个中国人交还。理事官回信答复，关于头和手的复原，本政府不允许提任何条件。此后给他们把期限延到下午四点，五点钟又收到该官员的一封信，依然是拒绝交还。[2]

其间，广东当局的破案一直在进行，又根据线报派干员到乐昌县将拒捕的李亚保捕杀，将郭亚安等抓获，发配边塞，其供词转交葡方。继后又在归善县洋面将已经畏罪潜投海盗匪伙的周亚有、陈亚发"炮伤毙命"，

---

① 黄鸿钊编：《中葡澳门交涉史料》第1辑，第59—60页。
② 黄鸿钊编：《中葡澳门交涉史料》第1辑，第62、64页。

已改名为张亚先的周亚先"凫水上岸，经官兵拿获"[1]。案件至此应该说是全面告破。葡方仍然拒交汛兵，并于 11 月 26 日公布了《澳门、帝汶、索洛尔省政府委员会声明暨大清广东官府关于 1849 年 8 月 22 日澳门发生的杀人案审理说明》。事成僵局，中方在忍无可忍的情况下表示，如果葡澳还不释放汛兵，将停止交涉。在中方的强硬态度下，葡澳妥协，12 月 26 日将汛兵湛逢亮、薛连标、邓得升三人交回。1850 年 1 月 16 日，香山县军民府左堂差遣三街地保将哑吗嘞头手"送至南湾点验，明白交还"，葡方则由其理事官出面"认明具领"，出具"领状"，以资证明。[2] 至此，中方认为全案业已了结。

然而葡澳方面仍不愿罢休，当葡方领回哑吗嘞残肢后，政务委员会旋即将与中方交涉的有关文件公开，并发表声明谴责"中国当局在此事件上种种行为的背信弃义及恶意"。葡澳当局还在哑吗嘞的尸体上做文章，哑吗嘞死后，遗体一直存放在总督府的小教堂内，即便在中方将哑吗嘞头手交还后，葡澳当局也不予以下葬，"遗骸仍保留在那里，似乎澳门执政者以此表明此事并未完结……尸体未葬，等待复仇"。直到 1851 年 1 月 2 日才将哑氏遗体移往嘉谟教堂安葬。[3]

哑吗嘞事件的发生乍看有其偶然性，但更与此前中葡在澳的危机事局有关。对鸦片战后葡萄牙政府和葡澳当局的行状，一位西方学者的描述是：他们"象许多小国此后所做的一样，躲在大国的盾牌之下爬进来了，并且狐假虎威地要求中国许给它除迫于实际的或潜在的优越力量的炫示而外，中国也不轻易许给大国的若干让步"[4]。他们一改过去对中方的合作态度为进攻姿态，力图变动澳门现状，全面重构与天朝的关系；哑吗嘞案的发生有其前因，内中显现出政治与经贸、军事与外交、民生与司法间的复杂联系。

---

① 中国第一历史档案馆、澳门基金会、暨南大学古籍研究所合编：《明清时期澳门问题档案文献汇编》第 2 册，第 578 页。

② Public Record Office, *British Foreign office Records*, 931/815,816,818.

③ 外交部总档，马德里，中国公使馆，第 H—455 档，第 221 号公函，转引自 [葡] 萨安东：《葡萄牙在华外交政策》，金国平译，第 159 页。[葡] 施白蒂：《澳门编年史》（十九世纪），姚京明译，第 106 页。

④ [美] 马士：《中华帝国对外关系史》第 1 卷，张汇文、姚曾廙、杨志信、马伯煌、伍丹戈译，第 380 页。

　　1843 年 7 月 29 日，葡澳当局向清朝钦差大臣耆英递交包括了九条要求的文件，文件以英国对香港的占领为范式，提出在澳门享有行使主权、扩展地界、停纳地租、改变税率、公文平行、通商往来等项权利①，并派出葡澳前总督边度（Silverira Pinto）赴广州谈判，耆英认为边度不具交涉资格，以广州为澳门问题的交涉地点也有违旧制，于是致函边度，不能来广州，西洋公事的交涉只能在澳门，舍此"别无交涉"。② 尽管如此，中方对葡方所提的要求仍予受理。1844 年 4 月，耆英奉旨传谕，答允葡人享有公文平行、关税按新例缴纳、废除澳门的请牌制度等项新利权，但在关涉中国主权的款项上坚不退让，认定香港与澳门"不能相提并论"。同年 6 月，耆英就《望厦条约》事项赴澳门与美国特使顾盛（Caleb Cushing）交涉，葡澳当局试图借此重启谈判，甚而提出"北上之请"。是时，清政府坚持外使不得进入北京，所有对外交涉在广州口岸进行的机制。而美、法等国的外交代表均以进入北京为要挟，逼迫清朝就范。葡方亦想效法。此举引起耆英的高度警惕，给宫阙中的皇上找麻烦，是地方大员异常担心的，耆英除当面"恺切谕阻"外，又于 6 月 18 日专门向葡澳现总督比加哆（Pegado）发照强调，前督"连次来文称欲进京，并有与本大臣会办事件。本大臣查以旧制不符，是与不便与之会办"③。

　　不过，葡萄牙政府改变澳门地位的决心已定。1844 年 9 月 20 日，葡王玛丽亚二世颁令澳门由过去从属于印度总督管辖升格为直接由葡萄牙中央政府管辖，与帝汶和索洛尔合编为一个所谓的"海外自治省"，省会设在澳门，总督常驻澳门。1845 年 11 月 20 日，葡王又悍然发布命令："澳门这个城市的港口，包括内港及离岛谭仔和沙沥，向所有国家宣布为自由贸易港。""本法令在澳门城市公布 30 天后，进口到上述口岸的所有物品及货物，不论是什么国家的，完全免征进口税。"④ 在葡政府的支持下，葡澳当局也采取一系列动作来强化澳门分治。其中很重要的方面就是要求

---

① 中国社会科学院近代史研究所编：《中葡关系史资料集》上卷，成都：四川人民出版社，1999 年，第 955—961 页。

② Public Record Office, *British Foreign office Records*, 931/505.

③ Public Record Office, *British Foreign office Records*, 931/508,511,526.

④ 邓开颂、黄启臣编：《澳门港史资料汇编》，广州：广东人民出版社，1991 年，第 236—238 页。

对在澳华人享有管辖权。1845 年 9 月，葡澳向中方递交禀请："称澳门各口常有匪船湾泊，华民惧怯，不敢鸣官，兼有图便纵容之处，并称华民不属西洋，其中良歹不一，未便查办，若欲多等（加）防范，必将华民隶西洋管辖，仿照造册，稽查之例，则良歹办，而地方亦安等语。"这是一个很严重的动向，表明葡人已不甘于几百年来中方所享有的对澳门居民的最终管辖权，甚至不甘于葡澳在鸦片战争前后实际业已获得的华洋民人分治的局面，而要求对所有在澳居民包括华人进行全面管辖，它意味着将中国完全排斥在澳门的管辖权之外。1845 年 9 月 2 日，两广总督耆英与广东巡抚黄恩彤联名复照，对葡方的侵权请求予以严词拒绝：

> 今如该领事所称，欲令华民隶于西洋方可防范，造册以分良歹。在该理事官自系为地方平安起见，非有他意，殊不思西洋食毛践土于中华者三百余年，受王朝之覆庇不为不厚矣，华民之杂处者不为不亲。如果匪徒聚船各口间，有不肖华民图便纵容，商贩居民自可禀请查拿。即该理事官以同澳相关之谊，亦应代为防范。其图便纵容华民亦不妨由该理事官指名禀请拿办。何得率请将华民隶西洋管辖，设或本部院大臣欲令西洋人归隶内地，该理事官恐亦未必允肯。所有禀请筹办各情大属非是。此后，该理事官切宜恪遵旧制，自安职分，以期彼此永久相安，勿得以窒碍难行之事，妄行渎请。[1]

次日，耆英又回拒了葡澳减免关税的要求，称其减免征收船钞二十年的"所请格碍难行"。[2] 由于中方对自己传统主权的维护抗争，这期间"澳门的地位很象一个通商口岸，中国官员掌握着财政和领土管辖权，不过稍微放松一点罢了"[3]。

在双方对垒的情势下，葡萄牙政府认为澳督比加哆在与中方交涉中过

---

[1] Public Record Office, *British Foreign office Records*, 931/659. 另按：为示郑重，耆英还特地将葡方来禀和中方照复分别留存备案于广东巡抚衙门和两广总督衙门两处。参 Public Record Office, *British Foreign office Records*, 931/663。

[2] Public Record Office, *British Foreign office Records*, 931/665.

[3] [美] 马士：《中华帝国对外关系史》第 1 卷，张汇文、姚曾廙、杨志信、马伯煌、伍丹戈译，第 362 页。

分优柔寡断，需要更换一位铁腕人物，哑吗嘞成为圈定人选。哑吗嘞出生于一个世代从戎的家族，时年43岁，身经百战，具冒险精神，可以胜任葡萄牙政府既定的更富进攻性的澳门政策。1846年4月，新任总督哑吗嘞抵达澳门，一改过去与中国政府协商后采取行动的作法，而独断独行地推行澳门的殖民战略。

哑吗嘞首先改变税权。1846年9月12日其布告要停泊在澳门的船只必须每月纳税1元，清朝前山同知认定此乃侵权逾规，华人社会于此强烈反对，就连澳门议事会也不以此举为然。1847年2月27日，议事会致函葡萄牙政府："不出于被迫，华人是不会纳税的。这一事实证明，华人决不会老老实实地缴纳他们本不应该缴纳的税收。他们居澳，受其本国政府的管辖，不像在此定居的外国人，从未按我们的法律办事。由此可见，他们不可被视为外国人，亦不得以对待外国人的办法对待他们。需要补充的是，华人在澳从业者均向其本国纳税。"[①]哑吗嘞仍一意孤行，强行征收。1848年12月20日，哑吗嘞又命令在澳华人进行户籍登记[②]。这是三年前已被中方否决的旧案重翻。

哑吗嘞还力谋扩大澳门地界。1847年2月27日，哑吗嘞下令修建通往关闸的马路，以图向北将澳门地界由界墙扩大到关闸，为此将迁移近700座华人坟茔，哑吗嘞限令在一个月内须将坟迁走。更试图圈占马路以外的大片土地，"其马路之外，山岗之上，约计万余坟冢，勒限一年，尽要起迁，如到期不迁者，一体平毁。洵属幽冥之魂含冤，生者同冤"[③]。祖宗坟茔，在素重宗社家族的华人社会中历来被视为神圣不可侵犯，哑吗嘞的迁坟引起轩然大波，迁墓通告当天，香山知县即向葡澳提出强烈反对：此举事关重大，不仅严重违反中国法令，且严重蔑视中国的人伦风俗，"将引起逝者、生者的共愤"，导致双边睦邻和谐关系遭到破坏，"葡萄牙人保持了数世纪的友善、恭顺的美誉将毁于一旦"[④]。

---

①　1848年1月11日《政府宪报》，转引自吴志良：《澳门政治发展史》，第136页。

②　[葡]施白蒂：《澳门编年史》（十九世纪），姚京明译，第97页。

③　[日]佐佐木正哉编：《鸦片戦争後の中英抗争》（資料篇稿），第329頁。

④　吴志良：《澳门政治发展史》，第138页。

　　哑吗嘞无视警告，杀气腾腾地声言"女王命令在身，一定将其捍卫至最后一滴鲜血"。还挑衅性地将华人坟场作了专门划定①。其严重性不亚于关闸扩界的还有谭仔岛的占用，1847 年 5 月 6 日，哑吗嘞突然以防御海盗为名，通知耆英将在谭仔修建碉堡，虽遭拒绝，但哑吗嘞还是以既成事实来迫中方就范。哑吗嘞所为得到葡萄牙政府的赞许，1848 年，葡政府决定授予澳门议事会"领地主"所有权。

　　哑吗嘞采取的最具决定意义的行动是强行撤消中国驻澳门的海关。澳门作为西方来华商贸的重要关口，在 1685 年前后就已存在的粤海关澳门行台不仅仅是中国驻澳的税务机关，还享有稽查贸易走私乃至司法处置等权限，所以，又是中国驻澳的主要行政机关和中国对澳岛享有主权的重要象征②。1849 年 2 月 16 日，哑吗嘞致函新任两广总督徐广缙，提出撤除中国海关问题，徐广缙回复："澳门税口，历久相安，何得扰乱旧制？"③哑吗嘞却一如既往，以行动代替商议，3 月 5 日，其对外宣布"澳门已成为自由港……当然不能允许一个外国（中国）海关继续在澳门办公"。并下令禁止中国税馆对自澳门出口到中国内地的货物征收关税，限令广东巡抚在 8 日内撤走驻澳海关人员，关闭南湾和湾仔两个税馆，剥夺中国对澳门的监管权。此前，南湾税馆规模不大，而湾仔税馆历史悠久，"管辖广而十分有权"。背靠内地，面临大海的澳门作为海内外货物的重要进出港口，税馆不仅具有重要的经贸存在价值，而且是中国政治主权的标志。3 月 12 日，哑吗嘞下令在税馆正门前架设路障，增派士兵，架设大炮，禁止出入，衙内人员一律从旁门行走。"此举结束了中国对该地（澳门）实施有效管辖的最后一点权力。"3 月 13 日，哑吗嘞命令撤除一切有中国海关标志的物体。④葡澳政府首席翻译公陆霜记录了这天的情景：

---

① [葡] 萨安东：《葡萄牙在华外交政策》，金国平译，第 97 页。[葡] 施白蒂：《澳门编年史》（十九世纪），姚京明译，第 98 页。

② Public Record Office, *British Foreign office Records*, 931/659. 另按：为示郑重，耆英还特地将葡方来禀和中方照复分别留存备案于广东巡抚衙门和两广总督衙门两处。参 Public Record Office, *British Foreign office Records*, 931/663.

③ 庄树华等编：《澳门专档》（三），台北：1995 年，第 22—23 页。

④ *Chinese Repository*, Vol.18, p.550. [葡] 施白蒂：《澳门编年史》（十九世纪），姚京明译，第 98—99 页。

围观者神情严肃、期待着事态。聚集在已封闭的中国海关周围的华人达数百人之多，还有些基督徒也在那里围观。众人默不作声，一片死一般的寂静。已关闭的葡萄牙海关的两三个黑人挥舞着斧头在猛砍旗杆。这旗杆百七十年来给澳门这一殖民地的独立带来了多少屈辱。似乎在深夜的寂静中，那斧声更加清脆、呼啸、有力。最后一斧砍下去的时候，那旗杆还支撑了片刻，终于向华人方向倒去。华人必（毕）恭必（毕）敬地避开了，他们默默无语地散去。这一寂静为一我记不起来名字的基督徒的喊声所打破。他惊呼：澳门完了！[①]

这无疑是改变澳门传统地位的决定性一幕。中国政府因此无法直接行使对澳门的主权和治权。哑吗嘞还我行我素，解散了他认为在对华交涉中过分软弱依循旧制的澳门议事会。

此间，替代着英出任粤督的徐广缙虽在民众的支援下在广州反入城斗争中顶住了英人压力。但在与葡方的交涉中却持一种色厉内荏的姿态，一方面向朝廷封锁真实情报，有关澳门的重大变故不向或迟向朝廷奏报；另一方面对哑吗嘞的步步进逼一再退让。坦率地讲，徐广缙对澳门问题的处置甚至还不如以对外妥协著称的耆英强硬。这或缘于徐广缙当时把主要注意力放在朝野均十分重视并与省城广州直接相关的对英国的抗争上，而有意无意地淡化和忽略澳门问题的重要与紧要。对哑吗嘞"钉闭关门，驱逐丁役"的空前挑衅，徐广缙没有以政府行为给予果断有力地回应，而是试图仿效阻滞英人进入广州的办法，利用民间力量来作文章，提出"用商以制夷"的方略，协助"福潮""嘉应"等华人商号撤出澳门，迁移黄埔，而将澳门海关也搬迁到黄埔，以此带动"其余零星小铺，亦当相随迁移。众商既去，则澳门生意全无，不必糜费兴师，已可使之坐困"[②]，试图以经贸利益迫使葡方退让，此招数却是缓不济急。由于徐广缙的轻描淡写和先斩后奏，不明就里的朝廷于数月之后同意将澳门税关移到黄埔[③]。澳门

---

① [葡]萨安东：《葡萄牙在华外交政策》，金国平译，第 119 页。

② Public Record Office, *British Foreign office Records*, 931/792.

③ 详参中国第一历史档案馆、澳门基金会、暨南大学古籍研究所合编：《明清时期澳门问题档案文献汇编》第 2 册，第 573—579 页。

华人商家对广东政府的号召予以积极响应，1849 年 5 月 5 日，澳门各处出现告白，呼吁各行业罢市，迁移黄埔①。徐广缙把商人推向外交前线的做法不能说完全没有效用，曾一度使"澳门街道荒凉，港口空无一船"。②但这毕竟是民间商人的行为，见效较慢，威慑力不够。国家外交，毋庸赘言，首先应该以政府行动为主体。于此，就连一位西方人也认为广东当局的反应过分软弱："粤省当局不去勇敢地抵抗这种侵略行为，也不求助于外交的运用和别的友邦的干涉，竟去鼓励，或至少是默许使用地下工作的方法以挫败葡人的企图。然而我们必须记着，国际法的规则他们是不懂的；在十九世纪整个下半期里，中国官员惟恐触犯了新办法的规条以致连他们的无可置疑的权利都不敢主张。"③

徐广缙等的外交弱势还反映在对哑吗嘞武力迫使县丞衙门撤离澳门不敢坚决回击。县丞衙门是清朝历久相沿派驻澳门的一级政府机构④，哑吗嘞的撤废是对中国主权的悍然挑衅，徐广缙等却对此做了不可原谅的退让。其向朝廷的奏报颇为自欺欺人：

> 再查县丞一员分驻澳门，不过遇有华夷口角细故，排难解纷，诚如圣谕，官卑难恃，耳目恐有不周。惟近处尚有同知都司驻扎前山，距澳门仅二十里，稍远复有香山县香山协距澳门亦不过一百二十里，足资稽查控制，并非专靠该县丞之弹压也。⑤

在徐广缙辈的眼中，县丞衙门之设可有可无，哑吗嘞的霸蛮侵略无足轻重。但在葡人眼中，这些举措带有非同小可的意味。"自 1849 年 8 月开

---

① J. C. Thomson, *Historical Landmarks of Macao*, p.451.

② ［美］马士、宓亨利：《远东国际关系史》，姚曾廙等译，第 134 页。此间广东当局也获知："伏查自福潮各行迁移黄埔以后，附近小贩营生之人亦相率各归乡里，澳门顿觉冷淡。该夷向有西洋外来额船二十五号，专载来往货物，频年因生计日蹙，已减去十之六七，然尚余船四五艘不等，今则全行变卖。"Public Record Office, *British Foreign office Records*, 931/799.

③ ［美］马士：《中华帝国对外关系史》第 1 卷，张汇文、姚曾廙、杨志信、马伯煌、伍丹戈译，第 380—381 页。

④ "县丞署在澳门望厦村，旧在县署右，康熙四十七年奉裁。……雍正八年复设，移驻前山寨城。乾隆八年添设同知，移县丞驻今所，动项建造。"祝淮：《新修香山县志》卷二"建制公署"，刊本，道光七年。

⑤ Public Record Office, *British Foreign office Records*, 931/799.

始，殖民地的自主权就成为神圣不容侵犯的了"，"葡萄牙由此在澳门获得了与其他殖民地没有区别的完整和绝对的主权"。①

徐广缙等未能采取有力的政府行为来阻止哑吗嘞的侵略行径，据称其顾虑所在是担心葡萄牙与英国的联合。根据徐广缙等"逐日密加侦探"获得的情报称："哑酋于钉闭关门之后，即赴香港借兵船一只，马兵四百名助守该夷炮台，显系英夷与之狼狈为奸。"②不知徐广缙从何处获得此一情报，其实，从此前和当时的情况看，葡人惟恐英国染指澳门，不可能随便向英国借兵入澳；英方也不会轻易借兵给葡方③。证诸葡、英两国的史料，也未见有此时借兵的记录。这只能是一个假情报，或者干脆就是徐广缙为欺骗朝廷而自行编排出来的"情报"。当时，非但不存在英国借兵给葡萄牙的可能，而且，葡澳与港英面临着关系破裂的危机。随之而来的凯帕尔（Henry Keppel）事件便说明了这一点。1849 年 7 月 7 日，英国人萨默在澳门参观规模盛大的圣体节列游，不顾警告而拒绝向圣体脱帽致敬，被葡澳当局抓捕入狱。英国海军上校凯帕尔于翌日向哑吗嘞交涉放人未果。于是诉诸武力，率英军小分队突袭了澳门监狱，打死监狱守卫一人，打伤两人，劫出囚犯。案发后，葡萄牙政府命令驻伦敦公使向英国政府提出抗议，认为这是一起"完全可称之为丧心病狂"的劫狱大案。"在任何国家的刑法上，武装劫狱属于抗法行为，应处以严刑。若劫狱者系外国军队，罪加一等，因为一国的领土权为最高权。即便为追捕一罪犯亦不得武装入侵一国土，犯之，则系对该国君主的侮辱。"英国政府对葡萄牙将澳门视为其领土的说法很不以为然，在复照中说：葡政府应该承认他们"从未要求过对澳门的主权权利。它不可以在与英国政府的来往中大谈特谈对澳门的权利"④。英国政府质疑葡萄牙政府所宣称的享有澳门主权的法理根据，相当程度上反映了当时国际社会的一般共识：澳门的主权归属并不

① Montalto de Jesus, *Historic Macao*, Hong Kong, Oxford University Press, 1902, p.294.

② Public Record Office, *British Foreign office Records*, 931/792.

③ 佐证这一点的有哑吗嘞事件时发生了北山岭战役，葡澳曾向英军求援，港督文翰拒绝了葡澳的请求，并前溯了英国不可能为葡澳提供军援的原则立场，称他早就在"一八四六年十月对哑吗嘞总督进行了解释，他只能过问有关保护英国臣民的事情"。[葡] 萨安东：《葡萄牙在华外交政策》，金国平译，第 157 页。

④ 驻英公使蒙科尔沃（Torrre de Mocoruo）男爵于 1849 年 9 月 20 日致英国外相巴麦尊（Palmerston）公函及巴麦尊的复函，转见 [葡] 萨安东：《葡萄牙在华外交政策》，金国平译，第 141—142 页。

以哑吗嘞采取了一系列殖民政策就有所改变。同时，反映了葡英两国在澳门问题上的意见分歧和关系紧张。广东当局对此不能说一无所知。

> 入夏后，哑酋敬神游街，与英夷人争道，倚恃人多，将英人拿获监禁。旋经文酋（港督文翰）潜遣夷目，诱哑酋到船饮酒，将其软困，一面发兵打破夷监，抢出被禁之夷，并枪毙西洋兵数名。……两夷嫌隙已成不能再事勾结。①

惜广东当局并没有利用此"以夷制夷"的有利时机，依然没有大的作为。既然广东官方不敢挑头，那么在与哑吗嘞的对抗中，民间力量也就格外地凸显活跃起来②，百姓以揭帖、传单等方式申述怨愤，发动串联。一份以"澳门众铺户居民绅士"名义发出的"公启"称：哑吗嘞等"藐法殃民，穷凶极暴，华人受害，苦不堪言"，并列举哑吗嘞罪状 13 款，呼吁"张贴通衢，用播其恶于众"。另一份"戎属众乡公启"的揭帖也声言：哑吗嘞"罪大恶极，毁关拆埠"，号召"我等各乡宜抱同仇之心，同伸切齿之恨"。甚至还出现悬赏千两白银购买哑吗嘞首级的传单③。哑吗嘞与中国的官府百姓相抗，与港英当局弄僵，与澳门议事会等葡人反目，颇呈众矢之的孤家寡人之势。其间华人民众处在抗击哑氏的最前线，民众行为当然不会像政府行为那样富有理性的权衡，没有权力工具和外交渠道可以利用的百姓所能选择的反抗手段十分有限，犯了"众怒"的哑吗嘞面临着被"以暴制暴"的命运。哑吗嘞事件的发生和走势已具有相当的必然性。

哑吗嘞被刺是 19 世纪中期中外关系史上的重大突发事件，各方均对此做出了迅速反应。广东当局速饬香山协副将叶长春、前山营督司张玉堂、

---

① Public Record Office, *British Foreign office Records*, 931/799. 另按：据萨安东在《葡萄牙在华外交政策》一书第 163 页上的描述，凯帕尔事件时，徐广缙等曾"巧妙地将皇帝蒙在鼓里，未向其奏报澳门近来的骚乱，哑吗勒满心喜悦，因为（广东）官方不会对澳门采取什么行动"。这里，哑吗嘞所认为的徐广缙未向北京朝廷汇报凯帕尔骚乱是错误判断。但徐广缙虽然汇报了，却有意无意地淡化了葡英交恶，并无所作为。

② 哑吗嘞在澳施行强悍政策自始便引起澳门民众的反抗，1846 年 10 月 8 日，澳门港的中国渔船发动了著名的"渔艇暴动"，1500 多人向葡澳市政厅发起进攻，被葡澳当局镇压。其后中国商人的罢市抗议活动也被哑吗勒用武力压制。

③ [日] 佐々木正哉编：《鸦片战争後の中英抗争》（资料篇稿），第 329—331 页。《许云庵口述记》，转引自戴裔煊、钟国豪：《澳门历史纲要》，北京：知识出版社，1999 年，第 179 页。

署香山县知县郭超凡、署前山同知英浚等"督饬弁兵，严防该夷逞忿滋扰"，还"咨照水师洪军门，督带师船，遥为接应。并密饬澳门居民，西洋夷人果率众出犯，即可先乘机倾其巢穴。彼若不动，却不可先发，务须持以镇静，不可稍涉张皇"[1]。

　　葡澳方面更是一片惊慌，"事件使整个居留地大为震惊，充满哀伤"[2]。有的建议弃守澳门，有的建议攻打香山，占领并摧毁周围村庄。但葡澳当局经过权衡后决定优先采取防御措施，向里斯本紧急求援；担心远水不救近火，又向印度总督府提出军事增援，并修缮澳门碉堡和防护工事。考虑到单靠葡方的力量孤木难支，又决定寻求列强援助。案发当晚 10 时，政务委员会召开外国驻澳代表紧急会议，当时，外国驻华使节大部分在澳门。出席会议的有：西班牙驻华公使玛斯（Sinbaldo de Mas）、法国驻华公使陆英（Andre Forth Rouen）、美国驻华全权代表戴维斯（J.W. Davis）。与会者一致表示对葡澳的支持。但在华力量最大且与葡澳关系微妙的英国未表态，潜藏英、葡之间以及港、澳之间的矛盾。于是，葡萄牙驻英国公使在得讯后立即拜访英国首相罗素（Russell），请求不列颠海军介入，"即便不作出任何具体行动，作一道义上的表示即可"，罗素同意葡方的请求。列强之所以支持葡澳，因其在华侵略利益上有诸多共同点，认为哑吗嘞事件是对整个西方世界的挑战，若是澳门落入中国的完全控制后将会带来连锁反应，进而给西方在华既得利益带来难以预料的灾难性后果。列强外交、军事双管齐下，西班牙、法国、美国的驻华代表向两广总督递交集体抗议书，英国驻华公使文翰也向徐广缙发出要求"立即逮捕凶手"的措辞严厉的信函。一时间，澳门大兵压境，各国兵舰云集。其中有法国的"巴永纳伊斯号"（Bayonnais）兵船运来的部队；有美国的"道尔芬号"（Dolphin）和"普拉伊门斯号"（Plymouth）军舰；有西班牙的"麦哲伦号"（Magallanes）兵船；还有英国的"亚马逊号"（Amazon）和"陛下漫游号"（Meander）舰船。葡政府也发出组建远征军的指令，下令

---

① 　徐广缙：《思补斋自定年谱》，中国史学会主编：中国近代史资料丛刊《第二次鸦片战争》（一），第155—156 页。

② 　黄鸿钊编：《中葡澳门交涉史料》第 1 辑，第 46 页。

从印度调集"唐娜玛利亚号"（D. Maria）三桅船，从里斯本和巴西分别调派"唐若安号"（D. Joao）和"彩虹号"（Iris）轻巡洋舰到澳门，后因经费拮据海途遥远未完全实现。[①]

哑吗嘞事件使早已剑拔弩张的中葡关系空前紧张，随即进入战争状态。8月25日10时，葡澳当局出兵抢占关闸[②]，俘获了3名未作抵抗的汛兵。11时，更大规模的攻打北山岭拉塔石炮台的战斗爆发，炮台距离关闸半英里，是控制澳门的制高点。在攻占过程中葡澳当局动用了2门野战炮、1门山地炮和2门舰炮的支援。清军进行了顽强抵抗，战斗呈拉锯状，阵地数度易手，最后被葡澳占领，葡兵将炮台上的20门大炮和弹药库全部炸毁。为炫示胜利和报复，葡澳军队"将中国军人的头颅和手臂，挑在一根竹竿上运回城内，游街示众"[③]。中国与葡澳大规模开战，在三百多年的澳门开埠史上尚属首次。战后，葡澳当局又在全岛进行战争动员，9月1日，成立警察队，将过去被民团节选下来的人，不论年龄、身体状况如何，统统予以征召。9月5日，政务委员会从当地的纳税大户中筹集了5万澳元用以布防。11月1日，印度总督派出由陆军上尉布伊（Antonio Pedro Buys）率领的105名士兵组成的"远征军"前往澳门。[④]

有必要指出，此间列强对葡澳的支持多限于一种虚张声势的姿态。如果说，列强对哑吗嘞被杀持一种比较坚决声援的话，那么，对葡澳的大规模军事进攻行动就多有保留，甚至予以反对。列强的共同看法是维持而不是打破现状。驻澳外交官普遍认为关闸和北山岭战斗是"对中国领土的侵犯"，会遭致严重后果。西班牙公使玛斯就坚决不同意对中国采取主动的

[①] ［葡］萨安东：《葡萄牙在华外交政策》，金国平译，第150、152—153、179页。

[②] 于此事，题慵叟《澳门杂诗》记述："当将沈志亮正法，饬知领事，将汛兵三人交出，葡人借此遂不缴纳澳门地租矣。是年葡人毁拆沙梨头显荣里之中国官署，复毁旧关闸，建一新闸名曰钵道沙河。"中国公共图书馆古籍文献珍本汇刊·史部《澳门问题史料集》（下），北京：1998年影印本，第1327页。另按：关闸为明万历元年（1573）修建，位于莲花茎南端的"蜂腰"处。明末《防夷防瑶残稿》记曰："其他三面皆水，惟北有一路可通往来。设有关闸，禁其阑入，以严夷夏之防。关之上有香山寨将帮把哨官兵环绕防守。"（《明清史料》乙编，第8本，第800页）关闸并非"界门"，只是明清两朝政府为便于对澳门实施管理而设的"闸门"。1874年，葡澳拆除关闸汛墙，在原关闸以北另建西洋凯旋门式的关闸，即今澳门关闸。

[③] Montalto de Jesus, *Historic Macao*, p.293.

[④] ［葡］施白蒂：《澳门编年史》（十九世纪），姚京明译，第100—102页。

军事行动。英国在北山岭战事时虽派军护侨，却回绝了葡澳当局提出的军援要求，港督文翰称只能过问如何保护居澳英国臣民的事情，由于中葡"争端已成为一国际交战。我收到的指令十分明确，不允许我有任何介入"。但广东当局没有能顶住葡澳并不能算是强大的进攻，也未能有效地利用国际情势出现的变化来调整战机，使得葡澳利用哑吗嘞案对澳门的扩界成为事实。当然，北山岭之役只是一场有限的战争。广东当局不愿战事扩大，葡萄牙也无力对中国发动更大规模的战争①，这点葡萄牙政府是很清楚的，在给澳门新督官也（Pedro Alexandrino da Cunha）的指令中强调："陛下政府无意对华发动战争。倘若中国政府方面不继续某些中国军队开始的敌对活动，陛下政府绝无大动干戈之想。"葡政府只是想进行某种"武力炫耀"。②中葡双方的意愿和国际社会的大背景决定了中葡在澳军事冲突只能是节制和有限的。但是，哑吗嘞案后，葡方拒绝再向中方缴纳从明朝开始行之已久的澳门租金，并全面接管了澳门的管治，澳门从葡人租用的贸易居留地转变为葡萄牙的实际控制地，"据点"属性有了大转折，只是还缺乏两国政府的法权认可。

哑吗嘞案带来的另一面结果是沈志亮成为诸多中国人心目中的志士仁人，成为反对澳门殖民政策和列强对华侵略的旗帜，在其后悠远漫长的岁月中，每当中外关系处在紧张时刻或澳门情势处在危机关头，沈志亮便每每被提出、被神化、被大做文章，乃至形成为一种反映澳门和粤省民众爱国拒外英雄情结的"沈志亮现象"。这里，民间记载的沈志亮受审情节便与官方提交的"沈志亮供状"不尽一致，"独臂于亮非有门户之仇也，只以毁关务，趋弁兵，残害人民，祸及枯骨，辱我朝廷，残我桑里，亮激于义愤"③。这里，家仇成了国恨，沈志亮的形象由单纯地报一己祖坟被掘的私仇提升到为人民、为朝廷、为桑梓而自我献身。据说，沈志亮和郭金

---

① 此间确有葡人提出全面打击中国的方案，该方案狂妄叫嚣："只需一艘三桅帆船，两艘双桅帆船，一千五百名士兵并装备起数不及百的澳门飞剪船，足以摧毁整个中华帝国海军、占领每年为皇帝带来数以百万计岁入的盐场，封锁北京附近的天津港，沿大江大河直抵大运河口，阻截七八省的粮船。总而言之，谁具有海上霸权，谁就可以对中国皇帝发号施令。"[葡]萨安东：《葡萄牙在华外交政策》，金国平译，第150—157、175页。

② 1849年11月5日向官也下达的指令，转引自吴志良：《澳门政治发展史》，第147页。

③ 《林公福祥遗稿》，转引自戴裔煊、钟国豪：《澳门历史纲要》，第182页。

堂被捕后，两人均想替对方开脱，"金堂语志亮曰：'尔有母无子，不如我。'争自认，而卒坐志亮"[1]，沈志亮等又成了不惜为友舍身取义的化身。中国传统理念中的忠孝仁义被沈志亮集于一身，化为极致。对沈志亮的杀害也便成为不得已之杀。沈志亮被杀后，徐广缙即称"吾挥泪斩之，今犹呜咽不已！恤其母千金"[2]。反映出此辈官员在中外交冲逼迫下的矛盾心态和违心而作的真心状。当地民众对沈志亮的遭际更是扼腕以叹："沈是一个一辈子没做过坏事的人。当他被推选为锄奸勇士时，他的热忱犹如彩虹。他不愧为一个爱国者。唉！惜其未遇明主，时运不济，竟然被出卖遭杀戮！实堪悲矣！"[3]沈志亮又进而成为被冤杀的象征，"闻者冤之。凡冢墓之受害者，其子孙祭日，必先望空拜志亮。后遂立庙祀之"[4]。为纪念沈志亮，澳门民众特捐资修建白草坟以缅怀故人，激励来者，墓碑大书："义士沈志亮之墓"，墓志铭曰："沈（志亮）、郭（金堂）诸子，奋臂赴难，不爱其驱，立志皎然，不欺其志，其人其事虽百世而犹光也！"[5]沈志亮也历久不衰地成为粤中爱国人士歌咏颂赞的对象。丘逢甲诗云："谁报凶酋发冢冤，宝刀饮血月黄昏。要携十斛葡萄酒，来酹秋原壮士魂。"[6]郑观应诗曰："昔有葡督极暴虐，竟为义士诛其凶。自谓文明实昏聩，不识公法受愚蠢。请问深知西律者，试思此事可曲从。"[7]直到1909—1911年澳门界务交涉时，斗争者仍以沈志亮为号召，时有诗咏："夷酋苛暴吏潜逮，谁谓三军胜匹夫；苦忆当年沈义士，万人争看好头颅。"[8]1927—1928年，粤港澳爆发了声势浩大的抗英运动，沈志亮作为反抗外国侵略的英烈再被揭示，在其前山被杀处树立了纪念碑。在外侮陵侵的危局之下，

---

[1] 田明曜修、陈澧等纂：《（同治）香山县志》卷一五"沈志亮传"。

[2] 田明曜修、陈澧等纂：《（同治）香山县志》卷一五"沈志亮传"。该传尽管是几十年后的追述，但所言不虚，因沈志亮被杀后，西人在华办的报刊即有同类记载："沈志亮义士的所作所为是光明正大的，我（徐广缙）是挥泪斩英雄。" *Chinese Repository*, Vol.18, pp.538-559. 黄鸿钊编：《中葡澳门交涉史料》第1辑，第69—70页。

[3] 黄鸿钊编：《中葡澳门交涉史料》第1辑，第70—71页。

[4] 田明曜修、陈澧等纂：《（同治）香山县志》卷一五"沈志亮传"。

[5] 《白草坟沈义士碑》，见《陈樾存稿》，载《近代广东文征》。

[6] 丘逢甲：《澳门杂诗》，《岭云海日楼诗钞》卷七，刊本，民国二十六年。

[7] 郑观应：《澳门感事》，《罗浮待鹤山人诗草》卷一，上海：著易堂刊本，宣统元年。

[8] 瑞初：《镜湖感事十咏》，郑岸父主编：《香山旬报》第6期。

软弱的官府不足恃，百姓只好寄望于民间的草莽英雄。但此类草莽英雄的真行状往往会层累地附着于愈来愈多的后来者添加的内容，以致去真迹愈远。这是我们今天的研究者需要仔细审定剥离的。全球一体化与民族主义是否逆行，官方态度与民众知行如何配合，两两之间张力的合适调处非常关键。

1850 年 1 月 1 日，在哑吗嘲案案发四个多月后，广东当局才向朝廷发出有关该事件的第一次奏报。隐忍不报，大事化小，瞒报虚报，本是清朝官员糊弄朝廷的惯伎，此次亦不例外。奏折仅只是轻描淡写地叙述了案件始末，对中葡军事冲突，葡澳占领关闸和白山岭，列强予以广泛干涉等事只字不提，其口吻反倒颇为自得：

> 臣等窃查，西洋穷极无赖，伎俩不过如是。猝被掳去汛兵，原不难进兵夺取，惟美、佛、英及吕宋均有商人附居在澳，不得不慎重思维。投鼠忌器，且各国均知哑吗嘲凶横过甚，孽由自取。中国已办凶犯，尚复何说？数月以来，相安如故，竟无一相助者。然若不令其交出汛兵，遂行给回头手，由未免示之以弱。是以镇静相待，随处防范。俟其情见势屈，自然思所变计。而案情未定，有稽时日，未敢张皇渎陈，致劳宸廑。今汛兵交出，头手领回。一切安静如常。

道光帝得报后批示"所办万分允当，可嘉之至。朕幸得贤能柱石之臣也"[①]。哑吗嘲案件在清朝一面得到如此结案，真是令人匪夷所思。国门失守，商道洞开，西人阑入，中国对澳主权在清朝君臣恍无知觉的状况下又丧失了一大块[②]。由于清朝有关当局的隐忍退让，哑吗嘲案所牵出的澳门危机表面过去，实际上，因案发前后葡萄牙在澳门采取殖民政策所引

① 中国第一历史档案馆编：《澳门问题明清珍档荟萃》，澳门：澳门基金会，2000 年，第 207—208 页。
② 中国对澳主权丧失的另一重要表征是哑吗嘲事件后葡澳当局拒交明清两朝长期奉行不替的澳门"地租银"，这项为数每年仅 500 两银的"地租"，意义主要不在经济方面，而在以此象征澳门主权属于中国，葡人只是"租用"。于此，香山县的官员后有奏报："遵查澳门为西洋人所住，始自前明嘉靖年间，载在县志。每年仅纳地租银五百两，向于十一月冬至前后照会洋官，由县派拨书差前往澳门征收，附入地丁项内，批解藩库投纳，递年列入地丁钱粮奏销。道光二十八年（1848）以前，均已征收完解清楚。自道光二十九年起，各前令屡次照会饬差赍投，随据差禀，洋官不收照会，不肯完纳，询其何故，并不说明，等情。"厉式金：《（民国）香山县志续编》卷六"海防"。

出的各种矛盾非但没有解决，反而变本加厉。危机似乎远去，却是变得更潜在更深刻了。1860 年，中葡草签条约，名曰"和好贸易"，实则关涉葡萄牙在澳门的占领地位。幸好清政府发现了此漏洞，该约未能正式签订。1887 年，中葡《友好通商条约》签署，依然打着"通商"的旗号（可见"贸易""通商"等事项的重要存在地位，这些说词也历来是外人占据中国领土的重要借口），实际是葡萄牙占据澳门三百多年来中国政府对澳门地位作出规定的第一个条约。澳门作为葡萄牙人的在华据点大致经历了从骗取窃占到不完全法权规定（之所以不完全，是因为 1887 年的条约遗留了主权归属和划界两大悬案）的漫长历程。澳门商道终归门户洞开。

（六）镜海防疫

细菌病毒随风飘逸，海平面更易吹扬，照拂人类的大海浊浪滔天，变了面目。海道大通后，区域性的疾病蔓延成世界性的疾病，人群的大规模跨区域流动极易产生人与人之间的互传，物流的加速造成疫病传染的加速（当今病毒借助冷链食品的传播就是"物传人"的例证）。商道往往也是疫病传播的通道[①]，在全球化的时代，播撒全球的瘟疫成为危害人类性命最惨、影响经贸最烈的顽疾——甚至超过战争，也是全球化所面临的最紧迫棘手的难题——疫病的全球化。

由此出发，历史上有无这方面的经验教训可供汲取？有幸的是，四海通衢的澳门提供了避疫成功的案例。区区镜海为什么屡屡成为避疫福地？1894 年，穗港爆发空前的鼠疫，咫尺之遥的澳门却在当年未受侵扰。1895年，鼠疫传到澳门，也只是部分人感染，未见流行性传播。联系到 2003年春天的 SARS 和当下的"新型冠状病毒"，澳门也基本能独善其身，澳

[①] 有学人观察到：1910—1911 年中国东北发生鼠疫，铁路便是疫病快速传播的重要因素，疫病最早发生于俄国境内的一个火车站，由于东清铁路的修建，疫病传入黑龙江，随后沿铁路线蔓延东北各大城市。参见饭岛涉：《鼠疫与近代中国卫生的制度化和社会变迁》，朴彦、余新忠、姜滨译，北京：社会科学文献出版社，2019 年，第 109—110 页；曹晶晶：《1910—1911 年的东北鼠疫及其控制》，吉林大学硕士学位论文，2005 年，第 10 页。也有学人提出，铁路在此次东北鼠疫具有两重作用，一方面，铁路是疫症迅速传染的重要通道；另一方面，铁路系统亦采取了诸多防控措施：遮断路线、隔离乘客、铁路检疫、运送医生医药、清洁消毒、集中焚烧染疫车辆及尸体等，均有助于疫病的消杀。参见谭小伟：《阶段性和两重性：铁路与清末东北鼠疫》，《天府新论》2020 年第 5 期，第 61—71 页。

门果真是一块五毒不侵的"福地"吗？

鼠疫（plague），经典的病理学释义为："鼠疫杆菌引起的烈性传染病。一般先在家鼠和其他啮齿类动物中流行，由鼠蚤叮咬而传染给人。常先引起淋巴结炎，轻症局限于此，重者病原体侵入血液，引起败血症或肺炎，分别称为腺型、败血型和肺型鼠疫。后者亦可经呼吸道传播而得。主要症状有高热、出血倾向、极度衰竭等中毒现象。此外，由于临床类型不同，尚有各自的局部症状。链霉素和磺胺类药早期联合应用有良效。预防在于严密隔离病患者，灭鼠灭蚤，预防接种和加强国际检疫。"[①] 人类最早的鼠疫流行发生于公元 6 世纪，染病而亡近亿人，这在世界人口并不很多的古代，是惊人数字。自那以后，鼠疫便成为"中世纪令人害怕的瘟疫。它们一爆发，就引起了一片恐慌。无数人逃离城市，躲避瘟疫，因为那时人们还不知道病因何在，也不知道还有什么办法能够避免传染"[②]。中世纪的西方称鼠疫为"黑死病"；岭南各地民间称之为"恶核""核疫""大头瘟""人瘟""瘟疫""控槌案""浮核""着瘟""粒总""脚边浮核病""恶核病""疬子症"等[③]。1894 年，粤港爆发空前的鼠疫流行，据广州老中医易巨荪称：

> 甲午吾粤鼠疫流行，始于老城，渐至西关，复渐海边而止。起于二月，终于六月。疫疾初来，先死鼠，后死人，有一家而死数人者，有全家死绝者，死人十万有奇。[④]

有研究者认为，在当时人口 150 万的广州，"十万有奇"的死亡人数略夸大，死亡人数当在 7 万上下。鼠疫从那年 5 月初传入香港，5 月 10 日，港岛被宣布为疫区，"当时仅是 6 月 7 日那一天内，中环太平山那一个人口挤住得最密的地区，就死掉一百多人，而且又有六十多人被传染上这种不

---

① 辞海编辑委员会编：《辞海》，上海：上海辞书出版社，1980 年，第 2073 页。

② ［德］伯恩特·卡尔格－德克尔：《医药文化史》，姚燕、周惠译，北京：生活·读书·新知三联书店，2004 年，第 244 页。

③ 赖文、李永宸：《岭南瘟疫史》，广州：广东人民出版社，2004 年，第 301 页。

④ 冼维逊编著：《鼠疫流行史》，广州：广东省卫生防疫站，1989 年印本，第 202—203 页。

治之症，立刻就闹得人人自危"①。这一时期淋巴腺鼠疫的流行是香港早期医学史上最引人瞩目的大事，疫病造成严重的生命和经济损失。据港英政府保守确认，1894 年香港腺鼠疫流行，患者 2679 人，其中死亡者高达2552 人②。

令人称奇的是，与穗港咫尺之遥的澳门却在当年未受鼠疫侵扰，"去岁时疫流行，省港遍及，惟于澳门一隅独享太平，几疑天之待澳居民为独厚"③。近海之隔，果真是天佑澳民吗？不料，旋至次年，澳门好运不再，鼠疫开始传播，其因又何在？

应该说，有关 1895 年的澳门鼠疫，并非没有人研究，所见的赖文、李永宸先生的大作《岭南瘟疫史》，就是一部对该地区传染病历史进行全面描述的杰出著作，但该著作有关 1895 年澳门鼠疫的研究，主要依靠《澳门宪报》为原始分析样本。《澳门宪报》是澳门政府的公文刊载，其记录角度侧重于官方。为了更全面地分析 1895 年澳门历史上首次鼠疫传播，本章节拟以另外文本从另一角度进行论述，我们的主要分析文本为《镜海丛报》，该报创刊于 1893 年 7 月 18 日，周刊，分别有中文版和葡文版（葡文版刊名为 ECHO MACAENSE，直译为《澳门回声报》），中文版的终刊为 1895 年 12 月 25 日。可以看出，在该报中文版行刊的两年间，正好是广州、香港、澳门鼠疫相继发作的时间段，故而有大量第一手的真实具体生动的记述，为澳门史上第一次鼠疫流行留下了珍贵史料，而有关此方面的资料，尚未被后世研究者所注意。《镜海丛报》的报主是澳门土生葡人飞南第④，所以，这又是一份民间人士创办的报纸。《澳门宪报》为官方公报，而《镜海丛报》系民间周报，因报刊属性的差异，办报者立场的区别，故而论述角度或有不同，两种文本可从不同视角互相补充纠正。兹以《镜海丛报》为主要分析样本，以求更全面揭示这场瘟疫及澳门的应对。

① 转引自赖文、李永宸：《岭南瘟疫史》，第 421 页。

② 余新忠等：《瘟疫下的社会拯救：中国近世重大疫情与社会反应研究》，北京：中国书店，2004 年，第 246 页。

③ 《澳地后盛论》，澳门基金会、上海社会科学院编：《镜海丛报》，光绪廿一年闰五月十一日，第一页，上海：上海社会科学院出版社，2000 年。本章节所引《镜海丛报》的全部资料均出自该影印本。

④ 有关《镜海丛报》的全面介绍请参见费成康所撰《孙中山和"镜海丛报"》，澳门基金会、上海社会科学院编：《镜海丛报》，上海：上海社会科学院出版社，2000 年影印本。

1894 年，粤港澳爆发鼠疫，"不料，自冬及春，自春及夏，始而日病者数人，继而日殁者数十人。……人心惶惶，各自为计，怅祷天之乏术，惟避地以图存，因此迁回乡者有之，迁往港者有之，迁去省者有之，其不能离澳而家资殷实者，亦以舟作陆，河上逍遥。每当夕阳初落，楼阁上灯，则店皆闭户，路少行人，市情之冷淡，为数十年所未睹。而福隆新街、宁居里一带繁华盛地，更门庭冷落，车马稀疏，十室九空，无几存者。而关闸门外，新冢累累，素冠载道，更为目不忍睹，耳不忍闻"①。当粤港鼠疫平息，原本风平浪静的澳门却有疫症蔓延。有关澳门鼠疫各种情况，《镜海丛报》给我们留下了丰富记述。

关于澳门鼠疫的传入途径，自来有两种说法，第一种是北海传入："惟以去岁北海起疫，延至澳之沙栏仔，于时讳莫如深，只知专掩邻人耳目，不知查禁外来船只，先事严防，以致北海埠染有疾疫之猪畜混进澳门，奸商偷宰，贫民贪图，私相买食，传染日广，积之又久。近时官医始行查悉所屠各豕，内中委有生虫之事，极为申禁，而事已迟矣"②。更多的还是认为从广州或香港传入，"澳无时疫之说，因系所患之症皆由北海传染而来，或缘省港旧根苗芽复发"③。

澳门疫源说法不一，这也属于正常，不要说传染病学尚欠发达的 19 世纪末，就是现在，病源学的调查也是异常复杂困难的事。澳门疫源不清的重要原因在于早期没有建立死亡报告制度。澳门"报死之册，未见举行。此事虽非关系紧要，然而外埠通商之地，无处不举行此例，独澳门则否。……惟系关闸外所葬之人，每月例于宪报刊登一次，男若干名，女若干口，孩童若干，虽不能报无遗，十漏得其八，顾亦可云，幸有此举"，按照《宪报》的记录，1894 年公历 8 月死亡人数为 119 人；9 月为 105 人；10 月为 120 人；11 月为 229 人，12 月为 312 人，1895 年 1 月为 201 人，2 月为 150 人。根据上述死亡数的分析，有时人推测"西方去岁十一、二月疫气已甚矣。何以知其然，计其死亡之数，额外增多，非疫而何？况有

---

① 《澳地后盛论》，《镜海丛报》，光绪廿一年闰五月十一日，第一页。

② 《平情坐论》，《镜海丛报》，光绪廿一年四月廿八日，第五至六页。

③ 《译文附言》，《镜海丛报》，光绪廿一年四月初七日，第一页。

从水道而赴对海者，尚不知若干数目乎。如果设有报死之例，则西洋政府按册而稽，忽见其丧亡之多，自必警心震魄，急行密查，便知澳地有疫，先为预防，不致如今日之蔓延甚广，流祸无极矣"[1]。照此说来，澳门自1894年底即已经鼠疫流播，不过，这仅只是推测，缺乏佐证。1895年仍被公认为是澳门历史上首次鼠疫流行的年份。

澳门的疫死人数也是一笔糊涂账，澳门疫情盛时，香港政府曾派官差王永年到澳了解情况，据澳门洁净局和新设立的"呈报死人处"提供的信息，到公历4月20日，"福隆新街有一妓屋，共死三十余人，计妓九名，已死其七，只余两名澳妓逃至香港"。但据细查，实际上那里每个妓屋（包括人数最多的"合心楼"）的人员最多不超过20人，不可能死亡30余人。澳门当局"张大其词，混据风闻，糊涂呈报，似亦失职。澳港相连最近尚如此，其虚谬况有远于澳门，则更不知若何？"[2]看来，官样报告疑点甚多。

关于澳门的重要疫点，《镜海丛报》亦留下原始记录。澳岛最早出现鼠疫的或是沙栏仔。"去岁省港并疫，澳独无事，群相喜慰，心乃窃窃，然忧之以为人心之恶，愈积愈厚，未必此方而并良也。去冬之杪时，于报端劝人修善消灾。盖其时沙栏仔一带已兆先机，延至春时，似已成象。"[3]疫症最严重的是水手东街，"街口有第廿一号门牌之屋，连旬之内共死九人，两小孩、两女子、四中年妇、一老叟。此屋乃系破烂洋行地库宽广，贫民分赁而居"[4]。再是福隆新街："廿五晚，街内有妓名成就，沾有时疫，贫不能去拥鬈挑灯，养疴斗室。"[5]还有石角嘴、龙嵩街等地，"石角嘴一厂更多，守到春回。惟初十日最甚而已，然商民犹未大定，迁者依然，去者未有归志。盖因时疫如水之流，此方虽已安澜，彼处又复荡激。如本月初旬之龙嵩街兰记西菜馆东许某，可谓寒心，计其前后不满三日，全家眷属告逝纷如，先亡其外舅母，遂及其婿，并婿之弟，然后乃及其身。先

---

[1] 《请增新例》，《镜海丛报》，光绪廿一年闰五月初四日，第六页。

[2] 《译文附言》，《镜海丛报》，光绪廿一年四月初七日，第一页。

[3] 《宜莫深讳》，《镜海丛报》，光绪廿一年四月初七日，第五页。

[4] 《择地谕迁》，《镜海丛报》，光绪廿一年四月廿八日，第六页。

[5] 《又弱一个》，《镜海丛报》，光绪廿一年四月廿八日，第五页。

一日许尚会客饮酒，开匣取具，乍见腐鼠两头露于饮具之侧，臭气直贯鼻端，急覆藏之，而别遣人料理，席甫终而病作，延至次晨，遂乃不可救药"①。根据疫情猖獗的地点来看，易感人群主要是贫苦人家，他们居住环境差，人口拥挤。再是娼寮妓院，人品流杂，外来人多。另外，与生活习惯相关：

> 现闻所死之众，华人多，西人少，其故何哉？华人多不顾其住居，不理其服食，每屋之中，常至岁尾才一涤之其衣之污，几欲生盐竟不思洗；更有屋窄人多，略开小窗，又常关闭，此皆致病之由也。试观疫盛之区，常在最污之处，可以思矣。②

关于疫症表现，《镜海丛报》的描述与近代腺鼠疫的科学典型症象或有区别，但亦可作为参考："毒入于脑，所现病形可以知其故者有二：一系脑膜肿胀，一系脑血流溃。初起之时，头觉甚痛，额端及两太阳穴或发大热，病势骤起，其状必剧，久而久之，其病亦随时候而减，不若前时之利害矣。头觉有痛，定系两太阳（穴）跳跃，有些病人并见后枕骨作痛，曾见两人自云颈项皆疼，因系毒在背脊骨而起。头痛而若系脑膜肿胀，其人必发胡话，两眼歪斜侧视，或作左右视之象。如果脑壳之内或有血出，则在其人眼珠可以察验。……又有在人身上分开片块，显作豆形，其色殷红者，医生疑为蚊口，因乃医院最多蚊也；更有身上之血，略用手指掐之，即觉血色凝结，或用手击，或用铁签刺之，均能刻即变色。……大凡病人初染患时，便行结核，此等之症，尚属顺手，不甚厉害，有些病人起核之后，久而不散，逐渐坚实……起核之症，曾经救活者，多系穿溃流血；亦有其核散开，变成一片之形，患从内消。"③

然而，澳门鼠疫蔓延有限，不像广州、香港那样死亡人众，波及面广，而是很快就被治理。这里，公共性的防疫发挥了最重要的作用。防疫的公

① 　《鼠中流疫》，《镜海丛报》，光绪廿一年五月十三日，第五页。

② 　《译文附言》，《镜海丛报》，光绪廿一年四月初七日，第一页。

③ 　《再译西报》，《镜海丛报》，光绪廿一年四月廿八日，第一页。

共性是近代的产物。鼠疫属于烈性传染病，传染面无人不及，故而，防疫的公共性顿显重要，在这方面，澳门有诸多值得称道的做法：

构建公共预防体系。 面对烈性传染病，建立公共预防体系十分紧要。"疫气未盛之时，当思预先防治之法，应择医院之内，周时通风，所在无论系受病之人与及受工人役均该如是。但系所雇工众在院服役切不可身有伤口，与夫皮肤微有损破。所有衣巾等宜用加布沥油并以灯火一照，将要架猎多药油放在灯火之上煎之，使沸油气蒸蒸升腾满屋，俾得化去恶毒之气。……大凡病人在院，切需常将热水为之浴身。……院内工人倘有略见头痛、身或微热、神疲、喉燥等症，立须遣之出外，别寻第一通风之所，着其静养。……屋内积存粪草，即刻投诸烈火。……疫虫凡有血能到之处皆可以寻出，此等虫，最多所在系已经结成毒核之内及身之脾经。……似系结核形状，试以布沥油一百分之一浸虫于内约一点钟则死矣，一百分之二浸之实时便死，纳入白灰亦然，将虫放在通风处所，四日便毙，即不速毙，决难滋盛，暴日晒之，便不堪毒人矣。凡沾是疾幸得过至危至险之时，约延六礼拜之久，刺验其血，尚有疫虫，殆至疫气将衰之候则竟无矣。……华人医院两月后即许外出矣，传染之道最属堪虞，可以带附别去，以故有疫之地，必应严禁外来船只，限以四十日方准登岸。……如有亲友赴探病房，其一，当用工役跟随其探候病人之后既相晤对，许之讲话，至久约五边尼钟，不得任令探候之辈以手贴摩病人身体；其二，若有愿留院内扶侍其所探候之病者，应照院内工人一律约束，如欲出院，须先安置清洁之地居之数日，方许放行，一切器物，皆须遵照医生条矩，用药熏涤云。"[①]

1895 年，鼠疫突破澳门的防疫线，促使澳葡当局开办常设的医疗检疫机构，由议事会颁布《创设医馆规条》，就在议事公局的楼下成立公用医馆，经费由政府支付，该机构堪称是澳门最高防疫管理机构，医馆总理由医局医长轮派官医出任，医馆职责是接收疫情和死亡报告，准备"除秽药料"，监督民众"按照卫生事例妥为办理"，对死亡者逐一验尸，如"疑系因奇异病症身故者，须立即报知医局，俾得前往料理洁净"；逐次登记亡

---

① 《再译西报》，《镜海丛报》，光绪廿一年五月初六日，第一页。

故者，颁发出葬凭照，澳门过去并无严格的丧葬报告制度，民间又流行长期停尸的习俗，很不利于疫情防止，为鼓励民众如实并及时申报，还规定凡是领有殡照，按照规定时间出葬者，免除其丧葬费用。就是通过政府行为设法掌控本地疫情动态和消除潜藏的瘟疫传染源①。为增强公共防疫体系，葡澳当局还从葡京里斯本调配医务力量，"澳地西医不足于用，近由西洋京城派调官医亚鲁祚来澳，借资臂助，不日可到"②。民众也被广泛动员起来，自觉严防死守，"对海之沙尾、柏山一带，凡有外来人众，面貌可疑，非属本村者，守村更练阻不令进，防病马之乱群也，殆亦防卫乡间之善法"③。

建立公共隔离机制。隔离病人是远古即有的方法，《圣经·利未记》中就有隔离病患的指示。14世纪欧洲黑死病大流行，城市大规模隔离被广泛采用。"1377年，拉古萨城采取措施防止瘟疫患者进城，把所有可疑的人都集中在城外一个地方隔离了一个长达四十天的时期。巴黎在1533年发布瘟疫法令，命令呈报和隔离所有瘟疫患者，禁止运送感染的物品，坚决要求清扫道路和贫民窟，撤空瘟疫死者的住房。伦敦在1665年大瘟疫期间也仿效巴黎"④。"尽管人们还不知道鼠疫是细菌引起的，但是细心观察的人发现这种病具有传染性！……为了对付这种害人的接触传染物，从15世纪开始，很多医生在进入瘟疫医院前全副武装，穿上幽灵般的保护服：他们从头到脚都被套在一件油布做的大长袍里，戴着鸟嘴状的面罩，里面装有消毒作用的芳香物质，一副装有水晶玻璃镜片的眼镜保护着他们的眼睛，以免受到'毒气'侵害，他们的手上戴着一副大手套，手里拿着长长的指示棒接触病人，指导治疗。孩子们在街上看见他们时，一边大声喊着'鸟嘴医生'，一边飞也似的跑开。"⑤中世纪的欧洲因瘟疫发生，还衍出避暑习惯，黑死病"从春天起便开始成为灾害，一直延续到冬天到来

---

① 汤开建、吴志良主编：《"澳门宪报"中文资料辑录》，澳门：澳门基金会，2002年，第245—246页。

② 《官调医来》，《镜海丛报》，光绪二十年八月廿七日，第六页。

③ 《任怨堪嘉》，《镜海丛报》，光绪廿一年四月廿八日，第六页。

④ ［英］亚·沃尔夫：《十六、十七世纪科学、技术和哲学史》下册，周昌忠、苗以顺、毛荣运、傅学恒、朱水林译，第500—501页。

⑤ ［德］伯恩特·卡尔格－德克尔：《医药文化史》，姚燕、周惠译，第244页。

之前"。富人们到乡间别墅去度假，并非完全是为了躲避热浪，还是为了到地僻人稀处躲避瘟疫①。人群规模隔离是西方的防疫方法，中国传统上并无此法。但当疫情爆发时，中国百姓也有自发举家迁移，分散野外，脱离疫区的作法；中国自古也有专用于隔离瘟疫病人的"疠所"。

澳门紧邻粤港，为防鼠疫传入，葡澳当局于 1894 年 5 月 15 日颁布条例："所有由省城或香港来澳之船及火轮渡船并火轮渡等，务须委医局医生于各客未登岸之先，诣船查看，倘有华客生有疔疮疫症，或疑其患此症者，尤须留心阅视，是为至要。水师巡捕统领宜饬属吩咐各项船只由省城抑或香港而来者，若疑该船内人有病症，则不准登岸。倘查出果实有患病者，应将其人留于船内，随即照知医局医生，俾得前往验视。"外地来澳"无论火轮渡船及小火轮渡，各人患有此疔疮疫症者，则不准其登岸。如有夹板并桅船或摇桨之各船只人等患此症者，应立即用火船拖其出埠"②。6 月，澳葡当局又颁行《辟疫章程》：规定各类船只在指定地点靠岸；水师、警员在岸边巡视，以防船只在规定以外的地点登岸和人员擅自入境；无特殊情况，晚间任何船只不得与岸上人往来；白天由关闸路径来澳者，必须经官医验视后准入，晚间无论何人俱严禁由关闸陆路入澳；养生局负责向各入关处派驻医官严密守查；监督街道房屋的清洁；所属各离岛也照款办理。澳门弹丸之地，与广东、香港之间的通道有限，加上实行一定范围的交通管制，在关闸和码头采取严密的陆海检疫预防措施，1894 年竟得以在粤港鼠疫的包围下安然无恙。

对于染疫者，则在澳门就地设立隔离区。主要设三类隔离区，一是医院及附属隔离点，这是重点防范地带。澳门绅商在自然瘟疫面前，表现出高度自觉，为澳门防疫避疫做出突出贡献，公共性一个重要表现便是民众的广泛投入，或相当程度上的公益性，"前录华人商绅拟在湾仔建搭大棚厂一座，安置病众，顷已在厅官处禀准……澳中华绅卢卓之、何穗田竭力襄助，立督工匠人役择得石角嘴地方附近拱北关分厂海旁圹区，建成大厂，

---

① ［法］费尔南·布罗代尔：《菲利普二世时代的地中海和地中海世界》上卷，唐家龙、曾培耿等译，第 376—377 页。

② 汤开建、吴志良主编：《"澳门宪报"中文资料辑录》，第 229—230 页。

分作两层，约容数百人之广，即日分将医院二十名运载赴厂，临行时一人告毙，共得十九人之数。何、卢各题捐善费银一千元，公栈亦助银千元，在籍候补道陈芳捐银四百元，其余绅商并解囊以相助，多寡之数，各视其家之有无。甚善举也"[①]。该隔离病区办理得颇为成功：

> 石角嘴新设之镜湖医院分局，既得地利，复竭人功。盖滨海临水，绝无地气之升腾，四面生风，所有疫气而荡涤。各等工役人众照料周详，遇有病故，统照华人规程，西医不行过问，缘是人心欢畅，不起惊惶，安心调治，凡进斯厂者，多有回春。云该厂绅董何、卢两商，既捐资财，又复不惮劳苦，按日赴厂指点，故人人不敢偷安。[②]

二是发病区，"廿五晚，（福隆新）街内有妓名成就，沾有时疫，事为西官所悉，虑为传染房屋，立饬黑车一具，载赴医院。……是日，有某宅雇唤街车，载其八龄幼女前赴医院，于例不合，西差将车拘赴捕房，车夫当即保释。车待熏涤，交给公司备领。现时西官深虑时疫传染，别用手车全行漆黑，以异夫街车者，专载病众"[③]。染病地区自成一隔离系统，严防死守，不得随入，交通工具也严格区别，特别标示颜色，使得疫区和医院两点之间的往来交通全线隔离，避疫消毒措施可谓严格。

三是海上小艇，根据澳门人口密度大，陆地隔离区毕竟有限，并难以全面隔离的顾虑，而建立海上隔离区。疫情期间，澳门方面就已观察到："其有未曾染恙之人，最善系迁诸水次买艇而居，因乃疫气不到疍民之处（实际上是鼠蚤不宜到水处），省港均着明验。人既移居疍艇，岸上之众不能广为传播，时疫何能住脚。"[④] 除健康人众到海上避疫外，病患者也赴海上隔离，水手东街"屋内有周姓妇，其女初患发热，移居小艇"[⑤]。

但隔离措施亦有不足，水手东街尽管死亡人众，"现在所移人户，尚

---

①　《善则旌之》，《镜海丛报》，光绪廿一年五月初六日，第六页。

②　《办理妥善》，《镜海丛报》，光绪廿一年五月二十日，第五页。

③　《又弱一个》，《镜海丛报》，光绪廿一年四月廿八日，第五页。

④　《再译西报》，《镜海丛报》，光绪廿一年五月初六日，第一页。

⑤　《择地谕迁》，《镜海丛报》，光绪廿一年四月廿八日，第六页。

计数家，讯何以不迁，对以无屋肯租，仍伏处于一室。按例，疫死当即呈报，派发差役用药洗涤，然差少地广，或隐匿未报，类难遍查，西官又恐民逃，不肯操切，查有不报，弗敢严罚示警。所以疫死之屋，多有依常居住者，仅就所知而言，已可叹谓，况未知之屋，更且多众耶。愿望西洋官速择各段空闲之地，搭建棚厂；或非患疫而先迁之屋，婉向业户商借安置此等贫民，一俟事平，照常散居"[1]。隔离措施有时又未能及时察视疫情，做出调整，以致过犹不及，如香港对澳人的超时隔离便引出澳人抱怨："近来澳疫已靖，由省港而来者，每日纷纷不绝于途，独由澳门赴港则仍照前不准，未审延至何日，始能大开禁例。"[2]

完善公共卫生体系。鼠疫主要依靠动物宿主即鼠类和昆虫媒介即跳蚤等传播，所以环境卫生特别重要。"去腊沙栏仔一带时有不洁之居藏纳病人，华政微有所闻，即率暗差严为搜查，各等不洁之屋亦一律督令洗涤。下环街阴巷常有遗矢于途，西差禁无可禁。惟常行巡视，泼以辟秽药水。"[3]水质特别是饮用水的清洁也引出人们的特别关注，1895年，恰逢"春时少雨，亢阳致疾，虽曰天时究不可不赖人事而补救之。近闻各街巷之贫户多有食井干渴，求水艰难，前请雇派民船，别用小轮拖带前往银坑取水，以济民饮之议，何以至今而不举行。……西洋官购备辟毒药料，沿街焚烧，辟秽药水，沿街洒泼，加雇扫夫，督除秽恶，似亦先机预防，处虑周密矣"[4]。澳门的一些地区原有收购出售旧衣物的营生（按：20世纪后期，中国沿海地区有人买卖舶来的外人旧衣物，后来在政府有效管理下消除。实则，这在旧社会是传统业态，当铺、沽衣铺等均经营此），在大疫面前，显得特别不卫生，正是跳蚤臭虫虱子最易滋生的处所，澳门官民同心协力革除弊端。"三巴门各街杂架店并草堆街一月押等铺均藏有破烂衣服，秽垢不堪，或从病死之身剥脱而来，亦未可悉。亦之转售，深虞贻害他人。即使积藏未售，气息蕴结，亦决不利于本店。廿四日为梁华政查

---

① 《择地谕迁》，《镜海丛报》，光绪廿一年四月廿八日，第六页。

② 《此是何为》，《镜海丛报》，光绪廿一年六月初三日，第六页。

③ 《平安告慰》，《镜海丛报》，光绪廿一年二月十七日，第六页。

④ 《仰请留意》，《镜海丛报》，光绪廿一年三月十六日，第六页。

悉各店之内藏有此等秽恶衣服，立带暗差赴店搜查，统将所藏破衣及秽垢布料，按斤给钱，抬到妈阁海旁空旷之地，取得火油二十箱，发火焚化。于时各店俱谓夺其利益，如此办法破耗资本，多不欲遵，间遣妇女由头哭，继以咒。华政毅然不顾，照价收物，略不为动。此则刚断之大可嘉也。旋闻各仵作多有抬尸至坟，盗取其衣入澳典卖者，乃遂驰赴各殓工之寓查搜，果得积衣甚伙，责饬数言，取而焚之，并不给值。即谕守关闸之西兵，遇有抬棺人役葬毕而进者，务须搜检其身，藏有死人衣服，拘解候讯。"①因为利之所在，某些贪利之人竟敢企图蒙混以身试法，在镜湖医院焚烧收缴秽衣的工人"从衣中检出值钱者"，于是将衣服"盖怀藏将典卖"，舆论要求澳门政府督促院方严加查处②。

疫症期间，澳门还普遍采取了全民动员的全岛熏蒸法，就是在统一时间，全澳同时点燃药气，对各种病毒进行灭杀。此法在西方早已行之，古代欧洲，"为了消除空气中的毒气，市长命令人们在空地上点燃木柴堆，在狭窄的街道和公共建筑里熏香料"③。熏蒸法在澳门实行可谓中西合璧。"现在西官日为整洁民居，沿街焚烧辟秽各药，地广力微，似无甚益。不若民居各自焚药，同时举办，则药气熏蒸，通澳结成祥瑞矣。"④此法澳门市民以为新奇，也颇愿意接受。"更有最妙之术，莫如齐将辟毒药分早晚两次，通澳齐烧，其气蒸蒸，疫无处藏，必将消退。若虑贫家无资，可赴公局取药，早晚两炊后，因其余热而焚之，不须买薪。"⑤内中所载的免费发放药物，使得贫穷人家亦能同时实施，正是构建近代全民共享的公共卫生体系的最基本要义。因为有广泛参与，民众的监督也非常踊跃，"迩闻人言，洁净局人役顷以勤劳过甚，遇有亡人之屋，仅用硫磺熏灸，不似从前之奋力常开机管灌药极射，云有时停尸于室，待医赴验，竟过一夜之后而始埋，患疫之屋却不着人搬迁，听其留住，赴葬之尸混同一处，粤俗

① 《任怨堪嘉》，《镜海丛报》，光绪廿一年四月廿八日，第六页。
② 《请即严查》，《镜海丛报》，光绪廿一年四月廿八日，第六页。
③ [德]伯恩特·卡尔格－德克尔：《医药文化史》，姚燕、周惠译，第244页。
④ 《仍须官办》，《镜海丛报》，光绪廿一年三月十三日，第五页。
⑤ 《愿为留意》，《镜海丛报》，光绪廿一年五月初六日，第六页。

数年之后多有检骨，其旁当有疫葬之坟，发土播扬虞沾秽"[①]。此种熏蒸法据说十分有效，直到民国年间，福建等地爆发鼠疫，也经常性地采用此法。[②]

中医作为中国的传统医疗体系，在澳门这样一个中西交汇的地区有着不可替代的作用，也是澳门公共卫生体系中不可或缺的部分，华民于此有特殊认同。既为全民防疫，民间社会积淀了大量药方，充分发挥民间智慧，亦为题中应有之意。

> 天通街有邓云山医生，名贵修，前在镜湖医院施诊，甚著名望，今有医论一篇，良方数条惠到本报，嘱为刊登，以期公而济世，其中皆言时疫，措意超奇。……据言业经试验多人，因分录其方以待酌：正珍珠末、正土牛王各二钱，金丝熊胆热酒融化晒干；正田七各三钱，箭炉麝香、正蟾苏、柴胡、羌独活、苏叶、只壳、尖槟、法夏、黄芩、苍术各五钱，葛根、麦牙俱八钱，川朴、甘草、藿香陈皮四钱，研末为散，每服七分，用瓶存好，小儿分半服用，或清茶，或白滚水具（俱）可，先服此散一瓶，亟讯病人每日有大便否，如见便结，约三两日不遗矢，照下开方服之：卫茅一两，朴硝、生军俱后下，扁畜、柴胡各五钱，川朴后下二钱，羚羊先煎，苏梗、法夏各四钱，只实三钱，桑白八钱，酒芩六钱，服后若每日已有大便三次，照下开方治之：先服散，后服药，防风、柴胡、木通、川连、羚羊先煎，地榆各三钱，犀角先煎，川朴后下各二钱，石羔、卫茅各一两，黄芩五钱，若见发烧，乍寒乍热，头昏起核，口干苦渴，便短心痛，即服此方，二三剂必能应验。平素体虚气弱，身部作核，乍发寒热，而不见口干苦躁者，是谓阴症，立服下列此方，断无不验：鹿角、胶下后、附子、大归、比白、芥子、酒芍各三钱，玉桂去皮，药水局四分，大熟地一两，灸草钱半，干姜二钱，麻王七分。[③]

---

① 《译文附言》，《镜海丛报》，光绪廿一年四月初七日，第一页。

② 《普遍毒鼠完成，剿灭鼠类万五》，《福建时报》，1947 年 3 月 13 日。

③ 《异论超奇》，《镜海丛报》，光绪廿一年五月初六日，第六页。

推行公共疫情报告制度。澳门原无疫情报告制度，鼠疫期间，特颁《医馆规条》，以法令形式硬性规定医生"疑系因奇异病症身故者，须立即报知医局及华政务厅"[1]。就是建立疫情官方报告制度，此处的"立即"二字尤为重要，疫症流行当下，时效决定着防治的成本。"家有疫人，立即驰报金罢刺，即旧议事庭之议事公局也，循章往报局绅，自会料理，一切周全，贫民不必破耗，官为出资，抑奚庸自费精神雇街车而犯例。"[2]最为难得的是，只要及时报告疫患，便实行疫病患者的免费运送和治疗，这是公共疫情报告制度真正能够实行的必要前提。民间报刊对疫情有始终如一的不间断报道，开设《时疫汇记》等专栏公布疫情。"去岁冬间，复传至澳，春夏之交，气势颇炽。……前礼拜内澳中各妓寨尚觉照常安静，近则奔涉将空，十家九闭其门。新围一巷，全行迁去。福隆新街仅留四五家。细查疫死之人，福隆新街则有金佩兰之婢，新围五妹，白眼塘华彩妓之遭患者约略可数；然在本屋而亡者仅金妓之婢，余或走匿前山，奔赴省城，然后毙命。"[3]妓院来往人多繁杂，既是疫情传播的重点，也是消息流播的场所。风流文人，怜香惜玉，为风月场痛惜，每每以此赋文，从异样角度透露疫情："纸醉金迷之穴，花天酒地之场，曾几何时，云散风流，不仅有人面桃花之感，走马章台，今昔异观，盖第见连房寂寂，绮阁沉沉，一领青衫早已啼痕数渍矣。连日福隆新街各妓屋，只见奔迁，殊不见有还巢者，入夜通街寂然，灯昏窗暗。"[4]真是往昔烟雨繁华地，今日孤客断肠人。在改造街市环境的同时，顺带改造了社会陋习。

改善公共环境。在这个领域，进行了三项影响深远的工作。首先，改造如厕环境。"澳地行人，不论中西人士，每每于路隅阴僻之地私行便溺，积秽熏人，行客掩鼻。如炉石堂、果栏街、十六柱旁各横巷内及下环街之阴巷，均有如此之弊。应速派人洗涤，禁人便溺。修人事，以待天时。"[5]为方便人们，维护环境，澳门总督下令"将澳内所有损身致病之原，再加

---

① 汤开建、吴志良主编：《"澳门宪报"中文资料辑录》，第245—246页。

② 《又弱一个》，《镜海丛报》，光绪廿一年四月廿八日，第五页。

③ 《时疫汇记》，《镜海丛报》，光绪廿一年四月廿一日，第五页。

④ 《又弱一个》，《镜海丛报》，光绪廿一年四月廿八日，第五页。

⑤ 《仰请留意》，《镜海丛报》，光绪廿一年三月十六日，第六页。

清理。乃近闻各家厕所，殊失妥理洁净之道。其因而毙命者，未始不出于此。为今之计，自宜速筹良策，尽绝根株"。根据澳督命令，澳门管理华人事务的官员也颁令："西官近以各家所建粪坑有碍生氏，华政示悉，澳定于五月十六日起限期三十日为止，一律粪坑统须填平，改用粪缸。自出告示十日之前，有厕之家，须赴粪政厅呈明听候派查，堪用药熏洗方得兴工填塞，如违治以抗官罪。"[①] 厕所如不洁净，易滋生毒虫鼠类和病毒细菌，"梁华政查知是街横巷内有阴厕一间，建不如法，气息蕴结，播而为患。特将是处之附近邻居并其厕所，统行封禁，限令五日之内尽行迁移，不许人住此。则可谓深有救时之道焉"[②]。除对私厕进行改造外，舆论还呼吁，根据澳门实际情况，兴建更多公厕，更重要的是，当局除制定计划外，还应检查计划的落实，以免徒具空文。早在 1894 年 4 月 14 日，澳门议事公局鉴于"澳地人居稠密，店户繁多，计其人数不下十万余口，日有所食，则必有所宣泄，此理之自然。顾计自能设厕之家，十不得一。澳中屋租虽平，屋宇亦大第比惟中上之户耳。贫寒局处，举目皆是床榻，且不得安舒，而何望夫设厕。各等小店，更惟其屯货经营，安有余地，则筹所急耶。以故遇有内急，奔驰数百步而竟怅怅然无以自解者所在恒有也"。所以通过议案，在澳门全岛增设公厕 8 间，以方便居民。并与承包人区芳订立修建公厕合同，限期修建完毕，但时过数月，"虽未届期，然亦相去不远，曾未相有地基，备有材木。岂待临渴而掘井乎！岂合约乃是具文，尽可延缓废蒨乎！各等商民多欲急建公厕，以便其私。愿西官之早留意"[③]。

其次，禁晒粪饼。岭南村民原有在空旷地暴晒粪饼的习惯，以储存粪便，按时令田间施肥。但此举污染环境甚大，除不雅观外，还招惹蚊虫，臭气熏天。为此，澳门当局在瘟疫流行期间颁布强制命令，禁止再晒粪饼。"兹查本澳及附近等处，向以粪料播田，以尿水灌溉花菜等园，殊与保卫民生等事大有妨碍，亟宜力除其弊，是以拟自西本年五月初一日即华四月初七日为始，即将下列各条严行禁止，如有违反，定必治以抗官之罪，

---

① 汤开建、吴志良主编：《"澳门宪报"中文资料辑录》，第 245 页。

② 《鼠中流疫》，《镜海丛报》，光绪廿一年五月十三日，第五至六页。

③ 《民情上吁》，《镜海丛报》，光绪二十年九月初三日，第五页。

各宜凛遵勿忽。一、无论澳内何处，概行严禁堆储粪料尿水。二、在本澳及附近等处严禁做晒晾粪饼。三、严禁以粪料播田，以尿水灌溉菜蔬。四、所有澳内及附近等处晒存之粪饼堆，准于西本年五月初二日即要搬清出澳外，如违，即将该粪饼充公，仍使上宪发落。"① 此举当然影响到村民利益，引致村民抗议，澳门当局为了公共大局，仍持坚决而强硬态度，甚至不惜出动军队来推行。"望厦一村，近时派有西洋戎兵多名，驻守村外，因是众口纷腾，有谓因禁村民晒粪，寰聚耕农数百，禀乞循照前章，删除此例，澳官不准，民情愤然，故派兵以预防也。"② 大疫当前，有时政府必须以强力举措果决对待。

再次，禁私屠乱宰。瘟疫发作，动物传染源格外引起关注，有人就认为澳门鼠疫的发作最早是由北海地区引进的猪所引致，故而，严禁对病畜私屠，"昨有屠人私将出痘之猪一口开宰售买，业经割售过半，始为巡差知觉，拘送于案。现时澳中议事公局新更局员，增删旧章，其巡查局差近复增加两目，别为正副，以督各街散巡，似应遇事加勤，时为查视，以免细民贪利屠病畜以伤生"。③

强化公共卫生意识。疫病流行，人们对突发性的自然现象难予解释，使得民众转而乞求神灵干预，认为这是"疠鬼为灾"，"瘟神出巡"，将其归于"鬼域"或是"神界"，故而将瘟疫与神灵联系，建醮祈禳以驱疫气，有"送瘟神"之称。疫症猖獗日，也是迷信极盛时。"近有蛋民某自称为阎魔王之婿，能向阴曹说情，可以保全人命，倘造其处，求乞寿元，定免疫劫。此次澳地之灾，实系阴司怒人不道，如能改过迁善，速具香烛财帛祈求，自蒙神佑。雇备小船一只，逍遥河上，引惑愚民，借求财利。曾赴医院，簧惑绅董，请建高台，丈尺如式，每日送进病人四名，登台可以救活云。澳官闻而恶之，将行执惩，某已知风，移泊华界。"④ 还有人称："时疫因系某处有大蛇一条，喷毒中人，以致各处居民受其毒害者互相传

---

① 《示禁嗰粪》，《镜海丛报》，光绪廿一年二月十七日，第六页。
② 《未知何意》，《镜海丛报》，光绪廿一年三月廿三日，第五页。
③ 《私屠病畜》，《镜海丛报》，光绪廿一年正月十二日，第六页。
④ 《妖言可笑》，《镜海丛报》，光绪廿一年四月一日，第五页。

染，宜用老糠半斤，盐四两，延门焚烧，方辟其毒。当时以为邪谬，笑其虚罔。不意，前数日，沙岗某炮竹厂内各店伴因欲扫除积垢，统将所有堆存之炮竹旧箱移开，甫将竣事，箱旁露出大蛇一条，张口吐舌，腾掷而前，众伴惊呼，各持器械奋前围击，当将蛇首击碎，横尸街前，度之计长一丈有奇，权得数十余斤。则昔之所造扶銮仙语虽等无稽，似此而观，殆将益神其说。"[①]讹言流言纷传之际，强化公共卫生意识，宣扬科学，消除迷信为平定人心的当务之急，"连日所报死册，多不过八九人，少仅四五人，均属时症而毙也，可见徒媚于神，祈福巡游，殊属无益，必尽人事以遏天灾。……五月初一日，有等愚民竟视此日为元旦，以为改岁即免劫运。……又有讹言，有神降于马留洲，附言初四日各户之前当以糠一斤，盐四两焚之，自可消劫，是日米糠为之涨价"[②]。作为公共舆论工具的《镜海丛报》等多进行解除民众疑惑，宣传科学道理的工作。但在疫症流行时期，有些行为则属于宗教性质的祈福，显现澳门作为多种宗教和睦共处的多元文化意境，表达人们战胜疫症天下安康的良好意愿，体现民众送除瘟神的喜悦祝福。澳门多有这方面的活动，不应简单地以迷信视之。"神道设教，中西同然，第所奉之神各异耳。天主教中，内有神名圣罗忌，云能制疫保安。由十六日起，西邦持教之徒科集钱文，分赴大庙及龙嵩庙，诵经祈祷，求澳地之平安，共连九日而止，西纪本月十九号，仍奉斯神巡行街道。"[③]"连日澳中各教堂男女奔趋异常闹热，皆因颂赞真神，而至盖缘澳之时疫已靖，追念神恩，同为酬谢。"[④]"澳中连获大雨，涤洗渠道，净无尘渣，所有时症，渐庆安平。惟系平昔疫未到之区，劫数难逃，微为未靖耳，以故澳中绅众，拟将日前所迎陈绥靖伯及各仙灵再在澳中巡行三日，择于十六日奉驾还宫。"[⑤]

通过一系列措施，澳门疫情平息，《镜海丛报》于 1895 年 6 月 26 日宣称"时疫已静"，说是"前录下环水手街一带，尚有病疫之人，或一二

---

① 《遇赤帝子》，《镜海丛报》，光绪廿一年五月十三日，第六页。

② 《善则旌之》，《镜海丛报》，光绪廿一年五月初六日，第六页。

③ 《同心祈福》，《镜海丛报》，光绪廿一年四月廿一日，第六页。

④ 《酬答神恩》，《镜海丛报》，光绪廿一年六月初三日，第六页。

⑤ 《灵神返驾》，《镜海丛报》，光绪廿一年五月十三日，第六页。

名不等，今已安平，一律咸告无急"①。并报告"现时澳疫已靖，商场渐汪，民生大安"。②

鼠疫、霍乱、天花是人类疾病史上传染最烈的瘟疫，历史上，鼠疫世界性的流行有三次，即公元 6 世纪中叶东罗马帝国的"查士丁尼瘟疫"，公元 14 世纪蔓延欧洲的"黑死病"，而第三次就是 1894 年始于穗港的腺鼠疫大流行，这次鼠疫以香港为爆发传播点而蔓延到东亚、东南亚、印度洋地区乃至非洲，成为那个世纪末的世界性传染病。但近在咫尺的澳门却仅只是稍有感染，未见流行性传播。那时间，香港的一些机构曾迁到澳门以躲避瘟疫，如基督教会创办的"九龙心光书院"（Blindenheim School for Blind Girls, Kowloon）就曾一度迁往澳门③。澳门在疫区核心圈子中独成一块"净地"。

这里要提出一个关键问题，即生物病源的问题。古代的人们已经凭直觉意识到鼠疫的流行或与动物有关。"不要吃动物翅膀、水鸟、乳猪，不要吃老公牛肉，千万不要吃肥肉。"④ 鼠疫被认为自明朝万历九年（1581）已经在中国的某些地区流行⑤，而老鼠与疫病间的关系也早有直观觉察。相传作于 1792 年的云南学人师道南的作品《鼠死行》曰："东死鼠，西死鼠，人见死鼠如见虎；鼠死不几日，人死如圻堵。昼死人，莫问数，日色惨淡愁云护。三人行来十步多，忽死两人横截路。夜死人，不敢哭，疫鬼吐气灯摇绿。须臾风起灯忽无，人鬼尸棺暗同屋。乌啼不断，犬吠时闻。人含鬼色，鬼夺人神。白日逢人多是鬼，黄昏遇鬼反疑人。人死满地人烟倒，人骨渐被风吹老。"但古代中国人对鼠与疫之间链结的认识还是模糊不清。西方人也没有认识到鼠和疫间的关系："几千年来，大部分人（包括医生）都把瘟疫看做是超自然力量的暴行，或把它看做是星象不吉利以及土地、水和空气发臭时有毒物质所带来的自然灾害。但从古代到近代，也有个别医生和自然研究学者认识到瘟疫有活跃的传染物，并把这种想法

① 《时疫已静》，《镜海丛报》，光绪廿一年闰五月初四日，第六页。
② 《请增新例》，《镜海丛报》，光绪廿一年闰五月初四日，第六页。
③ D.MacGillvray, *A Century of Protestant Missions in China (1807-1907)*, San Francisco, 1979, pp.591-593.
④ [德] 伯恩特·卡尔格－德克尔：《医药文化史》，姚燕、周惠译，第 244 页。
⑤ 曹树基：《鼠疫流行与华北社会的变迁（1580—1644 年）》，《历史研究》1997 年第 1 期。

告诉公众。"其中便有生活在恺撒时代的古罗马学者瓦罗（Marcus I'erentiur Varro）曾提出存在活病原体的思想，他认为这种病原体是极小的看不见的小生物，这些小生物会"随着空气通过嘴和鼻子进入人的机体，并且造成感染"。1546 年，意大利医学家弗拉卡斯托罗（Girolamo Fracastoro）又提出传染病的产生不仅因为空气中带有病原菌，而且也因为人和人之间直接接触，以及使用了被染上病菌的衣服用品。[①]1683 年，荷兰非专业的研究人员列文虎克（Antony van Leeuwenhoek）通过显微镜发现了细菌，从而开辟了微生物学的新领域[②]。但是，鼠疫杆菌并没有被发现，鼠疫的传播途经并不清楚。科学技术史研究的权威亚·沃尔夫曾列举了 18 世纪医学"错过的一些机会"，其中便有 1762 年时，维也纳人普伦齐茨曾"力陈每种类型传染病都是某种微生物引起的，但这种观念在十八世纪未产生结果"[③]。

这一谜底直到 1894 年香港鼠疫大流行才从病源学上得到科学解释。疫病流行期间，1894 年 6 月 13 日，由日本微生物学家北里柴三朗率领的研究小组到达香港，他们在肯地亚医院设立了实验室；两天后，瑞士细菌学家耶尔森（Alexandre Yersin）一行抵港，在爱丽斯纪念医院内的一间草房设立了实验室。他们分别对香港的疫亡者和死鼠进行解剖检查，发现两者的淋巴结和血液中都有大量相同的杆菌，进一步的实验证实：鼠疫的主要传染源是老鼠。北里和耶尔森先后于 1894 年 7 月 7 日和 30 日分别在香港报告发现首尾圆形、轻微着色的鼠疫杆状物，同时，通过解剖，在世界上首次发现淋巴腺鼠疫杆菌（两人发现的并非同一种微生物），后以耶尔森的名字命名为"鼠疫耶尔森氏菌"（Yersinia Pestis），瑞士政府为此特别发行了印有耶尔森像的纪念邮票。这又是"惠及香港在医学史上'纵死犹闻侠骨香'的事件"[④]。这是国际合作的典范，既然病毒无国界，医疗也应该是无国界；卫生事业经常标举"公共"两字，乃世界性的"大同"，

---

① [德]伯恩特·卡尔格－德克尔：《医药文化史》，姚燕、周惠译，第 236 页。

② [英]亚·沃尔夫：《十六、十七世纪科学、技术和哲学史》下册，周昌忠、苗以顺、毛荣运、傅学恒、朱水林译，第 486 页。

③ [英]亚·沃尔夫：《十八世纪科学、技术和哲学史》下册，周昌忠、苗以顺、毛荣远译，北京：商务印书馆，1991 年，第 577 页。

④ 参见《香港医学博物馆开幕纪念特刊》，第 58—59 页。

是全球性的"大公"，是全人类的卫生共同体。在无孔不入的病毒面前，设置地缘政治的壁垒，构架意识形态的障碍，采取以邻为壑幸灾乐祸的态度，实行构陷他人的图谋都既无益又无效，到头来反害自身。

对于鼠与疫关联的发现，《镜海丛报》曾有报道："有人言鼠死乃起疫之影，此非如是说。但有鼠死，则其地必有疫虫，此兽之嘴，离地不过一寸，甚易嗅毒，曾为剖验毒虫，由鼠嘴而入，其死最速。且鼠之所居，最易传病，故有先声。特未有精识，将虫安入猪牛狗身上，细为查核耳，原夫核症乃系一种可传之热病，揆其性质，因有一种恶虫，最喜先行走入血，继入脑，又入血管。一千八百九十四年六月十四日，东洋医基础达沙度经在港之医院从病人之粪、之血、之身上核寻出一种毒虫，究其何以而得，一因污垢，二因人多。"[1] 报道只是初步，未得科学真相，捕风捉影处甚多。可见当时的澳门人对鼠疫病理尚未知晓，对科学的检验方法感到神奇，对近代的细菌乃至病毒学说所知不多，其描述多令人发笑。"闻澳门时疫盛行，欲寻疫虫考究，乃借其室同至镜湖，十四日并赴医院，亲取病人所患之核察看见有外已破裂脓血胶凝者，乃以银刀挑拨其脓，纳入玻璃瓶内，视其瓶内所载之物，乃系精牛肉汁，满浸发菜。据言此等疫虫最喜以发菜为巢，其牛肉汁则借以养育其虫也，近已取得一种疫虫，质极精壮，堪养至两年。"[2] 但澳门某些人也已开始认识到鼠与疫间的关系。《镜海丛报》光绪廿一年五月十三日的论说标题就是《鼠中流疫》：

> 大凡有疫之地，屋内之鼠必有先为兆警者。或阴毙于沟中，或跳伏于庭畔，俄而遂死。察其尸骸，竟有目珠迸裂，其毒可谓甚焉！……且闻不仅水手街各屋有死鼠之事，西洋殷富之住宅亦属同然。传闻此等耗子，未死之前，多有缓步游行，棱巡堂宇，或踊跃而后毙。有某西人宅，地极清洁。耗子亦棱巡而出盘桓厅际，一日而手为击毙者，得十八头，沿街死鼠虽经西官派人收埋，而间不及捡者尚多暴于烈日，

---

① 《照译西报》，《镜海丛报》，光绪廿一年四月十四日，第一页。

② 《不惮烦劳》，《镜海丛报》，光绪廿一年五月二十日，第五页。

苍蝇营营，寄语行人，统宜留意。[1]

当然，这些都只是敏锐的觉察，还不能科学确认。1894 年在香港发现鼠疫杆菌后，其传播链并不清楚；1897 年西方学者提出腺鼠疫的主要传播媒介是跳蚤。这年，奥斯塔（M. Ogata）首次提出鼠疫借助跳蚤传播，鼠—蚤—人的传播链条开始串接，但鼠疫的传染机制完全清晰是 1914 年由巴科（A. W. Bacot）所揭示。在未发现鼠疫病源之前，只能进行漫无目标的消极防疫。

对澳门没有出现大规模鼠疫流行的原因，东京帝国大学医学教授青山胤通认为主要得力于以下几个因素：一是澳门的中国劳工移动少；二是对香港腺鼠疫的流行采取严格的检疫；三是警察比香港得力；四是由于南风空气流通好等。[2]这只是概略分析。其实，澳门的警察未必就比香港得力，而空气的作用也未必有多么重要。鼠疫有三种类型：腺鼠疫（bubonic plague），经由寄生于带有鼠疫病菌的老鼠身上的跳蚤叮咬而感染；肺鼠疫（pneumonic plague），经感染人的肺部并通过咳嗽和嚏喷的飞沫而传播；败血鼠疫（septicaemic plague），经血液而感染。这次岭南流行的是腺鼠疫，并不通过空气或病人的飞沫传染，所以南风空气流动的直接意义比较有限。这与 2003 年 SARS 流行的情况不一样，SARS 与空气流通（气溶胶等）是有直接关系的。

可以看出，鉴于那个年代人们对鼠疫认识尚还有限，所以，澳门对鼠疫的传播链条也不可能有清楚认识，其防疫的针对性并不强（香港也只是从 1904 年才开始大规模灭鼠）。据流行病学研究，传染病流行的先决条件之一是要有大量易感人群，这样才能保留一个传染链。因此鼠疫的传播不可缺乏的是一定数量的人群活动。澳门地区狭小，人口密度大，人员流行性强，从易感人群角度来说，具备疫病流行的人口条件。但未流行，其因何在？其中最关键一点就是本节论述的主旨——防疫的公共性。它表现在以下特性上：

---

① 《鼠中流疫》,《镜海丛报》，光绪廿一年五月十三日，第五至六页。
② 转引自余新忠等：《瘟疫下的社会拯救：中国近世重大疫情与社会反应研究》，第 255 页。

普遍性，因为不能清晰认识鼠疫病源，只能全面防疫，整个澳岛，地无分南北，全行动员，建立公共性的防疫、卫生、隔离、环境以及疫情通报等项机制，这种缺乏针对性的普遍防疫反倒是特别有效且能持久。即以环境卫生而言，不仅能灭鼠，还能根绝跳蚤等的滋生，实际上有意无意地切断了鼠疫传播链。广州、香港因为地域面积较大，人员更多，故而在防疫的普遍性上比澳岛难度要大得多，往往顾此失彼。造成的结果是，1894 年广州、香港的鼠疫爆发显现为"片状"，而 1895 年澳门的鼠疫流行仍局限于"点状"。

全民性，中外人士、官绅士兵、士农工商、老幼妇孺、贩夫走卒、妓女屠夫，无所不包，整体动员，全面参与，各司其责，互相监督。这里，民众的公共参与十分重要，这与香港等地形成较大反差，港岛鼠疫流行期间，在一段时间内有很多民众不理解政府的作法，朝野之间、中外人士之间、中西医之间颇有冲突。而澳门则基本没有此方面的情况，极少摩擦，全民一心，共同防疫，没有相互力量的抵消，彼此举措的抵牾。香港与澳门比较，整体环境上或许还要略好，特别是达官贵人的居住区，但是，港岛环境差的地区比澳门则尤甚，如太平山一带，环境恶劣，人员拥挤，贫困潦倒，而鼠疫正是在这些贫民区肆虐，澳门则甚少这样的区域。

制度性，通过议事会用立法的形式颁发了《防疫条例》《辟疫章程》《丧葬管理条例》《创设医馆规条》等，还对病区隔离、疫情通报、公私厕所、环境卫生、牲畜屠宰等做了一系列制度性的规范。

公益性，有钱出钱，有力出力，因为瘟疫患者主要在贫困人群中，如果不实行防疫和治疗上的廉价甚或免费，传染源将难以从他们中根除，所以，公益性是近代公共防疫体制中最典型的表征，1895 年的澳门，在这方面，做得非常之好。一言以蔽之，公共性乃澳门避疫成功的重要秘诀。

二　打开在华商路的重要手段：缔结条约

武力侵略与签订条约是西方殖民者扩大势力范围的惯用两手，目的都是为了最大限度地攫取包括商业利益在内的各种利益，前一手为用暴力手段打开对手门户，撤除封堵通道的围栏，然后步步进逼，打通深入堂奥的路径；后一手将侵占的利益通过条约"合法化"与"法律化"，进而"固化"与"永久化"。各类条约中，通商条约是近代国家秩序下规范国际贸易的法律基础，因其与国家主权和国计民生息息相关，又被视为条约中尤为重要者，甚至有学者认为："通商条约为条约中之最重要者。"[①] 翻检近代中外约章汇编，通商贸易类条约在其中占有最大的数量，是中外约章的主体，其他政治、军事、外交、宗教、领土、边界等为主题的条约也多关联到商贸利益，其中的商贸条款甚多。因是西人主动东来，中国是被动的一方（清朝前期纂修《明史》，仅列《佛郎机传》《吕宋传》《和兰传》《意大利亚传》四个外国传，且内容错误极多。说明那时极少有去往欧洲的中国人），商贸约章多为西人要求签订。大致以鸦片战争划线，此前的商贸约章多显示出缔约方的平等关系；此后，中国成为列强侵略的众矢之的，陷入半封建半殖民地的深渊，不平等的商贸约章居多，不仅被迫签订了大量政治性条约，也签订了大量"侵损国脉民命决不下于政治条约的通商约约"。[②] 而且，政治与经贸很难分开。各类条约中以割地赔款、协定关税、被迫开放口岸、租界制度、片面最惠国待遇、领事裁判权等对中外商贸造成的危害尤为深巨。有清一代的中外约章并非仅止于打开在华商路，而关系到对中国政治、经济、军事、外交、领土的全方位侵略。对此，论者众多，本人不拟赘述，仅就前人未能充分发覆的若干问题叙述。

（一）样本例证

一般讨论清代约章多从 1689 年的中俄《尼布楚条约》开篇，认为这是正规中外条约的最早样本。此类认知不约而同地被各种教科书、权威研究专著、政府公文等所采，似成共识。但随着新史料的发掘和新研究的拓

---

① 吴昆吾：《条约论》，上海：商务印书馆，1931 年，第 139 页。

② 王尔敏：《晚清商约外交》，北京：中华书局，2009 年，第 15 页。涉及中外商约专门研究的著作除了此著外，还有几部。早期有，郑斌：《中国国际商约论》，上海：商务印书馆，1925 年；章友工：《商约论》，北平：中国文化服务社，1943 年。近来有，王栋：《〈辛丑条约〉以后的中外商约研究》，中国社科院近代史所博士论文，1992 年；李永胜：《清末中外修订商约交涉研究》，天津：南开大学出版社，2005 年；曹英：《不平等条约与晚清中英贸易冲突》，长沙：湖南人民出版社，2010 年；邱宏霆：《近代中日商约关系研究》，华中师范大学博士论文，2019 年；等等。

展，这一约定俗成的认知受到挑战，成为问题。下面开列的四件约章，通通签订于尼布楚条约之前，对这些约章应该如何看待？

第一件是《台湾媾和条约》①，1662 年 2 月 10 日于台湾热兰遮城签订②。签约代表：中方是"国姓爷"郑成功等；荷方是驻热兰遮城长官菲特烈·揆一（Frederick Coijett）等。约章共 16 款，主要内容：一、双方停战，释放战俘，互换人质，荷方在规定时间退出台湾，船只准予运送荷兰人。二、荷方的工事、大炮及不属于私人的粮食、商品、货币和其他物品均交中方。三、荷方所有的平民私产，经检验后得装船。米、烧酒、醋、油、肉、咸肉、面包、绳子、帆布、沥青、火药、子弹、火绳等物品得携带航途中所需数量。四、28 名荷方"众议会议员"，每位得带走 200 个两盾半银币；另 20 名地位较重要的人，准予合计带走 1000 个两盾半银币。荷方兵士准予携带行李，并依照荷方"习俗"全副武装、点燃火绳、子弹上膛、举旗打鼓离开城堡上船离去。五、华人中有向荷兰东印度公司负债者，其债务资料抄录中方。③

第二件是《清荷协约》，1663 年 10 月 27 日于福州签订。签约代表：中方是靖南王耿继茂，总督李率泰；荷方是提督巴尔特（Balthazar Bort，中国文献称"出海王"，从此称谓可以看出其与海洋的密切关系）。约章共 11 款，主要内容：一、清朝与荷兰为打击占领台湾、厦门、金门的郑氏军队，应紧密合作，不得破坏同盟关系。二、远征队由双方共组，同时登陆攻击敌人；清方帆船及小船由荷军指挥。三、攻占金门、厦门后，荷方必要时，可择取其中一地或其他地点驻扎舰队，以防海贼。四、克服金门、厦门后，联军应驶往台湾。攻取台湾后，清军应将该岛以及一切城堡对象交与荷方，供荷兰人居住。五、荷兰东印度公司在中国与华人同享贸易自由，不受干涉。但联军未攻克金、厦前，对荷兰人带来的货物，暂不讨

---

① 原件藏荷兰海牙档案馆（Algemeen Rijksarchief），转引自江树生译，黄永松发行：《郑成功与荷兰人的缔和条约，1662》，台北：汉声杂志社，1992 年。

② 据考证，1662 年 2 月 1 日是双方开始停火谈判的日期，条约的签订日期是 2 月 10 日。参见杨彦杰：《荷据时代台湾史》，台北：联经出版事业公司，2000 年，第 291 页。

③ 荷方提交中方的条款数目为 18 款，中方回复荷方的款项为 16 款，两约本略有出入，但差异不大。

论。六、清方应提供一优良船只，以便荷兰人遣使至巴达维亚报告情况。[①]

第三件是《台湾通商条约》，1672 年 10 月 13 日于台湾签订。[②] 签约代表：中方是郑经政府代表；英方是东印度公司代表勒鲁波（Simon Delboe）、德克雷斯（John Dacres）。约章共 13 款，主要内容：一、郑氏政府允助英国东印度公司人员在台湾之生活自由，保护英人及房舍或居留地的安全；英人得在其房舍及居留地揭示国旗及标志。如英方同意，中方得雇用英人。英方得随意选用华人为翻译。二、双方自由贸易。今后英东印度公司船得自由入泊台湾港口，在各处购备水粮、燃料等必需品；但除安平外，他地不得交易；除非特别紧急，不得驶入基隆港。公司船入港停泊，需将军器及帆舵等移交郑方，待船只出港时交还。三、台湾产糖及皮革的三分之一供给英人。英方以年租 500 比绍租借荷兰人原房舍。英方应纳进出口货物价值百分之三的关税，但专为郑经等所购货物免税；入台货物无法售出而重新装运出境时免税。公司同意每年将郑经所需货物运来。四、英方为贸易安全，可随时提出修改条约，郑氏政府应尽量承认。[③]

第四件是《台湾通商补充协定》，1675 年 7 月 9 日于台湾签订。[④] 签约代表：中方是郑经政府代表；英方是东印度公司代表巴维尔（Edward Barwell）、德克雷斯（John Dacres）。约章共 10 款，主要内容：一、英船入台湾，应向郑方官宪通知载货种类。货价由双方组成的委员会评议。英人得与任何人交易。二、准英方船只航行、运货、武器等自由处理。天候恶劣时，英船可入澎湖岛避难。英方人员逃亡，郑方应协助捉回。三、英人得居荷兰人在台旧馆，并升英国旗。房屋土地年租为 500 八单位里亚尔。四、英船应按规定数量运进台湾毛瑟火枪、铁、胡椒、布匹、白檀木、琥

① 该约仅见荷文本，汉文本似已佚。荷文汉译本见赖永祥、卜新贤、张美惠纂修：《台湾省通志稿·政事志·外事篇》，台北：台湾省政府，1960 年，第 26—27 页。

② 1670 年 9 月 10 日，台湾郑经政权曾与英国东印度公司订立通商草约 20 款，此为在上述草约基础上正式缔订的通商条约。参见 Dagh, *Register Gehottdenint Costeel Batavia, Vant Passerende daer ter Plaetse alc over geheel Neder! andts India*, Anno, 1673, pp.80-83；中文本参见曹永和：《台湾早期历史研究续集》，台北：联经出版事业公司，2000 年，第 249—250 页。

③ 高育仁、劭恩新等主修，郭嘉雄编纂：《重修台湾省通志·政治志·外事篇》，台北：台湾省文献委员会，1998 年，第 87 页。

④ 参见陈孔立主编：《台湾历史纲要》，台北：人间出版社，1996 年，第 100 页。

珀、珊瑚等货。英人得向郑氏政府、商人购买郑方出产的三分之一以上的糖及鹿皮。[①]

应该说，上面举例的四件约章，不仅未见于台北故宫博物院所藏的关于有清一代全部约章签字画押文本档案中[②]。而且未见于各类常见的约章汇编集，诸如李翰章等编《通商约章成案汇编》[③]、徐宗亮等编《通商约章类纂》[④]、颜石清等编《约章成案汇览》[⑤]、中华民国外交部条约司编印《中国约章汇编》[⑥]、黄月波等编《中外条约汇编》[⑦]、海关总署编《中外条约集》[⑧]，就连目前为止引用最广的王铁崖编《中外旧约章汇编》也未载。[⑨]"王铁崖本"堪称是业已出版的收录最全、权威性最强的旧约章汇集。但毕竟该书编辑于 20 世纪 50 年代，斯时诸多相关资料（特别是档案史料）仍未刊布或无法查阅，遗漏难以避免。故此，有待今人的补录。[⑩]

要说明的是，上列约章签署阶段，中国与外国仍保持基本平等的关系，即或以条约表面形式来看，也是平等的。《台湾媾和条约》完成从"国际法权"上收复台湾的正式手续。海峡两岸，隔海相望，一衣带水，不容分离。与荷兰所订是台湾回归祖国以及军事同盟条约，与英国所订是商贸协

---

① 刘鉴唐、张力主编：《中英关系年要录》第 1 卷，成都：四川省社会科学院出版社，1989 年，第 170—171 页。

② 该档册原藏台湾"外交部"，后移交台北故宫博物院，其档案名录为"故宫博物院'外交部'寄存文物清册"，收藏有关清朝、民国（1912—1949）的中外条约画押本，其中清代约章清册共 531 件（个别清册中每件含有两个约章），其中含有 174 个约章的原始文本，还杂入民国时期约章 10 余件和重复图册 10 余件。上述约本多为正式签字的原件，包含有中英《南京条约》、中日《马关条约》和中外《辛丑条约》等一系列在中国近代史上影响深巨的中、外文签字原始本。该档册在台湾"外交部"收藏时，作为机密文件密不示人，直到 2006 年台北故宫博物院才收到台湾"外交部"的部分档册解密通告，这批条约的中外文合璧画押本方才有限度地公之于众。

③ 李翰章等编：《通商约章成案汇编》，铁城广百宋斋版。

④ 徐宗亮等编：《通商约章类纂》，天津：北洋石印官书局，光绪戊戌年。

⑤ 颜石清等编：《约章成案汇览》，上海：点石斋刊本。

⑥ 中华民国外交部条约司编印：《中国约章汇编》，中华民国十六年。

⑦ 黄月波等编：《中外条约汇编》，上海：商务印书馆，1936 年。

⑧ The Inspector General of Customs, China, *Treaties, Conventions, Etc. Between China and Foreign States.* Shanghai: 1908.

⑨ 王铁崖编：《中外旧约章汇编》，北京：生活·读书·新知三联书店，1957—1962 年。

⑩ 因与此章大有关系，附带作一广告：笔者曾花费 20 余年的时间搜罗整理出版了《中外旧约章补编（清朝）》一书（该作品全二册，760 千字，北京：中华书局 2018 年出版），该书是王铁崖《中外旧约章汇编》的补编，凡汇编本已收录的约章，补编不再收录。王铁崖《中外旧约章汇编》分清代和中华民国两个时段，补编仅以清代为限，补录其未载约章。汇编收录清代约章凡 540 个，补编新增录近 300 个。

定。那时近代条约体制尚在形成中，其订约主体不尽是中央政府，或有地方当局和"公司"之属，不完全符合近代国际法规范，却奠定近代中外"约"与"章"并列发挥效用的常见范式。

要强调的是，上列四约，非本书作者首次揭出，前已有研究先进发现（前人研究成果均已在书中一一注明，不敢掠美）。此处特别列举，以彰显史料的不断发现和学术的不断进步，并从前此学者未能论述的角度提出一得之见。

（二）经贸蕴义

几份约章，经贸是重要因由和内容，下面侧重从这方面进行分析。

关于《台湾媾和条约》，16 世纪的最后十年，荷兰船队打破了葡萄牙、西班牙的海上统治，出现在亚洲海域，很快进入印度和东南亚，成为东方货物向西方的供应者，中国是其重要的贸易对象，台湾是其进入中国大陆的跳板。1619 年，荷兰人占据原爪哇属国巴达维亚（中国史籍中称"噶喇巴"），修筑城池，作为荷兰东印度公司驻东南亚的总部。他们打算用当地产品与中国商人交换，居间牟利。1620 年 5 月，公司指示：尽力劝诱中国商船把货物（主要是丝绸）运来巴城，而公司准备以现金、胡椒、檀香木等货物予以交换，并保证中国商船到巴城后可以不必交任何税款。与此同时，荷方还鼓励与堵塞双管齐下，全力阻止中国商船前往暹罗、柬埔寨等港口，巴达维亚殖民当局就曾明确通知中国帆船不能前往占碑、巨港、望加锡等地，只能驶往巴城。[1] 荷兰人的定点"招徕"具有强迫性质，也有成效，更多的中国商船往返于巴达维亚，1637 年到 1644 年，仅只是胡椒，每年就有 300 吨到 1000 吨输往中国。[2] 间接贸易毕竟要过手分利，荷兰人也曾谋求与中国的直接通商，未遂，却不死心，图谋先占中国岛屿作为据点，便利向中国大陆扩势。1622 年，荷兰人入据澎湖，1624 年，明

---

[1] 程绍刚译注：《荷兰人在福尔摩莎》，台北：联经出版事业公司，2000 年，第 11 页。Leonard Blusse, *Strange Company, Chinese Settlers, Mestizo Women, and the Dutch in VOC Batavia*, Foris Publications, 1988, p.115.

[2] Leonard Blusse, *Strange Company, Chinese Settlers, Mestizo Women, and the Dutch in VOC Batavia*, p.115. 鲍乐史：《荷兰东印度公司时期中国对巴达维亚的贸易》，载《南洋资料译丛》1984 年第 4 期。

朝官兵将荷兰人逐出澎湖。荷兰人于次年入侵台湾南部，筑建堡垒，以此为据点，来直接获取中国商品。1628 年，活跃于东南沿海的郑芝龙被明朝政府招抚后，与荷兰东印度公司驻台湾的长官彼得·纳茨（Pieter Nuyts）签订了为期三年的贸易合同，郑芝龙每年向荷兰人提供 3000 担生丝、6000 担糖以及 5000 件丝织品，荷兰人则每年向郑芝龙交付 3000 担胡椒，不足部分以现金支付。[①] 到了 1633 年，荷兰东印度公司不再满足于从郑芝龙那里获得中国货物，希冀通过武力打开对华直接贸易的大门，荷兰舰队突入厦门，不宣而战，荷兰人的突袭遇到了郑芝龙的反击，荷兰舰队遭到重创，退守台湾。为了打破封锁，扩大财源，增强战略地位。清朝初年，郑氏政权在福建、浙江沿海以及台湾进行了两面抗战。一方面，抗清斗争。为了断绝郑氏政权的生计，清廷实施了严厉的海禁政策，顺治十三年（1656）颁令"不许片帆入口"[②]。顺治十八年（1661），推行迁界令[③]，沿海各地凡有官员兵民违禁出界贸易，"俱以通贼论处斩"。[④] 为了生存，郑氏政权全力突破封锁。另一方面，软硬两手对付荷兰殖民者。清初严厉的禁海政策并不能阻止郑氏政权在东南沿海的活动，郑氏集团与荷兰仍保持贸易往来。1654 年，郑成功派 8 艘船到巴达维亚，第二年，也有 7 艘。荷兰人用胡椒、苏木等东南亚产品从郑氏换购丝绸、瓷器等中国产品，并转运到波斯和欧洲等地。但台湾在外国人手中，毕竟严重影响郑氏政权的外贸及关税收入，这些收入在郑氏政权是十分重要的；更何况，郑氏政权在东南沿海的利益范围受到清军不断的挤压。为了避免同时面对清军和荷兰人的腹背夹击，郑氏政权急切地想收回台湾，并且在收回后，获得法权的可靠保障，断掉荷兰殖民者再次觊觎的念想，由是有了 1662 年的收复台湾签订中荷台湾协定之举，意在保有并扩大郑氏政权的生命线，因为任何政权的存在首先需要经济的保障。

---

① Jacob Cornelis van Leur, *Indonesian Trade And Society: Essays in Asian Social and Economic History*, Bandung: W.van Hoeve Ltd-The Hague, 1955, p.339.

② 会典馆：光绪《钦定大清会典事例》卷七七六 "刑部·兵律关津·私出外境及违禁下海"，台北：新文丰出版公司，1978 年，第 14951 页。

③ 《大清圣祖仁皇帝实录》卷四，顺治十八年八月己未。

④ 会典馆：光绪《钦定大清会典事例》卷七七六 "刑部·兵律关津·私出外境及违禁下海"，第 14951 页。

关于《清荷协定》，构建稳定持久的双边外贸关系对中荷双方不啻双赢。明清改朝换代，清政权从东北入居中原，相继统一中国大陆，成为中央正统政府，荷兰人要与中国做买卖，势必要与其打交道。1653年，荷兰商船欲擅自进入广州虎门、澳门等处贸易，经广东官方查询后得知"谓荷兰者，即红毛也，通志云红毛鬼国，大船至澳。译言：不敢为寇，欲通贡，而皆讶其无表，不宜开端。以此论之，则诸夷向未入贡可知也"[①]。1654年和1660年，荷兰人试图前往北京与清政府交涉开展贸易，未遂所愿。1662年，荷兰人在台湾遭到郑氏集团的攻击，商馆被撤，退出台湾，对华经贸遭到重挫。为了保有对华贸易，荷兰人除了与清政府联合起来对抗郑氏外，别无良法。由是签订协定，表面看，这是一纸军事同盟协定，根底里是贸易利益推动。荷兰人因这纸协定果然有收获，康熙三年（1664），因为协助清政府打击郑氏集团，荷兰得以入北京进贡，并与占据福建的藩王耿精忠、广东的尚可喜建立商业往来。1665年荷兰人运到福州胡椒等货，要价18两银子/担，中国商人还价7.5两/担，最后定为11两/担，与1663—1664年的价格相同，不过，因为部分胡椒受潮，最后以8.5两/担交付。除了胡椒之外，檀香木等也受到欢迎。从1669年到1675年，荷兰东印度公司依然致力于开拓与中国的贸易，但并不亲力亲为，而是让散商去试探清廷态度。1676年，荷兰东印度公司从巴达维亚派出船前往广州，同时鼓励散商继续经营，散商船携带了8000担胡椒。用3000担胡椒交换白铜，出售胡椒获得的利润达50%，还获得少量丝织品。年末，尚可喜去世，其子尚之信响应吴三桂，起兵反清，广州陷入混乱，所有荷兰船只离开广州，直到1681年，荷兰东印度公司都不再前往广州。1677年，公司到福州贸易，结果不令人满意，因为英国提前带货到了厦门，荷兰货销路不顺。1678年，荷兰人最重要的输华商品胡椒，福州代理商可以接受的价格是6两/担，当时福州市场上价格为7.5两/担，荷兰人认为代理商的垄断，抢走了大部分的利润。[②] 中荷贸易在时断时通的商道中磕磕绊

---

① 中国国家档案局、北京大学编：《锦瑟万里 虹贯东西：16—20世纪初"丝绸之路"档案文献集萃》，第21页。

② John E. Wills, Jr, *Pepper, Guns, and Parleys; the Dutch East India Company and China, 1622-1681*, Cambridge: Harvard University Press, 1974, pp.117,133,157-160,165,171-175.

绊地进行。

关于《英国东印度公司与台湾通商条约》，这是英国有关方面与中国地方政府最早订立的通商章程①，更直接形诸"通商"二字，直白地说就是一个商贸协定。1591年，英国人绕过好望角进入远东洋面，1602年，英国首航东印度时，在爪哇岛的万丹（Bantam，位于印度尼西亚雅加达以西）建立了商馆。1611—1617年间，在望加锡、亚齐、占碑、安汶等地续建商馆。商贸被英国人视为头等重要。1635年，英国人在印度扩展商馆，试图同中国开展贸易。葡萄牙果阿总督鼓励英国东印度公司的船只前往中国贸易，同意英人在果阿购货，果阿人也很踊跃地为其提供货品。英国人也故意放出高价来获取货源，有意无意地与葡萄牙人展开竞争。同年，英国人到达中国海域，却遭到广东官府和葡澳当局的冷遇，之后几十年，中英贸易少有进展。英人考虑，或可从台湾先行一步。鉴于那个时代中西方力量的对比和荷兰人被逐出台湾，西人感到"很难用武力迫使中国人顺从我们"②，于是出现对台湾等地从军事占领到通商贸易的战略转变。

其时据台的郑氏政权利用闽、台地区的便利地理位置，大规模开展海外贸易活动。该政权得以维持，海外贸易的经济支撑是重要原因，即以郑氏当时最为优先的军费而言，大部分即来自海外贸易收入，据估计，在1650—1662年，其海外贸易收入每年约达250万银两，约占其军事开支的62%强。③为发展稳定外贸，1665年，郑经主动向荷兰人、英国人提出缔结通商约章，遭到荷方拒绝，却引起英国的注意。1670年，郑经政权更提出减免关税和房租等优惠条件吸引外商。④在荷兰被迫弃台的背景下，英国觉得有机可乘，英国东印度公司董事会指令万丹商馆开展对台贸易。6月23日，小尾帆船"万丹号"（Pink Bantam）和单桅帆船"珍珠号"（Sloop Pearl）在货运主任克利斯布（Ellis Crispe）的率领下驶抵台南，这是郑成功驱逐荷兰殖民者后首次到达台湾的西方商船，受到郑方的热烈欢

---

① 台湾的名字第一次见于英国的记录是在1623年2月24日，在英国商船"皇家安妮号"（Royal Anne）给东印度公司的信中，但英人正式进入该岛是1670年。

② ［荷］包乐史：《中荷交往史》，庄国土、程绍刚译，第71页。

③ 杨彦杰：《荷据时代台湾史》，第257页。

④ 台湾银行经济研究室编：《十七世纪台湾英国贸易史资料》，台北：台湾银行，1958年，第24—28页。

迎。当克利斯布离船上岸向郑经递交公文时，沿途两旁"皆有士兵排列，由两位大官陪同入宫晋谒，国王（郑经）盛装高坐，克利斯布依照英国人之仪式行礼后，即献呈公函。宣读公函时，放炮鸣锣，唱歌庆祝"，从而拉开郑英贸易的序幕。

9月10日，英方转交郑经《关于设立商行的二十条条约》，这份草约提出若干要求，包括自由贸易权，英人在台贸易不限交易对象和运出运入地，不限物品；有人拒付所欠英人债务时，台湾当局"得以国法惩治之"。自由航运权，台湾船舶在海上与英船相遇，不得阻挠，英国人可用自己的领水员引导英船进港；英船上的任何人员不得离船或改乘中国船。自由行动权，英人得"随时晤见台湾王之官员"，得随时撤销在台岛的英国商馆，运走财物；得在台湾自由旅行；台湾人对英人有伤害和其他不正当行为，郑方须负责赔偿。其中末款还苛刻规定，即英方认为有必要之事项，得另行要求，也就是说，英国人对双边条约可以随时要求改订，赋予英人单方面予取予求的权利。郑方与其展开谈判，也提出了若干反制条件与平等要约：英国人对台湾人如有伤害或其他不正当行为，受害人得请求英方官员赔偿；英人借用的前荷兰人在台房屋必须向郑方付年租金500比索；对英国进口货征收3%的关税，由台湾出口货免税；英船进港后，要将船上所有枪炮弹药交郑方保管，离港时发还；英方常派炮手两名、铁匠一名为郑方服务；每艘来台英船必须按规定价格载运规定量的火药（200桶）、火枪（200支）以及铁、珊瑚、胡椒、琥珀、布匹（黑布、紫布、红布、蓝布、精良棉布）等物品入港。所提交涉要件，表现出郑方对英人的遏制，对进出口的鼓励，以及郑方开展对英贸易的关切点在取得武器弹药，以对清朝作战；取得贵重物品，以满足王室需要；取得棉布，以解决布帛的奇缺。是项草约由郑经签字，但英方代表对以规定价格运送规定货物到台湾等内容表示不满，没有签字。双方继续交涉，郑方坚持输入台湾的货物必须缴纳关税，租借房屋必须缴纳租金，枪炮武器在入港时必须交给台方保管。英国东印度公司对台湾政权的坚执大为不满："又陛下所提之条件，即我方之船舰进贵国之港口时，须将枪械交出，我方认为不仅徒增烦扰，亦令人感觉屈辱，我方人员在印度之一切地方均品行端正和平，来贵国居住亦如此，绝无理由可怀疑也，在印度之任何地方既未有人提出此种要求，故请陛下亦不再坚持之。"还对关于"一切输入之货物"须付 3% 关税的内容表示异议。尽管英国人使用威胁利诱，贿赂收买等手段，也未达到目的。最后，在对台通商巨大利益的吸引下，英方不得不采取"与其任其延宕，不如停止争执"的态度，结束争论。[①] 双方终于正式缔结上列通商约章。1671 年，英国东印度公司在台湾设立商馆。借此商约，英国图欲以台湾为中心，建立对华直接贸易联系，"希望能在台湾发现盛大之贸易……可使其经营苏拉特及沿海地方多种货物及班丹之胡椒。如是，则可与中国、日本及马尼拉等处经常通商"[②]。

关于《英国东印度公司与台湾通商补充协定》，这是对三年前签署的通商条约的补充。尽管前此中英已签订了正式贸易条约，但英国人对其中的某些限制性条款耿耿于怀，多次要求修改，在此情势下，1675 年，台湾郑氏政权又与英方签订"补充协定"。内容更加倾斜英方。其中的第二款为英方最为关切，英国人用增加供应郑经迫切需要的军火物资来换取"持枪、火药、军械等自由处理"的让步，英国人从而取得自由携带军械进出港口的权利，这是对前此英船在台期间武器由中方保管规则的否定。第三款是货物价格由双方组成的评委会评议，一经确定，郑氏国王不能改动。第四款则将英人躲避恶劣气候的处所由台湾岛扩及澎湖岛。[③] 此时郑氏政权没有通往大陆市场的稳定通道，只能间歇地与福建沿海的几个港口进行时断时续的贸易，外贸在其经济中占有特别重要的份量，故而向英方妥协。

1674 年，郑氏政权乘三藩之乱占据厦门，英商步随，旋即赴厦门贸易，并于 1676 年在厦门设立商馆。此后，除台湾外，东印度公司每年均派一至四艘商船行经厦门。至 1678 年，英国东印度公司进一步决定将厦门商馆作为在华总商馆，原先的台湾商馆也隶属于它，同时命令在厦门购买 12000 匹中国丝绸运到英伦。可见当时英商在厦门和台湾的贸易活动已

① 转引自林仁川：《清初台湾郑氏政权与英国东印度公司的贸易》，《中国社会经济史研究》1998 年第 1 期。

② 赖永祥：《郑英通商关系之检讨》，郑成功研究学术讨论会学术组编：《台湾郑成功研究论文选》，福州：福建人民出版社，1982 年，第 274 页。

③ 刘鉴唐、张力主编：《中英关系系年要录》第 1 卷，第 148—171 页。

经形成规模。1681 年，郑氏军队从厦门撤回台湾，厦门的英国商馆因此停闭。是年，东印度公司曾试图派船往广州接洽与清廷贸易，又怕激怒台湾方面。次年，公司董事部派船从英伦驶往广州，试图在广州设立商馆，但遭到清朝官员的回绝，清朝官员宣称不能容许欧洲人"进入他们的任何城市"，该船只得在澳门附近进行交易后返航。[①] 1683 年，郑氏集团投降，托庇于此的英国人失去了贸易对象，于是命令撤销台湾商馆。转而谋得与统一海峡两岸的清政府的合作。

台湾是中国的第一大岛，在海洋经济拉动内陆经济的时代，台湾与祖国大陆密不可分，对海峡两岸经济民生命攸关；台湾又是全球经贸网络中的重要节点，在中外海洋经贸交通中处在重要方位。这一时期，台湾、厦门等地的海外贸易有长足发展，无疑与这些约章是有关系的，它们客观上有利于台湾和大陆东南沿海地区经济的开发、开放和发展。却也初步透露了荷兰、英国殖民者对中国渗透、染指、侵略的某些先兆。近代商约的内容涵盖面不小，包括关税和通关待遇、海关手续、最惠国待遇原则、双方公民和企业在对方国家所享有的经济权利（包括财产购置权、工商经营权和移民权等）、船舶航行和港口使用、道路运输和过境、知识产权保护、进口商品的国内捐税、进出口数量限制、仲裁裁判的执行，以及商品样品、免税输入、领事待遇等。[②] 上列有些约章不是专门的商约，但也体现出中外商约雏形的某些特质。

（三）款项考辨

纵向考察，四件约章具备缔约方的议约、签约、履约的完整过程，某种程度上验证了条约的合法性、正规性、有效性。横向考察，四件约章的签署时间、缔约地点、代表资格、约章内容、文本格式等各要素齐备，符合近代国际法、条约法的要项规定。

第一，签署人身份。约章的签订者均身份明确而具代表性，分别是明、清两朝统治者与荷兰、英国代表的对定约章，具有由明入清的显明时代特

---

① ［美］马士：《东印度公司对华贸易编年史（1635—1834 年）》第一、二卷，区宗华译，第 50—52 页。
② 李琼主编：《世界经济学大辞典》，北京：经济科学出版社，2000 年，第 767 页。

征。以《台湾媾和条约》为证，签署人郑成功所用名义是"大明招讨大将军国姓殿下"，申明代表明朝，是中国明代的海外孤臣，此乃其经久不变的志向，郑成功以台湾为"东都"，置赤嵌城为"承天府"，是为东都"明京"。而签署的"另一方为荷兰该城长官菲特烈·揆一及其议员们"，揆一系荷兰驻热兰遮城长官，是荷方驻台的"最高统治者"；除此，荷方的签署人还多达 28 名，囊括了荷兰驻台殖民当局的重要成员。双方"所订立"者也明确称之为"条约"，内容包含国家领土归属等重大事项，即荷兰人放弃非法侵占的台湾，交还中国。而《清荷协约》也有明确的议约人和签字代表，在荷兰方面为"提督"巴尔特，系来华舰队的授权最高指挥官；在中方为清朝的靖南王耿继茂、总督李率泰等，二人参与议约更经过清帝批准，是不折不扣的"国家合法代表"，所议内容也完全以"国家"立场出现，约章第一款揭明"清荷两国民间，应有不得破坏之同盟关系存在"。第二款申明"两国应紧密合作"。[①] 完全以"国家"面目呈现，以"两国"名目示人，涉及的问题也是"荷兰"与"中国"。海峡两岸，无论先民，还是后人，谊属同胞，情同手足，十指连心，自古以来，都有一个响亮的名号——中国人。

再看《英国东印度公司与台湾通商条约》，英方本身就是具有强烈官方色彩的公司。郑经也不堕先志，虽然称王，对明朝却恪守臣节。他在永历二十五年（1671）颁发的历书之《识语》中称："本藩权宜命官依大统历法考正刊行，俾中兴臣子，咸知正朔。"[②] 表明郑氏政权不仅坚奉明朝正朔，而且坚持中国归属。该约第五款有言，今后英国船只进入郑氏政府的管辖区域：

> 并如于安平一样，在各处可购备薪、水、食粮及其他必需品；但除安平一地外，不得进行交易。

此处的"安平"值得注意，郑成功收复台湾后，改台湾城为"安平镇"，以寄托对故乡的怀念，表现出强烈的祖国意识。也说明台湾郑氏政权实质

---

① 赖永祥、卜新贤、张美惠纂修：《台湾省通志稿·政事志外事篇》，第 26—27 页。

② 杨彦杰：《荷据时代台湾史》，第 257 页。

上是继桂王政权颠覆后明王朝的最后一个残余政权，它虽割据一方，却两代相承，继明法统，谋图复明。另析该约的对订方英国东印度公司，1670年，英王查理二世（Charles Ⅱ）授予公司拥有占地、铸币、拥兵、宣战、结盟、审判等多项特权，"以一公司而建一帝国，诚往古历史所无"[①]。其与英国政府某种程度上是二为一、一为二的连体，"对英国人来说，印度就是东印度公司"，东印度公司就是英国，"说公司不行，就是说国家不行。对公司好的就是对英国好的"。[②]所以，条约的多数条款的针对对象并不限于公司人员，而是全体英国人，如第一款，"英人得在（台湾）其房舍及居留地揭示国旗及标志"。第二款，"国王允于英人受虐待、困扰或伤害时，予以保护或补救之"。第七款，"暴风或刮烈风时，英船得驶入国王治下之各地海港避难"。[③]

第二，签约的时间和地点。四约的议约进程和签约时间都非常确定，无可置疑。签约在1662年2月10日至1675年7月9日的时间段内进行，均早于1689年签署的《尼布楚条约》，说明西人东来，不仅与中国发生经贸关系，而且利用当时的国际法知识和"惯例"与中国发生有效的条约法权关系。据此，将《尼布楚条约》作为第一件近代范式中外条约的传统认知似难成立，因为从时间前后来度量，上述四约均在《尼布楚条约》之前。约章的签署空间（地点）也很确定，均在海峡两岸，不证自明，西客自海上来，双方交际也在临海之处，为的是海岛贸易；也为了开辟中国东南沿海商道的联通（特别是台、澎、厦等地）。除了《清荷条约》在福州缔结外，其他三约都在台湾签订。条约还规范了修约事项，《台湾媾和条约》即规定：

> 本条约如有误会或确实需要而在此被遗漏之重要事项，将由双方基于能为对方乐于接受的共识，立刻修正之。[④]

此间，也有些拟议约款因交涉方无法达成共识而没有缔订。如1664

---

① 许克诚：《荷兰东印度公司时代的东印度群岛》，《南洋研究》第1卷，1928年第5期。

② ［法］佩雷菲特：《停滞的帝国：两个世界的撞击》，王国卿等译，第5页。

③ 刘鉴唐、张力主编：《中英关系年要录》第1卷，第159—160页。

④ 江树生译，黄永松发行：《1662郑成功与荷兰人的缔和条约》。

年金、厦战役前，荷兰人曾与郑方接触，当时郑氏要求荷方不要与清军结盟，若有要求，可直接与郑氏商谈。但荷方以已经和清方签订协约，不能违约，加以拒绝。攻占金、厦后，荷方又派代表前往郑氏阵营，向郑氏提出 6 项谈判要求，其中首条便是"放弃并移交整个台湾岛给荷兰人，让他们像从前那样占有并实行统治"。郑方自然不可能接受这些丧失国本的条件，交涉无果而终。①

最关键处还在于上列四件约章均为有效缔订且生效执行或部分执行，即缔约方都有履约行为。正是《台湾媾和条约》的签订，中方才将殖民者非法占领的宝岛收回祖国，从而结束荷兰殖民者在台湾的统治。正是《清荷协约》的签订，清荷双方也才按照约定采取联合军事行动，攻克了厦门和金门等。但也要看到，该约第九款约定攻取台湾后，清军应将该岛及城堡物品交与荷方，供荷兰人居住。②尽管其中有所有权和暂居权、主权与治权的区别；尽管缔约时清朝当局或有联合外人减少阻力的策略考虑，但该项备书实属不智，会给荷兰人重新霸占台湾提供借口。好在，因是时复台的联合军事行动并未进行，故此款的履约也无从谈起。也正是由于台湾与英国东印度公司通商条约及补充条约的签订，英国在台湾获得诸多特权的同时，也维持发展了当时在郑氏政权看来生死攸关的海外贸易，两约属于中国与西方缔结最早的商务约章性质，此类通商约章在后来的年代特别多见，两约为其开篇始本。总之，四约符合近代条约法的各要素。再要说明，四约签订时，近代国际法特别是条约法尚未完全形成，在当时的历史环境下，四约从形式到内容已属相当"规范"。

第三，签约的官方"合法"性。四项约章为外国殖民、军事当局或机构与台湾郑氏政权或清政府之间对订。业已入主中原底定中国大部的清政府的权威性无可质疑，仅就郑氏政权来说，其宗奉明朝统绪，即便数十年而亡，但在当时情况下亦属一个正规的具法理存在的地方政府，这里，要有"大中国"的观念，而不是"大清朝"的观念，要有国家理念，而不是王朝理念，是时，无论是郑氏政权，还是清政府，都是华夏地域上中国人

---

① 杨彦杰：《荷据时代台湾史》，第 292 页。

② 赖永祥、卜新贤、张美惠纂修：《台湾省通志稿·政事志外事篇》，第 26—27 页。

设立的"合法"政府，在朝代更替时期，前朝与后朝政府并存是常见现象，两者都具有某种"正统"性，用成王败寇的模式来套用自然不妥，用后朝否定前朝的传统"正史"的史笔来断案也欠公道。从缔约外方来看，荷兰方面系殖民当局和军事机构。英国方面则是东印度公司，这是一个集领土占领、政治经济、军事司法于一身的庞大殖民机构，它垄断了几乎全部的英国对东方的贸易，它还是英国政府在东方实行殖民统治的直接代理人，实质上具政府或准政府的功能，后来英国议会甚至通过《偌尔斯法案》，规定东印度公司驻孟加拉国的省督升格成为英属全印度领地的总督，马德拉斯和孟买省督未经其许可，不得宣战媾和。由此，公司俨然成为英国驻印的代行殖民政府。

当然，四约的签署主体尚不是中央政府（《清荷协约》经中国的中央政府指导认可），属于地方政府或殖民机构层级，而正式的符合近代条约法的缔约主体应该是主权国家。但近代范式中外约章的签署有其特定的时代背景和表现形式，它的包容面更为广泛，有鉴于此，学术界将近代中外条约体系区划为条约和章程两个类别，一般而言，条约更为正式一些，广义的条约包括：条约（treaty）、规约（statute）、盟约（covenant, pact）、专约（convention）、公约（convention）、协议（agreement）、议定书（protocol）、临时协议（Interim agreement）、谅解备忘录（memorandum of understanding）、补充协议（Supplementary arrangement）、在互换照会等基础上形成的换文（exchange of notes）等条约形式。但不限于此，除了中外政府之间正式缔结的条约和协议，还包括了中国有关方面与外国企业、公司及法人代表等缔定的各类章程、合同、约定及协议中较重要者。严格说来，此类章程合同并不属于国际条约的范围，但在特殊的历史时代，此类章程却往往具有与条约同等的效力。故而上列条约即或不算是"约"，至少也能列入"章"的范畴，近年也有学者用"准条约"的概念来标识。

在中外条约史上，将"约""章"一并汇列，是长期以来的外交实践和学界通识，所论四约无疑符合上列约章的概念限定，从中不难找到自身的约章史位序。四件约章，自成单元，并行系列，均与台湾有关，与中国的统一大业有关。第一件约章牵扯中国对台湾的有效收回；第二件约章涉及清政府对台湾的试图规复；第三、四件约章关乎到台湾的经贸发展。它们都是明清更替特定时期的产物。

台湾自古便是中国不可分割的部分，自元代始，中央政府便在台湾建制，其后，它更长期在中国政府的有效管辖之下。若我们后人在条约史上将台湾外出，实属非常地不恰当，将自寻其扰，自失历史依据，自弃国际法理，也将授试图分裂中国的不怀好意者以柄。《台湾媾和条约》是收复台湾的权威法律文件，是缔约方认同的双边国际条约，至此不但从军事上而且从法权上确定不移"手续完备"地光复了台湾，此举关涉国家领土的合法收回和祖国主权的有效规复，标志国人反殖民占领的重大胜利和台湾回归祖国的法理存续。若不加以承认，那中国收复台湾的法律确权何以认定？台湾自古即属于中国的历史存在何以认定？在此事关国家统一的重大问题上是不能含糊，也不应含混的。此不仅是清代中外约章的起始，也是中国近代范式条约的开篇，即以收回祖国宝岛为内容，古往今来的中国人，怎不以此幸哉！

（四）语言纠葛

之所以专门提出语言问题讨论，是因为中外有别，沟通语言不仅仅是外交的重要前提，更是商贸交流的重要条件，全球化时代，买全球，卖全球，各个国家、地区、族群之间使用的语言繁多，语际交通尤显重要。商贸往来就是人流物流的交际，必得语际沟通方得方便，方能深入交谈，互相理解，成交货价，语言交流很大程度上因你来我往的买卖、相互还价的"斗嘴"而产生和丰富（于是，在中国最大的两个通商口岸适应需求地相继出现"广式洋泾浜"和"沪式洋泾浜"的商业英语），语言不通，很多交流都"免谈"。西人来华，语本亦成为中外长期争执的焦点问题，演生变动，多有流化。初入中国的外国人，都面临语言文字的难关，利玛窦自述"复惟遐方孤旅，言语文字与中华异，口手不能开动"。[①]具有语言天赋的利氏又言："东西文理，又自绝殊，字义相求，仍多阙略。了然于口，

---

① ［意］利玛窦：《〈天主实义〉引》，《续修四库全书》（影印北京图书馆藏明万历三十五年刻本），上海：上海古籍出版社，2002年，第1296册，第483—484页。

尚可勉图，肆笔为文，便成艰涩矣。"①

　　我等外国之人，若欲读中国之书，写中国之字，致能如饱学之本地人，乃系一件最要长命之事。②

　　1669 年，英国学者约翰·韦布（John Webb）刊文，异想天开地提出"中华帝国的语言可能是原始语言"，即亚当所说的语言，也就是诺亚和巴别塔变乱之前人类最早的原初语言。这种荒诞不经的言论一方面反映了西人试图将有关中国的知识整合纳入圣经传统的努力③，另一方面，也反映了西人对难懂中文的神秘化，乃至神圣化为"天书"语宗。那个时代，中文汉语的难学是中外交流的大障碍，外人不乏牢骚，1614 年，来华西班牙教士庞迪我（Didace de Pantoja）在著译（跟徐光启合作）的《七克》序文中说："中华语言文字，迥不相通，苦心习学，复似童蒙。"意大利教士利类思（Louis Buglio）在 1654 年为其所译《超性学要》写的序文中也说："文以地殊，言以数限，反复商求，加增新语，勉完第一支数卷，然犹未敢必其尽当于原文也。"④另一位晚近来华的美国公理会士更发出如下感叹：

　　语言的障碍比跨越万里长城还要困难得多。……（中华）民族勤劳节俭的习惯似乎也表现在他的遣词造句方面。他们在不断创造和使用新字词的同时，旧的字词并没有被彻底抛弃。其结果，便造成了一个没有人能够数得清的异常庞大丰富的词汇系列。据估计，汉语中意义明确的汉字总数在 25000 到 26000 之间，中国的标准的权威的词典《康熙字典》共收录了 44449 个字，但实际上这些字可能只有 10000 是常用的……但是，中国人有着迂腐的卖弄学问的习尚。具体表现

---

① ［意］利玛窦：《译〈几何原本〉引》，李之藻：《天学初函》第 4 册《几何原本》，台湾：学生书局，1965 年，第 1937—1938 页。

② 《澳门新闻纸》1840 年 6 月 20 日，林则徐全集编辑委员会：《林则徐全集》第 10 册，第 283 页。

③ 中国国家档案局、北京大学编：《锦瑟万里 虹贯东西：16—20 世纪初"丝绸之路"档案文献集萃》，第 23 页。

④ 转引自陈福康：《中国译学史》，上海：上海人民出版社，2010 年，第 43 页。

在他们喜欢寻章摘句，引用一些久已为人们所遗忘的字词以示故作高深。①

　　语言不同，需要借助"舌人"通译，能够承担此任务的翻译便尤其重要，中西交通初期，这方面的人才又格外难寻，马戛尔尼来华，"使团最必需的是译员。找遍了全英国、瑞典和里斯本都未能找到"，最后只好从意大利那不勒斯的"中国学院"找了两名"愿意回国的中国神父"，但这两人只懂得拉丁文，"一个英文词也不会讲"②，无可奈何之下只能将就用。语言繁多复杂，为了切合主题，还是主要以国际通用的最官方文本条约来论证。正因为中文汉语难以掌握，正因为西人中很难找到懂中文的人，《台湾通商条约》规定：英方得随意选用华人为翻译；该约还规定"现在双边条约使用的文字一般是双方国家的文字，两种文本应同等作准"③，这是国际条约中的通式。《清荷协约》也以汉、荷文拟订。《台湾通商条约》与《补充协定》同样以汉、英文本缔结。这都是为了解决语言平等相通的难题。"条约，即国家间所缔结并受国际法支配的国际书面协定，不论其载于一项单独文书或两项以上相互有关的文书内，也不论其特定的名称是什么。"④条约是隆重皇皇的国际交换文件，签约所用语言，代表着国家沟通的官方语言，上述四件约章全以缔约方的文字对定，显示中外文本的比照共存，也是语言难于沟通的无奈，所谓"本约以中文及英文写成二份，一份由英国公司执存，（一份）由台湾国王执存，而按中国之习惯签印并举行仪式确认之"⑤。

　　语本问题不容小觑，国家若个人，不能遗世而孤立，必与他国邦交，构成古往今来形态不一的国际社会，条约便是国与国交往相互权利和义务

① ［美］何天爵：《真正的中国佬》，鞠方安译，北京：光明日报出版社，1998年，第36—37页。

② ［法］佩雷菲特：《停滞的帝国：两个世界的撞击》，王国卿等译，第5页。

③ 万鄂湘等：《国际条约法》，武汉：武汉大学出版社，1998年，第88页。

④ 《维也纳条约法公约中、英、法文作准本》，转引自李浩培：《条约法概论》，北京：法律出版社，1987年，附录一。但核对英文本，该约的全本中译文的字句是"即国家间所缔结而以国际法为准……"，而英文本为"treaty means an international agreement concluded between States in written form and governed by international law"，似乎准确的译文应是"……并受国际法支配"。其实，该书作者在正文第1页中即采更准确的译文。

⑤ 刘鉴唐、张力主编：《中英关系系年要录》第1卷，第160页。

关系的书面协议。鸦片战争之前，中国与外国保持基本平等的关系。近代条约法虽未形成，对国际条约的文本已有惯例，即缔约方语文须同时呈现。这一时期，依据文本有别，呈现出两种格式。先是1689年以前的未定作准本，应当说，同类约章不局限于上面列出的四约，相信随着研究的深入，会有更多的约章被发现披露。从语言形态上来讲，1689—1840年间的条约构成另一种约章样态，特点是：均为中国与俄国之间达成；缔约法人为两国的中央政府而非地方当局；条约内容均与边疆和商贸事务有关；条约语言在中方没有了汉语，而以满语、蒙语形成。1689年9月7日的《尼布楚界约》[①]，以满、俄等文种签订，引人注目的是使用了拉丁文。[②]

长期以来，中国与周边国家建立了宗藩关系，这些国家受中华文化的强烈影响，汉语作为主要交际语言并不构成难题。但在与俄国交涉中，语言问题突显出来。由于双方特使均不通晓对方的语言，清廷只得委派西方来华天主教士南怀仁（F. Verbiest）、徐日升（T. Pereira）、张诚（F. Gerbillon）等充任翻译。双方首次会晤时，中方代表就提出希望能"用拉丁语商谈划界问题"，因为其他语言很难做到双方都能明白无误地理解。俄方也认为"用拉丁文书写，从中可以准确理解书信的内容"。[③] 以第三种语言为准，显示不偏不倚的公平性，拉丁语也是当时国际交涉的"习用语"和多种西方语言的"母语"。签约前，双方同意以拉丁文本为彼此交换的正式文本，签字程序是：两国代表在自己草拟的母语本和拉丁文本上签署，然后在对方的拉丁文本上画押。[④] 该约还规定"以华、俄、拉丁诸文刊刻于石"作永久界碑，此处的"华"字，满文本对应处是 dulimbai

---

① 因各文本的准备和签署程序的关系，该约俄文本的签署时间是俄历1689年8月27日，即公历1689年9月6日；而满文本及两份拉丁文本的签署时间是公历1689年9月7日；还有另两份拉丁文本的签署时间是公历1689年9月8日。一般取公历1689年9月7日为签署日。参见苏联科学院远东研究所等编：《十七世纪俄中关系》第2卷第4册，黑龙江大学俄语系翻译组、黑龙江省哲学社会科学研究所第三室合译，北京：商务印书馆，1975年，第961页。

② 该约各文本在译名、分段等方面有差异，内容大致相同。该约的拉丁文、俄文本见 The Inspector General of Customs, China, *Treaties, Conventions, Etc. Between China and Foreign States*, Shanghai: Order of the Inspector General of Customs, 1917, Vol.1, pp.3-13. 拉丁文、满文和俄文的汉译本见王铁崖编：《中外旧约章汇编》第1册，北京：生活·读书·新知三联书店，1957年，第1—5页。

③ 刘民声、孟宪章、步平编：《十七世纪沙俄侵略黑龙江流域史资料》，哈尔滨：黑龙江教育出版社，1998年，第432、472页。

④ 复旦大学历史系《沙俄侵华史》编写组：《沙俄侵华史》，上海：上海人民出版社，1975年，第57—58页。

guruni bithe，就是"中国的文字"之意①，即中华各语言均可，含意包容且准确，反映满洲贵族统治中国的现状，既是民族自我意识的内在表露，也是对中华民族共同体的认同表示。②据此，该约树立的边界碑文便依地区语种有别，刻有多种中华文字，1690 年 4 月 11 日工部设计的碑式是："额尔古纳河口、格尔必齐河口碑文式样，其满文、蒙文、汉文应勒于碑阳，俄文、拉丁文则勒于碑阴。"实际立碑，不全一式，1690 年在亨乌喇等地立碑"刻满洲、阿罗斯、喀尔喀文"，未见汉文。同年在额尔古纳河口立碑则"镌清、汉、鄂罗斯、蒙古、里的诺五样字毕而还"，存有汉文。③《尼布楚条约》签订后，中俄决定"遇事即以清文兼俄罗斯及西洋字话缮写驰递，庶有印证，以免舛误"，强调缔约方互以文本参校"永为定例"。④1727 年 8 月 31 日中俄《布连斯奇界约》换约⑤，因涉及中俄中段边界，主要是蒙古人居住区，所以除满、俄、拉丁文之外，还加增蒙古文。⑥继后的《阿巴哈依图界约》属附约，虽然仍有满、蒙、俄等语本，但后附的《鄂博清单》仅以蒙、俄文呈现，没有满文，⑦原因是涉及蒙、俄的边界划分，该地并不流行满语。还有一个因素也不容忽略，就是参与谈判、签约者的语言能力，双方代表和译员都不懂的语言，自然难以成为交涉语。以上诸例中，显见地域因素和缔约人的语言能力超越了所谓"国语"因素（在 1911 年《统一国语办法案》推出以前，"国语"在清代特指满语。本章节沿用此历史概念）。以上均系中俄条约，与所涉边疆在中方主要系少数民族居住区，较少使用汉语有关。

---

① Министерство иностранных деп России, Соорник договоров Россиис китаем,1689-1881гг., СП6., 1889. c.10.

② 在遴选中方参加尼布楚条约交涉使团代表时，左都御史马齐就提出"差往俄罗斯大臣，应不分满汉"，大学士伊桑阿也奏"满汉皆属一体，似应差遣"，最后康熙拍板"所议甚是"。于是增加督捕理事官张鹏翮、兵科给事中陈世安等汉员。参见故宫博物院明清档案部编：《清代中俄关系档案史料选编》第 1 编，北京：中华书局，1979 年，第 84 页。

③ 刘民声、孟宪章、步平编：《十七世纪沙俄侵略黑龙江流域史资料》，第 552—554 页。

④ 松筠：《绥服纪略》，《松筠丛著五种》，北京：书目文献出版社，1988 年，第 4 页。

⑤ 该约汉译本的签署换约日期比较混乱，现根据俄文原本记载的俄历日期统一订正，俄历 1727 年 8 月 20 日（即公元 1727 年 8 月 31 日）为换约日期。参见尼古拉·班蒂什 - 卡缅斯基：《俄中两国外交文献汇编（1619—1792 年）》，中国人民大学俄语教研室译，北京：商务印书馆，1982 年，第 371—373 页。

⑥ 该约的现引汉译本由俄文本转译，见商务印书馆编译：《中俄边界条约集》（俄文汉译本），北京：商务印书馆，1973 年，第 3—4 页。

⑦ 该约现存汉译本译自俄文本。参见王铁崖编：《中外旧约章汇编》第 1 册，第 21 页。

鸦片战争之后，文本格式有了变化，汉文本不仅成为中方的主要文本，也是中外约章的基准文本，是项操作虽未形诸约章文字，却实际执行。此种状况的出现，与之前中西方长期依循的惯例有关，即相当一段时间里，来华洋商必须通过中国"行商"的中介方能与中国官府间接联系，中文汉语自然而然地成为交际语言。1842 年 8 月 29 日《南京条约》的签署人，英方是全权公使大臣璞鼎查（H. Pottinger）；中方是两江总督牛鉴，身系汉族，列名签约代表，却没起多大作用，真正主导的是满人官员钦差大臣耆英和头品顶戴乍浦副都统伊里布。双方在汉文本基础上谈判，并以汉、英文订约。① 此后汉文本部分替代满文本，成为中外约章（特别是与海洋贸易国通商条约）的常见文本形态。如中英《洋货入中国内地关税声明》《五口通商章程：海关税则》《五口通商附粘善后条款》等，上列各约与英国签订，均系通商条款为主的约章，也全以汉、英文本面世，不见满文本。另有与他国签订者，如中美关系史上第一个条约《望厦条约》（正式条约名称是中美《五口通商章程：海关税则》，完全仿效上年签订的中英商约名目），以汉、英文签署。中法关系史上第一个条约《黄埔条约》（正式条约名称是中法《五口通商章程：海关税则》，美国、法国与中国最早的缔约均以"商约"形式出现，意味深长），以汉、法文缔订。中国与瑞典、挪威关系史上第一个条约《五口通商章程：海关税则》以汉、瑞典、英文互订。② 中方的主签人均为耆英，汉文本均不可或缺。其因所在，此时的外国侵略者多从东南沿海侵入，渐进中华堂奥，边患侵染内地，这主要是汉人居住区；再有，从 1757—1842 年的近百年间，广州为唯一开放口岸，中西之间在此地的交往主要使用汉语，有涉外沿袭和习用语文可以循例，西方对此也予认可；而鸦片战争期间与战后的条约谈判在南京、广

---

① 该约汉、英文签字画押本见"外交部"寄存文物清册，台北故宫博物院藏，文献编号 906000108。另，中外约章繁多复杂，各种已刊的条约汇编时见错漏衍误，本书尽量征引台北故宫博物院收藏的"外交部"寄存文物清册名目内的约章原始签字正本，以见真确原迹。在此谨对台北故宫博物院同仁提供的方便和热情接待致以深深谢忱！

② 该约各文本见 The Inspector General of Customs, China, *Treaties, Conventions, Etc. Between China and Foreign States*, vol.2, pp. 64-93. 不仅该约，中美、中法等的初始条约也多抄录《南京条约》及附约，《望厦条约》"草案依据的是 1842—1843 年间中英协议主旨"。参阅 [美] 爱德华·V. 吉利克：《伯驾与中国的开放》，董少新译，桂林：广西师范大学出版社，2008 年，第 108 页。

州进行，都是汉语流行区，方言有别，文本统一，所以，以汉文本为作准本是传统与现实的考虑选择。

但与俄国的条约仍是援引百多年来的旧例，1851 年 8 月 6 日中俄《伊犁塔尔巴哈台通商章程》以满、俄文签订，没有汉文本。可见，签约国别与涉及地点颇为关键。1858 年 6 月 13 日签订的中俄《天津条约》，也以满、汉、俄文签订，特别规定以满文本为准。[①]

鸦片战争时期的约本转换颇有意思，《南京条约》底本是英文，译本也由英国方面提供，[②] 然双方的讨论本和作准本则是汉文本，[③] 这使得英方提交的原文本与中译本之间不能完全准确对应。[④] 是时译才极缺（附带言及，鸦片战后签订的《南京条约》等没有满文本，一个并非不重要的原因是西人中懂汉语的人少，懂满语的更是难寻），有西方研究者认为鸦片战争时期出任英国汉文译员的只有四个人，即马儒翰（J. R. Morrison）、罗伯聘（T. Robert）、费伦（S. Fearon），还有因为英国翻译不够，不得已以年薪 200 英镑的高价雇佣的普鲁士传教士郭士立（C. Gutzlaff）。他们都称不上"是训练有素的翻译……这些人物最多也就懂点商业用语，能译一些起码的外交文件，根本连中国优秀的文学传统的皮毛都没有接触到。难怪中国的高级官员瞧不起欧洲蛮夷"[⑤]。这一人数判定当然是过甚其词，据

---

① 该约满文本有中俄各自翻译的两种文本，内容略有歧异，后中方被迫同意以俄方翻译的满文本为解释文本。该约汉译本见许同莘、汪毅、张承棨编：《咸丰条约》卷三，北京：1915 年，第 15—19 页。

② 《南京条约》的汉文本由英方译员马儒翰（J. R. Morrison）等根据英文本翻译，清朝耆英和大臣所做的只是把条约中译本原样抄缮呈览。《钦差大臣耆英等奏报和约已定钤用关防并将和约抄缮呈递折》，中国第一历史档案馆编：《鸦片战争档案史料》第 6 册，天津：天津古籍出版社，1992 年，第 157—159 页。

③ 《望厦条约》签字前，双方代表"就条约的中文文本进行逐条审查"。参见 [美] 爱德华·V. 吉利克：《伯驾与中国的开放》，董少新译，第 109 页。

④ 曾充任英国翻译官的巴夏礼（H. Parkes）认为：翻译"尤为重要，他要负责所有和中国官员的会面，他的表现好坏将成为会谈成功与否的关键。没有他的帮助，领事寸步难行。但是翻译官们所要做的并不仅仅局限于帮助领事表达他们的意思，据说一个国家的利益有 300 种之多，而行为准则更多达 3000 种。只有翻译官本人才清楚不同的礼节、用词、音调，但是在同中国的衙门进行激烈讨论的过程中，他们根本没有时间去向他的上司解释这些东西。在和当地官员的交往之中，翻译官所起的作用绝不会比领事本身来得小"。参见 [英] 斯坦利·莱恩-普尔、弗雷德里克·维克多·狄更斯：《巴夏礼在中国》，金莹译，桂林：广西师范大学出版社，2008 年，第 51—52 页。

⑤ [美] 张馨保：《林钦差与鸦片战争》，徐梅芬、刘亚猛、许罗迈、萧致治、叶大波译，福州：福建人民出版社，1989 年，第 11—12 页。即使到第二次鸦片战争时期，英国来华人员"当中总共只有两三个人"懂得汉文。[英] 额尔金、沃尔龙德：《额尔金书信和日记选》，汪洪章、陈以侃译，上海：中西书局，2011 年，第 53 页。

我们所知，除麦都思（W. H. Medhurst）等来华传教士也时而兼职翻译外，至少还有李太郭（G. T. Lay），系伦敦会士，多年习汉语，对中国社会与文化有了解，1841 年接受璞鼎查代表团翻译的任命书来华。还有其他非英国籍的西人译员。但翻译人数寥寥和功力的欠缺仍是不言而喻的。中国人方面问题更大，此时只有几个粗通商业英语（广式洋泾浜）的"舌人"，"西洋人留心中国文字者，英吉利而外，耶马尼国为最，普鲁社次之。……中国官府全不知外国之政事，又不询问考求"①。林则徐督粤时，多方寻找，曾组建小型的翻译班子，成员有 Aman、Alum、袁德辉和梁进德，但除了梁氏稍称职外，其他三人的英语水平都难以胜任。②林则徐对他的译员也没有太大信心，至少有两次他找人重译译员翻译的成品，一次是翻译滑达尔（Emerrich de Vatell）《各国律例》（Laws of Nations）的片断；另一次是林则徐为禁绝鸦片起草了致英国国王的"照会"，由译员翻译英文，林则徐对译品不放心，又让驻穗的美国商人亨特（W. C. Hunter）回译汉文，两次转译的结果当然和林则徐初拟的照会字义大有出入，林也拿不准是译员的英译还是亨特的汉译出了毛病，又把译文送给美国传教士伯驾（P. Parker）看，伯驾看后的结论是确有不少错误。林则徐又交给英国医生喜尔（Hill）阅看，读后的感觉是"信中有些部分我们看得莫明其妙"。③有学者对比过这些译本，结论是均不理想。④更有甚者，接任林则徐的琦善将此翻译班子全部弃置，"有探报洋情者，则拒曰：'我不似林总督，以天朝大吏，经日刺探外洋情事。'"⑤故而除鲍鹏等个别买办通事外，琦善并没有专职的翻译人员，后任两广总督耆英等人也同样，直到战争结束，

---

① 林则徐：《论中国（道光十九年及二十年新闻纸）批注》，林则徐全集编辑委员会编：《林则徐全集》第 10 册，第 325 页。

② Aman 与 Alum 两人的中文姓名尚不能确定。参见林永俣：《论林则徐组织的移译工作》，福建社会科学院历史研究所编：《林则徐与鸦片战争研究论文集》，福州：福建人民出版社，1985 年，第 118—137 页；王宏志：《第一次鸦片战争中的译者》，王宏志主编：《翻译史研究》，上海：复旦大学出版社，2011 年，第 89—92 页。

③ [美]张馨保：《林钦差与鸦片战争》，徐梅芬、刘亚猛、许罗迈、萧致治、叶大波译，第 133 页。

④ Chang Hsit'ung, *The Earliest Phase of the Introduction of Western Political Science into China (1820—1852)*, The Yenching Journal of Social Studies, Vol.5, No.1(1950), p.13.

⑤ 魏源：《道光洋艘征抚记》，《魏源集》上册，上海：中华书局，1976 年，第 178 页。

也"几乎还没有中国官员能够讲自己母语之外的语言"，[①] 这还是口语，文字能力更差，会操几句"广式洋泾浜"的通事"但知夷语，并不认识夷字"，此前主要是商业用语翻译，对官式用语很不熟悉，漫天要价的商业翻译与严谨准确的外交译员究竟不同。[②] 翻译是否到位不单是语言，而关乎对异国文化的深入理解，对译语历史背景的深刻了解，这对那时的"通事舌人"更是谈不上了。这就造成鸦片战争时期中英交涉虽以汉语或汉文本为基准，但官方文件的翻译却全由英方人员出任，中国丧失了翻译话语权，使战争期间语言文字的翻译疑点尤多，中国无论在战争情报还是外交谈判中均处在被动地位，以致把条约的书写权也全盘拱手让给敌方。

中方缺少翻译人员很快就造成了严重后果。鸦片战争爆发初期，舟山是英国在华攫取占领地的首要目标。[③] 1840 年 7 月 6 日，英军攻占舟山。遭中方强烈反对，英方决定撤出。[④] 12 月 11 日，两广总督琦善照会要求交还舟山，"一日占据彼土，即一日不得谓之恭顺，即一日不能奏请通商"，口气强硬。次日，英国全权代表义律复照，声称英军可撤出舟山；但撤出的军队要在"香港岛"暂驻。[⑤] 这是英方代表在正式场合对香港的首次提出。15 日，琦善对英人屯兵香港的打算做出迅速反应，"既承平也，屯兵何为？"[⑥] 琦善还向朝廷报告，香港不能出让。[⑦] 鉴于中方的不退让，义律发出将"采取军事手段"的最后通牒。[⑧] 1841 年 1 月 7 日英军向大角、沙角炮台发动进攻，使广州完全暴露在英军的炮口之下。这场战役在鸦片战争史上规模不算大，但在中英交涉史上却具转折意义。从此，义律向中国索取领地不再游移，而首次亲见英军炮火威力的琦善等人被极大震慑。据

---

① ［英］斯坦利·莱恩 - 普尔、弗雷德里克·维克多·狄更斯：《巴夏礼在中国》，金莹译，第 51 页。
② 中国第一历史档案馆编：《鸦片战争档案史料》第 5 册，第 34 页。
③ 《义律海军上校致奥克兰勋爵函》，《巴麦尊子爵致海军部各长官函》，胡滨译：《英国档案有关鸦片战争资料选译》下册，北京：中华书局，1993 年，第 607—615、526 页。
④ 《琦善照会》，［日］佐佐木正哉编：《鸦片战争の研究》（资料篇），第 14 页。
⑤ 《义律海军上校致琦善的照会》，胡滨译：《英国档案有关鸦片战争资料选译》下册，第 803 页。
⑥ 《琦善照会》，［日］佐佐木正哉编：《鸦片战争の研究》（资料篇），第 34—35 页。
⑦ 《钦差大臣琦善奏为英人强索香港拟准在厦门福州通商折》，中国第一历史档案馆编：《鸦片战争档案史料》第 2 册，第 633 页。
⑧ 《义律海军上校致琦善的照会》，胡滨译：《英国档案有关鸦片战争资料选译》下册，第 811 页。

琦善奏，此间广东巡抚、水师提督、广州将军及前总督林则徐、邓廷桢一起举行了会议，感到"交锋实无把握"[①]，广东大员的态度有所软化。11日，琦善答应代为奏请在"外洋"择一处地方让英人"寄居"。[②] 英方同日复照"同意接受香港海岸和港湾以代替沙角"。[③] 请注意，义律这份照会的中英文本略有不同，翻译纠结由此牵出。英文原件词句的准确直译应该为"香港海岸和港湾"，但在汉译本中除香港岛外，还多出一个尖沙咀的地名。[④] 尖沙咀是九龙半岛的岬角，与香港岛的中环隔 1.5 公里的海面相望，构成今维多利亚湾。英文照会大略提出"港湾"，并不能认定就是尖沙咀，译成中文时，却转成尖沙咀。核查原档，英文原件中没有的尖沙咀（Chien-sha-tsui）字样在英方中文秘书（Chinese secretary，亦称"汉文正使"）的存档中已出现，当是中文秘书马儒翰（系第一位来华基督新教传教士马礼逊之子，生于澳门，在英国受短时期教育后，到马六甲英华书院进修，16 岁就在广州、澳门替英国商人当翻译，1834 年继其父为英国驻华商务监督署汉文正使）在译成中文时改动添加，其文句是这样的：

> 今拟以尖沙咀、红坎即香港，代换沙角予给尚可行，若除此外，别处则断不能收领。[⑤]

---

① 《钦差大臣琦善奏为义律缴还炮台船只并沥陈不堪作战情形折》，中国第一历史档案馆编：《鸦片战争档案史料》第 3 册，第 41 页。

② 《义律、佰麦照会》，《琦善照会》，[日] 佐佐木正哉编：《鸦片战争の研究》（资料篇），第 56、61 页。

③ [美] 马士：《中华帝国对外关系史》第 1 卷，张汇文、姚曾廙、杨志信、马伯煌、伍丹戈译，第 340—341 页。

④ 《义律照会》，[日] 佐佐木正哉编：《鸦片战争の研究》（资料篇），第 62 页。有必要强调，译文地名的差异前已由胡滨教授等揭出，参《琦善致义律海军上校的照会》，《义律海军上校致琦善的照会》，胡滨译：《英国档案有关鸦片战争资料选译》下册，第 832—833、872 页。

⑤ 在英国国家档案局（Public Record office）收藏的该存档项目为《外交部档案类》（*British Foreign office Records*），《大英钦奉全权善定事宜公使大臣驻中华领事义律为照会事（1841 年 1 月 11 日）》，档号：Public Record Office, *British Foreign office Records*, 682/1974/12。另请注意：在黄宇和所编的《鸦片战争时代中英外交文件提要》（J.Y.Wong, *Anglo-Chinese Relations 1839-1860, A Calendar of Chinese Documents in the British Foreign Office Records*, Oxford University, 1983.），见《义律致琦善（1841 年 1 月 11 日）》（C.Elliot to Ch'i-shan (Jan.11,1841)），《义律致琦善（1841 年 1 月 14 日）》（C.Elliot to Ch'i-shan (Jan.14,1841)），第 51—52 页所列 11 日照会将尖沙咀改为"Kowloon"（九龙），九龙又是比尖沙咀大得多的地域名称。据笔者向 J.Y.Wong 教授当面询问得知，因尖沙咀一般不为西人所知，九龙知名度较高，该书主要面向西方学者，故有此增添改动。另参《义律照会》，[日] 佐佐木正哉编：《鸦片战争の研究》（资料篇），第 62、69 页。

马儒翰的改动是汉语水平不高造成的笔误，还是有意为之，不得而知。[①]中方因为没有合格的翻译，连照会的英文原文是怎样都无从知悉，更谈不上进行语本间的对照互校，中方所知道的只是英方提供的汉文译成本。马儒翰的改动最初大概也不为全权代表义律知晓，因为在 14 日义律又发照会，所起草的英文原件仍只要中方将"香港海岸和港口割让"，还是没有尖沙咀字样，尖沙咀也只是到汉译本中才出现。[②]马儒翰的这一有意无意的改动所造成的结果却十分要紧，其所承担的已经不是简单的文字移译工作，原本只提香港，现突兀出现两地，加重中方疑惑和震惊，因在此前日，琦善曾派懂得一点"广式洋泾浜英语"的鲍鹏前往交涉，义律曾"与鲍鹏面订之言"，也只提出割让一地，突然价码增高使中方不知所措。[③]更严重的是，尖沙咀所处的位置非同小可，香港"面临背山，殊非泊船要澳"，如果尖沙咀在中方控制下，英方对维多利亚湾就不便利用，"查尖沙咀与香港对峙，中阻一海，该处藏风聚气，可以停泊"。[④]鉴于尖沙咀战略地位重要，1839 年时，林则徐曾在此设立炮台名"惩膺"，"派拨兵炮，以资控制"。[⑤]所以，中方特别在意。15 日，琦善申明"尖沙咀与香港系属两处"，要求英人履行"前日与鲍鹏面定之言，只择一处地方寄寓泊船"。接此照会，英人当有意外之喜，英方原本意在香港，尖沙咀只是其译员（而非全权代表）随意所译的多出地方，反使其由而轻取香港，于英人是再便宜不过了。次日，义律复照，说不再"坚持"尖沙咀，只"以香港一岛接收，为英国寄居贸易之所"。[⑥]英方向中方做出并不存在的让步。17 日，义律通知中方拟将舟山即行交还，以诱使琦善尽快定约。18 日，琦善以"现在

---

① J. K. Fairbank, *Trade and Diplomacy on the China Coast: The Opening of the Treaty Ports, 1842—1854*, Stanford University, 1969, p.125.

② 《义律照会（1841 年 1 月 14 日）》, Public Record Office, *British Foreign office Records*, 682/1974/19。

③ 《琦善照会》, [日] 佐々木正哉编：《鴉片戦争の研究》（资料篇），第 70 页；另参《军机会讯鲍鹏供词》《鲍鹏续供》《会审琦善亲供》，中国史学会主编：中国近代史资料丛刊《鸦片战争》，上海：上海人民出版社，1957 年，（三），第 252—254，（四），第 85、210 页。

④ "*Chun-wu che-tang Memorials on military affairs*(Spring 1841)", Public Record Office, *British Foreign office Records*, 931/58.

⑤ 《两广总督祁奏为遵旨查明炮台炸裂及琦善与义律谈话情节折》，中国第一历史档案馆编：《鸦片战争档案史料》第 3 册，第 560 页。

⑥ 《义律照会》, [日] 佐々木正哉编：《鴉片戦争の研究》（资料篇），第 70—71 页。

诸事既经说定"含糊作答。20 日，义律发布"给女王陛下臣民的通知"，声称与中国钦差达成了包括"把香港岛和港口割让给英国"的"初步协议"（注意，义律此时仍沿用"香港岛和港口"的名目，佐证两地名仅指香港岛而言，并不包括尖沙咀。稍后，义律曾向英国外交部详细汇报中英交涉经过，也未谈及曾向中方索要过尖沙咀一事）。[①]26 日上午 8 时许，英军强占香港，完成从舟山到香港的目标转换，此乃英国对华地缘战略的重大转移，中国的门户在香港方向率先被英国占据，英人缘此获得了在远东最早的也是最重要的通商大埠和战略要地，香港成了英国人进入中国内地的主要通关。

战时及战后，因为中方缺乏翻译而造成的另一个严重隐患是香港华人的司法管辖权，不消说，鸦片战前中国政府对香港地区拥有完整的司法主权。[②]然而，这一主权已遭到殖民者的侵逼。1833 年 8 月 28 日英国议会通过在中国设立刑事和海事法庭的议案，提议该法庭设在广州及其附近地区，香港自然在其视野之内。[③]英军占领香港后，1841 年 1 月 29 日，英方发布公告，称为保障秩序，特对香港司法进行规定：对中国人，仍"按照中国的法律和惯例进行管理"，至于由何机构或何人管理，公告没有指明，使得所谓"管理"缺乏可操作性。对外国人在港岛的犯法行为，则提交英国在华设立的刑事和海事法庭审理。[④]2 月 1 日，义律又发布第二号公告，对前公告的不明确部分进行补充，宣布"香港等处居民现系归属大英国主之子民，故自应恭顺乐服国主派来之官"。在无法迅速建立英式香港法律系统的情况下，基本奉行香港既成法律是义律在当时的情况下所能做出的选择。[⑤]义律将具体操作归各村长者，将最高决定权和监督权归英

---

① 《关于自 1840 年 7 月 11 日女王陛下的分遣舰队到达白河口外起，至 1841 年 1 月 20 日义律海军上校与中国钦差琦善在珠江缔订一项初步协议为止，在琦善与英国两位全权大臣之间进行谈判的记述》，胡滨译：《英国档案有关鸦片战争资料选译》下册，第 894—897 页。

② 至晚从 1574 年明朝政府就已在香港设立官富巡检司，除负责港岛的防务外，也和当地耆老共同负责港岛的治安和司法。清朝建立后，承袭明制。参见王崇熙：《新安县志》，刊本，嘉庆廿四年，第 60 页。

③ 梁敬镦：《在华领事裁判权论》，上海：商务印书馆，民国十九年，第 10 页。

④ 《公告》，胡滨译：《英国档案有关鸦片战争资料选译》下册，第 911 页。

⑤ "Chun-wu che-tang Memorials on military affairs(Spring 1841)", Public Record Office, British Foreign office Records, 931/58.

方，在港岛地区的习惯法则上凌驾以殖民者的权威，这是一个后果十分严重的步骤。此举明确排斥中国政府在香港地区的常设派出机构——"官富巡检司"对辖境的司法管理权能。[1] 义律的做法从根本上否定了中国在港岛的司法行政主权。从 1841 年 1 月英军强占香港到 1842 年 8 月，香港司法问题虽经英国单方面公布了诸多法令和采取了实际管辖措施，但由于香港的法律地位未定，英方的措置只能被看作是单方面的战时行为，在法权上不具意义，香港居民的法归属权仍旧没有得到解决。直到《南京条约》签订，香港正式割让，对香港居民的法归属进行确定也成为不可避免。

1842 年 9 月 5 日，英国全权代表璞鼎查照会清政府钦差大臣耆英，就港岛居民的司法归属提出了一项新建议：香港"已有内民千余，此时香港既归我（英）国主掌，斯民即我国治属，倘仍在该地，必然与英人无异"[2]。这个照会企图把在港华人（常住人口）的司法权一并攘夺。按近代国际法准则，香港割让给英国，对当地居民进行属地司法管辖是题中应有之义。但恰在这个时期，英方正在谋求在华领事裁判权，企图建立英人在华犯罪后不由中国审理而由英国审理的制度，所以假惺惺地把港岛司法问题提出同中方讨论。相形之下，英国在中国大陆要求领事裁判权，在香港又排斥中国的传统司法权，两者对比是何其不公！它使英方陷入难以解释的境地。英方的司法分治方案理所当然遭到中方反对，9 月 13 日，耆英照会璞鼎查，同意在港英人由英国治理；但坚持在港华人，无论是暂住还是长居，其司法管辖均归中国。中方照会的出发点是，既然英方要求在全中国犯案的英国人全部由英国管辖，那么，在其占领地香港的中国人由中国管辖也是顺理成章。于此，英方复照，鉴于中方不让步，提出折中办法，对在港华人不再区分暂住还是长居，而以案件类别区分，在港华人如涉及刑事案件（criminal offence），由中国九龙地方官员处理；如涉及民事案件（civil offence），由港英当局处理。[3] 但此话语被中方所不解，其中不仅是

---

① 侯宗海、褚翔等：《靖江县志》卷二，刊本，光绪五年，第 11 页。

② 《璞鼎查照会》，[日] 佐々木正哉编：《鸦片战争の研究》（资料篇），第 222 页。

③ Ch'i-ying to Pottinger (Sep.13,1842), Pottinger to Ch'i-ying (Sep.17,1842), J.Y.Wong, *Anglo-Chinese Relations 1839-1860, A Calendar of Chinese Documents in the British Foreign Office Records*, pp.71-72.

字词的翻译，更有那时中国的法律民、刑不分，尚无"刑事"与"民事"区划的概念与用语（《大清律例》中的"户律""刑律"与近代西方的刑法、民法不是一回事）。"且中国民事案件甫经分析，事本简略。"[1] 因为没有译词概念，故而无从翻译。直到 1907 年时张之洞还称："按中国法律向以刑律、户律为大纲，而外国律则必先有刑法、民法，然后刑事、民事诉讼法有所附丽。现欲分析刑事、民事，则必将现行律例厘然分开。"[2] 刑事、民事的区别直到清末，中国人才正式厘清。[3]

　　文本的翻译如果只关涉字句的准确，还不是特别麻烦，若是对译国的语汇中连此概念都没有，则难以短时沟通，这不仅仅是语言的翻译，还涉及到文化历史传统的绝大差异。璞氏不知道《大清律例》中并无刑事与民事的法理，中方也无法深究刑事、民事区别，只能大而化之地处理。1842 年 10 月 13 日，耆英向朝廷上奏："广东香港地方已准令英夷栖止，惟该处尚有民户，难保不无滋事犯案者。除罪名较重解交新安县照例审详外，其有酗酒赌博，鼠窃剪绺，犯笞杖罪名者，应就近解交尖沙嘴巡检审理。"从耆英入奏来看，他实际上把在港华人的刑民事案件一并包揽。交涉双方言词出现两辙，不能对榫接卯，只能各说各话，自说自话。耆英在奏折中还提出，如清帝同意，即可直接"咨明广东督臣抚臣钦遵办理"。[4] 17 日，糊涂的朝廷批准了糊涂的耆英的入奏，指示广东地方当局按耆英所议办理。[5] 1843 年 2 月间，中英进行五口通商事宜谈判，附带谈及香港司法问题，英方仍持原先立场。但到了 5 月，中方再次照会璞鼎查，要求其重申同意中国政府对香港殖民地的华人进行司法管理的承诺，对此，璞鼎查置之不理，表露英方已有推翻前议的企图。据说，对前议的推翻来自

① 刘锦藻：《清续文献通考》卷一三三"职官考十九"，杭州：浙江古籍出版社，2000 年，第 2515 页。

② 张之洞：《遵旨核议新编刑事民事诉讼法折》，苑书义、孙华峰、李秉新主编：《张之洞全集》第 3 册，石家庄：河北人民出版社，1998 年，第 1775 页。

③ 清末制定的《刑事民事诉讼法》开篇即是"刑事民事之别"，条举"审判之案分为二项"，一是刑事，二是民事，并具体规定"凡叛逆、谋杀、故杀、伪造货币印信、强劫并他项应遵刑律裁判之案为刑事案件"；"凡因钱债、房屋、地亩、契约及索取赔偿等事涉讼为民事案件"。参见商务印书馆译编所编：《大清光绪新法令》，上海：商务印书馆，刊本，宣统元年，第 1825 页。

④ 《钦差大臣耆英等奏为今后香港民户如有犯案请由尖沙嘴巡检审理等情片》，中国第一历史档案馆编：《鸦片战争档案史料》第 6 册，第 304 页。

⑤ 《上谕》，中国第一历史档案馆编：《鸦片战争档案史料》第 6 册，第 318 页。

"白厅"的干预，英国政府认为由"英国人负责维持香港秩序，华人犯罪者移交中国法庭，依照中国法律审判"是"无论如何也难以做到"的。[①]果不其然，璞鼎查于6月25日向中方发出说帖一份，提出在港华人由英国法律处置。被中方否定。[②]此案于是悬置，既不载于中英《五口通商章程》，也不见于稍后的《虎门条约》。但随后，英国方面却瞒着中方采取了一系列背信弃义的行动。1843年1月，英国女王维多利亚（Alexandrina Victoria）下令将10年前议会法令决定设立的刑事与海事法院设至香港，负责审理中国内地及沿海一百英里范围内英国人的刑事案件以及香港地区的除中国人以外的所有国别人的案件。而港岛中国人的案件仍由巡理府法院审理。说明英国在香港实行的是以英国法律为最高准则又掺杂了殖民统治特色的不公平不统一的双重法律标准，双重司法系统。4月5日英国颁布了具有香港地方宪法性质的《英王制诰》，授权港督可以在咨询立法局后制定有关香港的法律。1844年3月，设在香港的刑事和海事法院开始工作，由港督充任法官，同年10月1日，香港高等法院成立，刑事和海事法院撤销，巡理府法院依然保存，负责初审案件。[③]需要特别说明：从1841年1月到1843年底中英间时断时续拖延日久的关于在港华人的法归属权的交涉仅仅限于外交上的谈判和法理译词的计较，实际上，从英国占领香港的那一天开始，对在港华人的审判基本均由港英当局单独管理。1844年后，中英对港岛司法没有再予交涉，对英方违犯双方协议的行径，清政府也没有再提抗议，香港居民（主要是华人）的司法管辖权在有形无形间归于英国。香港进而成为由英人完全控制的西人入华的通关道口。

（五）约本作准

既是不同国家之间的联系文书，条约每以缔约国的各自文字乃至多种文字构成，由此带来以何种文本为释约依据的问题。语本成为中外的争执

---

① [英]弗兰克·韦尔什：《香港史》，王皖强、黄亚红译，北京：中央编译出版社，2007年，第131、193页。

② Ch'i-ying's reply to Pottinger's proposals (Jun.26,1843), J. Y. Wong, *Anglo-Chinese Relations 1839-1860, A Calendar of Chinese Documents in the British Foreign Office Records*, pp.93.

③ 余绳武、刘存宽主编：《十九世纪的香港》，北京：中华书局，1994年，第199、207页。

焦点，甚而形成不平等的条约语本体系。步入近代，中外有了空前广度和深度的接触，中外条约作准文本有了重要演变。不同语言之间表意传神的准确翻译难度甚大是译界共识[①]，何况两次鸦片战争之间的一段时间里，中国与西方都严重缺乏专业的翻译人员，只能由一些相当不专业的商业译员来传译谨严的外交公文，以至于交流时难沟通，订约遗患重重，交涉方均不满意，都认为是对方利用语言障碍来欺诈自己。"跨语际"（translinguistic）困窘造成对译文用词的理解差异，英方执念中方在军事实力上不如英方，被迫接受英国提出的议和条款，是偃武后的修文，罢战后的求和，但在对本国语言的理解与解释上自具优势，因为中国人擅长格义。中方也同样认为外方利用中国人不熟悉的条约语言使中方吃了暗亏。看来，缺乏合格称职的翻译给中方和外方都造成不便，引致疑窦。因为是时以中文本作为交涉及作准约本，西人的不满情绪较之华人更甚。早在1840 年 2 月 20 日，英国外交大臣巴麦尊（H. J. T. Palmerston）在给来华全权代表的秘密训令中就曾叮嘱："为了防止将来产生任何疑问，关于正确解释条约可能引起的所有问题必须以英文本为准。"[②] 此话显示，此前或有中方对西方的"傲慢与偏见"，此时却是英方对中方的"傲慢与偏见"，不过，巴麦尊的建言未能兑现，璞鼎查等并未意识到此举的重要性，该项议题既未列入条约文字草案，也未在《南京条约》谈判时口头提出。巴麦尊不无先见之明的预料果然发生，英国人发现作准文本逐渐成了一个症结，由此酿发严重争端。一是"入城"问题，《南京条约》规定中国开放五个口岸，但约本中的"城邑"究竟何意？是城内还是城外？中英理解不同，导致在广州引起长达十余年、卷入十几万民众的反入城斗争。二是《虎门条约》译本问题，鸦片战争爆发期间和战后，香港经贸大幅起落。[③] 西方将此归咎于中方在《虎门条约》第 13 款中存有欺诈，以此阻止中国的非

---

① [德]郎宓榭、阿梅龙、顾有信：《新词语新概念：西学译介与晚清汉语词汇之变迁》，赵兴胜等译，济南：山东画报出版社，2012 年，第 8 页。

② 《巴麦尊子爵致女王陛下驻华的两位全权大臣函》，胡滨译：《英国档案有关鸦片战争资料选译》下册，第 536 页。

③ *British Parliamentary Papers, China*, Shannon Ireland: Irish University Press, 1971, Vol. 31, p.297.

通商口岸地区与香港物流往来，进而"窒息"香港"合法的贸易"。^① 对照条款汉、英文本，歧义主要是汉文本最后一段话，即除五口外的任何地区，"均非互市之处，不准华商擅请牌照往来香港"，为英文本所无。^② 文句涉及香港与内地的贸易路线，语言交流和商贸交通互为表里，语言的隔阂导致商贸的阻断，商路的不畅又引出语言的纷争，经贸利益与国家"尊严"纠缠一块，西方借此责难中方。1847 年 8 月 11 日，港督德庇时（J. F. Davis）宣称这"无异是中国交涉人员的一种欺骗行为"；^③ 英国翻译官巴夏礼（H. Parkes）攻击"中国官员似乎对行欺骗之术乐此不疲"；^④ 西方学者也认为清政府对这项条款的利用，使得 1844 年后的香港除走私鸦片外，"其他的货物交易全部停滞"。^⑤ 这当然是对中国"莫须有"的指责。但英人就此大作文章，作准本问题凸显。

　　译言关天下，"在两次鸦片战争的时代，翻译过程就被理解为一种特殊形式的暴力，一种通过另类手段进行的战争"^⑥。 1848 年 12 月 18 日，后来担任英国驻广州领事和代理驻华公使的包令（J. Bowring）同外交大臣巴麦尊有过一番谈话，巴麦尊告诉包令，璞鼎查在《南京条约》谈判时犯下大错，即"没有坚持要是条约发生任何疑义时，作为条约依据的应该是英文本而不是中文本"^⑦。1854 年 2 月 13 日，英国政府给包令下达关于修约的指令，其中第 10 条是："行将缔结的条约的措辞中，一切疑点都应参照英文本解决，并且仅以英文本为准。"^⑧ 据说，包氏在语言上颇有天分，当能充分理解英国政府对文本作出专门指示的重要性。果不其然，包

① ［美］费正清主编：《剑桥中国晚清史》上卷，中国社会科学院历史研究所编译室译，北京：中国社会科学出版社，1993 年，第 244 页。

② 该约差异请比照参见 The Inspector General of Customs, China, *Treaties, Conventions, Etc., Between China and Foreign States*, Shanghai,1908. Vol.1, p.395.

③ ［英］莱特：《中国关税沿革史》，姚曾廙译，北京：商务印书馆，1963 年，第 27、74 页。

④ ［英］斯坦利·莱恩 - 普尔、弗雷德里克·维克多·狄更斯：《巴夏礼在中国》，金莹译，第 79 页。

⑤ E. J. Eitel, *Europe in China, the History of Hong Kong from the Beginning to the Year 1882*, Hong Kong: Kelly & Walsh, L. D. Press, 1895, p.197.

⑥ ［美］何伟亚：《英国的课业：19 世纪中国的帝国主义教程》，刘天路、邓红风译，北京：社会科学文献出版社，2007 年，第 60 页。

⑦ Lewin B. Bowring, *Autobiographical Recollection of Sir John Bowring, with a brief memoir*, London: Cornell University Press, 1877, p.290.

⑧ ［美］马士：《中华帝国对外关系史》第 1 卷，张汇文、姚曾廙、杨志信、马伯煌、伍丹戈译，第 768 页。

氏不辱使命，随即在向清政府提出的修约要求中赫然列明"立兹条约，当以英字为确据"①。未几，英国发动第二次鸦片战争，列强愈发强势，中国声弱音微，1857 年 4 月 20 日，战事正酣，英国政府还不忘向来华全权大使重申："一切有关将来条约解释的疑问，都应当完全以英文本为准。"②在语本问题上英国明确提出以"他"为主的索取，"鉴于中国一直在为自己编造不负责任的托词，我们决定加强相应的责任条款并将其列为条约的首要条件"。③侵略从来都不局限于坚船利炮和商品倾销等"器物"界域，还存在于谋求话语霸权与推广意识形态等层面，即将西方的整个价值体系全面强加于原不他属的某个地理空间和人文区划。情势出现绝大反转，汉文本作准的局面不再，条约文本的既存格局逆转，旧有的"华夷"语序被纳入到西方制定的国际话语体系内。1858 年 6 月 26 日签订的中英《天津条约》第 50 款明示：

> 嗣后英国文书俱用英字书写，暂时仍以汉文配送……自今以后，凡有文词辩论之处，总以英文作为正义。④

从现有记录看，此款甚至中英双方未经讨论就予以定议，恰如英人记叙：英国全权特使额尔金（James Bruce, Eighth Earl of Elgin）似乎并没有将此议题在谈判中专门提出讨论，⑤而直接形诸条约表述，是赤裸裸地强加，与第二次鸦片战争时期英方译员李泰国（H. N. Lay）、巴夏礼（H. Parkes）等直接相关。他们自幼在华，译员出身，通晓汉语，工作性质使其格外关注翻译事体，他们"是为满足驻华机构中一个重要部门的需要所培训出来的典型人物，这种典型人物的缺陷将影响嗣后驻华机构选用人员的政策"，

---

① 《英使包令所递清折十八条》，贾桢等：《（咸丰朝）筹办夷务始末》卷九，第 1 册，第 344 页。

② [美]马士：《中华帝国对外关系史》第 1 卷，张汇文、姚曾廙、杨志信、马伯煌、伍丹戈译，第 549 页。

③ [英]斯坦利·莱恩-普尔、弗雷德里克·维克多·狄更斯：《巴夏礼在中国》，金莹译，第 91 页。

④ The Inspector General of Customs, China, *Treaties, Conventions, Etc., Between China and Foreign States*, Vol.1, p. 418.

⑤ 以至于 27 年后的 1885 年，有英国人认为作准文本的"条款是强行加入 1858 年天津条约的英文文本中的，这是明显地违背额尔金勋爵的愿望的"。参见陈霞飞主编：《中国海关密档——赫德、金登干函电汇编》第 4 卷，杨魁信等译，北京：中华书局，1992 年，第 111 页。

其在条约谈判中扮演关键角色，与中国"钦差大臣当面肆争，语言狂悖，并以立即向北京进军相威胁"。[①] 可见枪炮不仅仅是强迫，也在进行说服，话语不仅仅是说服，也在进行强迫。是时中英就公使驻京等争执激烈，致使文本议题相对淡化，便以英方提交的条文订约。此约和略后的四国《北京条约》是一个标记，将此前逾后划了一条界线，第一次鸦片战后确立的条约体系通过第二次鸦片战争有了新架构，中外政经体制有了大调整，中国的半殖民地化历程有了决定性下坠。自此，条约的底本和作准本大多转成外国语文，汉文本尽管尚存，却成了外文本的依样抄录，中华文字在条约交涉中的话语功能相当程度上丧失。中国的条约语汇居然在中国的土地上碍难准行，外国语在中外高层级的条约制定中获得凌驾中国语言之上的地位，清朝君臣只得以他们既不理解更不精通的外域术语俯首服从，这绝不简单只是些词汇字句，而是主体文化之间移形走样的企图，是侵略者价值观念和意识形态居高临下的宰制，被侵略者只能屈辱地接受、卑恭地养成，平等的规则变成不平等的规训，本应对等的条约签订变成恃强凌弱的勒订。列强的武器暴力如影随形着语言暴力，条约的语言文本，绝非简单只是文本问题，而反映了其背后的枪炮威力和弱国无外交的无奈场景，印证了"华夷秩序"的根本变迁和中西方语境的绝大反转——从前近代的商贸关系为主转为近代的侵略与被侵略的全面外交关系，是近代中国落后挨打、空前屈辱历史的真实呈现。接踵而来，翌日签字的中法《天津条约》亦明文规定两国外交公文分用"大清国""大法国"字样；法国外交文书用法文书写，备汉译文，文词歧异时以法文为准；两国照会各以本国文字为据。[②] 较英约添加内容。陆续地，中外条约作准文本形成几种模式。

第一种，英国格式。以对订国的外方语本为准，一改此前基本以中文本作准的惯例，断然否定中文本在条约中应有的平等位置。因片面最惠国待遇，英国的此项特权亦被某些列强分享，唯此式的与约国更多的是列强中的一等强国。此项规定在生效 20 余年后遭到中方抵制，1884 年 5 月 11

---

① ［加拿大］葛松：《李泰国与中英关系》，中国海关史研究中心译，厦门：厦门大学出版社，1991 年，第 27、82 页。

② 王铁崖编：《中外旧约章汇编》第 1 册，第 105 页。

日的《中法简明条款》第五款规定"此约缮中法文各两分……各执一分为据，应按公法通例，以法文为正"。[①] 是约系简约，1885 年初，中法按照约定续谈正式约章，谈判分头在中国的京、津和法国的巴黎进行。在中国，由总理衙门大臣等与法国驻华使节接洽。在法国，由清朝海关驻伦敦办事处代表金登干（J. D. Campbell）出面。2 月 20 日，金登干与法国总理兼外长茹费理（J. F. C. Ferry）会议，涉及条约文本议题，茹氏坚持"法文本是具有权威的文本"。3 月 29 日，中国军队获谅山大捷，两天后，茹费理内阁辞职，中方态度强硬，声言条约以外文本为准"是对中国的极大羞辱"，申明"在以后同中国签定的所有条约中，凡是轻视中国的无礼词句都一律删去"。法国新任外交部长佛莱新纳（C. de Freycint）获此近乎"最后通牒"的信息后"大发雷霆"，[②] 法方担心这不仅是对前定《简明条款》的推翻，且是对 1858 年中法《天津条约》的追诉，宣称 1858 年的"和约曾为中法两国维持了 20 年的和好关系，并且是继续有效的"，甚而担忧由于推翻单项条款而影响整个条约的有效性。中方也不让步，清朝海关总税务司赫德（R. Hart）向金登干亮明底牌："在这次谈判中，每一项提议都是事先经过太后亲自主持考虑和批准"，以法文本为准的条款是被慈禧亲笔"勾掉"的，并"严令不许再有此事"。亲操"御笔"在慈禧的政治生涯中非常罕见，中国最高统治者的敲定使中方立场难于更移，如果法国不能"顺太后之意，中国方面或将意气用事"，战端或许重开。[③] 最后是双方各自让步，6 月 9 日签署的中法《越南条款》第十款的文字是"中法两国前立各条约、章程，除由现议更张外，其余仍应一体遵守"。[④] 这样既打消了法方关于中国颠覆前此约章的顾虑，又没有了"以法文为正"字样，且表明了中方"现议更张"的强烈愿望。清政府内的中外籍人士合力试图在文本上翻盘，虽未能全部奏效，却一定程度地约束了该项不平等条约特权，是在

---

① 《中法条约选辑》，中国史学会主编：中国近代史资料丛刊《中法战争》（七），上海：新知识出版社，1955 年，第 420 页。

② 陈霞飞主编：《中国海关密档——赫德、金登干函电汇编》第 4 卷，杨魁信等译，第 28、111 页。

③ 中国近代经济史资料丛刊编辑委员会主编：《中国海关与中法战争》，北京：中华书局，1983 年，第 130—131 页。

④ The Inspector General of Customs, China, *Treaties, Conventions, Etc., Between China and Foreign States*, Vol.1, p. 906.

国际谈判场合对己方态度的明白宣示，遂而录入正式约本。但国际情势并不因单项约款的修订而有所改变，对中国主权损害极大的此项特权仍在重复。1902 年的中英商约谈判再起波澜，会谈伊始，双方几乎在每项条文上均有争执，其中部分是由英文转译的"汉文本不确切"所致，英国代表遂而提出"汉文字句虽然不同，但是应以英文约本为准"，恫吓"居于战败国地位"的中国，宣称"能够讨论的题目应当只限于各外国政府所提出的，中国本身不能提出什么"。① 于是，在霸凌气氛里签下的《续议通商条约》第 16 款再次明定"应以英文作为正义"；翌年的中美《通商行船条约》第 17 款亦同此规条。②

第二种，俄国格式。多为涉边（边疆、边界、边贸）事宜，大部分不明定作准本。如 1858 年 5 月 28 日签订的《瑷珲城和约》，满、俄文本由俄方提供，蒙文本由中方转译。③ 同年的《塔尔巴哈台条约》，以满、俄文示人。④ 1858 年的《天津条约》，特别是 1860 年的《北京条约》则打破成例，出现了汉文本，⑤ 概因系"四国新约"之一，并非单独与俄国，签约地是津、京，内容参照了中英条约等。类似还有 1862 年的中俄《陆路通商章程：续增税则》，以及实施的《详细办法》，有汉文本，无满文本，也是转引他国商约。⑥ 至于边境条约仍多因袭旧式，1861 年 6 月 28 日的《勘分东界约记》，事涉勘界，附《交界道路记文》和交界地图，又现满文本。⑦ 此类条约还要与相关前约具有语本上的对茬合缝，否则分界地名处

---

① 中国近代经济史资料丛刊编辑委员会主编：《辛丑和约订立以后的商约谈判》，北京：中华书局，1994 年，第 42、49、57 页。

② 王铁崖编：《中外旧约章汇编》第 2 册，北京：生活·读书·新知三联书店，1959 年，第 110、88 页。

③ 《奕山奏已与木哩斐岳幅订立瑷珲条约折》，贾桢等：《（咸丰朝）筹办夷务始末》卷二五，第 3 册，第 913 页。

④ 《塔尔巴哈台赔偿条约》，贾桢等：《（咸丰朝）筹办夷务始末》卷三一，第 4 册，第 1164 页。

⑤ "外交部"寄存文物清册，文献编号 906000112。

⑥ 该约章先由三口通商大臣崇厚与俄国领事议定画押，再由总理衙门大臣与俄国驻华公使正式公同盖印。参见《崇厚为议定俄国续增税则事札》，天津市档案馆编：《三口通商大臣致津海关税务司札文选编》，天津：天津人民出版社，1992 年，第 7 页。

⑦ 该约及附件的俄文本略详于汉文本，叙述上也有某些差别。汉文本见许同莘、汪毅、张承棨编：《咸丰条约》卷一一，第 12—14 页；俄文汉译本见商务印书馆编译：《中俄边界条约集》（俄文汉译本），第 40—45 页。签约时该约章的名目为《咸丰十一年中俄分界约文》，见"外交部"寄存文物清册，文献编号 906000113。

理难以衔接，如《科布多界约》系《勘分西北界约记》续约，以及续后的《乌里雅苏台界约》《塔尔巴哈台界约》《喀什噶尔界约》《塔尔巴哈台西南界约》《续勘喀什噶尔界约》，都只以满、俄两种文本书就，之所以自备一格，主要是前约语本已经确立，改换语种反而添出不必要的疑义。1886 年 7 月 4 日签订的《珲春东界约》，因含有查勘两国交界道路，更正"倭字""那字"等界牌事项，涉及地名繁杂，并是东北边界和满人传统居住地，故以满文本为据。① 因中俄漫长边境相邻，沙俄或大块土地割占，或不断零星蚕食，两国疆界时有变动，体现在条约里，地域地名的惯用称谓便成了重要的文本考虑因素。还有附约、续约也须参照延承主约的记叙，如以满、俄文画押的《科塔界约》，其附约《科布多新界牌博记》《塔尔巴哈台北段牌博记》便以同样文本表达。以地区语境为准则而不以清朝"国语"为转移的另一佐证是 1885 年 1 月 9 日的《塔城哈萨克归附条约》，该约因涉及斋桑等地哈萨克人的归属，于是在清代条约中首次出现"回文"（察合台文），并规定"一切事宜以回字为凭"。② 1894 年 1 月 1 日的《收山未尽事宜续立文约》也因涉及哈萨克族别，出现"回文"，以当地主要民族的习用语汇为依归，正是考虑驻地族群史语的独特性和延续性。③ 1899 年 5 月 7 日于北京加押的《勘分旅大租界专条》，以汉、俄文签订，一改前例，专定以俄文本为准，反映俄国对华外交的强势；④ 续约同样"遇有讲论，以俄文为证"。⑤ 俄文分量的趋重，是中俄条约中值得关注的走势。

第三种，普鲁士格式，即以第三种文本作准。1861 年 9 月 2 日中国与"普鲁士及德意志通商税务公会各国方"签署《通商条约》，第五款谓"现定和约章程，用中国文字并德意志字样合写，两国公同较对无讹。因法国

---

① 该约汉文本见许同莘、汪毅、张承棨编：《光绪条约》卷二五，北京：1915 年，第 14—26 页。但未注明签约时间。现以俄文本注明的签约时间为准。参见商务印书馆编译：《中俄边界条约集》（俄文汉译本），第 95 页。

② 王铁崖编：《中外旧约章汇编》第 1 册，第 36—41、62 页。

③ "外交部"寄存文物清册，文献编号 906000130。

④ 参见中华民国外交部统计科编刊：《外交部储藏条约原本编号目录》，北京，1913 年，第 12 页。

⑤ 王铁崖编：《中外旧约章汇编》第 1 册，第 755 页。

文字系欧罗巴人所通习，是以另备法国字样稿本各一分"，倘若日后双方"有辩论之处，即以法文稿本为证"。① 由此出现别样范式，此例虽在《尼布楚条约》的拉丁文本中可见，但此处以法文本作准，与法国使团人员的介入不无关系；更与清政府试图翻转文本上的不利局面有关，普鲁士使臣艾林波（C. F. Eulenburg）来华时即提出所有条约及照会，均以该国文字为凭。但恭亲王奕䜣认为"英法二国条约虽有此语"，普鲁士却"不应效其强横，且恐为将来狡赖地步"，指示总理衙门与其交涉"驳改，总以中国文字为凭"，两边针锋相对，艾氏"坚执不肯"，成为僵局，后经法国使团翻译美里登（E. B. Meritens）"从中调处，始行议定"②。自中英《天津条约》改变文式后，中方应对，这是较早对外文作准格式修正的努力。此式较前公允折中，显示出形式上的平等；法文也是举世公认的严谨语言，是国际条约界的"通用语"。1865 年的中比《和好贸易条约》也循此样，③比利时官方语言为德语、荷兰语、法语，确认法语为据。后来的中国与巴西《和好通商条约》，"除各以本国文字外兼以法文为正"④。稍有蹊跷的是 1879 年 10 月 2 日的中俄《伊犁条约》，一反常态地不以缔约国的文本为准，却"以法文为证"，⑤ 在中俄边界条约中是为新出。其后，该约内容有重大改订，文本形态未动，或与负责改约谈判的曾纪泽前此出任驻英、法使臣，懂得英语等西文，注意考究国际法等有关。⑥

　　国际公约也多以法文本形式出现，清朝君臣对此有加深了解的过程，"有公约之性质，是以概用法文，中国自不必独异"，⑦ 如 1899 年 7 月 29 日和 1907 年 10 月 18 日由各国签署（中国列名加入）的两次海牙国际和

① 王铁崖编：《中外旧约章汇编》第 1 册，第 165 页。

② 《奕䜣等奏与布路斯国议定通商条约情形折》，宝鋆等：《（同治朝）筹办夷务始末》卷一，第 1 册，北京：中华书局，2008 年，第 1 页。

③ 该约画押本的名称为《比国通商条约税则章程》，见"外务部"寄存文物清册，文献编号906000091。另参见茅海建：《近代的尺度——两次鸦片战争军事与外交》（增订本），北京：生活·读书·新知三联书店，2011 年，第 253—257 页。

④ 该约画押本的名称是《会订和好通商条约》，"外交部"寄存文物清册，文献编号 906000007。

⑤ 中俄《伊犁条约》清政府并未批准。参见王铁崖编：《中外旧约章汇编》第 1 册，第 363 页。

⑥ 曾纪泽：《曾纪泽日记》中册，刘志惠点校辑注，长沙：岳麓书社，1998 年，第 1002 页。

⑦ 《外部奏中和领约以法文为主片》，王彦威、王亮辑编：《清季外交史料》（宣统朝）卷二十，李育民等点校，长沙：湖南师范大学出版社，2015 年，第 9 册，第 4484 页。

平会议系列公约正本等。中俄《边界陆路电线相接条约》，[①] 因前有"万国邮政协会和伯尔尼万国无线电协会的一切通讯均须使用法文"的国际公约，故亦以法文本为准。[②]

多国条约也每每按照此式，如 1900 年底中国与 11 国互订《议和大纲》和翌年的《辛丑各国和约》便如是。[③] 而中俄《交收东三省条约》，关乎"庚子事变"及《辛丑条约》，也"以法文为本"。[④] 涉及第三国的条约，如"黑风罗刹任飘船"的《中俄密约》，[⑤] 因针对日本，作准的是法文本。[⑥] 若有法国关联，如中俄《四厘借款合同》，出贷方包括俄国及法国银行代表，自然宗奉法文本。

第三国语本为准格式，除法文外，英文也有此功用，又分几种情况。一是缮录版，常见于通商条约。如 1863 年缔结的中丹《天津条约》，以汉、英文签订，不用第一官方语言的丹麦语，而用第二官方语言英语，其因在于内容大多抄自中英有关通商的约款。[⑦] 1887 年中葡《通商和好条约》第53 款的规定是兼看英文，或以英文解明疑点；[⑧] 1899 年中墨《通商条约》第 18 款明确"在本国各用本国文字，如有不符，以英文为主"；[⑨] 1903 年的中日《通商行船续约》和 1904 年的中葡《通商条约》也属抄录英约，

---

① 参见许同莘、汪毅、张承棨编：《光绪条约》卷三一，第 2—4 页。另参见台湾"中研院"近代史研究所编印：《海防档》丁编，台北：艺文印书馆，1957 年，第 2256—2260 页，此文本与《光绪条约》本在个别字句上有出入。

② [法] A. 施阿兰：《使华记（1893—1897）》，袁传璋、郑永慧译，北京：商务印书馆，1989 年，第 173 页。

③ "外交部"寄存文物清册，文献编号 906000100、906000162。

④ The Inspector General of Customs, China, *Treaties, Conventions, Etc., Between China and Foreign States*, Vol.1, p. 250.

⑤ 《李肃毅侯挽诗（四首）》，《黄遵宪集》上卷，吴振清、徐勇、王家祥编校整理，天津：天津人民出版社，2003 年，第 283—284 页。

⑥ "外交部"寄存文物清册，文献编号 906000111。

⑦ The Inspector General of Customs, China, *Treaties, Conventions, Etc., Between China and Foreign States*, Vol.2, pp.313-329.

⑧ 该约签字本无名称，但约内有"通商和好条约"字样，各文本及换约文书见"外交部"寄存文物清册，文献编号 906000079。

⑨ 王铁崖编：《中外旧约章汇编》第 1 册，第 937 页。类似文句常见于中外约章，直至 1949 年 4 月 22 日缔订的中国、意大利《友好条约》还规定："本条约分缮中文、义大利文及英文各两份，遇有解释不同时，应以英文本为准。"参见王铁崖编：《中外旧约章汇编》第 3 册，北京：生活·读书·新知三联书店，1962 年，第 1655 页。

"均以英文为准"。[①] 二是海关版，当时英人赫德等长期出掌中国海关，所以许多事涉海关的条约以英文缔结，1887 年的中葡《会订洋药如何征收税厘之善后条款》，赫德代表中方，签字文种却没有中文，只有葡、英文。[②] 1905 年的中德《会订青岛设关征税修改办法》，中方签约代表是赫德，尽管是中德条约，却以汉、英文签订，德语反倒缺失。[③] 三是借力版，英国为当时在华势力最强大的国家，他国图谋征引成约，狐假虎威分享既得利权，更有国家谋求大不列颠的支持；美国则往往扮演居间调停角色，文本亦有所反映。中日《马关条约》及附《另约》和《议定专条》，以汉、日、英文签订，以英文本为准，[④] 便与英美人士的深度参与以及日人此时脱亚入欧并驾西人的急迫心理有关，[⑤] 条约起草人是时任日本外务省法律顾问的美国人端迪臣（H.W. Denison），原稿是英文，双方谈判的主用语言也是英语。[⑥] 略后签订的中日《辽南条约》更与"三国干涉还辽"有关，亦以英文作准。四是方便版，1899 年 12 月 14 日中墨《通商条约》于华盛顿签订，签约代表系中国与墨西哥驻美国使臣，以英文本为准，[⑦] 这无疑与条约在美签订，签约人熟谙英语有关，但也部分体现了西方语言圈在全球的扩张。

第四种，荷兰格式，即各以本国文字为准模式。创自 1863 年 10 月 6 日的中荷《天津条约》，荷兰特使来华后，提交的条约草案试图同享列强在华既得特权，遭中方抵制，"将该国所拟各款内紧要关键，当面逐款指

---

① 王铁崖编：《中外旧约章汇编》第 2 册，第 194 页。关于中葡通商条约，王铁崖编：《中外旧约章汇编》第 2 册，第 257 页称"葡文本未找得"，该约汉、葡、英文本均可见于"外交部"寄存文物清册，文献编号 906000082；该约未交换批准。

② 该条款以英、葡文签订，汉文本是译本。参见 The Inspector General of Customs, China, *Treaties, Conventions, Etc., Between China and Foreign States*. Vol.2. pp. 300—302.

③ "外交部"寄存文物清册，文献编号 906000071。其中第 8 款的个别字句与王铁崖编《中外旧约章汇编》（第 2 册，第 338 页）略有不同，应以原始正本为准。

④ "外交部"寄存文物清册，文献编号 906000115。

⑤ [法] A. 施阿兰：《使华记（1893—1897）》，袁传璋、郑永慧译，第 95—96 页。

⑥ 详参吉辰：《昂贵的和平——中日马关议和研究》，北京：生活·读书·新知三联书店，2014 年，第 136、51 页。1922 年 2 月 4 日签订的中日《解决山东悬案条约》及《附约》干脆只有英文本。参见王铁崖编：《中外旧约章汇编》第 3 册，第 212 页。

⑦ "外交部"寄存文物清册，文献编号 906000009。

驳"，其中即包括以荷兰文"为正义"，^① 局面转圜后的条约规定是遇文词歧异，各以本国文字为准，这是 1858 年中法《天津条约》对照会条款的延伸放大，程序正义公平，但没有定准本，各认其词，反倒没有了准则。清政府亦有此顾虑，直到 1911 年中荷再次订约时，外务部官员还谈及汉文与荷兰文"彼此均有未谙之处，如有辩论仍须以第三国文字为准"。^②职是之故，该模式对双方文字的译准要求极高，是现代双边条约的典型范本；其对订国往往是同为西方列强，又不是列强中的一等强国，多属"二等国"之流，且不是直接参与武力侵华的国家，其间中国保留了相应的话语权。嗣后签订的中国、西班牙《和好贸易条约》第 51 款，^③ 中国、意大利《通商条约》第 50 款，^④ 中国、奥地利（奥斯马加）《通商条约》第 7款等，^⑤ 均作了同样规定。

第五种，日本格式。此式常用汉语，与日本曾长期流行汉语，"朝鲜、琉球、日本诸国皆能读华书"^⑥，均属"同文之国"有关。^⑦ 1871 年 9 月13 日中日《修好条规》签订，^⑧ 规定今后官方文书，中国用汉文书写，日本用日文或汉文书写。此式的定格暗中有一番较量，该约初稿由日方草拟提出，李鸿章等"逐句逐字讲求斟酌"后，感到多有不妥，索性将日方"所呈议约底稿作为废纸"，中方另拟"章程各正本"，并请南洋大臣曾国藩、江海关道涂宗瀛等审核，遂而废除日方约稿改以中方备稿为底本。^⑨此约还有一点值得注意，自李鸿章出任北洋大臣后，汉人开始全面介入外交，渐成主角，由此强化汉文本在中文本里成为主流文本，除对订俄国约章外，基本全是汉文本。1874 年 10 月 31 日的中日《北京专条》，因双方

---

① 《崇厚奏与和兰国定约十六条情形折》，宝鋆等：《（同治朝）筹办夷务始末》第 2 册，第 891 页。

② 《外部奏中和领约以法文为主片》，王彦威、王亮辑编：《清季外交史料》（宣统朝）卷二十，李育民等点校，第 9 册，第 4484 页。

③ "外交部"寄存文物清册，文献编号 906000089。

④ 该约于 1866 年 10 月 26 日由意使和谭廷襄在北京签字画押，11 月 3 日意使赴津与崇厚签字画押。

⑤ The Inspector General of Customs, China, *Treaties, Conventions, Etc., Between China and Foreign States*, Vol.11, p. 460.

⑥ 纪昀：《阅微草堂笔记》卷二十，望益书屋刻本，嘉庆五年，第 364 页。

⑦ 《日本约章缮呈底稿折》，顾廷龙、戴逸主编：《李鸿章全集》第 4 册，第 368 页。

⑧ "外交部"寄存文物清册，文献编号 906000155。

⑨ 《日本议约情形折》《日本议约完竣折》，顾廷龙、戴逸主编：《李鸿章全集》第 4 册，第 365、370 页。

人员均通汉文，干脆省却日文，只以汉文本现身。除日本外，还有历来奉中国为"大中华"，自视"小中华"，同属汉字文化圈的朝鲜，1882 年的中朝《商民水陆贸易章程》也是仅以汉文本缔订。[①] 这是因为甲午战前的朝鲜仍是清朝的藩属国，朝鲜官方民间仍多使用汉文，因此在与欧美诸国签约时不仅使用中国年号、文字，还经常附有中国藩属的照会。此间中日两国有关朝鲜的条约，也是以汉、日文签订。[②]

　　第六种，古巴格式，即殖民地及保护领地范式，与约国广及亚非拉美。特点是，殖民地的外交由殖民者包办，以宗主国语言为准。此式首开于 1873 年 10 月 22 日中国与西班牙的签约，名曰《古巴华工条款》，却只以汉、西班牙文签订。[③] 反映殖民地对宗主国的依从，在血与火的殖民过程中，连自己独立的民族语言都丧失了。相继的《中国民人前往古巴如何优待条约》也完全排斥古巴的参与。[④] 1898 年 7 月 10 日中刚《天津专章》以汉、法文签订，刚果系法属殖民地。[⑤] 1885 年 6 月 9 日的中法《越南条款》仅以汉、法文签订。[⑥] 续后的《桂越边界勘界节录》《越南边界通商章程》也只以汉、法文呈现。[⑦] 还有被英国殖民时期的缅甸，议约、签约、换约均由宗主国代办，文本是汉、英文。另有印度，1908 年 4 月 20 日《修订藏印通商章程》签署，英国包藏祸心，除中、英两国外，还牵入中国的西藏地区代表，反倒没有印度代表，约章除汉、英文本外，另拟藏文本，反过来规定以英文本为准。[⑧]

　　语本不简单只是一个形式问题，其实质在于，清代以降，是中国对外关系从相对封闭到国门洞开、从商贸交往为主到全面交往，是条约制度经

---

① 朝鲜交涉通商事务衙门编印：《中朝约章合编》，汉城：高宗二四年，第 10 页。

② 该约章签字文本并无名称。"外交部"寄存文物清册，文献编号 906000067。

③ 王铁崖编：《中外旧约章汇编》第 1 册，第 337 页。

④ "外交部"寄存文物清册，文献编号 906000090。

⑤ The Inspector General of Customs, China, *Treaties, Conventions, Etc., Between China and Foreign States*, Vol.11, p. 829.

⑥ The Inspector General of Customs, China, *Treaties, Conventions, Etc., Between China and Foreign States*, Vol.1, pp. 901-906.

⑦ "外交部"寄存文物清册，文献编号 906000047。

⑧ "外交部"寄存文物清册，文献编号 906000015、906000035。

历了从产生形成到衍化拓展的时代，中外缔约经历了一个从基本平等到不平等的历程。鸦片战争之前，中国享有完整主权，在中外条约的制定上基本平等，反映在文本上，早期约章均以缔约方的文字书就，要么没有规定作准本，要么以第三方的拉丁文互为作准本，体现了平等理念。鸦片战争之后，中外关系掉转，中国国家主权遭到严重侵犯，不平等成为中外约章的主调。尽管如此，出于传统习惯，汉语仍是中外交涉的"通用"语，汉文仍是中外条约的循例准本。但列强随意强调译本的不尽一致，扩大约章的释意歧异，挑起中外大规模纷争，终于在第二次鸦片战争期间，在英法联军的炮口下，作准约本由中文改换西文。是举对中国的危害简直可以说是漫无边际，影响到租界的四至、外国在华驻军的区域、传教士进入内地的限行、教案的处理、通商口岸的范围、违禁物品的查缉、鸦片的走私、香港九龙城寨的权界、领事裁判权的管辖、最惠国待遇的适用、条约赔款汇率的折算、子口税的征收、厘金的撤废等（其中的相当内容均与商贸有关[①]。

应该看到，近代中外约章，以"商约"为最大部分——常以"通商行船"条约名目），中外在在发生抵牾，在中国土地上的释法反以外国文字为准。语言立场不同，理解时常相悖，在国人看来是正义的反侵略，在外人看来是拒绝"进入国际大家庭"；在中国看来是正当的废除不平等条约特权，在西方看来是"触犯国际公法"，公正颠倒，公平失范，凡此等等。列强把控着释约权，结果是"理据"总在彼不在我，长期经办外交的李鸿章就沉痛述说："自来各国订约必声明以洋文为正……而嗣后彼此辩论，又往往以汉文不符两相龃龉，此总理衙门与臣等所历办而深知者"，[②]侵略者的"无理取闹"反而造成中国在国际社会内的"无理可讲"或"无处讲理"。近代中外约章的不平等性不仅体现在内容里，还存在于语言形态上。

---

① 1840年2月20日，英国政府在拟定对华条约草案第二方案时便注明如果中方"不愿割让岛屿"，则以五个"商务"条款来替代（其中包括英人在中国口岸的自由居住贸易、对从事"违法进出口"贸易的英国人不得"加以干扰"、协定关税、片面最惠国待遇、领事裁判等项不平等条约特权）。可见，"商务"在英国人心目中的份量，而这种"商务"包括的内涵外延是相当广泛的。参见胡滨译：《英国档案有关鸦片战争资料选译》下册，第551—553页。

② 《直督李鸿章奏福禄诺以限期退兵为要挟曾正言辩驳片》，王彦威、王亮辑编：《清季外交史料》（光绪朝）卷四一，李育民等点校，第3册，第805页。

此既具体而微又明确标示出中国国际地位的急剧下降和外国在华话语权的骤然增强，反射出西方"文化边际"与"语言疆界"在东方的巨大重构与版图拓殖。

关于中华各种文字在条约中所起作用，既有研究（特别是近年被热议的"新清史"）夸大了清朝统治的"种族"色彩，过分强调了满文的泛化影响。应当承认：清初以来的一段时间，汉人官员的确在外交领域中遭到排斥（《尼布楚条约》谈判时曾有意吸纳较低级别的汉员参与；之后，此种意识甚少见及），中国的主体民族语言汉语在中外条约中确实少见，说明满洲贵族在确立对全国统治后"国语"的微妙变化，为扬满抑汉专用"清语""清字"在外交领域的施行。但这是次要的原因，有清一朝，就中外条约来看，中华大家庭各民族语文的地位大致平等，清朝统治者并没有突出的"国语"意识，至少在对外关系中并不凸显。与在中原强行"剃发易服"不一样，清朝统治者视"国语骑射"为"祖制家法"，不向族群之外推广，如乾隆帝要求"宗室子弟俱讲究清文"，[①]"八旗子弟，务以学习国语，专精骑射为事"；[②]嘉庆帝也称"我朝家法相传，国语骑射"。[③]在条约的中国文本中，地区"语境"和条约与谈者的通文会话能力才是最重要的选择依据。使用满文的约章，主要是与俄国就边界事项互订，这些地区主要是东北、西北以满人、蒙古人等为主的居住区，汉人居民较少，使用汉语不多，而大多关涉边境的具体地名，这些陆域、海域、河域、湖域的惯用称谓便成了重要的语本考虑因素。中国地域辽阔，部族林立，语系繁多，涉边条约理所当然地以当时当地的主要民族文本呈现，这是很自然、很正常的，不能认为是"国语"独大。而汉语文本所涉地区、国别不太一样，涉约国多从海道远来，交涉地多为中国的沿海口岸，居民以汉人为主，通行汉语，地名是汉语名。清代中外纷争有一个从陆疆向海疆、边地向腹心、少数民族聚居地向汉族主要居住区的蔓延，对应此趋势，综计清朝的对外约章，汉文本占据最大体量，显见得作为在中国使用最多的汉语，在

---

① 赵尔巽等：《清史稿》卷一〇六《选举志》，第 3112 页。

② 《大清高宗纯皇帝实录》卷五五七，乾隆二十三年二月庚辰。

③ 《大清仁宗睿皇帝实录》卷一二六，嘉庆九年二月丁卯。

多数缔约场合无疑居于"官方语言"的地位，并未受到歧视。清朝的条约语言是依交涉地区"流行语"区别而使用不同语文，条约涉及哪些地区，便以该地通用语言为凭借。

中外约章的文本变迁更值得关注。条约产生于国家间的商贸与外交，产生于国际间的战争与和平，是当事主体间的法律约定；条约语本是国家的正式法律文书，是慎而重之的庙堂文件，是反复磨勘后的语言定本。即或是急迫中签订的城下之盟，因关涉国体，垂之长远，过于重大，也要劳心费力地往复谈判，如第一次鸦片战争时期的《南京条约》、中日甲午战争时期的《马关条约》、八国联军战争时期的《辛丑条约》等；更何况非战争时期缔结的约章。国别差异自始便是中外约本的突出特点，其中大要是宗藩关系国与西方通商国的隔划，边境接壤国与海洋来华国的区别，"一流强国"与"二三流国"的不等。鸦片战争前后，中外（俄国例外）交涉多用汉语，这是长期以来的惯例，是宗藩关系的循旧放大，也是中国和欧美诸国都认可的语言形态。但也逐渐显现出格义不同，畛域立见，对抗频发，最终使得中外约章作准文本发生变化。西方的条约话语体系逐渐占据主导地位，成为打开中国边关到腹地"路路通"的利器，甚至有西方学者将此演变过程称作是对中国独立国家权威和千年民族文化的"祛魅"。语言是国族再典型不过的符号标识，此种意义上的打通"言路"，不仅仅是域外语言的开放转达，还有异域文化霸权性、强制性地全面进入。西方语言对殖民地、半殖民地语文"去疆界化"，遂而形成西语无远弗届的"再疆界化"，中国语文被西方语文"校正"或"重新编码"。[①] 由此也很容易理解，是时清政府最早组织翻译的便是"万国公法"之属，西学东渐进程里国人最急迫学习的便是外国语言。"条约实国家与国家间权利义务之最大渊源"[②]，此乃中外国势的此衰彼盛和"天下"居重的主次改易，是中外条约语言习惯的根底抽换和列强蛮横干涉中国的语本倒置。从殖民地时代形成的语言霸权在现如今非殖民时代依然存续，并借助计算机等高科技有形无形地逞强，成为新的世界语言。技术层面的功过成败，利钝得失，

---

① 何伟亚：《英国的课业：19 世纪中国的帝国主义教程》，刘天路、邓红风译，第 63—64 页。

② 吴昆吾：《条约论》，上海：商务印书馆，1931 年，第 3 页。

难于置评！如果说这是全球化加速度的良美好事，那么，受制于人的国家地区的民族语言文化又面临何种前景？！

三　打开在华商路的重要手段：通商口岸

通商口岸是政府为国家外贸专门开辟的交易地面，在近代中国，其含义极端放大，又不限于商贸；但变来变去，口岸是外人"合法"进入中国通道的初衷未变。明初，设市舶司于浙江、福建、广东。规定浙江通日本，福建通琉球，"广东通占城、暹罗、西洋诸国"，全是南方海口。事行多年后，情形有变迁，有些成为具文，嘉靖三十九年（1560），凤阳巡抚唐顺之就此议奏，"浙、福、广三省设三市舶司。在浙江者专为日本入贡，带有货物，许其交易。在广东者则西洋番舶之薮，许其交易而抽分之。若福建既不通贡，又不通舶。……东洋若吕宋、苏禄诸国，西洋暹罗、占城诸国，及安南、交址皆我羁縻属国，向无侵叛，故商物不为禁。而特严禁贩日本者，比于通番接济之例"，各口岸例规不平行、不统一，为加强关口管理，严防"倭寇"犯境，避免走私偷税，规定嗣后船只不管进出任何关口，均须呈验"海防官"发给的"船引"，"每引纳税银多寡"。朝廷同意。[①]入清后，口岸政策的走向是愈发收紧。1757 年 12 月 20 日，乾隆诏谕，关闭江、浙、闽三榷关，"将来只许在广东收泊贸易"[②]。闭关政策以此为标志而确立。此后 85 年间清朝实行对西方贸易的广州独口政策，整个中国的海路入关只有一个口岸，由此带来的后果就是进路狭窄，只留一条门径，集中一地，广州外贸极一时之盛，每年的"自五月至于十月，各国之甲板陆续进广州口，事务殷繁，俗务纷纭，洋舶交易，流通出入，生

---

① 梁廷枏：《粤海关志》，袁钟仁点校，第 49—50、52—53 页。

② 《东华续录·乾隆朝》卷四十六，上海：积山书局石印本，光绪三十二年，第 53 页。另按：关闭其他口岸对中外贸易影响较大，以对中国对东南亚贸易的集中地厦门而言，仅 1735 年夏天，来到厦门的就有吕宋船 2 只，暹罗船 1 只，东洋船 4 只，还有英国船 2 只。参见中国国家档案局、北京大学编：《锦瑟万里 虹贯东西：16—20 世纪初"丝绸之路"档案文献集萃》，第 65 页。

理十分兴盛"①。西人进入中国按规定只能从一隙门缝而入，在西方热衷于开辟众多商路的同时却遇到中国反其道而行之的封闭路口，开关的仅是位处极南方的一城一池，多口关闭只开一口与国际贸易多元走势逆向而行，这是西方人不能接受的。但是他们又面临强大的清政府，而且是西人来华要求贸易，并非华人去往西方企求什么，于是西人积极主动破关。在闭关政策施行期间，西方特别是英国想方设法地企图冲破闭关限制，开辟更多商埠。从中原地带生发而来的大中国，主要是内陆国家，这从中国都城基本建于内陆腹心地区便可得知，古都长安、洛阳等不用说；南宋时由于北方民族的挤压而迁都于南方近海，事属偶然；元朝又北迁大都；明朝建都南京，未几北迁北京；清人从东北入主中原，依然定都北京（字面意思直译即为位处北边的京都），重内陆轻海洋的色彩更强（至少是清朝前期）。而西人是从海上泛舟而来，停靠的是南方海岸，要进入中国京畿腹地，自然要向北扩势。如果说，西人窃占澳门是为了抢滩海口，解决的是从海上到登陆中国的一段路线，那么，列强勒逼开放更多的通商口岸，则是为了解决从登陆点深入中国各地的路线，也为了攫取更多的登陆点。如果说，道路是"线"，口岸便是"点"，点与点之间和从多点延伸的无数的线形成了"面"，面线的扩大细密织成了"网"，列强在华商路（不仅仅是商路）的巨大网阵就此构建。

（一）"北部开港"

所谓"北部开港"，语出于鸦片战争前，西人集中于广州、澳门，故将广州以北的中国各省区统统视为"北部"②。应该说，闭关政策出台本身即与外人向中国广州以"北"地区的肆意扩展相关。1755 年，英国东印度公司派遣大班汉森（S. Harrison）和英国第一位汉语翻译洪任辉（James Flint）乘坐澳门葡萄牙船到达宁波。次年，洪任辉等再次随公司船"格瑞

---

① 《贸易》，爱汉者等编：《东西洋考每月统记传》道光戊戌年三月，第 52 页。

② 西人曾长期将广州以北泛称"北部"，即或在鸦片战争后相当一段时间里也沿用此概念，如 1850 年在上海出版的著名的"North China Herald"，称《字林西报》，又称《华北先驱报》《北华捷报》，仍视上海为"北华"。

飞号"（Griffin）驶抵宁波，英船除银钱货物外，还带有大批武器，引起清朝当局的警觉，乾隆谕令浙粤督抚商议对策，初议结果是提高浙江方面的税收，以经济手段迫使英人弃浙就粤。实行后效果并不明显，1757 年，仍有英船驶来定海。乾隆遂采取断然措施，明令封闭除广州外的所有榷关。此即闭关政策采行的最直接触发。

闭关政策颁行后，来华西人必须止步广州，口岸之外皆为"此路不通"。英人立即对此进行挑战，"北部开港"旋即展开。1759 年，洪任辉再度北上，赴浙江遭拒，又转赴天津，不知轻重地向乾隆上书，图欲重新打开其他口岸。遭清廷坚拒，洪也因"违例别通海口"罪被圈禁三年。[1] 英国在华强求"开港"与清廷实行自保性的"闭关"之争延续到之后。

在早期的"北部开港"中，谋求经济利益是最主要的原因，尤以大宗货品交易为首要，即所谓"茶叶、湖丝二种为外夷衣食所必须"[2]。茶叶被西方人认为是唯一能够成为普遍消费品而又不与本国制造品竞争的的货物。英国"自入粤市易以来，日形充裕，其最获利者，莫如出口之茶叶"[3]。但中国茶叶的主产地在什么地方呢？ 在广东以北的福建、安徽、江浙等省。这些茶产区无疑距广州口岸较远，要求尽可能地抵近产品腹地成为英人的追求。1755 年时，茶叶从产地运到广州平均距离有 1200 公里路程，路上要花费一到两个月的时间[4]。长途贩运肯定比就近开埠收购价高质损。丝绸长期是中国重要出口商品。那么，鸦片战前中国生丝的主产地又在何地呢？以珠三角的"土丝"和长三角的"湖丝"（英国商人习称"南京丝"，实际上它主要是湖州所产的生丝）为大宗。而"土丝"品质远比"湖丝"要差（"湖丝"中最负盛名的是湖州府南浔镇辑里村所产"辑里丝"）。广州一口的约束自然使外商远距离吸纳"湖丝"要困难得多。"北部开港"意在抵近中国茶叶和丝绸产地，缩短中国外贸茶丝国内商道的"距离"。

---

① 《高宗圣训》卷一九九"严法纪"，第 10—11 页。

② Public Record Office, *British Foreign Office Record*, 1080/7.

③ Public Record Office, *British Foreign Office Record*, 931/13.

④ C.Y. Hsu, *The Rise of Modern China*, p.149.

图谋"北部开港"自然也包含着规避税收的考虑。1806 年 11 月，英国船"菲尼克斯号"（Anna Felix）私自悬挂西班牙国旗，从广州偷运货物到厦门出售，其意图，就是厦门与广州的关税并不划一①，厦门时因外商极少，海关操作不甚正规，逃税的可能性很大。②

"北部开港"反映出英国要求中国市场的更大开放度，即打通北向商路。这个问题在早期并不明显，但进入 18 世纪后期，西方货特别是印度货往销中国数量激增。③1774—1797 年，印度棉花的交易额占到了"港脚贸易"总额的 95% 以上。④但印棉在广东很少有人使用，使用者主要是江浙和内陆省份的织户。⑤北上开埠对英商的吸引力增大。随着工业革命的进行，商品倾销问题愈发突出。1830 年，英国下院对中、英、印贸易举行听证会，会上，在华英商代表抱怨"中国对英国制造品的需要因通商限于广州一口而受到限制"，因为，中国人对英国货的消费群主要在广州以北的区域，要将英货运到这些地区，路途远，捐税繁，花费多，若能多开口岸，英国制造品在中国的销量将会激增。⑥如果说，工业革命发生前，英国人更关注的是对中国产品的吸纳，那么，工业革命开始后，英国人更关心的是英国产品在中国的推销，中国这个巨大市场的潜力日益凸显。

要求摆脱广东行商的中介，直接与中国内地商人发生关系，并在中国的行商和内地商人之间纵横捭阖，进而控制中国商人也是英人力谋"北部开港"的一个不可忽略的原因。所谓垄断主要有三种类型：经贸垄断、行政垄断、资源垄断，行商是由行政认可带出的经贸、资源垄断。行商制度确立后，外商、行商、中国内地经营商成为各自分管、自成一体，又相互联系的中国外贸流通"三段式"——西商负责国外到广州口岸一段的货物

---

① 觉罗永德曾于乾隆四十年（1775）十二月入奏："查粤海关征收货税则例有多于闽关者，有少于闽关者，亦有与闽关相同者，本不画一。"中国第一历史档案馆藏：《军机处录副奏折全宗·商业贸易类·对外贸易项》，第 1104 卷。

② J. K. Fairbank, *Trade and Diplomacy on the China Coast*, Harvard University Press, 1953, Vol.1, p.66.

③ [日]田中正俊：《中国社会的解体与鸦片战争》，转见武汉大学历史系鸦片战争研究组编译：《外国学者论鸦片战争与林则徐》（上），福州：福建人民出版社，1989 年。

④ E. H. Prichard, The Crucial Years of the Anglo-Chinese Relation 1750-1800, "*Research Studies of the State Collega of Washington*", 1936, Vol.4, p.142.

⑤ [英]格林堡：《鸦片战争前中英通商史》，康成译，第 72—73 页。

⑥ J. Steven Watson, *The Reign of George lll 1760-1815*, p.23.

流程，行商负责广州口岸的货流，内地商人负责内地到广州的货流。每年春节一过，数以千计的茶商便来到广州，同行商接洽出售茶叶。他们之间，既有联系，更有矛盾，不时分合。行商肩挑内外两头，既两边谋利，又容易和内外商家发生矛盾。一般是行商与外商直接沟通时产生冲突，这源自不同利益诉求；也有例外，1819 年，茶商们联合起来，抗议东印度公司和行商的"刻薄挑剔"，造成茶价下滑。行商晓以实情，责任在东印度公司。东印度公司拒绝调价，反而把"中等"以上品级的茶叶收购价从每担 29 两银降为 28 两。忍无可忍的茶商于是越过行商，直接与外国公司对垒，拒绝售茶，外商也坚不退让，停止购进茶叶。双方坚持数日，都受到损失，茶商的茶叶积压仓库，不能结算；公司采购茶叶的 24 只船滞留在埠，日常开销加大，更严重的是，如船只继续滞留就会错过季风。最后是广东官府出面通告，宣布如继续"阻碍贸易"，将逮捕挑头者。茶商的联合体被打破，时令延误，茶叶被迫按冬季价格出售，每担只卖得 17 两。[①] 这个案例是外商与行商联手对付内地商人，更多的情况却是外商违规与中国内地商人私下勾串共同对付行商的。如 1834 年，"为数在百人以上"的内地"红茶邦"向行商索取超出原来预定价格之外的高价；1836 年，茶商提出更高的要求，并且拒绝向行商供货。茶商的有恃无恐，是因为他们背后有外商的支持。[②]

　　但是，抛开行商，西商与中国内地商人直接联系是违背清朝禁令的，这种联系只能是秘密的、不经常的，外商例行打交道的只可以是广州"十三行"，区区有数的行商势力集中在穗，要摆脱行商制度造成的垄断中饱、利润分流和价格操纵，赴新开口岸是理想的选择之途。西人对中国的外贸专营政策仇视很是厉害：

> 　　明君立章程法度不过数条而已，惟容商贾任意而贸易，此之谓放纵也。薄其税敛，开口准商船赴诸埠头，不专设洋行，而允各人之买卖，任其自主，以经营也。[③]

---

① ［美］马士：《东印度公司对华贸易编年史（1635—1834 年）》第三卷，区宗华译，第 348—353 页。

② ［英］格林堡：《鸦片战争前中英通商史》，康成译，第 173—174 页。

③ 《通商》，爱汉者等编：《东西洋考每月统记传》道光丁酉年十二月，第 160 页。

广州以北是几乎和整个欧洲同样大（当时未被侵占的中国领土达上千万平方公里）的中国内地，有阔大的市场，有无限量的茶叶、丝绸、瓷器等，是财源滚滚之地，向北、再向北，进击拓展，深入内地，成为西方列强的一致期待。

（二）传教人士

教会人士是自西徂东较早入华的群体（传教士的来华未必早于零零星星的探险家和商人，但作为群体来说，他们肯定是最早深入中国内地的），也是来华西人的"开路先锋"，他们开辟教基于商埠口岸，定点活动于未开放地区，其主要目的是传教，发展教徒。他们虽不是商人，却不排除商业利益；更多的情况是，外商循着教士开辟的道路前行，利用教会发展的受众经商。早在明清之际，传教士就从粤、澳等沿海口岸启程，向内地进发，1598 年，利玛窦第一次进北京，从南京沿大运河北上，便对中国的重要商埠进行了比较精准的测量：扬州北纬 32 度，淮安约 34 度，徐州 34.1/2 度，济宁 35.2/3 度，天津 39.1/2 度，北京 40 度，从南京到北京的距离为 3335 视距尺。[①]

为避免徒尚空言，特以某实地为研析对象，印证教会势力逐步在华建立根据地的动作及华教间的迎面冲撞。这里，福建省的福安县绝对是一个值得研析的地区，位处闽东的福安虽然临海，但始终不是"通商口岸"，还曾是清朝的"禁海"之地。但该地又是基督教在华拓展教势的重要"口岸"据点，其为天主教多明我会在华开教地；又是"礼仪之争"的策源地，而"礼仪之争"不仅引发了天主教会内部及至清廷与罗马教廷间的大论争，还成为中国政府禁绝基督教和罗马教廷取缔耶稣会的导因。

1704 年 11 月 2 日，罗马宗教法庭对中国的礼仪问题作出终审"裁决"，翌年，教皇特使铎罗（Carlos Tomas Maillard de Tournon）入华，传达敕令，废止耶稣会士奉行的"合儒"政策；清廷反复掂量后，方才作出回应，1706 年，实行西方教士入华须持"印票"的制度（向尊重中国礼仪

---

① [意] 利玛窦、[法] 金尼阁：《利玛窦中国札记》，何高济、王遵仲、李申译，第 328 页。

的传教士核发特许证）；1725 年，即位不久的雍正发布"禁教令"，把天主教作为违禁教派载入《大清律》。1742 年，教皇本笃十四世（Prospero Lorenzo Lambertini）重申对中国教徒作出种种禁限的《从这日起》的通谕必须严格遵守。中国清廷与西方教廷两大势力你争我斗，事态升级，难有转圜，清朝"禁教"进入高潮。显然，"禁教"在闭关政策施行之前，不能说对全面闭关政策的出台没有影响，后又成为闭关政策的组成部分。

　　但禁教政策在官府上层和下层的执行上有脱节，各层级之间执行力度不一，因时因人因地而异，对政策的贯彻时严时松，其中很主要的原因在各地官员的执行差异，有严格禁教者，有敷衍了事者，还有暗中信教者。为"洋教"潜行扎根各地留下大量空隙。1746 年的福安便呈现出这样的多重面相，是年发生在当地的教案后来成为引发全中国禁教的导线，风潮甚至波及东南亚。而该教案最初却因偶然事件引起，此种偶然性又从某种角度证明了清朝禁教政策在时段和地区上的宽严"弹性"，佐证了中国官府与西来教会的关系演变和中国民众在两者间的向背取舍，也可概见从"禁教"到"闭关"这一关键转折时期教会势力持续在"北部"地区的坐大。

　　对于教案的起因，据时在福安的传教士德黄正国（Franciscus Serrano）记，似与官府内部矛盾有关。1746 年初，福安穆洋村的一位文人，也是驻福安福宁镇标左营游击罗应麟的朋友，曾向主教白多禄（Peter Martyr Sanz）的房东，一位天主教徒勒索钱财被拒（经济利益历来是民教冲突的主因），便向罗应麟检举了这位教徒窝藏西洋教士的情况。罗应麟因与福安知县周秉官不和，于当年 4 月，利用福宁府知府董启祚前来视察福安县粮仓的机会，报告了所得信息。[①] 董获讯后，表面上不动声色，但一返回福宁，就向福建巡抚周学健呈递了有关福安天主教活动的报告[②]。周即命董"防确具报，以便严行查拿"。6 月 1 日，周学健接到福宁镇总兵李有用的密咨："访查该县信奉西洋天主教之人甚多……皆轮流藏匿西洋夷人于

① 张先清：《官府、宗族与天主教——17—19 世纪福安乡村教会的历史叙事》，北京：中华书局，2009 年，第 126—127 页。

② 吴旻、韩琦编校：《欧洲所藏雍正乾隆朝天主教文献汇编》，上海：上海人民出版社，2008 年，第 60—62 页。《福建巡抚周学健奏报严禁天主教折》，中国第一历史档案馆编：《清中前期西洋天主教在华活动档案史料》第 1 册，第 84—85 页。

暗室、地窖、重墙、复壁之中。从教男妇甚众，且多充当胥役之人。一闻缉拿，齐心协力，群奉避匿，莫可综迹。"①

据说是案的兴发者周学健"是一个对基督教怀有成见甚至是怒不可遏的人物。他从上任一开始，便不停地进行秘密搜查"②。6月30日和7月16日，周学健两次向朝廷报告。两折的语气有所不同，前奏，周学健尚认为"其被诱入教者，皆限于愚昧无知，妄希获福，尚无为匪不法情事"③。随着案情的揭发，周学健发现教会已经深入福安城乡，势力惊人，因此在第二折中改变了看法：

> 窃照福安县穆洋等村民间藏匿西洋天主教夷人……经于五月初七日，在穆洋村擒拿西洋夷人费若用，并堂主陈廷柱等……其一切蛊惑悖逆形迹，与藏匿各村之夷人，尚未彻底搜出，究诘真确。……五月初九日夜，在溪东陈梓家楼上复壁内，搜擒西洋夷人德黄正国、施黄正国二名。初十、十一两日，拿获教长生员陈绅、民人王鹨荐二名，守童贞女二口。十三日，在穆洋村郭惠人空园内，擒获西洋人白多禄。十四日夜，在半岭树林内，捕获西洋人华敬。二十一日，大北门教长陈从辉闻追捕紧急，自赴游击衙门投到。各等因统计先后搜擒西洋夷人费若用、德黄正国、施黄正国、白多禄、华敬等五名，各村堂主教长生员陈绅、监生陈廷柱、民人郭惠人、陈从辉、刘荣水、王鹨荐等六名，女教长郭全使、缪喜使二口，并从教男犯陈榧等一十一名，从教女犯及守童贞女一十五口。④

涉案人员共有外国教士5人，中国教徒34人，可谓教案大狱，但无法抓捕的信教者更所在多有。这里提到的白多禄，在天主教对华传教史上

---

① 《福建巡抚周学健奏报拿获天主教夷人并办理缘由折》，中国第一历史档案馆编：《清中前期西洋天主教在华活动档案史料》第1册，第79页。

② ［法］杜赫德编：《耶稣会士中国书简集》第4卷，耿昇译，郑州：大象出版社，2005年，第322页。

③ 《福建巡抚周学健奏报拿获天主教夷人并办理缘由折》，中国第一历史档案馆编：《清中前期西洋天主教在华活动档案史料》第1册，第81页。

④ 《福建巡抚周学健奏报严禁天主教折》，中国第一历史档案馆编：《清中前期西洋天主教在华活动档案史料》第1册，第84—85页。

是重量级人物，1712 年到福建传教，1730 年在广州被祝圣主教，1732 年被逐出中国；雍正驾崩后，犯禁北上，出任天主教会福建宗座代牧，南来北往的踪迹斑斑可见，此次再被抓捕。据白多禄等招供，他从康熙年间已潜入福安，陆续发展教徒二千余人，其中有守童贞女二百余口。但周巡抚的秘密调查发现了远远超出白多禄等人招供人数的教徒，"福安城乡士庶男妇大概未入教者甚少"①。清朝禁教已有多年，犯禁教士居然如此活跃，信众居然如此众多，足见教方对付禁教已有长期准备和丰富历练，福建当局认为事态严峻，必须紧急处置不容迁延。

略后，耶稣会士尚若翰（Jean-Gasphrd Chanseaume）等对教案有信函追记，并在若干情节上，与周学健等中国官员的奏报不同，为研究者提供了极有帮助的参照模版。信函提供了这样的信息，福安教案揭露后，鉴于"当地的官吏们本身不大倾向于采取辟基督教的行动"，于是，福建巡抚衙门绕过当地官员直接密派查案人员，"发现了与该基督教会有关的一切线索"。说明，对朝廷的禁教政策，官员队伍中的认识是不一致的，教会在福安的潜伏蔓延部分原因正是由于"当地的官吏们"的庇护。故而，上级官府不得不撇开当地的基层官府，直接由上级当局一竿子插到底地采取行动，府衙的守备范国卿带领兵役赴福安进行秘密抓捕归案，并动用拷打和木棍夹手指等酷刑，受刑者却坚不吐口。②

外籍教士中先被捕的是费若望（Alcber），他在被擒获时，"基督徒们闻风成群而至，企图把他解救出来"，费若望极力阻止使用暴力，他遭到残酷审问，拒绝招供主教的藏身地。严刑之后，费若望已无法行走，只得将其抬到福安。顺序拷问的前 10 名华人教徒也拒绝招供，但"第十一名女犯人被为她准备的刑具桎梏吓坏了，于是招认了她所知道的一切"。"范氏军官于此间表现得如此残暴"，当时在场的其他人乃至当地官员"也无法抑制自己泪流满面，两名审判官都不讲话了"。福安的官员认为范国卿"以野蛮人的行为拷打无辜者"。但范氏依仗"巡抚的保护而傲慢"，竟敢

---

① 中国第一历史档案馆、澳门基金会、暨南大学古籍研究所合编：《明清时期澳门问题档案文献汇编》第 1 册，第 214 页。

② ［法］杜赫德编：《耶稣会士中国书简集》第 4 卷，耿昇译，第 323—325 页。

指责品级比其高的当地官员。①

27 日夜，官军在溪东教徒陈梓家楼上复壁内抓获德方济各和施方济各（Franciscus Diaz）。两位神父试图以金钱来收买清朝兵勇，兵勇却将收下的钱转交给范守备。"军官打了德方济各神父几个耳光，对施方济各神父动大刑拷问"。惨烈情势下，为白多禄提供新避难所的教徒感到恐惧，特别是其邻居已被抓捕并经 4 次拷打，查没了家财，便请主教考虑离开，等于是变相的逐客令。第二天，教徒们祈求房主能重新容留主教未成。无处藏身的白多禄于 6 月 30 日被镣铐加身。随即，传教士华若亚敬（Joachim Royo，华敬志或华敬）自行投案。这样，潜入福安的 5 名西班牙会士悉数被擒。② 案子先在福安初审，因案情重大，旋将外国教士和少数中国的重要涉案者押赴省城福州，但大部分中国教徒仍留在福安审讯。多地多次的审讯内容繁多，关注点主要集中于下列问题：

抗命潜入，挑衅禁教。 上列西人均为未经中国官方批准，没有领取"印票"而擅自潜入中国内地者③。在天主教修会入华历史上，多明我会士在向中国政府领取传教"印票"问题上，也许是最排斥的。他们不认为有必要领取印票，不认可印票的合法性，该修会"在中国的神父们没有一个人持有'皇票'，他们一直到处藏匿"④。1707 年，鉴于中国政府的禁教，时在福建的多明我教士，除了一人因年老体弱留在漳州外，其余都赶赴杭州，在那儿等待南巡的康熙帝召见。当时在杭州等待面见的非耶稣会士有 11 人，其中 8 名是多明我会士，另 3 人是巴黎外方传教会士。5 月 3 日，康熙到杭州，是日晚，随驾的耶稣会士白晋（Joachim Bouvet）前来劝说这些教士顺从康熙的旨意。第二天，多罗直郡王接见了教士，询问是否愿意遵守利玛窦的规矩，教士表示不能。随后，一位官员将他们带到杭州行宫前，等候良久，多罗直郡王从行宫出来，再次询问是否遵守规矩，当得到

---

① [法]杜赫德编：《耶稣会士中国书简集》第 4 卷，耿昇译，第 325 页。

② [法]杜赫德编：《耶稣会士中国书简集》第 4 卷，耿昇译，第 326—327 页。

③ 印票制度自康熙四十五年（1706）年底开始实行。凡留华西洋教士，如表示永不返回西洋者，即发给钤内务府印，写明西洋人国籍、年龄、会别、来华年限等内容，以满、汉文字缮写，按千字文编号的"信票"。

④ 转引自崔维孝：《明清之际西班牙方济各会在华传教研究（1579—1732）》，北京：中华书局，2006 年，第 357—358 页。

否定答复时，多罗直郡王宣读了康熙谕旨：命令将其中的 10 人逐往飘洋来华的西方教士最早登陆的地点澳门，只留下多明我会士郭多禄（Pedro Munoz）在广州居住。

多明我会在中国礼仪问题上持强硬立场，使其在华传教活动遭受大的打击，其直接后果是导致福安等地一度没有传教士。但短短几年后，修会便秘密恢复了福安传教区。首先潜入者是白多禄。1722 年，白多禄将华若亚敬召到福安。旋即，由福建而起发生禁教，白多禄于次年被迫返回广东。但华若亚敬却一直藏身于福安。1726 年，白多禄返回，并将费若用秘密召到福安。多明我会在福安陆续建立了数座教堂，发展信徒，教徒均另"取一个外国人的名字，然后登录在册"。这些名册随后被带到澳门，从那里寄到马尼拉，再转寄罗马教廷。来自欧洲的经费也通过澳门转送福安，由此清晰可见来华西方教士"由南到北"的往来路线图。为了躲避清朝官府的追捕，白多禄等改换华人的服饰和发式，布道所也多选在偏僻之地。尽管如此，白多禄还是再被缉拿，逐往澳门。白氏的"通关北归"百折不回，他于 1738 年 6 月 21 日再返穆洋村，并将德方济各和施方济各召到福安。应该说，此时的福建官员已经清楚知道教士们的行踪，因为白多禄抵达福安后，曾于 1739 年在城郊的溪东村举行大规模的"坚振"礼仪，当地人都知道有一位主教到来了。而福安地方官员并没有加以干涉。其原因可能与德沛出掌闽督有关，宗室德沛本身是天主教徒，因此在其任内（1739—1742）对福建地区的天主教活动采取了宽容态度。[①] 其离职后，闽省对待教会的态度转趋严厉。

"吃教"引诱，建堂立会。对入教者给予经济补偿或以利招抚，是教会在华吸引教徒的方式之一，对中国从教者来说，谓之"吃教"。"初时，入其教者，每月给大番银一员（圆），诱人转相招引；留匿之家，每日给中番银一员（圆），以供饮食。……嗜利之徒，视同奇货信之，惟恐不荐。每五十人设立会长一人，管理教中事务，又创建男女教堂。""吃教"主要是为打开局面而采取的权宜手段，教方也深知其中漏弊，导致教会开销

---

① 陈垣：《雍乾间奉天主教之宗室》，载《陈垣学术论文集》第 1 集，北京：中华书局，1980 年，第 164—183 页。

增大经费紧张还在其次，主要是招引信徒中的许多并非出于信仰，而是为一时渔利，使得教徒信仰极不虔诚，并直接与教义相悖。所以一旦教会在某一地区建立了比较稳定的教基后，此方式便被放弃。"后愿从者众，不复给与。"①当然，宗教仪式上也有食物配送，这是正常的宗教仪规，但中国的官员并不理解，同样将此列入"吃教"路数，"这些人在由男女基督徒们专门建造的大厅中集会，送给他们一块面包吃、一点酒喝并为他们敷油"②。执行抓捕任务的范国卿还当场向巡抚参奏主审法官、师爷和几乎司狱的所有官吏都收受贿赂，教会与金钱挂上了钩，巡抚立即关押了留宿教徒的客店掌柜，逮捕了每年都为传教士将经费从广东运往福建的商贾，教会与商人的联系从中自见；从福安前来省城施救的教徒曾向兵勇行贿，被囚禁，受贿兵勇，被判处戴枷两月。③

煽动民众，"崇奉邪教"。天主教与其他宗教不同，"如佛法道教流行中国，不过传播其经文咒语符录法术，使人崇奉而已，从无到处设法引诱男妇老幼，使之倾心归依其教，永为彼教中人"。而西洋天主教的危险在"先以固结人心为主，其所讲授刊刻之邪说，大旨总欲使人一心惟知事奉天主，不顾父母，不避水火，自然可登天堂，一有反悔，便入地狱"。为坚固信徒的信念，不使叛教，教会还有一系列的仪式和程序，"凡男妇入教之始，先于密室内告其从前所作过恶暧昧之事，谓之解罪。解罪既毕，每人给与钱大面饼一枚，纳诸口中，复与葡萄酒一杯，各令咽下，以面饼为圣体，以酒为圣血，自此一番领受之后，无论男女，坚心信奉，从此母女妻妾合家供奉，而绝无嫌忌，自幼至老终身伏（服）侍，而不知悔倦"④。令中国官员难以容忍的是，教士们在法庭上仍公然布道，蔑视官

---

① 中国第一历史档案馆、澳门基金会、暨南大学古籍研究所合编：《明清时期澳门问题档案文献汇编》第 1 册，第 211、213 页。

② ［法］杜赫德编：《耶稣会士中国书简集》第 4 卷，耿昇译，第 323 页。

③ ［法］杜赫德编：《耶稣会士中国书简集》第 4 卷，耿昇译，第 331 页。于此，周学健对朝廷报告："从教各家，颇多富户，遣人赴省，各处钻营，贿通书吏。臣密行查拿获犯究讯，虽尚无行贿实迹，而买嘱监口，串通供词，已有实据。"参见中国第一历史档案馆：《清中前期西洋天主教在华活动档案史料》第 1 册，第 100 页。

④ 中国第一历史档案馆、澳门基金会、暨南大学古籍研究所合编：《明清时期澳门问题档案文献汇编》第 1 册，第 214 页。

府权威，白多禄就在衙门上对周学健宣称"您只能在感谢宗教真谛和追随圣教时，才可以避免灾难"。白的宣讲，遭到"二十五个耳光"的刑罚回应。天主教被指认为是邪教巫术，搜查中也发现了"证据"，在教士的物品中"发现了几种药，特别是费若望神父寄存在一名基督徒府上的一箱遗骸"。这些药被认为正是"传教士们屠杀儿童，并从其头颅中汲取了能使女性同意最无耻性欲的过滤物"；丑诋遭到教士的坚决否认，称此无外乎就是一点西药而已。对认为是施行巫术的遗骸，传教士解释这都是教会"先贤们的遗骸，他们都是在前朝被一帮盗贼杀害的"，本希望将遗骸送回死者的祖国，但一直没有找到机会。对此由仵作进行了尸检，验定不属于孩童而是成年人的尸骨。[①] 但在周学健给朝廷的奏报中还是认为"搜获末药膏药及孩骨等类，皆莫能辨明，诘询伊等，则随口支吾，率不可信"[②]。

紊乱礼法，败坏风俗。这是中国朝野对西方教会最起反感的内容，福建官员以大量笔墨对此指控，又特别集中在不敬祖先、不尊师长、男女混杂等方面，它直接与君臣父子亲亲尊贤尊师重道男女有别的纲常秩序形成冲突，教士"强迫这些人焚烧其先祖灵牌，抛弃这些灵牌，甚至直到不再承认对于上司或长辈的合法服从为止"[③]。西教的"可怕"还在于，不仅对无知乡民构成吸引，而且对读书士子也有很大的影响力，"非特愚蠢乡民为然，即身为生监，从其教者，终身不拜至圣先师及关帝诸神"。当抓捕陈抽等监生后，"强令往拜先师，至欲责处，抵死不从"。一般说来，无信仰者从信较易，有信仰者改信较难，教会居然能让深受儒家思想浸润的生监士子改信基督[④]，并完全否认至圣先师，面对此情此景，清朝官员不由得慨叹："以读书入学之生监归其教者，坚心背道，至于如此，是其固结人心，更不可测也。"[⑤] "礼仪之争"中以多明我会和方济各会等为一

---

① ［法］杜赫德编：《耶稣会士中国书简集》第4卷，耿昇译，第329—330页。
② 中国第一历史档案馆编：《清中前期西洋天主教在华活动档案史料》第1册，第87页。
③ ［法］杜赫德编：《耶稣会士中国书简集》第4卷，耿昇译，第335页。
④ 福安曾是儒风兴盛的地区，其县学建于宋时，历代均有扩建，在清代前期，即于康熙十一年、雍正三年重建重修。参穆彰阿：《（嘉庆）大清一统志》卷四三六，《四部丛刊》续编景旧钞本，第8730页。
⑤ 中国第一历史档案馆、澳门基金会、暨南大学古籍研究所合编：《明清时期澳门问题档案文献汇编》第1册，第221页。

造，而以耶稣会为另一造，是否尊重中国人的祭祖礼仪为争论的主要议题之一，根据教廷的裁定，认可多明我会一派的意见。所以其中有"不认祖宗"的指责，反映礼仪之争后在华天主教会教义的流变和对耶稣会灵活政策的逆反[①]。

多明我等托钵修会严守教义，原教旨主义色彩更为浓厚，女性守贞为其格外强调，并很早就在福安地区引发事端[②]。明末清初，曾先后事南明唐王和鲁王的刘中藻，曾与西教多有接触，其妻妾在福安的家族中不乏信教者，而其王姓妾曾经施若翰领洗。1647 年 10 月，刘中藻以鲁监国兵部尚书兼东阁大学士的身份出兵，翌年 3 月收复福安，但其妾王氏抵达居所时，刘中藻发现她头罩面纱，不愿同房，理由是滕妾制度违反了"十诫"，刘鞭笞王氏，并发布公告谴责守贞的妇女，命令各家庭将坚持守贞者放逐到顶头村。刘中藻与天主教会间的蜜月关系因此破裂。据研究，"明清鼎革之际，连年战乱大幅削弱了许多原有之社会或宗族组织的影响力，道明（多明我）会于是在闽东大力发展，其对妇女的宣教工作尤其积极，女性开始与传教士有所接触，突破'男女授受不亲'的传统禁忌；虽然当时在教堂做礼拜时，仍是男女有别，但已有远地而来的妇女会居停数天，只是为了聆听教义，而守贞女（beatas）的团体也开始出现。妇女从这些宗教活动当中，获得了一些前所未有的自主权，而教会也透过女性深入家庭，并巩固其宗教社群"[③]。女性的入教加深了对传统礼教的背弃嫌疑。"惑其邪说幼女守童贞不嫁，朝夕侍奉西洋人，男女混杂，败坏风俗，其危害于人心世教者，最深最烈，不可不痛加涤除，以清邪教耳。"本来是教会

---

① 天主教会福建代牧颜挡（Charles Maigrot）曾于 1693 年 3 月 26 日发布文告，在福建代牧区禁止祭祖祭孔的礼仪。次年，颜挡又派两名传教士将文件和上书带往罗马。教宗将来文送圣职部审查未果。1700 年，继任新教宗克莱门十一世（Clement XI）将此事交给 4 位神学专家讨论。1704 年 11 月 20 日，圣职部举行会议并作出决议，教宗当天即加批准。祭祖等被严禁。所以，福建是中国传教区中实行禁止祭祖最厉厉的地区。

② 1643 年，长期在福安传教的多明我会士黎玉范抵罗马，向教廷提出对耶稣会传教方式的指控，其中便包括了如下一些"可疑问题"："守斋""女人领洗和终傅""捐资修庙""敬城隍""敬孔子""敬祖先""事死如事生""祖宗""牌位""向望教者应解释中国礼仪为迷信""敬皇帝""圣字的称呼""参加外教亲戚丧礼""宣讲耶稣受难"等。参见顾卫民：《中国与罗马教廷关系史略》，北京：东方出版社，2000 年，第 54—55 页。

③ 黄一农：《两头蛇——明末清初的第一代天主教徒》，上海：上海古籍出版社，2006 年，第 145—147 页。

为了适应中国礼仪而专设的女教堂也受到攻击，"女堂他人不得擅入，惟西洋人出入无忌。又，凡奉天主教之家，必命一女不嫁，名曰守童贞，为西洋人役使，称为圣女，颇伤风化"[①]。

由于天朝大吏对西教了解不多，若干指责现在看来甚为荒唐，"又如男女情欲，虽以父母之亲、法律之严所不能禁止者，而归教之处女终身不嫁者甚多"，清朝官员对为何西来的基督教有如此大的"魔力"甚感不解，"讯之夷人狡供，处女从教之时，以铜管吹面，去其魔鬼，即能守贞。及细加察究，夷人以铜管吹入脐肚，即终身不思匹偶，是其幻术诡行，更不可测也"。此番所谓供词，当不是传教士在正常情况下的言辞，要么是福建官员们故意耸人听闻的捏造，要么是屈打成招的供述。故而，女性特别是性问题便引出官绅们的变相关注乃至好奇，诸如对童贞女的问题。被抓捕的守贞女缪振使、郭全使、郭洒使、郭晓使、郭腊使便主要来自福安世代信教的家族[②]。被捕的人中有 18 岁的童贞女教名马利亚，审问她的第一个问题就是"是否还保持着童贞"，她回答说至今仍持童贞；又问："谁迫使您这样做呢？"回答："我保持童贞完全是出于自愿，没有任何人强迫我这样做。"而对一位教名德肋撒（Therese）的女教徒的审问更直截了当："你们伺候欧罗巴人并供他们寻欢作乐者，共有几人？"德肋撒回答：你们的"无耻想法已使人清楚地看到，你们对他们丝毫不了解。你们应该知道，我非常厌恶地听到了你们强加给我的有辱名誉的行为"。当她如是作答后，随即遭到拷打。[③] 西方天主教的女性童贞行为与中国儒家思想本有冲突，中国传统社会讲求男女婚嫁有时，怨女旷男的存在容易损害社会治安风俗。为了滋生人丁，朝廷也要求女子适时出嫁。儒家伦理所认可的贞妇烈女，前提是有潜在的婚姻关系，或已嫁，或已聘而夫亡，守贞是对儒家"从一而终"贞洁观的回应。而天主教的守贞观是将童贞奉献天主，女性要发愿终身守童贞不嫁，潜心修道，因此与东方儒家的守贞烈女观相

---

① 中国第一历史档案馆、澳门基金会、暨南大学古籍研究所合编：《明清时期澳门问题档案文献汇编》第 1 册，第 215、211 页。

② 《福建巡抚周学健奏报严禁天主教折》，中国第一历史档案馆编：《清中前期西洋天主教在华活动档案史料》第 1 册，第 85 页。

③ [法] 杜赫德编：《耶稣会士中国书简集》第 4 卷，耿昇译，第 324、329、327 页。

去甚远。上列各项指控带有普遍性，是明末清初天主教会入华以来中国政府对教会的一贯排诋，这些指责言词甚至沿用到鸦片战争后。

在对教案的处置上，清朝中央政府与地方当局态度有别。比较起来，朝廷的态度要比某些地方软化一些。乾隆最初并没有打算对福安教士施行重惩，毕竟是远方"夷客"，而准备将白多禄等照例逐往澳门，廷议也持相同意见。1746 年 9 月 29 日，乾隆批准的廷议由军机处密寄福州："令该抚将现获夷人概行送至澳门，定限勒令搭船回国。其从教男妇，亦择其情罪重大不可化诲者，按律究拟。若系无知被诱，情有可原之人，量予责释。"但福建当局认为如此处置过于宽大，坚持将白多禄等教士处死。在地方当局的坚执下，乾隆于 1847 年 4 月 23 日改旨："白多禄着即处斩。华敬、施黄正国、德黄正国、费若用依拟应斩。"[①]5 月 24 日旨达福州，两天后白多禄被处死。白多禄是整个 18 世纪被清政府处死的来华天主教士中教阶最高者之一[②]。

上述乾隆的态度耐人寻味。过去一般认为乾隆对基督教深恶痛绝严加禁限，来华西人认定乾隆对西洋教士"相当憎恶"，正是乾隆批准了对白多禄主教处以斩首的判决，随之密令在全中国"寻踪可恶的神甫及其反叛的臣民"。[③]可揆诸清朝档册中乾隆下达的密令原件，惊异发现，与地方官员相比，乾隆对基督教的态度要"和缓"，他不仅没有推动事态往激烈方向发展，反而极力阻止地方官采取过分凌厉的举措。当福建按察使雅尔哈善要求制定严刑竣法处置西洋教士时，乾隆批复"此奏殊属多事"。当福建官员奏请将白多禄等"明正典刑"时，乾隆虽然批准"照律定拟"，但也提出"未免重之过当"。当山西官员要求严办传教士时，乾隆批示："若无别过，押解广东可也。"而当贵州官员入奏对教徒"再行访缉"时，乾

① 《福建巡抚周学健奏陈严惩行教西洋人折》，《闽浙总督喀尔吉善福建巡抚潘思榘奏为密陈严禁西洋人行教折》，中国第一历史档案馆编：《清中前期西洋天主教在华活动档案史料》第 1 册，第 115—116、160 页。

② 另一位在白多禄之后被清政府处死的主教是徐新德。参见 [法] 卫青心：《法国对华传教政策》（上卷），黄庆华译，北京：中国社会科学出版社，1991 年，第 103 页。

③ [瑞典] 龙思泰：《早期澳门史》，吴义雄、郭德焱、沈正邦译，第 206—207 页。

隆严批："彼非有别图，亦何必张大其事哉！"① 应该说明，乾隆并非对基督教有何好感，而是从对外关系及清朝统治的全局考虑，认为不宜激化事端，酿发大的风潮；乾隆更看重的是禁教不至于影响中国与西方各国的商贸往来，传教士只要老实待在极南边的通商口岸就可以，不要擅自进入内地。

　　乾隆态度的变化，还与在北京的天主教士们的工作不无关系，福安教案期间，耶稣会士宋君荣（Gaubil）和郎世宁（Castiglioni）曾向大臣和乾隆说项②，试图挽回局面。宋君荣曾与乾隆皇帝的心腹讷亲就在华基督教问题有过长谈③。而特别受到乾隆器重的意大利画师郎世宁也于1746年11月末乾隆从五台山回銮京师前后，两次面见乾隆，请求"可怜一次已处于绝望之中的我圣教"。④ 这说明，即便在"禁教"时期，教会的触角也可以上抵天听，直接影响皇帝。同时表明在华修会活动的多元化，耶稣会侧重于社会上层；其他修会侧重于社会下层，注重发动民间力量，相形起来，走"下层路线"使教会更趋稳定，更少受到政治风波的影响。还说明，各修会相互之间虽因礼仪之争有尖锐矛盾，但在对华传教问题上，也有一致点，就是尽力扩大教势，故而处在竞争关系的修会也有合作。根据乾隆的指示精神，各省督抚对事件的处理采取了较前略为缓和的对策。

　　福安案秋审时，乾隆采取了宽容做法，"将华敬等停其勾决，仍行牢固监禁"，实际上是不处死刑。但这中间出现的变故导致乾隆态度再有转变。乾隆十二年（1747）十月，从马尼拉前来厦门贸易的西班牙船圣安

---

① 《直隶总督那苏图奏报查获习教民人折》等，中国第一历史档案馆编：《清中前期西洋天主教在华活动档案史料》第1册，第95、98、105、121、130、135页。中国第一历史档案馆、澳门基金会、暨南大学古籍研究所合编：《明清时期澳门问题档案文献汇编》第1册，第219、223、217、227页。

② 乾隆继位前，即对郎世宁的画作"至为爱好"，继位后，郎世宁"跪地前面奏哀求缓和教禁，帝谕曰：'朕未尝阻难卿辈之宗教，朕唯禁旗人信奉。'十日后，又由某亲王召教士入宫，代宣帝旨：'唯禁旗人信教，他皆不问，教士亦自由信奉。'嗣后，官吏对信教者即持宽大态度，迫害之事几已绝迹。（乾隆）二年冬，教友刘二为垂危婴儿受洗，被控迷拐罪，帝乃颁旨禁教。世宁再度于帝驾到时，跪地哭奏：'皇上禁绝吾侪之宗教，满城张贴斥天主教为邪教之上谕，吾人何能再为万岁供职？西洋人又何敢再来此效力？'帝告以：'朕不禁天主教，尔等可自由信奉，朕唯不准本国人民学习耳。'世宁再三哀求，帝取朱笔书曰：'天主教非邪教可比，不必禁止。钦此！'于是又有四十余名原被放逐去澳门之教士，复行改装潜入内地。《燕京开教略》谓：'是郎世宁片言之力，大胜于千百奏疏也。'"方豪：《中国天主教人物传》，第339页。

③ 宋君荣1722年入华，1759年卒于北京，长期在清宫中从事研究撰述等，被人誉为"最博学的耶稣会传教士"。方豪：《中国天主教人物传》，第535页。

④ 详参［法］杜赫德编：《耶稣会士中国书简集》第4卷，耿昇译，第347—349页。

德勒号（San Andres）船长郎夫西拔邪敏（don Jose Pasarin）通过赠送厚礼给抵厦门视察的闽浙总督喀尔吉善，请求释放华敬等四人返回马尼拉（西班牙长期与厦门等福建地区有直接的贸易关系，有些教士跟随商船来华[①]）。郎夫西拔邪敏还私下重金贿赂厦门关弁马士良，"欲将已正法之白多禄骨殖讨回"。引起闽省官员的惕怵，再次入奏请求将华敬等处决，"欲绝外夷窥探之端、民人蛊惑之念，华敬等四犯似当与明正典刑，以彰国法而除萌蘖"。朝廷也深感"白多禄被诛一节，乃系内地情事，吕宋远隔外洋，何以得知其实，看此情形显有内地民人为之传递信息。可传谕喀尔吉善等，闽省为海疆要地，嗣后一切外番来往之处，俱应加意查察，毋得任其透漏"。[②]中国信教民众与海外的暗相勾结，教会与外商的私下串连，教义与金钱的无间合作，是清政府十分担心的事。喀尔吉善接获乾隆批复后[③]，于1748年10月28日夜间秘密处死华敬等教士[④]。乾隆态度的变化是因为外来事件的影响，即菲律宾来船的过问，反映乾隆十分在意外来因素的干预。外商的施救反而引出教士的送命，当为外方始料未及。

中央政府与地方当局态度的不一还反映在由福安教案所波及的澳门教案的处理上。在福安的查缉中发现，西洋教士基本上都是由澳门进入大陆的。所以中国当局对澳门也采取了收紧的举措。福建官员向朝廷建议以此为训，掀起全国规模的对教会人士排查缉拿的大搜捕行动。[⑤]清廷

---

① 据中方的资料记录：乾隆四十六年（1781），"有吕宋（西班牙）商人万利落及郎叮先给来厦"；乾隆四十七年（1872），"吕宋商人郎安敦、牛黎美亚及船梢七十余人遭风到厦"；乾隆四十八（1873）年，"吕宋商人郎万雷来厦"；乾隆五十一年（1786），"船户郎吧兰丝实哥步礁唠遭风飘失杉板桅车"，来厦修理船只，未交易；嘉庆十二年（1807），"有外商船户郎安未示智遭风到厦"未交易；嘉庆十四年（1809），"吕宋船户郎棉一及船梢六十名来厦"；道光三年（1823），"有吕宋商船遭风入厦"，未交易。转引自黄国盛：《鸦片战争前的东南四省海关》，福州：福建人民出版社，2000年，第166页。

② 《闽浙总督喀尔吉善福建巡抚潘思榘奏为密陈严禁西洋人行教折》，《福州将军新柱奏报严禁天主教折》，中国第一历史档案馆：《清中前期西洋天主教在华活动档案史料》第1册，第160—162、154—155页。

③ 清廷下令将押监候决的费若望等4名传教士在狱中秘密处决。为防止消息外逸，此项密令的下达未通过军机处，而让新柱将旨意直接传达给闽浙总督喀尔吉善，然后以"瘐毙"——在监狱中正常死亡奏闻。但消息毕竟有所走漏，据教会方面记述此事件的《流血记》称：谓西洋教士4人病死狱中。实际上，德方济各被勒死；华若亚敬以石灰塞住五官，使其窒息而死；费若望、施方济各被绞死。转引自高王凌：《刘松龄笔下的乾隆十三年——刘松龄研究之二》，《清史研究》2008年第3期。

④ 《闽浙总督喀尔吉善福建巡抚潘思榘奏为遵旨办理传教西洋人各案折》，中国第一历史档案馆编：《清中前期西洋天主教在华活动档案史料》第1册，第163页。

⑤ 各省的禁教行动可详参中国第一历史档案馆、澳门基金会、暨南大学古籍研究所合编：《明清时期澳门问题档案文献汇编》第1册，第224、228页。

于是"秘密地向各省地方官员下达命令。许多神甫被逮捕，备受虐待和拷问；许多教堂被洗劫；许多家庭遭到完全毁灭。[①] 教会由南到北拓展教势，清廷由北到南厉行查禁，"北伐"与"南征"的背后蓄势着西洋文化与中国文化在地区面向上的冲撞。面对清朝官府的查禁，某些传教士一如此前历次教案，从各地殊途同归逃返澳门躲避。其中便有法国耶稣会士卜嘉（Baborier），有宗座代牧主教马蒂亚（de Martmat），还有多明我会士老弗尼（Tchifon）和马巧尼（Matsiohi）等。[②] 从福安到中国内地各省，又牵出澳门，路径异常清晰，教士的来地去处都是"南地"口岸，不断地从澳门归去来兮。清政府的态度是，教士们留驻"南端"澳门可以，"北上"不许，形成梯级推进，愈是往北，各地当局查缉愈严。除了地域差别外，又有官场差异，县级政权对教会持"和缓"姿态，而省和府两级政权则持"严厉"态度，反映各级政府在执行国家禁教政策时的某种断层：禁教政策在推行环节中出现折扣，基层政权因最为抵近辖区民众，更易受社情民风的影响，对管区内民众信仰的转移，为了保境安民，多采取漠视态度，不愿兴发大狱，激起动荡，危及仕途，因此他们在禁教政策的执行上不具连贯性，这也成为教会发展禁而不止，一脉尚存的重要原因。多明我会在华活动史即如此。1556 年，多明我会士葡萄牙人克鲁士（Gaspar da Cruz）抵达广州，试图建立传教团未果。其来华不仅早于耶稣会的利玛窦，甚至与有"东洋教宗"之称的沙勿略（Francisco Xavier）抵达广东上川岛的时间（1552 年）几乎同时。1587 年，15 名多明我会士来到西属菲律宾，在帕里安街区的福建侨民中传教，会士们随其学习中国文字和福建方言，这与该会后来辟福建为教基有直接关系。1632 年，科齐祭司（Angel Cocchi）以西班牙菲律宾政府特使身份赴闽与福建总督熊文灿商谈通商事宜未果，此乃政、教、官、商身份变化混同的典型，教士群体与商人群体同为敲开中国门户的先锋前进。但科齐则以偷梁换柱的手法让别人假扮返回菲岛，科本人则秘密在福建潜藏下来，潜藏地即是福安。他落脚于溪东村，设第一所圣堂，福安也成为该会在华的开教地。继之，会士黎玉范（Juan

---

① [瑞典]龙思泰：《早期澳门史》，吴义雄、郭德焱、沈正邦译，第 207 页。

② [法]杜赫德编：《耶稣会士中国书简集》第 4 卷，耿昇译，第 337—338 页。

Bautista de Morales）等相继来到福安，黎氏继承了多明我会长期主持教廷异端裁判所，迫害异端教派的传统，成为"礼仪之争"的要角，曾于 1645 年赴罗马，向教廷陈述多明我会对"礼仪之争"的态度，获教廷支持。黎玉范又在西班牙招募了 27 名多明我会士重返东方，其中即有后来在教史和西方汉学界鼎鼎大名的闵明我（Domingo Fermandez Navarrele）。1658 年，闵氏到福安，1664 年继承病故的黎玉范被任命为多明我会中国传教团团长 ①。福安在中国教会史上地位之显赫，还因为在此地出现了第一位中国籍的主教。罗文藻，福安罗家巷村人，1634 年入教，1654 年升神父，次年偕西班牙籍教士多人回闽。1674 年被教皇任命为巴尔士（badilitanensis）衔誉主教，后为南京教区宗座代牧 ②。

福安之所以适宜西洋教会的发展，还因其地近海，方便外海登陆，其地邻浙，为教士"北上"的寻常路线；由他县边缘区割划成县，造成地区整合程度不够，民众区域认同感不足，政府控制力松弛，无形中给外来宗教提供了空间。闽省"滨海，其山海多而田地少，故糊口必资于籴粤，而生计必借于贩洋。然贩洋之事，旧尝以利源开之，而今不免以勾夷禁之。防患非不周也，欲详其利害之大较焉，盖夷之资我民者，东则布帛饮食之需，西则缯纻精细之物" ③。其成为多明我会的活动重镇并非偶然，也成为教案的多发地。早在明季，就教案连连，1637 年 11 月，明朝官员有查拿教会的举动，教会非但没有收敛，反而采取公开行动导致事件升级。当教士获知福州官府张贴禁教布告后，便"到张贴布告的地方去传我们的道，将布告撕下来，并且穿过主要街道，让人们都知道我们在十字架上被钉死的救世主耶稣"。他们还在福州张贴"声称基督信仰之真理……痛斥中国伪宗教和众多偶像"的布教告示，并以托钵修会特有的方式，穿着草鞋，高擎耶稣受难十字架，巡游布道，公开挑衅。中国官兵将传教士抓捕后逐出福州城。他们又到别的地区活动，1638 年 4 月再次被捕，黎玉范和苏方

---

① 张铠：《中国与西班牙关系史》，郑州：大象出版社，2003 年，第 253 页。

② 教宗克莱孟十世核准圣部申请，对罗文藻的任命通谕 1674 年 1 月 4 日发自罗马圣伯多禄大殿。

③ 蔡献臣：《清白堂稿》卷一〇《同绅贩洋议答署府姜节推公》，明崇祯刻本。

济被逐往澳门。[①]

进入清朝，排教仍在延续，1723 年 8 月 29 日，闽浙总督满保奏："福安县乃山中小县，靠近大海，据闻有西洋二人在彼居留传教。"[②] 提到的"西洋二人"即是多明我会士费尔南多（Ascot Eusebio Fernando）和谢拉（Blas de Sierra）。此案引发了对基督教"点燃全面迫害之火"，不仅该县的教堂被关闭，而且引起对全中国境内天主教会的严查厉禁。[③] 1732 年，禁教运动继续，除北京皇宫中极少数留用的耶稣会士外，所有居住在广州的西洋教士无一例外被驱赶到澳门。但是到 1733 年，各地官府报告说依然有不少西洋教士潜伏，清廷下令稽查，1734 年，又在福建掀起了"危害波及到了全国"的大教案[④]。

但屡屡兴发的"打教"却收效有限，经过百年的潜心发展，天主教不但没有被打压，反而渐成个别地方的主流性宗教，成为能很大程度上左右地方、难以去除的势力。1741 年，华敬发自福安的报告详列了 1741 年多明我会在若干省份的教徒数量，广东 618 人，浙江 436 人，江西 96 人，福建 9194 人，而其中福安一县便占有 7557 人[⑤]。教徒多在沿海各省。西教违规在各地窜来窜去的"牧羊"收获让地方官员怵目惊心，1746 年，福安知县杜忠指出当地民人"惑于西洋邪教者，十之二三"[⑥]。当时，福安人口在 10 万上下，信教者当在万人以上。从 1649 年前的一二百人发展到 1746 年的万人以上，增速惊人。尤其让人惊觉的是，天主教在福安的发展呈现出三个特点，一是部分中国知识分子在教会中扮演了骨干角色，二是出现了世代信教的家族，三是出现了整个村落社区几乎全部信教的所谓"教徒村"。1746 年教案中被捕的骨干信徒，大部分来自溪东陈姓，如生员陈廷柱、陈球、陈梓等，这些陈姓士绅合家都是教徒。罗文藻家族居住的罗家巷 1733 年时据说已基本都是基督徒，特别是外巷，"村民全为教友"。

① 崔维孝：《明清之际西班牙方济会在华传教研究（1579—1732）》，北京：中华书局，2006 年，第 100—102 页。

② 中国第一历史档案馆、澳门基金会、暨南大学古籍研究所合编：《明清时期澳门问题档案文献汇编》第 1 册，第 134—135 页。

③ [法]杜赫德编：《耶稣会士中国书简集》第 2 卷，郑德弟译，郑州：大象出版社，2001 年，第 314—342 页。

④ [法]杜赫德编：《耶稣会士中国书简集》第 3 卷，郑德弟译，郑州：大象出版社，2001 年，第 151 页。

⑤ 转引自张先清：《官府、宗族与天主教——17—19 世纪福安乡村教会的历史叙事》，第 153—154、176 页。

⑥ 张景祁修、黄锦灿等纂：《（光绪）福安县志》卷九"学校下"，刻本，光绪十年，第 153 页。

而同年的双峰村，"目前已没有偶像庙宇，几乎都是基督徒"。福安最重要的另两个传教据点顶头和穆洋，早在黎玉范传教时，就几乎全部村民皈依了基督教。① 这些地方无疑成为洋教士们的"安全"通道和落地"口岸"。

在中国的传统社会组织结构中，政府管理主要处在县级机构之上（设知县、县丞等），所谓的"皇权不下县"，官府触角只是有某些时段某种程度的下延，县以下多为士绅的天下，正是绅士在基层社区中发挥着关键作用，在信教和反教两方面都如此。在福安等地区，官府基层控制并不严密，教会侵蚀官府职权，控制了部分士绅，乃至官绅，不仅在民间，且渗透进官场，使地方基层统治遭到威胁，甚或部分废弛，"县书吏衙役多系从教之人，是以审讯时竭力庇护，传递消息，总不能得一实供"。当教士被囚禁在福安县时，地方官员居然将费若望神父"藏在了自己家中，甚至希望由自己的仆人服侍他"。② 清朝的基层执法人员和某些官员已成教众。更令政府感到惊骇的是，当福安县衙门将洋教士押解省城时，居然出现"县门聚集男妇千余人送伊等起身，或与抱头痛哭，或送给衣服银钱，或与打扇扎轿，通邑士民不畏王法"的情形。③ 西方教士的记述亦可佐证：1746 年7 月 10 日，教士从福安押解福州，"他们都被镣铐加身，双手绑得紧紧的，并以这种状态被押解到囚车上，其身后有大批羡慕他们命运的基督徒们尾随，他们都鼓励这些人要珍视圣教的荣耀。其他基督徒也都从四面八方闻风而至，以在他们经过的途中向他们奉献清凉饮料"。另一则记录愈发呈现出问题的严重性：

> 更有甚者，甚至连衙门中的人和兵勇，也都忠于他们。在这些欧洲人被捕期间，当人们把他们披枷戴镣地押解往京师（福州）时，大家发现有数千人前来迎接他们，并以充作他们随行队伍中的一员而感到无限荣幸，许多人都倚在其囚车的车辕上，以眼泪而向他们表达自

① 参见方豪：《中国天主教人物传》，第 327 页。另参见张先清：《官府、宗族与天主教——17—19 世纪福安乡村教会的历史叙事》，第 192、233 页。

② ［法］杜赫德编：《耶稣会士中国书简集》第 4 卷，耿昇译，第 325 页。

③ 中国第一历史档案馆、澳门基金会、暨南大学古籍研究所合编：《明清时期澳门问题档案文献汇编》第 1 册，第 214—215 页。

已陷入了深切的痛苦之中；许多少女和妇女都跪在他们经过的道路上……最后，所有人都希望触摸他们的衣服并发出高声吼叫，以至于附近山区也能感到其回声。一名叫做真秀的秀才竟然厚颜无耻到成为这群人的首领，他为了鼓动他们，竟讲过下面这样一通言论：你们是为了上帝才受苦，死亡本身却不能动摇你们。①

在封建专制社会里，王法大于天。草民们居然视国家大法于不顾，公然与"夷人邪教"相近，胆敢与政府颉颃，部分民心的转移已是显见。"名教奇变"对政府统治造成根本威胁，也是清朝君臣最感惕悚之处，使他们认定西来基督的潜在威胁不亚于土生土长的旁门左道。"历来白莲、弥勒等教聚众不法，皆无知奸民借此煽惑乌合之众，立即扑灭。"天主教则着眼于潜移默化的长远，其"不动声色，潜移默诱，使人心自然乐趋，以至固结不解，其意之所图，不屑近利，不务速成，包藏祸心而秘密不露，令人坠其术中而不觉，较之奸民所造邪教为毒更深"。单以福安一个县为例，"不过西洋五人潜匿其地，为时未几，遂能使大小男妇数千人坚意信从，矢死不回，纵加以垂楚，重以抚慰，终莫能转。假令准此以推，闽省六十余州县，不过二三百西洋人，即可使无不从其夷教矣。又况一人彼教，虽君父尊亲亦秘不知，性命死生亦所不顾，专一听信，甘蹈汤火，且衿士缙绅兵弁吏役，率往归附，官员耳目多所蔽塞，手足爪牙皆为外用，万一不加剪灭，致蔓延日久，党类日滋，其患实有不忍言者"。在教案的查缉中，官员们认为就已发现教会组织中有包含此种重大政治图谋的迹象，"其尤可悖逆者，查阅教长陈从辉家搜出青锻绣金天主帝一架，上绣'主我中邦'四字，是其行教中国处心积虑，诚有不可问者"。②谋叛，是清朝官吏们的审讯重点，审问者和被审者都明白问题的严重性，"他们没完没了地重复这些问题，以期望能找到某种暴动叛乱的、不知廉耻的或巫术魔法的证据"。③

① [法]杜赫德编：《耶稣会士中国书简集》第4卷，耿昇译，第329、334—335页。
② 中国第一历史档案馆、澳门基金会、暨南大学古籍研究所合编：《明清时期澳门问题档案文献汇编》第1册，第223、215页。
③ [法]杜赫德编：《耶稣会士中国书简集》第4卷，耿昇译，第331—332页。

　　鉴于基督教对清朝统治业已显露的重大危害，福建官员认为不以凌厉手段及时处置不足以镇慑局面，若任其蔓延，将会对风俗人心、国家政权造成莫可言说的祸害。于是，他们强烈要求朝廷批准对教会中人加大处罚力度，改变过去对外国传教士只是驱逐出境的"持重"做法，认为简单驱逐，则其去而又返，无法根除，必须对外国教士施以极刑。[①]当清廷处斩判决宣布后，白多禄被押赴刑场时，教徒结队追随于后，行刑前，白多禄要求行刑人允许其完成祈祷，并向刽子手"讲了下面这一席其人生最后的话：'我的朋友！我将升天了！啊！我希望你能随我前去。'刽子手回答他说：'我衷心希望前去。'此人又以右手拉了一下主教头上戴的小帽，用左手一刀就把主教斩首。这大约是在 1747 年 5 月 26 日晚 5 时左右"。主教死后，一名叫作秦二文的异教徒被基督徒收买，用钵搜集白多禄的鲜血等，"他根本不洗其沾满血染泥巴和尘灰的双手，出于尊敬而将双手高高举起，直到其住宅，吻了一下他于那里发现的血迹，最终抚摸了一下其孩子们的头，并且说：'让圣人的血为你们祝福。'"秦二文由此皈依了基督教，还将执刑的石头带回家中，于石面刻下"白老师登天石"。教徒们还设法寻到白多禄的尸首，清洗尸身，以丝绸包裹，装殓于棺安葬。于此可见教会的感召力之大，教徒活动的公然无惧，确乎没有把官府放在眼中。清朝官府也采取反制措施，"让人砸坏了一根竖于神父墓前的石制十字架，命令人将灵柩送往一个人们习惯于陈殓被处死刑罪犯的地方"。并下令搜捕移动神父尸体的教徒。[②]

　　由于所持立场的对立，中国官府与西方教会对教案态度两辙。在教会那儿，教士之死被赋予"神圣殉教"的意味，而发动教案者却被置于"天遣"的位置。"罪魁祸首"福建巡抚周学健一度升迁江南，却不慎在举国哀丧皇后之时剃头，遭到流放，又有新的参奏被判斩首，接着获恩自缢。[③]福安知县周秉官以懈怠职守罪名被摘去顶戴，职务暂由宁德县丞张元芝代理。随后又正式选派"才具明白，干练老成"的将乐县令杜忠转任福安县

① ［瑞典］龙思泰：《早期澳门史》，吴义雄、郭德焱、沈正邦译，第 206—207 页。

② ［法］杜赫德编：《耶稣会士中国书简集》第 4 卷，耿昇译，第 352 页。

③ ［法］杜赫德编：《耶稣会士中国书简集》第 4 卷，耿昇译，第 357 页。

令，希望能加强对福安基层社会的控制。杜忠到任后，一方面于城乡广贴告示，禁止信教及容留洋人，烧毁经卷图像，封闭教堂，强迫 40 岁以下守贞女择时出嫁。另一方面，着手重建福安城中的紫阳书院，试图"正道昭回，炳若日星。行见士振民兴，迷开悟觉"。[①]

但这些整顿基层的措施收效有限，福安教会并未中断，仍存在规模庞大的教徒群体。1755 年，修会报告："在福安地区大约有一万三千教友，分布在二百多座村庄。"1761 年的报告称："要确实知道传教区真正的教友人数是不容易的，但大约有一万多位，分布在三十四座教堂。"[②] 1762 年秋，福州知府李拔无奈地写下这样一段话：福安"近复崇尚天主，容留洋人，念经从教，男女倾心，子衿不免。乾隆十年以来，屡犯大辟，顽沌如故。乾隆二十四年，拔来守郡，复加惩创，谆切晓谕，自首者数百家，缴销经像，稍用廓清。提撕警觉，尚待后之君子"。[③] 而在全中国，禁教也未能遏止教势的发展，即便在天子脚下，"身处京师的传教士们仍在节日和星期日布道；教理问答书、施教和对病人的巡视仍按常规举行；在 1746 年间于北京，也就是在我们法国教堂所在那个县中，我们亲自授洗或通过我们的教经先生，共使 1770 名正濒临死亡的儿童受洗，还为 7500 名儿童办告解神工和近 7000 人领圣体。至于成年人，我们只有幸为 24 人举行了洗礼。如果直到现在，我们在北京还有一种如此之大的自由，那是由于这里的人们丝毫不害怕欧洲人"[④]。

从教会势力的发展来分析，教方处于进攻态势，中方处于退守态势，教方想方设法开辟深入中国内地的条条路径，中方的设防效果实在有限；从教案的处理来分析，则反过来，中方处于攻势，教方处于守势，官府处于强势，教会处于弱势，官府只要查缉便能够实施，中国官府仍然控制着局面，掌握着主动。其间不断演绎禁教与反禁教、堵截与反堵截的斗争。中国官府与西来教会形成对民众的争夺态势，潜移默化之间，教势有所发

---

① 张景祁修，黄锦灿等纂：《（光绪）福安县志》卷一六"职官·国朝知县"，第 264 页；卷九"学校下"，第 153—154 页。

② 参见周志明：《明清时期闽台多明我会关系研究》，福建师范大学硕士论文，2007 年。

③ 李拔：《（乾隆）福宁府志》卷一四"风俗·福安"，重刻本，光绪六年，第 35—36 页。

④ [法] 杜赫德编：《耶稣会士中国书简集》第 4 卷，耿昇译，第 355 页。

展，信教者不绝如缕，到鸦片战争爆发的 1840 年，多明我会在福建的教徒数量仍达 39790 人，其中大部分来自福安。[①] 所以，对"禁教"期间，天主教会在中国究竟处在怎样的状况之下，还有新的认识空间。明清时代的西方教士们在华开辟的不仅是通道，还是商路（教士们循商路乘商船来华；在澳门等地，教会设有"账房"管理财务，在各地除了主业传教之外，也不乏兼营副业从事商贸活动；甚至还参与了物种的引进譬如美国花生在山东的种植和在云南等地引种咖啡），更主要的还有思路（思想之路）和传教之道。

明清时代，来华传教士充当着重要探路人的角色，不懈呼吁中国开放更多口岸，广泛侦查沿海沿边，谋划条约口岸，足迹所至不止于开埠城市。更严重的是，他们不是短时观光的"游客"，而是长期扎根的"住户"，他们的活动不限于传教，还广涉政经、财贸、文教、生活方式，乃至人心的转移。即或在清朝"禁教"时期，他们也想方设法潜入内地（有些传教士白天藏于船舱，黑夜出来活动；有些整日用茶水洗面，以图改变肤色，便于混迹华人之中），其建立的某些传教基址沿袭数百年。鸦片战争后，教会人士更是西方来华各色人等中最早获得自由进入中国内地特权的群体（通过 1860 年中法《北京条约》中文本第六款末尾的添加言词，传教士获得在中国任何地方租买土地建造房屋的特权，而此权益是法国传教士用欺骗手段偷改文本的伎俩获取），全中国无论南方北方，哪怕是极偏远的边地都有西方教士活动的身影。

（三）鸦片贩子

18 世纪 70 年代后，迅速泛滥的鸦片贸易成为诱发"开港"的新激素，鸦片商人成为冲破未开放地区的急先锋。鸦片贩运者，是商人，更是毒贩，开辟的是商道，更是毒路；鸦片贸易属商业往来，但那是毒品的交易，是违法的买卖。鸦片入华，在鸦片战争前主要是以广州、澳门等为输入孔道，

---

① 转引自张先清：《官府、宗族与天主教——17—19 世纪福安乡村教会的历史叙事》，第 146—147 页。这种情况甚至延续到今天，据 1990 年的统计，当地信徒已经达到 45386 人，占闽东地区天主教徒总人数的 80%，占福建全省天主教徒总人数的 20%，占福安总人口的 8.56%。见福安市地方志编纂委员会：《福安市志》，北京：方志出版社，1999 年，第 1036 页。

再转运他省。当时惯常行走的贩运线路有三条，均是一路向北，伸延中国，东线通过惠州、潮州至福州；西线通过肇庆由水路至黔、贵等西南地区；北线规模最大，鸦片先集中在航运中心曲江、婺源，然后通过乐昌转入湖南，通过南雄转入江西，进入中南腹地再予扩散。但随着鸦片贸易量的增加，鸦片商们深感广州一口过于偏狭，价格也受制于广东烟贩，这三条线路深入中国腹地后，主要由中国鸦片贩子经营。除了三条陆路外，另有一条是海路，就是从广东沿海出发，沿中国海岸线北进，要么由已经联系好的"坐地庄家"接货，要么瞅准机会，不时靠岸，进行兜售。经营海路毒品贸易的不乏西人，背后多有西方的大商号。

19 世纪 20 年代，后一条沿中国海岸不断向北推进的贩运线路格外"繁忙"起来。1823 年，由于清朝各地当局的严厉查缉，内陆线路受阻，导致广州市场鸦片"过剩"，价格大跌。为摆脱这种"黯淡的不幸的前途"，西人顾不得遮掩，因为此时清政府主要实行"禁内不禁外"的禁烟策略，就是主要查缉华人的贩运吸食，对西方人，因为担心影响外贸和酿发中外冲突，而"格外开恩"。于是，大金主们公开出面，英国在华大鸦片商马地臣（J. W. Matheson）便派出"一支远征队去开辟中国东海岸上的走私贸易"，所谓的"远征队"实际只有一只船，即由船长马奇（J. Maokie）指挥的 200 吨的两桅帆船"圣萨贝斯坦号"（San Sebastian）。马地臣曾以这次航行作说词，言过其实地自诩为"打开中国沿海贸易机会的第一个人"。马地臣还让"圣萨贝斯坦号"改换西班牙国旗，径驶厦门（附带言及，凡此种种"由各国夷船代为分销，将货船寄托别船或将船只改易船号，借名影射，勾串营私"等是"闯关船"经常采取的手法 ①），却受到福建方面的严密监视，责令回航。这艘船在 1823 年的 6 月还驶往泉州，该船在福建沿海口岸统共滞留了 106 天的时间。马地臣曾有总结：

---

① Public Record Office, *British Foreign Office Record*, 931/13.

一百零六天辛苦的结果虽然很小，但是前途的展望，却足可鼓励我们再作一次冒险。[①]

新一轮的冒险果然很快又展开。在马地臣的指挥下，前此被广东当局勒令退出珠江而在伶仃等处游荡充当鸦片趸船的"米罗普号"（Merope）、"犹尼金号"（Eugenia）和"胡兰号"（Hooghly）等于 1824 年前后加入了规模更大的沿海鸦片贸易，"鸦片船只现在还大胆地找出一条新销路"，就是沿广州以北海岸进行梯次逐点的推销，发现在这些"新"港口的鸦片售价要远高出广东。[②]略后，更多的鸦片商卷入了"北部港口"的毒品交易，外人在华办的报刊供认："这样做的商人有很多，获利也不少。"[③]英国东印度公司 1824 年的资料也承认："近十二个月来，已有一些更小的船只在帝国东海岸进行运销鸦片。"因是新辟市场，又是毒品买卖，难以建立信用关系，鸦片的销售多采取现货现银当场交易的方式，外国鸦片船专门"雇佣看银师或货币经纪"。[④]面对广州黄埔被中国当局严厉监管，澳门交易被葡萄牙人操控，而伶仃岛的趸船贸易也风雨飘摇的局面，马地臣这一时期还重新设计了另一个鸦片销售的网络计划：就是改"线"为"点"，从沿海岸线销售，直接到"点对点"的兜售。设鸦片总货栈于马尼拉或新加坡，"以小而快的好船来向中国运货，每隔三四个月往销货最好的沿海各地作定期航行"。直接往广深澳以北的定点口岸投放，初始的"几次尝试都很成功"，但很快也遇到了麻烦。其一是风险太大，除了马尼拉和新加坡距离中国路程较远，还要面临东北季风期间驶往中国海的种种风险，更由于清朝当局的查禁，英国鸦片船"去销货的沿海"点位常常发生"很严重的干扰"，由于是定点销售，甚至出现鸦片难以脱手"虚费航行"的情况。有些船主因而不愿承担破产风险，当马地臣吩咐"米罗普号"北上航行时，该船船长巴金斯（Parkyns）便以曾签署过"不在广州以外的其他中国口岸进行贸易的具结"为理由而"不听吩咐"。其二是来自其他鸦片

---

① ［英］格林堡：《鸦片战争前中英通商史》，康成译，第 44、125—126 页。

② D. E. Owen, *British Opium Policy in China and India*, Yale University, 1934, pp.122-123.

③ "*Chinese Repository*", Vol.4, No.10, December, 1836.

④ ［美］马士：《东印度公司对华贸易编年史（1635—1834 年）》第四、五卷，区宗华译，第 97—98 页

商的竞争，看到海岸鸦片贸易有利可图，"不久竞争的行号就起来效法"，有葡萄牙的鸦片船"康斯提图秀号"（Constitucio）和势力很大的英国在华鸦片商号"颠地行"（Dent. &）等的插足其间，使得马地臣等颇为恼怒，痛感"枉为沿海贸易办法的创始人，而我们同行的竞争，竟不许我们多享受一点它的利益"。[①]

　　1831 年，东印度公司宣布只要每箱鸦片缴纳 175 卢比的"转运费"，鸦片贩子就可以从印度的孟买港直接运出鸦片，使得印度西部生产的"麻洼烟土"不用再绕大圈子从达曼运出，这使鸦片经营的成本大幅降低，利润剧增。1832—1833 贸易年度"港脚商"经销的"麻洼烟土"随即猛增到 15403 箱，两倍于上一贸易年度。在充足货源的刺激下，鸦片贩子寻求新市场的欲望更加强烈，"北部开港运动"有了突发性地扩张。1832 年的 1 月底，印度籍的著名散商偌思东嘉（Rustomjee）指挥"爱格丽丝号"（Agnes）满载鸦片，从伶仃洋出发溯中国海岸北行，在福建沿海滞留一个月，于 3 月返回。[②]10 月，怡和洋行派出飞剪船"气仙号"（Sylph）沿海岸北行六个月，直至天津。与此同时，东印度公司船"詹姆斯号"（Jamesina）也驶往泉州，并在当地以每箱 870 元的高价售出鸦片。1833 年，怡和洋行增加了沿海航行的走私船，由礼士（J. Rees）指挥的"克朗伯格号"（Kronberg）和麦凯（W. Mckay）指挥的"比加尔号"（Bigger）都参与了北上航行。[③]为躲避查缉，英国鸦片商还想出了和中国官府打游击的"巡弋办法：水师船一来，'比加尔号'就驶离；水师船返回厦门后，麦凯就即刻回泉州，继续兜售鸦片"。其后，英国船主的气焰愈发嚣张，9 月，当负责接替"比加尔号"的另一艘鸦片船"杨格上校号"（Colonel Young）到达泉州时，麦凯向其面授机宜："这里巡查官员有时很叫人感到麻烦，唯一甩掉他们的办法是驶离港湾，在港外呆上几天；或者，要是

---

① ［英］格林堡：《鸦片战争前中英通商史》，康成译，第 44—45、111、113、125—126 页。［美］马士：《东印度公司对华贸易编年史（1635—1834 年）》第四、五卷，区宗华译，第 97—98 页。

② B. Lubbock, *The Opium Clippers*, Brown: Son & Ferguson, 1933, p.97.

③ ［美］张馨保：《林钦差与鸦片战争》，徐梅芬、刘亚猛、许罗迈、萧致治、叶大波译，第 25—26 页。

水师船靠近你停泊，你就威胁他们，要割断他们的缆绳等等。"①到这年的 10 月，怡和洋行在泉州的鸦片基地已稳定地建立，陆续地又与中国的鸦片贩子勾结在福建沿海各地建立了鸦片转运地，其中以设在泉州、彰州（龙溪）、惠安、邵安等"窑口"的活动网络最为广泛，这些"窑口"向北通过福州可往浙江东南，向西北通过延平可往浙西和赣东，向东北可往赣南，再从江西、浙江分销长江流域乃至北方诸省。在 1832—1833 年度，据中国官方不完全统计，"夷船之阑入闽洋者凡十一次"②。之后，外国鸦片船的"闯关"现象更是难以封堵，愈演愈烈，怡和洋行派出了更多的走私船北上，各走私船之间实行"划分区域"既分工又合作的战略。其中，"查顿号"（Jardine）和"哈丽雅特号"（Harriet）常驻南澳；"奥斯汀号"（Austin）则负责泉州以北地区；"芬德利总督号"（Governor Findlay）的行驶区域到达宁波乃至长江口；"红色流浪者号"（Red Rover）、"海斯夫人号"（Lady Hays）、"弗兰克号"（Falcon）以及"克朗伯格号"等"则从加尔各答、孟买航行至伶仃，又从伶仃驶至东部海岸"。至于"仙女号"则充当来往于"东部沿海各驻点之间最最重要的交通船"。1836 年 6 月，查顿又提出："他如今的'宏伟目标'是打开新天地。广州禁烟愈严愈收效，向沿海扩充鸦片贸易的需求就愈形迫切。"为了充分发挥各船对"开港"的主观积极性，怡和洋行只给船主们提供足够的鸦片和规定大致的区域，至于具体的细节和开辟新点，"则放手让船长自己处理"。查顿还向船主们面授机宜，"只要有股韧劲和处理得法，不忘给官员行贿给钱，我想，我们会很成功的"。这些"闯关"的外船还与中国的鸦片贩子相勾结，"复有忘身牟利之徒，与夷船未经进口之先，分散改装，勾串内地匪徒，绕道偷运等事"。③截至 1838 年的 10 月 16 日，当年的这一时段仅从天津一口返回闽、广的洋船就有 147 艘，"其夹带鸦片烟土之船不能起卸上岸，仍

① ［美］张馨保：《林钦差与鸦片战争》，徐梅芬、刘亚猛、许罗迈、萧致治、叶大波译，第 27—28、35—36 页。
② 《闽浙总督程祖洛奏为查究英船游奕闽浙洋面情形折》，中国第一历史档案馆编：《鸦片战争档案史料》第 1 册，第 141 页。
③ Public Record Office, *British Foreign Office Record*, 931/1.

将原物载回"①。天津为中国较北部的港口，"闯关"船的数量居然也如此之多，简直可以说是到了令人触目惊心的地步。清朝的闭关政策受到严重挑战，并在某些地区陷于废弛。鸦片走私船还每每承担搭载西洋传教士秘密潜入中国内地的任务，1838 年 7 月 14 日，法国的遣使会教士便搭乘英国的鸦片船从澳门起航北上，8 月 15 日，到达目的地宁波，"我们这艘船在这个半开放的口岸抛锚"②。

走私船还公然准备以武力抗法，1835 年，怡和洋行的船主就在"为沿海船只挑选可靠结实的欧洲水手"。1837 年夏天，"阿美士德号"（Amherst）撞击并击沉了中国的稽私船，造成中国数名水师士兵的丧生。1838 年后，此类武力冲突更为增多和激烈，这年 5 月 3 日，查顿致信礼士，"最近你在沿海贸易中多次动了武，不过看来你都顺利地摆脱了困境"。③另如鸦片战前以装备精良名噪一时的英国怡和洋行"旗舰"——"隼鹰号"（Falcon），其"船侧有两排钢炮伸出于白色的舷板之外（附带说明，最早发明了船两侧安置炮位以代替旧式的仅只是船前甲板安置炮位的正是英国人，使得船的火力大为增强，也对开炮瞬间船的稳定平衡性要求较高），前甲板上和船中央又安有大炮，这就使得那些视劫掠双桅船如同反掌的海盗以及帝国的兵勇们……不敢轻易攻击它"。④美国的"鸦片飞剪船"（Opium Clippers）也不逊色，"每边都有两门大炮，中部还有更大的长汤姆炮"，它即便碰上中国水师，也"不改变航路"。⑤敢于同事先没有买通的炮台水师展开武力周旋，这些横冲直撞的鸦片船队堪称外国正规侵华部队的先遣军。

（四）武装军人

19 世纪 30 年代前后，在经贸冲突加剧的形势下，政治军事因素凸显出来，表明英国对华更广泛和更富进攻性的侵略诉求，"炮舰政策"开始

---

①　《闽浙总督程祖洛奏为查究英船游奕闽浙洋面情形折》，《署直隶总督琦善奏报闽广洋船提前离津恐系夹带鸦片开往奉天片》，中国第一历史档案馆编：《鸦片战争档案史料》第 1 册，第 141，386 页。

②　[法]卫青心：《法国对华传教政策》上卷，黄庆华译，北京：中国社会科学出版社，1991 年，第 139 页。

③　[美]张馨保：《林钦差与鸦片战争》，徐梅芬、刘亚猛、许罗迈、萧致治、叶大波译，第 27—32 页。

④　聂宝璋编：《中国近代航运史资料》上册，上海：上海人民出版社，1983 年，第 18、27 页。

⑤　陈庆华：《鸦片贩子的美国人》，列岛编：《鸦片战争史论文专集》，北京：人民出版社，1990 年，第 11 页。

酝酿。西人不仅仅局限于对若干中国经贸口岸的关注，其侦伺足迹已延至整个中国沿海，特别是那些具有重要战略意义的岸线。

其中，引人注目的有 1832 年东印度公司船只"阿美士德号"自广东至盛京沿中国海岸的"考察"。这次航行很重要的一项内容就是对中国近海航道和口岸情况尤其是军事布防的调查，其对南澳岛的调查是："南澳是广东第二个海军基地，一半位于广东，一半位于福建。它是总兵官或提督的驻所。在他的指挥下，共有军队 5237 人……这个根据地的防御，据我们所见，共有 78 只战船……海湾入口处有炮台两座，较高的一处有炮 8 尊，较低的一处有炮 6 尊。海湾内部另有小炮台一座，上面并未架炮。"其对厦门的调查是："厦门的港口是优良的，就是最大的兵舰也可以开进。"该船还"参观"了吴淞炮台和驻军的演习，吴淞要塞驻军的墙上"挂着剑，但没有发现弓"，"刀是最坏的一种，实际上不过是一片铁片，枪一般说来也是很脏的，而且上面几乎全生锈了"。[①]该船先后驶抵厦门（停留 6 天）、福州（停留 23 天）、宁波（停留 18 天）、上海（停留 18 天），尤以对上海的考察最是重要。如果说，英人对广州、厦门、宁波、福州的情况较早就有了解，那么，对更"北边"的上海的了解相对较晚[②]，而"阿美士德"号的航行则是这方面了解的起始之一。后来，主持这次考察的东印度公司职员林德色（H. H. Lindsay，化名胡夏米）、翻译郭士立（化名"甲利"，此人一身而多任，传教士出身，又是报人、记者、商人、译者、"探险家"和"带路人"等），都写有在西方社会传播极广的长篇报告和航行记。关于上海，在他们停留此地的前 7 天中，就看到有 400 艘从 100 吨到 400 吨的船只，装载大豆面粉从天津、奉天驶来，以后的几天，又有从福建、台湾、暹罗、琉球开来的每天多达三四十艘的船只，他们被上海的繁荣所震惊，直觉从国内贸易来讲，上海已经超过了广州（按：郭士立等有这样的印象并不足奇，"道光初年，上海及乍浦各口，有善走关东、山

---

① 胡夏米：《"阿美士德"号中国北部口岸航行报告》，郭士立：《中国沿海三次航行记》，转见福建师范大学历史系编：《鸦片战争在闽台史料选编》，福州：福建人民出版社，1982 年。

② 尽管在 1756 年，东印度公司职员必谷（Pigou）就建议英政府进取上海，作为华北通商的枢纽；数年后，又派人到上海一带从事调查，并探询中国官员意见，但一无结果。后也就放弃。

东海船五千多艘"[①]）。郭士立留下了这样的文字：

> 上海地位的重要，仅次于广州。它的商业活动十分活跃。如果欧洲商人准许来上海贸易，它的地位更能大为增进。外国商品在上海的消耗量很大。这样大的商业活动区域，以往一直被人忽视，实在太令人奇怪了！[②]

南京条约开列的五个口岸此时在英人中已轮廓初显。"阿美士德号"的行迹几乎囊括了全中国的北方沿海——包括华北和东北的主航线和大口岸，随后经朝鲜、日本和琉球返回，在其驶回广东之前，又有另外 3 艘船被派遣往中国沿海。[③]

1834 年，律劳卑（Lord Napier）就任英国政府首任驻华商务监督，他对一整套广州贸易体制深恶痛绝，在给格雷（F. Grey）首相的信中抱怨："英国贸易居然会被限制在广州一个口岸，仅仅想象这一尴尬的处境就会觉得不合理。"于是，其向政府提出多项建议：第一，要求中国向"欧洲人"（不单是英国人）开放"所有的口岸"；第二，口岸的开放要按照"国际法的原则"与中国政府订立"一项通商条约予以保证"；第三，向清政府提出是项要求须派出一位大使直接北上"前往北京"或白河口等地；第四，当中国"皇帝顽固不化时"，可以采取战争行动。与此前不同的是，这是来华"官方人士"首次的战争发声。[④]

与官方代表的言论相应和，商人们也发出对华开战的呼吁。1835 年6 月 2 日，格拉斯哥印度协会致函外相巴麦尊（V. Palmerston），敦促政府"扫除障碍，恢复前此英国享有的对厦门及其他北部口岸的通商特权"。7月 24 日，应巴麦尊的要求，胡夏米向其呈递了《英华关系书》，根据其对中国口岸的侦察结果强调："在广州、厦门、上海、天津四个主要港口附近各驻以小型舰队。"这份文件在 1836 年以"同巴麦尊子爵论英华关系

---

① 钱泳：《履园丛话》卷四，第 12 页。

② 南木：《鸦片战争以前英船阿美士德号在中国沿海的侦察活动》，《进步日报》1953 年 9 月 13 日。

③ 广东省文史研究馆译：《鸦片战争史料选译》，北京：中华书局，1983 年，第 42 页。

④ *British Parliamentary Papers*, China 30, pp.264,266.

书"（Letter to Viscount Palmerston on British Relations with China）为题公开刊行，影响很大。同年，外人在华办的《中国丛报》发表了《迫切需要与中国缔约》的文章，文章开篇就提出："近来，外商对中国东部和北部沿海口岸开放并进行自由贸易的努力颇为关注……贸易既然已经增长起来，势必要开辟新的门径，寻求新的便利，这是一种很自然的希望。但在中国这种希望却受到了阻碍。英国人的进取精神，在地球上的其他地区都在顺利的推进，唯独在中国却被压制住了。"有鉴于此，文章赤裸裸地提出："我们要和中国签订一个条约，这个条约必须是在刺刀尖下依照我们的命令缔结，又必须在大炮的瞄准下发生效力。"[①]可以认为，到19世纪30年代，不纯以商业手段，而以军事手段，用炮舰粉碎中国的闭关已渐成英国朝野的"共识"：

> 中国人只开一个港口，与外国人相交，往来贸易，除此之外，其余在别的地方，皆不准与其本地之人往来，所行之事与别的国分大不相同，待各国之人如仇敌，如此而犹望外国之人替他禁止走私之事，所以我等切不可遵我等本国之好道理而行，若依道理而行，算系意见愚蠢之事。只惟有用兵威与中国贸易。[②]

1839年，随着中国禁烟运动的深入和英国的抵制，两国关系处于极度紧张状态。对中国发动侵略战争来强制性地改变前此的中英关系被英国政府提上议事日程，要求中国增开广州以北的口岸是其中的重要内容。应该说，这来自于英国朝野各方人士的共同"献策"。比较起来，英国的商人和企业家对口岸表露出的兴趣比"官方人士"还要强烈。之所以出现这种情况，大概缘于口岸必以通商相联系，使得商人们更看重口岸通商问题。鸦片战争前夕给英国政府对华战略施加最大影响的在野势力主要来自两个集团，一是在华鸦片利益集团，他们是资本主义原始蓄积时代海盗冒险家

---

① "*Chinese Repository*", Vol.4, No.10. February, 1836.

② 《澳门新闻纸》1840年6月6日，林则徐全集编辑委员会：《林则徐全集》第10册，第280页。按：此节内容前人研究甚多，但本书尽力提出"己意""新意"。研究先进的成果与本节内容密切相关者，在文中征引列举，此处不赘。

的遗孽；另一是来自利物浦、曼彻斯特、伦敦等城市的工厂主、进出口商人、航运老板等，他们是真正近代意义上的企业家。这两部分人本不完全同类，但在迫使中国开放口岸问题上却完全同流合污，成为英国政府的重要智囊和参谋，不同类别的"商家"共同成为对华外交政策上的"鹰派"。当林则徐关闭广州商馆要求交烟的消息传到英国后，在利兹、伦敦等地的近 300 家同棉花工业有联系，并在广州有巨额棉制品和代理商的公司，都要求英国政府出面干预。其中 39 家商行致函巴麦尊说，价值 68.5 万英镑的棉品已于 1838 年运往广州，而从 1839 年年初起，又有 46.2 万英镑的这类货物被运往广州，"他们对此感到关注，不仅因为他们是失去了市场的制造商，而且因为他们是把货物从英国的其他地方运往印度的出口商"，中英贸易被中断，"引起他们的非常严重的不便"。遭受禁烟措施打击的鸦片商也许更惨，义律估计"5 万箱鸦片——空前数量，已经准备好投放中国市场"，而当时的情况是"在广州几乎卖不出一箱鸦片"。为此，在华鸦片商一致议决派出一个代表团前往英伦，该团由查顿率领，胡夏米等是重要成员，并以上缴中方的鸦片作为依据，每箱鸦片提交一美元，总计约 2 万美元作为代表团的经费，马地臣还大方地允诺："只要是必要的或需要的开支，不管多大的数目都担当起来。"甚至还不惜血本地考虑到了"用高薪聘请几家主要的报纸来为这件事做辩护会更便当些。当然一开始就要聘请最好的法律顾问把我们情况的要点陈述得淋漓尽致"。[①]

在商人的鼓动下，英国政府修改了对华交涉议案，原定议案中并无要求中国增开商埠的内容。1839 年 9 月 23 日，巴麦尊向首相迈尔本（Melbourne）提出 6 点拟与中国政府交涉的"实际问题"，其中未见开放口岸的言词。[②] 10 月 1 日，英国内阁讨论出兵中国问题，开埠同样未被提及。此间，英商对开辟更多口岸的策划在紧锣密鼓地进行。伦敦商界和企业界先是成立了由拉本德（G. G. de H. Larpent）和鸦片经销商查顿为首

---

① ［美］张馨保：《林钦差与鸦片战争》，徐梅芬、刘亚猛、许罗迈、萧致治、叶大波译，第 160、185—186 页。

② Lloyd C. Sanders, *Lord Melbourne's Paper*, London: 1889, pp.457-458.

的 9 人委员会①，这来自两个领域的代表人物在战前的奇特合作很是耐人寻味。随即，拉本德、查顿和巴麦尊的密友、对华航运投资人史密斯（J. A. Smith）又组成"随时和政府保持联系"的三人"核心小组"。三人小组很快谒见了巴麦尊，直截了当地提出增开通商口岸问题，巴麦尊"仔细研究"了他们带去的有关中国的地图、表册等，询问了中国的产茶区和茶叶运到广州的路线；查顿借机向巴麦尊提出为英国的"航运业开放到中国北部港口"的建议。10 月中旬，查顿等起草了致政府建议书，更明确地提出以武力强逼中国签订"通商条约，允许英国人自由到北部各口通商，如厦门、福州、宁波、上海等地"。这份建议书后来遵照巴麦尊的指示，抄送英印事务大臣和海军大臣。11 月 2 日，拉本德、史密斯也致函巴麦尊，提出其所草拟的通商条约七款，第一款即"不单单在广州，也允许到北部某些港口去做生意，例如北纬 29 度至 32 度之间的厦门、福州、宁波、扬子江"等。这些言论无疑对巴麦尊产生了影响。11 月 4 日，巴麦尊致函义律，信中便出现了"以条约保证允许不列颠人到中国东部沿海所有港口或某些主要港口去进行贸易"的内容。② 由此，开埠的内容被载入了英国对华条约草案中，成为定案。1840 年 2 月 20 日，英国政府提出对华战后的条约草案，其中第一款即要求广州、厦门、福州、上海、宁波向英国开放。该文件因是草案，所以绝大部分内容只是粗略制定，诸如要求中国向英国割让岛屿的名称、赔款的数额等均用空格标示，而引人注目的是对五口的指定不仅被列为首款，而且相当明确具体。③

增开通商口岸对中英关系有深巨影响。它首先是出于经济考量，把英国的贸易触角直接插入中国广州以北的更多地区，对英国进口商来说，是更加抵近商品（特别是茶、丝）产区，以更低廉的价格获取更为物美和丰富的中国货；对英国制造商来说，是进一步打开广袤的中国市场，使英国的制成品更便捷地倾销中国；对英国鸦片商来说，是尽可能多地在华开辟

---

① 拉本德时任英国辉格党下院议员，并担任"伦敦东印度中国协会"（London East India and China Association）主席，该协会曾募集了一百余家与印、中贸易有关的大公司。

② 严中平辑译：《英国鸦片贩子策划鸦片战争的幕后活动》，《近代史资料》，1958 年第 4 期。

③ 胡滨译：《英国档案有关鸦片战争资料选译》下册，第 534、547、554 页。

毒品输入孔道，以中国人的身体和财产为代价，谋求更多的肮脏利润。对英国政府来说，则除有经济控制、商品输出、增进税收等因素外，还出于政治军事的考虑，广州毕竟离中国的统治中心太远，要对清廷施加更强有力的影响，自然是距离北京愈近愈好。开辟新埠无疑带有击破广州独口体制和中国闭关大门的用意。其间的政策走向很清晰，大致以英国东印度公司退出对华贸易垄断为界，英国对华的"炮舰政策"突出起来[①]。英国传统的行之久远的"护航政策"可以说是"炮舰政策"的缘起，作为岛国的英国长期将海上贸易视为生命线，从 17 世纪中叶开始，随着英国海外贸易重要性的日显和列强海洋竞争的加剧，英国开始为商船提供海军护航。这一政策延续到 19 世纪前期方才被调整。"炮舰政策"正是"护航政策"的变形放大——从防御保护到主动进攻，表露出英国对华侵略和称霸世界野心的不断增长。此间，英人用隐蔽或强力的手段使其对中国的口岸情况有了进一步了解，从经贸意义上来说，意在扩大双方的经贸往来渠道，毋庸置疑，在海洋经济时代，沿海口岸是中国最具经济实力和开发前景的区域，惜天朝中人对此并不了然，闭关政策人为地阻断了这些区域与外界的交流；但殖民者动用武力强逼开埠更有侵略性的蕴意，近海海域和口岸是一国主权领域中不可侵犯的领海领土，英人欲染指于此。

　　图穷匕首见，酝酿已久的大规模侵华战争终于爆发，成建制的武装部队登场。1840 年 6 月，近七千名英国"远征军"封锁珠江口，鸦片战争爆发，随即英军北上，战事进行到 1842 年 8 月，从世界各地派遣来华的武装军人最多时达到两万多。在英国正规军的武力勒逼下，中国被迫同意开放更多口岸。据笔者所见，英国全权交涉代表义律在战争时期最早就此交

---

① 随着工业革命的进行，英国东印度公司的垄断权遭到自由商人们愈来愈强烈地反对。1833 年，根据第一次修改选举法组建的英国议会下院，产业资本代表和自由贸易论者占了优势，公司垄断权的全面废止已是不可挽回。6 月 5 日，议员斯当东（G. T. Staunton）提出维护公司案，中途有人提出清点到会人数的动议，因不足法定人数被迫中止。13 日，斯当东再次就议案进行说明，被当场否决。下院随即通过了格雷（Earl of Gery Charsles）内阁提出的关于从 1834 年起废止东印度公司在对华贸易中的垄断的提案。17 日，上院通过该议案。从很多方面看，1834 年是英国对华外交的一个转折点，它一反过去东印度公司对清政府较为屈从的态度，而向武力侵华政策转变，对华的炮舰政策应时出笼。东印度公司这个代表英国王室和政府的早期资本主义的大跨国公司，至此，即便对英国殖民者来说，其存在的历史必要性也基本丧失。1858 年，公司宣告解散。参见卫藤沈吉：《炮舰政策的形成——论 1834 年中英关系的转变》，武汉大学历史系鸦片战争研究组等编译：《外国学者论鸦片战争与林则徐》（上），福州：福建人民出版社，1989 年。

涉是在 1840 年 12 月的广州谈判期间，12 月 12 日，义律向清朝钦差大臣琦善递交照会，称英国放弃对中国的领土要求，"条件是允许英国商人恢复他们以前在广东省的广州、福建省的厦门、浙江省的舟山等处已经享有的那些贸易特权"[①]。15 日，琦善复照，小部分满足英人要求，同意除广州口岸外，"只能另给码头一处"，具体地点未明确。[②] 17 日，义律在英国军舰上向琦善又发照会，说明按照英国政府的指示，是要中国开放广州、厦门、福州、上海、宁波五个口岸，现在他已经从政府规定的立场上大步后退，只要求除广州外新开两个口岸，"其中一个在福建，另一个在浙江或江苏"。义律还软中带硬地说，为体谅中方的"困难"，他已经有违政府的指令，不敢再对政府要求"做任何进一步的修改"，如果中方仍不让步，将"使双方保持和好的目的遭到失败"。两天后，琦善借口事关重大，"未便草率议复"，需向朝廷奏报，将事情搁置。[③] 琦善确实向朝廷有奏报，但奏报内容与英人交涉的内容大相径庭，"无论江浙等处均属腹地，断难容留夷人"，不同意开埠的意思很明确。[④]

琦善还试图以"磨折"功夫来应付英人，但狡猾的侵略者岂能就范。12 月 24 日，义律很不耐烦地咨会说已"等候了四天"，刻下"有大批部队集结……目前的情况绝不允许作任何拖延"。义律这份措词严厉的发文对象是穿鼻副将，显然是为了给琦善留些"面子"。26 日，义律就不客气了，向琦善和穿鼻副将同时发出照会，限定在第二天午夜之前给英方"一个完全令人满意的答复"，否则将"不能防止战争的灾难"。[⑤] 同日，琦善复照，称"寸疆尺土，何莫非朝廷所有，尤非私产可比"，琦善还以断绝与英国的通商关系作为反威胁。面对中方不退让的态度，英方作出强烈反应，1841 年 1 月 5 日，义律指责中方对"用和平方法解决各项困难没有诚意"，

---

① 胡滨译：《英国档案有关鸦片战争资料选译》下册，第 803 页。

② [日] 佐々木正哉编：《鸦片战争後の中英抗争》（资料篇稿），東京：日本近代中国研究会，1964 年，第 34 页。

③ 胡滨译：《英国档案有关鸦片战争资料选译》下册，第 807—808 页；[日] 佐々木正哉编：《鸦片战争後の中英抗争》（资料篇稿），第 37—38 页。

④ 《琦善又奏》，中国史学会主编：中国近代史资料丛刊《鸦片战争》（四），上海：上海人民出版社，1962 年，第 75 页。

⑤ 胡滨译：《英国档案有关鸦片战争资料选译》下册，第 809—811 页。

不得不采取战争行动，宣布将"处理各项事务的权力移交给伯麦总司令"。同日，伯麦通知中方，战争行动将在一天后开始。① 面对英方的最后通牒，琦善软了下来，6 日这一天，他一口气向朝廷发出两份奏报，前份奏报称江浙均为出产丝茶的地区，自然不能向英商开放，惟福建的厦门和福州，曾设有海关，也有琉球等国人长期在这些地区通商和居住，英人虽不能和"琉球恭顺可比，而圣人中外一家，且系仅止通商"，所以请求朝廷同意除广州外，"再就福建之厦门、福州两处，准令通商"。道光皇帝见报后十分反感，对前份奏报批以"愤恨之外，无可再谕！"对后份奏报批以"不值寓目！"② 英国侵略者也等不及琦善向朝廷报告的回复，战争之箭重置弦上。是时，英国政府甚至还提出另一项胃口更大的议案，就是逼使清政府在"物产丰盛，人口稠密"的中国东海岸出让给英国一个岛屿（如舟山），而且，"中国政府必须允许中国沿海所有城镇的中国商人和居民，为了和在那里定居的英国臣民进行贸易而自由前往该岛"。③ 这实际上想要中国的所有沿海地区向拟议中的英国在华占领地全部开放，比较起来，英国政府比其在华代表的侵略胃口更加贪婪，也远不是中方所能接受的。

1841 年 1 月 7 日，英军发动大规模的军事行动，攻占广州虎门要塞的第一重门户大角、沙角炮台。乘武力之威，英方要挟力度加强，中方态度软化。11 日，琦善照会义律，同意为英人"寄居外洋一所"（香港岛）代奏朝廷；但提出，依据义律原先所议，只要"讨给地方"，就不提另辟商埠的要求，既如此，那么，"无庸另行开港也"。同日，义律复照，对不开新口岸表示认可。④

义律没有索取新口岸的作法遭到英国政府的指责，4 月间，情报传至英国国内，引起一片反对之声，4 月 20 日，英国外交部提出义律执行条约草案情况对照表，政府原定草案是：无论提出何种交涉条件，都必须要求中国"开放偏北的其他口岸"。义律的执行情况是："它终于遭到拒绝。"

---

① 胡滨译：《英国档案有关鸦片战争资料选译》下册，第 821—823 页。
② 《义律照会》，《上谕》，中国第一历史档案馆编：《鸦片战争档案史料》第 2 册，第 681、710 页。
③ 胡滨译：《英国档案有关鸦片战争资料选译》下册，第 707—713，第 823—826 页。
④ ［日］佐々木正哉編：《鸦片戦争後の中英抗争》（资料篇稿），第 61—62 页；另见胡滨译：《英国档案有关鸦片战争资料选译》下册，第 871—873 页。

其中的差距立见。5 月 3 日，英政府因为义律种种"背离"政府指示的行为，宣布撤免义律，以璞鼎查接任其在中国的职务。5 月 31 日，巴麦尊向璞鼎查发出指令，重申了 1840 年 2 月的条约草案和 1841 年 2 月 3 日巴麦尊对草案作出的补充内容，巴氏强调"从厦门（包括厦门在内）沿海而上，直到北方，使四、五个这样的城市对英国贸易开放"，"具有极为重要的意义"。这一点万万不能放弃，除非中国政府同意除了香港以外再把"东部沿海的某个岛屿割让给英国，并且允许在该岛与大陆上一些城市之间自由进行通商"。① 巴麦尊的指令很明确，要么是霸占中国的两个重要岛屿和中国沿海对这些岛屿的全面开放；要么是四至五口通商。在英国政府看来，增加埠口，多辟商业通道是对华第一诉求，对此格外看重。

1841 年 9 月，阿伯丁（C. H. G. Aberdeen）替代巴麦尊出掌外交部，对英国商业利益深入中国腹地表露出更大的兴趣。他甚至提出放弃对中国领土的"永久占领"（包括业已占领的香港），而集中关注于和中国通商关系的发展，谋求"通过一项允许对中国东部沿海四、五个主要城市进行贸易的条约"。②

1842 年 7 月，道光帝在英国军事力量的打压下被迫同意开放"福建、浙江海口，或每年约定的时候，将货船驶至口岸，我国必派官员代汝照料，不得在此二处羁留"。道光准备按照广州口岸制度照葫芦画瓢地在闽浙两省开放两个口岸。25 日，道光皇帝见到了英人的索取条文后批复：

> 贸易之所，前已谕知耆英，将香港地方暂行赏借，并许以闽浙沿海暂准通市。③

8 月，中英进行《南京条约》谈判，8 月 12 日，英方向中方开列《所要各条款》，其中大部分条款均与口岸问题相关：一、"准英人在粤之广州，闽

---

① ［美］马士：《中华帝国对外关系史》第 1 卷，张汇文、姚曾廙、杨志信、马伯煌、伍丹戈译，第 733—734 页。胡滨译：《英国档案有关鸦片战争资料选译》下册，第 903—904 页。

② 胡滨译：《英国档案有关鸦片战争资料选译》下册，第 1020 页。

③ 《上谕》，《江宁将军德珠布奏为英船已将瓜州口门封堵京口江宁危在旦夕折》，中国第一历史档案馆编：《鸦片战争档案史料》第 5 册，第 622—624、676—678 页。

之福州、厦门，浙之宁波，江之上海五处通商"；二、五口要有英国领事驻扎，"专理大英商贾事宜"；三、英国货在五口一次性纳税后，"可遍运天下"，不再加税；四、英国以所占领的镇海之招宝山、厦门之鼓浪屿及舟山作为监督中国开埠的抵押，只有等赔款交清和五口开放后，才将这三处地方归还中国。两天后，耆英、伊里布、牛鉴被迫联名复照璞鼎查，认定五口"通商贸易，俾两国均获利益，尤属妥协"，对英人要求予以全盘接受。[①]同日，三人向朝廷奏报交涉内容，说英人"不过求赏码头，贸易通商而止，尚非潜蓄异谋"。谁知，耆英等就五口向英人的表态却没有完全得到朝廷的同意。17 日，道光帝有旨颁下，同意增开上海、厦门、宁波三口，"但只许来往通商，不许久住据为巢穴"；至于福州，"系属陆路，且山径从杂，商旅不便"，再加上闽省已有厦门开埠，不应再开一口，命令耆英等与英方交涉，"将福州一处撤去"，如果万不得已，那么可以福建泉州来替代福州。22 日，朝廷再发谕旨，重申"福州地方万不可予"。[②]清廷对福州格外看重，无外乎因为福州系福建省会和闽浙总督驻扎地，政治军事地位重要；还因福州临近武夷茶区，经贸地位重要。[③]遵照朝廷指示，耆英等只好将福州不开放等项再同英方交涉。直到南京条约签署的最后时刻，中方代表仍就福州问题和璞鼎查交涉，英方代表认为福州开放涉及中英间的"红茶贸易"（the Black Tea Trade），对大英帝国的商贸异常重要，所以不能退让。[④]29 日，《南京条约》签字，五口通商的内容载入条约的第二款。31 日，耆英向朝廷报告南京条约已经签订，解释英人不放手福州主要是因为"武夷茶产自建宁，聚于福州……该夷因贩茶求往福州贸易，尚属实情"；福州虽然和广州一样都是省会，但"较诸宁波、上

---

① ［日］佐々木正哉编：《鸦片戦争後の中英抗争》（资料篇稿），第 199—201 页。另据材料，在南京条约谈判的初期，侍卫咸龄等曾向英方表示，中国已经割让了香港，英方索要五个口岸实在太多，况且福建省开放厦门一口即可，"无庸兼及福州"，但被英方以厦门距福州还有数百里，且"贩卖茶叶，以福州为最便"为词拒绝。参中国第一历史档案馆编：《鸦片战争档案史料》第 6 册，第 137 页。另见黄恩彤：《抚远纪略》，中国史学会主编：中国近代史资料丛刊《鸦片战争》（五），第 417—418 页。

② 《著钦差大臣耆英等严拒英人对福州通商请求并切实议定英国撤兵等事上谕》《著钦差大臣耆英再行发议与英所省各条内应行筹酌之处事上谕》，中国第一历史档案馆编：《鸦片战争档案史料》第 6 册，第 85、114 页。

③ 夏燮：《白门原约》，中国史学会主编：中国近代史资料丛刊《鸦片战争》（五），第 519—520 页。

④ W. C. Costin, *Great Britain and China 1833—1860*, Oxford University Press, 1937, p.101.

海逼近苏、杭者，似尚有轻重之分。若坚执不准，许易他处，该夷既以天津借口，诚恐又添枝节"。相比起来，天津比宁波、上海更靠北，更邻近北京，对京城的安全威胁更大。同一天，鉴于形势的危迫，道光也发出"各条均准照议办理"的上谕。[①]包括福州在内的五口开放遂得到最高当局认可。

1843 年 7 月 22 日在香港公布《议定广州、福州、厦门、宁波、上海五港通商章程》（又称《五口通商章程：海关税则》）；又于同年 10 月 8 日在虎门签署《五口通商附粘善后条款》（习称《虎门条约》）。对五口的海关税则、外船航行、领事权力、外人特权等作了全面规定。1844 年 7 月 3 日，中美缔结《五口贸易章程》（习称《望厦条约》）；同年 10 月 24 日，中法缔结同样名目的条约（习称《黄埔条约》）；1847 年 3 月 20 日，中国与瑞典、挪威缔结《五口通商章程》。[②]英人在五口的特权又扩及上述各国之人，并由于片面最惠国待遇的规定，实际上是扩及所有来华的西方列强。

（五）外交官员

鸦片战争后，列强又不断地向中国索取更多的口岸商埠开放。在战争停歇期间，西方的外交官成为要求中国开放更多通商口岸的要害角色。其实，西方的外交人员对在华开埠早有介入。为了打开中国的壁垒，18 世纪晚期和 19 世纪初，英国先后三次遣使来华，1787 年，英国派出卡斯卡特（C. Cathcart）使团，行前，东印度公司向其颁发训令，规定使团的第一目标是废除广州贸易制度；第二目标便是"将英国贸易伸展于华北各埠"[③]，此处的"华北"并非后来意义的华北，而指的是广州以北。因卡斯卡特在途中病故，使团未至中国。1793 年，马戛尔尼（G. E. Macartney）使团到达中国，东印度公司给其授命的"最重要之目标，即获取在广州以北各埠

---

① 《钦差大臣耆英等奏报和约已定钤用关防并将和约抄缮呈览折》，《著钦差大臣耆英等照所奏各条与英迅速定议并令英船全数退出大江等事上谕》，中国第一历史档案馆编：《鸦片战争档案史料》第 6 册，第 159、165 页。

② 王铁崖编：《中外旧约章汇编》第 1 册，第 34—64、71—77 页。

③ 朱杰勤译：《中外关系史译丛》，北京：海洋出版社，1984 年，第 192 页。

贸易之特许"，遵循此令，马戛尔尼以书面形式提出开放天津等为口岸，被中方拒绝。1816 年，阿美士德（W. Amherst）使团再抵中国，行前，外相罗加士里（Lord Castlereagh）的训令中也包括要求增辟通商口岸的内容。[①] 这次来华英使甚至连要求都没有机会提出，就被遣送出境。英国通过外交方式谋求开埠的活动接连受挫，愈发增强英国要求中国增开口岸的渴求，通过外交途径英国又难以获取此一带侵略性的权益，遂而引出后来的战争。只是，这一时期中国与西方没有"建交"，上述"外交官员"只是英国单方面派遣，其身份不被清政府理解。

鸦片战争后设立的广州外交体制是战前口岸贸易体制的扩大和升格，也是中国口岸外交体制的构建。鸦片战争前，清政府尽量避免与西人发生正式的官方往来，中西交往被刻意限制——地域上尽量靠南，领域上只含贸易，"中国的政策，一向把他的外交事务，看作纯粹商务性质的，并且把它们的规定和处理委之于在广州的省政当局，于是广州就成为外国贸易集中的海口，同时又是和距离政府所在地最远的海口；想与帝国政府发生直接关系是一向不准的"。[②] 鸦片战争后，在外人的压迫下，建立了中西方的外交关系；但是在清政府的作用下，这项外交被安排在广州，这是中外妥协的结果，也是传统贸易体制向近代外交体制的过渡产物。广州离海很近，便于西人东来；又离中国统治中心很远，尽力将西人压缩在中国大陆的南端，减少对中央政府的威胁；广州作为前此中国唯一对外口岸，又有对付外人的"旧制"可以依循，无疑是合适地点。"惟五口总汇向在广东，一切税则皆由广东原定。"[③] 于是乎，签署《南京条约》的一班人马相继移师广州，耆英调任两广总督：

> 各省通商善后事宜均交该督办理。著仍颁给钦差大臣关防，遇有办理各省海口通商文移事件，均著准其钤用。[④]

① 故宫博物院编：《清代外交史料》嘉庆朝五，第 6 页。
② [美] 马士：《中华帝国对外关系史》第 1 卷，张汇文、姚曾廙、杨志信、马伯煌、伍丹戈译，第 630—631 页。
③ 刘锦藻：《清朝续文献通考》卷三三四，第 10748 页。
④ 《上谕》，文庆等：《（道光朝）筹办夷务始末》卷七一，第 6 册，第 2816 页。

也就是说，耆英不仅管理辖境内的广州，而且管理新开的上海、福州、厦门、宁波的通商事务，更扩而广之管理沿海"各省"亦即中国对西方的"通商文移"。[①]此谕令标志着广州口岸外交体制的确立，两广总督扮演清朝外交部长的角色，两广总督衙门就是清朝的外交部。中法《黄埔条约》将此称为"总理五口大臣"，表明此专属身份获外国认可，为了适应此制，那时的西方来华使节，多就近驻扎香港、澳门。五口通商大臣名义上经历耆英、徐广缙、叶名琛、黄宗汉四任，而以耆英任期最长。因其是体制的重要设计者，是道光朝与外国人打交道最多的"外交官"，所以因人成事，广州口岸外交在其任内能够比较有效平稳地运行。在广州签订的中英《过境税声明》、中英《英军退还舟山条约》等，耆英均为主签人。又就税则税率、香港司法管辖、基督教在华弛禁、舟山交还、广州入城等事项进行了谈判或达成谅解。中方在上述交涉中多为退让妥协，却也保得各方的暂时相安无事，而且，驻粤长官完成了他最重要的使命——防止西人进入京城。

但是，广州口岸外交也面临多重挑战，耆英夹处在列强和民众之间，官、民、"夷"的关系交错复杂。鸦片战争后的几年，虽然西方驻华外交官被滞留在南端一隅，列强在华的政治、外交重心在穗、港、澳；但随着广州以外其余四口的开放，其在华经济势力却不断北进，到19世纪50年代，终造成中国外贸中心的重大转变，从广州挪移上海，使得百年来依赖外贸为生的自粤到内地通道地区的大量人口顿失生计。因茶叶等出口商品改道，北江上游及梅岭通道以十万计的船夫和苦力失去了工作；因外来棉纱棉布的进入大量织户破产；因丝绸出口中心北移，搬运工、货栈主、钱币兑换商等诸品人群生计无着；因外船进入，福、潮的沙船主及船工大量失业；等等。这些人都对导致旧状改变的洋人充满了怨恨，为拒外运动积蓄了人力资源和舆论声势，中、西对抗气氛浓郁。三元里事件在民气的转变过程中是一个分水岭，"粤东自遭三元村事后，民怀隐恨，誓不

---

① 鸦片战争是中国历史上敌对方向的重大转变，由此前主要方向在西北的陆路威胁，变为东南的海上威胁更大，"海防"超过了"塞防"。与陆地修筑长城为屏障同理，鸦片战争后，清朝也实行了屏障外交。清政府先后在由南到北的口岸设置过重重屏障。第一重屏障即设在广州，便是广州口岸外交休制。

准其入城，且深知英夷之不足畏"。① 受到三元里抗英胜利的鼓舞，广州地区民众的抗御外侮士气格外高涨，民众由被动转向主动，各种民间组织以"旗""堂""团""社学""公所""公社""团练""乡约""大姓""宗祠"等名目涌现，在保卫乡梓的同时保国。于此，时任英国驻华公使的德庇时（J. F. Davis）将广州与其他口岸的民众进行过比较：

> 沿海各城市的民众，有些对我们漠不关心，有些则甚为倾向我们。但在广州，暴徒及其领袖的仇外情绪，只是日益增长……而情况更坏的是，这些统治者过去赖以约束群众过火行动的那种威信已为战事所破坏。……从那时起，民众武力已组织起来。……加入这种组织的人不再服从官府命令，只听自己领袖指挥。……他们的力量能够迫使广州余知府去职。因此，官吏们不得不讨好他们，对他们屡犯的暴行，加以纵容。②

广州民众拒外的强劲，还因为对西人习见而不多怪，其地通商数百年，"民之于夷，无论妇孺，皆呼为番鬼，以不齿于人类，故一旦骤闻其进城，则以为有紊旧制，群起而拒之"③。如此一来，顺利进入其他口岸（福州稍遇麻烦，不久解决）的西人，在广州口岸却进不了城，西方侵略者意图进入整个中国，如今，却连早已成为开放口岸的广州城都无法进入，何况，广州还被清政府设定为中西办理外交的唯一地点。

民气的酝酿到 1847 年后传染到朝廷层面，1848 年 2 月 3 日，广州口岸外交的制定执行者耆英被清廷调离。上谕称："惟疆寄重在安民……嗣后遇有民夷交涉事件，不可瞻徇迁就。"④ 表明朝廷态度的微妙变化，在民"夷"冲突中，更担心失去民众的支持。耆英黯然离穗，"广州人的排

---

① 《耆英等奏覆曹履泰所奏广东人民滋事各节折》，文庆等：《（道光朝）筹办夷务始末》卷七五，第 6 册，第 2991—2992 页。

② 广东省文史研究馆编：《三元里人民抗英斗争史料》，北京：中华书局，1978 年，第 273 页。

③ 《耆英等奏覆曹履泰所奏广东人民滋事各节折》，文庆等：《（道光朝）筹办夷务始末》卷七五，第 6 册，第 2993 页。

④ 《刘韵珂等奏拿获假冒洋人通事各犯折》，文庆等：《（道光朝）筹办夷务始末》卷七九，第 6 册，第 3162 页。

外及反洋人情绪使他丢失了职位，甚至在最后丢失了生命。事情已经决定，必须保住百姓对朝廷的忠心，即使这意味着冒战争的风险"①。前巡抚徐广缙接任总督伊始，朝野均对其形成压力，上有朝廷，皇上在任命时告诫："民心不失则外侮可弭。"② 中有同僚，"徐广缙以粤事咨商云贵督臣林则徐，林则徐答以人心可用"③。下有民意，"各乡书院，社学屯练壮丁，又不下三、四十万人。皆无事归农工商，有事则执兵杀逆"。徐注意到耆英正是由于只关照对外交涉，不关照国内民心而垮台，徐广缙能够控制局势的唯一方法就是从民间汲取资源进而担负起拒洋运动的领导，当然，打冲锋的依然是百姓，徐广缙以民意作为推挡外人质问的好说词，其向朝廷慨然表示当"以激扬为整饬，总期官民一体，将士同心，在内者不生疑贰，在外者自暗息要求"。④ 以徐代耆，不仅是官员的调动，且是清朝外交政策的改易。此间，给事中曹履泰的上奏便反映了这种转变，"奈其时督抚耆英、黄恩彤等一味诪怯，任意欺朦，上辜国恩，下失民望"，"而此日督抚徐广缙、叶名琛等，又能内受指使，外察机宜，识夷人之无能为，知民情之大可恃"，朝廷也能"改弦而更张之"。⑤ 到这个时候，由广州一地的拒外民气张扬影响到广东地方当局，再传导到北京朝廷，引致道咸之交整个中国官民一致对外的强硬姿态，此间演绎了从南到北、从民到官、从地方到中央、从口岸到内地的情绪传染，直至国家的外交变轨。

英国方面也呈现变局。1846 年 12 月，因为"土豆歉收"及"自由贸易"危机，辉格党取代保守党，罗素（J. Russell）入主唐宁街十号，巴麦尊再入白厅，重又开始外交的扩张和军事的强悍，巴氏警告驻华使节"如果我们采取低调，那么我们就要失去所有由于在中国的胜利而获得的有利地位"。与徐广缙当职几乎同时就任驻华公使兼港督的文翰（S. G.

---

① ［美］魏斐德：《大门口的陌生人》，王小荷译，北京：中国社会科学出版社，1988 年，第 97—98 页。
② 《著署理两广总督徐广缙于地方及洋务妥慎办理及黄恩彤仍交差委事上谕》，中国第一历史档案馆编：《鸦片战争档案史料》第 7 册，第 836 页。
③ 《王家璧奏天津一案人心可用折》，宝筠等：《（同治朝）筹办夷务始末》卷七八，第 8 册，第 3154 页。
④ 广东省文史研究馆编：《三元里人民抗英斗争史料》，第 252、865、869 页。
⑤ 《给事中曹履泰奏为请敕江浙等省册许英人越境闲游并只许在衙署递禀折》，中国第一历史档案馆编：《鸦片战争档案史料》第 7 册，第 934—935 页。

Bonham）即表现出英国对华政策愈具攻击性的过程，文翰据说一贯"行事谨慎"，来华后却并不"谨慎"，与徐广缙的强硬形成劈头碰撞。[①]

广州口岸外交逐步停摆，文翰上任，要求会晤。徐广缙复照，表示刚刚履新，"政务殷繁"，已有推托之意，但还是勉强应承见了面。[②]与美国使臣的见面阻难更大，其驻华代办伯驾（P. Parker，原系来华传教士，此间外使不乏由商人、教士、军人客串，显示几个群体之间的交互流动和身份变换）在1846—1848年间以及1850—1852年间没有获得过会见。[③]1848年，美使戴维斯（J. W. Davis）在经过好几次会面要求被拒后，为了呈递国书终于获得徐广缙的会见，见面被安排在城外仁信栈房的仓库内，原定会面当天，美使称"因在大洋阻风未到"，请求改期，徐广缙认为此乃"有心违约"，便以公务繁忙，"无暇出会"答复，借以"稍挫其骄纵之气"，美使无法，只得"备文谢过"，中方才同意改期见面。[④]但在会晤时，"戴维斯受到极端无礼的待遇。在共同会谈中间，总督（徐）巡抚（叶）不断地自相交谈，他（总督）流露了不耐烦的神情；这两位高级官员的傲慢和轻视与他们前任耆英和黄恩彤的那种好问和温柔的态度是一个极鲜明的对照"。[⑤]

争拗继续发酵，1848年6月7日，文翰照会称前与耆英有约，"明年三月"进入广州城，目下时间虽然未到，提前给中方打招呼，省得届时出麻烦。不出所料，徐广缙对前任耆英的应允不予承认，称入城之举将引起民众惊扰，影响中外通商的大局。西人就此评议："徐广缙傲慢地不理睬这件事。他的被任命等于取消了他的前任在外交上的安排。由于中国人不熟悉国际法或'全权'概念的意义，所以他们把一项特定的政策只看作是某个特定个人的作品，如果他离职，那么这项政策也随之而去。"[⑥]这不

---

① ［美］魏斐德：《大门口的陌生人》，王小荷译，第92、99页。

② ［日］佐佐木正哉编：《鸦片战争后の中英抗争》（资料篇稿），第113—114页。

③ ［美］马士：《中华帝国对外关系史》第1卷，张汇文、姚曾廙、杨志信、马伯煌、伍丹戈译，第463—464页。

④ 广东省文史研究馆编：《三元里人民抗英斗争史料》，第885、901页。

⑤ ［美］马士：《中华帝国对外关系史》第1卷，张汇文、姚曾廙、杨志信、马伯煌、伍丹戈译，第464页。

⑥ ［美］魏斐德：《大门口的陌生人》，王小荷译，第99页。

是不承认前任的承诺，而是整个清朝外交政策的转向。1849 年 1 月 5 日，文翰声明仅文信往来难于沟通，提议亲往两广总督府面谈。此议使中方提高了警觉，因为总督衙门正在广州城内，若是到署拜会，也就自然而然地实现了英人图谋已久的"入城"。中方于是将见面地点修改为城外的"虎门提台公署"。① 双方都在玩弄一眼就能识破的儿戏般的小伎俩。翌年，文翰再提"来署拜谒"，徐广缙索性揭破"衙署建于城内，为城所限，不能从心"。② 英方于是撕下遮挡，重提入城要求，中方也以硬朗姿态回应，民间发表《劝导文翰公启》，警告英方"若只以现在香港两三千之众，而抗全（广州等）城数百万之人，则众寡不敌。……民情汹汹，势将激变，于贵国大为不利"。③ 官方借此众势言称："入城之举，揆诸时势，百姓既不相容……民人之同心共愤。"④ 激起百万众怒，很不好惹，英方只得暂缓入城索求。道光对广东当局发动群众的方略大为嘉奖，也给强硬政策贯注能量。但是，此次"外交胜利"造成了复杂情态，徐广缙及广州当局变得愈来愈僵硬；北京更多地受制于两广总督的决定；广东的民气愈发激昂。同时，英国人被激怒，巴麦尊发表了臭名昭著的"威吓棍子"的话："这些半开化的政府……每八到十年就需要重新修理一番，以使他们不要乱了套。"⑤

　　继而又扯出平等权问题。文翰向中方照会介绍新任驻穗领事包令（J. Bowring），称愿与见面。徐广缙复照既然公使不来，那么，对领事层级的包令，徐也不必亲自面见，因"向无独见新领事官之仪"，级别不一，礼数自不相同，中方也将只是派"委员"前往。双方扯皮，乍看细屑，但礼仪矫情的背后是国家的尊严和较量对手的颜面。再有制度设立的原因，口岸外交本属特例，与一般国家外交在首都办理就有不同，远离京城的地方官员办理国家外交，事属创始，各种规矩、品级、先例没有国际规范，出

① 《两广总督徐广缙奏报定期至虎门与英人面议片》，中国第一历史档案馆编：《鸦片战争档案史料》第 7 册，第 899 页。

② 广东省文史研究馆编：《三元里人民抗英斗争史料》，第 914 页。

③ 广东省文史研究馆译：《鸦片战争史料选译》，第 488 页。

④ 刘锦藻：《清朝续文献通考》卷三三四，第 10748 页。

⑤ W. C. Costin, *Great Britain and China, 1833-1860*, Oxford, 1937. p.152.

现种种混乱场景也在情理之中，外使按照"京城"外交等式来办，碍难通行。

外国使节在广州交涉遇阻，由是北上，最先行的是文翰，1848 年 6 月 20 日由香港启程，先后到厦门、宁波、上海等口岸，各地官方拒绝接待，递送照会给苏松太道，被回以"如有公事，应由两广总督酌办"。向两江总督交涉，被"仍将原文交还"。[①] 在天津投书，被要求"迅回粤东"。[②] 英使没有获得任何结果，怏怏返回香港。早期外使北上多以查看贸易为借口，文翰此行如是；嗣后法国使节也以此为词。但在广州外交体制阻隔后，外使北上不再以查看五口贸易为口实，而径直以不愿同广州官员交涉为理由。英使即指向明确地声称"徐大人与我们不对，不便呈递"文书。而清朝方面也坚守"嗣后如有商办之件，仍应照会广东钦差大臣办理，切不可擅往各处徒劳往返"。清廷还提出了一个很严重的问题："我中国臣下向皆恪守'人臣无外交'之义，是以未便咨复。"没有朝廷授权，臣僚是不得自行与外臣接触的。[③] 外使难以在广州进行交涉，中方又要求外交只能在广州办理，两下形成僵局，无奈之下的外使们纷纷北上，跑到其他口岸。造成的直接结果是，对沿海各省及清中央政府形成压力，广州口岸外交设置的着眼点是将外人推挡到距离京城愈远愈好，现如今，却愈来愈近，与设制的初心宗旨恰恰相反。

矛盾节扣越系越紧。徐广缙的强硬"群众路线"外交也一度收到成效，给中国官民以鼓励，"英舰入粤河申（入城）前约。总督徐广缙、巡抚叶名琛拒不许。入时，广州绅民私团十余万列两岸，英人惧"[④]。1850 年道光去世，咸丰继位，姿态更加不屈，1852 年 8 月，叶名琛成为新粤督，《清史稿》记，叶名琛"性木强"[⑤]，也就是执拗。如果说，徐广缙主

① 《两江总督陆建瀛奏报英使欲至天津递文已饬苏松太道麟桂接收代递折》，中国第一历史档案馆编：《鸦片战争档案史料》第 7 册，第 956—957 页。

② 《穆彰阿等为请转告英使再议进城并不可擅来天津覆陆建瀛咨文》，贾桢等：《（咸丰朝）筹办夷务始末》卷一，第 1 册，第 14—15 页。

③ 广东省文史研究馆编：《三元里人民抗英斗争史料》，第 933—934、959—961 页。

④ 刘锦藻：《清朝续文献通考》卷三三四，第 10747 页。

⑤ 赵尔巽等：《清史稿》卷九十四"列传"，第 39 册，第 11764 页。

政是减少与西人的见面，那么，性格偏执的叶名琛，"对于外国代表实行不理睬就成了政府既定政策的一部分"①。叶氏"驭外夷务严，每照会至，辄略书数字答之，或竟不答。诸酋咸怨"②。显见，叶氏采取的方针比徐广缙更不通融。法国代表布尔布隆（Monsieur A.de Bourboulon）自1852年2月上任到1855年11月离职，曾长时间在澳门候见，但"并没有（见面）记录可查"。美国使节马沙尔（H. Marshall）一到广州，即致函叶名琛要求会面商讨呈递国书，叶答复"一俟稍有暇晷，当即选定吉日。好像是个大吉大利的日子不能立时找出"。于是马沙尔转往南京，南京不接待，只有返回广州，"再向叶钦差要求会面，后者则再用同样的方式借口要找一个更吉利的日子把这件事拖延下去"，直到马氏解职，"要求作一个辞行的会面，也得到了同样的答复"。继任公使麦莲（R. M. McLane）也得到叶名琛的类似应答，"一俟有暇，他就即行择定吉日"。无奈，麦莲转道南京，同样被推回广州。鉴于一而再再而三的经历，麦莲"坚决拒绝同叶再打任何交道；但是根据他在上海见到的江苏巡抚的迫切陈词，他同意返回香港，再为拜见这位钦差大臣作一次努力"③。依然未能见面。续后，1856年1月29日，叶名琛再次拒绝了与美使伯驾在广州会晤，理由同样是"刻无暇晷"④。英国驻广州领事包令出任代理公使后，要求会见，叶名琛也以军务繁忙为由拒绝。⑤故而，英美公使在江苏向两江总督递交节略中的第一条就是"在广东时未获钦差叶接晤"⑥。外国的驻华代表成为居无定所的"游击公使"，携带沉重的印信文件在口岸间游弋，却找不到交涉对象，"夷船即由天津折回上海，旋复由上海启碇回粤，忽南忽北，往返徒

① ［美］马士：《中华帝国对外关系史》第1卷，张汇文、姚曾廙、杨志信、马伯煌、伍丹戈译，第463—464页。

② 七弦河上钓叟：《英吉利广东入城始末》，中国史学会主编：中国近代史资料丛刊《第二次鸦片战争》（一），上海：上海人民出版社，1978年，第212页。

③ ［美］马士：《中华帝国对外关系史》第1卷，张汇文、姚曾廙、杨志信、马伯煌、伍丹戈译，第463—464页。

④ 朱士嘉编：《十九世纪美国侵华档案史料选辑》（上册），北京：中华书局，1959年，第63页。

⑤ ［美］马士：《中华帝国对外关系史》第1卷，张汇文、姚曾廙、杨志信、马伯煌、伍丹戈译，第464—465页。

⑥ 《江苏巡抚吉尔杭阿奏英美公使坚欲赴津议约折》，折中国史学会主编：中国近代史资料丛刊《第二次鸦片战争》（三），第19页。

劳"①。由此也给清政府带来两难抉择，清廷规定除广东官员外，他省官员不得与外人联系，但广州的叶名琛辈却拒绝与西方外交官见面；清廷一面觉得叶名琛的"老将不会面"的策略很解气，外使前来交涉，多是对中国不利的麻烦事，不见面很好；但另一面，也使得处心积虑设计的广州口岸外交体制废弛。

随即，1856 年 10 月 23 日，第二次鸦片战争轰然爆发，十数年的外交折腾转成大规模国际战争，英法联军大举侵华。战争的基本起因是列强要求扩大在华侵略权益，但与广州口岸外交的实质瓦解不无关系。直隶总督谭廷襄曾对此恶性循环的情势怨愤不已："数年来，节次设法推辞，饬赴广东听候，而广东总督置之不办。"② 英使额尔金（J. B. Elgin）携军队来华，叶名琛不识时务地仍旧以故伎相待，"叶相谓其语狂悖，置不答。额尔金再三趣之，皆不答"③。兵锋相对，英人也蛮横宣称"总督不许我入城，不与我相见，我定破此城"④。英法联军的首先攻击点就是广州，广州口岸外交体制就此终止。

> 向来办理夷务，本来通盘筹划。不过来到天津，支应回广东去，而广东亦不过搪塞了事，故，事终不了。夷人机警，窥破此情，故于我全用劫法，不独叶名琛被劫去，近日抚局亦系劫成。⑤

鉴于此前清政府将"外交部"放置外埠而难于交涉的教训，列强很重要的战略目标就是逼迫清政府将外交机构移往京都，与清朝中央而不是地方当局打交道，外国使节也须驻扎北京。公使驻京而非外地口岸遂成为当时中外交涉的重中之重，"额尔金伯爵决心要改变这种将对外事务委托一

---

① 《闽浙总督刘韵珂等奏报福州厦门两口未见南旋英船驶入并神光寺两英人居住情形折》，中国第一历史档案馆编：《鸦片战争档案史料》第 7 册，第 988 页。

② 《谭廷襄等奏各国情形反覆可否将所请通商保教二事先行斟酌折》，贾桢等：《（咸丰朝）筹办夷务始末》卷二一，第 3 册，第 736 页。

③ 薛福成：《书汉阳叶相广州之变》，中国史学会主编：中国近代史资料丛刊《第二次鸦片战争》（一），第 228 页。

④ 华廷杰：《触蕃始末》，中国史学会主编：中国近代史资料丛刊《第二次鸦片战争》（一），第 167 页。

⑤ 平步青：《霞外捃屑》，中国史学会主编：中国近代史资料丛刊《第二次鸦片战争》（二），第 317 页。

个外省总督斟酌办理的习惯"[①]。 1858 年，交战方缔结《天津条约》，对"外国使节驻扎北京的权利——中国方面曾经在天津表示强硬的反对，甚至在最后片刻，还曾经如此坚决地表示'万难允行'，以致额尔金伯爵不得不提出最具威胁形式的最后通牒"[②]。末了，战败后的中方只能接受要挟。英方谈判代表认为："条约所取得的最重要的东西是北京驻使，没有这一项，这个条约是一文不值的。"[③]而清政府则认为："准夷酋之伪钦差驻京，动受挟制"，此条"为患最剧，断难允行"。[④]按说，各国外交代表常驻出使国首都是近代外交惯例。清廷的深拒，一来担心外使入京后会直接挟制中国中央政府；二来出于传统的礼仪顾虑，作为战败国，三跪九叩大礼是不好再提，但帝威所在，又不能不讲究这些"祖制"礼仪，索性来个不会面。所以，天津条约签订后，咸丰实在不甘心，指示谈判代表不惜以豁免进口税和鸦片弛禁等重要利权的让步来换取放弃公使驻京。

此后，清廷还设计了中国外交中心由广州口岸北移江南口岸，1859 年1 月，上谕授两江总督"为钦差大臣，办理各国事务"。[⑤]这是一个折中方案，一方面，外交中心移到列强势力兴盛的江南的某个口岸，试图使外方能够接受[⑥]；另一方面，仍将外交放在远离京城的口岸进行。但各国使节接受广州的教训，坚决要求外交只能在北京办理，额尔金明确声言不能与外省大臣商办公事。美国公使蒲安臣（A. Burlingame）对南方官员的多次照会，不予理睬。双方僵持不下，战火因此再起。1860 年 10 月，北京被

① ［美］马士：《中华帝国对外关系史》第 1 卷，张汇文、姚曾廙、杨志信、马伯煌、伍丹戈译，第630—631 页。

② ［美］马士：《中华帝国对外关系史》第 1 卷，张汇文、姚曾廙、杨志信、马伯煌、伍丹戈译，第 602 页。

③ A. Michie, *The Englishman in China during the Victorian Era, as illustrated in the Career of Sir Rutherford Alcock*, London: 1900, Vol.1, p. 323.

④ 《廷寄》，贾桢等：《（咸丰朝）筹办夷务始末》卷三五，第 4 册，第 1333 页。

⑤ 《上谕》，贾桢等：《（咸丰朝）筹办夷务始末》卷三三，第 4 册，第 1245 页。

⑥ 这是清廷设计地方外交的第二重屏障，就是外交中心由广州北移江南。至此，广州外交被江南外交替代。"南洋自五口通商，外洋麋集，换条约诸事交涉纷繁，咸丰八年，曾颁钦差大臣关防，或归两广总督，或归两江、江苏督抚兼管。"后来定归两江总督专责，有"南洋大臣"之称。（王之春：《清朝柔远记》，赵春晨点校，第 331 页）仍旧将外交放在远离京城的地点进行，设一屏障，以避直接锋芒，试图使外人接受。但各国使节接受广州外交的教训，不再愿意和遥离京城的地方官员办理外交。自屏障从广州转移江南后，主事的地方官不再采取广东官员拒绝外臣的办法，对外使主动迎合，对交涉要求积极办理。但问题出在外方，对江南交涉不感兴趣，担心这又是将外臣推出远离北京的地界办理外交的故伎。设在江南的第二道外交屏障实际上并没有发挥多大作用。

英法联军占领，西人追求几百年而不得，在隆隆炮声中终于践踏进入了侵略者不间断"北上"的主要目的地。清政府与英、法、美、俄等国签《北京条约》，其中要点便是"外国使节长期驻节北京"。[①]

1861 年 1 月总理衙门在北京成立，完成清朝外交机构的北进和上移，也完成清朝从广州外交向京城外交的转变。这是列强在华势力从海疆到内陆，从远地到腹心日益增强的表现；同时也印证出在世界联通的大背景下，外交在清政府的施政中日渐从边缘走向中心，从海边转进京城，标志着中国近代外交机制的初建和外交机构从地方到中央的提升，标示着符合国际通例的外交在驻在国首都办理体制的建立。但此北移或上移更多是名义上的，在相当一段时间（至甲午战争快结束）清政府的外交仍多在天津口岸办理，仍是口岸外交，先是由三口通商大臣后由北洋大臣代办。[②]天津外交的地缘优势在于其地是离北京最近的北方最大的通商口岸，方便循海而来的列强登陆，又距京城有一步之遥，稍有距离间隔。

总之，增开口岸的实质是泛海而来的西方人不满足于只停留在中国南方海边的一个港口活动，而要求中国沿海对外人全面开放，进而深入中国的内陆。先前，西方列强多方活动在海洋，在外国到中国国门的那一段航程，在莅临中国的某个方便到达的港口点位即可，在遥离中国京畿腹心的沿海沿边；之后，列强所垂涎的是由外洋外海入内河内地，是从沿海深入中国城乡大大小小市集的"自由贸易"。一步步地节节推进，中国的通商口岸有了更多开放，列强在华商道有了更多开辟，1858 年《天津条约》迫使中国新开牛庄、登州（烟台）、台湾（台南）、潮州、琼州为口岸；镇江于签约一年后开放；另在汉口溯长江至海选择不超出三地；1860 年《北京条约》签订，增开天津为通商口岸。总括起来，经历第二次鸦片战争打击的中国被迫将原有的 5 个口岸增扩到 16 个口岸。之后，增辟通商口岸成为列强对华勒索的惯例，几乎中西方每签订一个重要的约章，中国都要被迫开放口岸，这些通商口岸也就有了"条约口岸"的别称，到 1895 年中

① 《葛罗男爵给外交大臣的信》，中国史学会主编：中国近代史资料丛刊《第二次鸦片战争》（六），第 172 页。

② 天津外交，可以视为清政府相继设置的第三重屏障外交，趋势是愈来愈"向北"。

日《马关条约》签订时，中国对外开放的口岸已经多达 40 余处 [①]。这些口岸被称为"通商口岸"，很自然地，中外商贸往来之地成为最重要的通道关口。这些关口影响到的区域范围不断扩展，几遍全中国的东、西、南、北、中。

四 卖不上价的毛呢

纺织品的需求量可以到无限程度，多几件衣裳对每个人都是让人身心愉悦的事情；纺织品体积压缩，重量轻，需求极大，便于运输，加上产地特色，它们随着交通工具的进步愈来愈远又愈来愈快从此地到彼地，穿越沙漠，跨洋过海，洲际旅行，搭建了一条条历史悠远的丝绸之路、毛呢之路、棉花之路，再好不过地体现出商品物流无孔不入无地不达的本事。欧洲是毛纺品的出产"胜地"，毛纺织技艺又是中古欧洲不多的超过中国技术的方面。透过毛纺织品输华，可以佐证全球化自始便不是单向度的"东方化"或者"西方化"，而是多向度的互动交流，在丝棉织品流向西方的时代，有毛织品流向东方，各得其所，各显其能。其时其间，商品的来路与去路特别是大宗货品的世界性流动有着至关重要的功用。

（一）出产品种

清代，西方对华进口的纺织品泛称"洋布"，实际上，早期的"洋布"并非棉织品的"布"，而是毛织品（woolens）的"呢"，具体品种名称多由主要输入地的广东口音从英文转译，"如后来作为洋布店四块招牌的'多罗呢'、'哈喇呢'、'哔叽绒'、'羽毛缎'" [②]。西方输入中国的毛织品种

---

① 杨天宏：《口岸开放与社会变革——近代中国自开商埠研究》，北京：中华书局，2002 年，第 25 页。

② 上海市工商行政管理局、上海市纺织品公司棉布商业史料组编：《上海市棉布商业》，北京：中华书局，1979 年，第 3 页。

类繁多①，时有兴替换代。

因畜牧业的发达，西方自古就是毛纺织业的发达地区，大秦国（罗马帝国）"多任务巧，善织络"②。名声在外，蜚声世界。中古时代，毛呢生产尤其在英国等获得特别发展，11 世纪，英国毛织业开始兴盛，其发展得益于发达的养羊业提供了丰富的原料来源，所产羊毛，质优量大，长期是欧洲高质量羊毛的产地。14 世纪中期，英格兰每年向国外输出 30000多袋羊毛；在该世纪最后 20 年，纺织业的发展使得毛呢产量几何式增长，1366—1368 年，每年制造毛呢 14000 匹上下，到 1392—1395 年，年均 43000 匹，而作为原料的羊毛出口因为国内生产内需大增而降为年均19000 袋。呢子更新原毛是技术替代原料、人力换取物力的跨越迈进，结果是利润的快速增长。③近代英国的崛起有赖于斯，"英国兴旺发达的时间并不很早。1500 年前后的英国还是一个没有强大海军和以农村人口为主的'落后'国家，财源只有两个：大量的羊毛生产和有力的呢绒工业（呢绒工业的发展逐渐吸收了羊毛生产）"④。说是两个财源，归齐了就是一个——"羊毛出在羊身上"，毛纺织业被誉为英国的"民族工业"。"圈地运动"更为毛纺业发展开辟沃土，产出了更多的羊毛和流离失所的廉价劳力；加上战争或宗教迫害，欧陆大批掌握熟练技术的纺织工匠迁入英伦，使其技术基础更加雄厚。哈利法克斯教区在 1720 年有五万左右的人口，当出太阳时，便可以"看到几乎每一屋前都有一个张布架，每个架上都有一块普通的呢绒，或者一块粗哔叽，或者一块夏龙绒，这些就是这个地方

---

① 陈重民在叙述民国初年呢绒进口时列举的主要品类有：羽纱（包括有金山羽纱、条子羽纱、斜花、羽纱、马褂羽纱、哔叽纱等）、哔叽（包括有细哔叽、厚哔叽、生毛哔叽等）、单面斜纹呢（包括有毛罗缎、太阳呢等）、直贡呢、薄花呢（包括有羽纱呢、格花呢、套头呢）、细法兰绒法兰呢、法兰绒、细厚厚呢、平厚呢、哆啰呢、上企呢、冲衣着呢、中衣着呢、印花厚呢、印花细呢、企头呢、斜纹呢、色厚呢、军呢、大衣呢、花呢、小呢、旗纱布、羽毛、羽绫等。参见陈重民：《中国进口贸易》，上海：商务印书馆，1934 年，第 27—32 页。19 世纪 30 年代出版的西人著作记述：毛织品，"进口的主要货品为哆啰绒、哔叽、碎绒、华丽绒和羽纱"。该书校注称："碎绒、华丽绒和羽纱，原文作 cuttings, vorleys 和 camlets，羽纱又称羽沙。毛线（woolen yarn）又称绒棉。"参见 [瑞典] 龙思泰：《早期澳门史》，吴义雄、郭德焱、沈正邦译，第362—363 页。

② 赵汝适：《诸蕃志》，杨博文校释，第 82 页。

③ [英] M. M. 波斯坦、爱德华·米勒主编：《剑桥欧洲经济史》第 2 卷，钟和、张四齐、晏波、张金秀译，北京：经济科学出版社，2004 年，第 565 页。

④ [法] 布罗代尔：《十五至十八世纪的物质文明、经济和资本主义》第 2 卷，顾良、施康强译，第 487 页。

出产的三种商品。……无数的房屋和无数张布架，而每一架上都有一块白色的（羊毛织成的）布帛"[①]。

生产与贸易犹如车之两轮，鸟之两翼，有量产才会有规模化贸易，反之亦然，规模化贸易势必牵动规模化量产，产业优势与贸易优势为良性互动。15 世纪末，英国成为欧洲毛制品的主要出口者。到 17 世纪后期，英国毛纺织品的二分之一都是为国外市场生产的。18 世纪"毛织物还是唯一占据英国输出品的王座"，"衣被半个欧洲"诚非虚言[②]，不止于此，英国还极力扩展毛呢的跨洲出口。英国政府也倾力保护本国制呢业，1576 年，英国政府颁布两面开刀的法令，一方面限制羊毛等原料出口，保证本国的毛呢生产有充分的来料提供；另一方面，禁止国外的粗纹布、呢绒织品、亚麻布进口；从进口与出口两方面保护奠立国本的产业。18 世纪，输出羊毛被列为重罪，查理二世时代的法令甚至极端规定："凡死在英国领土上的人都要用毛织的寿衣来入殓。……除去全部完工的织品以外，绝对禁止输出任何其他形状的羊毛。禁止输出活羊，那就更不用说了，因为这种活羊能在外国生长。人们甚至不准在海滨五英里内剪羊毛。"英国还全力排斥其他毛织品出产国，包括属国，为防止来自爱尔兰的出口品，英政府设税关壁垒，甚至组成巡逻舰队封锁该岛，使爱尔兰不能接近海外市场。有人在 1767 年写道：

> 羊毛早已被视为是神圣的东西，是我们全部财富的基础，以致要是发表一种无助于它的单独发展的意见，那就有点危险了。一长列的法令和条例的目的都在于保护它，支持它，保证它的产品的优越和它的高额利润。[③]

显见得，深沟高墙的贸易保护主义历来如此，单边性的排他利己是国家、

---

① [法] 保尔·芒图：《十八世纪产业革命：英国近代大工业初期的概况》，杨人楩、陈希秦、吴绪译，第 37 页。按：关于英国毛呢，论者甚多；关于西方向中国的出口毛呢，论者有所兼及，但专门系统的研究未见。下面的章节也有同样的情况。

② [英] W. H. B. Court：《英国近代经济史》，周宪文译，台北：中华书局，1971 年，第 57 页。

③ [法] 保尔·芒图：《十八世纪产业革命：英国近代大工业初期的概况》，杨人楩、陈希秦、吴绪译，第 62—63、22—30 页。

商家、人家谋求利润自然而然的原始冲动，是暂时领先者对后发赶超者的本能防范。

　　得益于远洋技术的改善，英国毛织品输往一直被视为巨大市场的中国，亦成历久渴望实现的必选项，英人感到"遥远的中国地处北温带，很显然那里凉爽的气候能够为英国呢绒出口提供市场保证"[①]。那时的西方人认为最有潜力的市场和最富足的人群不在西方，而在东方。[②]"大航海"开辟了跨越大陆从海洋到海洋的条件，也为西方毛品移送东方提供了技术支撑和地理实践。英人来华之初，即输入毛织品，"雍正三年（1725）来粤东，所载皆黑铅、番钱、羽缎、哆啰、哔叽诸物"[③]，大头是毛呢。在此之前，英国毛呢已开始倾力往中国推送。18世纪，英国向中国出口货物"几乎完全是毛织品"，该世纪，其向东方的出口商品共值6000万英镑，其中毛织品占3300万英镑。[④]据中国第一历史档案馆档册记录，康熙五十四年（1715）七月至八月，来航广州的英船所载货物为哔叽缎、哆啰呢等，五十六年（1717）六月至七月，五十七年（1718）七月所载的主要货品也是这几样[⑤]，英国的"毛纺织体系"从欧洲延扩到中国。应当承认，古代中国的毛纺织技术与西方有差距，利玛窦就发现中国人"在使用羊毛方面赶不上欧洲人熟练，并且虽然他们很看重进口的毛织品，他们却不懂怎样把羊毛织成料子做衣服穿"。[⑥]布罗代尔（Fernand Braudel）评说："中国的羊毛制品既厚又粗，实际上是毡子。"[⑦]明末的中国人也描述："凡绵羊有两种，一曰蓑衣羊"，中原人只晓得"剪其毛为毡、为绒片，帽、袜，遍天下胥此出焉"，可惜此毛"粗而无精"。二是"新疆羊"，"内毛细软，

① 廖乐柏：《中国通商口岸：贸易与最早的条约港》，李筱译，上海：东方出版中心，2010年，第44页。

② 外国毛织品的对华输入早已有之，"毛织品、麻织品甚至丝织品，也从叙利亚和埃及的作坊运到中国。在蒙古曾经发现过公元前1世纪的叙利亚毛织品的线迹。……中国的文献还提到贵重的织物，'金色布'是'水羊毛'织成的细布"。参见[英]赫德逊：《欧洲与中国》，王遵仲、李申、张毅译，北京：中华书局，1995年，第65页。

③ 赵尔巽等：《清史稿》卷一五四，第4515页。

④ 姚贤镐编：《中国近代对外贸易史资料》第1册，第268页。

⑤ 转引自[日]松浦章：《清代海外贸易史研究》下，李小林译，天津：天津人民出版社，2016年，第510页。

⑥ [意]利玛窦、[法]金尼阁：《利玛窦中国札记》，何高济、王遵仲、李申译，第14页。

⑦ [法]布罗代尔：《十五至十八世纪的物质文明、经济和资本主义》第1卷，顾良、施康强译，第385页。

取织绒褐"，此绒也分两等，差等的是用箆子从羊身上梳下，比较粗糙；优等的名"拔绒"，是用手从羊身上拔下来，今人所谓"薅羊毛"便是此法，然后"打线织成褐（绒毛布），此褐织成，揩面如丝帛滑腻"，但"每日穷日之力打线只得一钱重，费半载功夫方成匹帛之料"，显见产量极低。而且，从织机到羊种都是当时新疆等地少数民族传来，"故至今织工皆其族类"，内地人"无与也"。[1]新疆的某些地区草原丰茂，多有牧区，盛产羊毛。[2]交易也多用此物。[3]还有藩属的进贡，满剌加国（马六甲），从明永乐三年（1405）后，朝贡不绝的贡物中有"撒哈剌"（马来语 sakelat，为宽幅毛绒），该毛品并非马六甲及附近地区所产，而为"西域"所产，在满剌加国也是稀罕物，故拿来进贡；同时说明，西域内亚的多地亦是毛纺业素称发达区，一方水土出一方物，这在生产力不甚发达、人类改造大自然相当受限的年代更是如此。[4]

在那个时间段，英国的手工织呢技术举世罕匹，英伦盛产美好毛呢，给是时的中国人留下深刻印象，"其土产则有大小绒哔叽、羽纱……，精巧绝伦"[5]，称赞中带有羡慕："大英人增羊之用，令其柔毛合用，可织大呢、小绒、羽毛哔叽等货，贩运贸易养民也。"[6]毛呢是不列颠岛国拿得出手的"高光"产品，地域特产优品为远距离人们共享，乃地理发现后世界资源的重新配置和市场无限扩大的再造版图。

---

① 宋应星：《天工开物》，潘吉星译注，上海：上海古籍出版社，2008 年，第 114—116 页。

② 至于中亚地区用于交换的物品，"每年夏秋，其台吉、头目等各率所属，分运牛、羊、马匹，并由安集延所贩毡片、牛皮等物至伊犁贸易，以绸缎、布匹资之。塔尔巴哈台亦然"。参见永保、兴肇：《塔尔巴哈台事宜》卷二"库贮仓庚积贮"，吴丰培辑，刻印本。

③ 在南疆，安集延人带来的货物最大宗是马、牛、羊。浩罕商人则"时驱其羊千万前至叶尔羌贸易，归则携带布、茶而去"。参见椿园七十一：《异域琐谈》卷四"外藩列传·郭酺列传"，强恕堂刊本，嘉庆二十三年。

④ 黄省曾：《西洋朝贡典录》，谢方校注，北京：中华书局，2000 年，第 41、61 页。

⑤ 梁廷枏：《粤海关志》，袁钟仁点校，第 459 页。

⑥ 爱汉者等：《本草目》道光丁酉年二月，《东西洋考每月统纪传》，第 206 页。

表 2-1 英商输入中国毛织品、金属品、棉花占英商进口总值的百分比
（1780—1833 年）

年份	进口总值 （银两）	三类商品值 （银两）	三类商品占 进口总值百分比
1780—1784	1301931	646493	49.7
1785—1789	3612764	2627081	72.7
1790—1794	5007691	3630023	72.5
1795—1799	5373015	3745780	69.7
1817—1819	7646777	6589283	86.2
1820—1824	6525201	5134507	78.7
1825—1829	7591390	6413034	84.5
1830—1833	7335023	5791228	79.0

资料来源：严中平等编《中国近代经济史统计资料选辑》，第 11 页。

（二）用在哪里

西方毛织品入华经历了从多口岸到一口岸，再到多口岸的周折。先在中国多个埠口试探性贸易，西人记载英人来华的时间比中方记载要早，西人更了解实情。1674 年，英国东印度公司船"归来号"（Return）到澳门，"试图与浪白澳的中国人交易"，以物物交换方式出售毛织品，"比价很低，而他们被迫用高的比价换回货品"，这似是英人在中国境内的首次毛品交易，量小且没有赚到钱。该船只得转道曼谷等地继续兜售未能全部脱手的"英国的毛纺织品"。1681 年，"巴纳迪斯顿号"（Barnardiston）从伦敦启航到达台湾和厦门，运来 72 捆宽幅绒、20 捆粗绒和 18 捆长绒，可惜来的时机和地点都不合适，此时此地正发生清朝与统治台厦一带的郑氏政权的战争。货销不出去，担心砸在手里，英人移步广州、澳门，"用诡计售出 30 匹以上的优质绒布，每匹银 100 两"，价格高得令人难以置信，换个地方，对付毫无见识的客户，果然有效。[①] 1699 年，英船入广州，主要现货有猩红色和紫罗兰色绒布、粗绒、羽纱等，花色琳琅。广州渐次成为主要贸易埠口。1757 年，清政府关闭其他口岸，更从制度层面强化了广州一口通商地位。西人不甘心此局面的限制，不屈不挠地另谋口岸。1832

---

① ［美］马士：《东印度公司对华贸易编年史（1635—1834 年）》第一、二卷，区宗华译，第 42—43、47—48、52 页。

年"阿美士德勋爵号"装运了宽幅绒、羽纱等赴厦门、福州、宁波和上海等地，目的是了解货物在广州以外地区的价钱，并将货样送给各地官员。在此前后，英国的鸦片船也往往载运"毛织品"以作遮掩潜往各地。[①]

毛织品输华还显露出多国竞逐格局。荷兰人"善造毡呢、罗绒、羽纱、哔叽"[②]，也是较早的毛呢输华国，早在明万历三十二年（1604）七月，荷兰人即到澎湖、福建等地递送"哆啰"呢等。在万历四十三年（1615）的税则中标明红色哆啰呢每匹征收税银五钱一分九厘，余色每匹三钱四分六厘。[③]说明进口有了一定量，方被列入税则。有人判断"直到1745年，英国（对华）贸易仍未超过法国或荷兰"，毛品贸易亦如此，即使到1750年，英国运入广州呢绒1207匹，法国却有1400匹，荷兰258匹，瑞典351匹，丹麦370匹，[④]法国占了鳌头。此后变化也开始发生，英国的贸易地位迅速提升。1751年，驶入广州的西方船有18艘，其中9艘是英国船，不列颠的外运优势显现。四十年后，泊广州的外国船共86艘，其中英国商船就有61艘。[⑤]有了强大的生产和航运能力，到1760年代，英国已经常性地居处毛织品输华的最大国。1771年，广州进口的毛织品，英国居首，有绒布9984半匹，羽纱1262匹，长厄尔绒23744匹。其他国家为：荷兰有羽纱24匹；法国有绒布201半匹，羽纱12匹；丹麦有绒布29半匹；瑞典有羽纱308匹；各国已经无法与英国匹敌。1773年，各国输华毛织品，英国有绒布8138半匹，长厄尔绒19019；荷兰有绒布20半匹，羽纱13匹；法国有绒布395半匹，羽纱12匹，长厄尔绒40匹；丹麦有绒布34半匹，羽纱8匹；瑞典有绒布30半匹。1774年的数据是，英国有绒布3532半匹，长厄尔绒9306匹；荷兰有绒布17半匹，羽纱250匹；法国有绒布1812半匹，羽纱114匹，长厄尔绒480匹；丹麦有绒布75半

---

① [美]马士：《东印度公司对华贸易编年史（1635—1834年）》第四、五卷，区宗华译，第344—346页。

② 王之春：《清朝柔远记》，赵春晨点校，第10页。

③ 张燮：《东西洋考》，谢方校注，第129、146页。

④ [美]马士：《东印度公司对华贸易编年史（1635—1834年）》第一、二卷，区宗华译，第297、296页。

⑤ [美]马士：《中华帝国对外关系史》第1卷，张汇文、姚曾廙、杨志信、马伯煌、伍丹戈译，第92—93页。

匹。① 各国统合也较不列颠一国差距甚大。

不过，竞争远未消停，各国不时冒头。1792 年，英船运来价值 1522000 两银子的毛织品；法船运来价值 43540 两银子的毛织品，而这年法国的对华贸易总额是 49120 两银，毛织品占近 90% 的比重；荷兰船也运来价值 45560 两的羽纱。竞逐使存货激增，市场紊乱，华商抱怨假如输入只限英国公司的货物，"市场可能问题较少，但荷兰人、瑞典人、美国人和私商输入了 7000 至 8000 匹"②。竞争的惯用手段就是尽力压低价格，借此驱赶对手，使得往年相对较高价格进的货只能随行就市低价抛售，此举结果还使接盘方遭受损失，导致华商要么积货压在手中，要么蚀本售出。

后起之秀的美国值得注意，美国甫独立，即介入此营生。初建时的美国经济落后，尚无能力生产在国际市场上具竞争力的毛纺织品，只有倒卖他国产品，英国货成为偷运的大来路，美国的"非法"转运，使英人十分恼火。1820 年英国毛织品在华滞销，东印度公司检点后认为"是美国人输入的不列颠产品，它逐渐增加，但它的有害效果激烈，可能从未有当前这么严重"。英国人还指责"美国人经常与广州收税的低级官吏勾结"偷漏税款③，自然低价入市，形成价格优势。1825 年，由美国运来各种毛料 29234 匹，如此巨量居然全都是非法转口的英国制品，这是在用英国货来抗衡英国人。英方不得不采取应对措施，将新运到的毛品大幅降价，试图将美人挤出市场。1826 年，英方继续压价，方略暂时见效，"进口货少，只有一艘美国船运来数量不多的英国毛织品"，结果还"亏损甚巨，达发票成本的 40%"。但价格战不是长久之计，因为毛织品在华销路有限，本就经常亏本，如今却自行降价，短时可以，长期无异自杀，英国货价旋又抬升，美国的输入也即时恢复。1827 年，英运来毛织品价值 1824459 元，美国运来者价值 281196 元；越年两国的数字分别是 2805028 元和

① ［美］马士：《东印度公司对华贸易编年史（1635—1834 年）》第四、五卷，区宗华译，第 578—579、579—598、618 页。

② ［美］马士：《东印度公司对华贸易编年史（1635—1834 年）》第一、二卷，区宗华译，第 519—520、698 页。

③ ［美］马士：《东印度公司对华贸易编年史（1635—1834 年）》第三卷，区宗华译，第 6—7 页。

323600 元；1831 年的数字分别是 2351421 元和 144440 元。[①] 多国竞逐的目的所在系挤出效应，走量不走价，结果是参与国贴本贱卖，少有赢家。

依托举世罕匹的生产能力，很长时间内，他国无法撼动英国作为毛织品主要输华国的位序。兹以标志性品种长厄尔绒为例，可管中窥豹概见毛织品输华的爆发性增长，英国东印度公司一个单位的输华量，1732 年仅有1000 匹[②]；1771 年超过两万匹[③]；1792 年跨越 10 万匹量级；1804 年突破20 万匹[④]；1806 年达到 252350 匹，似是高点。[⑤] 在这些年代，仅此单品就有偌大增幅，为他国所远不及。从毛织品综合品种的输华总值来看，1830年，英国 2476838 元，美国 421450 元，其他国家 12000 元。1832 年，英国 2495408 元，美国 483538 元，其他国家 48640 元。[⑥] 各国也是无法与英国相比。另提供一组数据：自 1785 年到 1832 年的近五十年间，英国输华商品值经常占中国进口总值的 80%—90%，居各国之首[⑦]；1788 年，英国输华产品售款 1232876 两，其中毛织品占了近 90% 的货值。[⑧] 至 1830 年代之前，就英国自产品来说，毛织品始终是排序最靠前。外国对华贸易因为缺乏主打产品，所以输华货物相对多样，各种香料、木料、珍奇、棉花、鸦片等，但这些产品基本不产自西方，毛呢是为数不多的自产货。"英国输华商品，在十八世纪末期，以呢绒、五金等为最多，当时的英国棉货匹头，尚无足称，只有呢绒一项占重要的位置，每年输入在二三百万之上下。"[⑨]

但要强调，毛织品只是英国本土自产商品入华的最大项，而不是英国输华货品的最大项，其输华最大项货值品类依时序相继是白银、棉花、鸦

① ［美］马士：《东印度公司对华贸易编年史（1635—1834 年）》第四、五卷，区宗华译，第 112、168、193、285 页。

② ［美］马士：《东印度公司对华贸易编年史（1635—1834 年）》第一、二卷，区宗华译，第 207 页。

③ ［美］马士：《东印度公司对华贸易编年史（1635—1834 年）》第四、五卷，区宗华译，第 578—579 页。

④ ［美］马士：《东印度公司对华贸易编年史（1635—1834 年）》第一、二卷，区宗华译，第 519—520、697—698 页。

⑤ ［美］马士：《东印度公司对华贸易编年史（1635—1834 年）》第三卷，区宗华译，第 24—25 页。

⑥ ［美］马士：《东印度公司对华贸易编年史（1635—1834 年）》第四、五卷，区宗华译，第 260、351 页。

⑦ 严中平等编：《中国近代经济史统计资料选辑》，第 4 页。

⑧ ［美］马士：《东印度公司对华贸易编年史（1635—1834 年）》第一、二卷，区宗华译，第 469 页。

⑨ 何炳贤：《中国的国际贸易》，上海：商务印书馆，1937 年，第 131 页。

片，不过，三项货品的产地均非英国。1716 年，英国向中国出口除毛织品等现货外，其余总值额 90% 尽是白银，这是英国法令规定的最高限额。1734 年英国运来的长厄尔绒等现货"只不过占投资需要总额的 2% 左右"，其余皆是白银，已经达不到英国的官方规定。此情形持续，"直至 1750 年，从伦敦来的公司船只的货物只占资金的一小部分，从未超过 5%"[①]。然而，白银并非产自英伦，来自遥远的美洲。棉花则来自印度，迄 19 世纪40 年代的统计，年均输华棉品价值 7090000 元，毛呢为 1039500 元，两者相差近七倍。[②] 从 1820 年后，印度鸦片又成英国输华"商品"的大项。说明在这个时间段里，"中国进口商品主要的并不是欧洲产品，而是欧洲商船从印度和印度尼西亚运来的商品……从欧洲进口的只是一些呢绒和少量零星东西，而对任何欧洲商品都无大量需要"[③]。除了毛纺织等少数行业外，那个时期的制造业，欧洲并非中国的对手。当下十分火热的全球史研究中，洲际物流的上货点和下货点均值得寓目，它是生产力、消费力和国民富足程度的具体实在的表征。

毛织品用途广泛，清代皇子亲王的服制就规定："毡、羽纱、油绸，各惟其时"[④]；所以，粤海关监督每年的"措办官物"中即包括"羽纱、大绒、花毡"等以供"御用"[⑤]。作为衣被材料，这是正常用途，入华毛织品还有其他"另途"或旁门左道的效用，比如贡物：1656 年，荷兰使节到北京，贡物有哆啰绒、哔叽缎、大毡、中毡等；1670 年，意大利使臣"进贡"哆啰呢等；1725 年，教皇使节"贡方物"火漆大红羽缎等；[⑥]1793 年，英咭唎进"哔叽褙料"等[⑦]。又如贿物：1684 年，英国船"快乐号"（Delight）抵厦门，英人请求将货物移送岸上，以便修理裂漏船身，中方不允，英方于是奉送地方官"12 匹优质绒布"，官员态度顿时改变。

① ［美］马士：《东印度公司对华贸易编年史（1635—1834 年）》第一、二卷，区宗华译，第 152、224、328 页。

② 姚贤镐编：《中国近代对外贸易史资料》第 1 册，第 259—260 页。

③ ［英］赫德逊：《欧洲与中国》，李申等译，第 217 页。

④ 赵尔巽等：《清史稿》卷一〇三，第 3043 页。

⑤ 梁嘉彬：《广东十三行考》，上海：上海书店据国立编译馆 1937 年版影印，第 95 页。

⑥ 梁廷枏：《粤海关志》，袁钟仁点校，第 446—447、452—454 页。

⑦ 《大清高宗纯皇帝实录》卷一四三七，乾隆五十八年九月庚申。

当年 12 月 7 日，英国大班接到通知，不得在厦门"过冬，十天内一定要离开"，当地官员乘机"贱价购入绒布"，并勒逼"一笔大的礼物"，英商厌恶地称其为"贪得无厌的禽兽"，不曾想，继任官员又索取和"前任同样数目的礼物"，英人只得打点到位。再如窃物：1685 年，英船有 18 匹绒布在厦门鼓浪屿被窃，于是向驻军副都统（将军不在）申诉，该糊涂官员授权英人可以扑杀前来偷窃的人。两天后，有人再行偷盗，英国水手开枪将窃者的腿打伤，大班往见副都统，这位官员翻脸不认账，声称伤者需善后，借此由头索贿，英人只得给付毛呢等"私了"。[①] 又如礼物：奇技淫巧目迷五色，正"酬酢之皆夷产"[②] 之谓也，1734 年在厦门，英国大班听说气候炎热的此地对毛织品并无需求，只得作为礼品无偿送给官员。表明毛织品在中国南方销售处在尴尬境地，平民百姓对此物尚不能接受，只能给官员送礼。此用项延续很久，1840 年 10 月，两江总督伊里布委派代表前往定海，与英军代表交涉停战，英方向清方代表赠送"大呢、哔叽洋布"等。[③] 此乃西人认为是拿得出手并能代表其工艺水平和国家特色的东西。

（三）经销商人

从英格兰牧场上的羊群到中国的呢绒消费者之间，存在着长链的经销商和代理商，生意场域每个环节里的每个人都期盼从中分羹。毛呢经销，分别由外商和华商负责各自一程，外商经管中国境外的采购、转运、出口；华商经管本国境内的进口、运输、销售。按国别区划，除来自陆路的俄国商人外，来自海洋国家的居多。以英商而论，又有体制内外的差别，前者指有官方背景的东印度公司，后者指"散商"（又称"港脚商人"等），两者有合作互补，更有利益冲突。两者在交易方式上存有不同，散商每每把货物委托给任何代理商，只要出价高就可以；公司则多与固定客户长期合作。比较起来，公司盘子大、招牌亮、信誉好、资金足，是"正规军"，由是获得大行商的信任；散商类似于"游击队"，美誉度较差。因此，在

---

① [美]马士：《东印度公司对华贸易编年史（1635—1834 年）》第一、二卷，区宗华译，第 54—56、59—60 页。

② 张燮：《东西洋考》，谢方校注，第 15 页。

③ 文庆等：《（道光朝）筹办夷务始末》卷十六，北京：中华书局，1964 年，第 1 册，第 538—539 页。

广州行商制度下，散商一度处于不利地位。

为增强公司的凝聚力，防止职员"脱岗"或被其他机构拉拢，东印度公司赠给职员特惠，即在往来中国的船上给予一定吨位的特许货物运销权，称"优待吨位"，"为公司服务的英国船长们和所有管理人员都被允许从事私人贸易"，在载重量千吨级的轮船上，船长等通常拥有携带 60 吨（此数时有变化）商品上船的权利。[①]此特权很早就有，1674—1675 贸易年度，英国对华输出总贸易额中，公司占有 430000 镑，职员私人贸易有 135000 镑，后者占比几近 1/3；1734 年，厦门"过去三年有些毛织品是船长在特许权下运入的"。[②]公司在"优待吨位"上处于两难，发放此惠会影响公司利益，职员"之中期盼死薪水致富的人只占极少数，绝大部分人私底下还从事大量买卖以赚取外快，而这些业外活动，有些必然和为公司追求最大利润的目标相冲突"[③]；若不施行，又不能吸引人才，18 世纪前 40 年，英国"从事再出口贸易的商人和海员使其业务量翻了两番以上"[④]，亟须优秀人员长期供职。此类"职员贸易"经常出规逾矩，影响公司生意，公司曾一度决定"禁止大班作任何私人贸易"，为示补偿，从广州船货的主要成本中拨付大班 4% 的佣金，意在"更加严密限制私人贸易"，但没有多少作用。[⑤]公司职员拿了佣金后，仍然或明或暗地运作"优待吨位"，等于额外拿了两份钱，也等于拿钱不兑现承诺。

进入 18 世纪后期，体制外较为活泛的散商崭露头角，涉足公司垄断的毛织品贸易，1771 年，散商运入广州 12 半匹绒布，数量不足挂齿，"创意"不容小觑。1774 年，公司从英国本土运来广州宽幅绒布售出，扣除成本后亏了 10%；而从孟买运来的宽幅绒布的亏本却高达 24.5%，印度距中国近，亏损却多，原因在于这些毛织品是从英国售卖印度后再辗转运入中

① ［美］乔赛亚·昆西编著：《山茂召少校日记及其生平》，褚艳红译，桂林：广西师范大学出版社，2015 年，第 144 页。

② ［美］马士：《东印度公司对华贸易编年史（1635—1834 年）》第一、二卷，区宗华译，第 8—9、224 页。

③ ［美］彭慕兰、史蒂文·托皮克：《贸易打造的世界——1400 年至今的社会、文化与世界经济》，黄中宪、吴莉苇译，上海：上海人民出版社，2018 年，第 85 页。

④ ［英］H. J. 哈巴库克、M. M. 波斯坦等主编：《剑桥欧洲经济史》第 6 卷，王春发、张伟、赵海波译，北京：经济科学出版社，2002 年，第 9 页。

⑤ ［美］马士：《东印度公司对华贸易编年史（1635—1834 年）》第一、二卷，区宗华译，第 147 页。

国①，此转口货系散商所为。缺乏管束的散商胆大妄为，缺规少矩。他们或是冒名顶替，曾有英船悬挂热那亚等国旗号运入毛品；或是抢夺俏货，"董事部非常关心非法'走私'运羽纱入广州的问题，即是，这种货物是公司的独占商品之一，并构成公司正常贸易的一部分，并未许可私人和散商贸易运销的"。就是说，运其他毛呢品类可以，但羽纱等俏货不仅不允许散商插足，即或公司职员的"优待吨位"也不能包括。但私人贸易本身即是自由贸易，具多点突破难于管控的特质，1801 年，根据情报，经由公司职员"优待吨位"运入广州的羽纱为 7861 匹，另 874 匹由散商船运入，都是地道的英国货。不同团体的走私途径有所差别，散商从印度通道，公司职员从英国通关。这年，公司入穗羽纱 11872 匹，比前两者多不了多少。"计划外"毛织品的涌入扰乱了市场秩序，此类英国人内部的"窝里斗"，后果不亚于国家之间的竞逐，"行商诉苦说，由于这些货物的竞争，使他们无法将委员会发交他们的这种货物售出，潘启官说，本季度末期，他手里的本季度及上季度的存货，超过 8000 匹，价值达 400000 元，他估计要亏损 40000 元"②。东印度公司曾设计以加量囤货来平抑价格，效果不佳，本来就是过剩商品，反倒用加大进口量来打压私人贸易，使商品积压愈甚。

1808 年，公司船运来广州的毛织品售得银 3572927 两，运量加大，散商的输入量增长更猛，他们从孟买运来发票价值为 224000 卢比的呢绒。此情况的发生与公司"失误"脱不了干系，英国货品在孟买经由公司之手拍卖，这是遵照殖民地口岸的法令而来，但拍品中的长厄尔绒又是禁止转口输往中国的（已经出口印度的货品再转口中国，当然影响英国本土的直接对华出口），这是根据 1776 年在华大班的请求而实行。在印度招投时，东印度公司疏忽，没有将禁止英国毛织品转运输华作为条件提出，待英印总督和东印度公司明白过来后，已经有部分拍品被明知故犯的散商加快运往广州，因为英印政府和公司负有失察之责，所以向中方建议，对此违规

---

① ［美］马士：《东印度公司对华贸易编年史（1635—1834 年）》第四、五卷，区宗华译，第 579—598、616 页。

② ［美］马士：《东印度公司对华贸易编年史（1635—1834 年）》第一、二卷，区宗华译，第 519—520、671 页。

"姑予宽限一回"。英方的疏忽却要中方共同担责，中方自然不能同意，行商们抗议这种从广州横门（正规入口应是黄埔等）的违法输入。东印度公司也觉得"下不为例"的做法既是对中国行商的伤害，也是对公司利益的损坏，于人于己都不利；而且从公司层面对"非法运入"开口子，以后难以措辞禁堵。于是改变态度，"觉得唯一妥善的办法只有维持这个禁令，他们决定不准将这种毛织品起卸上岸"[①]。

　　有研究者指出：在英商输华的各类商品中，18世纪时公司职员的私人贸易占总值的 20% 左右，但到 19 世纪便明显衰退，1817 年时，已基本见不到它的活动了。[②]此说未必准确，揆诸史料，直到 1825 年，公司 20 艘船的职员"私人吨位"运到广州宽幅绒 9300 码，价值 15800 元；长厄尔绒 29400 匹，价值 294000 元；华丽绒 2080 匹，价值 21000 元；羽纱 2400匹，价值 52800 元。数量不可谓小，以至东印度公司档册的利用者要指出："公司对指挥及职员的特许贸易（私人吨位），经常是表现得极其慷慨的。同程的吨位，本来是最有价值的，通常每船给予 99 吨。"可见，不是缩小于无，而是放宽，在"吨位"上甚至比前时增加。毫无疑问，"此是前朝擘画"的延续和放大。[③]体制内的"优待吨位"与体制外的散商同具私人贸易性质，东印度公司在两者间实行双重标准，对"公司人"网开一面。但伴随公司势力的削弱，职员时有脱离公司，甚至加入散商队伍。更有甚者，1825 年，衰弱中的东印度公司对已经难以控制的体制外商号开恩放行，"本季度准许私人贸易公司经营的毛织品售价达 383600 元"，"凡双程的船只（伦敦至印度，印度至中国，中国至伦敦）除准许指挥从一个口岸到另一个口岸留取五分之二的净吨位，扣除垫舱及指挥特权外，又特准从公司仓库赊购货物，在广州售出后还款"。[④]这是鉴于散商力量壮大做出的不得已调整。散商在毛织品输华中的作用不可小看，从 1826 年

---

① ［美］马士：《东印度公司对华贸易编年史（1635—1834 年）》第三卷，区宗华译，第 73—75 页。

② 萧致治、杨卫东编撰：《鸦片战争前中西关系纪事（1517—1840）》，武汉：湖北人民出版社，1986 年，第 571—572 页。

③ 陈其年：《百家令·棠村夫子席上咏米家灯》，洪业：《勺园图录考》，北京：铅印本，民国 21 年，第 80 条。

④ ［美］马士：《东印度公司对华贸易编年史（1635—1834 年）》第四、五卷，区宗华译，第 126—127、111 页。

到 1833 年，散商输入广州的毛织品额在短短几年间增长了十余倍，在公司份额持续走低的同时，散商份额迅速递增，检视具体年份，入华毛织品价值在公司与散商分别是：1826 年为 3385421 元与 25625 元；1828 年为 2701658 元与 103370 元。1831 为 2130638 元与 220783 元；1833 年为 2127386 元与 389958 元。[1] 还应该看到，对赚钱没有保障的毛织品贸易，散商兴趣不大，他们更在意的是利润丰厚的其他货品。到 1830—1833 年，散商的输入占英国输华总货值的 59.3%，已然超过公司[2]，公司贸易与私人贸易消长的结果是，散商在长期博弈中终告胜利。其中潜在的时代背景是，工业革命开始后自由多元经贸对垄断单元经贸的冲击和替代。

表 2-2　各类英商在中英贸易（输入中国）上所占比重
（1760—1833 年）

年份	各类英商输华总值（银两）	东印度公司价值（银两）	东印度公司占总值百分比	公司船员私人贸易价值（银两）	公司船员贸易占总值百分比	"港脚"商人价值（银两）	"港脚"商人占总值百分比
1760—1764	470486	345930	73.6	86436	18.4	37920	8.0
1765—1769	1192915	520059	43.6	394936	33.1	277920	23.3
1770—1774	1466466	622332	42.4	376614	25.7	467520	31.9
1775—1779	1247472	384009	30.8	256712	20.6	606751	48.6
1780—1784	1301931	532649	41.0	289575	22.2	479707	36.8
1785—1789	3612764	1026528	28.4	523394	14.5	2062842	57.1
1790—1794	5007691	2059181	41.1	812001	16.2	2136509	42.7
1795—1799	5373016	1961352	36.5	506706	9.4	2904958	54.1
1800—1804	7861096	3359501	42.7	711973	9.1	3789623	48.2
1805—1806	11474510	3623853	31.6	832363	7.2	7018294	61.2
1817—1819	7646777	3261836	42.7			4384941	57.3
1820—1824	6525201	3417760	52.4			3107441	47.6
1825—1829	7591390	3647790	48.1			3943600	51.9
1830—1833	7335023	2987766	40.7			4347257	59.3

资料来源：严中平等编《中国近代经济史统计资料选辑》，第 7 页。

编者注：1817 年后，公司船员与"港脚"商人合并计算。缺 1807—1816 年数字。

---

[1] [美]马士：《东印度公司对华贸易编年史（1635—1834 年）》第四、五卷，区宗华译，第 147、193、285、380 页。

[2] 萧致治、杨卫东：《鸦片战争前中西关系纪事（1517—1840）》，第 571—572 页。

表 2-3　各类英商在中英贸易（自中国输出）上所占比重

（1769—1833 年）

年份	各类英商自华输出总值（银两）	东印度公司价值（银两）	东印度公司占百分比	公司船员私人贸易价值（银两）	公司船员占百分比	"港脚"商人价值（银两）	"港脚"商人占百分比
1760–1764	979586	876846	89.5	70160	7.2	32580	3.3
1765–1769	2190619	1601299	73.1	350400	16.0	238920	10.9
1770–1774	2119058	1415428	66.8	321810	15.2	381820	18.0
1775–1779	1968771	1208312	61.4	230652	11.7	529807	26.9
1780–1784	2083345	1632720	78.4	237337	11.4	213288	10.2
1785–1789	5491508	4437123	80.8	431709	7.9	622676	11.3
1790–1794	5843714	4025092	68.9	629497	10.8	1189125	20.3
1795–1799	5719972	4277416	74.8	480122	8.4	962434	16.8
1800–1804	7593097	5758771	75.8	631491	8.4	1202836	15.8
1805–1806	7400224	5379407	72.7	666043	9.0	1354774	18.3
1817–1819	8060271	5139587	63.8			2920684	36.2
1820–1824	9816066	6364871	64.8			3451195	35.2
1825–1829	10215566	6316339	61.8			3899227	38.2
1830–1833	9950286	5984727	60.1			3965559	39.9

资料来源：严中平等编《中国近代经济史统计资料选辑》，第 8 页。

1760—1799 年间东印度公司各货价值皆按采购成本（Prime cost）计数。1766 年以前茶叶量值包括私人输出在内，其后只为公司出数。

编者注：（1）各项数字，包括在广州为购办货物所开支的各项杂支在内。（2）东印度公司部分数字与分项相加不符，今按分项相加改正。（3）东印度公司船员私人与"港脚"商人部分数字与分项相加不符，当系总数中包括其他商品在内之故，未加改正。（4）1817 年度以后，东印度公司船员私人与"港脚"商人输出分拆不开，系合计数字。（5）缺 1807—1816 年资料。

与西商对应者是华商，中国政府规定的直接联系人是行商。1737 年，英国进口广州的毛织品"很难脱手"，只能托交行商名"德少"者，以便"留交下次来的大班"，英人感到"此处商人虽多，但其财富和操守足以信赖的很少"。[①] 透露出这时在中方还没有实行严格行商专营，只是行商信用较好，获外商信任。1756 年 5 月，中国当局颁布五项新规，其中第二项规定：所有来华的西方商人只允许与行商做买卖，其他的中国店铺不得染

① ［美］马士：《东印度公司对华贸易编年史（1635—1834 年）》第一、二卷，区宗华译，第 256 页。

指[①]，确认行商享有了专属垄断地位，这是行商制度形成的关键时点，此举于中国官方，是便于管理，防止利税外溢；于外商，是指定联系人，行商在报关、接待、食宿、订货、代销、交税及与中国官府打交道等方面实行一条龙服务，省却了外商很多麻烦。行商是由政府认定的殷实落地商家，与之交易较有保障，他们"是一些令人尊敬的人……是聪明智慧、算账精确的会计师，他们遵守承诺，自视甚高，具有良好的品质。其他欧洲人对他们的异口同声的印象证明了这一点"[②]。但在中外贸易当间横插行商中介，自然要引出很多矛盾。行商与外商是矛盾共同体，既相互依赖，谁也离不开谁；又利益互斥，你多赚我就少赚，毛织品交易是买方市场，冲突尤甚。因销况不好，曾有行商洪顺官提出，将货运到他的家中，以便有足够地方将呢绒打开度量出售，英方同意。但捆绑的毛料一经打开，原形毕露，洪顺官发现毛呢有损坏。毛呢系动物纤维，很容易长虫，加上长途海运，横跨大洲，历经多个纬度区，耗费时日，温热潮湿，保藏不当，招虫子在意料之中；进入行商的库房后，会采取某些防虫措施，一般是将毛织品"贮放在横梁或离地一英尺多高的大木上，上面铺满谷壳以防白蚁。白蚁又多又贪吃，但它们讨厌谷壳"[③]，尽管如此，也很难避免虫噬鼠咬；还有尺码不足和色泽不好等瑕疵。洪顺官于是提出交涉，英方只能被迫同意部分货品折价15%—30%。[④] 对限定交易对象的方式，外商感到"它使我们完全受制于几个行商，他们可以迫使我们接受他们的条件"，进而削弱外商的定价话语权。1761年，行商实行拖延战术，到9月，都"没有人来商谈"交易，待姗姗来迟的洽谈时，中方遂将"茶叶价钱定得非常高，而毛织品的价钱则非常低"，外方强烈不满，"以把商船滞留到下季度来进行恐吓"，没有效果。[⑤] 西商在华交易别无他选，这是行商垄断的结果，还因为毛织品供过于求，外商处于不利地位。供求关系左右价格形成是市场

① 梁嘉彬：《广东十三行考》，第87页。

② ［美］乔赛亚·昆西：《山茂召少校日记及其生平》，褚艳红译，第269页。

③ ［美］亨特：《旧中国杂记》，沈正邦译，第241页。

④ ［美］马士：《东印度公司对华贸易编年史（1635—1834年）》第一、二卷，区宗华译，第92—93页。

⑤ ［美］马士：《东印度公司对华贸易编年史（1635—1834年）》第四、五卷，区宗华译，第444—445、516页。

经济看不见的操弄之手在拨动。

　　输华毛织品早期采取预售制，这源于特定矛盾处境：在外方，必须售卖，舍此西人拿不出本国生产的其他大宗货；在中方，毛品滞销，售况难以预估，必须卖而又不好卖，交易天平向中方倾斜，只能等待实际脱手后再结款。1753—1754 贸易年度，当英商将毛品交给行商，行商却"不肯立即付回价款"，要等零售商付款后，才能清算欠款，这往往需时"15 个月或两年后"。[①]

　　预售制实行后，发现代销并不保险，英方现货出手，却长期回款无着。为对中方也形成反制，于是改预售制为捆绑制，就是英方买中方的货物必须以中方购英方的货物为前提，标定份额，我买与你卖固定联配水涨船高，你购买我的多，反过来我也才能购买你的多。当时，茶叶为中西贸易的最大宗，也是中方鼓励出口的商品，所以，在毛织品与茶叶两大进出口货品间进行搭配销售。英方预购茶叶时，中方必须"按规定价格预购一定份额的毛织品"[②]，行商对毛织品的出价与英方购茶出价互相对定，也是为了保证市场稳定，防止大起大落。从理论上说，国际贸易中掌握主动权的是进口方，进口方对国别、货品、商号、价格具有选择的权利和空间，捆绑制将中英进口的最大宗商品两两相扣，相互均为进出口方，各自的交易优势互为钳制。捆绑制试行于 1769 年，次年正式实行，依据行商接受毛织品份额的多少来签订购茶合同，此法"成功地把准备下季（1771 年）运来市场的毛织品的八分之七脱了手"。[③]接受此交易方式，行商可以得到一些附加好处，诸如来自英方的大项购茶合同和信用放贷等。合同要预先签订，当年为下年预订份额和价格。国际贸易中，物物交换比物钱交换方式要退步落伍，早期此式作为白银对华出口的辅助，后来随着白银减少，此式功用放大。这种"易物"方式得到英国官方的特别鼓励，因为可以减少英国本身缺乏且受制于人的白银输华量，而对本国毛纺织产业有巨大的稳定的刺激作用，并保证英国的茶叶供应，乃一石数鸟的招数。1772 年 2

---

① ［美］马士：《东印度公司对华贸易编年史（1635—1834 年）》第四、五卷，区宗华译，第 438—439 页。

② ［美］马士：《东印度公司对华贸易编年史（1635—1834 年）》第一、二卷，区宗华译，第 350 页。

③ ［美］马士：《东印度公司对华贸易编年史（1635—1834 年）》第三卷，区宗华译，第 573 页。

月签订合约规定毛织品分成 8 份，除瑛秀承担 2 份外，其余的 6 位行商各承担 1 份，并以每份毛织品对应一定数量、品种和价格的茶叶。[①] 历年合同，也偶见不单与毛织品，还与其他商品挂钩的现象，如 1795 年，潘启官占有最大份额，原因是他不仅购进毛织品，还购进英国 2/3 的输华锡。[②] 但此类情况很少见，基本还是仅以毛织品挂钩。捆绑交易的制度化，使其成为英国倾销毛织品的主要手段。

捆绑商号基本固定，小有变动，英方的东印度公司自然不会变，变化的是中方的行商。1811 年为来年预订合同如下：毛织品分成 22 份，各订货人的数量是茂官 4 份，沛官、昆水官各 3 份，章官、鹏年官、西成、人和、鳌官各 2 份，发官、经官各 1 份。此可概见行商的大小之别，也反映出经销茶叶数量的差距。1813 年的配售中，沛官和茂官的份额有了互换，其他依旧。1818 年的配额是：茂官、沛官、潘启官、章官、昆水官各 3 份，鹏年官、西成、人和、鳌官、发官、经官各 1 份，另有未指定的 1 份作为机动。整合数据分析，份额和人员大致稳定。[③]

价钱是商品买卖中的博弈主轴，中外商人围绕价格扯皮不断。1764 年 3 月 22 日广州毛织品每码进口价银：绒布特级 1.85 两，上等 1.3 两；纱罗绒 1 两，丝绒 0.9 两；粗地毯 0.45 两，精萌菇莲绒 2.9 两，粗萌菇莲绒 1.4 两，公主绒 1 两，法兰绒 0.25 两，提克伦堡绒 0.2 两；每匹进口价银：长毛绒 33 两，哆罗绒 14 两，阿尔平绒 8 两，长厄尔绒 6.8 两，羽纱 36 两，呈现一份详细价目单。依据到货时间、货品质量等，价格时有浮动，比如该年延迟至 10 月方才运来的货，难以说服行商承销，违约方只能责任自负。[④] 改成捆绑制后，虽说弱化了寻价议价空间，但也不乏价格拉锯战。1777 年，毛织品亏损降价，不堪重负之下，英方在贸易季结束时通知中方，所购武夷茶每担必须降价 1 两银子，否则就须接受呢料加价。行商不愿意接受第一个方案，只得接受毛织品加价。第二年，中方还以颜色，行

---

① ［美］马士：《东印度公司对华贸易编年史（1635—1834 年）》第四、五卷，区宗华译，第 582—583 页。
② ［美］马士：《东印度公司对华贸易编年史（1635—1834 年）》第一、二卷，区宗华译，第 581—582 页。
③ ［美］马士：《东印度公司对华贸易编年史（1635—1834 年）》第三卷，区宗华译，第 154—155、189、311 页。
④ ［美］马士：《东印度公司对华贸易编年史（1635—1834 年）》第四、五卷，区宗华译，第 520—521 页。

商联合起来要求呢料削价，英方坚执中方无权干涉英国货价，中方以其人之道还治其人之身，既然你的商品不降价，权不我操，那么我的商品我做主——茶叶提价。[①]

清政府规定毛织物和茶叶等采取行商专营，其他商人不得染指，此规制有利有弊，经销商在利润独享的同时也风险独担。1780 年，"裕源行"和"泰和行"出现巨额"商欠"，由于毛织品等实行代购代销，又往往是赔本买卖，年深日久，积欠愈甚，几乎所有行商都欠英方的钱[②]，剔出有还债能力者，英方向两行索赔 3808076 元。广东当局向朝廷奏报事态，朝廷决定采用折中办法，外商放债有违清廷中外商人间不许有借贷关系的规条，理应"追银入官"；为示清廷怀柔远人之意，还是决定赔付，不过利息只能加倍计算，不认复利。此次商欠的处置是：两行商家变卖家产充军伊犁，这是在商海中的溺水者，即或如此，也不敷全部商欠，清廷当局只得下令余款由其他行商联名具保，分 10 年摊赔，并允许提取"行用"还款，"行用"最初是行商分抽若干羡余作为办公养商之用，此时变成归还商欠的来路之一，此例后成制度，凡行商拖欠外债无力清还时，多从行用余利中摊还。但债多本少，至鸦片战争爆发行商制解体，商欠也未能还清，只能在《南京条约》赔款中清账。[③]

作为中间商，行商不仅对外商，而且对下游接盘的中国商人都有亏欠。1820 年，"昆水官欠了中国商贩债款"，同时欠下东印度公司巨款。内外交逼，只好将赊卖的货物降价，以便尽快回款还债，结果是在 15600 匹羽纱约 800000 元的赊账中，只收回 667400 元，兑换成银子只得 467180两；而这批羽纱加上税金折实纹银本钱为 648809 两，亏损 181629 两。总计下来，昆水官连本带利负债共计 400000 两，根本无力偿还，只得援引旧例，由其他 9 位行商出具债券承担 5 年内偿还。事毕，英方才和中方签

① ［美］马士：《东印度公司对华贸易编年史（1635—1834 年）》第一、二卷，区宗华译，第 333、455、459 页。

② 此次英方查证了 208 个契约，查出欠债的行商有"泰和""广顺""裕和""逢源""义丰"等。参见 *British Parliamentary Papers, China*, Vol.30, p.518.

③ 梁廷枏：《粤海关志》，袁钟仁点校，第 497 页。另参梁嘉彬：《广东十三行考》，第 276—277 页。

订下季合约[①]。昆水官活生生被毛织品拖累破产。数年后，章官亦步后尘，其份额被其他行商瓜分，章官对受到的惩罚感到"非常愤恨"。中国行商与英国公司有一个转势，中方的话语权愈来愈弱，英方的话语权相应增大，这从微观指标上反映出商势及背后国势的转换。英方甚而提出指派一个行商来担任羽纱销售的唯一代理人，此谋干预中国内政太过分，未遂。又提出由茂官和沛官两位"老资格行商"来任代理，两人担心独占会触犯众怒，末了达成的妥协是，两位行商负责销售羽纱，利润按比例分给全体行商，避免行商内讧。东印度公司还提出分外索求：期望"拥有新商馆……甚至希望随着时间的推移，他们在实际上会有一个小岛"。[②]由毛织品引出扩地甚而试图在华拥有岛屿，已经不单纯是经贸的事了，而牵扯到国家领土主权，此为鸦片战争占领中国领土的先声。不仅如此，英国还认为除非达成一项有利的条约，英国的毛织品等对华出口难有增长[③]。又提出"上海的进出自由可以给欧洲贸易带来多大的便利，尤其是英国贸易和我们的毛织品出口"。[④]毛料又与条约和开埠扯上关系。[⑤]

（四）逃避关税

外货入关须交纳关税、船钞、规礼，还有林林总总的陋规。清朝早期毛织品税率不规范，人为随意性较大。1699 年，当中外商人发生争执时，中国官方介入，粤海关监督要求预付毛织品税银 800 两，根据合约此税由购买人支付，但当时情况使英商不得不先代洪顺官垫付（洪有官司未了）；不久，海关监督又要求再交税银 1000 两，英商质询后无奈只得重复"纳税"，由洪顺官担保偿还；不料海关又要求再付 2000 两，不断增多，难有止境，为了万里之遥运来的货物能够入关，外商只能乖乖就范。随着进口

---

① [美]马士：《东印度公司对华贸易编年史（1635—1834 年）》第四、五卷，区宗华译，第 10—11 页。

② [美]马士：《东印度公司对华贸易编年史（1635—1834 年）》第三卷，区宗华译，第 154—157 页。

③ Earl H. Pritchard, *The Crucial Years of Early Anglo-Chinese Relations 1750-1800, Britain and the China Trade 1635-1842*, London: 2000, Vol.Ⅵ. p.269.

④ [法]老尼克：《开放的中华：一个番鬼在大清国》，钱林森、蔡宏宁译，济南：山东画报出版社，2004 年，第 124 页。

⑤ Earl H. Pritchard, The Crucial Years of Early Anglo-Chinese Relations 1750-1800, *Britain and the China Trade 1635-1842,* Vol.Ⅵ. p.307.

量增大，海关的操作略趋规范，有了章法可依。1724 年，广州口岸关税由中国行商缴付，税率为粗宽幅绒每码征银 1.04 两，精宽幅绒每码 2.06 两，猩红色宽幅绒每码 3.26 两，长厄尔绒每匹 8 两，花绒每匹 9.8 两，税率有了加增，但明白公示。[①]1757 年，长厄尔绒每匹征税 9.5 两银，增幅不小；而 1759 年，长厄尔绒的公司初次售价每匹不过是 7.5 两银，关税居然超过售价，委实令人咋舌！[②] 到了终端消费者手中价格不知涨到几何。1798 年税赋下降，下等宽幅绒每码公司售价银 0.9 两，关税和费用 0.2 两，市场价格 1.4 两；羽纱每匹售价 27.5 两，关税和费用 10 两，市场价格 40 两；长厄尔绒每匹售价 6.7 两，关税和费用 1.3 两，市场价格 9 两。[③] 赢利空间增大。1833 年前的税则规定：天鹅绒每匹税 4 两，羽纱每丈税 6 钱，哔叽每丈 1 钱 5 分。[④] 税率不时变动。

上列系正税，还有额外征收。正税与陋规混淆、合法与营私杂掺是清代关税的一个特点，例如，海关则例中有"担费"一项，属合法，实际征收却往往超过法定数目，1 匹哆啰呢估计为 48 斤，应纳"担头费"7 分 2 厘，实征则往往不按规例，因人因时而异，外商临时应对，措手不及。"行用"亦属陋规，其用项漫无边际，本属行商专用，却是"军需出其中，各商摊还洋货亦出其中……此外尚有官吏之需求，与间游之款接"[⑤]。中方对此也不隐讳，公开答复外方代表质询，"行用"也"作为清剿海盗军费之用，供应转送北京的钟表及其他机械玩具，加上其他缴付政府的费用等"。用途的无节制势必带来"行用"的不断加增，结果是"行用"比规定的 3% 的提取额超过三到四倍，甚至更多。还带来"行用"抽收货品的不断增多，1780 年扩征 22 种货品，1782 年加抽 47 种货品，但将当时大宗货品毛呢排除在外，西商还能隐忍默认。1801 年情况陡然有变，粤海关监督佶山提出将征收"行用"扩大到毛呢等货品，激起外商强烈反弹，声称呢羽等货"本重利轻，向例不抽行用"，东印度公司还警告行商，若

---

① [美] 马士：《东印度公司对华贸易编年史（1635—1834 年）》第一、二卷，区宗华译，第 92—93、171 页。

② [美] 马士：《东印度公司对华贸易编年史（1635—1834 年）》第四、五卷，区宗华译，第 475、484 页。

③ [美] 马士：《东印度公司对华贸易编年史（1635—1834 年）》第一、二卷，区宗华译，第 623 页。

④ 梁廷枏：《粤海关志》，袁钟仁点校，第 177—179 页。

⑤ 王之春：《清朝柔远记》，赵春晨点校，第 162—163 页。

支持征收“行用”，当拒绝与其做买卖；英方并威胁说将减少呢羽等货品的输华量。此时，清朝呢羽的进口关税每年可达数十万两银子，若因“行用”增加导致正税减少，反而不值，清政府只好在扩征“行用”的货品中减去呢羽等类别。[①]

征税面临偷税，缉私不仅成为中国海关保障关税的功课，也获得东印度公司等“正规机构”的支持，因为走私货也对其形成冲击。1802 年，“非法运入的羽纱”达到 12000 匹，引起东印度公司的注意。通事报告更为具体，公司职员的“优待吨位”输入 1291 匹，直接从英国运来；散商输入 1320 匹，是从印度转口的英国货；美国船输入来路不明的 872 匹，普鲁士船输入荷兰货 532 匹，总计 4015 匹，与 12000 匹对不上数，走私大头仍不清楚。走私同时对守法行商构成打击，走私货逃避高关税，得以低价入市，使合法纳税的货物相对价格抬高。潘启官算了一笔账，东印度公司的羽纱，平均价格每匹约 32 元，加上捐税达 48 元；走私货每匹售价没有多于 24 元的，大部分只是 20—22 元，价差一倍多。[②]走私犯们十分猖獗，布下出口与再出口的跨国矩阵，美国的“波士顿人和费城人都是能干的走私者”，在伦敦有专门代理人，产品“模仿东印度公司的包装、商标及其他任何突出的特征”，走私商福士（R. B. Forbes）公然传授造假经验，不要做任何与东印度公司不同的货品，仿冒力求逼真，外表一模一样。[③]

这些人在国际贸易中扮演着“地下搬运工”的角色。伦敦是国际毛织品的货源地和欧洲的融资中心，美国“帕金斯洋行”的总代理潘恩（Frederrick W. Paine）于是迎娶帕金斯的表妹，以便定居伦敦购买英国货发运，又在同一区域销售中国货，他最大的毛呢供应商是“利兹的本杰明·戈特（Benjamin Gott），他大概是西部地区（West Riding）出类拔萃的呢绒商和欧洲十个或者十二个最大的雇主之一。1821 年，潘恩向戈特下了 28000 英镑的订单，是戈特在这个时期接到的最大订单”。“邓恩洋行”（Nathan

① 故宫博物院编印:《清代外交史料》嘉庆朝一，第 516 页。另参梁嘉彬:《广东十三行考》，第 149—151 页。

② ［美］马士:《东印度公司对华贸易编年史（1635—1834 年）》第一、二卷，区宗华译，第 697—698 页。

③ ［美］雅克·当斯:《黄金圈住地——广州的美国商人群体与美国对华政策的形成，1784 ~ 1844》，周湘、江滢河译，第 223—226、301 页。

Dunn & Co.）也是经营英国毛纺品的大户，其合伙人亚彻（Joseph Archer）的父亲"大概是经营这项贸易最大的美国商人"，他与利物浦的布朗（William and Joseph Brown）有密切关系，"而布朗兄弟是一个具有世界性地位的相互交错的合伙人关系网络中的关键人物。他们在大多数美国重要的港口、伦敦、利物浦和其他地区都有联盟商号。他们在纺织品产区也有家庭联系，利兹的詹姆斯·布朗公司为亚彻生产呢绒并将之运给邓恩洋行"。[①] 这是一个姻亲与血亲混搭、亲缘与地缘密织的早期跨国公司。明道不行，暗度陈仓，无所不用其极的走私商们适应性强，善于钻营弥缝。按规定，即或是英国东印度公司也只能购买在伦敦染色的呢绒，走私商却径直从利兹进货，此时利兹在毛纺织技术上已处英伦领先地位，"利兹取代诺里奇成为毛纺织业的中心"。[②] 走私商从货源上就比东印度公司占了便宜。进入中国时，走私商还获得个别行商（如浩官等）及众多行外商人的支持。走私商并享有某种航运优势，船只小，制造成本低，水手少，航速快，且可以随机调整贸易策略及目的港口，没有东印度公司那般繁文缛节的规矩束缚，运作更富弹性；也没有公司多重机构和庞大人员的开支，运营成本节省。

（五）缘何亏本

英国对毛织品输华曾寄厚望，"一项统计数据表明，在中国，每四百五十人仅消费一码英国羽绒。如果认为建立更广泛的新关系会使消费增加三倍或十倍，难道没有道理吗？"[③] 情况却不尽如西人之估算。远道运来中国的毛织品自始销售不畅，早期的呢绒，被华商讥评"粗糙，无人需求，也无人过问"。1715 年外商抱怨：过去几年的毛织品"没有完全脱售，而且相当的数量仍留在货栈里"，结论是"承认英国毛织品是滞销货"。这对英人确是残酷又不得不面对的事实。1724 年，发现长期堆放在广州仓库内的呢绒被蚀坏得厉害，只能折价处理。1736 年，价值 598 两银的长

---

① ［美］雅克·当斯：《黄金圈住地——广州的美国商人群体与美国对华政策的形成，1784～1844》，周湘、江滢河译，第 223—226、301 页。
② ［法］布罗代尔：《15 至 18 世纪的物质文明、经济和资本主义》第 3 卷，顾良、施康强译，第 665 页。
③ ［法］老尼克：《开放的中华：一个番鬼在大清国》，钱林森、蔡宏宁译，第 124 页。

厄尔绒售得 900 两银，这是容易赢利的单品，从整个毛织品交易来说，蚀本是常态，赢利成例外。果不其然，翌年，情形迥然，毛织品再难脱手。1738 年的情况也不见好，不能回本。1739 年，英人被迫以低价出售长毛绒，更糟的是两年前留下的花绒仍没有售出，只得"亏本售出"。[①] 1755年，英国某船的盈亏细数是：双幅细绒亏 13.5%，凸花地毯亏 55.5%，长毛绒亏 12.5%，羽纱亏 13.7%，哔叽亏 21.4%；只有长厄尔绒赢利 25.6%，王子绒赢利 3.8%；而所谓赢利，尚不包括"其他开销"[②]。1795 年，东印度公司毛织品在华销售亏损 1.5%，略有减少。但第二年的亏损增至 9.3%，反又加大。市况简直糟透了，输华毛织品陷入小亏和巨亏的恶性循环，亏损是大概率的事情。1800 年，按船上交货主要成本计的亏本就高达 11%；1803 年，毛织品在英国各项输入品中占比最大，亏空也最多，加上运费等项估计亏损 17%。是时，欧洲发生战事，本以为运量缩小价格会坚挺，不料，仍以亏本收场，"就连直至 1794 年，都没有出现过亏损的长厄尔绒在这年"也价格下跌，出现亏损。[③] 入华毛织品，1775—1779 年，年均亏银23788 两；1780—1784 年，亏银 22456 两；1785—1789 年，亏银 26284 两；1790—1794 年增至 106187 两；1795—1799 年亏损更攀升到 191552 两。[④] 入 19 世纪后，情况没有改观，1806 年，在所有英国产品中毛织品仍然占比最大，亏得也最多，核算下来，辛苦一场的结果是按船上交货成本亏损 7%，还不包括运费、保险、佣金和利息等花费在内，而未包括的费用相当高昂，据 1820 年核计，船上交货价值 714081 镑；保险和运费等则为791488 镑，后项居然超过前项。[⑤] 滞销如影随形长期伴处，降价成为无奈选择。1829 年，特等宽幅绒每码比上年降价 0.1 两银，长厄尔绒每匹降 0.2两银，羽纱每匹降 1.5 两银[⑥]。全线产品无一例外价格走低，尤其是过去或

---

① ［美］马士：《东印度公司对华贸易编年史（1635—1834 年）》第一、二卷，区宗华译，第 94、146、171、252、256、261、264—266 页。

② ［美］马士：《东印度公司对华贸易编年史（1635—1834 年）》第四、五卷，区宗华译，第 447 页。

③ ［美］马士：《东印度公司对华贸易编年史（1635—1834 年）》第一、二卷，区宗华译，第 575、590、656、706—707、713 页。

④ 严中平等编：《中国近代经济史统计资料选辑》，第 18 页。

⑤ ［美］马士：《东印度公司对华贸易编年史（1635—1834 年）》第三卷，区宗华译，第 24—25、367 页。

⑥ ［美］马士：《东印度公司对华贸易编年史（1635—1834 年）》第四、五卷，区宗华译，第 198—199 页。

有盈利的羽纱跌幅惊人，1828—1831 年间降幅高达 31%。[1]

既然毛织品在华销售长年亏损，为何英国等还要坚持输入？其执念在于：此乃当时英国的主打产品，舍此，在前工业革命时代，没有其他替代品。那时节，白银等主要入华品不在英国掌控之下，只有自产的毛织品享有较大的自主权。英国需要大量中国茶叶，唯一能够拿出换购的本国主流产品就是该物，这既是不得不的国情使然，也是倾力发展本国经济强项，着眼国计民生的国策必选。早在 1565 年，毛品即占英国出口总值的81.6%[2]，至 17 世纪，英国至少有 1/5 的人靠毛纺织业为生[3]。相较中国若有若无的消费者来说，挑担另头所系是英国千家万户产出者的生计，分量无疑更重，故，英人只能依赖毛织品。恰如来华大班所指出："毛织品是公司不得不输出的货品，否则就不可能支付他们的投资。"英国政府代表也承认："此种贸易乃东印度公司强加于中国者。"[4] 对此，清朝官员也有认知，两广总督百龄曾入奏朝廷："呢羽等货，系我（为）该国王本钱，名为祖家船。"[5] 英国王的本钱未必，却是英国朝野投注的老本。1815 年两广总督奉上谕：英国"夷船所贩货物，全藉内地销售，如呢羽、钟表等物，中华尽可不需；而茶叶、土丝，在彼国断不可少"[6]。中国无需，英国亟需，贸易错位由此铸成，中英贸易的不平衡与生俱来，导致倾力输华毛织品的折本势必常态，东印度"公司所要求的主要是数量，而不是利润；大量输入是压制私商和外国公司唯一有效的办法"[7]。这种不图盈利意在旁门的营销模式在国际贸易中实属罕见，颇有类于现在获取风投的互联网电商创业时期赔本赚吆喝只为扩大地盘赢取流量的手法。

在中方，首当其冲的是中国自给自足的自然经济局限，对舶来品容量有限。乾隆五十八年（1793），乾隆帝给英国王敕书言称："天朝德威远被，

---

[1] ［美］马士：《东印度公司对华贸易编年史（1635—1834 年）》第三卷，区宗华译，第 198、237、272 页。

[2] R. H. Hilton, *The English Peasantry in the Later Middle age*, Oxford: Clarendon Press, 1974, p.91.

[3] 刘淑兰：《英国产业革命史》，长春：吉林人民出版社，1982 年，第 20 页。

[4] ［美］马士：《东印度公司对华贸易编年史（1635—1834 年）》第一、二卷，区宗华译，第 455、459 页。

[5] 姚贤镐编：《中国近代对外贸易史资料》第 1 册，第 261、175 页。

[6] 王之春：《清朝柔远记》，赵春晨点校，第 165 页。

[7] ［美］马士：《东印度公司对华贸易编年史（1635—1834 年）》第一、二卷，区宗华译，第 362 页。

万国来王，种种贵重之物梯航毕集，无所不有，尔之正使等所亲见。然从不贵奇巧，并无更需尔国制办物件。"① 再加以超经济强制，嘉庆十五年（1810），英方对中方随意加增陋规税银向广东巡抚韩崶提出诉求，"韩崶与总督、监督及属僚核议，佥谓洋人无利可获，或可杜其偕来，遂不许"②，根本不把国家外贸放在眼里。更有甚者：

> 苏州向为英国毛织物之最佳市场，当裕谦任巡抚时，曾颁布文告，命令所属司员及其眷属，一律不许穿着外国货品，而鼓励穿着土产织物。此事发生在三四年前，对英国毛织物贸易为一沉重打击。③

这是早期为了保护本国产业的经济制裁。爱国乎？抑或误国乎？在保护祖国产业的同时影响到本国消费者的利益。清朝官员还利用"官权在市场上从事有利可图的交易"，强行在广州以"半价"收购毛织品，回北京时，"他会在一个比广州更好的市场上出售，那里的气候会更适合穿呢绒，而且那里的市场不接待外国商人"④。

受清朝独口开放政策制约，广州是进口终端，却不是消费终端，进口点与消费地遥远脱离，穿行于中国南北的利玛窦早就观察到："毛料在中国北部更为需要，那里几乎和欧洲北部一样寒冷刺骨。"⑤ 尽管在 16 世纪晚期，英国就吸收荷兰技术，生产轻薄毛料，谓之"新呢绒"⑥，毕竟仍是毛呢，在广州等南方穿戴还是嫌过"热"。由是造成毛织品的进口与消费跨区延长，销售路径遥远，加增售卖环节，推高成本价格，并使经销商与消费者隔膜，"从广东进入内陆必须经由陆路，我们的纺织品运输不畅，大量滞留，费用和关税使价格大幅上涨。因此对中部和北部省份的居民来说，我们的纺织品太贵，结果自然导致欧洲呢绒的消费仅为本应有的百分

① 《大清高宗纯皇帝实录》卷一四三五，乾隆五十八年八月己卯。
② 王之春：《清朝柔远记》，赵春晨点校，第 162—163 页。
③ 姚贤镐编：《中国近代对外贸易史资料》第 1 册，第 261 页。
④ [英] 赫德逊：《欧洲与中国》，李申等译，第 219 页。
⑤ [意] 利玛窦、[法] 金尼阁：《利玛窦中国札记》，何高济、王遵仲、李申译，第 14 页。
⑥ [意] 乔吉奥·列略：《棉的全球史》，刘媺译，上海：上海人民出版社，2018 年，第 116 页。

之一"①。有不少时间，除羽纱盈利外，多数毛纺品亏本，请注意，羽纱略有市场，说明轻薄面料在广东等南方气候较热的地区稍有销路。但总体上，羊毛织品在西方商船停靠的亚热带的广东等地就卖得不好，只能深入中国内陆天气寒冷的北方方才好销。1793—1794年贸易季，毛呢进口受阻，原因是北方的黄河沿岸地区遭受水灾，毛织品在内地销路停滞。1822年市场困窘的原因是中国"北部及中部省份的需求减少，该地洪水为灾，财富受到巨大损失"②。话还要说回来，尽管毛呢在中国较冷的北方比南方销路稍好些，但中国的北方与英国及欧洲沿海国在气候上仍有差别：虽然寒冷程度差不多，但中国北方的大部分地区属大陆性气候，是干冷而非湿冷，对毛呢的防潮功能不甚在意（各种纺织面料中，毛呢的防潮功能尤其被推崇）。因此，英国毛呢在中国的南方（因气候较热）、北方（因气候干燥）都有些"不靠谱"，这些都是英国人难以预判并无法改变的地域原因。

再是体制上的钳制，外商对行商制度抱怨尤多，认为此是毛织品输华的大障碍，因为行商很多时候掌控了广州外贸的定价话语权。还有天灾人祸的影响，战争的破坏自不用多言，1813年，白莲教起义等波及五个省份，受影响最大的是江南和河南，山东等地又因灾荒到处饥民，亦使毛织品销售大受影响。突如其来的变故更使人难以应对，1822年，广州商馆仓库遭大火，其中主要是易燃毛品的损失，火灾使宽幅绒损毁9024半匹，长厄尔绒损毁98685匹。③此外，还有中国人的服饰传统与习惯的不适，那个年代的欧美人常服用毛品，中国人很少穿着，毛料在中国丰沛的衣被材料中只是细枝末节的补充，对既有的纺织品远远谈不上替代。毛织品在西方算不上奢侈品，是社会各阶层的日常穿用，远距离出口中国后价格奇高，有资格享用者主要是官绅阶层，消费人群狭窄，即或在上海开埠后，进口毛织品也"售价昂贵……因此门售业务不大"④。

在外方，其产品质量不稳定，"质量为数量让路是英国制造业的古老

---

① [法]老尼克：《开放的中华：一个番鬼在大清国》，第124页。

② [美]马士：《东印度公司对华贸易编年史（1635—1834年）》第四、五卷，区宗华译，第74—75页。

③ [美]马士：《东印度公司对华贸易编年史（1635—1834年）》第四、五卷，区宗华译，第53—54、66—67页。

④ 上海市工商行政管理局、上海市纺织品公司棉布商业史料组编：《上海市棉布商业》，第13页。

传统"①。"事实上，（东印度公司）董事部是鼓励进行倾销政策的，但他们受到警告，因为英国毛织品不仅在质地及精细度方面极其低下，而且尺码不足。"1803 年，经不住连年巨亏，公司决定发送每匹便宜 2 先令的低档货 80000 匹，被行商发现，"恳求不要再运这种低级货来，因为它对市场上的标准等级品是有损害的"。行商控诉"多年来已受到毛织品质量日益低劣的损失"，损失率高达 10%—40%。东印度公司方面则威胁，若要保证质量，则必须提价。末了，行商屈从增价，但坚决要求一定要恢复质量。②英国毛织品难以实现质优价廉的终极追求，加上竞争环境恶化，有来自俄国的商人抢生意，俄国距离中国毛织品主要消费地点的北方更近，即使在江南地区，"那里买英国毛织物的人如果有一个，买俄国毛织物的就有 12个"；还有西方国家间的角逐，除了法国、荷兰、美国等大国外，比利时等的"毛织物也在开始侵夺英国毛织物的市场"。③再是不列颠商人群体之间的竞争，前有公司成员"优待吨位"的贩运，后有散商的走私，骤然增大早已消化不良的市场容量。另是来自产品的替代性竞争，仅从衣被材料来看，就面临与丝、麻，特别是棉布的竞争，英人坦承"无法与中国的丝织品竞争"，时有新品毛绸试销不顺，其因在于中国"有一种他们自己织造的丝织物和它差不多，并便宜得多，当然宁愿采用它"。西商对中国民情也了解不够，毛织品"不适合做衣服或装饰之用，尤其是那些杂色的天鹅绒更难销售"，中国人传统上多穿蓝、黑、绿、灰及褐色，鲜艳色调很难受到青睐。④此外，阶层化使衣服成为社会地位的重要表征，在等级制度下，服色有严格限制：公、侯、伯及一品以下各等官，黄色、秋香、玄、米等色都不许穿。官员禁忌如此，普通民众服色方面禁忌讲究更多。1821 年，英国运入"一批朝霞色的长厄尔绒"，因色彩不对被拒；转过年，又"有一批杂色绒（主要是深蓝、棕蓝、绿蓝、红蓝、黄蓝等色）不适合中国市场"。

① ［英］H. J. 哈巴库克、M. M. 波斯坦等主编：《剑桥欧洲经济史》第 6 卷，王春发、张伟、赵海波译，第 271 页。

② ［美］马士：《东印度公司对华贸易编年史（1635—1834 年）》第一、二卷，区宗华译，第 362、713、724—725 页。

③ 姚贤镐编：《中国近代对外贸易史资料》第 1 册，第 261 页。

④ ［美］马士：《东印度公司对华贸易编年史（1635—1834 年）》第一、二卷，区宗华译，第 440—441、471 页。

中西方毕竟相距万里，物候差距很大，人种种族不同，使得某些货品不能适销对路，1793 年，英方运来新品，其中的凸花绒布受到欢迎，利润高达 24%；但此类受欢迎的新品在外方是误打误撞，同时运入的"有间条和花点的羽纱，每匹只售 18 两，差不多低于主要成本 50%"，境遇相反。①

届鸦片战争前，毛织品的输入剧减。其因在于，一是棉花经济的崛起和棉布的替代。若说 15 世纪晚期和 16 世纪的"圈地运动"培育了毛织业，缔造了英国三百年的主业生产和出口依托，那么 18 世纪晚期和 19 世纪前期开展的工业革命则建立了棉纺织大机器生产体系，缔造了新时代的英国经济基础和出口产品，一举改变了国家与区域之间的实力平衡。羊毛称雄的故事变成了棉花称王的情势，1828 年，一位英国工厂主宣称毛纺与麻纺"已无影无踪"，普遍使用的原料变成棉花。②斯言绘出大势，话说得稍微绝对一些，因为从入华的毛织品来看，似乎不完全支持此论断，1827 年，西商运来毛织品价值是 2105655 元，1828 年 3128628 元，甚至有所增加。1831 年减少有限，是 2495861 元。1833 年是 2517344 元。③但大趋势已经呈现，西人在澳门办的报刊 1840 年 1 月 11 日的报道称：英国每年对华出口毛呢与棉布的价值数量业已发生次序颠倒：

> 毛呢到中国有六百万圆，印度出产棉花，逐年到中国有七百万圆之数。④

在 1819—1821 年间，英国的机制棉纱有 2/3 卖到了国外，增幅最大的正是东方市场：在 1814 年时，只有不到 100 万码棉布运往埃及苏伊士以东港口；到 1830 年，数字上升到 5700 万码；1870 年增长到 140200 万码，或者说相当于英国出口总额的 43% 左右。后边年份的增加与苏伊士运河开通后东西方的海运交通愈发便捷不无关系。"无疑，其他没有哪一种

① [美]马士：《东印度公司对华贸易编年史（1635—1834 年）》第四、五卷，区宗华译，第 56、74—75 页。
② [法]布罗代尔：《15 至 18 世纪的物质文明、经济和资本主义》第 3 卷，施康强、顾良译，第 665 页。
③ [美]马士：《东印度公司对华贸易编年史（1635—1834 年）》第四、五卷，区宗华译，第 168、193、285、380 页。
④ 《澳门新闻纸》，林则徐全集编辑委员会：《林则徐全集》第 10 册，第 5004 页。

重要商品像纺织品那样如此严重地依赖于外国市场。"[1] 棉织品对毛织品在世界范围内的替代无可阻拦，还出现了混纺，其实，早在16世纪下半叶，英国的诺里奇（Norwich）等地就已经出现了"棉毛交织衬里布"的织造新技术[2]。1804年的中英订货合同中即包括"半棉毛"的宽幅绒15100匹[3]；又出现丝毛混纺的"丝哔叽"，据称"质坚耐久，最合制西装之衣服"[4]，混纺结合了各种原料的优长[5]。据研究，毛纺织业的机械化比棉纺织业整整晚了三十年以上，"整个毛纺织业直到1811年仍以乡村手工工场为主体"[6]，棉进毛退是机器比对手工划了一个时代的更替，遂而牵动出全产业结构的转型升级，进而牵拉出产业比较优势的解构与世界经贸体系的重构——东方对西方的传统技术优势不再、旧的洲际物流格局被打破、西方成为国际市场的新霸主。棉毛替代概见技术革新的决定性作用，谁有所先发，当引领市场，占机运，开新局。

表 2-4　英商输入中国三项主要商品的价值及其发展趋势（1775—1833年）

（以1780—1884年平均为指数100）

年份	三项主要商品总值（银两）	指数	毛织品价值（银两）	毛织品指数	金属品价值（银两）	金属品指数	印度棉花价值（银两）	印度棉花指数
1775–1779	588260	91.0	277671	58.7	22255	64.1	288334	123.7
1780–1784	646493	100.0	473370	100.0	34723	100.0	233074	100.0
1785–1789	2627081	406.4	801879	169.4	127201	366.3	1698001	728.5
1790–1794	3630023	561.5	1586662	335.2	359875	1036.4	1683486	722.3
1795–1799	3745780	579.4	1556419	328.8	313684	903.4	1875677	804.8
1817–1819	6589283	1019.2	1951267	412.2	110805	319.1	4527211	1942.4
1820–1824	5134507	794.2	2042102	431.4	134156	386.4	2958249	1269.2

① ［英］H. J. 哈巴库克、M. M. 波斯坦等主编：《剑桥欧洲经济史》第6卷，王春发、张伟、赵海波译，第443页。

② ［英］M. M. 波斯坦等主编：《剑桥欧洲经济史》第5卷，王春发主译，北京：经济科学出版社，2002年，第465页。

③ ［美］马士：《东印度公司对华贸易编年史（1635—1834年）》第一、二卷，区宗华译，第697—698页。

④ 参见《调查：丝哔叽》，《中华国货月报》第1卷，1916年第5期。

⑤ 至于鸦片战争前出任两广总督的林则徐在《拟谕英吉利国王檄》中所认为的"又外国之呢羽哔叽，非得中国丝斤，不能成织"，则显然是妄误。参见姚贤镐编：《中国近代对外贸易史资料》第1册，第176页。

⑥ ［法］布罗代尔：《十五至十八世纪的物质文明、经济和资本主义》第3卷，施康强、顾良译，第665页。

（续表）

年份	三项主要商品总值（银两）	指数	毛织品价值（银两）	毛织品指数	金属品价值（银两）	金属品指数	印度棉花价值（银两）	印度棉花指数
1825–1829	6413034	992.0	1903266	402.6	202091	582.0	4307677	1848.2
1830–1833	5791228	895.8	1584940	334.8	109255	314.6	4097033	1757.8

资料来源：严中平等编《中国近代经济史统计资料选辑》，第 10 页。

　　毛织品输华减少的另一重要原因是英国东印度公司对华贸易垄断权在 1833 年的废止。毛织品长期亏钱不减量的营销模式源自茶叶为大利所在，英国毛呢的亏本可以从购进中国茶叶的盈利中回本；而且，毛织品是英国自产出口的不二之选，中国人卖出茶叶必须买进英国毛呢，输出毛品成为输入茶叶的附带品，英国的出口成为进口的附着物。待公司专营权结束，茶叶实现自由交易（当时的英人称"自由茶叶"），捆绑解套，毛织品交易没有了茶叶支撑随之应声萎缩，这是市场经济对"计划经济"的扫荡。毛织品对华出口，1834 年是 139336 匹，价值 582216 镑，较之前立马下落；1836 年是 212926 匹，价值 657362 镑（价格下降不少）；1838 年是 183152 匹，价值 407568 镑（较上年下降 1/3）；1840 年再无复振，是 73766 匹，价值 162666 镑；1841 年颓势加剧，只有 31997 匹，价值不详。[①] 逐年走低。1844 年，英国驻华代表感叹："英国毛织物贸易并非新贸易，而是一种极老的贸易。……与一切旧事物一样，现在已经过时了。"[②] 据 1871—1947 年的数据，在中国进口的大宗货品中已完全不见毛织品的踪影。[③] 绵延承续数百年的对华"毛呢商道"基本消停。其间，更有"国货"的争雄，"哔叽、羽纱，我国用者至多，近湖北富商谭君特出银二十万设厂自造，不日即将出货，此实抵制外货之一道也"[④]。英国毛呢在中国成

① *Chinese Repository*, Vol.XII, Oct., 1843, pp.516—517. 另参姚贤镐编：《中国近代对外贸易史资料》第 1 册，第 284 页。

② 姚贤镐编：《中国近代对外贸易史资料》第 1 册，第 261 页。

③ 严中平等编：《中国近代经济史统计资料选辑》，第 53 页。

④ 《新闻：自造哔叽》，《通俗教育报》1913 年第 10 期。不过，旧时的"中国人也会织造哔叽，此种织物质地优良，很为名贵……通常作为老人及有身份人士的冬季服装"。见 [法] 布罗代尔：《15 至 18 世纪的物质文明、经济和资本主义》第 1 卷，顾良、施康强译，第 385 页。

了极小众享用的奢侈品。[①]

五 关乎军国大计的铅

有谓"铅为五金母"[②]，其用途广泛，矿藏丰富，容易提取，展延性好，熔点较低，"凡铅物值虽贱，变化殊奇。白粉、黄丹皆其显像。操银底于精纯，勾锡成其柔软，皆铅力也"。[③] "当铅可代替铁时，人们更喜欢铅，因为铅的生产不需要更多燃料"[④]。正因为有若多优长，早在 5000 年前，人类已懂得从矿石中熔炼铅，中国二里头文化的青铜器中，发现有加入铅作为合金元素，进而演成中国的青铜时代。阅读地理大发现之后的中外贸易史料，惊异发现，在几个世纪的漫长岁月中，铅是英国自产输华的重要货品，英国又是此间西方对华贸易的最大国家。"岂谓小园之无地，异空山之有天！"[⑤]铅为何在中外贸易中有如此大的分量？为什么中国需要常年不衰地进口那么多的铅？[⑥]

（一）泰西输入

从 1640 年起的 250 年内，"金属的历史显然就是英国史"。[⑦]此话说得大了一些，但金属对于人类的生产生活毕竟很重要，难怪要以青铜、铁

---

① 远距离的运输造成英国毛呢在中国自来便属奢侈品，道光二十三年的史料记录，"至外洋所产之大呢、羽毛、哔叽等类并一切贵重之器物"。参见李文治编：《中国近代农业史资料》第 1 辑，北京：科学出版社，2016 年，第 490 页。

② 彭泽益编：《中国近代手工业史资料》第 1 卷，北京：科学出版社，2016 年，第 366 页。

③ 宋应星：《天工开物》，潘吉星译注，第 155 页。

④ ［英］M. M. 波斯坦、爱德华·米勒主编：《剑桥欧洲经济史》第 2 卷，钟和、张四齐、晏波、张金秀译，第 580 页。

⑤ 孙承泽：《春明梦余录》下册，北京：北京古籍出版社，1992 年，第 1260—1261 页。

⑥ 此议题相关主要论说有，王显国：《浅析清末铜元的私铸》，《首都博物馆论丛》第 29 辑，北京：燕山出版社，2015 年，第 282—290 页。林荣琴：《清代湖南矿业开发的分布与格局（1644—1874）》，《历史地理》第 22 辑，上海：上海人民出版社，2007 年，第 244—262 页。马琦：《清中期的铜铅运销与币材供给》，《中国经济史研究》2018 年第 6 期，第 54—66 页。王巨新：《清朝前期涉外法律研究——以广东地区来华外国人管理为中心》，北京：人民出版社，2012 年，第 166—168 页。至于外国对华铅输入的问题，则未见直接论及，兹补论之。

⑦ ［英］杰克·古迪：《金属，文化与资本主义：论现代世界的起源》，李文锋译，第 326 页。

器等来序列文明进化的不同时代。英国对清朝贸易初始，铅就是出口中国的产品，所谓"洋铅"是也。1680 年 8 月从伦敦启航的"巴纳迪斯顿号"（Barnardiston）运入厦门 200 铅块（约 480 担），出售价值 426 镑，相当之低，初踏门槛之际，低价试销为常见手段。铅块重量不小，洲际运输，物轻价高是重要的携载原则，诸如此前延绵不绝的"丝绸之路""香料之路"等，铅等金属品适成例外，往往是船舱中最压沉的货物。"番船"仍旧不惜工本携带，证明铅在中外贸易里的重要性，中国或缺，销路良美；同时从单品货物上具体而微映射出国际交易中货品价值的下移，从此前的奢侈品向一般消耗品的转换，这是国际贸易从古代向近代转型的标志性征象；还反映出，航海技艺和运输工具有了突飞猛进的发展，海运使得重载货长距离低成本输送得以实践，各地理区块的无间断联通成为现实，真正意义上的全球化率先由物品的规模流动起步。有重量的铅也不妨作为狂风巨浪中行驶船舶的压舱物。1721 年，英国船远途载运 200 吨铅来到中国；[1] 1759 年，英东印度公司 12 艘船，"全部船只都载有铅，每船 35 至 100 吨不等"[2]。这时，大型航船的通行使运输重货的经济考虑退位，而另立门户成了新兴的运输经济，为亘古既有的距离创造利润掀起别开生面的新篇。

英吉利系富铅国，中国史乘亦有可资印证的记述，英国"有一山，名闲允（坎布连山脉），产黑铅，民为开采，输税入官"[3]。雍正三年（1725）：

> 六、七月间，粤东到英吉利洋船三、法兰西洋船一，皆载黑铅、番钱……又续到哥沙国、咖喇吧国、吗吧喇斯国洋船、英吉利洋船，皆载胡椒、檀香、苏木、黑铅，停泊黄埔。[4]

显然铅来自西方，是多国贸易的商品，并非英国独自操弄，瑞典、丹麦等

① ［美］马士：《东印度公司对华贸易编年史（1635—1834 年）》第一、二卷，区宗华译，第 47—48、164 页。

② ［美］马士：《东印度公司对华贸易编年史（1635—1834 年）》第四、五卷，区宗华译，第 484 页。

③ 梁廷枏：《粤海关志》，袁钟仁点校，第 458 页。

④ 王之春：《清朝柔远记》，赵春晨点校，第 61 页。

国也"土产黑铅"[1]，英国虽是铅的富产国，却受到他国掣肘，利之所在，竞逐必然，"英格兰铅在海外也受到了前所未有的挑战"[2]。1750—1751年，输入广州的铅，英国7908担，瑞典2007担，丹麦6357担，荷兰最多，有8055担。[3]1764年，仅丹麦一国就运入5071.6担铅。1774年，英国东印度公司账户项下铅的盈利高达43.3%，暴利之下，群起追逐，当年的"洋铅"，英国6172担，荷兰3572担，丹麦4976担，瑞典2582担，其中，法国输入最多，有8456担。无怪乎时人记述，"该时期的法国船容量比英国船多一倍半，比其他各国多两倍"[4]。一时间，除英国以外的"其他公司主要依赖于从欧洲运来的铅和白银"方能维系对华贸易[5]。1779年，从伦敦贩运入穗的铅3757担，而荷兰、瑞典和丹麦共运来19100担，价格也异乎寻常的好，英国人后悔没有更多输入。后来，甚至新独立的美国也插上一脚，"中国皇后号"就载运了32吨铅。1792年，美国船运入广州铅120担。该年，英国人还冒名顶替，以"热那亚国"的名义输铅3350担。[6]弘舸巨舶输送"外洋铅铁来华源源不绝"[7]，多边贸易引出多条路途不一的新商路，物品流导致意识流，国际社会的多边主义产生于兹，渐成共识。

虽有多国涌入，从长时段看，主要运送者非英国莫属，很长时间里，英国输华商品值经常占中国从欧美各海上贸易国进口总值的80%以上。[8]铅的输入也不例外，1773年，英国对华出口铅29196担，独得其大，其他出口国依次是：丹麦5592担，瑞典4333担，荷兰1627担，法国364

---

① 梁廷枏:《粤海关志》，袁钟仁点校，第480页。

② [英]M.M.波斯坦、爱德华·米勒主编:《剑桥欧洲经济史》第2卷，钟和、张四齐、晏波、张金秀译，第625页。

③ [美]马士:《东印度公司对华贸易编年史（1635—1834年）》第一、二卷，区宗华译，第296页。

④ [美]马士:《东印度公司对华贸易编年史（1635—1834年）》第四、五卷，区宗华译，第538、616、618、599页。

⑤ [美]乔赛亚·昆西:《山茂召少校及其生平》，褚艳红译，第263页。

⑥ [美]马士:《东印度公司对华贸易编年史（1635—1834年）》第一、二卷，区宗华译，第362、520页。

⑦ 何良栋编:《皇朝经世文四编》卷五十二，鸿宝书局石印本，光绪年间，第400页。

⑧ 严中平等编:《中国近代经济史统计资料选辑》，第4页。另参见姚贤镐编:《中国近代对外贸易史资料》第1册，第266—267页。

担。[①]已经远远无法与英国抗衡。在当时中国唯一开放的广州国际市场，1793 年，没有其他西方国家输入铅，只有英国运来铅售得银 53858 两[②]。这之后，他国已很少运铅入华，基本退出中国铅市。[③]英国所以独逞其雄，因其是世界的重要产铅国，不列颠缺乏稀有金属，但铅等"贱金属"（base metal）储量丰沛，普利茅斯和南开普敦之间、纽卡斯尔附近都是富铅矿区。13 世纪，英国铅的出口贸易开始繁荣，加上技术上的先发，英国比欧洲大陆国家更多采用深坑排水、矿洞通风机等新技术，在与老牌铅产区的中欧的竞争中渐居优势。多边贸易更多地变成双边贸易，也是国际贸易中的"马太效应"，由于国势转捩和产业优势导致"挤出"效应，初始的群雄并起经过汰弱留强，到后来强者恒强，一家独大。

在各类英国输华货物中，铅占重要位序。[④]1702 年，英国两船从伦敦开往厦门，总投资 73657 两银，其中毛织品 62295 两，铅 5875 两，杂项 5482 两，铅位居第二。1716 年，东印度公司船载运毛织品 1013 匹，却带了 120 吨铅。当然，此时白银为英国输华的主要货物，但此物不产自英伦。所以在工业革命之前，英国输华的自产货物有两个大宗，居首的毛织品，其次便是铅。兹以 1780 年代为例来观察两者在英国对华贸易中的占比：1784 年，英国毛织品在华售得银 614027 两，铅 39056 两；1787 年，毛织品售银 619049 两，铅 115557 两；1788 年，毛织品售银 1107427 两，铅 117949 两；而当年，英国产品共售得 1232876 银两。[⑤]结论是：当时英国的王牌货物是毛织品，但这种货物在中国缺乏主顾，长期亏本。英国运到中国来的第二项大宗货物是金属品，其中最受欢迎的是铅料。[⑥]

虽然毛织品贸易额大大超过铅，铅只是配角，但作为英国自产输华货

---

① ［美］马士：《东印度公司对华贸易编年史（1635—1834 年）》第四、五卷，区宗华译，第 598 页。

② ［美］马士：《东印度公司对华贸易编年史（1635—1834 年）》第一、二卷，区宗华译，第 524 页。

③ ［美］马士：《东印度公司对华贸易编年史（1635—1834 年）》，区宗华译，第一、二卷，第 694 页；第三卷，第 170、367 页。

④ 以研究"港脚贸易"著称的格林堡（Michael Greenberg）在表述"运往中国的主要英国货中"，仅列出各种毛呢、铅和"偶尔一些"的铜或锡。参见［英］格林堡：《鸦片战争前中英通商史》，康成译，第 6 页。

⑤ ［美］马士：《东印度公司对华贸易编年史（1635—1834 年）》第一、二卷，区宗华译，第 121、152、416、455、469 页。

⑥ 严中平等编：《中国近代经济史统计资料选辑》，第 16 页。

品首宗的毛织品也是亏本大项，铅反倒成为赢利头牌。1736 年，英船运入铅发票价值 4708 银两，售得 6255 银两，已有赚头。1751 年，毛利居然达到 75.05%。[1] 1772 年，英船运来铅 25985 担，船上交货成本 28584 英镑，售得 90948 银两，盈利 6.2%。[2] 1775 年，赢利与上年持平，却是英国输华货品中获利最多的，与其他货物比较，优势顿显。该年度，英国出口广州的货品中，铅赢利 43.3%，胡椒赢利 18.5%，珍珠赢利 18%，长厄尔绒亏本 3%，绒布亏本 10.5%。1778 年更不得了，英国铅在广州的利润（不包括运费和利息）竟然高达 99%。[3] 这时，西欧对华双程贸易的利润率为 26%—27%，[4] 主要是回程携带茶叶和丝绸等中国货赚钱，在来程中，铅的利润也颇为可观。1824 年，英公司船运来铅主要成本 22435 镑，交货成本 26130 镑；第二年的主要成本是 36326 镑，交货成本 132419 镑。[5] 交货成本价比上年大幅提升，意味着英方获利更多，其中的盈利可以略微弥补英国对华贸易逆差。国际贸易，随着出口国的生产能力和进口国的市场容量时有波动，下列表格从英国在华铅的售款额反映此间起伏：

表 2-5 英国向中国出口铅售款额年度统计（1736—1824 年）

年份	售款（银两）	年份	售款（银两）	年份	售款（银两）
1736	6255	1787	115557	1804	176507
1741	9899	1788	117949	1805	76233
1742	5644	1789	98752	1806	108527
1755	14788	1790	133338	1807	117449
1761	14114	1791	58747	1808	163931
1764	65636	1792	64401	1809	146127
1768	92051	1793	53858	1811	101553
1772	90948	1795	22605	1812	90695
1774	10752	1796	66776	1813	10584
1775	21592	1798	16761	1814	18899

---

[1] [美] 马士：《东印度公司对华贸易编年史（1635—1834 年）》第一、二卷，区宗华译，第 252、293 页。

[2] [美] 马士：《东印度公司对华贸易编年史（1635—1834 年）》第四、五卷，区宗华译，第 591 页。

[3] [美] 马士：《东印度公司对华贸易编年史（1635—1834 年）》第一、二卷，区宗华译，第 328、352 页。

[4] [法] 布罗代尔：《十五至十八世纪的物质文明、经济和资本主义》第 2 卷，顾良、施康强译，第 465 页。

[5] [美] 马士：《东印度公司对华贸易编年史（1635—1834 年）》第四、五卷，区宗华译，第 91、108 页。

（续表）

年份	售款（银两）	年份	售款（银两）	年份	售款（银两）
1778	33243	1799	103738	1815	68802
1779	22542	1800	100561	1816	92290
1783	60652	1801	254358	1820	68680
1784	39056	1802	237858	1821	40000
1785	84479	1803	101472	1824	95644
1786	135433				

资料来源：马士《东印度公司对华贸易编年史》第一、二卷，第252、282、284、328、352、362、405、416、432、440、455、469、491、496、501、509、524、578、590、623、634、656、666、694、706、722页；第三卷，第1、24、50、73、97、153、170、186、202、225、240、367页；第四、五卷，第2、91、448、512、524、553、591、616页（因该著作某些年份并非顺序叙写，此处根据该书卷数与页码顺序罗列）。

表2-5为1736—1824年的数据，期间若干年份资料阙如，大致是年份愈往后移，记载愈细密，1825年后则未见记录；所录仅只是英国，未含他国，主要考虑到英国是对华的主要输铅国，可以代表整个"洋铅"输华的状况。考察数据，有如下问题值得分析：一是利润往往与输入量成反比，物以稀为贵是不二定理。1789年，英船运来超量铅，亏损累累；1792年，运铅较1789年减少一倍多，盈利反倒增加了几倍。① 交货成本与售价之间亦成反比，其间比差愈大，赢利便愈丰厚，此处再补充一些表中未列数据，以便说明：1806年，铅的交货成本44989镑，售得银108527两；1809年的交货成本是48709镑，售得银146127两；后面年份要比前面年份盈利水平高。下列对比年份同理，1815年，交货成本20922镑，售得68802银两；1816年，虽然交货成本微升至22742镑，但售得银更高开到92290两，比上年大幅增加，两个年份比较下来，后者的赢利远超前者。二是中国的铅市场容量有限，所以常常出现上年售款总额加增，下年减少，反过来同样的情景。1791年比上年剧减一半还多；1799年的数据更惊人，竟然比上年翻增五倍多；1804年，售款增加；次年大减；1806年再步上升通道；1809年又入下降轨迹；增减循环表现出市场调节的供求平衡规律作用。三是市场受到非市场经济的强力冲击，诸如战争、灾荒、政局变动等

---

① ［美］马士：《东印度公司对华贸易编年史（1635—1834年）》第一、二卷，区宗华译，第491、509页。

不期然因素。1801 年至 1802 年铅的销售额达到历史高点后顿然下挫，无疑与拿破仑战争相关，1803 年 5 月 13 日英国向法国宣战，战火在欧洲大陆延烧，生产大受影响，海道封锁更使运输梗阻；1813 年降至记录低点，暴露战争的白热化；1815—1816 年，战事停歇后，贸易额恢复如前；海洋战争对海外贸易影响尤大。加上洲际间商道遥远，海路险阻，时遇风暴，海盗频出，使得远途运输的运费、保险等在费用中占比很高。1820 年，英船运到广州铅的船上交货价 18963 镑，加上保险及运费后增至 21878 镑，所费不赀；[①] 1821 年情形照旧，船上交货价是 11551 镑，保险及运费是 1643 镑。当时一般货物的运费保险占货价的 10% 上下，铅因较重，此项费用在 15% 左右。[②]

（二）中国用项

铅广泛应用于建筑、器皿、颜料、化妆品、焊接物料、耐腐材料、渔业用具和玻璃制造，以及印刷字模，还有微不足道却源远流长的道家炼丹等行当。用途相当广泛，利玛窦介绍"西土玻璃甚贱，安得有铅锡入之"。[③] 国人也对铅的合金性和绵柔性赞叹不已。[④] 但上列均非重要，铅在中国另有大用途，关乎军国大计。

一曰军事用度，就是造军火。具体说就是制铅弹，即由铅熔铸成的圆形弹体，由于铅质地柔软，因此在击中人体后往往全部释放动能，表现为弹头严重形变乃至破裂，导致人体组织创伤面积是弹丸截面积的上百倍，加上瞬间对人体血液循环系统产生巨大压力损害，如果弹丸碎片没有全部从伤口取出，还会造成铅中毒。后世的海牙国际公约明令禁止使用铅弹，在此前却无。至晚在明代的鸟铳内就放置铅子。[⑤] 清代更是冷热兵器更新换代的时期，铅弹被大量使用，战争的常见场景是，"火器齐发，声震天

---

① [美] 马士：《东印度公司对华贸易编年史（1635—1834 年）》第三卷，区宗华译，第 24、97、225、240、367 页。

② [美] 马士：《东印度公司对华贸易编年史（1635—1834 年）》第四、五卷，区宗华译，第 2 页。

③ [意] 利玛窦：《开成纪要》，汤开建汇释校注：《利玛窦明清中文文献资料汇释》，第 262 页。

④ 宋应星：《天工开物》，潘吉星译注，第 155 页。

⑤ 宋应星：《天工开物》，潘吉星译注，第 286 页。

地，铅子如霰"①。西方传入的"佛郎机铳""吕宋炮"，特别是"红夷（衣）大炮"和"英国加农炮"在明清鼎革之际的诸多战事中发挥的威力学者们已多有论说，各种铳炮膛内大量装填"铅子"②。铅成了交战各方特别关注的军用物资。1676 年，荷兰东印度公司的 3 艘船前往福州，提供耿精忠需要的军需品硫磺、硝石和铅等。③ 及至 1684 年，清朝当局同意英国东印度公司在厦门等地贸易的请求，同时谴责英方，在清政府收复台湾之际，"做了很多有害的事，带来四样军火——黄铜炮、毛瑟枪、火药和铅"，英方当即转变立场，表态支持清朝"皇上平定台湾的叛乱"，同时表示这些军火不会提供给台湾的郑氏政权，如果清廷不需要，英方"请求准许他们带回去"。④

黑铅自来便是英国长年输华的货品，据中国第一历史档案馆的档册记录，仅仅几年间，康熙五十四年（1715）七月至八月，五十六年（1717）六月至七月，五十七年（1718）七月来航广州的英船无一例外均载有"黑铅"⑤。而葡萄牙海外历史档案馆保存的 1771 年经由澳门输入中国的商品目录中列有"铅弹"的名项⑥，澳门并非进出口大关，是时中西方贸易的主要关口在广州。不消说，军用是重要方面。清政府工部特设"铅子库""炮子库"，大量使用黑铅，包括"倭铅"⑦；工部还在顺治初年即设"濯灵厂"，除了是中国最大的火药制造厂外，还生产枪炮铅子。乾隆七年（1742），清政府兵部议准："黑铅一项，原系制备铅弹，以供枪炮之用，当严禁出口。"⑧ 至乾隆十三年（1748），清廷更对进口黑铅实行部分官买，洋铅被纳入到国家采买体系和军需配给渠道中⑨。嘉道以降，各地方

① 《大清太宗文皇帝实录》卷九，天聪五年八月戊戌。

② 参见黄一农《红夷大炮与皇太极创立的八旗汉军》，《历史研究》2004 年第 4 期，第 74—105 页；郑诚：《发煩考——16 世纪传华的欧式前装火炮及其演变》，《自然科学史研究》2013 年第 4 期，第 505 页；赵凤翔：《明代佛郎机铳核心技术特征及其转变研究》，《自然辩证法通讯》2017 年第 3 期，第 22—23 页。

③ John E. Wills, Jr, *Pepper, Guns, and Parleys; the Dutch East India Company and China, 1622-1681*, p.160.

④ [美] 马士：《东印度公司对华贸易编年史（1635—1834 年）》第一、二卷，区宗华译，第 54 页。

⑤ 转引自 [日] 松浦章《清代海外贸易史研究》下，李小林译，天津：天津人民出版社，2016 年，第 510 页。

⑥ 转引自张廷茂《明清时期澳门海上贸易史》，澳门：澳亚周刊出版有限公司，2004 年，第 327—329 页。

⑦ 会典馆：《清会典》卷五九，北京：中华书局影印本，1991 年，第 550 页。

⑧ 《大清高宗纯皇帝实录》卷一七五，乾隆七年九月丁丑。

⑨ 参见解扬《乾隆初年南洋米铅贸易探析》，《历史档案》2019 年第 4 期。

当局也纷纷成立"炮局"等机构，打破中央政府垄断军火生产的一统格局，呈现地方群雄竞起局面；同光年间，洋务运动中的地方兵工厂发展更甚，用铅量远超朝廷，渐成地方与中央权势转移的一个表征。清朝炮弹材质有石、铜、铁、铅和外包弹等，惜石弹落伍，铜弹价昂，铁弹易锈，必须刮除，势必影响球体外形和初速度，所以"清军火炮多用铅弹或铜包铅弹，其用量要远大于铁弹，可占炮弹总数的 70% 以上"[①]。1680 年，当局造炮 8 位，每炮重 250 至 300 斤，"铅子重十有三两至十有四两"；1856 年，铸造万斤重大炮 4 位，铅子重达 31 斤，9000 斤重大炮 4 位，铅子重 22 斤，"钦定名号为威武制胜大将军"[②]。更有甚者，清军曾铸造 3000 至 5000 斤的群子蜂窝弹炮 170 门，每炮配封口 50 个，群子 250 个，铅子 6000 个。[③] 随着军事技术的进步，铅子愈来愈重，耗铅愈来愈多。

至于清朝当局对外国铅的依赖，政府官员并不隐讳，光绪年间，盛宣怀奏："制造铅弹而佐军国要需……每年采买洋铅为数甚巨"；盛氏还禀："铅为贵重之品，非如煤铁之多……制造铅弹须买洋铅。"[④] 北洋大臣李鸿章认为军事原料极其重要，属于战略物资，应以国产为主，以免受制于人，对盛禀批示：

> 现在各省购制枪炮日多，需用铅弹甚巨。黑铅一项若均购自外洋，不但价值昂贵，抑且缓急难恃。[⑤]

军国重器原料操于外人之手，"若均购自外洋"一句令人惊心！《捷报》1883 年 9 月 14 日就此议论：中国极力开采烟台附近铅矿"目的是为了找黑铅制造枪弹，并以杜洋人觊觎之心"[⑥]。1885 年，当局拟开采福州石竹

---

① 刘鸿亮：《中西火炮与英法联军侵华之役》，北京：科学出版社，2015 年，第 99、121 页。

② 《嘉庆大清会典事例》、《光绪大清会典事例》，彭泽益编：《中国近代手工业史资料》第 1 卷，第 128、553 页。

③ 卢坤、陈鸿墀、梁廷枏：《广东海防汇览》，王宏斌等校点，石家庄：河北人民出版社，2009 年，第 584 页。

④ 盛宣怀：《禀请开采登州铅矿并拟定章程由》，孙毓棠编：《中国近代工业史资料》第 1 辑下册，北京：科学出版社，2016 年，第 1119—1120 页。

⑤ 盛宣怀：《禀请开采登州铅矿并拟定章程由》，孙毓棠编：《中国近代工业史资料》第 1 辑下册，第 1122—1123 页。

⑥ 《捷报》，孙毓棠编：《中国近代工业史资料》第 1 辑下册，第 1123 页。

山铅矿，闽浙总督杨昌浚也以此为说词："营伍用铅不少，皆向外洋购办，如铅矿一开，按例输课，先尽官买，利国利民，莫善于此。"[①]遇到大的战事，军火用铅更是陡然剧增，甲午战争期间，清政府便紧急直接进口"铅丸"[②]。

　　清朝前期，铅的采挖经销允许民间参与。1730年，湖南桂阳州大凑山黄沙坪等处铅矿，"采获黑白铅，除二八抽课供铸外，商民所获余铅，酌量收买供铸，如有多余，则听其自行贩卖"。首先满足官府需用，余下的民间可以买卖，政府从中抽税，"矿厂定例，每净铅一百斤，抽课二十斤"。[③]黑铅主要用于军火，政府管束严格，云南巡抚张允随疏称朝廷严令黑铅不许出口，"而马白界连交趾，与都竜厂地仅隔一河，该厂五方杂处，奸宄潜藏，现在交地未宁，若任黑铅出口不无滋衅，应请仍照原议，将马白税口黑铅，禁止贩运出口"[④]。到了清朝后期，因为军用浩大，政府对民间采办控制越发严紧。1855年，正值太平军兵锋四向攻势凌厉之时，官员黄宗汉鉴于"四川、云南、贵州各省，多有产铅之区，所采铅斤，半归官买，半归商销，向无例禁之文"，上奏查禁民间贩铅，朝廷为此谕令：

　　　　惟黑铅有关军火，若仍令行店市商，照常贩运，辗转销售，莫究归宿，流弊滋多，必当严行禁止。嗣后除白铅一项，仍听商人行运外，其黑铅一项，只准官为采办，以供鼓铸。[⑤]

没有不分青红皂白地全面禁限，而是甄别能够制造军火的黑铅，是物牵扯官府军用，更担心民间用此制造武器弹药，啸聚山林，反抗政府。正因为铅"为军前要务"，太平天国期间，清政府便在与英国签订的条约中特别规定，铅"应由华官自行采办进口，或由华商特奉准买明文，方准进口。

---

① 《光绪大清会典事例》，孙毓棠编：《中国近代工业史资料》第1辑下册，第1139页。

② 盛宣怀：《应购备用各项英国军火清折》《谨将应购备用各项军火开呈宪核》，上海图书馆藏："盛宣怀档案"，卷宗号：033207、033306。

③ 王闿运等：《同治桂阳直隶州志》，彭泽益编：《中国近代手工业史资料》第1卷，第364—365页。

④ 《大清高宗纯皇帝实录》卷一七五，乾隆七年九月丁丑。

⑤ 《光绪大清会典事例》，彭泽益编：《中国近代手工业史资料》第1卷，第548页。

该关未能查明该商实奉准买，定不发单起货"；而且外国人只准"于通商海口销售，不准带入长江并各内港，亦不准代华商护送；除在各海口外，即系华民货物"，与外人无关。^①要求各国照此办理。但入晚清后，国势强弱异形，外人违约的非法走私难以防堵，"于各国商轮私运军火无敢过问，国权浸失，桀黠生心，滋曼将及于沿海各省，如大局何？"^②尽管政府从鼓励挖掘新矿和禁止民间采办开源节流双管齐下，奈何军铅用量大，又是不间断的消耗品，军队仍不敷用，由是鼓励铅子的回收利用：

> 京师领用铅子，拣回七成，开销三成；盛京、西安、江宁、杭州、凉州、广州全数拣回；贵州拣回六成，开销四成。^③

二曰外贸用度。 清代对外贸易较前代有了大的发展，套用时髦话，虽始终以"内循环"为主，但"外循环"的份量愈来愈重，内需和外贸渐成拉动生产的双驱动。19 世纪初叶寓华的瑞典商人龙思泰（Anders Ljungstedt）对"洋铅"用途的解释是："铅（lead）这种金属多以生铅和薄铅板的形式进口。……给茶箱作衬里，耗用这个国家进口的铅相当大的一部分。"^④此说值得注意，清代，丝绸之路远去，茶叶贸易兴起，茶叶成为中国出口的最大项，进口铅板又是茶叶包装的重要用料，碾压铅板在世界上曾是一道难题，"最初，铅是通过铸造生产出来，后来改为碾压。……以水力和畜力为动力的大型碾轧机，在整个 17 世纪中均有了较快发展，这一趋势在英格兰尤为显著"^⑤易型塑密闭好的铅板特别适宜远洋海运时贵重易潮货物的衬里包装，随着长距离贸易的频密和人们审美情趣的提升，包装与货物的运送、保存、商标、外观、推销、便利都有绝大关系。进口铅曾长期作为出口茶的盒箱使用，那时的茶叶缺乏包装，多

---

① 该约即中英《通商章程善后条约：海关税则》，其签字原本见台北故宫博物院藏："外交部"寄存文物清册，文献编号：906000064，登记组编号：064。

② 王彦威、王亮辑编：《清季外交史料》卷二——，李育民等点校整理，第 7 册，第 3722 页。

③ 《光绪大清会典》，彭泽益编：《中国近代手工业史资料》第 1 卷，第 126—127 页。

④ [瑞典]龙思泰：《早期澳门史》，吴义雄、郭德焱、沈正邦译，第 350 页。

⑤ [英]M. M. 波斯坦等主编：《剑桥欧洲经济史》第 5 卷，王春发主译，第 428 页。

为散货，出海远航必须外加盒箱，有时也放在瓷罐等容器中。此处的进口是为了再出口，是一种两头在外的活计，是"头部产业"，英国驻沪领事文极司脱（A. C. Winchester）在 1867 年的贸易报告中写道：

> 由于茶叶包装的大量需要，铅的进口量在金属项下居于首位。[①]

三曰金融用度，就是铸币。"钱乃国家之宝"[②]，"圜法为经国重务"[③]，关涉财政金融商贸及银钱比兑，对国计民生影响殊大。早在商周，就有铅贝存世，春秋时也有铅质方足布，方孔圆钱中最早的铅质钱要属战国晚期齐国的"一化"；而最早的官铸铅钱或为梁朝的"天监五铢"，铸造量大的则有南汉刘岩的"乾亨重宝"。铅合成性强，粘合度高。根据对著名的"白金三品"币的化验，银、锡、铅的含量分别为 6%、38%、40%，余为杂质，[④]证明在西汉时期铅已经用在合金币中，且占最大成分比重。[⑤]五代后晋天福三年（938）许民间铸钱，"杂以铅铁"[⑥]。到了唐朝与北宋，"两朝代遭遇货币不足的问题时，频频发挥巧思以为因应，其中就包括了以铅、陶片为材质铸造硬币"，即或在纸钞出现后，"铅币、铁币虽然使用不便，但铅、铁产量丰富的地方，仍使用这两种钱币"[⑦]。

清代，铅依旧是重要的制币材料，"下逮有明，铸钱辄用黄铜，而黄铜必得倭铅而后成"[⑧]。从日本进口铅用来铸钱。"凡银为世用，唯红铜

---

① 李必樟译编：《上海近代贸易经济发展概况：1854—1898 年英国驻上海领事贸易报告汇编》，张仲礼校订，上海：上海社会科学院出版社，1993 年，第 127 页。

② 乾隆官修：《清朝文献通考（1）》卷一五"钱币三"，杭州：浙江古籍出版社，2000 年，考四九八一。

③ 《廷寄》，中国人民银行总行参事室金融史料组编：《中国近代货币史资料》第 1 辑上册，北京：中华书局，1964 年，第 65 页。

④ 张振龙、张宏：《关于司马迁笔下"白金三品"货币考辨》，载陕西省社会科学界联合会编：《司马迁与〈史记〉论集》2005 年刊，第 231 页。

⑤ 张虎安：《试觅西汉"丝绸官路"上首次启用的官颁新铸白色金币》，载梁安和、徐卫民主编：《秦汉研究》第 10 辑，西安：陕西人民出版社，2016 年，第 88—96 页。

⑥ 彭信威：《中国货币史》，上海：上海人民出版社，2015 年，第 260—261 页。

⑦ [美] 彭慕兰、史蒂文·托皮克：《贸易打造的世界——1400 年至今的社会、文化与世界经济》，黄中宪、吴莉苇译，第 37 页。

⑧ 章鸿钊：《石雅》，上海：上海书店影印本，1990 年，第 337 页。

与铅两物可杂入成伪"，铅很容易与银、铜成为合金，"凡铜质有数种，有全体皆铜，不夹铅、银者，洪炉单炼而成。有以铅共体者"。[1]甚至有以眼球点铅，化铅为银的胡说八道：

> 至其（西洋教士）所用十字水钱，不过铅汞煎炼，若得华人目睛点入，即可成银，都无销耗。凡奉教之人临死，则夷人以布幂其面，喃喃持咒忏悔，乘间窃其睛以去。点铅之外，杂之药物，别有奇功，用之不穷，术由于此，事颇秘密。[2]

这些流言蜚语毫无道理，却在官商绅民中长时间地大范围流传，是仇教者攻击教会的"吸引眼球"之词，也反映出铅在钱币中的分量。如果说，军火主要用"黑铅"，那么，铸币主要用"白铅"（碳酸铅或锌等的俗称，古代对此不加区别，笼统泛称，本文回归研究时段语境用词），前者管控较严，只许进口，后者一度管控较松，除进口外，也有出口（主要面向巴达维亚、孟加拉、印度等地）。随着经贸发展、疆域扩大和人口增加，铸钱益增，而国内铅产量下降，造成"币材危机"[3]，白铅出口渐趋收紧。嘉庆十二年（1807），朝廷得知"粤海关每年出口白铅，为数甚多。白铅一项，因不能制造弹丸，无关军火之用，向未立出洋明禁"；白铅"系鼓铸必需之物，近年各直省钱局，铅斤日形短少，自系贩运出洋日多一日之故，不可不定以限制，以防流弊"，明确指令对出口白铅应"大加裁减，或竟可不令贩运出洋；奏明设禁停止，亦无不可"，警示"该监督务须体察利弊轻重，会同总督酌定章程，据实具奏"，在清廷看来，些许关税事小，国家铸币事大，"切不可贪图小利，因循滋患也"；并要求粤海关调查出口白铅数量。[4]查证结果是在近十年间，少的年份出口 70 余万斤，多的年份出口 330 余万斤，量不算小。广东当局申诉，因为"白铅一项出洋，由来已久……今若一旦禁止，不许出洋，在远夷无知，不免心生疑虑"；

---

① 宋应星：《天工开物》，潘吉星译注，第 139、142 页。

② 梁廷枏：《粤海关志》，袁钟仁点校，第 544 页。

③ 马琦：《清中期的铜铅运销与币材供给》，《中国经济史研究》2018 年第 6 期，第 58 页。

④ 中国第一历史档案馆：《清宫粤港澳商贸档案全集》第 7 册，北京：中国书店影印本，2002 年，第 3697 页。

另一方面，"白铅为内地鼓铸必须之物……不可不定以限制"。在掂量外贸"夷情"与内用"钱局"的"两相裨益"后，清廷提出每年出口铅按照前此低限 70 万斤。但铅在中国原本就有缺口，出口铅的局面难以再续，道光十二年（1832）七月，清政府完全停止白铅出口。[①]

进出口相互联配，以国民需用为转移，在停止出口前后，白铅等可用于币材的原料持续进口。同样在 1832 年出版的一本外国来华人士的著述中载录：中国的白铅"现在已很少出口甚至完全不出口了"，情形翻转成了"反而进口"，每担进口价 10 元；还进口"铜块和铜锭"，"用于制造黄铜"的锌块，以及邦加岛的"锡锭"；另有"来自英国或美国"的锡板，"成箱运来，每箱 80—120 片，售价约 10 元"[②]。更有甚者，在中西贸易中，铅有时居然有替代货币的功用，1664 年，英船"苏拉特号"（Surat）抵达澳门，葡萄牙商人向其订购 400 担胡椒，其中一半的价钱便用白铅来"付款"。英国东印度公司的档册中也不时载录，在中国，进口铅某些时候具有钱的信用，可以代替现金行用，"和现款一样好"。[③]

清承明制，由户部专设宝泉局，另由工部设置宝源局，两局分立，任务同一，"但以收贮铜铅"，铜铅兼用，据说是因为"铜性燥烈，必以铅济之而后钱始光润"[④]，顺治元年（1644）开铸铜七铅三成分的通宝。这些中央政府在北京专设的局所称"京局"，专事铸币，是耗铅大户，有"京铅"规例，解运是为了定制定量造钱。但铅的成本比铜便宜，世有所谓"黄铜""黑铁""垩铅"之俗称，趋利避损弃贵取贱是自然选择，铅的比重便越来越大。[⑤]铜七铅三的比例无法保证，乾隆年间，官方铸钱已见铜铅各半的情况，乾隆六年（1741）宝泉局铸钱占比为铜 50%、白铅

① 梁廷枏：《粤海关志》，袁钟仁点校，第 354—356 页。

② ［瑞典］龙思泰：《早期澳门史》，吴义雄、郭德焱、沈正邦译，第 343、350、360—362 页。

③ ［美］马士：《东印度公司对华贸易编年史（1635—1834 年）》第一、二卷，区宗华译，第 33—34、207、441 页。

④ 乾隆官修：《清朝文献通考（1）》卷一四"钱币二"考四九七四。

⑤ 有清一朝，政府制钱的铅铜比例时有变化，但铅的比重愈加大是趋势。据学者研究，1684 年，政府规定制钱的铜、铅比例是 60:40；1727 年规定是 50:50；乾隆朝是铜 50%、铅（白铅和黑铅）48%、锡 2%；嘉庆朝是铜 52%、铅 48%。此后缺乏一定之规。参见张家骧《中华币制史》，北平：民国大学，1936 年，第 94 页。另参见杨端六《清代货币金融史稿》，北京：生活·读书·新知三联书店，1962 年，第 16—17 页。

41.5%、黑铅 6.5%、点锡 2%；嘉庆四年（1799）钱币占比为铜 52%、白铅 41.5%、黑铅 6.5%。[①] 铅的分量加重，需铅量也大增。即便在"京局"，铅铜比例并不一律，因时因机构不同屡有配比差异，咸丰初年奏准，宝泉局"改铸当十大钱，每文重六钱，按铜七铅三配铸"，同一时间，宝源局却"按铜六铅四配铸"[②]。除"京局"外，外省亦有"铸局"，遍置铸炉，耗铅甚多。这还是官局，私家铸币铅的掺杂要大大高于上举比例。铅来源多、价格廉，因是私熔擅铸的理想材料，民间不仅造作大量掺铅的"小钱"，甚而假制基本无铜的"铅钱"，"设炉私铸，大约以一铜九铅为成色"[③]，宵小之徒非但制钱，甚至伪造那在中国多地流通的外国银元，手法是"雕空洋板中以铅灌"[④]。外人也好此道，弄虚作假，假冒伪劣，鸦片战前，有曾经到过外国的广东人讲：

> 外夷各国倾铸洋钱，有用由各港口贸易收买旧碎银倾铸者，有用纹银倾铸者，均掺白铅。[⑤]

私铸币铜少铅多，薄肉广穿，文字纤弱，极易磨损，造成市场混乱，钱法败坏，结果定然是千百年来演生不绝的劣币驱逐良币的情景屡现，也使得币材用铅量大增和国内白铅的相对吃紧。直至 1900 年（该年被后世藏界称为"铜元诞生元年"），广东铸造铜元（光绪元宝），铅方才大步退出铸币领域，铸钱用铅愈来愈多的情况得到遏制并反转。1905 户部奏定《整顿圜法章程》规定铜币的金属成分为铜 95%、铅 5%，或者是铅 4%、锡 1%，1910 年清廷颁布《币制则例》，以国家法令形式固化铅在合金币中的小比

---

① 彭信威：《中国货币史》，第 560 页。

② 《光绪大清会典事例》，彭泽益编：《中国近代手工业史资料》第 1 卷，第 560—562 页。

③ 《江南道监察御史徐深折》，中国人民银行总行参事室金融史料组编：《中国近代货币史资料》第 1 辑上册，第 89 页。另案：咸丰四年（1854）时，就连清廷官方也铸造"铅钱"，因顾虑"铅性脆而易碎，不能耐久"，经过试验后发现"白铅质脆，黑铅质柔，以白铅八成黑铅二成配搭均匀，加工铸造，则其质自坚，可便民用"。参见《管理户部祁寯藻折》，中国人民银行总行参事室金融史料组编《中国近代货币史资料》第 1 辑上册，第 224 页。

④ 《乾隆以后流通银元的种类》，中国人民银行总行参事室金融史料组编：《中国近代货币史资料》第 1 辑上册，第 51 页。

⑤ 《温文伯述》，林则徐全集编辑委员会：《林则徐全集》第 10 册，第 372—373 页。

例，制钱制度至此消亡。应该说，与军火制造和外贸需用不一样，"洋铅"未必大批量进入中国的铸币行当，但弥补朝野各方的缺项是一定的。

（三）双边影响

国际贸易就是国家、地区间的互通有无、取多补少，对各方都会发生影响。铅矿在中国有所分布，"矿必有铅"自是夸大[1]，但并非稀缺矿产：

> 凡产铅山穴，繁于铜、锡。其质有三种，一出银矿中，包孕白银，初炼和银成团，再炼脱银沉底，曰银矿铅，此铅云南为盛。一出铜矿中，入洪炉炼化，铅先出，铜后随，曰铜山铅，此铅贵州为盛。一出单生铅穴，取者穴山石，挟油灯寻脉，曲折如采银矿，取出淘洗、煎炼，名曰草节铅，此铅蜀中嘉（今四川乐山）、利（今四川广元）等州为盛。其余雅州（今四川雅安）出钓脚铅，形如皂荚子，又如蝌蚪子，生山涧沙中。广信郡上饶（今江西上饶）、饶郡乐平（今江西乐平）出杂铜铅，剑州（今四川剑阁）出阴平铅，难以枚举。[2]

加上采炼容易，"铅矿成本较轻，非比煤铁各矿。……熔铅为矿务最易之事"[3]。迄清代，开采愈广。

但自清朝中期以后，却呈现前所未见的矿产枯竭窘况，仅在乾隆一朝，既有矿洞罗掘渐尽的报告不断：乾隆元年（1736），贵州平远马鬃岭厂"开采日久，洞老山空，本年春初以来，炉民日渐稀少，每卯所抽课铅，不敷十分之一，已于六月底炉民尽散"[4]。五年（1740），云南罗平州属两处铅厂"客贩不至，炉户运销又难，以致渐次停炉，官课无出"[5]。八年（1743），贵州"莲花、砂朱等厂，矿砂既薄……出铅日少"[6]。十一

---

① 王闿运等：《同治桂阳直隶州志》，彭泽益编：《中国近代手工业史资料》第1卷，第366页。

② 宋应星：《天工开物》，潘吉星译注，第154页。

③ 《捷报》，孙毓棠编：《中国近代工业史资料》第1辑下册，第1120—1121页。

④ 《清代钞档》，彭泽益编：《中国近代手工业史资料》第1卷，第368页。

⑤ 《大清高宗纯皇帝实录》卷十三，乾隆五年十一月壬申。

⑥ 《大清高宗纯皇帝实录》卷一八五，乾隆八年二月辛亥。

年（1746），贵州"枫香厂出铅微薄，请封闭。从之"①。十二年（1747），贵州罗朋铅矿"计烧铅一百斤，实费工本银一两二钱六分，今给一两三钱价值收买，实亏工本"。十六年（1751），贵州丹江济川厂炉民"渐次散去"。②二十七年（1762），贵州"都匀县永胜坡铅厂，出铅有限，请封闭"③。三十一年（1766），湖南郴州东坑湖铅矿复采，"至今十有余年，实因垅路深远，峒老山空"④。同年设立的新疆伊犁铅厂，"于道光十年以后，因山场空老"，只能停罢。⑤四十八年（1783），湖南桂阳马家岭矿"阴水不时泛涨，屡被水淹，人夫难以采挖"。五十年（1785），贵州咸宁铅矿"炉丁裹足退缩，以致厂势渐衰"。⑥云贵本为铅富产区，因战乱大受影响，"云南银和铅，产地亦很广。在元明的时候就有开发，最盛时为清乾隆嘉庆间，到咸丰同治时，因迭遭兵燹，遂先后停办"；贵州"水城之万佛厂，白马硐及观音山，均以产铅银著称，就中以万佛厂尤为有名。……该厂在前清乾隆年间开采极盛，后以苗乱而停顿"⑦。

总之，乾隆以降，中国的铅采掘业衰情愈甚，乾隆五十一年（1786）时，各省铅矿在采厂数有 40 家，到嘉庆元年（1796）存 31 家，再到道光二年（1822）余 19 家。⑧旧矿罗掘式微，新矿未得勘探，前后难于相续，加上中国铅的主产区在西南一隅，输运内地，山高滩险，路程遥远，成本畸高。到 19 世纪初叶，不仅中国，整个亚洲"大地深层的许多宝藏还未被发现出来……印度洋诸海岛上还没有发现铅；而新荷兰、新几内亚和婆罗洲则还未经勘察过"⑨。另据"京局"铸钱量的由高走低亦可看出情况不妙，乾隆年间的 1756—1765 年间，是北京两个铸局制钱的顶峰，乾

---

① 《大清高宗纯皇帝实录》卷二八〇，乾隆十一年十二月癸酉。

② 《清代钞档》，彭泽益编：《中国近代手工业史资料》第 1 卷，第 450、368 页。

③ 《大清高宗纯皇帝实录》卷六六七，乾隆二十七年七月辛巳。

④ 《清代钞档》，彭泽益编：《中国近代手工业史资料》第 1 卷，第 366 页。

⑤ 《伊犁将军奕山折》，中国人民银行总行参事室金融史料组编：《中国近代货币史资料》第 1 辑上册，第 86 页。

⑥ 《清代钞档》，彭泽益编：《中国近代手工业史资料》第 1 卷，第 367、451 页。

⑦ 何辑五：《十年来贵州经济建设》，彭泽益编：《中国近代手工业史资料》第 1 卷，第 607 页。

⑧ 《各省铅矿在采厂数》，彭泽益编：《中国近代手工业史资料》第 1 卷，第 372 页。

⑨ [瑞典] 龙思泰：《早期澳门史》，吴义雄、郭德焱、沈正邦译，第 350 页。

隆朝后期一路向下，1794—1806 年的铸币量相对于前此鼎盛时期下降了
60%。[①] 正因为乾、嘉、道中国铅产量的下降，所以也恰在这个时期，清
政府对中国铅的出口日见收紧，乃至完全禁止。

中国铅此时的境况，一方面是矿藏有限，产量稀薄，税收无着；另一
方面是重要性日显，用途趋广，耗量增长，两下里缺口拉大，只得用外来
铅弥补空缺，自给不足的结果是有赖进口。相形之下，欧洲是铅的富产区
和主要外销地，特别是英国等属于铅矿资源比较丰富的国家，有人甚至认
为罗马入侵不列颠的原因之一是因为康沃尔地区拥有当时所知的最大铅
矿，"1 世纪中期克劳狄族人（Claudian）入侵英格兰的动机之一就是因为
它的矿物资源。……在不列颠，对含银铅矿的开采似乎比其他任何矿产都
多"[②]。15 世纪初，欧洲开发了通过液化手段混合铜和铅生产合金的新工
艺；16 世纪出现了"熔析法"，"把一种含铅多的铜铅合金置于一种还原空
气（防止氧化）中加热到铅的熔点之上，但不到铜的熔点，于是铅就'熔
析'，即熔化"，最后还可以分离出银。[③] "在十七世纪的头七十年间，铅
矿获得了极大的发展，尤其是门迪普的矿山。"[④] 17 世纪末，冶炼铅矿
的熔炉"开始用焦炭取代木炭"[⑤]。18 世纪以后，西方的冶炼技术也高于
中国，西人观察到，中国铅储量不少，仍"大量进口"铅，证明中国采掘
提炼的成本较高，"不能和外国竞争"。[⑥] 技术的进步带来产量的剧增，对
外出口成为英国铅的重要去路，德国等长年从英格兰进口铅。东方包括
中国也成为英国铅的重要销地，美国首任"驻广州领事"山茂召（Samuel
Shaw）在 1787 年 1 月给美国外交事务秘书的信函中将铅列为"英国轮船
从欧洲带来"中国的第一项货品；[⑦] 再根据前列"英国向中国出口铅售款

① 林满红：《银线：19 世纪的世界与中国》，詹庆华、林满红等译，南京：江苏人民出版社，2011 年，
第 27 页。

② ［英］M. M. 波斯坦、爱德华·米勒主编：《剑桥欧洲经济史》第 2 卷，钟和、张四齐、晏波、张金秀译，
第 582 页。

③ ［英］亚·沃尔夫：《十六、十七世纪科学、技术和哲学史》下册，周昌忠、苗以顺等译，第 565 页。

④ ［美］罗伯特·金·默顿：《十七世纪英格兰的科学、技术和社会》，范岱年等译，第 190 页。

⑤ ［英］M. M. 波斯坦等主编：《剑桥欧洲经济史》第 5 卷，王春发主译，第 428 页。

⑥ ［美］卫三畏：《中国总论》上册，陈俱译，上海：上海古籍出版社，2014 年，第 222 页。

⑦ ［美］乔赛亚·昆西：《山茂召少校及其生平》，褚艳红译，第 262 页。

额年度统计表"可见，正是从乾隆元年（1736）开始有了比较明确的相应记述，不过，售况有限，年销售额在千两或万两银子；到乾隆五十一年（1786）有了突破，达到 10 万两银的水平；届嘉庆六年（1801）更站上 20 万两银的台阶。中国减产的同时，洋铅进口剧增，时段数量若合符节，从历史和逻辑上内外印证。以至于 19 世纪初期在华西人直观感到当时中国"所用的铅大部分来自欧美"[①]，判断未必准确，尚无外国进口铅与中国自产铅的比较数据，但前者有一定占比且越来越大，只是应该没有超过中国铅罢了，"洋铅"主要起到补缺纾困的作用。

"十三行"是"洋铅"贸易的垄断者。1699 年，英国运铅来华，出售对象是洪顺官，洪氏系较早出现的广州行商，此时中英贸易处在开始阶段，就由行商办理。铅关乎军国大计和对外关系，是具战略意义的物资和能够获得高利回报的类目，在自然经济的传统社会，由具有官府背景、雄厚资本、灵通商情的商号垄断，乃情理中事。1724 年，英船运入 301 块铅（约 40 吨），中方的接盘人仍是行商秀官。1776 年甚至采取了原先只在英国输华最大宗货品——毛织物交易中实行的配售制，该年来华的英国铅按比例分配给特许行商，售得银两如下：潘启官 5294 两，瑛秀 2854 两，求官 2826 两，文官 2796 两，周官 2823 两，球秀 2827 两。[②] 这些进口铅的额度与中方出口茶叶的额度联配，出口茶份额愈大，承销进口铅的数额愈高，此类拉郎配的强制方式，人为增添了交易中的刚性和粘性因素，排除异己，物与物实现点对点对接，背后则是人对物的拨弄，根底里是人对人的操控或反制，是清政府对大宗进出口货物实行定向管理的办法。政府、行商与外商联手通过法律的或事实的垄断来排除竞争者，拉开且固化供求双方的距离，使进出口差价比率相当程度上取决于唯一了解长链两端市场行情的中间人。

"洋铅"为广州行商专营，其他口岸的商人不许染指。1772 年，苏州商人杨宏孚等擅自进口大量铜铅，遭到指控，清廷要求各地官府联合办案，

---

① ［瑞典］龙思泰：《早期澳门史》，吴义雄、郭德焱、沈正邦译，第 350 页。

② ［美］马士：《东印度公司对华贸易编年史（1635—1834 年）》第一、二卷，区宗华译，第 88、171、329 页。

查明后"具折覆奏"。[①]同年还有"闽人林承和"雇船从浙江乍浦海口购买日本产的铜铅，朝廷命令"将应行质审之人一并解京备讯"。[②]未得官府批准的进出口铅谓之"私铅"，官府禁限。道光初年，云南"文山县河口地方，贩买私铅，其地距交址甚近，未便听其纷纷私贩，请饬查禁"[③]。此处呈现出接受和不受政府监督的两个流通领域，明里交易和暗中走私的两条渠道。为强化管理，堵塞回避政府监控的私运路径，粤海关还专门规定铅的出入通道是广州的"总巡口""东炮台口"和"澳门总口"。

另有中国铅的出口，1808 年 1 月 4 日，清帝同意每年出口白铅限定为 70 万斤，不容超出。澳门是出口重地，澳门的葡萄牙商人"历年所买货物，首重白铅"，由中国买办前往佛山等地代购后运往澳门出关，"统计每年不下万斤"[④]，后来大增，引出清政府限购。葡商多次申述白铅尽被他国购去，"澳船连年缺买"，为示照顾，中方同意每年从总出口额内分拨 30 万斤铅专归澳船买运，但因"洋商多方遏抑"，未能兑现，复减为"每年匀拨七万斤"，再后改为每年 14 万斤[⑤]。1832 年，清政府干脆"停止白铅出洋"。[⑥]至此，无论何品种的铅都只准流进，不许流出中国。在英国方面，除了东印度公司这个大户之外，另有"散商"涉足，这批人常年居住在印度的孟买、加尔各答等地，专营商贸，被学者称为"贸易性离散族群"[⑦]，是欧亚贸易中"本土化"色彩很强的群体。得地利之便，他们经常充当破坏既成市场秩序的搅局角色，具"鲶鱼效应"。相较公司，散商的市场化程度更高，这群"鲶鱼"愈长愈大，愈来愈多，末了取代东印度公司。1774 年，英国公司运入广州 5506 担铅，散商运入 566 担铅。散商的铅不知来自何处，是英伦还是从印度转口，以常情判断，来自印度的可能性较大。不过，散商涉足铅贸易并不常见，因为散商不被允许直接从英

---

① 《大清高宗纯皇帝实录》卷九〇二，乾隆三十七年二月壬申。

② 《大清高宗纯皇帝实录》卷九二〇，乾隆三十七年十一月壬辰。

③ 《大清宣宗成皇帝实录》卷四六，道光二年十二月戊申。

④ 刘芳辑：《葡萄牙东波塔档案馆藏清代澳门中文档案汇编》，第 108 页。

⑤ 梁廷枏：《粤海关志》，袁钟仁点校，第 200、355 页。

⑥ 赵尔巽等：《清史稿》卷一二五，第 13 册第 3684 页。

⑦ [美] 彭慕兰、史蒂文·托皮克：《贸易打造的世界——1400 年至今的社会、文化与世界经济》，黄中宪、吴莉苇译，第 25 页。

国本土购货，即不能从事英国本土对华的直接贸易，只被允许从事印度至中国航线的贸易，而铅多产自英伦。1759 年，英国东印度公司 12 艘船的目的地是广州，其中有 9 艘船没有直航，而是转道"印度口岸等"，不过，"各船在英伦装铅，而在印度装棉花、檀香木、红木和木香等"[①]，可证，铅来自英国，其他货物出自印度。印度本身缺铅，还仰赖外部的输入[②]，不可能拿出大量的铅以供散商从事转手买卖，散商的铅交易缺乏货源。

跨国贸易面临关税，关税是国家对外贸易的主权管理手段。早在明万历十七年（1589），就有税则规定"黑铅，每百斤税银五分"[③]。清朝沿袭，清前期正税征收长期稳定在"倭铅、黑铅、铅砂，每百斤各税三钱"的水平。[④]1699 年，英国进口铅缴纳"皇上关税"每担 0.3 两银，这是"正税"，似不为重；令人恼火的是各种巧立名目的额外勒索，粤"海关监督又按从价加征税率的 24% 归入自己的腰包"，谓之"规礼"，已然高于正税，尚不算完，"还要将货物总额增收 16%、18% 或 19% 不等给海关官吏和仆役等"。可谓国家关税有限，私下加增不少。1724 年，英船运入铅以每担 2.4 两银的价格卖给行商，各种税赋却高达每担 2.86 两银，竟然超过初售价，但中国行商只是外方货物的关税代缴人，最后势必要归入行商的成本售价中。1735 年，厦门关的税则规定每担铅的税率为二钱五分，[⑤]比广州关略低，各关差别不大，问题所在是正税之外的陋规，且有名目渐繁抽取渐增之势，1807 年，广州加征的"行佣是从价的 3%"，其中每担铅要征收 4.5 两银，[⑥]行佣不过是众多陋规中的一项，居然如此高昂。除了征收进口税外，也征缴出口税，中国白铅出口，"每百斤收正税银三钱，加以耗担归公等款，共收银五钱六分七厘"，数额很小，1808 年前，粤海关每年收取中国出口"白铅税银约计四五千两至一万数千两不等"[⑦]，嗣

① [美]马士：《东印度公司对华贸易编年史（1635—1834 年）》第四、五卷，区宗华译，第 618、484 页。
② 张廷茂：《明清时期澳门海上贸易史》，第 339 页。
③ 张燮：《东西洋考》，谢方校注，第 142 页。
④ 梁廷枏：《粤海关志》，袁钟仁点校，第 184 页。
⑤ [美]马士：《东印度公司对华贸易编年史（1635—1834 年）》第一、二卷，区宗华译，第 93、171、238 页。
⑥ [美]马士：《东印度公司对华贸易编年史（1635—1834 年）》第三卷，区宗华译，第 58 页。
⑦ 梁廷枏：《粤海关志》，袁钟仁点校，第 355 页。

后更是大为减少以至于无。

鸦片战争后，排除私征、相对固定的税率公告中外践行，1843 年 10 月 8 日签订的中英《五口通商章程：海关税则》规定进口"洋生熟铅（黑白同例）"每百斤征银四钱，出口"铅粉"的税银是二钱五分，铅名义上恢复出口。[①] 是时，输铅量不多的美国，其来华使节反倒出人意料就铅的关税提出交涉："铅系伊国所产，每担税银四钱，较铁斤加至三倍，未免较多，求为酌减"，中方考虑到"所请亦复近理，当为每担减去一钱二分，定为二钱八分"[②]。略后，法国等也照此降低后的税率办理。中美、中法"海关税则"基本录自中英"海关税则"，但此规定不同，可谓罕见特例。如此一来，西方列强在单个货品上纳税不一样，唯独将输铅入华最大户的英国除外，也与片面最惠国待遇利益均沾的原则乖离。1858 年，在英法联军的炮口下，中外修订税则，11 月 8 日签署的中英《通商章程善后条款：海关税则》规定白铅每百斤征银降至二钱五分。[③] 令人觉得蹊跷的是，同日签订的中美《通商章程善后条约：海关税则》关于铅的税率并没有与英国统一，对美国仍旧依循 1844 年 7 月 3 日《望厦条约》规定的每百斤铅征税二钱八分，[④] 英方税率有了降低，美方税率未变，情况反转，向美国人的征税反倒高了。此种在关税中极为少见的税率不一的状况延续了四十余年，直到 1902 年 8 月 29 日签订的《续修增改各国通商进口税则善后章程》里面方才得到统一，结束了此前在铅税上章法不一、因国而异的局

---

① 王铁崖：《中外旧约章汇编》第 1 册，第 44—49 页。

② 文庆等编：《（道光朝）筹办夷务始末》卷七二，第 6 册第 2844 页。关于此税率改动，很多权威文本的记述均有错误，此处附考之：王铁崖《中外旧约章汇编》时后有"附注说明"谓两与约国的"海关税则与一八四三年七月二十二日的中英海关税则差不多完全相同。所不同的只是：中美（中法）税则最后规定：'进口违禁货物——鸦片'，是中英税则所没有的"。见王铁崖《中外旧约章汇编》第 1 册，第 57、65 页。此说有错漏，不仅鸦片，关于铅的税率，中英"海关税则"与中美、中法"海关税则"的规定亦有不同。参见 The Inspector General of Customs, China, *Treaties, Conventions, Etc. Between China and Foreign States.* Shanghai: 1917, Vol.1, pp.380、710、811。《清史稿》对此也有记述：美国来华人员"又称进口洋参、铅斤二项税则繁重，请减轻，以百斤取五为率"。见赵尔巽等《清史稿》卷一五六，第 16 册，第 4577 页。此记述错误，"铅斤"的税率并非值百抽五。

③ The Inspector General of Customs, China, *Treaties, Conventions, Etc. Between China and Foreign States*, Vol.1, p.453.

④ The Inspector General of Customs, China, *Treaties, Conventions, Etc. Between China and Foreign States*, Vol.1, p.710.

面。[①] 续修章程还约定进口"铅粉"和"白铅粉"每百斤税银分别是四钱五分和值百抽五，"铅块""铅片""铅管"每百斤税银分别是二钱八分五厘、三钱三分、三钱七分五厘，"白铅""衬锅白铅板""白铅粉""白铅片"每百斤分别征收税银三钱五厘、六钱、四钱、五钱二分。显示出品种增加和与时俱进的税种细化，但对"白铅"的管控更加严格。[②]

买卖双方既是合作者，缺少一方，另一方不成交；又是对立面，成交价是症结点。1781 年，英国大班向粤海关监督提出"去年的进口货价太低"，希望提价，否则，外商"将不会再来此埠"，海关监督不惧威胁，答称"他们来否是有自由的，至于价格一定要依市场的需要而定，而且没有一个商人会给价超出货物所值"，中国当局需要综合考虑交易双方的利益平衡。几天后，粤海关公布规定价格，裁判每担铅 4.5 两银，英方期望落空。与中国官方交涉未成，英人转身与华商洽谈"付给比明令规定高些的价格，但无效"。说明中国政府享有某种价格终审权。不过，官方插手毕竟偶发，价格来去中更常见的还是市场基于供求关系的自我调节，供大于求时落价，供不应求时溢价。1789 年，英国出口铅主要成本 37842 镑，售得银 98752 两，亏损 13%，原因在于输入量过大，市场难以短时消化。1792 年，英国出口铅主要成本 17031 镑，售得银 64401 两，盈利 26%。从主要成本换算来看，输入量较前减少了一半还多，故而扭亏为赢。1795 年的数据更明显，英船运来铅主要成本 5328 镑，售得银 22605 两，盈利 41.2%，输入量大幅减少，盈利率巨幅增加。翻过一年，英铅主要成本 18851 镑，售得银 66776 两，盈利 18.2%，量增的结果是利润下滑，这是一定之规。[③] 利润的高低还与货物是否适销对路特别是品种的稀缺性有关，英国曾输入"新品"红铅，此铅用途不广，只是作为再出口的颜料及制作玻璃陶瓷添加等，却因为是少见的稀罕物，价格反而略贵，"红铅每担售

---

① 1858 年的税则对于进口铅项下的规定，除了中英、中美有不同之外，与约的法国条文也有不同。参见 The Inspector General of Customs, China, *Treaties, Conventions, Etc. Between China and Foreign States* Vol.1, p.857.

② 王铁崖编：《中外旧约章汇编》第 2 册，北京：生活·读书·新知三联书店，1959 年，第 82—100 页。

③ [美] 马士：《东印度公司对华贸易编年史（1635—1834 年）》第一、二卷，区宗华译，第 392—393、491、509、578、590 页。

价 11 元"，而一般的铅"市场价格每担 4 至 5 元"①。

量价齐升确乎理想，究竟难得，在市场经济调节下的常见场景是，量大价跌，量缩价涨，市场愈饱和，价格愈走低，反之亦然。"洋铅"的早期售况不甚稳定，1732 年，输华铅多到市场一时无法消解，降价成为必然，外方只能"不计出售利润多寡"。1740 年，铅的销售"越来越困难"；转年，情况就有改变。②1759 年，运入超量铅，输量大增的结果是价格大跌，每担售银只得 2.6—2.8 两，降幅不小。③1783 年，欧洲价格换算后每担铅 4 两银，到广州翻升至 5.55 两银，溢价刺激了外来铅的涌入，这并没有引起西人的警惕，终于，到 1786 年，铅被迫降价，原因是进货太多，"铅以前是'和现款一样好'，但今年来货过多，大班被迫将当季价格从 4 两减为 3.80 两"④。商品价值规律时在作用，1866 年，已成中国最大商埠的上海，"铅的市价上落很大。3、4 月间，W·B 商标的铅上涨到每担 5.80 到 5.90 两的高峰，此后由于供货大量涌到，价格迅速下降，到 9 月份，它跌到每担 4.50 两的全年最低价"，原因是"直接从英国进口数量约为 1865 年进口数的三倍"⑤。该年度统共进口铅 6.7 万担，积压不少。翌年剧减到 3 万担，进口量较上年减少了一倍还多，价格却涨至"每担 4.80 两到 5.30 两之间"。⑥

总体来说，在众多来华商道里，"铅路"是其中长期维系、长年赢利的赚钱路线，这在工业革命前西方大宗输华货品（毛织品和早期棉织品等）中甚属少见。"洋铅"在华售价温和走高，以卖给行商不含关税的初售价来看，1699 年，价格是每担 2.5 两银子，处在低位；⑦1702 年，卖

① [瑞典]龙思泰：《早期澳门史》，吴义雄、郭德焱、沈正邦译，第 350 页。

② [美]马士：《东印度公司对华贸易编年史（1635—1834 年）》第一、二卷，区宗华译，第 207—208、266、282 页。

③ [美]马士：《东印度公司对华贸易编年史（1635—1834 年）》第四、五卷，区宗华译，第 484 页。

④ [美]马士：《东印度公司对华贸易编年史（1635—1834 年）》第一、二卷，区宗华译，第 413、441 页。

⑤ 李必樟译编：《上海近代贸易经济发展概况：1854—1898 年英国驻上海领事贸易报告汇编》，第 127 页。

⑥ 李必樟译编：《上海近代贸易经济发展概况：1854—1898 年英国驻上海领事贸易报告汇编》，第 146 页。

⑦ [美]马士：《东印度公司对华贸易编年史（1635—1834 年）》第一、二卷，区宗华译，第 89 页。该年度的铅价仅高于 1724 年的担 2.4 两银的价格。参见[美]马士：《东印度公司对华贸易编年史（1635—1834 年）》第一、二卷，区宗华译，第 171 页。

到 3 两银；1740 年，升至 3.6 两银；1751 年，涨至 4.5 两银；1779 年，攀摸高价位是 6 两银。[①] 1850 年代后，中国的外贸中心转移到上海，加上蒸汽轮船的推广，通讯工具的改良，使得运输和商情的通达愈发便捷，若有商机，短时立至，加剧了价格波动：1857 年，英国铅在上海的售价是每担 4.9—6.5 两银；1869 年是担 5.1—6.3 两银；1879 年是 3.9—5 两银；1889 年是 4.08 两银；1892 年是 3.46 两银。[②] 从长时段来看，涨落委实有限，较长时间围绕在担 4 两银的主轴线上下起伏。[③] 英铅输华既不温不火，涨落有序，又不绝如缕，细水长流。铅本不是大宗消耗品，使用有限，加上中国自身产铅，时人所言"洋铅尚非大宗货物"[④]，可谓一语中的。西方对华输铅量和中国的消耗量有适配关系，消费才是拉动生产的动力和目的，这里广涉工业与商业的协调，生产与供应的合作，国际分工与民族市场的调节，无求便无供，无供亦无求，大洋两端供给侧与需求侧之间需要持平，其间有一只看不见的市场经济之手在有机组合调适长链条上的诸环节。穆勒（Mill）曾强调"国际价值规律只不过是我们称之为供求关系等式的一般价值规律的扩展。商品的价格总是这样来调整自己，使需求刚好等于供给"，甚至把国际供求等式说成"国际需求等式"，省去了供给，突出需求，强调市场。在一般产业过剩的历史时期，需求端比供给端更显重要，抓住了市场需求，就是抓住了市场经济的"牛鼻子"，以需求拉动刺激供给是商品经济的长久定律。[⑤]

再附一笔，与铅同属金属的还有水银的进出口。在金属品中，与铅的对华进口逆向而行的有中国水银的对西方出口，不过，这只是早先，后来的进出口格局有了倒置，也是很有趣的历史场景，反映出西方向近代工矿业转换后生产力大幅提高的景观。中国用水银的历史至晚可追溯到公元

---

① [美] 马士：《东印度公司对华贸易编年史（1635—1834 年）》第一、二卷，区宗华译，第 121、264、293、362 页。

② 李必樟译编：《上海近代贸易经济发展概况：1854—1898 年英国驻上海领事贸易报告汇编》，第 54、190、530、826 页。

③ [美] 马士：《东印度公司对华贸易编年史（1635—1834 年）》第四、五卷，区宗华译，第 616 页。

④ 《耆英又奏与美使商定条约三十四款折》，文庆等：《（道光朝）筹办夷务始末》卷七十二，第 6 册第 2844 页。

⑤ [英] 马歇尔：《货币、信用与商业》，叶元龙、郭家麟译，第 163 页。

前 3 世纪，水银在中国应用比西方要早，因为古代前期中国的炼丹术和医药都较西方发达，中国人对水银有迷信，鸦片战争前一位来华的法国人记述：

> 借助十分落后的化学方法从硫化汞和朱砂中提取的水银也是繁多的制剂中的一种，称为"不死水"。虽然每天都会由于使用不当发生事故，但用药的频率还是很高。[1]

秦始皇"以水银为百川江河大海，机相灌输，上具天文，下具地理"的记载更是千古流传。[2]此事虽然待证，但表明水银在当时的应用已经常见。中国古代的水银自丹砂等汞矿中蒸出，天然出产也有，但数量很少。水银可制成硫化汞、氧化汞和汞合金等物质。水银在古人观念中有些神秘，其应用范围却比较广泛，可用于制镜、镀金工艺等，根据山西长治县分水岭战国墓中出土的"车马饰器"来看，秦始皇以前已经应用水银来镀金。据说还可以"炼金""炼银"，"近得一法，将黄银或淡金用土釜销化，入石硫黄些小三四次出火，锤去青黑松皮，中心遂成赤色黄金，若色犹未赤，再销如前，其青黑松皮，加铅镕化，入灰锅煎干，乃汞银也。原淡金一两，得黄金七钱，必得白银三钱。煎法以淡金打成薄片，用黄泥包文武火烧一昼夜，遂成金。其白银渗入泥中，无复出脱期矣"。[3]《周易参同契》中也有化汞为银之法的记载。汞齐法发明后，水银在炼银上的作用得以验证，水银用量大增，但银矿附近时有水银伴生。水银药用也是常见，除了炼制长生不老的丹丸，是古人炼丹术中的常配原料之外，在日常用药中也不乏见到，水银制成的朱砂可以入药。1973 年长沙马王堆汉墓出土的帛书中的《五十二病方》，是现已发掘的中国最古医方，应该成书于战国时代。其中有 4 个药方就应用了水银，例如用水银、雄黄混合治疗疥疮等。水银储量有限，用途广泛，朝中宫内是使用大户，清代内务府档案显示，仅光绪九

---

[1] ［法］老尼克：《开放的中华：一个番鬼在大清国》，钱林森、蔡宏宁译，第 242 页。
[2] 司马迁：《史记》卷六《秦始皇本纪》，北京：中华书局，1959 年，第 265 页。
[3] 嵇曾筠：《（雍正）浙江通志》卷一〇七，清文渊阁《四库全书》本。

年（1883）四月初一日上传端阳节差朱砂等项数目就不少：乾清宫共传朱砂七斤四两，长春宫传朱砂十斤，寿康宫传朱砂三斤，寿安宫传朱砂二斤三两，何老爷单传朱砂二十七斤七两，覆计朱砂共银一千五十三两六钱。光绪十七年（1891）四月二十六日，档册中又有"寿康宫传祺主用朱砂整末各二十包，一钱一包。珣主用朱砂末各十包，一钱一包"的记载。[①]可见，水银是清宫中的常用药。

上古时的普遍应用必须源出自产，不可能仰仗于外域，中国自古就是出产水银的国家，西南、中南、西北等多地均有出产，"甘肃运来金子、水银、麝香、烟草"[②]。尤以西南地区产量较丰，明代洪武年间，朝廷"诏许云南以金银、海贝、布漆、朱砂、水银折纳秋租"[③]。广西的双流山、柳城县等地也"产水银、朱砂"[④]。而贵州是水银重要产地，《贵州通志》记水银采矿情景："自马蹄关至用砂坝十里而近，自用砂坝至洋水热水五十里而遥，皆砂场也。"[⑤]西人也记：

> 从贵州运来金子、水银、铁、铅、烟草、香料和药材，而只运回少量货物，主要是洋货。[⑥]

但中国纳入世界贸易范畴后，中外水银开始流动，格局也发生变化，初始是中国水银外流。1700年英国船在广州、舟山、宁波等地购买水银64担，成本2864两。1702年，英国东印度公司船主在厦门签订的"实物交换欧洲货"名单中，包含水银200担，每担价银46两。1704年从广州回航伦敦的"肯尼特号"，载有水银和银珠400担，价值17200两银子。1722年英船装载水银200担。同时开赴孟买的"艾尔斯号"载有水银100担。1723年"沃波尔号"以16800两银子购买水银400担，是该

① 恽丽梅：《论清代紫禁城药材来源及应用》，《中国紫禁城学会论文集（下）》，北京：2007年，第874页。
② 姚贤镐编：《中国近代对外贸易史资料》第1册，第306页。
③ 鄂尔泰：《（雍正）云南通志》卷一○，清文渊阁《四库全书》本。
④ 金鉷：《（雍正）广西通志》卷一九，清文渊阁《四库全书》本。
⑤ 鄂尔泰：《（乾隆）贵州通志》卷四三，清乾隆六年刻嘉庆修补本。
⑥ 姚贤镐编：《中国近代对外贸易史资料》第1册，第306页。

船货品中除茶叶外价值最高的。同时两艘奥斯坦德船回购水银 400—500 担。1724 年英人从广州出口水银 200 担。1739 年，到孟买的英船载水银 52 担。1792 年，20 艘英国散商船从广州出口水银 23 担，每担 50 两，价值银 1150 两；同年，4 艘荷兰船从广州出口水银 153 担，价值银 7650 两；4 艘美国船出口水银 901 担，值银 45050 两。[①] 此时还有对日本的出口，"清舶所赍之商品，种类颇多，中国十五省之物产，网罗殆遍"。[②] 这些商品中，"倭国所好之中国货物，如丝、丝绵、红线、水银、针、铁锅、药材，均以银价计"。水银在日本主要用来镀铜器，由于日本水银矿产资源匮乏，常依赖进口，水银的价格往往 10 倍于中国，每百斤可以售卖至银 300 两。[③]

但中国水银对西方的出口只持续到 19 世纪初叶，情况就有了变化，中国从水银输出国变为输入国。尤其是美国独立后，很快改变从中国进口水银的局面，改而向中国出口水银，且出手不凡，一跃成为向中国的输出大户，进出口局面倒转。当然，水银毕竟不是生产生活的必备品，而且中国有自产，开始时自美输华的水银数量起伏不定，波动很大。1806 贸易年度，是 1672 担，翌年降至 57 担，1809 年甚至到 18 担；但自 1817 年后，进口量陡然增大，总在千担以上，从一个小视窗瞄见美国的水银采矿生产在高速运转，当年是 3240 担；1818 年 9727 担，是为高点；1819 年 5020 担，1820 年 3938 担，1821 年 4324 担，1822 年 2859 担，1823 年 8210 担，1824 年 6452 担，1825 年 3738 担，1826 年 2815 担，1827 年 8666 担，

① ［美］马士：《东印度公司对华贸易编年史（1635—1834 年）》第一、二卷，区宗华译，第 89、123、141、170、175、178、272、521—523 页。
② ［日］木宫泰彦：《中日交通史》，陈捷译，北京：商务印书馆，1931 年，第 364 页。
③ 李言恭、郝杰：《日本考》卷一，北京：中华书局，1983 年，第 31 页。

1828 年 6374 担。①上述美国水银都是从广州口岸入关。在 1830 年贸易季，广州进口美国水银 5644 担，价值 395080 元；1831 年是 10295 担，价值 720650 元；1832 年是 10154 担，价值 629548 元。②英国也从水银的进口国改变成为对华出口国，《海国图志》记载，"以道光十七年（1837）广东与英夷贸易出入之数计之"，输华货物中除了棉花、洋米、毛呢、棉纱等外，还有"水银二十三万员（二千石），锡二十九万五千员（万五千石），铅八万九千员（万四千石），铁四万八千员（万六千石），硝七万五千员（共万石）"③。水银不仅是进口金属中的主要商品，而且是价值较高的商品。因为需求量大且价格较高，水银常被用铅和锡来假冒。西人记述，要识别掺假，可将水银煮至蒸发，这时别的金属不会蒸发而留下来。若掺入的其他金属多，水银就会显得油腻；当纯水银挥发时，会粘附于皮肤。这种金属的价格每担在 60—70 元之间，是市场上的多变商品。④这些从西方反向运来中国的水银，并不是全部用于中国的消耗，部分用于再出口，有些制成朱砂向印度和欧洲出口，有些用于在出口外销瓷上描绘图案，是内外双向循环的加工产品。

---

① 19 世纪初叶，外来水银输华变动剧烈，主要因素便是国际战争。在 1815 年以前水银输入的数量整体不高，虽然 1806 年美国输入的水银数量超过千担，但很快贸易陷入了停顿，甚至出现了连续几年中断的情况。此时，欧洲受到了拿破仑战争的冲击，随着法国和英国在交战中互相封锁，打击了美国的贸易。英国擅自征用美国海员的事件在三年内超过了 6000 件，英舰径直袭击美舰"切萨皮克号"使英美关系更加紧张。为了自保，1807 年美国无奈实施禁运法案，禁止美国船只驶往外国港口，并标明只有船主在交给政府两倍于所运货物价值的债券之后才能进行沿海贸易，货物必须运往美国领土。这一法案使美国对外贸易急剧下降，出口额从 10834.6 万美元降至 2231.1 万美元。而表现在广州对美国船只的水银进口数量上，1808 年水银进口出现了空白。直到 1809 年 3 月，国会撤销了历时 14 个月的《禁运法案》，中美的水银贸易才又重新开始。好景不长，1812 年，英美矛盾终于爆发，第二次独立战争开始，对中美贸易形成阻断，从 1812 年到 1815 年的三年时间里，美中贸易总额不及战前的 1/2。中美之间的水银贸易也中断。直至 1814 年 12 月 24 日，美国与英国缔结了和约，1815 年度广州才恢复从美国进口水银 450 担。此后，水银的进口数量迅速增长起来。从 1815 年至 1818 年，水银贸易由 450 担飞速增长至 9727 担。然而之后由于国内经济开始恢复发展，美国商人的资本开始也更倾向于重新抢占国内市场，因此中美贸易停止了这种激增的趋势，下落回归到正常状态，自此每年都平稳发展。参见姚贤镐编：《中国近代对外贸易史资料》第 1 册，第 293 页。

② [美] 马士：《东印度公司对华贸易编年史（1635—1834 年）》第四、五卷，区宗华译，第 260、285、351 页。

③ 魏源：《海国图志》上册，陈华等校注，第 36 页。

④ [瑞典] 龙思泰：《早期澳门史》，吴义雄、郭德焱、沈正邦译，第 356 页。

六 不列颠棉品

尽管"cotton"一词，在英语中已有好几百年的历史，可是直到 17 世纪，这个词更多地还是指英格兰北部制造的某些粗毛呢织品，而不是后来意义上的"棉花"。据认为 1585 年亚历山大·法内塞（Farnese）攻占安特卫普，迫使约 3 万名工人移居英国，才开启了不列颠的棉纺业。在英国棉纺业早期，"产品的品质在中等以下，数量也微不足道"。英国棉品多依赖东方。即便这样，也同传统行业发生竞争，"英国的毛纺织业把东方时尚看作是敌人"。[1] 毛纺工人群体骚乱，行为激烈。1665 年，东印度公司负责人查尔德（J. Child）发表《新贸易辩解》一文，就进口国外棉纺布回答了反对派的责难，但无济于事。[2] 1700 年，英国议会颁布法令，严禁东方的印花棉织品输入。1719 年重申东方棉布"有害于民族毛纺工业和丝纺工业，并有增加贫民人数的趋势，又鉴于如不采取有效措施来加以制止，结果就会完全毁灭上述工业，并使陛下的无数臣民遭受破产"，因而禁止一切住在英国的人拥有这些织品，违令穿用者课以 5 镑罚金，贩卖者处以 20 镑罚金。[3]

但市场经济是顽强的，禁限阻挡不了民众需求，何况这是生存的基本需求。东方棉品源源不断流入英国，1660 年代，东印度公司退休职员等便从事中国和印度棉品向欧洲的转运，此主要是转口交易而非直接贸易；中国棉织品还通过葡萄牙、西班牙和荷兰人之手流入西方。英国人最早尝试直接从中国进口棉品是 1734 年。[4] 到了 1780 年代，东印度公司就经常性地每年贩运中国土布 2 万匹到英国，这个数量到 19 世纪初扩大到 20 多万匹。1786—1833 年间，西方商人从广州输出的棉布总量有 40274164 匹。[5]

---

① J. Steven Watson, *The Reign of George III 1760-1815*, Oxford, 1960, pp.22-23.

② G. T. Craik, *History of British Commerce from the Earliest Times*, London: 1844, Vol.2, pp.81-83.

③ ［法］保尔·芒图：《十八世纪产业革命：英国近代大工业初期的概况》，杨人楩、陈希、吴绪译，第 154—155 页。

④ ［美］马士：《东印度公司对华贸易编年史（1635—1834 年）》第一、二卷，区宗华译，第 223—224 页。

⑤ H. B. Morse, *The Chronicles of the East India Company Trading to China 1635-1834*, Oxford University Press, 1926, Vol.1, pp. 224-225,254-255, Vol.2, pp.61,391.

（一）海外依存

也是从 19 世纪 20 年代后期开始，格局倒置，英国大幅减少从中国进口棉织品，转而向中国大量出口棉织品。疑问出来了，英国本身不产棉，为什么这个全世界和棉花关系似乎最淡漠的区域，可以创造并主宰棉布帝国？

这与英国所处的岛国环境有关，与棉纺织工业需要的物候条件相关，英国虽然不产棉，却适宜进行棉的加工织造，英国的工业革命从纺织业起步，可谓适得其地。在全球化进程中，作为海洋国家的英国享有海运利便，又属海洋性温带气候，受墨西哥暖流和大西洋西南季风影响，空气潮湿，由于棉纤维吸湿后分子间距增大，故纤维脆性随之降低，柔软性改善，干燥断裂减少，棉纱强力提高。所以，兰开夏本身就是一个物候天成的纺织宜地，其平均相对湿度是 0.82，最潮湿的月份为 0.93，最干燥的月份为 0.78。特别是耸立在曼彻斯特东面和北面延伸的高大山脉，阻住了来自海里的云层，接纳了大量的雨水，兰开夏郡（后来"大曼彻斯特郡"（GreatManchester）从中分立出来）年均雨量竟然达到 1 米左右，充分的空气湿度适合纺出异常纤细的棉纱。

是时出现的"专业刊物"《棉花供应报道》（Cotton Supply Reporter）刊文："棉花及其商业已成为许多现代'世界奇观'之一。"[1] 19 世纪初叶，曼彻斯特成了全球闻名的"棉布生产之都"，英国的近代棉纺织工业某种程度上某段时间里也就是曼城的棉纺织工业，"曼彻斯特作为当时纺织业的主要营销地，成为第一个全球化的工业城市，其工业体系遍及全球各地"。[2] 曼城成为棉都的两大条件，除了气候温湿以外，再是地理区位，曼城处在奔宁山脉临海一侧的山脚，距离厄尔韦尔河和默西河合流处不远的河岸上，河、海运近便，决定它有着成为工贸中心的优越地理位置。一句话，曼彻斯特距离海上通衢很近很近。

这必须说到另一个城市——利物浦，它是紧邻曼城的世界级大港口

---

① ［美］斯温·贝克特：《棉花帝国：资本主义全球化的过去与未来》，林添贵译，第 14 页。

② ［英］彼得·迪肯：《全球性转变——重塑 21 世纪的全球经济地图》，刘卫东等译，北京：商务印书馆，2007 年，第 269 页。

城。世界经济实际上是区域经济的良配组合，各个地区因为天时、地利、人和等各方面的差别，往往有自身的特色产品，而这些产品要成为盈利最大化的商品，很重要的是运送他地。本地的自产自销主要是自然经济，而非发达的商品经济，商品的价值与距离远近成正相关，相距越远，附加值越高。这也要求各相邻地区发挥优长良性互动，形成天然的或者人为的产业集群，这个集群具有滚雪球效应，往往会铺盖面愈来愈大。作为岛国的英国，在海洋经贸兴起、海洋交通便利的年代，享有得天独厚的条件。在英国的近代海运经济和棉业发展中，利物浦的作用特别值得注意，它是大海和内河的联结点，坐落在兰开夏的门口，离曼彻斯特只有数里之遥。如果说，曼彻斯特是"棉都"，那么，利物浦就是这座"棉都"的孕育温床和养育摇篮；换言之，棉纺织业奠基了英国的近代工业，利物浦就是英国棉纺织业的出入口，是棉花输入英国的入口和棉布输向世界的出口。在 17 世纪之前，"利物浦几乎只是一个渔村，孤立在当时既无码头又几乎没有海船的大停泊场的入口处。然而，河口所提供的优良避风所已把商业吸引来了。……1636 年，利物浦仍然是那么一个小港口，以致斯特拉福德在征收有名的造船税（ship money）时，只课它十五镑，可是彻斯试却要缴一百镑、布里斯托尔则缴两千镑"。近代海交的到来催生了近代的利物浦，优良的大港口和优越的生产腹地给利物浦插上了起飞的双翅，利物浦与曼彻斯特的关系是前者接收原料，后者把原料拿来制造成品，再到前者那儿发送海外。利物浦是次生传递性城市，很自然地成为棉花输入和棉布输出的进出口岸。1710 年，出入利物浦港的船舶总数不超过 2.7 万装载吨，1750 年为 6.5 万吨，1770 年为 14 万吨。此时工业革命还未完全展开，利物浦"正是外来的影响深入到兰开夏而引起新工业的发生的，这种工业就是学习外国榜样并从外国弄来原料的棉纺工业"。随后，"成千上万地堆在利物浦仓库里的棉花包，使我们想到近在咫尺的曼彻斯特，想到它那些正像吃不饱的胃口一样不断需要喂料的无数机器，想到要离开那里以便流行到全世界的大量工业品"。如果说，曼彻斯特的工业区是生产中枢，那么，利物浦的港口就是国内流通的起点和终点，更接续国际流通的起点和终点，这"一切动作起来的推动力却是来自海外"。"海外"一词，分量太重，对于英国，不是生存，而是发展，这一时间英国人从世界各地——南亚次大陆、加勒比海、北非、北美倾力搜罗"海外原棉"；英国的机纺纱布更是陆续蔓延全球市场。未曾料到，翻开人类历史新章的英国工业革命对海外原料和市场的依存度会如此之高！海洋商路是生命线！绵长的海岸线，近岸的深海区，宽敞的码头区，毗邻的工业区，利物浦具备成为大港的天然条件。1832 年，其船坞和港湾壁垣已经长达三英里半，满布码头、仓库，"船桅林立有如森林"，默西河流入爱尔兰海，出爱尔兰海就是大西洋，而大西洋西岸正是全世界最大的棉花种植地。每年数千艘船只满载压缩棉包抵港。

英国和欧洲的棉制造业，一开头并不被看好，因为其原料——原棉，居然本地没有出产，而要发展成为当地的主要产业，这在人类生产史上也许前所未见。在"旧生产体系"中，拥有本土原材料，是竞争性产业发展的先决条件。但是，进入海洋经济的时代之后，这一规则的约束力就大大降低了。根本的原因是海交工具的改良，使得运输成本大为降低，批量重载成为可能，海外原料进口和国内成品出口也顺理成章地堪当主角。英国工业革命率先进行的棉纺织工业便是建立在外来原料基础上，原棉跨洲运来，依靠海运使一袋袋"白色黄金"从太子港、孟买、黄金海岸，略后些更有纽约、亚历山大等世界各地运到。海运创造了奇迹，伟大的商业革命和工业革命赖此成就。说到底，海洋交通的发达是英国产业革命航船起锚的先决条件。

棉布的世界性普及转而带动同时也相得益彰地得宜于纺织技术的进步，这与棉花具有适合机械操作的特殊纤维优点相关。1733 年，曾在毛呢工场打工，半是织工半是技工的约翰·凯（John Kay）取得棉织机上的飞梭专

① [法] 保尔·芒图：《十八世纪产业革命：英国近代大工业初期的概况》，杨人楩、陈希秦、吴绪译，第 81—83 页。

② [美] 斯温·贝克特：《棉花帝国：资本主义全球化的过去与未来》，林添贵译，第 220 页。

③ 曾长年经商的穆罕默德·阿里 1805 年出任埃及总督（帕夏）后，下令埃及农民必须种植棉花，政府收购后卖给英国人。特别是美国内战爆发后，英国棉市吃紧，阿里的继承者更规定大地主必须将四分之一的土地种植棉花；并将棉花出口税从 10% 降至 1%。埃及的棉花出口量从 1861 年的 59.6 万堪塔尔增至 1863 年的 128.7 万堪塔尔，棉花出口值占全部产值的比重从 1861 年的不足 40% 增至 1863 年的约 78%。彭波、施诚：《千年贸易战争史：贸易冲突与大国兴衰》，北京：中国人民大学出版社，2021 年，第 82—83 页。

利，此发明改变了过去用双手相互穿梭的织布方法，以脚代手，织工只需用两脚交替踏板，飞梭就会自动左右穿梭织成布匹，不仅增加了布幅宽度，而且使织布速度加快一倍。这项技艺打破了纺纱和织布两个工序间的平衡，造成纱供应的不足和技术改造的急需。1735 年魏亚特（John Wyatt）和保尔（Lewis Paul）创制了罗拉纺机（Roller Spinning），此机运用近代纺纱机的基本原理，是真正的"机器"。不过，这仍是家用手工纺机。纺纱技术的大步前进愈发使织布行业相形见绌，1761 年，"英国奖励工业学会"特别公告：鉴于棉纱的不足给"人民带来很大损害"，特设奖金来奖励发明一种能够同时纺出"六根棉纱或六根丝线的，并能仅由一个人操纵和看管的机器"。突破迅速出现，纺与织两业的技术革新进展同步神速。1764 年珍妮纺机（Jenny Spinning）为多锭结构开辟了路径；1768 年阿克拉特（Richard Arkwright）的水力纺机（Water Frame）使纺纱机的转动不再依靠人力，而利用自然力，这是技术革命的关键，此机器纺出的纱线粗而坚韧，可代替亚麻做经线，英国也由此实现纯棉织品的制造。水力纺纱机体积较大，不宜于家庭应用，需要建造专门的厂房来集中生产，使多数纺工有集合在一个工作场所的必要；三年后，阿克拉特便在克隆福德（Cromford）开设了水力纺纱厂，雇佣工人 600 多名，就此奠定近代工厂制度的基业。工厂的出现在人类的生存方式和生产形态上是一个飞跃，在这之前，除了军人团体和临时性的大型工程以外，人类少见集约化的群体作业模式，而工厂制度使此崭新的生产方式成为常态——不似此前临时召集征用，而是此后长期保持。阿克拉特又接连创办了多家纱厂，并被封授爵位，成为百万富翁。1775 年，克郎普顿（Samuel Crompton）设计了"骡机"（Mule Spindle，意即兼具马和驴的优长），将珍妮式和阿克拉特式两机的优长组合，从而提高了纺纱效率和棉纱品质。1785 年，机械织机诞生，人类从自然力迈入到机械力的新阶段，这是不受外界（风、水、光）制约，不用歇息的新力源，生产力因之有了几何级数的增长。1793 年，轧棉机的出现使棉纺业的最大瓶颈——清除棉籽的难题解决。同时，蒸汽动力的应用经瓦特（James Watt）复动式（Double Action）蒸汽机的创造而臻于完善，新技术立刻被应用到纺织领域。1796 年，格拉斯哥的约翰·奥斯汀（John Austen）发明了第一台动力织机，它安装了断经和断纬的自停装置，能在一小时内织出 2 码 900 线织物，"并且，因要求的织物细度不同，一个织工辅以一个童工就能照管三至五台织机"[1]。 1803 年哈洛克（William Harrosks）发明蒸汽动力织机，三年后，蒸汽发动的织布工厂建成。至此，近代棉纺织工业机械化、动力化的革新过程可说是初成。英伦的动力织布机 1813 年为 2400 架，1820 年为 14150 架，1829 年为 55500 架，1833 年为 10 万架。[2]

（二）此是恩物

应该承认，不是所有的商品都具有产业引擎或业态领头羊的作用，要成为产工贸的抓手，此商品必须适用性极广，复购率极高，生产量极大，产业链极长，供应链深入亿兆平民。棉花在工业革命时代得以迅速运用，有它与生俱来的优势：首先，棉花本身在技术上较之羊毛更适合采用机械化纺织，它是一种具有相对同质的植物纤维，而羊毛是易变纤维。其次，棉花的增产更容易，增加棉花供给较之增加绵羊的数量和亚麻产量要可行。[3] 再次，从市场角度看，棉纺织品较之毛纺织品更具普及性，价格低廉，方便洗涤，易于缝补，耐用卫生，吸汗舒适，适合裁制各类衣被——内衣、衬衣、外套，甚至适合工厂作业的工作服，以及时时更新换代的时髦服饰。短短几十年，先是让英国，转而让世界的工业、商贸、时尚和社会各阶层穿戴发生了翻天覆地的变化，导致这些变化的重要催生物就是棉织品。工业革命赖此品发生，进而锻造出崭新的机器制造全产业链条，编织全人类各色人等的新衣着，这是历史上不多见的单项产品引起产业革命甚而改变世界样貌的典型范例。

最先走向世界（不仅仅是欧洲）的英国棉品类别是机器纺出的棉纱，新技术革命带来生产力的提高和生产费用的降低。与纺纱领域先发的走势同步，

---

[1]　[英]亚·沃尔夫：《十八世纪科学、技术和哲学史》下册，周昌忠、苗以顺、毛荣运译，第 597 页。

[2]　[英] H. J. 哈巴库克、M. M. 波斯坦等主编：《剑桥欧洲经济史》第 6 卷，王春发、张伟、赵海波译，第 295、298 页。

[3]　中国也成为海外棉输入的大国，到 1924 年，据中国海关统计数据反映中国进口外棉情况是：印度 1039 千担；美国 147 千担；日本 6 千担；其他国家 28 千担。1925 年，印度 1464 千担；美国 235 千担；日本 82 千担；其他国家 27 千担。1926 年，印度 1948 千担；美国 732 千担；日本 45 千担；其他国家 20 千担。参见于新娟：《长江三角洲棉业外贸研究（1912—1936）》，第 105 页。

棉纱的生产费用也先行降低，1775 年前大约是每磅 10 先令，到 1790 年下落为 4 先令，1795 年又降到 8 便士，到 1826 年则低至 6.5 便士，就是说，纱机的进步使得 50 年内，棉纱的生产费用跌落了 94% 强。[①]"纺纱机的出现，使得 18 世纪末一名欧洲妇女纺出的纱线，在印度需要 300 名妇女才能完成。"[②] 因此之故，英伦的机纱率先显露优势，在棉布打开中国市场之前便大规模地进入中国。1777 年，广州的"港脚贸易"中出现棉纱的项目。[③] 但应该属于印度手工纱线。因为直到 19 世纪初叶，英国棉纱仍被认为纱支过细，不适用于中国的纺织工具织造。[④] 英国东印度公司输华棉纱之记载始于 1821 年，这才是机器纺出的纱线。从此，在机纺的作用下，中国开始批量进口英国机制棉纱，"织造家之间，对于（英国）棉纱的评价日益增高"。此乃英国工业品最早楔入中国的品类，先于机制棉布抢滩中国市场。[⑤] 1828 年时有人发现中国人业已开始习惯用英国棉纱作经线，这种洋经土纬布比土纱织布坚韧而价廉，"果尔，那么消费量必然会大大增加"；1829 年，中国进口英纱 50 万磅；1831 年增至 95.5 万磅，1842 年更高达 448.58 万磅。[⑥] 以 1833 年和 1840 年比较，英国输华的平纹棉布在短短 7 年增加了近 5 倍，棉纱却增加 8 倍有余。[⑦] 如此一来，"纱"与"布"析开，结果是"纺"与"织"分离。由此而出现花贵纱贱的现象，通常织户与纺户，即原棉与棉纱的量比是 1 : 2，就是两斤棉花换 1 斤棉纱。其后，甚至在中国的某些地区演变成风行一时的"放纱收布"的操作模式。本来，在手工作业年代，纺纱与织布间就不匹配，尝有"数月理棉纱，才得上机织"之叹 [⑧]，机纱使手工棉业冲破

① 严中平：《中国棉纺织史稿》，第 41 页。

② ［意］乔吉奥·列略：《棉的全球史》序言，刘媺译，第 1 页。

③ E. H. Pritchard, "The Crucial Years of Anglo-Chinese Relations, 1750-1800", *Research Studies of the State College of Washington*, 1936, Vol.4, p.161.

④ E. H. Pritchard, "The Crucial Years of Anglo-Chinese Relations, 1750-1800", *Research Studies of the State College of Washington*, 1936, Vol.4, p.161.

⑤ ［美］马士：《东印度公司对华贸易编年史（1635—1834 年）》第四、五卷，区宗华译，第 198—199、208 页。

⑥ 参见严中平：《中国棉纺织史稿》，第 62—63 页。姚贤镐编：《中国近代对外贸易史资料》第 1 册，第 284 页。

⑦ 严中平：《中国棉纺织史稿》，第 44 页。

⑧ 孙燮：《木棉四咏》，转引自许涤新、吴承明主编：《中国资本主义发展史》第 1 卷，第 399 页。

了纺纱业效率低下的束缚。洋纱的输入顺势对中国的土纱纺业形成冲击，此突如其来的迅猛势头令从业者细思极恐。1831 年，广州郊区的"那些贫苦人民发现了是进口的洋纱夺去了他们纺纱的生意，曾在各乡镇遍贴揭帖提出警告，凡在广州购入洋纱者，一经拿获，立即处死"。[1]因为关涉生计活路，纱户们态度绝决，措施极端。然而，进口机纱却给中国的织布业带来机遇，机纺业与手纺业的生产效率差距颇大，前者一个工人的生产效率 80 倍于后者；而机织业与手织业的差别不大，是时，前者一个工人的生产效率仅 4 倍于后者。[2]来自英国的棉纱，以 22—45 支的最为畅销，"中国人默认了它的优势，慢慢地接纳它们取代了自己的产品"。[3]

中国的小农家庭也开始不再将植棉、纺纱、织布的整个过程集于一家一户来完成，而有了分解，分离的进程即是专业协作化的过程。间隔万里之遥的各个地区被密不可分地串连，这样就出现了原棉产自印度、美国等，机纱出自英国，转过来在中国织布的场景；中国棉纺织业最早与近代大工业串联的便是英国的机纱，进而被最早纳入工业革命开始后的世界经贸体系，此进程与英国工业革命技术改造的调门节奏保持同步。

表 2-6　英国机织棉纱布输华数量（1829—1842 年）

年代	平织棉布（码）	棉纱（磅）
1829	910000	500000
1830	600000	380000
1831	1732000	955000
1832	2262776	383600
1833	4492563	400000
1834	5699106	901120
1835	10356047	2344482
1836	13049250	3155769
1837	10567120	1845977
1838	23063784	3733580
1839	20567207	1588500

[1]　"Morning Herald"，彭泽益编：《中国近代手工业史料》第 1 卷，第 249 页。

[2]　严中平：《中国棉纺织史稿》，第 224—225 页。

[3]　[瑞典] 龙思泰：《早期澳门史》，吴义雄、郭德焱、沈正邦译，第 343 页。

（续表）

年代	平织棉布（码）	棉纱（磅）
1840	21355763	3419560
1841	22541855	2914250
1842	19358120	4485856

资料来源：严中平《中国棉纺织史稿》，第44页。

　　从表2-6可见，棉纱的增速要快于棉布很多。这与英国纺织工业革命的演进历程吻合，先是纺纱的进步，后是织布的进步，纺纱技术的改良拉动了织布技术的演进，前者比后者要快一拍。英国棉布的入华则没有机纱那么顺利，其间经历了从手工棉织布的试销不畅到工厂机织布大卖的曲折。1786年，曼彻斯特等地的农户手织棉布曾被送到广州，被中国商人确认不符合市场需要。1788年再运来，依然效果不好。1790年，来自曼彻斯特的100匹棉布进入中国，售得银子2000两，"约等于主要成本。它们不大受欢迎，认为价钱太贵，不及中国人自己生产的好几种制品"。[①]此后20年，公司不再运来，直到1812年才又运来，还是没有销路。1821年不列颠印花布硬着头皮在广州拍卖，损失在60%以上。[②]鉴于此情况，经营对华贸易的重要商号"麦尼克行"很不"乐观"，当他们收到来自孟买的里奇·斯图尔德公司运来的小批量印花布后，他们回答说它是"难于售出的……我们认为这是一项不好的买卖"，后来，这批印花布还是被转运到马尼拉去了。在很长的时间里，"向中国运输兰开夏货物的商人所遇到的是前途无望的反应"，"兰开夏棉制品向中国的进口还处在幼稚时期"[③]，此时仍然是中国棉布的单向输出，英国质劣价高的棉布在中国打开销路尚需时日。

　　这一问题在不断改进的机械化生产浪潮席卷下破解。以1819年英美两国从中国输出3559000匹棉布为顶点，中国棉布出口发生了由盛转衰的质点转折，说明西方的自产棉布已经占有并扩大着本国市场，西人穿用中国棉布有了减少。自此起始，中国的外销布每况愈下。虽然总趋势的下降

---

① ［美］马士：《东印度公司对华贸易编年史（1635—1834年）》第一、二卷，区宗华译，第441、496页。
② ［美］马士：《东印度公司对华贸易编年史（1635—1834年）》第一、二卷，第441页；第三卷，第177页；第四、五卷，第2页。
③ ［英］格林堡：《鸦片战争前中英通商史》，康成译，第91—92、84页。

不排除阶段性起伏，后来几年，双方仍在博弈，呈现拉锯。"1820 年，五分之四的英国棉纺织品输往欧洲和北美，虽然也向亚洲输出很多棉纺织品，但它却带回来价值几乎相等的、质量更好的棉织品。"[①] 1821 年，英国输入中国的棉织品价值 13621 银元，美国输入的 179410 银元，合计为 193031 银元；中国的棉布输出 1317626 元，中国的出超仍为 1124595 元。[②]

不过，英国纺织工业的革新日新月异，中国传统纺织业却旧貌依然，手工土布在与机器洋布的角逐中渐居下风。1820 年代中期后，在英国机制布的打压下，中国土布出口下落加速，工业革命的成效不仅在机纱业，而且在机织业开始显现。观察广州口岸对英国机织布的贸易走势，真正不间歇地输入是从 1825 年开始。到 1827 年，胶着局面被打破，这年，在中国市场上"不列颠花布已首次售得利润"。机织布优势显现，这是家庭织机无法企及的，英国机织布在扩大市场的前提下开始赢利。英国棉布在华也赢得愈来愈好的评价，1830 年，广州行商提交英国东印度公司驻华委员会"一份布业行会的函件"，证明"前时凡盖有公司商标的布包，不需检验就可以原包流通整个帝国（中国），因为人们完全相信其所标明的质量。……这样一种绝对信任的事例，我们相信在世界上任何地方几无其匹"。[③]工业革命时期的英国机织布完成了三级跳：先是占领本国市场；然后将东方棉布挤出西欧市场；最后是英国棉布在东方市场占有愈来愈大的份额。从双方销售额的反转也可看出，到 1830 年，中国棉布的出超地位已然改变。1831 年，两国棉织品的输出入反差加大，中国棉布的入超加剧，在这个贸易年度，自英输华棉织品价值 360521 两银，自华输英 115878 两银，中国居然入超了 244643 两银。到 1833—1834 年，中国的颓势加剧，自英输华棉织品价值 451567 两银，自华输英骤降为区区 16304 两银。[④]几年之间，消长巨大！采用大机器生产的英国棉纺织品以其质优价廉横扫世界棉业市场的同时也冲击着中国棉市。棉品作为工业革命最先发最重要的成果，成

① ［英］马歇尔：《货币、信用与商业》，叶元龙、郭家麟译，第 126 页。

② Fong, H. D., *Cotton Industry and Trade in China,* Tientsin, 1932, Vol.1, pp.246,273.

③ ［美］马士：《东印度公司对华贸易编年史（1635—1834 年）》第四、五卷，区宗华译，第 156、237 页。

④ 严中平：《中国棉纺织史稿》，第 19 页。统计数字略有差别。

为打开中国市场的利器。

中国棉布进出口的消长在美国甚至比英国表现得还厉害。美国曾是中国棉布的输入大国，一般年景下，美国进口中国棉布的价值占其进口中国货值的 14% 以上，但在 19 世纪 20 年代前后，中国棉品在美国的市场被欧洲人夺占，到 1840 年，中国棉布销美价值仅 2000 余美元，市场近乎消失。[①] 倒过来看，1826 年，美国产的粗棉布首至中国，之后，占有原料优势且甫建国即逢工业革命迅占技术优势的美利坚步伐相当之快，到 1842 年，就有 50 万匹美产棉布输华。[②] 到 1846 年时的情况是：

> 美国本色斜纹布似乎特别适合中国人的需要，加染以后，在中下层人民中销量甚大。这种布比较厚重，是以较粗的棉纱织成的，美国人比英国制造商拥有原料低廉的一切优越条件，以致英国输入的同样布匹，敌不过美国。[③]

机织棉品大量进入中国，造成传统"棉路"的流向逆转，从过去的东方流向西方、中国流向英美转为反向。这也使得传统对华大宗出口商品退位，渐被新品替代，突出表现是英国的毛织品因与棉布同属衣类服用，所以受到的冲击特别大。1820 年代后，毛织物的在华销售更形萎缩，中国人"宁购棉布，加染絮花，较廉且较暖"[④]。棉花是大自然赐予人类的恩物，全世界的人们也经历了从皮麻着装到棉布服饰的历史性易代，真正意义上的"布衣天下"时代来临，这从人均原棉消耗量上得到反映。在英国，人均原棉消耗量在 1698—1710 年为 90 克，1750—1760 年上升到 200 克；法国 1750 年为 50 克，1790—1802 年上升为 100 克。[⑤] 巴黎是欧洲的时装之都，法国人的用棉量竟然远低于英国人，表面看来说不过去，这却与英国棉纺织业较早发迹有

① Fong, H. D., *Cotton Industry and Trade in China*, Vol.1, pp.246,273.

② [英] 格林堡：《鸦片战争前中英通商史》，康成译，第 170 页。

③ 姚贤镐编：《中国近代对外贸易史资料》第 1 册，第 260 页；第 2 册，第 1139 页。

④ 姚贤镐编：《中国近代对外贸易史资料》第 1 册，第 261 页。

⑤ [意] 卡洛.M.奇波拉主编：《欧洲经济史》第 3 卷，徐璇、林尔蔚等译，北京：商务印书馆，1989 年，第 390 页。

关。1764—1841 年间，英国的棉花消耗量由 1816 吨猛增到 22.7 万吨，增长 125 倍。19 世纪 20 年代后期，英国平均每年进口 10 万吨棉花，到 30 年代后期增加近一倍，1835 年英国消耗的棉花竟然占世界总量的 63%[1]，到 1849 年英国输入海外原棉增至 34.6 万吨。如此巨量的进口棉花织成如此巨量的棉布，当然主要不是英国人自用，而是以海外出口为主，1800 年棉织品占全英出口商品总值的 1/4；到 1827—1828 年，达到出口总值的半数。[2]

无可讳言，英国棉纺织品的入华受到中国传统政治与经济体制的顽强抵制，职是之故，更大规模地打开中国市场成为英国发动鸦片战争的重要动因。早在 1820 年 6 月，曼彻斯特商会便向英国下院递交请愿书："若能取消地球上这个物产丰裕人口众多的地区——即中国与大英帝国的通商限制，对于曼彻斯特的棉纺业，无疑打开了一个极重要的市场。"[3] 显见，英国人极其看重世界上人口最多的中国市场的开拓。鸦片战争爆发前夕，曼切斯特商会主席莫克·维卡（Mac Vicar）致信外交大臣巴麦尊（V. Palmerston），谈到了中国人：

> 不用任何机械去帮助体力劳动，纱布品质恶劣。尽管中国人勤劳耐苦，劳动价格低廉，其成本总远在我们所能供应他们的成本之上，因为我们是用机械技巧帮助劳动的。……在这次对华交涉中……我迫切地恳求你……注意到将来（对华贸易）可能扩张的程度。中国那庞大的人口，并且一般也是穿得很好的人民，是能够成为我们制造品之最最重要的大量消费者的。[4]

于是，市场引向战场，恩物变成"恩怨"，柔软的棉品转成钢铁的炮舰。炮火开辟的是商路，炮口对准的是市场。

---

[1] J. Steven Watson, *The Reign of George III 1760-1815*, pp.508-509.

[2] 覃翠柏：《英国工业革命为什么从棉纺织业开始》，《北大史学》第 4 期，北京：北京大学出版社，1997 年。

[3] *Manchester Mercury*, June,27, 1820.

[4] 严中平：《中国棉纺织史稿》，第 45 页。

第三篇　美洲对华商道上的重要货品

　　位于大洋两岸的中国与美洲，很早被西方人误以为都是东方，实际上两地距远遥隔，间有大洋，分处两个大洲。自 16 世纪中叶后，以菲律宾为中转，双方已经发生了相当密切的经贸联系，即西班牙——美洲——菲律宾——中国的海上贸易。自 1565 年起至 1815 年止，西班牙政府每年都派遣一至四艘（通常两艘为多）载重由 300—1000 吨（有时重达 2000 吨）不等的大帆船（galleon）横渡太平洋（太平洋也被称为"西班牙湖"[Spanish Lake]，视海洋如内湖，真是自大得可以）[①]，往来于墨西哥阿卡普鲁可（Acapuleo）与菲律宾马尼拉（Manila）之间；马尼拉至中国的一段则由中国、葡澳的商船接通。由此看来，美洲对华新商路的共同开辟者是西班牙与华人等。但"大帆船贸易"是间接贸易，不是对华直接贸易，而且主要是南美航线。北美对华航线较早由西班牙人（墨西哥方向）、法国人（加拿大方向）、英国人（北美殖民地方向）等经营；而美洲与中国的"银茶之路"则有多国参与。大规模的北美对华直接贸易则在美国建国后形成，到了美国人的手中，美洲对华贸易摆脱了随从、附带、间接的角色定位，而成为新商路的独立领队。

　　以下循着山茂召的足迹探寻美国到中国的某条航线。山茂召（Samuel Shaw），1786 年被美国国会任命为美国驻广州首任领事，即美国来华的最

---

① 转引自全汉昇：《明季中国与菲律宾间的贸易》，《中国经济史论丛》第 1 册，北京：中华书局，2012 年，第 478 页。

早"外交官"（此"领事"只是美国单方面任命，没有得到中国方面的认可，鸦片战争前的清朝不懂也不认为与西方各国有什么外交关系。所以，这个"外交官"只能是打引号的），1790年续任该职。但他更本初的身份是航海家、商人，是美国—中国海路的重要探路者。其日记云：1784年2月22日（星期天）是一个值得纪念的日子，美国第一艘来华商船"中国皇后号"从纽约启航，是时举行了"盛大的礼炮典礼"；因为海航赶路，停泊地多为岛屿，没有深入内陆。3月14日，到达加纳利群岛（Canaries）中的帕尔马岛（Palma）；17日，穿过北回归线；20日，看到了佛得角群岛（Cape de Verdeislands）；22日，到达该群岛的首府圣雅各布岛（St. Jago），在此逗留；4月9日中午，抵达了南纬0.4度，西经20.31度；6月25日，向爪哇岛进发；7月17日中午，发现爪哇首府；23日下午4时，泊船在塞里尼岛（Serigny，仍属爪哇）；8月3日，到达加斯帕尔岛（Gaspar）；8月23日，在"来自澳门的引水员的帮助"下，"中国皇后号"于"下午4点在正确停泊位置抛锚，并向镇上鸣炮致礼"，终于到达目的地——中国。①

一　外币流通中国

伴随商品经济的发展，直接的以货易货愈来愈不便利，随身携带货物很不方便，物物交换还要对胃口，你提供的便是我需要的，否则难以成交。在市场经济发育的环境下，作为一般等价物交换媒介的货币发展起来，货币被称为"通货"（旧时国人往往称为"通宝"），真是名符其实，有了货币，才会有畅通的货流。在国际市场上，国与国之间商品交换往往需要外汇间的换购，各个国别的比价换汇实在麻烦，商品的全球流通需要货币的国际流通，自然而然地形成某种多数国家认可的国际货币。因此，研究商品流通，必须研究货币流通，研究国际贸易，必须研究国际通货。货流的同时伴随钱流，商道也就成了钱道，在中西贸易的某个阶段，洋货对

---

① ［美］昆西：《山茂召少校日记及其生平：美国第一任驻广州领事》，褚艳红译，第116—118、129、133、136—137页。

中国来说最重要的存在意义便是白银。[①] 此处，白银不仅仅是一种大宗商品，一种出自矿物的精炼产品，其被赋予另一种更重要的职能——以贵金属的本质来充任货币——硬通货。地质条件上的偶然性使中国银矿很少，不知与此有无关系，此时西方的铸币技术也要好过中国。

16—18 世纪的中国，经济发展水平不输欧美。西方国家东来中国之初，几乎无一例外地发现，他们所提供的商品几乎没有一种是中国必不可少的，但有一种货品是例外，那就是银子，外国商人们所能做的就是以硬通货白银来购买中国货。据统计，英国人在 18 世纪的最初 60 年里，输入中国的物品中只有 10% 是货物，其余都是金银货币，而在 1721—1740 年间，这个比例更高，英国用来偿付中国货物的 94.9% 是银子，只有 5.1% 是用货物来冲抵。[②] 缘此，中国市场流通着花样翻新的各国货币：

> 我中国滨海港汊，各国花银，居民用为通行国宝，谁载入之，莫非远客乎！[③]

（一）"本洋""鹰洋"

自五代以来，白银作为货币的使用酝酿数百年，到明朝已成不可遏制之势。银（银两）、铜（制钱）双币制的实行已成大势。1436 年，明朝改行以银为主的币值（这一主币体系一直沿用到 1935 年废除银本位，实行"法币"改革为止，前后整好 500 年），银的需求超量增加，而银的产量比

---

① 近年来，"白银资本"的研究异常热烈。比较新近具代表性的研究成果有，[德] 贡德·弗兰克：《白银资本》，刘北成译，北京：中央编译出版社，2000 年；[日] 滨下武志：《中国、东亚与全球经济：区域和历史的视角》，王玉茹、赵劲松、张玮译，北京：社会科学文献出版社，2009；林满红：《银线：19 世纪的世界与中国》，詹庆华、林满红等译，南京：江苏人民出版社，2011。Gary Hamilton, *Commerce and Capitalism in Chinese Societies*, London: Routledge, 2006. Francesca Bray, *The Rice Economies: Technology and Development in Asian Societies*, New York: Oxford University Press, 1985. 甚至形成了著名的"尔湾学派"，该派学人引致广泛影响的著作有，[美] 彭慕兰：《大分流：欧洲、中国及现代世界经济的发展》，史建云译，南京：江苏人民出版社，2003 年；[美] 王国斌：《转变的中国——历史变迁与欧洲经验的局限》，李伯重、连玲玲译，南京：江苏人民出版社，2010 年；等等。但学者们的论述侧重于 19 世纪中期以前的情况，本书对此后的情况略予补论，以成完形。

② 张馨保：《林钦差与鸦片战争》，徐梅芬、刘亚猛、许罗迈、萧致治、叶大波译，第 43 页。

③ 《贸易》，爱汉者等编：《东西洋考每月统记传》道光戊戌年三月，第 53 页。

之需求在中国更显匮乏。中国生产的可充作货币的贵金属自古不算丰饶，明清两朝大规模开采使用后此况更甚，在大部分年份里，年均银的总产量不过二三十万两。清代，在滇北银厂蓬勃发展的作用下，产量有所增加，年均下来也不过五六十万两。①和这一时代外国输华白银动辄以数百万两计，无可比肩。难怪，1842年魏源对当时中国流通白银的来源加以分析后，作出如下让人惊心动魄的估计："银之出于开采者十之三四，而来自番舶者十之六七"，遂至外银对华的挹注成"一息一消，一汐一潮"涨落影响特大的格局。②是时的中西贸易，中国的贸易对换物集中在白银，"欧洲人维持远东贸易平衡的最主要的对象是银子"③。这时，输华的货物，无论是华船经营，还是外船经营，其他的货品都无关宏旨，唯一重要的，就是白银，白银是这一时期中国与西方贸易，中国与东方多国贸易，要维持平衡的唯一支点，要与中国交易享受中国货只有拿出银子。正如一种有优势的有扩张力的经济必定要摆脱地域国别的限制向外发展一样，货币与生俱来就是一种货物交换的工具，其价值只有在交换中才能实现，随着海道的开通，国别间的货币流通也是必然。

早期主要是日本银的入华，"东洋则日用银钱"。④后来银路改道，16世纪上半叶，欧洲主要贸易区从地中海转移到大西洋，西班牙的财富流向安特卫普，"这一港口城市和大西洋遥远的地区、西非以及巴西的早期拓殖地之间有着联系"，1531年，安特卫普交易所成立，该城像尼德兰、布鲁日、伦敦以及略早些发展起来的里斯本、塞维利亚那样成为"大西洋的真正首都"。比斯开湾的巨型扎布拉船把西班牙银币运到这些城市，"美洲的贵金属在此进行重新分配，分别流向德意志、北欧和不列颠群岛。这种

---

① 全汉昇：《明代的银课与银产额》，香港《新亚书院学术年刊》1967年第9期，第245—267页。作者还对明代各朝从银矿产额中每年平均收到的银课进行了具体统计：成祖朝（1402—1423年）的224313（+）两，仁宗朝（1424—1425年）的106432两，宣宗朝（1426—1434年）的256450（+）两，英宗朝（1435—1453年）后剧减为46541（+）两，宪宗朝（1464—1486）的61913两（+），孝宗朝（1487—1504）的54628（+）两（包括金课），武宗朝（1505—1520年）的32920两（包括金课）。参见全汉昇：《明季中国与菲律宾间的贸易》，《中国经济史论丛》第1册，第480页。另见彭泽益：《十九世纪后半期的中国财政与经济》，北京：人民出版社，1983年，第26页。

② 魏源全集编辑委员会编校：《魏源全集》第3册，长沙：岳麓书社，2004年，第569页。

③ J. Steven Watson, *The Reign of George Ⅲ 1760-1815*, p.23.

④ 蔡献臣：《清白堂稿》卷十《同绅贩洋议答署府姜节推公》，明崇祯刻本。

再分配对欧洲经济活动起着决定性的作用……一种交换、流通和银行放贷系统终于建立起来"①。继而，通过欧洲银行和美洲铸币厂又对亚洲等进行银货的再分配。

运入中国的银主要以外国银币的形式出现，也有银块、条银和散银。入华的外国银元很快显露出系本位货币、成色稳定、花纹精美、形制划一、轻巧值高、适宜储藏等优点，"市民喜其计枚核值，便于运用，又价与纹银争昂"②。1677 年，外商在台湾装运了 1000 枚日本"金小判"（Copangs）。1730 年，英国东印度公司船队（5 艘船组成）带入中国的资金情况是："碑柱银元"588000 元③；"墨西哥银币"75000 元④；"窦吉吞银元"93000 元⑤；"皇冠银元"44000 元⑥。在差不多同一时期被运进中国的外币还有：葡萄牙的"克瑞斯达"（Crusado）、荷兰的"马钱"、法国的"埃居"（Eco）、奥地利的"双鹰"等，品种不下几十种。⑦

入明朝不久，外银已大量流入沿海等地。"东洋吕宋地无他产，夷人悉用银钱易货，故归船自银钱外无他携来，即有货亦无几。"⑧ 1621 年时，有人喟叹：白银"在全世界到处流淌，直至流到中国。它留在那里，好像到了它的天然中心"⑨。明清换代后，深入范围更广，中国被纳入到世界金融货币体系中：

---

① ［法］费尔南·布罗代尔：《菲利普二世时代的地中海和地中海世界》上卷，唐家龙、曾培耿等译，第 714—715 页。

② 《御史黄爵滋折》，中国人民银行总行参事室金融史料组编：《中国近代货币史资料》第 1 辑上册，北京：中华书局，1964 年，第 43 页。

③ "碑柱银元"（Pillar dollars），塞维利亚（Sevile）皇家造币厂铸造，后墨西哥也有铸造，刻印埃库莱斯（Hercules）的双碑柱，约万历年间流入中国，时人称为"双柱"或"双烛"，系西班牙银元中的品种。

④ "墨西哥银币"（Mexico dollars），16 世纪后西班牙设在墨西哥的总督铸币厂铸造，同样系西班牙银元中的一种，与后来的墨西哥"鹰洋"不是一回事。

⑤ "窦吉吞银元"（Duccatoons，Ducaton），威尼斯、佛罗伦萨和荷兰等地铸币厂铸造。流行中国的是威尼斯"窦吉吞"。

⑥ "皇冠银元"（French Crowns），法国皇家铸币厂铸造。

⑦ 1843 年前的成色表可参看［英］莱特：《中国关税沿革史》，姚曾廙译，北京：商务印书馆，1963 年，第 71 页。

⑧ 梁兆阳、林凤翥、谢宗泽、李廷荐等：《（崇祯）海澄县志》卷五，明崇祯六年刻本。

⑨ ［德］贡德·弗兰克：《白银资本》，刘北成译，第 188 页。

> 闽、粤银多从番舶而来。……其行银如中国行钱。西洋诸番，银
> 多转输其中。以通商故，闽、粤人多贾吕宋银至广州。……承平时，
> 商贾所得银，皆以易货，度梅岭者，不以银捆载而北也。故东粤之银，
> 出梅岭十而三四。今也关税繁多，诸货之至吴、楚、京都者，往往利
> 微折资本，商贾多运银而出。所留于粤东者，银无几也。故谚曰：物
> 贱银贵，无钱可替。①

可见，明清鼎革之际外银已经从广东、福建加速流向内地。而在中国通行
银钱的同时，美洲新大陆也成为世界的最大产银地。中国用银与美洲产银
之间在时间上基本重合，两者之间必有关联，"我"大量使用，必以"你"
能够大量提供为前提，银子是中国最早依赖大规模"外援"的货品。②最
大量流行的是西班牙银元（Pesoduro，国人习称"本洋"）③，该币种在中
国广泛流通的时间比西班牙人在华的活跃时间要长得多，一直延续到 19
世纪 50 年代或更晚。之后，又是新墨西哥银元（Mexico dollars——国人习
称"鹰洋"）大行其市。其中缘由在于美洲是当时世界银的最大产地。秘
鲁南部（今属玻利维亚）的波托西矿 1545 年开采，"字露"（秘鲁）"地
出金矿……故金银最多"，国人对此羡慕不已，当地"南有银河，尝涌溢
平地，水退，地皆银沙银粒，河身入海处，数百里尚为银泉"④。秘鲁波
托西"银山"的发现差不多与墨西哥浅层银矿的发现处在同时，墨西哥的

---

① 屈大均：《广东新语》下，第 406 页。

② 仅以单矿而言，其出产的银就不得了，秘鲁波多西（Potosi）银矿，自 1545 年这个地处海拔 16000
余英尺高山处的矿被发现以后，1581 至 1600 年间年均产银 254000 公斤，只这一个矿的产量约占当时世
界银产量的 60% 还多；至 1789 年，约共生产价值 234693840 镑的银子。而当该矿经过长期开采渐渐耗
竭之时，墨西哥银矿又起而代之，到 1789 年，仅该国的银产量约占全世界银产量的八分之五以上。以至
于西班牙国王获得"白银之王"的美誉。详见全汉昇：《明季中国与菲律宾间的贸易》，《中国经济史论
丛》第 1 册，第 481 页。另按：由于新银矿的发现与采炼技术的改进，银的产量激增，1572 年世界银产
量约为 1496 年的 6 倍。而根据西班牙官方的统计数字，由 1503 至 1660 年自美洲运回西班牙的白银共约
16886815303 公斤，黄金共约 181333180 公斤。这不过是官方数字，私人走私的数目还不包括在内。详
见全汉昇：《美洲白银与十八世纪中国物价革命的关系》，《中国经济史论丛》第 2 册，第 542—543 页。

③ "本洋"，在中国流通最广的外币之一，流入中国估有 4 亿元。该币是 1732 年西班牙人在墨西哥
或西班牙本土用机器铸造的新型币，依年代不同发行过不同版本，如"查理第三银元"（国人又称"三工"）、
"查理第四银元"（国人又称"四工"）、"十字银元""费迪南第七银元"等。因边有麦穗纹，还有头像，
在中国又被称为"花边钱""佛头""双柱""比绍"等。在中国的兑换率和受欢迎程度有所不同。在
中国最受欢迎流通最广的是西班牙南部塞维利亚皇家铸币厂铸造的"查理第四银元"等。

④ [意] 艾儒略：《职方外纪》，谢方校释，第 123 页。

萨克特卡斯矿 1548 年开采，瓜纳华托矿 1558 年开采，几乎都立即成为当时世界上最大的银矿山，国人对此"南亚墨利加之北"的称羡更了不得，"山麓有银城，百物俱贵，独银至贱"①。特别是 1560—1580 年间以水银作为汞齐把白银从其他矿石中分离出来的技术在美洲推广后②，白银产量剧增。1575 年，秘鲁的万卡韦利卡矿山后来居上，与波托西矿并驾成为世界上最大的银矿和水银矿山，仅波托西一矿在这个世纪的最后 20 年中就生产了 25 万公斤银（据说，该矿开采的矿沙含银量高达 50%——这个比重实在令人难以置信，即便当时墨西哥的富矿矿沙含银量也只在 5% 至 25%，而当时中国银矿开采的中等矿沙含银量也不过 1%，更多的连这个含量也不到）。到 1600 年，西班牙船队仅只是从两地运回母国的白银就有 2.5 万吨③；也有其他数据供参考，"从 1503 至 1660 年，西班牙从美洲得到了总计 18600 吨的注册的白银和 200 吨注册的黄金。未经注册，私运入西班牙的金银现被不同地估计为从占总数的 10% 至 50%，较小的百分比可能更接近实情"。④秘鲁和墨西哥两地的银产量在 16 世纪时占世界产银总量的 73%，17 世纪占 87.1%，18 世纪占 89.5%。⑤魏源称美洲为"西牛货洲"，很重要的原因就是那里盛产银子，"麦西可（墨西哥）国，有金银厂，明万历至今，银岁出口者千余万元"。而秘鲁"金银山最著，昔为西班牙夺据，岁出银数百万至千万圆不等"。⑥特别的"牛气"！

有了充裕的银，西班牙人在墨西哥、秘鲁，以及西班牙本土都建立了大的铸币厂，1497 年 6 月 2 日，西班牙王室颁布货币改革法令，模仿德国的泰勒银币，开始在西班牙本土铸造面额为"八单位里亚尔"（reals of

① 梁廷枏：《海国四说》，第 61 页。

② 几百年后，在鸦片战争前夕，清朝的大学士兼直隶总督琦善曾对水银法有过一段评说："至于外夷所来番银闻其皆用水银煎熬，而成色积百年不动，辄生飞蛾蚀蛀，银块化为石，若待至数百年，竟不知变为何物？"这是令人发笑的无知之谈也。转见 Public Record Office, *British Foreign Office Records*, 233/181/35。

③ [英]莱斯利·贝瑟尔主编：《剑桥拉丁美洲史》第 1 卷，林无畏、吴经训、孙铼等译，北京：经济管理出版社，1995 年，第 353—376 页。金应熙主编：《菲律宾史》，第 152 页。

④ [美]斯塔夫里阿诺斯：《全球通史——1500 年以后的世界》，吴象婴、梁赤民译，第 147 页。

⑤ [英]莱斯利·贝瑟尔主编：《剑桥拉丁美洲史》第 1 卷，林无畏、吴经训、孙铼等译，第 353—376 页。

⑥ 魏源：《海国图志》（下），陈华等校注，第 1851 页。

eight）的银币[①]，大名鼎鼎的比索（比绍，PESO）币问世。1536 年，西班牙殖民者利用在"新世界"发现的白银富矿，在墨西哥建立了第一个造币厂，开铸美洲的西班牙银币。汞齐化法的使用，使西属美洲可以生产出大量高纯度的银，造币厂一窝蜂地建造，1568 年在利马、1574 年在波托西、1622 年在波哥大相继建成大造币厂。1586 年进入机制币时代，西班牙银元被源源不断地铸造出来，遂成流通全球几近三百年的"世界货币"——西班牙银元。时人云"欧罗巴自信道交易，获金银甚多"[②]。此话不全面，缘由主要在于那时的欧洲人是世界贸易的操控者，所获国际通货的白银独多，银货由其居间分配。到 16 世纪中期，美洲银货顺三条主要的钱道流入中国，首要的一条即从墨西哥西海岸到菲律宾马尼拉的"大帆船"海路；第二条是由名声大噪的"财宝舰队"负责前段——从美洲运送白银到达西班牙塞维利亚造币厂，然后进入欧洲流通，再由欧洲各国负责后段转运中国；第三条周折更多，从西属美洲运到欧洲，再由欧洲列强运至其在亚洲的殖民地，最后的目的地仍是中国。[③]

"本洋"在中国的通货路径，史载"最古之西班牙银货，1571 年以后，发现于广东、宁波、厦门等处"[④]。也就是说，明中叶以降，"本洋"大量流入。输入者是葡萄牙、西班牙人，葡萄牙自 1580 年至 1640 年合并于西班牙，二者合一都带来西班牙银元。1609 年，一位葡萄牙商人称"我所见到的最贵的和在广州城购买的黄金是 7 个银比绍兑换 1 个金比绍（比索），我从没有看见比这个价格再高的了，而在西班牙，1 个金比绍通常值 12 个银比绍"[⑤]。仅西班牙大帆船航路流入中国的银币，"交易额大致为每年一百万比绍"；"中国人不惜下地狱寻找新的商品，以便换取他们渴求的里亚尔"。[⑥] 有人对 1565 年之后 255 年间输入马尼拉的西班牙银元统计

① ［美］马士：《东印度公司对华贸易编年史（1635—1834 年）》第一、二卷，区宗华译，第 14、47 页。

② 梁廷枏：《海国四说》，第 61 页。

③ ［英］崔瑞德、［美］牟复礼主编：《剑桥中国明代史 1368—1644》下卷，杨品泉等译，北京：中国社会科学出版社，2006 年，第 369—376 页。

④ 刘鉴唐、张力主编：《中英关系年要录》第 1 卷，第 49 页。

⑤ 转引自韩琦《美洲白银与早期中国经济的发展》，《历史教学问题》2005 年第 2 期。

⑥ ［法］布罗代尔：《15 至 18 世纪的物质文明、经济和资本主义》第 1 卷，顾良、施康强译，第 538 页。

数是 4 亿比绍，转入中国的约 2 亿比绍。[①]"今中国所行洋银，俱吕宋（西班牙）所铸，他国银钱罕。"[②]"吕宋，其夷佛郎机也，其国有银山，夷人铸作银钱独盛。中国人若往贩大西洋，则以所产物相抵。若贩吕宋则单得其银钱，诸夷皆好中国绫缎杂缯，其土不蚕，惟借中国之丝到彼，能织精好段疋，服之以为华好。是以湖绵（锦）百斤值银百两者，至彼得价二倍。而江西磁器、福建糖品皆所嗜好。"[③]换来换去，货币"贵金属不断从西班牙的保险柜中流出，周游整个世界"[④]。

随着英国人渐成对华贸易的大户，也是输"本洋"入华的大户。1635年，"伦敦号"抵达广东沿海，曾向中国官员缴纳"船钞费"1400西班牙银元。1637年，英国船队来华，"携带西班牙银元22000八单位里亚尔"。[⑤]岁月荏苒，本洋在华流通愈广，1658年来华的比利时天主教士鲁日满（Franciscus de Rougemont）在"常熟账本"中已有使用西班牙银元及与中国银两兑换比率的记载，说明"比索"在清朝初年已经出现在江南。[⑥]迄道光年间，有官员入奏请求查禁洋钱，却遭到更多官员的反对，理由是"洋钱行用已久……自难骤加遏绝"，"伏查洋钱一项，创自外夷，沿海商民因利乘便，积年既久，行使遂多"。[⑦]已经到了不可遏制无法查禁的地步。本洋等"其所以畅行者，以其定价划一，无成色高低之别，无轻重秤兑之烦，盖以软印各有认识，携带便易，童叟无欺，顺人情，通物理，自然推行尽利"[⑧]。正因为西班牙银元在华使用普遍，中外、朝野均予认可，以至于中国近代史上第一个不平等条约中英《南京条约》的赔款便不以中国的货币单位"银两"而以"洋银"作为基本折算单位，所谓"洋银"，

---

① 　V. Purcell, *The Chinese in South East Asia*, London: 1952, p.614.

② 　魏源：《海国图志》（下），陈华等校注，第 1145 页。

③ 　范咸、庄年、褚禄等：《（乾隆）重修台湾府志》卷十九《杂记》，清乾隆十二年刻本。

④ 　[法] 费尔南·布罗代尔：《菲利普二世时代的地中海和地中海世界》上卷，唐家龙、曾培耿等译，第 711 页。

⑤ 　[美] 马士：《东印度公司对华贸易编年史（1635—1834 年）》第一、二卷，区宗华译，第 14、22 页。

⑥ 　[比利时] 高华士：《清初耶稣会士鲁日满——常熟账本及灵修笔记研究》，赵殿红译，郑州：大象出版社，2007 年，第 471 页。

⑦ 　《两广总督李鸿宾等折》《两广总督邓廷桢折》，中国人民银行总行参事室金融史料组编：《中国近代货币史资料》第 1 辑上册，第 7、47 页。

⑧ 　《访查丝捐搭收本洋记》，《申报》1876 年 4 月 26 日，第 3 版。

不是交战国的英镑，而是"本洋"[①]，是时中国对英国的赔款为 2100 万元。[②] 充分说明本洋在华的影响力之大，简直成为中国沿海商埠的惯用计价单位。1838 年，时任英国驻华商务监督的义律（Charles Ellint）居然声称："广州的货币仅限于使用西班牙银元。"[③] 而 1843 年上海开埠时：

> 发现上海同宁波、苏州、杭州一样，早已通行西班牙银元了。大多数做小买卖的店铺都按银元交易。……市上流通的钞券大部分是指明为银元的。[④]

---

① 关于《南京条约》赔款的货币单位问题，有一个饶有意思的周折过程，1842 年 8 月 6 日和 12 日，英方先后两次向中方递交内容基本一致的条约草案（前致两江总督牛鉴，后致钦差大臣耆英、伊里布），值得注意的是赔款项目开列的货币名称均为"银两"，中国人称"两"，外人称"Tael"（泰尔），这个字来自印度语"Tola"，但最初的语源是来自马来语"Tahil"。如所周知，"银两"是清朝币称。但其货币单位又用"圆"（Dollar），这又是当时流行于中外贸易中的外币（所谓"洋银"）的计量单位，"圆"也就是后来所习称的"元"。"圆"作为货币单位的称呼，至晚从清朝初年就已开始，这大概是源出于此时流入中国的西班牙银元等形式呈圆形而来，后来由形状变成泛称，由单枚货币变成中国通用的货币名称。约道光年间，又开始出现"元"的称呼与"圆"并用，这是因为两字同音（yuán），而"元"字又较简易的缘故，同时并用的还有"员"字，民国年间，法定货币之后，统称"元"。由于银两与银元两者间有一兑换率（该问题下节还要专门论及），当时的折算率是约"洋银"元／"银两"7 钱（"洋银"兑成"银两"首先要"倾熔"以确定成色，然后"贴水"补足差率。早在嘉庆十九年，粤督蒋攸铦即谓："番银每元以七钱二分结算"，后积习相沿，至鸦片战前未改。参梁嘉彬：《广东十三行考》，国立编译馆，1937 年，第 174 页。曾在中国海关长期工作过的马士甚至认为这个比率在"整个十九世纪"均被沿袭。见 [美] 马士：《东印度公司对华贸易编年史》第一、二卷，区宗华译，第 41 页）。由此一来，若以"银两"计，中国便要实赔银 2100 万两，若以"洋银"2100 万元计，折算后的赔款额相当于银 1470 万两（后来中国实际对英支付条约赔款是 14760000 两，大致以"每百万（元）折银七十一万两"。参见：Public Record Office, *British Foreign office Records*, 1080/14）。英方草案中的这一不明晰，将使实赔额增减近 1/3，显然不能视为一个小问题，如不加以界定，将给未来的赔款留下大漏洞和双方重启争议的引线。14 日，中方对英方作出复照，将"银两"明确改称"洋银"（参见 [日] 佐々木正哉编：《鸦片战争後の中英抗争》（资料篇稿），第 199、201、206—207 页）。英方对改动无异词。其后，"洋银"即确定为《南京条约》的赔款标准货币。《南京条约》的第 4、5、6 款对赔款作了分项说明；第 7 款则规定了交款限期：条约签字后中方交付 600 万元；其后分三年六次偿付，癸卯（约 1843）年六月和十二月各交付 300 万元；甲辰（约 1844）年六月和十二月各交付 250 万元；乙巳（约 1845）年六月和十二月各交付 200 万元。如有拖欠，则需加付 5% 的年息（参见王铁崖编：《中外旧约章汇编》第 1 册，第 31—32 页）。

② 王铁崖编：《中外旧约章汇编》第 1 册，第 31—32 页。另按："元"这一现在最广泛地流行于中国的货币名称是由外币转成而来，它何时在中国最早被引入是一令人饶有兴趣的问题，它大概出现于清朝初年，甚或是明朝末年。根据英方的材料记载，"元"的币称最早在中外贸易中出现是见于 1664 年英国商船"苏拉特号"代理人的记录，1680 年 8 月从伦敦出发驶华的英船"巴纳迪斯顿号"（Barnardiston）的记录中再次见到，并逐步取代了"八单位里亚尔"和"八块"等当时在中外贸易中使用的外币名称，它们一般多使用在当时中外贸易中被广泛通行的"西班牙银元"上。参见 [美] 马士：《东印度公司对华贸易编年史（1635—1834 年）》第一、二卷，第 47 页。至于中文材料中对"元"作为币值的记录最早源于何处，有待与西文资料比照考订。

③ *British Parliamentary Papers, China*, Vol.30, Irish University Press, 1971, p.524.

④ 《外国银元的流通情况和影响》，中国人民银行总行参事室金融史料组编：《中国近代货币史资料》第 1 辑上册，第 57—58 页。

外国银元流入中国的时间，今人的研究大约在明万历（1573—1620）年间或是稍早些，反倒是旧时国人的记述混乱不清。明代人的记载因同时亲历，尚属准确，刊刻于万历四十五年（1617）的《东西洋考》云："夷人悉银钱易货，故归船自银钱外，无他携来。"① 明崇祯六年（1633）修的《海澄县志》卷一一"银钱条下"云："大者七钱五分，夷名黄币峙……俱自吕宋佛郎机携来，今漳人通用之。"据考："币峙"为比绍译音，"黄"大约是因"该银币略带黄色亦未可知"。② 到了清代，因距传入年代久远，反而混淆，清人记述："乾隆初，始闻有洋钱通用……五十年后，但用佛头一种。"③ 此类乾隆年间外币方才入华的说法以讹传讹，几成定论。郑观应《盛世危言》曰："洋银之入中国，自乾隆间始。"④ 诸联记：乾隆二十年（1755）后，有本洋"浸以盛行"。⑤ 李慈铭《越缦堂日记》称："番银自嘉庆时入中国。"⑥ 时论报纸亦谓："洋银之兴，自道光间始盛行于中国"⑦，愈发晚近。上述清人之说不解前情，多为误说。正如前述，外国银币批量入华，并非始自清代乾隆，而在明代万历前后。

19 世纪，外币情势有了重大变迁。周腾虎撰《铸银钱说》谓："江浙行用佛头洋银，铸自大西洋之西班牙国……后其国衰微……佛头银已于道光初年停铸，所来中国洋银愈用愈少矣。"⑧ 1821 年西班牙在美洲殖民统治结束，西班牙银元旋即停铸，新独立国家自铸新币，墨西哥于 1823 年开始发行墨西哥银元，因币面花纹有鹰鸟，国人俗称"鹰洋"。"本洋"与"鹰洋"是在清朝流通最广的两种外币，约占此期整个外币在华流通量的 80%。⑨

① 张燮：《东西洋考》，谢方校注，第 132 页。

② 梁方仲：《梁方仲经济史论文选》，北京：中华书局，1989 年，第 174 页。另见张燮《东西洋考》，谢方校注，第 94 页。

③ 《外国银元的计数流通及比价》，中国人民银行总行参事室金融史料组编：《中国近代货币史资料》第 1 辑上册，第 54 页。

④ 姚贤镐编：《中国近代对外贸易史资料》第 2 册，第 1091—1092 页。

⑤ 中国人民银行总行参事室金融史料组编：《中国近代货币史资料》第 1 辑上册，第 53 页。

⑥ 转引自魏建猷《中国近代货币史》，上海：群联出版社，1955 年，第 102 页。

⑦ 《论铸银圆为便民要务》，《申报》1877 年 3 月 7 日，第 1 版。

⑧ 刘锦藻：《清朝续文献通考》卷二〇《钱币二》，考七七〇〇。

⑨ 直到 1950 年代，世界银供给的约四分之三仍来自墨西哥和秘鲁。参见全汉昇：《美洲白银与十八世纪中国物价革命的关系》，《中国经济史论丛》第 2 册，第 542 页。

自日斯巴尼亚（西班牙）载运银圆进口中国，名之为本洋，各处销行，民间称便，此中国行用银圆之始；嗣后墨西哥立为自主之国，改铸鹰银，运至中国销行更大，所谓本洋者日渐减灭，而鹰银则几于遍国通行民间，几不知用他国之币。①

鹰洋入华时间，研究者中也有不同意见。魏建猷先生认为"墨币初入中国在一八五四年（咸丰四年）"②；张国辉先生一度也持此说③。但对中国关税史素有研究的莱特（S. F. Wright）却指出，早在 1843 年 7 月 3 日，广州当局进行各种已经在粤使用的外币的成色分析时，就已包括墨西哥银元（Mexican Dollars），并详加说明：

在十九世纪四十年代的广州，西班牙银元（Carolus）的兑价一般性地要比墨西哥银元高出 12%，尽管从重量和含银纯度来说都以后者为优。④

实际上，鹰洋传入中国的时间比莱特所言还要更早，英国东印度公司的档册记录："1825 年 5 月间，（粤）海关监督向行商颁布谕令，规定墨西哥与格林纳达（尼加拉瓜）银元铸币的兑换率，两地已于 1821 年宣布对西班牙独立。海关监督查悉格林纳达银元比墨西哥的低 0.00222 两，但行使时，通常低 0.04 或 0.05 两。事实上由于墨西哥的比较出名；于是他规定以后按 0.002 两的折扣收受。"⑤同时有旅华美国商人的记述旁证："自一八二五年来，各式各样的银元都来到中国，在此以前只有西班牙的加罗

---

① 《论北洋币制》，《申报》1903 年 3 月 4 日，第 1 版。前人对西班牙银元与墨西哥银元有许多研究，其中较重要的有，百濑弘：《清代西班牙银圆的流通》，刘俊文主编：《日本学者研究中国史论著选译·明清卷》，栾成显、南炳文译，北京：中华书局，1993 年。张宁：《墨西哥银元在中国的流通》，《中国钱币》2003 年第 4 期。邹晓昇：《银元主币流通与上海洋厘行市的更替》，《史学月刊》2006 年第 8 期。王晓利：《西班牙比绍银币的流通与世界贸易的形成》，苏州科技学院 2012 年硕士论文等。但对本洋与鹰洋的在华替换问题研究较少，且有误解。

② 魏建猷：《中国近代货币史》，第 106 页。

③ 分见魏建猷：《中国近代货币史》，第 106 页；张国辉：《晚清货币制度演变述要》，《近代史研究》1997 年第 5 期及同刊 1998 年第 5 期的解释。

④ Stanley F.Wright, *China's Struggle for Tariff Autonomy 1843-1938*, Shanghai: 1938, pp.27-28.

⑤ ［美］马士：《东印度公司对华贸易编年史（1635—1834 年）》第四、五卷，区宗华译，第 118 页。

拉四世币。……智利、秘鲁、墨西哥、花旗洋钱都不受欢迎，因之常被改铸。墨洋有时能多价百分之一或又二分之一"，明确提到了"墨洋"。另有中方文献互证，1830 年 1 月 10 日，道光帝发布上谕："朕闻外夷洋钱有大髻、小髻、蓬头、蝙蝠、双柱、马剑诸名，在内地行使。"[①]彭信威解释蝙蝠即是鹰，中国人把鹰看作蝙蝠，有取其吉利的意思。[②]

中外文献不约而同地确证，"鹰洋"在发行不久就已来到中国，传承时间有序可稽。1842 年 3 月 29 日，也就是在鸦片战争正在进行之时，英国来华代表璞鼎查（H. Pottinger）在香港发布了首份关于新殖民地货币政策的公告，宣称可以在香港等地交易的硬币包括：西班牙银元、墨西哥银元（与它们的辅币）、东印度公司的卢比（与辅币）以及在中国通用的铜钱。这份公告出台后一个月，一群有影响力的商人（其中包括渣甸、颠地等公司）上书璞鼎查，陈述西班牙币日益短缺带来的不便，提出应由政府出面，让墨西哥币成为所有政府与商业交易的标准货币。这份新的公告背后与鸦片战争后的"广州赎金"也有点关系。英国政府当时决定把赎金的一部分（大概是 7 万元的款项）留在香港用作以后驻港军队的军饷。因为当时香港并没有商业银行，就指示把款项存在两家洋行（渣甸与宝顺）的政府账户上。宝顺洋行坚持只能用墨西哥元兑换银元。原因是宝顺稍早时候进口了一批墨西哥银元，因此希望能够借强逼港府接受墨西哥银元而令其在市场上升值。[③]洋行的愿望最终实现。1845 年 5 月 3 日的《宪报》上刊载了港英政府的公告，确定把英国货币与其他货币挂钩，包括东印度公司的 Gold Mohur、西班牙与墨西哥的银元、印度的卢比、中国的铜钱等都同时定为香港的法定货币，并设定了英国货币与其他流通货币的汇率：西班牙、墨西哥、南美洲货币 1 元（换算汇率：1 元 =4 先令 2 便士）。但真正在香港流通的并不是英国货币，而是中国的银子，最多的是西班牙本洋与墨西哥鹰洋。终于在 1864 年通过香港本地立法，将墨西哥银元等确定

---

① 《外国银元在广东行使情况》,《廷寄》,中国人民银行总行参事室金融史料组编:《中国近代货币史资料》第 1 辑上册，第 55—56、42 页。

② 彭信威:《中国货币史》,上海:上海人民出版社，2015 年，第 578 页。

③ 林准祥:《银流票汇:中国早期银行业与香港》,香港:中国书局，2016 年，第 99 页。

为香港的法定货币。[①] 这是在粤港的情景。转眼看看内地，1846 年 9 月的《中国丛报》（*Chinese Repository*）报道，在上海"各种银元的价值比例如下：光板鹰洋 100 元等于光板老板洋（本洋）95 元"。证明已在此前，鹰洋不仅传入广东等地，而且流入上海。来华西人也记述：1847 年左右，墨西哥银元的"价格随供给和需求而决定。一种新式银元在流通时，对其他各种银币有一种变动的折扣率，它对西班牙银元的折扣率为 5-12%，甚至达到 14%"[②]。1853 年 10 月，两广总督叶名琛谕令在缴纳关税、盐课和国家税收的各种项目上，准许鹰洋和本洋按其含银量等价流通。[③] 随即，闽浙总督和福建巡抚联合发出通令：

> 年来各国洋商来者，概带鹰番（鹰洋），查鹰番银色不下捧番（本洋），而光洁完全过之……除呈批饬福州府严饬倾销匠以及各钱铺，嗣后鹰番、捧番均一律通用，不准再有贴水之议。[④]

这些资料描述了鹰洋入华的大致路向，其流通逐地区推进，先是最早与外国有通商关系的广东，然后流通福建、上海等地，渐至中国南方多省区。但直到 19 世纪 50 年代中期，仍未能替代本洋在华"龙头老大"的地位。

（二）多国退市

银子的获取先易后难。出人意料的是，18 世纪后期和 19 世纪初期，在西方国家对华贸易迅速扩大之时，一时间，除英美两国外，绝大多数原先和中国进行贸易的西方国家有淡出中国市场的现象。这是一个关系国际贸易全局，又未引起研究者注意的情况。兹列叙统计数据如表 3-1：

---

① 转引自苏载玖：《不通不宝：1840—1868 香港货币政策略述》，未刊稿，第 5—8、12 页。
② 姚贤镐编：《中国近代对外贸易史资料》第 2 册，第 1087—1088 页。
③ ［英］莱特：《中国关税沿革史》，姚曾廙译，第 23、24 页。
④ Public Record Office, *British Foreign Office Records*, 931/970.

表 3-1　西方国家对华输入贸易情况表

（1764—1829 年）

年度	欧美各海上贸易国总值（银两）	英国输华值（银两占总值%）	美国输华值（银两占总值%）	其他欧陆国家输华值（银两占总值%）
1764	1908704	1207784（63.3）	——（—）	700920（36.7）
1765—1769	1774815	1192915（67.2）	——（—）	581900（32.8）
1770—1774	2094336	1466466（70.0）	——（—）	627870（30.0）
1775—1779	1995913	1247471（62.5）	——（—）	748442（37.5）
1780—1784	1994617	1301931（65.3）	27290（1.4）	665396（33.3）
1785—1789	4489527	3612763（80.5）	123164（2.7）	753600（16.8）
1790—1794	5876663	5007691（85.2）	181096（3.1）	687876（11.7）
1795—1799	5908937	5373015（90.9）	374124（6.3）	161798（2.8）
1800—1804	8727364	7715556（88.4）	828326（9.5）	183482（2.1）
1805—1806	12348319	11474509（92.9）	767775（6.2）	106035（0.9）
1817—1819	9053298	7646777（84.5）	1184551（13.1）	221970（2.4）
1820—1824	7952488	6525201（82.1）	1427287（17.9）	？
1825—1829	9161314	7591390（82.9）	1534711（16.7）	35213（0.4）

资料来源：严中平等《中国近代经济史统计资料选辑》，第 4 页。另见姚贤镐：《中国近代对外贸易史资料》第 1 册，第 266 页。

表 3-2　西方国家自华输出贸易情况表

（1764—1829 年）

年度	欧美各海上贸易国总值（银两）	英国自华输出值（银两占总值%）	美国自华输出值（银两占总值%）	其他欧陆国家自华输出值（银两占总值%）
1764	3637143	1697913（46.7）	——（—）	1939230（53.3）
1765—1769	4177909	2190619（52.4）	——（—）	1987220（47.6）
1770—1774	4362676	2119058（48.6）	——（—）	2243618（51.4）
1775—1779	4725989	1968771（41.7）	——（—）	2757218（58.3）
1780—1784	5008263	2083346（41.6）	15864（0.3）	2909053（58.1）
1785—1789	8454720	5491508（65.0）	325988（3.9）	2637224（31.1）
1790—1794	7348420	5843714（79.5）	440975（6.0）	1063728（14.5）
1795—1799	7937254	5719792（72.1）	13996809（17.6）	817602（10.3）
1800—1804	10391797	7556473（72.7）	2036448（19.6）	798876（7.7）
1805—1806	11168783	7400223（66.2）	3391560（30.4）	377000（3.4）
1817—1819	13770740	8060271（58.5）	5710469（41.5）	？

（续表）

年度	欧美各海上贸易国总值（银两）	英国自华输出值（银两占总值%）	美国自华输出值（银两占总值%）	其他欧陆国家自华输出值（银两占总值%）
1820—1824	14678252	9816066（66.9）	4862186（33.1）	？
1825—1829	14390108	10215565（71.0）	4116182（28.6）	58361（0.4）

资料来源：严中平等《中国近代经济史统计资料选辑》，第 5 页。另见姚贤镐：《中国近代对外贸易史资料》第 1 册，第 267 页。

从表 3-1、表 3-2 可见，从向中国的出口来说，除开英美两国以外的所有欧美各海上贸易国从 1764 年的总值占比 36.7% 一路下跌到 1825—1829 年的 0.4%，半个世纪多一点的时间里，占比额下降到连 1% 都不到。从自中国的进口来说，情况更惨不忍睹，在同样年份区段中的总值占比由起算时的 53.3% 跌落到后来的 0.4%，同样到可以忽略不计的地步。恰如实录："在 1828 年到 1829 年，1 艘普鲁士船、1 艘丹麦船、3 艘法国船、23 艘西班牙船和 18 艘葡萄牙船到了广州，这些船只所进行的中国和欧洲间的贸易是微不足道的。"[①] 当时在广州的外商称："丹麦人和瑞典人在 1825 年之前好些年就从广州撤走了……当时也没有法国商人在广州做生意。从 1802 年至 1832 年，这 30 年间一直没有升起过法国的国旗，连人员也撤走了。"西班牙也从 1832 年开始中断了在华的惨淡业务。[②]

这些商贸中衰的国家是中国传统的贸易老伙伴，很早就同中国建立了经贸往来。有葡萄牙人于 1553 年获得在澳门的驻舶贸易；有西班牙人持续二百多年的"大帆船贸易"；有荷兰人的"万历中，福建商人岁给引"[③]；有法国人于 1664 年成立东印度公司后一度兴盛的对华交易；有 1720 年奥斯坦德公司（Ostend Company）船泊广州黄埔，试图垄断茶叶交易的行径，奥斯坦德实际属于比利时，只是比利时从 1714 年起成为奥地利属地，所谓奥地利对华贸易的开创实为比利时人；有普鲁士（清代称"布鲁斯"）1730 年的商船到粤；有 1731 年 7 月 17 日丹麦船首次进入黄埔，"后岁以为常"，以至广东"夷馆"内专设"丹麦馆"；有 1732 年瑞典

---

① 姚贤镐编：《中国近代对外贸易史资料》第 1 册，第 266—267、272 页。

② ［美］亨特：《旧中国杂记》，沈正邦译，第 207—209 页。

③ 张廷玉等：《明史》卷三二五《外国传·和兰》，北京：中华书局，1974 年，第 8345 页。

人一入广州便进行了"大量交易"，甚至波及英国对华贸易。[1] 这些国家对华贸易延续都有百年上下的历史。

但到19世纪初叶，这些先前对华贸易的重要国家却退出中国市场，原因为何？

首先，国际形势的变迁。其中有英国与美国的挤压，后发性强国对已经没落国（葡萄牙、西班牙等）和尚未兴起国（普鲁士、瑞典等）的挑战，这是国势强弱使然。再有是拿破仑帝国的对外战争。1796年3月，26岁的军事天才拿破仑被任命为法兰西共和国意大利方面军总司令，开始对欧洲大陆不间歇的战争。1799年11月，雾月政变发生，1804年11月6日，法兰西帝国成立，拿破仑登基称帝，随即挥军东进，占慕尼黑，取德国大部。1807年6月法军又在弗里德兰战役中大败俄国军队，拿破仑兼任意大利国王、莱茵邦联保护者、瑞士联邦仲裁者，并封其兄弟约瑟夫、路易、热罗姆为那不勒斯、荷兰、威斯特伐利亚国王。旋入侵西班牙。1812年，拿破仑大军对俄罗斯的远征成为其失败的转折。1814年3月31日，巴黎被占领，拿破仑签退位诏书。后虽有"百日王朝"复辟，却昙花一现，1815年6月18日的滑铁卢战役终于了结拿破仑王朝。可以看出，这一阶段，欧洲大陆战乱不已，民不聊生，经济崩溃，无暇他顾，对华贸易的大幅下挫自在意中。此间，英吉利海峡构成天然屏障，在拿破仑大军铁蹄践踏欧洲大陆的时候，英国独享安稳，法国海军试图穿越英吉利海峡侵入英国，却屡遭败绩，1805年的特拉法尔加海战，法国丧失了和英国的海上争霸权，拿破仑"像某些术士的能力一样，一碰到水就失去了效力"[2]。不太宽的海峡成为拿破仑无法逾越的壕堑，无法掌控海权成为拿破仑在"海洋时代"只能逞强一时到头难成大器的终极败因。也正是拿破仑的"大陆封锁体系"，反倒使英国对海外贸易愈来愈依赖。处在北美的美国更是远离欧洲战场，只发战争财，不受战争祸。

其次，白银来源的缺口。较早从事对华贸易的荷兰也较早开始感觉白银的缺乏。荷兰人确立荷兰——巴达维亚——中国三角贸易体系初期，从

① [瑞典]龙思泰：《早期澳门史》，吴义雄、郭德焱、沈正邦译，第306—307页。

② [美]伊曼纽尔·沃勒斯坦：《现代世界体系》第3卷，庞卓恒主译，北京：高等教育出版社，2000年，第126页。

荷兰出发的公司船，每船载有约 300000 盾银元，先驶往巴达维亚，将欧洲货物卸下，代之以印度尼西亚出产的商品，驶往广州，用少量销售所得和大量携带的银元购置中国商品，然后返回荷兰。此方式需要携带大量白银入华，1729 年至 1733 年间，公司派 6 艘船直接往返于中国与荷兰，由于缺乏足够的荷兰货，须使用更多白银在广州购货。鉴此，在阿姆斯特丹，越来越多的声音支持在巴达维亚主导中荷贸易而不是在荷兰，因为巴达维亚能够提供比欧洲多得多的商品来换取中国货。[①] 1734 年 3 月，荷兰东印度公司理事会决定走两条路线，下令巴达维亚政府管理荷兰东印度公司同广州的贸易；同时仍然允许中国帆船到巴达维亚，以物易物换得华货，[②] 以图减少白银输华。如此下来，仍然不行。1735 年，确立实行全部间接贸易政策，即从荷兰出发的公司船，先驶往巴达维亚卸货，重新载运印尼商品驶往广州，换购中国商品，然后回荷兰。尽量减少白银的支出，这也是荷兰人在对华直接抑或间接贸易问题上犹豫再三的重要原因。随后的历史证明，荷兰人的先知先觉无误。到该世纪末，长期的恶性开采使美洲银矿枯竭，美洲银的减产拉动世界银产量的下挫，英国官方估计世界银产量"至 1810—1819 年间减少了 49.5%，至 1820—1829 年间减少了 56.6%"。[③]还有 1779 年后，西班牙参加美国独立战争，其银元市场被封闭。1824 年，一个波士顿商人曾写道："虽然几年以来，我们进口的以丝绸和土布为大宗的中国产品每年都平均在一百万元以上，可是过去 3 年我们没有装运一枚西班牙银元到中国。我们的基金是出自从土耳其输出的鸦片，从大不列颠输出的英国制造品，从直布罗陀输出的铅和水银，以及从里雅斯德大量输出的同样物品。"[④]白银短缺是大多数欧美国家退出对华贸易的基础原因，它们拿不出中国人最感兴趣的"西方货品"——银子。

最后，替代产品的匮乏。白银危机下，大部分欧美国家已无法获取较多白银来和中国贸易，又没有其他产品替代，只得不情愿地从中国退市。

---

① Leonard Blusse, *Strange Company, Chinese Settlers, Mestizo Women, and the Dutch in VOC Batavia*, Foris Publications, 1988, p.135.

② Kristof Glamann, *Dutch-Asiatic Trade 1620-1740*, The Hague, 1958, p.243.

③ *British Parlimentary Papers,1836*, Vol.37, Irish University Press, 1971, p.427.

④ 姚贤镐编：《中国近代对外贸易史资料》第 1 册，第 18 页。

美国和英国却成反例，其对华贸易没有萎缩，反而大幅发展。英美的例外耐人寻味，其中关键点就是解决了替代产品。原为英国殖民地的美国人早已习惯饮用中国茶叶，在美国独立战争之前，托马斯·哈钦森（Thomas Hutchinson），这位马塞诸塞州的州长兼商人，估计美国每年的茶叶消费量在 297 万公斤左右，相当于人均 1.1 公斤。[①] 1783 年 9 月 3 日英美《巴黎和约》的签订标志着北美十三州的独立，但新建国的美国人拿什么来交换中国商品呢？其第一艘抵达中国的船运入的货物就很好地解决了这个问题，一反常态，货舱中装载的是很少量的白银，大量的是人参、毛皮、棉花、铅、羽纱等"新货"。这些货品在中美贸易中不断增长，填补了白银退去后的空白。到 1796 年，美国在中国收购的茶叶数量已比除英国外的所有欧洲国家收购总和还要多，以至史册记述：该国"近年来舶甚多，几与英吉利相埒"。[②] 英国也类似，采取了两面开弓的战略，一方面，和欧陆各国竞争中国市场，在欧洲大陆国家的对华贸易急剧低落的同时，英国东印度公司在 1784 年后的五十年内，输华货值提高了 6—7 倍，自华出口值提高 3 倍多。[③] 不列颠人依靠雄壮的海上力量压垮了其他欧洲列强。另一方面，寻找替代货品，先是印度棉花充当主角[④]；接着鸦片贸易应运而盛。鸦片极其昂贵，"以同样是一担的价格加以比较，鸦片价格约为米价的 326 倍，面粉价的 163 倍，棉花价的 46 倍，茶价的 23 倍"。[⑤] 解决了替代货品是彼衰此盛以至英国全面崛起的关键之道。

（三）旧去新来

鸦片战争后，此前淡出中国市场的多国去而复返，企图重占中国市场，分割利益。19 世纪初叶，墨西哥等拉美诸国宣告独立，使得国际货币资源

①　[美]威廉·伯恩斯坦：《茶叶·石油·WTO：贸易改变世界》，李晖译，第 244 页。

②　阮元：《广东通志》卷三三〇《列传·外藩》，上海：商务印书馆，1934 年，第 4728 页。

③　严中平等编：《中国近代经济史统计资料选辑》，第 1 页。

④　[日]田中正俊：《中国社会的解体与鸦片战争》，田中正俊等著：《外国学者论鸦片战争与林则徐》上册，福州：福建人民出版社，1991 年，第 19 页。

⑤　林满红：《中国的白银外流与世界金银减产（1814—1850）》，吴剑雄主编：《中国海洋发展史论文集》第 4 辑，台北："中研院"中山人文社会科学研究所，1991 年，第 6 页。

配置发生重大变迁，直到 19 世纪中叶之前，中国的国际汇兑以及和外国人的买卖，均以西班牙银元为准。中国官方和民间也都认可"本洋"的稳定性，外国银行也以此作为"挂牌汇价"。这是一种怪异现象，因为 19 世纪后的西班牙基本上是"一个和远东没有贸易的国家"，更要命的是，西班牙也难以再从独立后的美洲拿到大量白银，"本洋"在 1808 年"名义上就已经停止鼓铸"。[①]"本洋"停铸，流通于世者由于来路断绝，成为无源之水，愈用愈少，刚刚进入 1830 年代，来华西商就明显感到"本洋"奇缺，"自从殖民地独立以后，这种铸币已经逐年减少"。[②]不过，世界货币在关上一扇门后又打开一扇窗，独立后的墨西哥利用资源大规模启铸"鹰洋"，旧钱路停歇，新钱道开路，新旧币的新陈代谢势成必然。但在中国，此过程却一波三折。本洋与鹰洋的兴替先是在较早开埠的广州，英人罗伯逊（D. B. Robertson）回忆，他 1853 年担任英国驻广州领事馆官员时，面对西班牙银元日渐稀缺带来的对其他货币的不正常升水：

> 我建议根据银元的纯银标准，使其价值均等，这样做立即会使墨西哥银元同西班牙银元的价值相等。我的意见被采纳了，应商人们的要求，我就这个问题给税务司写了信，他接受了我的看法，并以公告宣布银元的价值均等。[③]

英国长期是对华贸易的翘楚，英国在华外交官与商业人士着力推动新旧币的更新换代。当然，罗伯逊夸大了他本人在其中起到的作用。

"本洋"与"鹰洋"两种在华外币的决定性替代不在广州，而在已然成为中国最大工商业和外贸业城市的上海。五口开放后，本洋"象在广州一样成为"上海的硬通货，但由于其数量减少，使用范围扩大，两面冲击"很快地产生了后果，而且这些后果还在逐步加剧中，最近两三年来，西班牙银元对墨西哥银元的升水，已达到 30%—40%，只要这种硬币继续

① ［美］马士：《中华帝国对外关系史》第 3 卷，张汇文、姚曾廙、杨志信、马伯煌、伍丹戈译，第 400 页。
② ［美］马士：《东印度公司对华贸易编年史（1635—1834 年）》第四、五卷，区宗华译，第 275 页。
③ 李必樟译编：《上海近代贸易经济发展概况：1854—1898 年英国驻上海领事贸易报告汇编》，第 11—12 页。

作为本港通货，就很难说这种升水要升到哪一点才会停止"①。民间惯用的本洋因物以稀为贵而涨价，源源不断的鹰洋却因来源充足而降价，货币来源与市场和民用产生反向冲突，照此走下去，市面金融将步入愈来愈狭窄的死胡同。内中关系亟待理顺，在外汇前线的外商恰处"春江水暖鸭先知"的位置，最先感受货币金融与市场经济的不适，首先采取了行动。《北华捷报》1856年2月2日刊登通告：由美国旗昌洋行（Russel & Co.）领衔的36家在沪外国商行签字同意，从本年2月6日即中国农历大年初一起，"将以墨西哥银元为记账通货单位……亦尽可能地使用该项通货"；为了及时确定两种货币的比价，"特指定一外汇经纪人委员会来确定其换算率"，委员会随即拿出了汇率，鹰洋与本洋，前者贴水25%，后者升水33.3%。在沪外商的擅自先行，没有中方配合，效果不好，"在这年的早期，一部分外商曾企图改变通货，从使用西班牙银元改为使用墨西哥银元，但这一企图流产了"。经济规律的无形之手才不理会少数人的操纵干预，带来的严重后果是"西班牙银元仍然是万能的。当欧洲丝业市场日益有利的情况月复一月的传到这里，西班牙银元的价格逐渐上涨……而在同一时期，纹银却下降了20%"。外商们就此认清了自己的位置，即哪怕在外国势力强大的上海，"外人对此是无能为力的，而相信补救这种不便的办法必须来自中国人自己"。②

处此内外汇兑严重紊乱的时刻，"中国当局对这种情况也感到惊恐"，自然不能坐视不管。9月6日，上海道台传达了官方意见：中国钱庄和外商收帐员不允许"对某些银元挑挑拣拣"，更不许拒收；鼓励使用中国银锭，提倡中国的殷实钱庄发行银票。这样一来，从外商发端的汇兑风波，把中外朝野都卷进来，钱庄主们立即发行10—14天期的银元期票，大量期票流入市场，又引出更大的风险，无利不起早的钱庄主们趁机拉抬"银锭的价格，使市场发生极其反常的波动，经常在一两个小时内上落达5%

---

① 李必樟译编：《上海近代贸易经济发展概况：1854—1898年英国驻上海领事贸易报告汇编》，第11页。
② 《外国银元的流通情况及影响》《改用墨西哥银元在上海引起的混乱情况》，中国人民银行总行参事室金融史料组编：《中国近代货币史资料》第1辑上册，第60—63页。

之巨"；有些银号钱庄甚至拒付到期银票，"这引起了很大的骚动"。① 面对来势汹汹的挤兑风潮，在沪西商抱怨：

> 这个商埠的商业交易已处于无标准价格的困境，不论买或卖，我们都不知道将收进什么，或者将付出什么。②

这是中国近代史上较早的金融风暴，由汇率的大涨大落引发，道出外币传导的速率之快、影响之大。汇市有崩盘之虞，1856 年 10 月底和 11 月初，上海道台动用官方力量采取"组合拳"来平息风波，在控制货币危机时，政府之手是最容易快速见效的。当局一是要求各外资银行拟定一个可以使鹰洋在沪市流通的计划，该项流通不局限于外贸领域，而要扩及民间的普遍使用，所以，该计划只能靠"谦虚的态度"和"理性"的方式来说服民众接受鹰洋，"而不是靠雷厉风行的告示"，此举牵扯到千家万户的切身利益，绝非一纸堂皇告示就能让百姓买账。二是鉴于"市场上有一个力量很大的阶层，这就是那些钱庄主，他们自然是支持西班牙货币的，因为他们从这种币值的涨落中获得了巨额的利润"，面对这股唯利是图掉转枪口的势力，上海当局专门"成立了三家钱店，他们将收受墨西哥银元，按照他们对纹银的相对价值换出铜钱，只略收手续费以维开支，并将关于这一事实的告示广为张贴"，这是以政府行为来平抑民间钱庄。开始时，墨元一度大量倾入政府的钱店，坚持了几天后，民众就对易于兑换的墨西哥硬币表示出信心，"鹰洋"立住了脚跟。三是鉴于江南是中国高级棉布的主产区，上海是中国棉纺织业的中心，故此，"令各布店兑出墨西哥银元，当农民持棉布到彼处出售时，他们就不可避免地收下墨元"，这是着眼于长久。四是"发布了一项公告，以极严厉的措词，谴责收帐员和钱庄主们窖藏"西班牙银元和"拒收墨西哥银元的不正当行为"。五是政府铸币，道台组织"安装了一架简陋的机器，一种带中国字的双层冲模，经过了很大的努力，冲压出几百枚银币，可是没有人愿意买它们"。除了后项举措效

---

① 李必樟译编：《上海近代贸易经济发展概况：1854—1898 年英国驻上海领事贸易报告汇编》，第 41—42 页。

② 中国人民银行总行参事室金融史料组编：《中国近代货币史资料》第 1 辑上册，第 63 页。

果不彰外，前几项措施都起到了效用。①

在各方努力下，"过去三个月内，中国人对西班牙银元的看法有了一个奇异的变化"，本洋的涨势引起大批西班牙银元涌入上海，遂而形成积压，"上海存有数十万银元，在商品交易中不能起中间媒介的作用"，量大价跌，过去被青睐的"本洋"遇冷，而被长期低估的中国银锭特别是上海规元反而大受欢迎，市场自我调节发挥着功用，逐利本能迅速填补价值洼地：

> 到了这个阶段，即当表面上为七钱二分而实质上所含纯银显然要少 11% 的西班牙银元，可以买到一两纯银之时，中国人的心理似乎醒悟过来，觉得此事太不合理，于是银元像潮水一般地流到上海来掉换白银，因为直到彼时，银价仍未变动。其自然的结果是汇价下跌，银价上涨。②

尽管以银两作为通货单位可以修改此前本洋偏离应有价值，成为投机工具的状况。但实在说来，改用需要切割的银两交易是货币进程中的倒退，是变简为繁，变易为难的折腾，特别对小民百姓日常买卖带来很大的不便。货币经济的操弄之手无时不在，本洋来源日枯，银锭使用不便，到头来只能选择政府鼓励的"鹰洋"。人们自然而然地调整心态，"本地人过去爱好西班牙银圆，现在已经转而爱好整洁的墨西哥银圆了"。③

鹰洋终于"攻克"通商大埠上海，到 1857 年"西班牙银元已经完全不受欢迎，更受喜欢的是墨西哥银元"。④货币如水，流动极快，鹰洋在华东、华南地区被广泛接受，香港总督罗便臣（H. Robinson）1863 年谈到，鹰洋不仅是香港唯一的法偿货币，也在广州通行，而且"在中国中部的产

---

① 李必樟译：《上海近代贸易经济发展概况：1854—1898 年英国驻上海领事贸易报告汇编》，第 12—13、41 页。另参中国人民银行总行参事室金融史料组编《中国近代货币史资料》第 1 辑上册，第 61—62 页。

② 《改用墨西哥银元在上海引起的混乱情况》，中国人民银行总行参事室金融史料组编：《中国近代货币史资料》第 1 辑上册，第 63 页。

③ 姚贤镐编：《中国近代对外贸易史资料》第 2 册，第 1090—1091 页。

④ [英] 莱特：《中国关税沿革史》，姚曾廙译，第 23—24 页。

丝区付款，必须用没有磨损的墨西哥银元，它有很高的升水"[1]；到 19 世纪后半期，"惟鹰洋所行最广……而本洋渐晦。今市尘交易，莫不以鹰洋为率"[2]。墨西哥银元成了中国的主流外币。

鹰洋对本洋的决定性替代发生在上海，而不是其他地区，恰好证明上海已经取代广州成为中国最大的外向型城市和外汇中心，这是在鸦片战争后十余年间快速实现的。本洋与鹰洋的转换，"始于上海、宁波，继则内地遍处流通，所以同治五六年后，凡江浙两省贸易者，莫不以英（鹰）洋定价，废弃本洋"[3]；鹰洋在上海大行于市，与前此本洋在广州的大行其道一样，钱路的转移及时敏感地反映出中国外贸中心的转移，上海成为中国乃至远东金融货币的大本营和左右市场的标杆。

主流外币替换的发生，有中外两方面的原因。外方原因，首当其冲的当然是本洋停铸，而大量新铸的墨西哥鹰洋顺势取而代之，流播全球，"1877 年到 1910 年墨西哥输出银元共四亿六千八百多万元，其中一大部分是流到中国来"[4]。此前，中外人士曾经反复验证本洋与鹰洋的含银纯度基本相等，并大加宣传，却收效甚微，这说明，某种货币的流通开来，固然与币的精纯度有关系，更与发行量有关；从主流货币替代来看，源源不断的批量供应才是最重要的。还有中外贸易的巨额逆差，外方"由于进口贸易处于不景气的状态和兑换率的偏高，因此在 1855 年结束时，有许多帐目未能结清，欠了中国人很大一笔钱"。当年年底，"外国人的贸易逆差很大，不下于 7825742 镑，即使在去年，需要清偿的未付债款总数也有 3429565 镑之多"。加上太平天国运动爆发，上海小刀会起义发作，都使得中外贸易逆差愈甚，"可以肯定的是：在清帝国的安定时期，我们的贸易未见起色，而在目前内战动乱的时期，前景就变得更坏了……通常向中国内地分运商品的水道，已被叛军占领，存货卖不出去，只好留在手头。因此，外商赖以偿付贸易逆差的正统方式，即进口贸易，显然处于一种非常

---

[1] ［美］郝延平：《中国近代商业革命》，陈潮、陈任译，上海：上海人民出版社，1991 年，第 44 页。

[2] 《乾隆以后流通银元的种类》，中国人民银行总行参事室金融史料组编：《中国近代货币史资料》第 1 辑上册，第 53 页。

[3] 半耕半读客：《浙省丝捐搭收本洋苛派商民论》，《申报》1876 年 4 月 6 日，第 1—2 版。

[4] 彭信威：《中国货币史》，第 579 页。

危险的状态之中"。^①这些都促使列强率先在华放弃业已衰减的旧币转而改用容易获得的新币。

中方原因，虽然说，金钱只有在不间断的运动中才有价值，没有任何物品比钱币的搬动更容易，损耗更小。但不妨碍中国人的收储积习，大量的窖藏愈发减少了本洋的流通，"有江北人某姓者，素以扒砖为业，一日扒至南濠之南，忽见阴沟中有小黄狼窜出，某即沿沟深挖，拟探其巢，深入尺余，摸得本洋几数千元"。^②杭州东园城衙营的张姓购置新屋，庭中有枯井，雇工淘之，发现布袋一个，内有"本洋百数十元"。^③再有人无意中掏得坛子内装"本洋数百元"。^④不但城镇居民，"乡农多喜收藏本洋也"。^⑤本来就是"市间有去无来，日少一日"的本洋，却变本加厉地进入收藏界，退出流通领域。^⑥国人在银元使用上也有问题，比照银两的使用方式，"中国人喜欢把他们的名字印在每件东西上，这就大大地不利于保持这种硬币的完整，因为反复地对硬币打上标记或所谓戳记，会很快地使银元分裂，从而建立了第三种衡量价值的货币单位，叫做'碎银'"。^⑦本洋停铸后没有新版，流行市面的多是錾过的烂板，"外国输入的银元，每经过一次手，便称一次，加上一次戳，不久便成了加戳的洋钱"。^⑧这种专业破坏加剧了银币的破损，痕迹斑斑，分两不足，裂元横行，"经錾为烂版镕入银炉亦日渐稀少"。^⑨还有本洋受到市场推崇，造假甚多，扬州"某铺收积本洋过多，今正细阅大半银壳而铜质"，使得正币换成伪币，良币变成劣币。^⑩加上中国官府支持换币的有效举措，凡此种种，加剧了旧币的退出和新币的登场。

---

① 李必樟译编：《上海近代贸易经济发展概况：1854—1898 年英国驻上海领事贸易报告汇编》，第 40—43 页。

② 《储藏本洋》，《申报》1878 年 1 月 15 日，第 2—3 版。

③ 《淘井得金》，《申报》1895 年 8 月 15 日，第 2 版。

④ 《苏事杂闻》，《申报》1878 年 7 月 26 日，第 3 版。

⑤ 《邗水杂闻》，《申报》1886 年 6 月 21 日，第 2 版。

⑥ 半耕半读客：《浙省丝捐搭收本洋苛派商民论》，《申报》1876 年 4 月 6 日，第 1—2 版。

⑦ 李必樟译编：《上海近代贸易经济发展概况：1854—1898 年英国驻上海领事贸易报告汇编》，第 11 页。

⑧ 《外国银元在广东行使情况》，中国人民银行总行参事室金融史料组编：《中国近代货币史资料》第 1 辑上册，第 55—56 页。

⑨ 《论铸银圆为便民要务》，《申报》1877 年 3 月 7 日，第 1 版。

⑩ 《本洋停用》，《申报》1878 年 4 月 9 日，第 3 版。

入华主币换代后，本洋没有很快退出流通领域，1857 年后的上海，虽然"渐用墨西哥银元作小额支付之用，但当时中国人还不珍视墨西哥银元，它要对西班牙银元补水 20%—30%"。到 1887 年，"内地人民还没有丧失对古老的老板银圆的偏爱，该币在芜湖的市价，通常超过实值 6%-10%，有时还更高些。农民用他们出售稻米所得到的银子购买这种银圆，带回乡间"。[①]据研究，本洋在长江流域一带的势力，一直维持到 19 世纪末，尤其是在安徽等省，直到 1900 年，每枚还值白银九钱以上。[②]

此前，世界各主要国家实行金本位制，放弃了银币，这些国家境内弃之不用的本洋集中流入中国，据 1898—1908 年外国洋银入口统计来看，此间由广州入口的本洋有 9812000 元，由厦门入口的有 72693 元，仍有一定数量；而同期从厦门出口的本洋仅有 750 元，广州则没有出口，显见基本留在了中国。[③]

本洋仍然在中国广大地区普遍使用。其中，既有向银行的借还贷等大额来去[④]，也有向青楼女子放高利贷[⑤]、购置书画例金[⑥]，以及购买轮船船票等小额消费[⑦]；还有新米上市的价格标示等[⑧]，此乃关乎农户和市民生计的基本物价指标，是时在中国重要米市的芜湖便经常出现"市中钱价因之起跌"的投机生意，"盖乡人售米向喜用本洋，故米市畅销之时，市侩即将本洋抬起"。[⑨]更有甚者，浙江嘉湖地区强令商民交纳丝捐必须搭收本洋，由此酿发民众抗议，自来"贱英（鹰）贵本"，鹰洋兑换本洋要贴水，"始不过数文，渐加之数十而百，愚民皆重本洋而轻英洋"，当局不恤民力，推波助澜，"厘局丝捐必欲三七搭缴"。[⑩]绅民质问："外洋停铸本洋，迄

---

① 姚贤镐编：《中国近代对外贸易史资料》第 2 册，第 1090—1091 页。

② 彭信威：《中国货币史》，第 579 页。

③ 中国人民银行总行参事室金融史料组编：《中国近代货币史资料》第 1 辑下册，第 723—725 页。

④ 《贷款详述》，《申报》1885 年 4 月 17 日，第 2 版。

⑤ 《为苦海中人疾呼请命》，《申报》1873 年 12 月 3 日，第 2—3 版。

⑥ 《书画价》，《申报》1875 年 8 月 6 日，第 2—3 版。

⑦ 《论近日钱银》，《申报》1878 年 5 月 28 日，第 1 版。

⑧ 《泖上秋鸿》，《申报》1885 年 10 月 9 日，第 3 版。

⑨ 《芜湖杂志》，《申报》1890 年 1 月 13 日，第 2 版。

⑩ 《访查丝捐搭收本洋记》，《申报》1876 年 4 月 26 日，第 3 版。

今已数十年，来源早竭，人所共知"，如今捐税却要强行收取本洋，是何道理？并威胁如果向浙省"上宪伸理"不成，便要"上渎天听"。[①]币事关天下，征缴系百姓，既然"当道亦知本洋无司觅兑"，却"与民争利，图饱私囊，上下交征"，"以绝无仅有之物，责其缴解"，"此从古未有之苛政也！"[②]本洋已是尾声袅袅，不过也有回光返照。1902年的安徽徽宁地区，"照得近来钱荒银贱异于寻常，鹰银尚不大涨，而本洋竟涨至一两一钱有余……本道悉心筹划，首宜转移民间习用本洋之风，而转移之法，惟有民间完纳钱粮以及赎取当典，暨商民完纳厘金、关税，均应通用龙银、鹰银，照市作价，不得仍前专取本洋"。[③]以至1912年政权鼎革之际，芜湖商务总会"因金融恐慌，各庄岌岌可危"，特商请政府设法维持本洋，"本洋又为乡民所注重，讵料数月以来任意苛求，挑剔成风，甚至小有蚊脚虬斑者，昔日视为净光，今竟摈弃不用……推原其故皆由挑剔本洋致使淤塞而不流通"。[④]言词中透露出无奈。

大势难违。各种铸币的增多迅速填补了市场空缺，加剧了本洋退市，伴随使用年限的不断延长，"入炉镕化者去其半，继则粤寇窜扰，民间埋藏，以及投河入水者，又去其半"[⑤]，造成本洋"来源已竭，愈用愈少"[⑥]的情状。晚些时候，政府反倒要保护本洋，管辖中国商贸重地的两江总督一再谕令："各处钱铺以使用本洋不得分门别类，任意轩轾等因"[⑦]；各金融机构不得"因戳痕略多，强指为烂板碎花名目，故意挑剔"，要求以后"出入本洋，如果铢两合格，并无夹铜等项情弊，仅只戳痕较多者，应各照旧持平行使，准完厘金，搭放勇饷"[⑧]。官府命令在一定的时空范围内起到效用，本洋"惟是苏浙两省均用腊印为记，江西闽广三省均盖铁

① 刘鸣子：《辩嘉湖丝捐搭收本洋说》，《申报》1876年4月28日，第1版。
② 半耕半读客：《浙省丝捐搭收本洋苛派商民论》，《申报》1876年4月6日，第1—2版。
③ 安徽徽宁池太广道吴：《转移市习》，《申报》1902年11月13日，第9版。
④ 芜湖商务总会：《芜庐两商会维持本洋办法》，《申报》1912年10月22日，第6版。
⑤ 刘鸣子：《辩嘉湖丝捐搭收本洋说》，《申报》1876年4月28日，第1版。
⑥ 《访查丝捐搭收本洋记》，《申报》1876年4月26日，第3版。
⑦ 《姑苏近事》，《申报》1878年5月20日，第2版。
⑧ 《两江总督部堂沈告示》，《申报》1878年5月9日，第3版。

戳……广东仍将洋钱剪为分厘使用，仍与用银无异"①。人为行政干预究竟敌不过市场规律，迨至光绪初年，"江浙两省本洋已绝无仅有"②。到20世纪初叶，"苏省鹰洋通行，本洋素不多见"。③停铸近百年的老币延捱余光，距离寿终正寝不远。

到19世纪后期，墨西哥银元成为西班牙银元的替换，竟至于"自海禁大开，东南各行省不知有银，知有鹰洋而已"。④19世纪60年代迄20世纪初叶是鹰洋在华的"黄金岁月"，流通范围不断扩张，"外洋墨西哥小国银元乃充斥于中国"⑤。这一局面使列强很不满意，英国人认为，英国是那个时代世界上最强大的帝国，区区墨西哥何足挂齿，英国又是对华贸易量最大的国家，人们甚至误将墨西哥的"鹰洋"看作是英国的"英洋"，"迨同治初改用英洋……虽欲英洋不行，即以势迫刑驱，亦必有所不能"⑥。英国货币在华影响力与英国在华地位不相匹配，英人强烈主张铸英币来代替鹰洋。列强均有以自己的货币来打垮鹰洋的举动，这些企图虽未能实现，但消弱了鹰洋的地位。鹰洋地位的根本动摇来自其自我断流，1903年墨西哥准备采用金本位，停铸鹰洋，鹰洋来路渐绝。1914年，中国政府开始收买熔化鹰洋，1919年，上海停开鹰洋行市。无源之水的鹰洋来日无多。

（四）金属外币

人类商贸史上，商品货币长时期是货币的主要形态，尤其以金、银、铜等金属为主要铸币基质。1436年，"中国实际上在为它的经济重新确定通货"⑦，中国开始了银钱复本位制，无论银子还是制钱都是金属币，所谓硬通货。单以银子来说，那时中国使用的是银两，外国使用的却是银

---

① 《论近日钱银》，《申报》1878年5月28日，第1版。

② 《访查丝捐搭收本洋记》，《申报》1876年4月26日，第3版。

③ 奉护理苏抚部院陆：《札查弊混》，《申报》1900年3月11日，第3版。

④ 姚贤镐编：《中国近代对外贸易史资料》第2册，第1091页。

⑤ 《署两江总督张之洞片》，中国人民银行总行参事室金融史料组编：《中国近代货币史资料》第1辑下册，第683页。

⑥ 《访查丝捐搭收本洋记》，《申报》1876年4月26日，第3版。

⑦ [美]彭慕兰：《大分流：欧洲、中国及现代世界经济的发展》，史建云译，第149页。

币，国人自来的印象是欧罗巴"以金、银、铜钱为币"。[①] 银币较之银两凸显出诸多优越：不用切割，使用方便，其重量和成色由印于表面的图案如实证明，一望可知。很快地，先在外贸领域、后在国内商业及至民间交易，先在闽、粤、江、浙等沿海边地，后在内陆腹地广泛流通。"至中国与西国通商贸易今已百数十年，而沿海各省通行西国洋钱亦百数十年。"[②] 其实，到报章所论的 1876 年，中国与西方贸易远不止百数十年，外国金属币流入中国也不始于此。货币的发行关系到流通国的国计民生，带有垄断性的国际性货币是大利所在，中国又是一个拥有四亿人口的大市场，"当它第一次被迫对外国开埠通商时，墨西哥银元就被用来为价值标准，至今也没有变化。几乎世界上每一个国家都曾力图使它们的银元与墨西哥银元竞争"[③]。

工业革命先行的英国也是机器铸币的先进。先前，用手工硬模压铸钱币不能满足日益发展的市场之需，造假币的人尽管会被处以极刑，也拦不住暴利引诱。18 世纪末，博尔顿（M.Boulton）尝试利用机制技术加大制作假币的难度，他在伯明翰附近建造了一台由蒸汽机驱动的极其壮观的造币机，运用这台机械，钱币的两面和边沿可以同时铸造，"四个十或十二岁的孩子能在一小时里冲出三万畿尼，这机器始终准确无误地计算所压出的钱币的数目"[④]。

1841 年 1 月，英军占领香港，随即宣称要让英国的"先令在所有英国鼓声响起的地方流通"[⑤]。英国挟战争之威和对华贸易最大国的地位，加上不平等条约的庇护和占领香港的优越位置，成为鸦片战争后最早在中国发行银元的国家。据说，战后广州就有"一家英国商行拥有一个造币厂，铸造西班牙洋，获利甚巨"[⑥]。此条史料难以证实，这家厂即或存在，也

① 梁廷枏：《海国四说》，第 217 页。

② 《论自铸银钱之便》，《申报》1876 年 11 月 7 日，第 1 版。

③ 《美国参议院讨论铸造墨西哥银元问题的会议纪录》，中国人民银行总行参事室金融史料组编：《中国近代货币史资料》第 1 辑下册，第 711—712 页。

④ [英]亚·沃尔夫：《十八世纪科学、技术和哲学史》下册，周昌忠、苗以顺、毛荣运译，第 800—801 页。

⑤ Chalmers, Sir Robert, *A History of Currency in the British colonies*, London: Printed for HMSO, 1893, p.23.

⑥ 姚贤镐编：《中国近代对外贸易史资料》第 2 册，第 1087 页。

肯定是规模很小，不知所终。后来，各方人士又力促"为什么香港银行不试造一种英国银元？从政治的观点以及商业观点看来，它都可以发挥极大的效能"①。多方力推之下，1866 年，英国在香港设厂开铸银元，正面图形为维多利亚女王头像，背面有"香港银圆"四个中国字。香港造币厂由金德少校（Major Kinder）主持，面向中国内地发行，对中国大市场的觊觎赫然可见。不过，造币厂生不逢时，该厂因不能获利而关张，就连造币机器也连锅端地卖给了日本人。

事后，英国人对香港铸币厂进行了检讨，除了所铸银圆含银量低于鹰洋，加上中国人用惯了旧币，不太愿意接受新币等原因外，更重要的是机遇不好。1876 年 6 月 12 日有研究报告提出：那时的铸币成本太高，造币厂"不必要的职员太多了，而薪给也过高"；再有投机心理，"自从美国战争爆发以来，遍及于商业世界的每一个角落的投机大风浪，还在继续，人们是不屑于在经济上注意这些小的节约的"。实际上，处于世界经济的衰落期，各地"在这时都感到很困难，许多银行和商号在 1865 与 1866 年都停业了，剩下的各种企业也大大缩小业务，足有二三年之久"。加上对华鸦片贸易的合法化，使得"大量的银两与银元向印度流出，这样自然就没有人需要香港造币厂的服务。对香港造币厂来说，再没有比它从开设到停闭这两年间更不吉利的时候了"。对此，英国当政者也不能辞其咎，因为造币厂"每年要受到一万两千镑的损失"，区区小数使得政要对该厂前途失去信心，这是"麦克唐纳（R. Macdonmell）爵士贤明政府的一个大错误，它丧失了引入英国铸币的一个最好机会"。主政者们缺乏远见，没有看到"当造币厂机器出售给日本政府的时候，经济趋势正开始转变"，无论如何应该"再给这个造币厂以多几年的试验"。②后来，美国人曾讥笑香港银圆"铸了大约有一千万枚。其中一部分是流通了，一部分却作了纽扣、手镯和其他装饰品；

---

① 《英商主张重建香港造币厂以英国银元代替墨西哥银元》，中国人民银行总行参事室金融史料组编：《中国近代货币史资料》第 1 辑下册，第 717 页。

② 《英商主张重建香港造币厂以英国银元代替墨西哥银元》，中国人民银行总行参事室金融史料组编：《中国近代货币史资料》第 1 辑下册，第 717 页。

他们没有使这个货币在这个国家里通行，他们的铸币撤回了"[①]。

回顾往事，英人悔过不已，"熟悉中国货币情况的多数人士都认为，1868 年香港造币厂的关闭是很大的错误，造成了贸易的严重损失"[②]。补救方案次第出笼：

> 最近十五年来……渴望一个确定的标准似乎是更加强烈了。造币厂的一时开办曾给人以和平与秩序的感觉，而重新陷入混乱状态就好像从天堂掉下来一样更加痛苦了。一个方案接着一个方案提了出来……但是，所有的计划都失败了。[③]

1878 年，英商主张重新铸造流通于中国等地区的银币，即在英国的"帝国造币厂铸造英国银元"，但操办人罗里（Ryrie）经过考察，并和一度存在的香港造币厂的主持人金德少校商议后，放弃了这个计划。政府退出，商人出面，与中国贸易利益直接攸关的在华商会遂决定重建香港造币厂。[④]没有政府的参与，只是商人群体很难成事，重建计划无果而终。

随着对华经贸的迅猛发展，英人插足中国货币市场的冲动益发强烈，中国香港与内地的贸易不得不依赖墨西哥银元作为通货，"由于它不易取得，并只有付出远高于它的实值的价格才能买到，因而在贸易上就经常受到阻碍。墨西哥银元供应的不正常和它的价值有时过高，就给日本政府以机会将日圆引入中国的某些金融市场和新加坡"，使得日不落王国居然在此领域的较量中处于下风，"所有这一切，都由于香港政府停闭造币厂而无从实现。如果不把这个造币厂出售给日本，香港政府继续坚持铸币，它的银元不仅可以成为中国广泛流通的通货——把墨西哥银元和西班牙银元

---

① 《美国参议院讨论铸造墨西哥银元问题的会议纪录》，中国人民银行总行参事室金融史料组编：《中国近代货币史资料》第 1 辑下册，第 713 页。

② 《英商继续要求英国银元流通不满意香港造币厂的停闭》，中国人民银行总行参事室金融史料组编：《中国近代货币史资料》第 1 辑下册，第 718—719 页。

③ 《英商主张重建香港造币厂以英国银元代替墨西哥银元》，中国人民银行总行参事室金融史料组编：《中国近代货币史资料》第 1 辑下册，第 717—718 页。

④ Proposed hongkong mint,*the north-china herald*, mar.21.1878,4 th Edition.

驱逐出去，而且，它还有可能成为日本的通货"①。多方寻摸，英人还力图楔入中国铸币以借力打力，企图替上海当局代铸银币，并设计了上海一两的银币图形，只是过于越俎代庖，此中国货币的币面上竟刻铸英国国徽，太过惹眼，自然被清政府坚拒。在广东当局筹措自铸银元的时候，汇丰银行也曾"遣人至海防善后局面商，闻粤省欲铸银元，该行有英国轮墩（伦敦）及美国旧金山所出条银……欲求代为附铸，按月陆续交来，多则十余万两，少亦四五万两……每铸银百元，补工火银一元"；最关键的是这一句话"铸成后，愿在中国各口一体通行"。对此，清廷户部予以有保留的同意，主要是顾虑到有些疆臣反对，也担心"银元铸成后是否即由该洋行发出行用"等问题，本来自铸银元就是为了收回货币主权，允许外国银行介入，反倒与其宗旨相逆，随即，广东主官换人，此议不再提及。②

1895 年，英人终于补上了在华银元的"缺憾"。1894 年底，英国政府就决定发行在远东流通的银元，该币在印度孟买造币厂铸造，印模在英国设计③，"银元正面有不列颠尼亚女神手持叉杖的站像，并有英文字样，背面有中文和马来文的文字"，中国人称之为"站人"或"杖洋"等。略后，银元铸造点扩及加尔各答和伦敦，说明需求量增加，发行则由上海、香港、新加坡、槟榔屿等地的英国银行操作。该币在日本银币退出后，成为仅次于鹰洋的第二大在华流通银元，据统计，在 1898 年至 1908 年间，外国银元出入口的数字是，广州：鹰洋 17578000 元，站人 2862000 元，本洋 9812000 元，这是三个大项，其他各种外国银元合计 10629000 元。琼州：鹰洋 30332 元，站人 84682 元，他项洋 109869 元，小洋 122801。福州：站人 5929446 元，他项洋 75143 元，可见英国银元在该地成了最大宗。厦门：鹰洋 981976 元，站人 990693 元，本洋 72693 元，他项洋 17880442 元，小洋 858854 元，共计 20784685 元。天津：鹰洋 196000 元，

① 《英商继续要求英国银元流通不满意香港造币厂的停闭》，中国人民银行总行参事室金融史料组编：《中国近代货币史资料》第 1 辑下册，第 718—719 页。

② 《两广总督张之洞折》，《户部尚书张之万等折》，中国人民银行总行参事室金融史料组编：《中国近代货币史资料》第 1 辑下册，第 674、678—679 页。

③ 《英国发行的新银元（站人）》，中国人民银行总行参事室金融史料组编：《中国近代货币史资料》第 1 辑下册，第 719—720 页。

站人 2966500 元，小洋 2500 元，共计 3165000 元，显见英国银元在当地的势力也很大。蒙自：法洋 11850294 元（与法国殖民地越南邻边）。思茅：卢比 172122 元（与英国殖民地缅甸邻近，此为英国海外最大殖民地发行的印度卢比）。[①]

接踵而来的是日本，日本曾一度通用中国钱，丰臣秀吉时代恢复铸钱；德川幕府时期实行金银平行本位；明治维新后采用银本位，香港铸币厂倒闭后，日本将其全套铸币机器买下，说明已有铸币筹划。1871 年 5 月 10 日，"政府遂令大阪之国家造币厂开始铸造银币，定名为圆。……行用数年后……日本政府决定增加币重，由 416 英厘增至 420 英厘，俾与美国贸易银元相仿"。日本银圆因为背面有蟠龙纹，亦称"龙洋"。日本的胃口不小，不仅想借此驱逐在日本市场盛行的鹰洋，还希望使日圆流播整个远东。不料，新铸重币发行后，效果不好，1878 年，日政府决定停铸重币，"转而续铸旧有之轻币"。[②] 将旧轻币"仍规定为全国之法币。俄尔银价跌落，其造币厂不得不积极添铸银币，以应市需。当 1871—1897 年间，计铸有 165000000 枚（其中输出国外者逾 110000000 枚）。据此可知，其时日元亦颇为墨币之一劲敌也。在香港英币问世（1895 年）以前，是即马来半岛及新加坡之主要货币。此币经创行数年后，果渐将墨币由日本境内逐出，并在中国各主要商埠，以及朝鲜、安南、暹罗等处流通，亦与墨币分庭抗礼之概云"。[③] 日圆一度成为除了鹰洋以外在华流通量最大的外币。

1897 年，日本国内改行金本位，仍不怀好意地继续铸造银圆发行海外。这年日本驻上海领事馆报告："日本改行金本位制后，日圆相对于纹银急剧升值"，此种情况"给日本棉纱扩大进口造成了良机"。[④] 1898 年 6 月 22 日的《东京日日新闻》云："据驻新加坡领事报告，明治二十二年至三十年三月日本输入海峡（星加坡地）殖民地银货

① 《1898—1908 年外国银洋出入口统计》，中国人民银行总行参事室金融史料组编：《中国近代货币史资料》第 1 辑上册，第 723—724 页。

② 《日本银元在中国的流通》，中国人民银行总行参事室金融史料组编：《中国近代货币史资料》第 1 辑下册，第 722 页。

③ ［美］耿爱德：《中国货币论》，蔡受百译，上海：商务印书馆，1929 年，第 145 页。

④ 李少军等编译：《晚清日本驻华领事报告编译》第 1 卷，北京：社会科学文献出版社，2016 年，第 104、108 页。

六千三百五十七万八千六百六十八弗"①，远远多于新加坡流往日本的银货。此时，就连香港也普遍使用日本银币。②可见日圆流通地区之广。但在此间，日本突然改变政策，1898年初，日本废除银圆，"宣布其不再为日本的法货，并在7月31日丧失其交换价值，从而只成为一般的银块"；据统计此项铸币总数共达162077072圆，此外，另有贸易银圆共3056638圆。算下来，在7月31日尚未兑换的铸币还有26150471圆。"这是一个特别大的数字。这些铸币到那里去了呢？这个银圆的银块价值在今天只有87.1仙。于是，在7月31日以前没有兑换的银圆持有者，每圆必损失12.9仙。"此招非常阴损，利用日圆在海外的广泛流通，再利用跨国界的人们信息不灵难以兑换之际，日本利用时间差大赚一笔。更令人不齿的是，中日甲午战争时，日本政府特意入华大量日本银圆，用来支付日军开销，并在东北与山东使用，"这样运出的铸币是不会在海关报册上发现的，并且，转到中国人的手中，以后大概还在中国流通，因为这些持有人对于日本的新货币措施，是完全茫然的"③。利用战时大规模输出即将废除的银币，借此大发战争财，不但侵略他国领土，残杀他国军民，而且利用货币手段毫无止限地掠夺他国财富。直到1920年，有人到福建省涵江等地仍观察到：

> 故日货之流行，于此者极多，所用银币均系外国银币，日币尤多。④

曾几何时，刚建国时的美国"真是穷困逼人，既然是一个没有制造业的民族，又被禁锢在一片不生产很多主要食品而面积又很有限的地域里，更被代价很大的战争耗尽了财富，美国和经济上的自给自足真是相去天渊

---

① 《南洋流用日本银圆》，《知新报》，1898年第63期，第20页。

② 李少军等编译：《晚清日本驻华领事报告编译》第1卷，第174页。

③ 《1898年日本废除银圆及其持有者的损失》，中国人民银行总行参事室金融史料组编：《中国近代货币史资料》第1辑下册，第722—723页。

④ 《江苏吴江程念劬笔记》，《申报》1920年1月14日，第14版。

了。最初到亚洲去的美国人是他们不得不去"[1]。但摆脱殖民枷锁的自由国度发展迅猛，并很早就确立了"经贸立国"的国策。早在 19 世纪初叶，美国就是银币的重要输华国，据统计"1805—1815 年这一时期，美国输出到广州的硬币价值 2271.9 万美元，占美国出口总额的 70%，而商品出口总额仅为 1023.9688 万美元，只占美国出口总额的 30%"[2]。美国当时尚未发现大储量的金银矿，这些硬币多是西班牙"本洋"等。1848 年加利福尼亚发现黄金，顿时兴起了席卷全球的淘金热，也开启了华人大规模移民美洲的浪潮，连接中美太平洋的重要枢纽 San Francisco，因成为华人最初进入北美淘金的"大埠"，而被华人习称"旧金山"。美国因与墨西哥均在美洲，先得"本洋"之便，又得"鹰洋"之利，"鹰洋行自墨西哥国，而美国又专贩此洋，在美仅及八角五分；在华则用作十角，此中暗耗，何可悉数"[3]。美国还是鹰洋的积极仿铸人，1873 年，"今美国欲行自铸洋钱以裕通商之用，拟每年铸成五百万块。据闻今年五百万块业经铸成……据云此洋已于西历本年七月半发兑，有人兑定一百万元运至东洋中国开用"[4]。这是指当年发行的"美国贸易银元"（trade dollar），此币专供对远东贸易使用，与本洋、鹰洋有性质的不同；本洋、鹰洋在铸造国也是通用货币，而美国贸易银元则只定向流通于美国之外的地区，特别是远东。1878 年，该币改版成"摩根银元"（以其设计者的名字命名），海外仍称贸易银元，鉴于鹰洋在东亚独步一时，美国羡其利，贸易银元的重量也以鹰洋为准，但成色低于鹰洋，所以终归失败，只发行了 14 年便收回。[5]该币发行了"大约有三千五百万元，在中国帝国境内也从来没有成为通用的货币"。[6]恶币驱逐良币的法则未必适用，违背价值规律必受市场惩罚。

---

① [美]泰勒·丹涅特：《美国人在东亚》，姚曾廙译，北京：商务印书馆，1962 年，第 4 页。

② 潘序伦：《美国对华贸易史》，李湖生译，上海：立信会计出版社，2013 年，第 6 页。

③ 姚贤镐编：《中国近代对外贸易史资料》第 2 册，第 1092 页。

④ 《美国自铸通用新式银钱》，《申报》1873 年 9 月 9 日，第 3 版。

⑤ 美国占领菲律宾后曾颁令：只许使用美国货币，"并禁墨西哥银钱入境，以保国权而一政令云"。殖民者在殖民地谈"保国权"，真乃绝妙讽刺。《外国纪事：铸造银元》，《鹭江报》1903 年第 47 册，第 18—19 页。

⑥ 《美国参议院讨论铸造墨西哥银元问题的会议纪录》，中国人民银行总行参事室金融史料组编：《中国近代货币史资料》第 1 辑下册，第 714 页。

  1887 年，美国人又有了更大的野心，那就是在中国开办能够铸造银元的机构。年初，米建威（C. E. S. K. de Mitiewiez）来华，欲求设立银行，该人是一个入了美国籍的波兰人，在到美国之前，自称是俄国伯爵，到美国后和一个百万家产的继承人安娜·丽斯特（Anna Lester）结了婚，摇身一变成了社会名流；到中国后，再度变身，"由伯爵摇身一变为马格里博士，而他之所以改名换姓，据说为的是行动秘密"，并顶替了曾经投效过李鸿章办军工厂的马格里（H. Macartney）。"人设"不断变换，乃一奇葩之人。米建威来华后，"立刻会晤了李鸿章和他手下的大小官员"，提出合办银行计划，获得李鸿章首肯。米建威返回美国，在中国驻美公使张荫桓的配合行动下，其计划引起了美国东部金融业的中心费城"白银财团"的注意，甚至美国助理国务卿包特（Porter）也打算辞职来担任专任董事，显赫一时。该计划成立的金融机构，最初定名为"国家和国际混合银行"（National and International Amalgamaties Bank），后来改称"华美银行"（American Chinese Bank），拟在李鸿章的地盘天津设总行，在上海和美国的费城、英国的伦敦设分行。该银行给自己规定的"业务"之一便是铸造和"发行货币"，还有"经理国库和包揽汇兑"等，《北华捷报》评论说："它在中国国内的地位，超过了英格兰银行在英国的地位，而在国外，它为中国政府和中国商业充当了其他的外汇银行的角色"，因此"它的范围是无限量的"。该计划获直隶总督兼北洋大臣李鸿章认可，派津海关道周馥、东海关监督盛宣怀、会办轮船招商局务马建忠与米建威在天津"会议简明章程十二款，又专条一款"，其中章程第七款规定："本行可设厂鼓铸金银钱。其式样、轻重应由北洋商宪批定遵行。"①

  米建威计划遭到其他列强的反对，亦遭到两广总督张之洞等人的抵制，因为"正在这个当口，这个广州的总督已经向皇帝请求在他所在的城市里设立一个专铸银元的铸币厂，他（李鸿章）把铸币权让与米建威的华美银行"，自然引出不满，只好作罢。②

---

① 陈旭麓、顾廷龙、汪熙主编：《中国通商银行——盛宣怀档案资料选辑之五》，上海：上海人民出版社，2000 年，第 697—699 页。

② 中国人民银行金融研究所编：《美国花旗银行在华史料》，北京：中国金融出版社，1990 年，第 5—9 页。

此策不行，又生一计。美国人借口墨西哥铸币厂繁忙过甚，而中美贸易激增，1893 年，美国"对中国的出口是三百九十万美元"，从中国进口"则在二千万美元以上"。相形之下，美国在华的货币发行则与突飞猛进发展着的美国经济实力以及中美贸易实不相称。美国又是银的富产国，如果在美国制造银元，"在太平洋沿岸就要产生一些活跃的白银市场；这里，银元易于装船出口，而商业也将发展"。现如今，与莫大需求对应的美国国内窘况是，"我们的熔炉是冷却了，我们的炉火是熄灭了，我们的矿山大部分是停闭了；一些还在继续开工的矿山也只是为防止坑木的腐朽，和地下水在坑中的泛滥"。因之，美国的矿工们"发觉是这个国家的货币政策阻碍了他们获取这份工资，并且只有挨饿的一途时，我们也就会不可避免地发现在某种价格下白银将继续生产"。面临内外挤压，美国政界感到仿铸鹰洋不失为良策，1894 年 4 月 9 日，美国参议院就科罗拉多州参议员瓦柯特（Wolcott）的议案进行讨论，末了，美国参议院通过决议："鉴于同中国及其他亚洲国家的商务关系有待加强与扩展，特请求美国总统与墨西哥共和国进行有关由美国造币厂铸造墨西哥标准银元的谈判。"有待交涉的内容是"允许在加松（Carson）与旧金山的美国造币厂使用墨西哥造币厂的银元模子，目的是把落矶山上的生银直接运送旧金山与其他太平洋港口，然后从这些地方再把墨西哥银元运往中国和新加坡"。著名的白银问题专家傅利文（M. Frewan）预判"这个议案几乎一定会得到墨西哥政府的同意"。[①] 此判断的落空是注定的，在别人既有的地盘上插一脚，靠完全模仿别人来牟自己的利，真是印证了世间言说：墨西哥的不幸在于离天堂太远，离美国太近。此损人利己的招数定然遭拒：

　　无疑的，这个计划将遭到墨西哥政府的反对。必须注意，墨西哥银元已经成为墨西哥的唯一的出口物资，在任何方面危害这项出口都将削弱它的贸易。[②]

---

① 《美国参议院讨论铸造墨西哥银元问题的会议纪录》，中国人民银行总行参事室金融史料组编：《中国近代货币史资料》第 1 辑下册，第 713—716 页。

② 《美国参议院铸造墨西哥银元的决议在墨西哥遭到冷遇》，中国人民银行总行参事室金融史料组编：《中国近代货币史资料》第 1 辑下册，第 716 页。

法国与英国有类似之处，利用殖民地邻近中国来博取出位，登堂入室。[①]1879 年 6 月 6 日，出使英法大臣曾纪泽接到法国外交部长的咨文："法国现议铸造大圆银钱，用之安南等处地方，并拟用之附近各国，甚愿贵国家收受此钱，通行天下，并望海关衙门准其收用。"[②]曾氏认为其他国家也有在华流通银钱者，事同一律，"目下自不必设词拒之"，获清廷批准。[③]1885 年法国人在安南开铸"西贡银元"，因成色好于鹰洋，每每被熔解或藏匿[④]；1895 年法国改铸新币，减轻重量。法国财政部为此授权东方汇理银行（Crédit Agricole Corporate and Investment Bank）"在巴黎的铸币厂铸造足够的法国贸易银元来满足它的需要"[⑤]。这些金属货币国人通称"法光"等，与法国本土流通的法郎不同，此币是从属于法国殖民地金融体系的越南货币。前后流通的"法光"林林总总，至少有 30 余种。[⑥]据海关统计，1904—1907 年，共有值关平银 7176394 两的越南银元运入云南；而"滇越铁路公司在筑路期间，曾鼓铸越南银元 7500000 元，专供支发路工之用"。[⑦]

列强之间你争我抢，互为借口，法国人提出美国的钱币业已"流行中国沿海各省垂数十年"[⑧]。美国人又不无醋意地谈及"法国也曾开始铸造银元来处理它和中国的商务"[⑨]。法国人对既已形成的列强在华金融布局

---

① 因为中国和越南相邻，越南钱币早有流入中国的，"道光八年十一月初六日奉上谕，御史张曾奏，风闻广东省行使钱文，内有光中通宝、景盛通宝两种最多，间有景兴通宝、景兴巨宝、景兴大宝、嘉隆通宝，谓之夷钱，掺杂行使，十居六七，潮州尤甚，并有数处专使夷钱"。上列全都是越南钱，可见，在法国完全殖民越南之前，就已有越南钱的流入。而且，越南"轻钱"不仅流入广东，还流入福建，乃至山东等地。《两广总督李鸿宾折》，中国人民银行总行参事室金融史料组编：《中国近代货币史资料》第 1 辑上册，第 99—101 页。

② 王彦威、王亮辑编《清季外交史料》卷一五，李育民等点校，第 2 册第 306—307 页。

③ 《出使英法大臣曾纪泽折》，中国人民银行总行参事室金融史料组编：《中国近代货币史资料》第 1 辑下册，第 720 页。

④ 周伯棣：《中国货币史纲》，上海：中华书局，1934 年，第 146 页。

⑤ W. S. Wetmore, The silver question, *the north-china herald*, Jul.26.1895, 3th Edition.

⑥ 马冠武：《论近代时期流入广西的"法光"和"法纸"》，《广西金融研究》2000 年增刊，第 33 页。

⑦ 万湘澄：《蒙自的东方汇理银行》，寿充一、寿乐英编：《外资银行在中国》，北京：中国文史出版社，1996 年，第 97 页。

⑧ 王彦威、王亮辑编《清季外交史料》卷一五，李育民等点校，第 2 册第 306—307 页。

⑨ 《美国参议院讨论铸造墨西哥银元问题的会议纪录》，中国人民银行总行参事室金融史料组编：《中国近代货币史资料》第 1 辑下册，第 713—714 页。

深感不满，大言不惭地放话中国人需要的银钱，"这种货物出产最多的国家是法国，所以，法国通常应能从中获取最大利益。……为了完整地使用这股力量，必须使这种资格是惟一的"，但是，本应享有的唯一却被多国截取，"占有优越地位的汇丰银行便是在这种基础上建成的。对德国而言，德华银行的情况也如此。正是这些原则保证了华俄道胜银行好几年的成功"①。在此情景下，法国政府感到东方汇理银行在各国竞争中不甚得力，该行"心胸狭隘和畏首畏尾"②；认为"东方汇理银行"的名称本身就会引起中国人怀疑，"将使中国人老是把它看作一个外国政府的工具"，视其为"不合法产物"；更不利的是，在中国的东方汇理银行分行仿佛"是一系列四散的账台，取决于一个遥远的领导机构"，与此相反，英国的汇丰银行"则是一个精明的统一体，它有总体目标和思想，有某种气质、毅力和行动，有传统和政策"。③两相竞争，东方汇理自然落败。法国朝野之间积怨渐深，1905 年，法国政要酝酿撇开不太听话而在对外竞争中又不太给力的东方汇理，另立新行，新银行的矛头所向和目标企及很明确，"参照上海的各家英国银行所做的工作"④；内阁"部长的希望是在中国建立一个法国资本代理人的坚强的金融地位"⑤。1908 年，外交部的官员和定居在远东各港口的法国商贾们都对法国在中国、朝鲜、日本、暹罗湾，甚至印度支那的广大区域中"连一所法国商业银行都没有"的状况表示严重不满。成立新银行的设想再被提出：

> 有必要把新机构的总行所在地设立在远东，最好是上海，这是中国的经济中心；另外在香港、广州、汉口、天津、日本和印度支那设

---

① 《政府对东方汇理银行的要求》，章开沅、罗福惠、严昌洪主编：《辛亥革命史资料新编》第 7 卷，武汉：湖北人民出版社、湖北长江出版集团，2006 年，第 13 页。

② 《关于东方汇理银行和兴办一家法中银行的通知》，章开沅、罗福惠、严昌洪主编：《辛亥革命史资料新编》第 7 卷，第 9 页。

③ 《就东方汇理银行对 1905 年 12 月 13 日通知的意见所作的答复》，章开沅、罗福惠、严昌洪主编：《辛亥革命史资料新编》第 7 卷，第 16 页。

④ 《政府对东方汇理银行的要求》，章开沅、罗福惠、严昌洪主编：《辛亥革命史资料新编》第 7 卷，第 13 页。

⑤ 《就东方汇理银行对 1905 年 12 月 13 日通知的意见所作的答复》，章开沅、罗福惠、严昌洪主编：《辛亥革命史资料新编》第 7 卷，第 16 页。

立分行。……不应忘记，汇丰银行的总行所在地不是在伦敦，而是在香港，正因如此，它在近十年至十二年间能够如此方便地参与中国和日本的多次贷款活动，贷款给各省总督和巡抚，贷款修筑铁路等等。十分明显，正是这些贷款使英国在远东的这个大金融设施获得大量利润，使它的股票从发行时的一百二十五元发展到今天标价近九百元。[①]

因为 1905 年的计划就因遭到东方汇理银行的反对而搁浅，所以这次特别强调这家酝酿中的新行并不影响东方汇理的利益，"两家银行远不是互相竞争、相互妨碍，而应一致行动、互相支持"[②]。很遗憾，东方汇理并不这样认为，他们预感到新机构的潜在竞争威胁，于是联合其他金融机构予以坚决反对，使得这家政府拟议中的新远东银行胎死腹中。

因地缘关系，俄国的势力集中在西北与东北，咸丰年间的新疆伊犁"商贾辐辏，货泉流通，洵极边一重镇也。其时行使制钱，半由外购，半由宝伊局鼓铸，颇不缺乏"，谁知，到 1860 年代，因阿古柏叛乱，"九城沦胥，旋经俄国代收代守，纵有制钱，俱贱价买去，消灭无踪，洋帖因之充斥，洋元洋普（维吾尔语谓铜钱为普尔，洋普即俄国铸币）亦相辅而行，若忘其为中国地面"。[③]以军事占领强取经贸利益是俄国人的惯用手法。

在华势力颇为有限的德国也积极渗透，"若以价值一定之圜币输入中国，则殊与德国有益，今当竭力以图达此目的云"[④]。初始，德币主要在胶济铁路沿线使用，渐扩及山东，"刻闻德人以胶济铁路日形发达，德华银行决意在青岛鼓铸银币，以便流通，西六月以前即当有新银币出现"[⑤]。

据 1906 年的调查，在华通用的外国银元共有 15 种。[⑥]外币拼力抢占

---

① 《关于可能在远东创办一所商业银行的通知》，章开沅、罗福惠、严昌洪主编：《辛亥革命史资料新编》第 7 卷，第 77—79 页。

② 《关于可能在远东创办一所商业银行的通知》，章开沅、罗福惠、严昌洪主编：《辛亥革命史资料新编》第 7 卷，第 78 页。

③ 《伊犁将军色勒额折》，中国人民银行总行参事室金融史料组编：《中国近代货币史资料》第 1 辑下册，第 1003 页。

④ 《德人干涉中国币制之渐》，《申报》1911 年 4 月 23 日，第 4 版。

⑤ 《德华银行在山东发行钞票》，《东方杂志》卷六，第 4 期，宣统元年四月。

⑥ 王克敏、杨毓辉编：《光绪丙午（三十二）年交涉要览》下篇卷四，北洋官报局代印，光绪三十四年，第 25 页。

中国这个大市场，是为了操控中国的货币经济，牟取利益的最大化；也是为了与其他列强竞逐，多分得一杯羹。晚清时期，中国成为外国发行银元的闹市场，成为列强在华货币的竞逐地。中国地域辽阔，"况各省用法不同，数十年前间有用西班牙本洋者，今皆改用墨西哥之鹰洋，然如安徽等处，近来仍用本洋，不用鹰洋，如河南等处及江苏之徐州，不论巨细买卖，概用铜钱。若北五省，则用银锭，闽粤等省，则用花洋"[①]。

明清以降，中国人使用的主要是金属货币——银子与铜钱，小数行钱，大数用银，以银子为重，具有天然货币属性的黄金毕竟太过于稀缺贵重，"白银从其性质来说比黄金更适合于在除了极富人以外的任何人民中间充当通货的主要材料"[②]。鉴此情形，除银元外，列强还试图一统中国零钱的发行，在华发行银辅币，"一角、二角者数种，便于零用，民尤赖之"；光绪前期，"沿海各市面，凡贸易至百十文以上，从无用现钱者，皆以一角二角之洋钱代之"[③]；仅"法光"一元币，前后铸了33年，共铸275440000多枚。[④] 1896年日本驻杭州领事馆报告，当地普遍使用"日本所铸银辅币"等。[⑤] 列强在华随意发行大小银钱，却禁限中国铸造辅币，1911年，英国驻华公使向清朝外务部抗议，反对中方铸造辅币，"广东造币厂每天造出二角银币八千枚，而这些铸币在香港流通，不仅扰乱了当地通货，而且也瘫痪了香港与广东的贸易"[⑥]。中方回应，此类辅币"粤民习用已久"，历来中国银币"仰给外人"，这不过是小有改变而已。这不是英方的第一次刁难，"历年英领事借口有碍商务屡请停铸"，中方都予"驳覆"。这次不过是将事态升级，从领事升格公使，由广东地方当局越级清廷外务部，清政府让步，"为顾全外交起见，不得不略为变计，勉徇其请，

---

① 《苏松太道袁树勋呈》，中国人民银行总行参事室金融史料组编：《中国近代货币史资料》第1辑下册，第1194页。

② ［英］马歇尔：《货币、信用与商业》，叶元龙、郭家麟译，第58页。

③ 《侍讲龙湛霖片》，中国人民银行总行参事室金融史料组编：《中国近代货币史资料》第1辑下册，第633—634页。

④ 云南省钱币研究会、广西钱币学会编：《越南历史货币》，北京：中国金融出版社，1993年，第68—69页。

⑤ 李少军等编译：《晚清日本驻华领事报告编译》第1卷，北京：社会科学文献出版社，第86页。

⑥ 《英国干涉广东铸造辅币》，中国人民银行总行参事室金融史料组编：《中国近代货币史资料》第1辑下册，第1097页。

以杜外人之口"，改铸"大元"，减铸"小毫"，"以此办法，公家吃亏岁计数十万"。妥协退让之下，外方依然不依不饶，"英使不详究市面情形，专以粤铸小毫为病"。这种鸠占鹊巢后的只许外人放火不许主人点灯的言行令人匪夷所思，若此一来的局面是"内地之银元有限，外来之银元无穷"。① 时人撰文：

> 按孙逸仙先生的计算说："列强以种种经济的压迫，每年吸取中华民国的民脂民膏，合计十二万万元"。兹计其体积为十五万立方尺，须十二尺宽十二尺长十二尺高的房子，满满的装盛起来，要八十六间之多，若以每个银元的直径相衔接，可成两万八千五百英里的直线，能绕地球一周又十分之一，平均每秒钟须流出三十八元，总数的重量为七千二百三十二万镑，须四十吨火车头九百零四辆才拉得动呢。②

货币的紊乱加促造假的盛行，鸦片战争前，盗铸已然猖獗，真假莫名，引出误会，"向闻滨海地方，有行使宽永钱文之处"，所以，在"乾隆十四年，曾经方观承奏请查禁"。乾隆皇帝认为"现在制钱昂贵，未令深究。且以为不过如市井所称翦边沙板之类，仍属本朝名号耳"。但到乾隆十七年（1752）时，在浙江查缉"贼犯海票一案，又有行使宽永钱之语，竟系宽永通宝字样"；情形严重，"夫制钱国宝，且铸纪元年号，即或私铸小钱搀和行使，其罪止于私铸，若别有宽永通宝钱文，则其由来不可不严为查究"。仔细查缉，竟然发现此钱并非国人私铸盗制，而来自外洋，"乃东洋倭地所铸，由内地商船带回，江苏之上海、浙江之宁波、乍浦等海口行使尤多。查宽永为日本纪年，原任检讨《朱尊集》内载有《吾妻镜》一书，有宽永三年序。又原任编修徐葆光《中山传信录》内载市中皆行宽永通宝。是此钱本出外洋，并非内地有开炉发卖之处"。③ 也就是说，此钱币系日人铸造，国人是担了冤枉，时人有记："以沿海地方行使宽永钱甚

---

① 《度支部咨覆外务部》，中国人民银行总行参事室金融史料组编：《中国近代货币史资料》第1辑下册，第1088、789页。

② 《中国每年流入外国之银元》，《唐大月刊》1925年第2卷第5期，第14页。

③ 《大清高宗纯皇帝实录》卷四一九，乾隆十七年七月甲申。

多，疑为私铸，谕令江苏、浙、闽各督抚，穷治开炉造卖之人。经两江督臣尹继善、江苏抚臣庄有恭疏奏：此种钱文，乃东洋倭人所铸，由商船带回，漏入中土，因定严禁商舶携带倭钱，及零星散布者，官为收买之例。"[1] "又闻江淮以南米市盐（行）行使尤多，每银一两所易制钱内此项钱文几及其半。既铸成钱文，又入市行使则必有开炉发卖之处，无难查办。"这就不单纯制作假币，而牵扯使用"倭币"，"但既系外国钱文，不应搀和行使"。清政府的对策是"饬沿海各员弁严禁商船私带入口；其零星散布者，官为收买，解局充铸报闻"。[2] 对西洋来华钱路网开一面，对东洋来华钱路堵塞防备，政策施行与明代有所差异，明朝时，日本银曾是中国用银的重要来路。原因在于"倭寇"海上犯境的威胁日增；更重要的是美洲银子数量更大、纯度更高，以及中西贸易成为主要。中方官员将"真"日本币误认为是伪劣假币，因长期以来，制作假币蔚然成风，屡禁不绝，道光年间，海道大通，外国银元比价日益高涨，造假愈盛，竟然盛行融化中国纹银来仿铸"洋钱"银元。

> 遂有奸民射利，摹造洋板，消化纹银，仿铸洋银。其铸于广东者曰广板，铸于福建者曰福板，铸于杭州者曰杭板，铸于江苏者曰苏板、曰吴庄、曰锡板，铸于江西者曰土板、行庄。种种名目，均系内地仿铸，作弊已非一日，流行更非一省。[3]

清季，造假工具改进，"近闻沿海僻静处所，时有奸民私购外国铜饼，用手摇机件压成铜元，贩入市面"。手摇压币机，个人就能操作，造假币太过容易。清朝度支部特别建议外务部通知各海关严禁外国手摇压币机器入关。[4]

20 世纪上半叶，外国银币或主动或被动地退出中国市场。个中缘由，

---

[1] 陈康祺：《郎潜纪闻初笔二笔三笔》（下），北京：中华书局，1984 年，第 586 页。

[2] 《大清高宗纯皇帝实录》卷四一九，乾隆十七年七月甲申。

[3] 《御史黄爵滋折》，中国人民银行总行参事室金融史料组编：《中国近代货币史资料》第 1 辑上册，第 43 页。

[4] 《外国纸币之前途》，《时报》1909 年 9 月 18 日，第 2 版。

时人归结为："以国内银行信用之扩张，银元铸造量之增加，及国人民族意识之发露之三因。"[1]可谓一语中的，遗憾的是只瞩目于国内情势，未及国外情况，届19世纪后期，外国大多实行金本位制，放弃银本位制，在大多数发达国家，相继停铸银元，外国金属货币缺乏来源。金属作为主币，被各国陆续放弃，不要说贵金属，就是"贱金属"也只是作为辅币存在。

（五）外国纸钞

"票券为金圜之代表，轻灵易齐，最便行用，苟能信用流通，则实圜法之大助。"[2]中国是世界上最早使用纸币的国家，此乃中国的一项影响后世殊为深远的"发明"，唐朝的"飞钱"和五代十国的"契券指垜"，已有纸币雏形；宋真宗时（998—1022）四川发行的"交子"更是世界上最早具完整形态的纸币，是货币史上具有里程碑意义的事。元代，纸币制度又有了重大发展，不像宋代、金代那样金属货币（银两及铜钱等）与纸币同时流通，元代只以纸币为本位币，剥夺了银与钱的货币资格。这时候，纸币在法律上有强制流通的力量；凡买卖贸易，都须以纸币为价值单位和交易工具。届元世祖末叶，由于元朝国库绝无准备金，也没有金银、铜币乃至丝绸等的支持，元政府发行的纸币不像早期蒙古纸币那样可以自由兑换。滥发纸钞造成恶性通货膨胀，钞值狂跌，物价暴涨，到14世纪50年代，纸币已经变得没有多少价值，人民自然而然从善选择，改用钱不用钞，由此刺激了对优质铜币和金银的收藏，这也是元代统治崩溃的财经原因。但从那以降，钞币仍时断时续地行用[3]。入明朝后，元朝纸币崩溃的阴影久久萦绕人们的心头，动摇着百姓接受政府纸钞的意愿，14世纪70年代中期，明政府发行纸币，同样无法兑换金银或布帛，愈发遭到冷遇：

---

① 《外国银行纸币之激增》，《经济周刊》1931年第41期，第5页。

② 《总办江南商务局刘世珩著〈银价驳议〉》，中国人民银行总行参事室金融史料组编：《中国近代货币史资料》第1辑下册，第1182页。

③ 清末时，就曾在丝绸之路的重镇吐鲁番发现元代的纸币"中统元宝交钞"，进而佐证当时纸钞在西域的广泛通行。朱玉麒：《瀚海零缣：西域文献研究一集》，北京：中华书局，2019年，第226—243页

　　唐代之飞钱，宋季之交、会，元、明之宝钞，其用意未尝不善，徒以法制未密，流弊遂滋。[①]

清朝开国后，"自顺治八年兼行钞贯十二万八千有奇，至十八年因库藏充盈停止之后，二百年来未经行用"[②]。直到咸丰三年（1853），为应对太平军兴后的财政困窘，清政府又开始发行官票（银票或银钞）和宝钞（钱钞），至咸丰十年（1860），因票钞利弊兼生，于是停发。同治七年（1868），发行的钞票停止回收，未收回的价值 650 余万银两，"业已逾限，一概作为废纸"。[③]

　　在中国官方停止发行钞票前后，外国人却在中国境内大肆发钞，此举虽然引起国人警觉，"查银行为财政之枢纽，而纸币又为银行之枢纽"[④]，却又无可奈何。延至清季，情形严峻，《申报》时评"中国之生命死于外国之纸币！"[⑤]为何发此惊悚言辞，该报后有言论可做注脚：

　　　　金融者，国家之命脉也，金融流通，则国命赖之永长；金融枯竭，斯国命随之斩绝。……查各国通例，发行纸币之权均归国家或本国人民之掌握，外人不得享有。我国币制信用未著，胶沪等处之外国银行皆纷纷发行纸币。已属一大伤心事。[⑥]

　　在华发钞者首先是英国，数百年来，伦敦获得并维持世界金融中心的名号绝非偶然[⑦]。但究竟是哪一家英资银行在华首发纸币，却有待考订。

---

①　《度支部尚书载泽等折——厘定兑换纸币则例》，中国人民银行总行参事室金融史料组编：《中国近代货币史资料》第 1 辑下册，第 1051 页。

②　《左都御史花沙纳会户部折——奏呈发行官票章程》，中国人民银行总行参事室金融史料组编：《中国近代货币史资料》第 1 辑上册，第 349 页。

③　《上谕——著停发票钞》，《官票宝钞始末一》，中国人民银行总行参事室金融史料组编：《中国近代货币史资料》第 1 辑上册，第 415、428 页。

④　《户部尚书鹿传霖等片——议覆彭述请行钞票事》，中国人民银行总行参事室金融史料组编：《中国近代货币史资料》第 1 辑下册，第 1036 页。

⑤　《时评》，《申报》1911 年 8 月 7 日，第 6 页。

⑥　《专件：金融维持会请愿国会书》，《申报》1917 年 1 月 30 日，第 11 页。

⑦　近代银行发端于欧洲，14 世纪前后，意大利那不勒斯银行业（Neapolitan banks）奠立了近代银行的雏形。17 世纪以后，英国的银行在业态中具有引领作用。

1923 年，有著者刊文，认定"外国银行在我国境内之最初发行者，首推汇丰银行"，依据是："汇丰银行于一千八百六十六年香港市政厅所颁命令其第十二条第一项规定：'本公司得制造银行券发行及流通之，在发行地持票人请求兑现时得兑以适法之通用货币，兑现后收回之银行券，仍可行第二次之发行'云云。自此章程实行后，汇丰银行之纸币遂流通于粤东一带，其后推行各省。"① 仔细考查，此说不确，在华首发纸钞的是另一家英国银行"Oriental Banking Corporation"，中文名称"丽如银行"，1842 年在印度孟买成立②，1845 年总部迁往伦敦，同年，在香港和广州两地设分支机构，是第一家进入中国的外国银行。前引论说过于拘泥于法条的允准，实际上，外来侵略者才不会管所谓章程条例的"合法性"。丽如在香港发行钞票，"开中国领土上外国纸币流通的先河。发行额从 1845 年的 56000 元截至 1857 年增为 342965 元"，在整个 19 世纪 50 年代，中国领土上还只独此一家外国银行发钞。③ 伴随东印度公司的金融独占随着其在各地贸易垄断权的结束而完结，殖民地或半殖民地的资本汇兑和银钱往来也随着纷纷成立的银行而进行，1852 年，麦加利银行（Chartered Bank of India, Australia and China，香港称渣打银行）成立，其后在上海设分行；1854 年后，呵加剌银行（Agra and United Service Bank, Ltd.）陆续在上海、广州、香港设立机构；1860 年代，这两家英资银行陆续推出自己的纸币。④ 仅麦加利银行在中国发行的钞票和各类兑换券，截至 1932 年底，价值为 1894000 英镑，"折合我国银元为 28418000 元"。⑤ 1864 年，先是中、英、美、德和波斯等国合资，后成英商独资的汇丰银行（Hongkong and Shanghai Banking Corporation）成立，总行索性设在香港，上海设管辖行，显见主要经营范围瞩目于中国，该行在华影响十分深巨。1865 年，汇

① 顾宝善：《对于外国银行发行纸币之管见》，《大陆银行月刊》1923 年第 1 卷第 3 号，第 59—60 页。

② 也有另外的说法，丽如银行于 1851 年在锡兰成立。见陈慈玉：《近代中国茶业之发展》，北京：中国人民大学出版社，2013 年，第 249 页。但此说似不确。

③ 详参周静芬《入侵中国的第一家外国银行——丽如》，《浙江师范大学学报(社会科学版)》1986 年第 2 期，第 86 页。

④ 转引自汪敬虞：《十九世纪西方资本主义对中国的经济侵略》，北京：人民出版社，1983 年，第 208 页。

⑤ 李焕章、刘嘉琛：《天津外资银行简介》，寿充一、寿乐英编：《外资银行在中国》，第 186 页。

丰总行在香港发行纸币；1867 年，上海分行也开始发钞。英国当局对汇丰发钞给予大力支持，根据英国殖民统治地区银行条例，所有殖民统治地区银行只能发行单位在 1 镑以上的大额钞票。就汇丰而言，所发钞票单位，原先规定从 5 元起码，而且只能发行 5 元或 5 元倍数为单位的大钞。但在汇丰的请求下，1872 年香港总督借口市面通货缺乏，独许汇丰发行票面 1 元的小额钞票。在汇丰的第一个十年终了（1874），其钞票发行额达到 224 万余元，而在香港最早取得发钞权的丽如银行，却只发行 36 万余元。[①] 1880 年代中期，汇丰等银行"所出钞票，在厦门一隅，已约六七十万"，这些"银元钞票"与中国人惯用乐见的"本洋"或"鹰洋"挂钩，也与中国的银两制钱联系，构成联系汇兑。同时，中国南方出口茶叶与华侨汇款多以汇丰等"银元钞票支付"。[②] 钞票发行利益很大，外人承认银行发行特权使它具有相当于库存流通券预备金三倍的、能产生利息的信用货币流通。所以它资金的整个增加额对它来说相当于使它允许达到的金额增加三倍。[③] 这是针对循规蹈矩银行的保守估计，实际上，早期发钞行并不太在意准备金等。英国人在偌大的中国市场上打下了外国纸钞的楔子。

其他国家纷纷跟进。法国对华的工业输出十分有限，在华经济实力不算太强，但资本输出却很积极，金融侵入异常突出；其善于依托越南殖民地来扩大在华势力范围，在货币竞逐中比较激进，东方汇理银行成立的目的之一是加强在各国银行资本竞争中的力量。其活动范围最初限于越南，成为越南的中央银行，1880 年代，该行的特许营业权扩大到法国殖民地以外地区，公然将中国包括在范围之内。"法纸"即是该行在越南发行的纸币，这是滇桂等地的称谓，港、津、沪、汉等地亦称"西贡纸"。"法纸"与金属铸币"法光"一同组成殖民地货币体系，是越南自 19 世纪 80 年代中叶至 20 世纪 40 年代中叶半个多世纪的主币。它们既不是越南独立

---

① 转引自汪敬虞《十九世纪西方资本主义对中国的经济侵略》，第 222 页。

② 《申报》，1887 年 1 月 14 日。

③ 《关于东方汇理银行和兴办一家法中银行的通知》，章开沅、罗福惠、严昌洪主编：《辛亥革命史资料新编》第 7 卷，第 9 页。

发行，也不同于法国本土流通的法郎，而是法属越南货币。这种币钞自中法战争后从越南逐步流入中国，其输入数量以云南最多，广西次之。1892年，"法纸"进入香港，闯入了英国的禁脔之地。法国政府也将国际竞争列为海外银行的要务，"今天，法国受命来改变这个广阔的（中华）帝国，它应该以竞争国为榜样，把自身的利益把握在自己手中，再不能长此疏忽了。法国资本再不能长久地在中国没有一个法定代表"。1905年，法国政府试图新成立一家专门针对中国的新银行，这所银行"在某种程度上可以说是我国整个资本力量的使者和代理人。它以这个资格，将从中国政府中获得其竞争对手们很难能与之匹敌的权力"。法国人对与中国政府的关系有清楚的认识，新银行"除上海的行长外，最重要的是要准备一位政治行长，安居北京帝国政府的所在地，这位行长应起到与从前华俄道胜银行的普科蒂洛夫（Pokotilow）所曾起到的相同作用。其实，这个组织方式是模仿汇丰银行和德华银行提出的。汇丰银行有一位行长在北京，此人即约翰·希里埃（Joho Hillier）爵士，他的活跃和能力是众所周知的。德华银行同样有一位前任外交官为代表，他就是科尔德（Cordes）先生"[1]。但是，法国政府的设计没有得到本国银行界的响应，他们担心凭空多出一个竞争对手，而此对手有强大的政府背景，东方汇理银行行长致函外交部明确表示不"参与创办这家新银行。而且，属于我们董事会的各信贷机构代表也明确宣布，巴黎银行、里昂信贷银行、国家贴现银行、银行总公司、工业信贷银行均不能给这家法中银行的建成提供资金和人力上的帮助"[2]。窝里斗的结果是拟议中的新银行胎死腹中。

德国则据守在华势力范围山东，既顽强阻止其他列强进入，又力图染指他国在华势力范围。1889年，由德国13家银行联合投资，专门成立了面向中国的德华银行（Deutsche-Asiatische Bank），总行设柏林，在中国的上海、青岛、济南、汉口等地建分行，积极在华发钞，发行的票种既包括挂钩中国货币的银两票，又包括对接中国新式铸币特别是外来金属币的银

---

[1] 《政府对东方汇理银行的要求》，章开沅、罗福惠、严昌洪主编：《辛亥革命史资料新编》第7卷，第13—14页。

[2] 《东方汇理银行行长致外交部长办公厅副主任贝特罗先生》，章开沅、罗福惠、严昌洪主编：《辛亥革命史资料新编》第7卷，第17页。

元票，可谓是深谋远虑无所不包。"德人近在青岛租界及济南、潍县分设德华银行，以为金融机关。近更发行银元钞币。"① 续后拓展全势力范围及至以外。

美国也不甘示弱，美国银行金融业的发达让国人早有印象，鸦片战争时，林则徐主持翻译《四洲志》云，"通国银铺五百有三家，资本大小不等，其最巨者三千有五十万九千四百五十圆，小者亦有十余万圆。统计银铺赀本共万有八千一百八十二万九千二百八十九圆"②。经贸与金融本为相辅相成，两个领域的实力相时共生，同步对外扩张。早在19世纪50年代，美国驻华公使马沙利（H. Marshall）就发现"在远东，英国成了美国的银行老板"，这种状况自然不能使日渐强大的美国人感到满意。1873年，美国驻香港领事伯雷（D. H. Bailey）向美国国务卿费什（H. Fish）发函提到"在目前，所有通过美洲和亚洲之间的大宗的货币汇划，不啻付给伦敦一笔数目膨大的贡税"，对英国人的不满情绪表露无遗，伯雷进而提出一项计划：由一家美国银行或由银行家组成的联合体在东方的大商埠设立分支机构，发行信用证，收受纽约、旧金山等金融机构开具的汇票，从而取得美洲和亚洲之间的贸易控制权。美国人的野心很大，不局限于摆脱老东家英国人的掌控，而且想控制亚美两大洲的金融贸易。③ 1887年7月筹备成立的"华美银行"试图发行可以流通的钞票。1887年8月5日的英文报刊将这家酝酿着"无限量"的大银行比喻为"亚伦的巨蟒"，"会把所有其余的银行一口吞掉"。该计划胃口太大，列强群起反对，驻北京的"各国公使的抗议一个接一个地投向总理衙门，他们抗议设立拟议中的银行，因为这个机构给美国太多的利益，以致损害了他的竞争者和其他各个国家的居民。在这个抗议浪潮中，德国公使巴兰德（M. A. S. Brandt）叫嚷得特别利害"；清朝臣子们也发现，此计划"外启各国之争心"，中国成为群狼啃噬的鱼肉。④ 在内外反对下，计划搁浅。19世纪末，美国成为世界头

① 问天：《宣统元年闰二月大事记》，《东方杂志》卷六，1909年5月14日，第4号第163页。

② 《四洲志》，林则徐全集编辑委员会：《林则徐全集》第10册，第4921页。

③ 中国人民银行金融研究所编：《美国花旗银行在华史料》，北京：中国金融出版社，1990年，第2—3页。

④ 中国人民银行金融研究所编：《美国花旗银行在华史料》，第7—8页。

号经济强国，而美国海外在华金融业务的开展却与美国海外对华贸易突进势头不相匹配，在与他国的竞争中更是落伍，美国人急切在此领域迎头赶超，于是，有了一系列大谋画。1907 年开始，美国花旗银行（International Banking Corporation）在华发行"银元纸币"，开口甚广，形成 1 元、5 元、10 元、50 元及 100 元等面额谱系，"全部在中国流通"，发行额巨大，1907 年在华发行纸币价值 160344 美金，后逐步增加，到 1933 年的发行数计美金 25000000 元，折合中国货币上亿元。另外两家美商银行（上海美丰银行及友华银行）也曾在华发行纸币。①

后起的日本也来竞争。其对华金融最重要的机构当属横滨正金银行，1880 年成立，1893 年在上海建分行，陆续在天津、牛庄（营口）、旅大、哈尔滨设分支机构。横滨正金银行发行的纸币被视为"正钞"，因与中国的银两、银元关联，也被称为"银票"，该币有前后相续的两种，前为"牛庄券"，系牛庄支店发行，"为大清光绪二十八年五月、明治三十五年六月印刷局制"，票额分为 1 元、5 元、10 元、100 元四种。后为"大连券"，大连支店发行，"大正二年日本帝国政府印刷局制造"。1901 年，营口支行还发行见票即付的银支票；1909 年，日本在殖民地汉城开办朝鲜银行，也发行纸钞，属于"金本位兑换券"，故名"金票"，又名"日金"等，除了以"圆"为单位的主币外，还有"辅币券十钱、二十钱、五十钱三种"，适合零用，该钞发行后即流入中国东北。1913 年，"正金银行除发行银券外，亦发行金票"，不过该金票只发行到 1917 年，这年，日本政府"令正金只发行银券"，而将"金票"的发行权限于朝鲜银行一家，避免混淆杂乱。②

俄罗斯对华以军事侵占土地为重点，也注意利用边境接壤实行货币侵略。最初是帝俄钞币（华人俗称"俄贴""羌贴"）的阑入，19 世纪 60 年代开始流入黑龙江地区，光绪初年，已是"爱珲商贾行用皆系俄帖，且华商购办货物，必须以银易帖，始可易货，以致边界数百里，俄帖充

---

① 中国人民银行金融研究所编：《美国花旗银行在华史料》，第 637—638、640—641 页。

② 崔显堂：《九一八前东三省纸币》（续十一），《小日报》1947 年 7 月 22 日，第 4 版。

溢"[①]。1895 年成立华俄道胜银行，金融侵华的步伐加快，总行设圣彼得堡，翌年即在上海等地建分支，随着 1897 年华俄道胜银行分行在哈尔滨的建立，"羌帖轻便，最易流通"；到 1903 年，已经在华扩至 16 个支行，分设于牛庄、齐齐哈尔、吉林、哈尔滨、盛京、铁岭、旅大、海拉尔、张家口、库伦、乌里雅苏台、天津、北京、汉口、香港及上海。华俄道胜银行成立的目的之一就是"与英国之既得利益相对抗"[②]。中东铁路开工后，此情愈发不堪，俄钞从铁路沿线"渐及各城"[③]；俄钞流入中国品类繁多，既有道胜银行发行的卢布，原为俄国国家银行发行，俄人在华以华俄道胜银行为发行机关，分为 1、3、5、10、25、50、100、500 卢布的面额，1914 年 8 月第一次世界大战爆发，沙皇敕令停止兑换，又发行 250、1000 卢布两种大额面纱，俗称"大帖"，以区别于此前发行的"小帖"；同时又发行面额 20、40 卢布的国债票。[④] 还有所谓的"鹰钞票"，是"道胜银行于牛庄发行之纸币，用北京地名票加盖牛庄戳"[⑤]；此外，多地分行"还发行了银元券、银两券"。再有，1913 年，道胜银行的伊犁、塔城、喀什三家分行在新疆发行"金币券"，发行量约在 800 万至 900 万银两，"无非吸收我国金银，交易我国货物而去"[⑥]。待俄国革命后，各地政府林立，不受管束地发行纸币，"在哈尔滨流通的'羌帖'，有沙皇帖（罗曼诺夫纸币）、克伦斯基票、高尔察克票（俗称'黄条子'）、谢米诺夫票（俗称'白条子'）和中东铁路局长霍尔瓦特发行的霍尔瓦特票等六七种"[⑦]。这些烂票滥行于"北满"等地[⑧]，"哈尔滨即变成一千奇百怪之纸币世界"。更严重的是，"哈尔滨原系俄人势力圈，以前市面交易，概以羌洋为本位。

① 《盛京将军依克唐阿折——建议行钞票开银行》，中国人民银行总行参事室金融史料组编：《中国近代货币史资料》第 1 辑下册，第 1033 页。

② [苏联] 罗曼诺夫：《帝俄侵略满洲史》，民耿译，上海：商务印书馆，1937 年，第 70 页。

③ 《吉林将军延茂等折——设永衡官帖局》，中国人民银行总行参事室金融史料组编：《中国近代货币史资料》第 1 辑下册，第 996 页。

④ 崔显堂：《九一八前东三省纸币》（续十二），《小日报》1947 年 7 月 24 日，第 4 版。

⑤ 崔显堂：《九一八前东三省纸币》（续十一），《小日报》1947 年 7 月 22 日，第 4 版。

⑥ 任浩然：《华俄道胜银行在华活动的真面目》，寿充一、寿乐英编：《外资银行在中国》，第 57 页。

⑦ 任浩然：《华俄道胜银行在华活动的真面目》，寿充一、寿乐英编：《外资银行在中国》，第 55 页。

⑧ 崔显堂：《九一八前东三省纸币》（续十四），《小日报》1947 年 7 月 26 日，第 4 版。

自欧战发生，羌帖停止兑现，顿成废纸"[①]。货币的基本要求就是具备高度的精确性和相对恒久的保值性，金银之所以成为货币，是其品性的稀缺性和耐久性不会短时发生大的变化，其一般购买力也不会有急剧波动。纸币却不是如此，全在信用，故货币信用以国家担保发行等级最高。[②] 如今沙皇帝国垮台，旧俄钞信用崩塌。英国新古典主义经济学的代表，剑桥学派的创始人马歇尔（A. Marshall）在 1922 年出版的著作中指出货币的主要职能分为两类，首先是当场买卖的交换媒介，是通货，是人们装在钱袋中的实物，可以从一个人的手里"流通"到另一个人的手里，因为其价值一眼就能辨认。货币的第二种职能是能充当价值标准或延期支付的标准，也就是用来表明一般购买力的数量，可以履行长期契约或清偿长期债务；因此，"价值的稳定性是其主要条件"。[③] 旧俄钞丧失了这一"主要条件"，因而不再具备信用钞票的功能。清末民初，不仅东北、西北地区混乱杂进各种俄钞，就连西藏也是"羌帖输入甚巨"。[④] 皮之不存，毛将焉附，沙皇帝国都被推翻了，所发纸钞更成废纸，与俄邻边地区尤其被危害惨烈。犹如天生血缘一般，国土相邻是无法选择的，沙俄于周边国是一个坏邻居。

外国银行在中国竞相发钞，小国比利时也于 1902 年成立华比银行（Banque SinoBelge），总行在布鲁塞尔，上海、天津等设分行。该行在中国印出大批钞票，分 5 元、10 元、50 元三种，随时发行，替代现金。[⑤] 该行在华发钞总额为 3775000 法郎，折合银元为 755000 元。[⑥] 1903 年，荷兰银行在上海设分行，也曾发行钞票。

一时间，中国大地充斥着大量的外国发钞机构，上海、广州、天津等对外通商口岸自不必言，就连腹心之地的京城亦不例外。1917 年，外国

---

① 《花旗银行拟乘机在哈发钞真相》，北京《银行月刊》第 2 卷第 1 号，民国十一年一月五日，第 14 页。

② 钱庄约书、汇票、银行收据、国家税收凭证等都可以被视为近代纸币的起源。据研究，在 17 世纪的英格兰，"符木债券"、国内汇票、私人银行储蓄票据之类的信用票据构成了硬币之外的其他支付方式，且数额庞大，其数额在 1600 年是 100 万英镑，1688 年是 1000 万英镑。即 17 世纪初时这些个信用货币仅仅相当于金属币的三分之一，而到这个世纪末，两者数额大体相当。转引自徐滨：《"新货币金融史"导向的形成与发展》，《经济社会史评论》2020 年第 4 期，第 45—46 页。

③ [英] 马歇尔：《货币、信用与商业》，叶元龙、郭家麟译，第 19 页。

④ 《消息》，《申报》1909 年 3 月 13 日，第 5 页。

⑤ 季善堂：《略论华比银行》，寿充一、寿乐英编：《外资银行在中国》，第 138 页。

⑥ 李焕章、刘嘉琛：《天津外资银行简介》，寿充一、寿乐英编：《外资银行在中国》，第 194 页。

银行在北京设有 9 家分行；届 1923 年，外国在华发钞银行共有 14 家：麦加利银行、汇丰银行、荷兰银行、有利银行、汇源银行、花旗银行、华比银行、正金银行、朝鲜银行、台湾银行、东方汇理银行、道胜银行、美丰银行、正利银行。[①] 于是，中国成了各国货币的竞逐场。1863 年，即或在中国最称发达的外向型经贸大埠的上海也少见外钞，此间"上海的中国人不像香港的中国人那样，他们对钞票不大理会"，还是搁在手上具有分量的银两、银元、制钱让人踏实放心；1870 年代，沪滨流通的外钞仍没有取得多数中国商人的信任。[②] 之后，外钞以难以置信的速度泛滥于华夏，即使在略微偏远的东北，"俄之卢布、日之军用手票、正金银行票所在畅行"[③]。花花绿绿的多国纸钞令人目眩，据统计，1910 年，麦加利、汇丰、花旗、横滨正金、德华、华比、华俄道胜、东方汇理这 8 家外籍银行在华发行纸币及外币在华流通额有 35370279.5 元；1912 年，除东方汇理以外的上述 7 家银行在华发行纸币及外币在华流通额为 42948359.8 元。[④] 1930 年的广东市面流通的各国纸币以港币为大宗，其他有"花旗纸""雪梨纸""吕宋纸""劳啤纸""佛冷纸""坡纸""安南纸""荷兰纸""日本纸""暹罗纸"等，不一而足。[⑤]

　　列强发行纸钞的很重要目的是为了博利套汇，此中有金银价差的因素，中国长期实行银钱复本位，于是造成在白银流入中国的同时，大量黄金从中国流出。金与银的"量"与"质"天然具有成为通货的品性，但对中国这类幅员辽阔人口众多的国家，相对便宜易得的银货更为合适，使得中国的金银比价与世界脱钩。早在"1300 年代末期，当中国开始大量吸收日本的白银时，它的金银比价在 1∶4 到 1∶5 之间。当新大陆的白银开始到达时，中国的金银比价仍然只有 1∶6，而欧洲是 1∶11 或 1∶12，波斯是 1∶10，印度为 1∶8，由于套汇交易如此有利，新大陆

① 顾宝善：《对于外国银行发行纸币之管见》，《大陆银行月刊》1923 年第 1 卷第 3 号，第 62 页。
② 转引自汪敬虞《十九世纪西方资本主义对中国的经济侵略》，第 156 页。
③ 谢小华编：《日俄战争后东三省考察史料（上）》，《历史档案》2008 年第 3 期，第 13 页。
④ 彭信威：《中国货币史》，第 667 页。
⑤ 《十九年三月广州金融商情：各国纸币》，《统计汇刊》第 1 卷，1930 年，第 3 期，第 38 页。

全部白银的 1/3 到一半左右最终进入了中国”。[①] 中世纪的欧洲虽有金币流通，但数量极少，铸币仍以银币为主。此情况在 19 世纪初叶发生了根本变化。1816 年，英国第一次以法律形式确定金为货币本位，[②] 是世界上第一个金本位制国家，形成一种以黄金和英镑为中心的国际金本位制，亦称“英镑汇兑本位制”（Sterling Exchange Standard System），1821 年，英国正式启用此制。在澳大利亚和加利福利亚等地发现了富藏金矿以后，多国步英国后尘，将黄金当作通货的基础。虽然西方各国相继采用金本位，但并不意味金子出现在市场，而是挂钩关系。金子毕竟太珍稀了，不可能大量出现在流通领域。于是，在博取金银价差之外，少本厚利的纸钞更是套取中国贵金属的最好手段，是一本万利的营生，造成中国“在进出口商的货币和中国千百种货币中的其他任何一种或数种间的种种不同的兑换。……一切中国货币都是单纯以银为基础，甚至于连西方列强的一些亚洲附属国的那种脆弱的本位制都不具备，而欧洲和北美的货币则又以金为基础。因这种标准分歧而造成的汇兑上的波动是这样的大，以致在一切贸易中都渗入了赌博的成分”[③]。职是之故，19 世纪中期，列强在华发行纸钞后便每每与银币挂钩，在套取金银差价的同时，也套取银钞差价，中国的贵金属换来的只是一张张纸钞。英国汇丰银行发行港元的外汇牌价长期折合中国银元 1：1。英国麦加利银行在中国发行纸钞，截至 1932 年底，共发行 1894000 英镑，折合中国银元为 28418000 元。[④] 日本横滨“正金银行在开始营业后就利用特权发行了与我国通行银元等价的银元钞票，及银两钞票”。[⑤] 日本朝鲜银行“发行钞票（兑换券）总额为 12521 万日元，折合我国银元为 112689000 元”。[⑥] 俄国华俄道胜银行也发行

---

① ［英］马歇尔：《货币、信用与商业》，叶元龙、郭家麟译，第 55 页。

② 1816 年，英国国会为了阻止拿破仑战争时期英国政府因不停印刷纸币而引发的持续通涨，决定通过“硬币法”，指示政府要铸造大量有严格含金量要求的金币在市面流通。1819 年，国会再通过相关法律指示英格兰银行（政府的中央银行）回购市面上过多的纸币。自此，英格兰银行也不能在无限制下印刷纸币。以上措施，造就了以金为本位的标准稳健地建立起来。

③ ［美］马士：《中华帝国对外关系史》第 3 卷，张汇文、姚曾廙、杨志信、马伯煌、伍丹戈译，第 401 页。

④ 李焕章、刘嘉琛：《天津外资银行简介》，寿充一、寿乐英编：《外资银行在中国》，第 184、186 页。

⑤ 魏伯刚：《横滨正金银行天津支店》，寿充一、寿乐英编：《外资银行在中国》，第 162 页。

⑥ 李焕章、刘嘉琛：《天津外资银行简介》，寿充一、寿乐英编：《外资银行在中国》，第 190 页。

银元券。① 美国花旗银行同样在华发行"银元纸币"。②

外国在华的发钞路数，先以租界、租借地和铁路、大商埠等为基地，日币"多在"南满"租借地方、"南满"铁路地带内流通"③；俄币"因东清铁路之修建，乃得盛行于"北满""④。然后由点及面，从线连片，染指全域。其发钞手法，先是放出风声以作试探，然后突然袭来，"当未发之初，曾有一种发行之表示，以探当局之意。若无反对之声，斯突如其来，即昔日钞票（日本在东省所发大洋票）、羌帖，亦莫不如是"⑤。最令人发指的是暗箱操作，使得外钞难于兑换行用，日本的朝鲜银行"金票虽名兑换券，但只能在汉城兑现，在三省内则拒绝兑现"⑥。清季时期，交通不便，远距离的跨国异地兑换实际上很难兑现，此币空有"兑换券"名目，在这点上，半殖民地的中国人的"待遇"尚不如殖民地的朝鲜人。至于俄国"羌票"大幅贬值更是坑人，"哈埠前以俄币价值日落，人民损失无算，市面几难支持"⑦。

外国银行在华发行的纸币分别行用中国货币单位和外国货币单位，前者如麦加利、汇丰、德华、华比和花旗，以及日本的横滨正金银行和朝鲜银行等，此通式"与中国银元有同等之价值"，针对中国发行，主要在中国境内流通，着眼于容易被华人接受，便于普及，"其纸币均按平价兑回"⑧；对中国的货币发行构成直接冲击，威胁国币主权尤甚，并易于外方兑换中国银钱及收购各类物资，形成投机买卖，引发挤兑风潮。至于后者，主要是在母国或殖民地、占领地发行或与之挂钩的钞票，如帝俄的卢布票、日本的金票、英国汇丰的港币，还有法国的"法纸"等。中国俨然成为列强的集中发钞地，据不完全统计，仅 20 世纪初叶外国银行对华发

① 任浩然：《华俄道胜银行在华活动的真面目》，寿充一、寿乐英编：《外资银行在中国》，第 57 页。

② 中国人民银行金融研究所编：《美国花旗银行在华史料》，第 637—638 页。

③ 《中国逐渐采行金本位币制法草案》，《大公报》天津版，1930 年 4 月 19 日，第 4 版。

④ 崔显堂：《九一八前东三省纸币》（续十二），《小日报》1947 年 7 月 24 日，第 4 版。

⑤ 志庭：《哈埠通信·外国银行发行纸币情形》，《时报》1921 年 4 月 16 日，第 2 版。

⑥ 崔显堂：《九一八前东三省纸币》（续十一），《小日报》1947 年 7 月 22 日，第 4 版。

⑦ 志庭：《哈埠通信·外国银行发行纸币情形》，《时报》1921 年 4 月 16 日，第 2 版。

⑧ 《中国逐渐采行金本位币制法草案》，《大公报》天津版，1930 年 4 月 19 日，第 4 版。

钞额：华俄道胜（1900—1911 年）为 1112 万余卢布；汇丰（1900—1911 年）为 20019 余万元，麦加利（1900—1911 年）为 475 万余镑；东方汇理（1900—1911 年）为 58500 余万法郎；花旗（1907—1911 年）为 106 万余美元；横滨正金（1907—1911 年）为 2681 万余日元，台湾银行（1908—1911 年）为 6230 万余日元；华比（1910—1911 年）为 185 万余法郎；德华（1907—1911 年）为 543 万余银两。[①]

（六）货币战争

中国的货币战争开辟了两个战场，一个是在华列强之间的厮杀。中国东北是列强拼抢的重点地区，清末以来，日本和俄国势力分据，形成抗衡局面。到九一八事变前，日本银行发行的纸币占东北外币流通额的 90% 以上，占东北全部货币流通量的 1/5 以上。[②]沙俄则在以哈尔滨为中心的地区发行了大量俄钞，至第一次世界大战爆发初期，东北卢布流通量约在 1 亿卢布以上，加上流通在京、沪的，总额约占全俄卢布流通量的 1/16 以上。其后，更是迅速增加，"到 1924 年我国人民的卢布持有量约为 82 亿之多"[③]。日、俄的滥发钞票，目的是开拓商道，输出资本，掠取原料，扩展势力，为其在东北地区进行更深和更广层次的侵略，在中国东北进行殖民统治做财经领域的"热身"，使东北的民生遭到严重摧残。日、俄争夺愈演愈烈，终于诉诸战争，1904—1905 年，日俄战争爆发，令人奇怪的是，战场的设置并不在日本，也不在俄国，而在中国东北。交战国的军队除了对宣布"中立"的无辜中国民众进行烧杀抢掠横征暴敛外，还利用战时环境争相发行所谓的"军用"钞票。日方发行总额达 20839.88 万日元。战争结束后，日本政府命令横滨正金发行钞票换回此钞票，但到 1911 年还有 1779 万余元未收回，只能形同废纸。[④]俄方也不旁观，战时，"俄国

① 张振鹍：《清末十年间的币制问题》，《近代史研究》1979 年第 1 期，第 256 页。

② 焦润明：《日本自近代以来对东北资源与财富的掠夺》，《辽宁大学学报（哲学社会科学版）》2005 年第 5 期，第 8 页。

③ 任浩然：《华俄道胜银行在华活动的真面目》，寿充一、寿乐英编：《外资银行在中国》，第 55 页。

④ 金悦、姚斌、金伶：《清末日本对我国东北的经济渗透——以东盛和与日本横滨正金银行债务纠纷为中心》，《日本研究》2018 年第 2 期，第 75 页。

发行之军票……现俄人借用军官之威力，恫吓华商，谓若再拒绝军票不肯使用，定处以严重之刑罚"[1]。这是赤裸裸的对中立国粗暴的战时金融管制，是利用武装军队威胁的极端恶劣的开辟"钱路"方式。日俄战后，日钞的势力浸灌于东三省南部，俄钞则分布于黑龙江省及哈尔滨以东吉林省的广大地区。但总趋势是，日进俄退，日本处于攻势，俄国处于守势，日币逐步蚕食俄币的原有势力范围。

美国也力图插手东北的货币金融，先有"精琪计划""银行团计划"等，又有"大洋券"计划，1921年的3、4月间，美国花旗银行拟在东北发行"大洋券"，列强都不甘心利益旁落他人，两个月后，华俄道胜银行也决定发钞，并取得中东铁路当局的接受保证；日本也按捺不住，同年5月，横滨正金银行发行钞券。[2] 1921年的东北形成多国搅局的情势，几大外国发钞系统在当地兴风作浪，动作频频。一是道胜银行，从成立时法国资本便占大头，十月革命后转由法国人全面掌控，1921年时不经报备中国中央与地方政府，擅自决定"发行大宗银元券"，不料遭到英国的迎头阻拦，"英领事曾向法领一度反对，其意似不欲法国资本之流溢于"北满"；法方"卒掉头不顾，业经发出八十三万五千元，每券自五十元至一元不等，当其未发之先，曾商允中东铁路"，获得同意；转过头才与中方的中国、交通两银行交涉，要求与"国币券同样收受"，就是享受中国"国币"的待遇，此严重侵犯中国主权、冒犯中国尊严的无礼索求理所当然地被中方坚拒，北京政府电致中东铁路当局，"弗准收纳"。二是正金银行，该行借口"与华商交易，诸感不便"，决定"先从增设银帐目入手。而发行银纸币"。另有依附的"龙口银行，亦与正金取同一步骤"。三是美国银行，其"发行纸币之议，在正金之后，而道胜之先，然目下尚未实现"。根据前此教训，这些外国银行"将来发出纸币，能否永远保有信用，殊属疑问。此实"北满"圜法前途之危机也"。[3]外国在华发行机构利益冲突，矛盾重

---

① 《俄人强迫华商收用军票》，中国人民银行总行参事室金融史料组编：《中国近代货币史资料》第1辑下册，第1087页。

② 《横滨正金、花旗及华俄道胜三银行会谈拟在哈尔滨发行钞票的备忘录》，中国人民银行金融研究所编：《美国花旗银行在华史料》，第642—643页。

③ 志庭：《哈埠通信·外国银行发行纸币情形》，《时报》1921年4月16日，第2版。

重，不仅明面争抢，还暗地使绊，日本的横滨正金银行就秘密向中方通报美国花旗银行在中国发钞的谋划，希望中方加以阻止。[①]

列强在华的货币战显露出如下特点：第一，银行的背后是国家政府，是坚船利炮，是经济实力，谁的力量最强，其银行也便最强大。1905年底，法国政府声言虽然"东方汇理银行在云南、四川和福建省攫取了为某些专门利益建立的联合企业合同中所规定的利益"，但因国力和在华实力与英国难以相抗，"只落得公开承认的无力或无能，丢脸地承认我们的对手比我们强"。[②]可见，金融机构之间的竞争说到底是国家之间的竞争。英国为当时世界上最强大的国家，其在华银行的势力最大，发行币钞范围最广。第二，是地缘关系，俄国的经济力量并不强大，但依托近邻，势力反而称大，币钞在东北、西北占有先机，"俄国和远东之间的国际贸易几乎等于零，除了俄国人在中国购买的茶叶。而华俄道胜银行，从它创建时起，就把扩大营业额的希望寄托在俄国对满洲的占领上"。另如法国利用越南殖民地发行通货流通于云南、广西；德国利用势力范围在山东发行货币。都是利用地缘优势，列强的条条"钱道"通过沿海边地深入中国各地。第三，后起国家急不可耐，鉴于俄国人本身不善于经营贸易和金融理财，"在俄国占领大连港的时候，从准国家银行的角色中肯定得益的那些营业所，除了赔本仍然从未有过其他结果。原因仍然在于管理状况恶劣，常常是不诚实，使赢得的利益消失在贪污舞弊或不谨慎和玩忽职守造成的损失中"[③]，致使日本、美国等趁机插足。第四，金融资本发达国家发挥优势，如法国，在华整体实力（经济、政治、军事）并不强，但金融资本渗入积极，因为他们认为资本是法国"向远东输出的几乎是惟一的商品"[④]。第五，列强之间既竞争又勾结，一方面联合对华，因着片面最惠国待遇，列强在华侵略利益有一损俱损、一荣俱荣的连带关系，所以，每每结成对付

---

① 《中国银行总管理处致币制局密函》，中国人民银行金融研究所编：《美国花旗银行在华史料》，第645页。

② 《政府对东方汇理银行的要求》，章开沅、罗福惠、严昌洪主编：《辛亥革命史资料新编》第7卷，第12—13页。

③ 《华俄道胜银行》，章开沅、罗福惠、严昌洪主编：《辛亥革命史资料新编》第7卷，第74—75页。

④ 《关于可能在远东创办一所商业银行的通知》，章开沅、罗福惠、严昌洪主编：《辛亥革命史资料新编》第7卷，第80页。

中国的"神圣同盟"。1909 年,清朝外务部接到驻京各国使臣对华商银行
发行钞票的抗议[①];哈尔滨的各外国银行也群起配合,要求"将现在施加
于中国邮局、海关以及中东路等关于接受和行使外国银行钞券的限制全部
取消"[②]。另一方面,列强内部各有"小圈子",显明昭著的是法国与俄国
的金融联姻,法国政府就曾建议东方汇理应该与华俄道胜建立密切关系,
相互划定各自地盘,以避免误会冲突:

> 华俄道胜银行可以保留它在华北和满洲的专有地盘,而新的法国
> 银行则给自己保留日本、长江以南的广大地区、法属印度支那和暹
> 罗湾。[③]

货币战争的另一场战役在中外之间打响。应该看到,列强在华"钱
路"打造的密集程度远胜于"商路",外来货流通之处,有外国的通货,
外来货未到之地,也常见外币。外国在华滥发货币也成为帝国主义资本输
出的重要手段。外币的泛滥,对中国政府而言,导致金融失守,主权外溢,
国计民生严重受损,货币是国家汲取社会剩余及调剂余缺的重要手段,国
家不掌握货币发行权,在现代民族国家是不可想象的;对小民百姓而言,
导致银钱波动,投机猖獗,市面恐慌,经营受累。中国金融货币经济时时
面临"明斯基时刻"(Minsky Moment)的风险。"西国之人计算最精,苟
非中有余利,安肯每年鼓铸如此之多",形成"西国洋钱"在中国"独擅
其美哉"的局面。[④]

外币发行愈滥,对中国的危害愈大,国人的抵制情绪愈强,危亡心境
下的念兹在兹,"中国境内流通之外国纸币,尤属侵越主权,应切实抗议,
立行停止"。[⑤]当时的人们将币制与国运相连接,"夫今日世界,为权利竞

---

① 《外国纸币之前途》,《时报》1909 年 9 月 18 日,第 2 版。

② 《横滨正金、花旗及华俄道胜三银行会谈拟在哈尔滨发行钞票的备忘录》,中国人民银行金融研究所
编:《美国花旗银行在华史料》,第 642—643 页。

③ 《关于可能在远东创办一所商业银行的通知》,章开沅、罗福惠、严昌洪主编:《辛亥革命史资料新编》
第 7 卷,第 78 页。

④ 审宜:《改革币制问题》,《申报》1911 年 8 月 10 日,第 2—3 版。

⑤ 《全国银行公会建议案》《大公报》天津版,1921 年 10 月 23 日,第 6 版。

争之世界，有国家，斯有权利。有权利，乃有国家。权利盛，则国强，权利衰，则国弱，权利亡，则国亡，彰彰易明，万无可讳"①。各界对外国钞币渐生排拒心理。清末民初，中国采取了系列举措收回金融主权，此乃没有硝烟却不乏激烈的货币抗争。其大要有：

一曰师夷长技。中国的货币抗战来自两种情绪的激促，除了对外国在华擅自发币的不满，还有对列强的效仿。列强的行为给中国人提供了教材，多朝均有仿效铸币的言行。不过，在鸦片战争之前，国人的仿铸主调是"学习"，是从洋元的交易"方便"获得启发。1833 年，两江总督陶澍、江苏巡抚林则徐鉴于"洋钱一项，江苏商贾辐辏，行使最多"的局面，建议"莫如官局先铸银钱"。② 也在道光年间，各地仿铸本洋，有所谓"广板""福板""杭板""苏板""锡板""土板"等；福建漳台一带还曾造新式银元，即"寿星银饼"和"如意银饼"。鸦片战争后，仿铸主调与外人"争雄"的一面见长，收回国家财政金融"主权"的意义日见凸显，更多的关注民族的"大义"，时势变局使国人的"义利观"根本转变。《申报》就此议论："沿海各省通行西国洋钱亦百数十年，第中国至今尚未有自铸"，利权外溢的局面敢不让人痛心疾首③，吁请"以中国之银造中国之钱"④。

另有对西人行为以牙还牙般的坚决抵抗。1876 年 11 月 2 日，来华英商在上海集会，讨论抵制"中国政府造币厂"的议题，与会者不加掩饰地宣称："在中国这样的国家里，从事发行的任何造币厂，对外国人都是十分不利的"；进而提出英国银元应该成为中国的"标准货币"，成为"中国货币的一个构成部分"。会议通过修正案："在中国政府当局管理下的造币厂，在中国通商口岸发行法定铸币的任何建议，本会不认为是适当的。"⑤ 这真是无理之极，外币横行中国成了理所当然，中国在自己境内

---

① 离离：《财部取缔外国银行纸币》，《铁报》1931 年 3 月 13 日，第 2 版。

② 《两江总督陶澍、江苏巡抚林则徐折》，中国人民银行总行参事室金融史料组编：《中国近代货币史资料》第 1 辑上册，第 15 页。

③ 《论自铸银钱之便》，《申报》1876 年 11 月 7 日，第 1 版。

④ 《论铸银圆为便民要务》，《申报》1877 年 3 月 7 日，第 1 版。

⑤ The proposed chinese mint, *the north-china herald*, nov.16.1876, 22nd edition.

发币反而遭到外人抵制，此种反客为主的强词夺理令人震惊，主人反倒不受外人待见，从某个角度反映出外国干预中国内部事务的程度之深广，行径之恶劣。国人旋即反唇相讥："各国所铸银钱亦均遍行，惟中国尽用他国之所铸而已，则不铸焉？"[①]通过反面教材，收回货币发行权，抵制外币，建立祖国的货币系统，在在都给国人以教训启示。1909年，仍是在上海，发生各驻在国外交官和金融从业者联手抵制中方银行发钞的事件，外资银行召集会议采取联合行动，驻沪的"领事领袖"受委派向中国当局发出"照询"质问：中国的信成、信义、有限等多家银行是否获得中国政府"允准发兑钞票"？发行有无"限制"？准备金有多少？信成、有限等商办银行有无发钞资格？要求清政府"速饬调查预筹稳实办法"。[②]该总领事还悍然表示：除了中国通商银行外，"所有中国各号银票均不认使"，就是除了中国的一家银行外，所有中国官办商办银行发行的钞票均不承认。外方拒收中国的发钞影响格外大。这场官司还从经济金融中心的上海打到政治外交中心的北京，在中央政府层面进行，美国驻华公使柔克义（W. W. Rockhill）就此事特别照会清朝外务部，一纸钞票引出了国际外交纠纷。中方也据理力争，上海道蔡乃煌驳斥：在中国境内，不管任何外洋银行发行的钞票，"华商一律通用"，不存歧视，现如今，外国银行居然抵制中国银行发钞，将严重影响中外商贸。[③]两江总督端方说得更不客气："查各国通例，本国境内向不准用别国钞票。中国听各国银行钞票一律行用，已属万分通融。"不料在中方的宽宏大量之下，外方却挑起极端不义的货币战，"今各国银行忽创议抵制不用中国钞票，喧宾夺主，实足骇人听闻！"若此反客为主的霸凌行为至为不妥，货币关天下万民的身家利益，担心"此事一经宣布，各埠商民激于义愤，必用死力争拒，深恐酿成事端，即以我主权国体论，亦断不能退让一步"。此绝非危言耸听，为避免事态恶化，激发民众情绪，酿成中外冲突，"请即电饬上海领袖领事转致各国领

---

① 《论近日钱银》，《申报》1878年5月28日，第1版。

② 《两江总督端方江苏巡抚陈启泰致度支部农工商部电——为上海外商银行会议抵制中国钞票事》，中国人民银行总行参事室金融史料组编：《中国近代货币史资料》第1辑下册，第1091页。

③ 《度支部覆外务部咨文——为美英公使干涉上海钱商钞票事》，中国人民银行总行参事室金融史料组编：《中国近代货币史资料》第1辑下册，第1089页。

事一体设法禁止，以重邦交，而维大局"。^①外国银行对中方的"说不"，从反面给中国人以激励或启示——发钞与国家主权有关，货币与民族尊严相联，金融领域也有交战，对金钱也是可以抵御的。

二曰建立中国的银行系统。在限制外国银行的同时大力奠基国人的发币系统，在列强的银行系统之外另起炉灶，建立中国自主的银行体系（银行专列"银"字，说明"银"在中国金融货币中的传统存在），这是釜底抽薪之计，立新破旧，设我排他，使外币滥行皮之不存，毛将焉附。"光绪二十二年京卿盛宣怀请先在京都、上海设立中国银行"，成立中央政府直辖的"央行"，"并以精纸用机器印造银票，与现银相辅而行"。^②完整意义上的"央行"需具备两项职能，即确保金融与货币的两个稳定，前一个稳定需担当支付体系、最后贷款人和银行业监管人等项职责，后一个稳定须担当货币发行和国家货币政策的调整实行。比较起来，清政府设立的国家银行距离此完备职能仍然相距甚远。不过，从世界范围来看，能够完全履行上述职能的"央行"即或在发达国家也大多是在 20 世纪初才陆续出现（1913 年，"美联储"创建；第一次世界大战期间，斯堪的纳维亚半岛各国的中央银行方才完成从商业银行到"央行"的转变^③）。与此相比，清政府的动作不算晚。除了国家级的银行外，清政府还兴办大批地方银行，不仅官办，还鼓励民办；不仅在都市大埠，还在边远地区。清末，此类边地银行有较大扩展，1907 年，吉林将军达馨咨文度支部，"吉省外国纸币日渐流通，非设法抵制不足以固主权，而重财政，应请大部速筹办法，于吉林设立银行，以保权利等情"；度支部回应"刻正筹划组织情形"。^④1909 年，清政府推出"增设边地银行"计划，"于今年先就沿边各省推设分行以期抵制外国纸币"^⑤；决定"凡边省商务繁盛或外国纸币畅行之区，

① 《两江总督端方致外务部电——为沪外商银行拒用中国钞票事》，中国人民银行总行参事室金融史料组编：《中国近代货币史资料》第 1 辑上册，第 1090 页。

② 《管理户部事务麟书等折——依克唐阿所奏应暂缓置议》，中国人民银行总行参事室金融史料组编：《中国近代货币史资料》第 1 辑上册，第 1034 页。

③ 徐滨：《"新货币金融史"导向的形成与发展》，《经济社会史评论》2020 年第 4 期，第 46—47 页。

④ 《吉林请设银行》，《大公报》天津版，1907 年 4 月 7 日，第 3 版。

⑤ 《增设边省银行》，《大公报》天津版，1909 年 5 月 11 日，第 5 版。

一律添设大清分银行以示抵制"①。此项企划甚至远及经济不甚发达的边域，理藩部"寿尚书在黄寺与达赖喇嘛专议此事，刻已决议设立大清分银行数处以示抵制"②。这是"央行""总行"的分支。

晚清时代，中国发行纸币的另一大系统是受到官方控制的钱局银号，成立这些发行机构意在尽力全面发行中国钞币，显示挤出效应，"莫若我先设局行使官帖，以补铸元之不及，而便商民之利用，俾内地钱法充足"，则外币"不杜而自绝"。③中国积极在各省设立"官钱局"发币，1856年，吉林设"通济官钱局"发行银票和钱票④；1862年，浙江宁波设海关银号；1878年，天津也出现归通商大臣管理的海关银号。⑤1889年，伊犁将军色楞额上奏朝廷请求允许"新疆暂设官钱局并行钱票"。⑥1894年，盛京将军请设"华丰官帖局"，又改名"华盛官帖局"，发行纸币，"商民亦均称便"，尽管遇庚子事变俄军大举入侵东北，以及日俄战争等，"华盛"屡遭打击，惨淡维持下"犹有盈余"。⑦1896年，成都机构发行"地方性一两钞券"。⑧1897年，湖广总督张之洞奏在武昌、汉口设局"制为钱票、银元票，精加刊印，盖用藩司印信及善后局关防，编立密码，层层检查。……通行湖北省内外，此票与现钱一律通用，准其完纳丁漕厘税"⑨。1898年，吉林将军延茂奏准在省城开办"永衡官帖局"，发行"官帖"，行用一段时间后，

①　《推广边省银行》，《大公报》天津版，1909年5月29日，第2版。

②　《消息》，《申报》1909年3月13日，第5页。

③　《吉林将军延茂等折——设永衡官帖局》，中国人民银行总行参事室金融史料组编：《中国近代货币史资料》第1辑下册，第996页。

④　《清末各省官钱号发行纸币情况表》，中国人民银行总行参事室金融史料组编：《中国近代货币史资料》第1辑下册，第1010页。

⑤　《清末官钱局号简表》，中国人民银行总行参事室金融史料组编：《中国近代货币史资料》第1辑下册，第1008页。

⑥　《伊犁将军色楞额折——请准新疆暂设官钱局并行钱票》，中国人民银行总行参事室金融史料组编：《中国近代货币史资料》第1辑下册，第1003页。

⑦　《盛京将军增祺折——清理华盛官帖局官帖》，中国人民银行总行参事室金融史料组编：《中国近代货币史资料》第1辑下册，第994—995页。

⑧　《四川总督鹿传霖发行一两钞券》，中国人民银行总行参事室金融史料组编：《中国近代货币史资料》第1辑下册，第987页。

⑨　《设立官钱局片》，苑书义、孙华峰、李秉新主编：《张之洞全集》第2册，石家庄：河北人民出版社，1998年，第1224页。

"流通颇广，可与银元同用"。① 1902 年，山东试行钞券，"由藩宪转交济南各大银号作为政府的通货流通市场"②。1903 年，湖南钱号"定制一两、二两和五两钞券，拟在湖南省流通"③。同年，两江总督在辖区内"行用官钱票以代现钱"④。 1904 年，黑龙江设立官商合股的"广信商务公司"，"赴上海用西法印造精致纸币"，在当地"一律行使"。⑤ 1905 年，奉天当局更大规模地建设银号，除了在省城创设官银号外，还在营口、锦州、辽阳、铁岭、安东、长春等处设立分号，"以资补救而便流通"⑥。 1906 年，安徽巡抚"请设裕皖官钱局发行钱条"⑦。 1909 年，新疆获批成立机构"发行新票，准商民交纳捐税折征粮草缴还公款"⑧。民族大义与地方利益两相关联，各省的积极性很高。清末，仅东北地区就建立省级发钞机构 5 家，即奉天的"东三省官银号"、吉林的"通济官钱局"和"永衡官帖局"、黑龙江的"广信公司"和"黑龙江官银号"，发行"大龙元票""小银元票""东钱票""小帖""整帖"等钞票，仅黑龙江官银号的发行额就合银 129 万余两，广信公司的"官帖发行额约有三千余万吊"⑨。据统计，清末在 22 个省和京津等地共出现发行钱票的官钱局等机构共计 38 家⑩，初步形成具有中国特色、布局全国、多重形态并存的层次网点。

---

① 《吉林将军延茂等折——设永衡官帖局》，中国人民银行总行参事室金融史料组编：《中国近代货币史资料》第一辑下册，第 996 页。

② 《山东巡抚袁世凯试行十两钞券》，中国人民银行总行参事室金融史料组编：《中国近代货币史资料》第 1 辑下册，第 987 页。

③ 《湖南巡抚赵尔巽发行一两二两五两钞券》，中国人民银行总行参事室金融史料组编：《中国近代货币史资料》第 1 辑下册，第 987 页。

④ 《创设官钱局折》，苑书义、孙华峰、李秉新主编：《张之洞全集》第 3 册，第 1556 页。

⑤ 《黑龙江将军达桂等折——设黑龙江广信商务公司》，中国人民银行总行参事室金融史料组编：《中国近代货币史资料》第 1 辑下册，第 998 页。

⑥ 《赵尔巽片——奉天官银号请准立案》，中国人民银行总行参事室金融史料组编：《中国近代货币史资料》第 1 辑下册，第 995 页。

⑦ 《安徽巡抚诚勋折——请设裕皖官钱局发行钱条》，中国人民银行总行参事室金融史料组编：《中国近代货币史资料》第 1 辑下册，第 992—993 页。

⑧ 《度支部覆新抚咨文——新疆官钱局新旧票流通情况》，中国人民银行总行参事室金融史料组编：《中国近代货币史资料》第 1 辑下册，第 1005 页。

⑨ 《清末各省官银号发行纸币情况表》，中国人民银行总行参事室金融史料组编：《中国近代货币史资料》第 1 辑下册，第 1010—1011 页。

⑩ 《清末官钱局号简表》，中国人民银行总行参事室金融史料组编：《中国近代货币史资料》第 1 辑下册，第 1008—1009 页。

三曰限禁外币。《辛丑条约》签订后新立的中外商约改变外国银钱可以在中国随意流通的既有规定[①]，清政府曾担忧"颁行新币固不甚难，所难者惟收回旧币耳"，仅以外国银元来说，"又分龙洋、鹰洋、本洋、日洋数种。今欲颁行新币，以期渐归一致，固非一面行用新币，一面收回旧币不可。……此宜由外部于发行新币之前咨照外币输入之各该国公使，声明我国发行新币统一币制，请其毋许本国货币再行输入，外商如有违犯者，宜订科罚之律"。[②]国家管治渐趋严格，此举首先从列强金融势力最大、外币流通量最多的上海发起，而且是政府和民间联手官商一体的行动，"沪上各华商因洋人不准以中国银行钞票完纳工部局捐税，特开秘密会议筹商抵制之策"，商人的行动得到当局支持，清朝度支部电饬"望各省督抚熟筹办法，俾各外国钞票得在通商口岸租界上行使外，其余内地均不得任令流入云"。[③]此计试图画地为禁，大面积限制外钞的流通区域，但过于理想化，对流动中的通货，若不是实行有效的外汇管制，很难设置地区性的防堵隔离带。清政府又谋另策，外国所发钞票在华行用以五年为限，嗣后"一概不准行用"，改空间隔离为时间限停，并特别照会各国驻华使节，货币发行涉及中国主权，外国不得随意在华发钞。[④]外钞在华流通几乎是无省不至，限禁需要外省配合，只是事涉外交，所关非细，地方当局也有难处，"各省对于此项问题视若具文，置而不殊，不知此事若不实行，则外国纸币必难限制。因决定再与各省妥筹办法，务于一年之内切实通行，以为他日限制外币之张本"[⑤]。中方的举措更是遭到列强狙击，"大清银行纸币发行以后，外国公使对于纸币之担保质疑于外部者二次。一为光绪三十四年十一月英、美两公使之照会，一为宣统二年二月德公使之照会"。德国庐代理公使函称"大清银行及其各分行纸币，是否由中国政府

① 《赫德致外务部节略》，中国人民银行总行参事室金融史料组编：《中国近代货币史资料》第1辑下册，第1108页。

② 审宜：《改革币制问题》，《申报》1911年8月10日，第2—3版。

③ 《内地禁用外国纸币》，《时报》1908年5月2日，第2版。

④ 《度支部咨覆农工商部文——限制外商发钞》，中国人民银行总行参事室金融史料组编：《中国近代货币史资料》第1辑下册，第1092—1093页。

⑤ 《清内币以杜外币》，《大公报》天津版，1910年4月30日，第5版。

担保？"①外方还不知廉耻地宣称监察中方发钞是为了"以保中国市面之名誉，及维持各国贸易之利益"，避免"中国圜法过形纷扰"，危言耸听现下"票纸丛出。若不设法挽救，恐生极大之困难"。外务部将各国使节的联合抗议转交度支部，度支部果决回应不能只许外人在华滥发纸票，而在中国国内限制本国银行发钞，重申"嗣后外商所发票纸，不载人名期限类于纸币者，至五年限满禁止出票之时，中国商民一概不准行用"。②强调大清银行系官商合办，信用稳固，准备金充足。③各地也有跟进。④

较之金属币，国人对外国钞票的排斥尤为强烈，认为以一张薄纸套取中国财富，最不可容忍。有智者出谋划策，建议"控制外国银行的纸币发行"须采取如下步骤：由中国政府限制发钞数额，"以防滥发之弊"；政府随时派员至外资银行"调查准备金"；限定发行范围，外国银行只准在设立分行之通商口岸发行纸币；"发行纸币须纳发行税"；规定外国银行的发行年限，"满期后即行停止其发行权，以杜绝永久发行之弊"；施行注册手续，"其未发行之银行不得相继效尤"；"外国银行须将发行纸币之流通额每月编制月表送交"中国财政部，以凭考核。⑤也有人干脆提出："外国银行发行钞票应提议取消，以除纸币统一之障碍。"⑥中国数十年坚持不懈力谋取缔外钞，原因在于"外行既握中国经济上之大权，以抵押品之优厚，政治背景之巩固，其在华金融界，乃固若盘石"⑦。缘此，取缔斗争屡有反复，中国的货币信用体制有待健全，就连经济文化与对外交流向称发达的广东，在面临"纸币风潮"时，也只能回过头来拟请外国银行从旁协助，代收广东省立银行的发钞，中方发给外行存单，并付利息。⑧近代

---

① 《外国公使对于纸币之质疑》，中国人民银行总行参事室金融史料组编：《中国近代货币史资料》第1辑下册，第1050页。

② 《外国纸币之前途》，《时报》1909年9月18日，第2版。

③ 《外国公使对于纸币之质疑》，中国人民银行总行参事室金融史料组编：《中国近代货币史资料》第1辑下册，第1050页。

④ 《闽省取缔洋商储蓄》，《察哈尔实业杂志》第1卷，1926年，第4期，第11页。

⑤ 顾宝善：《对于外国银行发行纸币之管见》，《大陆银行月刊》1923年第1卷第3号，第61页。

⑥ 《全国银行公会建议案》，《大公报》天津版，1921年10月23日，第6版。

⑦ 离离：《财部取缔外国银行纸币》，《铁报》1931年3月13日，第2版。

⑧ 《银行界消息汇闻·广东纸币与外国银行》，《银行月刊》1922年第2卷第9号，第11—12页。

时段，一遇形势紧张，中国钞币在某些外国势力强大的地区便流通受阻，武昌起义爆发后，于香港，"中国纸币不通用"。①

清季的东北并非货币经济发达地区，但由于国际地缘政治的原因，却是外币肆行的重灾区，乱七八糟的外币使"人民损失无算"。②重压之下，反弹愈劲，中外对抗激烈，形势屡经反复。1921年，哈尔滨当局奉省公署和中央命令："哈尔滨一带目前各行所发行之纸币渐次充塞于中东路，不惟收入上大有妨碍，且金融亦因之混淆"，鉴此，"所有外国纸币应一律取缔，以免金融紊乱云"。此令曾在北京向各国驻华公使提出，据称"除日本尚未允许外，其余各国均得谅解"。③但列强食言而肥，取缔令发布后，情况就有反复，就连小国葡萄牙都不同意，其驻华公使照会中国外交部，要求"请饬该地方官取消此项禁令"。④日本的反应更强烈，朝鲜银行带头反对，其因在于"东三省之流行外国纸币，以朝鲜银行纸币为最多"，所以该银行"支配人"久保田十分恼怒，抗拒不遵，使得"禁令只能行于租税及一般商人之间，而不能绝对禁止外国纸币之流通，因有"南满"日人暗中表示反对，恐为不可能之事实"。日本的"满铁"当局也跳出来，反对禁用外国纸币的通令。⑤列强还采取共同行动，北京外交使团认为禁令"有碍侨商营业，特在使馆召集会议，业由荷使欧登科领衔，致函外部仍请取消云"⑥。

攻防转换之际，动静最大的是"大洋券"的被阻止，此乃近代史上不多见的外国在华发钞被成功拦阻的案例。哈尔滨原系沙俄势力圈，俄钞流行，但一战结束特别是俄国革命后，"羌帖完全失败"，中国银行界挺身而出，弥补空缺，增发钞币，"市面金融始觉稳固"，不料京津等地发生挤兑风潮，波及东北。这时间，"哈（尔滨）埠美国银行甚多"⑦，花旗银行乘

① 《路边电》，《时报》1911年10月22日，第2版。

② 志庭：《哈埠通信·外国银行发行纸币情形》，《时报》1921年4月16日，第2版。

③ 《哈尔滨电令取缔外国币》，《大公报》天津版，1921年6月18日，第6版。

④ 《国内专电：葡使等照会外部谓哈尔滨地方官取缔外国纸币》，《新闻报》1922年4月23日，第4版。

⑤ 《银行界消息汇志（附外国银行）：朝鲜银行反对东三省禁止外国纸币》，《银行杂志》1924年第1卷第12期，第92页。

⑥ 《哈埠取缔外国纸币：外交团提出抗议》，《察哈尔实业杂志》（张家口），1926年第1卷第4期，第11页。

⑦ 志庭：《哈埠通信·外国银行发行纸币情形》，《时报》1921年4月16日，第2版。

机进入，1921 年初"即拟在哈发行纸币，经我当地与美领事交涉无效，即由我驻美公使向美政府抗议，始为之打消"。不久，纷争再起，"北满"总税关设哈尔滨，凡中东路及松花江流域各地分关的税款从上年春天起皆由中国银行代办，共达 138 万元。"北满"总税务司华苏氏系美国人，借口挤兑风潮危机，中国银行准备金不足，连续发出"破坏中行之密电数通，遂拟向中行提款，后虽查得中行基本金充足，此议作罢"，华氏却未罢手，仍拟"将税款一律拨存花旗，即由花旗发行大洋纸币"。^①引起中方强烈反对，辩题不单纯只是发钞了事，而牵涉多项中国的重大主权。关于币政，4 月 1 日，哈尔滨交涉员公署向美国领事署发出第 575 号照会："哈埠向无外国银行发行大洋纸币，与沪、汉等处情形不同。花旗银行拟发行大洋纸币，应即阻止。"^②地方当局得到中央支持，专管印钞的印制局致电吉林督军孙烈臣："在哈发行大洋券一事，此事于吾国币政主权均存妨碍，应请转饬交涉员妥为设法禁阻。"^③关于租界，中方提出虽然外国银行在华发行钞票，"事非一日，惟其发行地点均以租界为限"，可是"哈埠法权现经我国收回，似与从前租界不同"。^④东北地区的最高军政长官东三省巡阅使张作霖下令"禁止该项钞票流通，其理由为钞券流通系一种特权，只限于当地中国各银行享有，哈尔滨并非外国租界，外商不能发钞"^⑤。美方承认"哈埠向无外国银行发行大洋纸币"的情况"属实"，但又提出"不得因往时外国银行不以发行纸币为必要，而断其现时无发行之权"，强词夺理言称"本领事署当不认可哈埠之情形与他通商埠有所不同。即或有不同之处，亦不可因此即视该美国银行于哈埠营业发行纸币为不合"。这是明目张胆地在勒索，在中国强烈要求收回既往出让丧权辱国利权的现下尤为不合时宜。关于条约，中方捍卫主权的正义行为遭到美方的无理纠缠，

① 《花旗银行拟在哈发钞的真相》，北京《银行月刊》第 2 卷第 1 号，民国十一年一月五日，第 14—15 页。

② 《美国驻哈尔滨领事署致哈尔滨交涉员公署照会——花旗银行有在哈埠发行自有纸币的一切权利》，中国人民银行金融研究所编：《美国花旗银行在华史料》，第 645—646 页。

③ 《财政部档案》，中国人民银行金融研究所编：《美国花旗银行在华史料》，第 644—645 页。

④ 《印制局复外交部密函——已电令董道尹禁阻花旗银行在哈发钞》，中国人民银行金融研究所编：《美国花旗银行在华史料》，第 645 页。

⑤ 《横滨正金、花旗及华俄道胜三银行会谈拟在哈尔滨发行钞票的备忘录》，中国人民银行金融研究所编：《美国花旗银行在华史料》，第 642—643 页。

其特别"饬知，根据约章，该银行有在哈埠发行自有纸币之一切权利等情"，所以，"本领事署不能为贵员所请，阻止该美国银行发行将欲通用之纸币"。^①美方还张大其词，申辩不许花旗在哈尔滨发钞"对于现行约章之明文义意，皆有所侵犯"。中方抗辩，即或根据条约，美方发钞也属违约；何况，所据者都是些对中国不平等的条约，是时，中国人民的废约风潮正一浪高过一浪。关于商贸，美国解释"发行纸币颇觉为有益于商界，因可靠之大洋纸币加增大洋之交易，自能较前为便利"；除了面向官方交涉外，美方还向商界提出花旗银行"乃最殷实，最有信用之银行"，中方商界发出抵制该行"纸币之通用"的"通告"，将产生严重影响，"该美国银行及美商全体因之已受之损失"。^②关于群起效应，中方担心"现各外国银行均有乘机觊觎之心，实为我国币制统一之障碍"；顾虑引出列强的效法，中方以一敌众，难以应付。果不其然，美国的行动获列强支持，花旗银行拟在东北发钞，不经中国政府批准，而是"呈协约国技术部核准"，表现出对所在国的极大漠视，且使列强有联合对付中国的借口；在东北有重大权益的列强采取联合行动，日本的正金、美国的花旗以及华俄道胜三家银行举行联席会议，"全体通过"所谓"备忘录"，指责中方"显然忘记了，自1905 年 12 月哈尔滨开辟为条约口岸以来，外国商行和中国商行是享有同样权利和特权的"。^③1920 年代正是中国民族主义步入高潮的岁月，在中方朝野商民的一致坚持下，外方的联合行动未能奏效，美国等的发钞图谋未遂，中国在近代货币战争中赢取了难得的胜利。

四曰改革币制。兹事体大，尽管朝野上下愿意"从速"，但改革币制情事复杂，结果给外人的观感是"在这十五年之中，时运一直不佳，也许库存一直不足，所以除任命魏西林博士（G. Vissering）为财政顾问外，没有采取任何决定性的措施，因而改革没有实行"。^④此话未必准确，改革的

---

① 《美国驻哈尔滨领事署致哈尔滨交涉员公署照会——根据约章，花旗银行有在哈埠发行自有纸币的一切权利》，中国人民银行金融研究所编：《美国花旗银行在华史料》，第 645—646 页。

② 《美国驻哈尔滨领事署致哈尔滨交涉员公署照令——抗议哈埠总商会通告商界拒用花旗银行钞票》，中国人民银行金融研究所编：《美国花旗银行在华史料》，第 646 页。

③ 《中国银行总管理处致币制局密函》，中国人民银行金融研究所编：《美国花旗银行在华史料》，第645 页。

④ ［美］马士：《中华帝国对外关系史》第 3 卷，张汇文、姚曾廙、杨志信、马伯煌、伍丹戈译，第 401 页。

步伐虽然不是"决定性"的，但一直在推进。改革币制是为了统一货币，前提是将货币权收归中国。改革币制，收回币权，涉及多国，外强我弱，绝非短时可以解决，清朝灭亡，民国创建，亦接续努力推动，整肃外币成为晚清民国历届政府的重要任务。在 1912 年 10 月 5 日的总统府纪事中可以看到"财政部呈拟定抵制外国纸币办法"。① 知己知彼，方能百战不殆，政府又对在华外币状况进行调查：

> 财政部近对于币制前途极为注重，连由部筹划进行计划，最近曾发各省通电一道，饬令调查现在流行外国纸币共若干种，大略数目及价值之低昂等项，限两个月内覆告，以凭查核。②

限制措施使外币滥行有所收敛，流通渐少。③ 但仍有反复，直到 1931 年，"最近财部以各外国银行发行巨额钞票，准备是否充实？向难查考，拟加以取缔"。④

五曰发行国币。鉴于外钞"势力甚大，非有通行国币不能力图抵制"⑤，"圜法为国政之要，国用出入，民间流通，非整齐划一，不足以保一国之利益，即不足以固一国之人心"；⑥ 发行国币，成为朝野上下的一致认知。"此次宗旨专为创定币制，改正圜法，齐一民用，保存国权，大利自在无形之中。"⑦ 争回货币主权无非两种招数，在对外拒绝外币流通的同时，对内要中国"自铸银钱"。⑧ 环视"欧洲各国，则各国皆有自铸之洋钱通自民间流用"，这也是日本步入自强的道数之一。⑨ 1882 年，吉

---

① 《总统府十月五日纪事 [12]》，《大公报》天津版，1912 年 10 月 7 日，第 2 版。

② 《通电调查外币之现状》，《大公报》天津版，1915 年 1 月 19 日，第 3 版。

③ 唐：《北京之金融谈（续）》，《时报》1917 年 1 月 7 日，第 5 版。

④ 离离：《财部取缔外国银行纸币》，《铁报》1931 年 3 月 13 日，第 2 版。

⑤ 《度支部覆东三省总督黑龙江巡抚咨文——钱帖暂准发行》，中国人民银行总行参事室金融史料组编：《中国近代货币史资料》第 1 辑下册，第 1002 页。

⑥ 《论北洋币制》，《申报》1903 年 3 月 4 日，第 1 版。

⑦ 《直隶总督袁世凯等折——主张铸造一两重十足成色银币》，中国人民银行总行参事室金融史料组编：《中国近代货币史资料》第 1 辑下册，第 743 页。

⑧ 《论自铸银钱之便》，《申报》1876 年 11 月 7 日，第 1 版。

⑨ 审宜：《改革币制问题》，《申报》1911 年 8 月 10 日，第 2—3 版。

林首开试铸机制银元，可惜铸造数量甚少。[①] 1887 年，张之洞在广东开铸"龙洋"，正式奠立政府铸造银元的始基，中国银元制度渐次确立。铸"龙洋"的用意很清楚，就是为了自铸国币，抵御外币，所以成色分量均仿鹰洋。后来公布的中国铸币规制也是采取鹰洋标准，即库平七钱二分、纯度 0.9 为银本位的基础，七钱二分的重量由此成为中国银元的定规。在 1902 年的中英《通商行船条约》第 2 款中明文约定"中国允愿设法立定国家一律之国币，即以此定为合例之国币，将来中英两国人民应在中国境内遵用，以完纳各项税课及付一切用款"。在 1903 年的中美《通商行船续订条约》第 12 款内又加了一句话："凡纳关税，仍以关平核计为准"，强调以中国的银货计量单位为衡准。同时签订的中日《通商行船条约》第 6 款的文字更清楚："中国国家允愿自行从速改定一律通用之国币，将全国货币俱归划一"，添加了"自行"二字，强调权自我操。同样内容的条款又载入 1904 年的中葡商约中。[②] 1906 年，度支部又制定了《整顿圜法章程》，规定发行统一国币，限制以至逐步取消非法币的流通。[③] 1910 年的《币制则例》第 22 条规定："凡在大清国境内，以大清国币交付者，无论何人，无论何款，概不得拒不收受。"[④] 货币作为交换媒介，可以在互不相识的人们中间自由流通。但在信用发生波动的时候，真正能作为货币的只能是"法币"。这是普世性的公理。1914 年开铸统一规格的新币——"嘉禾银币"（袁大头），制造精良，发行巨量，对外国银币起了极大的扫荡廓清作用，渐成市场上的主流货币，成为名符其实的央票国币。至 20 世纪 30 年代，政府厉行统一货币，是时，商界与政府配合，"虞洽卿先生旅沪五十年，为沪上商业之祭酒"，虞氏痛责中国行用货币"不下数十种，种颖庞杂，成色参差"，呼吁应该统归于一，实行国家法定货币。[⑤] 法币改革

① 中国人民银行总行参事室金融史料组编：《中国近代货币史资料》第 1 辑下册，第 730、733、805 页。
② 王铁崖编：《中外旧约章汇编》第 2 册，第 102、187、193、255 页。
③ 《度支部谨奏为铸造国币应一事权拟将销所设银铜各厂分别撤留所留之厂统归总厂管理折》，度支部辑：《度支部币制奏案辑要》，北京：益森刊本，宣统年间，第 41 页。
④ 《度支部尚书载泽折——厘定币制拟定则例》，中国人民银行总行参事室金融史料组编：《中国近代货币史资料》第 1 辑下册，第 788 页。
⑤ 虞洽卿：《发表废两改元谈话》，《申报》1932 年 7 月 25 日，第 10 版。

奠定国家货币大一统的基石。

外国对中国发动货币侵略战争历时数百年，中国自觉抵抗外币侵略的反击战争也约莫有百年时光。资本侵略是 19 世纪末以来资本帝国主义全球扩张的重要方式，金融银行和"世界货币"是其重要工具，超级大国赖此在全球滥发钞币，空手套白狼，无本牟取万利。若说外币在华的早期流通正面意义较多，那么，愈往后，其负面意义愈多，中国人愈来愈感受到外币肆行中国之恶果，"不但可使扰乱一地之金融，且足以使大宗正货流入外人之手。此诚可恐者也！"[①] 至 1934 年的法币改革，事情终于有了一个基本的了断，中国废除银本位，中国海关布告"禁止外国鹰洋、站人洋、龙番进口"[②]，即不允许那些在其本国已不流通只向外国定向发行的货币输入中国，而对在其本国国内"通用者"，仍可在中国兑换流通。[③] 从晚清到民国，经过中国人民的不懈抗争，外币自此大略退出中国的发行市场。即便在日本全面侵华战争爆发后的危局下，中国人民也不屈不挠地对日伪钞币进行抵制。1939 年，日本在其占领区试图使其操控下的银行发行"伪币"，在记者招待会上谎称"苏州河南岸各外国银行已接受华兴商业银行所发纸币云云"，上海非日资的外国银行及中方有关人员当即辟谣，"均向记者否认接受此种伪币"，同时揭破"进出口商或将以伪币交付关税"的谎言。日方一再施压，驻沪领事团连同江海关税务司顶住压力，一致反对日伪议案。使得日伪被迫放弃所谓的"虹口币"（华兴币）"流通入苏州河南岸之努力"，日方"强迫外国租界中华籍居民接受伪币"的企图未能得逞。伪钞不仅在华东，而且在华北等地区也遭到同样下场，华北民众自发抵制伪钞，仍然信用国民政府的法币，日本占领区内为鼓励使用日伪钞票，持此钞购买商品"均打六折"，中国民众同样不买账。[④] 中外联手，结成同盟，呈现一致对付日伪钞币的斗争场面。

不过，限于中外大势没有得到根本改变，外币外钞在"法币改革"后

① 顾宝善：《对于外国银行发行纸币之管见》，《大陆银行月刊》1923 年第 1 卷第 3 号，第 59—60 页。

② 《江海关布告九件：（六）第一三八二号》，《关声》1934 年第 3 卷第 10 期，第 53 页。

③ 《九龙关公署布告：第三五五号》，《香港华商总会月刊》1934 年第 1 卷第 4 期，第 115 页。

④ 《国内要闻：主要外国银行不接受"华兴"纸币》，《银行周报》1939 年第 23 卷第 21 期，第 26—27 页。

仍在中国的部分地区非法流通。来自美洲的白银引出长达五百多年的货币故事仍在讲述。资本帝国主义侵华钱路的最后断绝、货币战争的最终胜利只能留待中华人民共和国的成立方才彻底获取。

二　洋参、西洋参、花旗参

在美洲对华贸易中,西洋参成为重要货品。西洋参(Panaxquinquefolium)乃珍贵的药用植物,原产北美洲。味苦微甘性寒,能补气养阴清火生津,具有味厚而不热,滋补而不腻的特点。其临床作用主要为增强机体对各种有害刺激的非特异性抵抗力和机体免疫力,在正常治疗剂量下,对人体功能无副作用,因此被称为适原性药物,其最大的优势是服用后能够迅速地提高脑力和体力劳动的效率。

19世纪初叶美洲银大幅减产,在西方输华白银严重短缺的情形下,西人另辟商道,另外几种大宗商品迅速补缺,美洲对华贸易货品呈现更新换代,其中,人参、皮毛、檀木等扮演着尤为重要的角色。下面依次述论。[①]

(一)奇根异草

有学者认为:1714年,一位在北京传过教的名为贾托克斯(Father Jastoax)的天主教士在伦敦皇家学会学报上发表了一篇题为《人参——一种鞑靼植物》的文章,专事介绍中国人参(ginseng),此类植物才开始被西人知晓。[②]此说并不准确。1957年,日本学者铃木中正主要根据《法国耶稣会士书简集》中法国神父杜赫德(Du Halde)1711年信件中对人参的介绍资料[③],认为这才是西人最早开始介绍中国人参。此说也失之过晚。

---

① 汪熙的《中美关系史论丛》(上海:复旦大学出版社,1985年,第99页)、许晓冬的《早期中美贸易关系与政策研究(1784—1894)》(北京:经济科学出版社,2015年,第50—51页),以及张晓宁的《天子南库——清前期广州制度下的中西贸易》(南昌:江西高校出版社,1999年)、马士的《东印度公司对华贸易编年史(1635—1834年)》等论著中均将人参、皮毛、檀木,还有棉花,列为此间欧美对华输入的主要商品。

② 张连学:《美国人参栽培史的初步研究》,《特产科学实验》1987年第4期。

③ [日]铃木中正:《清代の满州ついて》,爱知大学编:《文学論叢·开学十周年纪念特辑》,1957年。

实则，据目前所能看到的资料，至少在 1696 年于巴黎出版的来华耶稣会士李明（Le Comte，中文名复初，出生于法国波尔多，1671 年入耶稣会，1687 年 7 月抵达中国宁波，1688 年 2 月 8 日进入北京）的考察记中就曾描述了人参，其称在中国有一类贵重的草药：

> 这称呼为人参的草药，是因为草药的外形像人。……而仅此几个字就蕴涵着词语的真正的意义。中国的学者们在他们的著作中给予它一些别的称呼，足以表明他们的重视，如称它是精神上的草药，土地的纯洁精华，海的油脂，通向长生不老的药，以及其他很多此类性质的称呼。①

西方人来华之初，就对这样的人形草本植物居然会引起中国人莫大的兴趣甚感惊奇，以至不解。李会士还具体描述了人参的形状与生长地："这是一个约有小拇指一半粗，两倍长的肥大的根茎。茎分成两枝，这使得它的外形很像人的两条腿。颜色近乎黄色；在保存一定时间后起皱并变硬。它的叶子很小，顶端是尖的，枝桠是黑色的，花是紫色的，梗上覆盖一层茸毛。传说人参只长一支梗，这支梗只分三个杈，每个杈上的叶子四片一簇或五片一簇。人参长在荫蔽的、潮湿的土地上，但生长很慢，要长长的好几年的时间才能达到完美。"②

距李明文字出版十三年后，另一位来华耶稣会士杜德美（Pierre Jartoux，法国人，耶稣会士，中文字嘉平，1701 年来华，1708 年参与清政府测制全中国舆图的工作）对人参的描述更形象准确。当时，他们遵照清朝皇帝的命令测绘中国东北地区的地图，于 1709 年 7 月底在距离朝鲜"仅四法里之遥的"村庄里，有机会亲眼见到，以至亲自服用了人参这种在中国备受重视，在欧洲却鲜为人知的植物。他声称，人参生长在位于北纬 39 度—47 度、东经 10 度—20 度（以北京子午线为基准）之间的山间密林之中，"在平原、河谷、沼泽、溪涧底部及过于空旷的开阔地却见不

① [法]李明：《中国近事报道（1687—1692）》，郭强等译，郑州：大象出版社，2004 年，第 202—203 页。
② [法]李明：《中国近事报道（1687—1692）》，郭强等译，第 202—203 页。

到它。如果森林着火并被烧毁，这种植物要在火灾后三四年才能重新生长，这说明它怕热；因此它尽量避开日光"。[①] 不幸的是，杜德美在踏勘绘图时染病，有幸的是，随行者中有人去邻近山里挖了 4 株完整的人参。杜德美服用了半支未经加工的生人参，一小时后，便感到脉搏跳动有力，胃口随之大开，浑身充满活力，工作起来从没有那样轻松过。杜氏不敢相信有如此神效的药物。然而，四天后，当他工作得筋疲力尽，累得几乎从马上摔下来时，又服用了半支人参，同样很快恢复精力。耳闻不如眼见，眼见不如亲尝，神奇功效令杜德美不由得信服！杜氏详细地描写了中国人对人参的"迷信"，"中国许多名医就这种植物的特性写下了整本整本的专著，他们给富贵人家开药方时几乎总要加入人参，但对寻常百姓来说价格就显得太贵了。中国医生们声称，人参是治疗身心过度劳累引起的衰竭症的灵丹妙药，它能化痰，治愈肺虚和胸膜炎，止住呕吐，强健脾胃，增进食欲；它能驱散气郁，医治气虚气急并增强胸部机能；它能大补元气，在血液中产生淋巴液；人参同样适用于治疗头晕目眩，还能使老人延年益寿"。因此东北当地人称其为"orhota，即'植物之首'"。[②]

杜德美将这次与人参的邂逅仔细地写在通信中，因其擅于绘图，便在信中绘有人参的图样，描绘了人参的生物样貌。根茎：是人参的主要药用部分，有主根、须根等，呈白色或微黄色。枝叶：间隔一段有一个节子，4 根分枝从这个如同中枢的部位长出，每个分枝长有 5 片叶子（实际上，人参叶的多少与生长年份有关，一年生人参仅长 1 枚 3 小叶，俗称"三花"；两年生人参长 1 枚 5 小叶，俗称"巴掌"；三年生人参长 2 枚 5 小叶，俗称"二甲子"；四年生人参长 3 枚 5 小叶，俗称"灯台子"；五年生人参长 4 枚 5 小叶，俗称"四匹叶"；6 年及以上人参多为 4 至 6 枚掌状复叶，俗称"五匹叶"；因"六匹叶"很少见，杜德美所见当为多年生"五匹叶"野山参，故误解为人参只有 5 片叶子），叶面上还有些近似白色的细毛，叶子朝上的一面是深绿色，朝下的一面是淡绿色，叶边缘呈锯齿状。果实：人参顶端长有一簇溜圆艳红的 24 颗果子，果皮红色，果仁白色，果核坚

---

① ［法］杜赫德编：《耶稣会士中国书简集》第 2 卷，郑德弟译，第 51 页。

② ［法］杜赫德编：《耶稣会士中国书简集》第 2 卷，郑德弟译，第 50—51、55 页。

硬，内含胚芽，干瘪时表皮皱巴，变成深红近黑色。[①]

正因为是难得之物，政府管制也格外严格，特别是入清朝以后，皮毛和人参对女真的兴起提供了丰富的物质基础，所谓"擅貂参之利，富强已非一日"[②]。所以有清一朝对人参管控尤严，长期由朝廷皇室大内直接经理，旁人不得插手。直到清代中期，全中国才开放 6 处人参买卖市场，分别是两淮、常芦、苏州、杭州、江宁、粤海关。内务府会直接派员监控人参的变卖和税收。值得注意的是粤海关，应该主要是进口"洋参"的管理。直到清末的光绪六年（1880），才开放秧参栽种贸易，但老山参仍严禁采挖私带。

> 一道由木桩构成的栅栏把人参产地与我们旧地图上称为辽东的省份完全隔开了；这道栅栏把整个这一省份封闭了起来，栅栏附近还不断有卫队巡逻以阻止中国人离开本省去挖人参。但不管戒备多么森严，追求利益的渴望使中国人秘密溜进这些荒无人烟之地，有时多达二三千人；而且，如果在离开或返回本省时遭到袭击，他们还要冒丧失自由及丧失辛劳果实之险。皇帝希望最好让鞑靼人（而不是汉人）从中获利，因此于 1709 年命令一万鞑靼人自行前往尽力采挖人参；条件是每人向陛下交二两上品，余者（由朝廷）按重量付给等量纯银。有人估计皇帝通过这一办法今年可得约两万市斤人参，但付的钱仅为实际价值的四分之一。[③]

杜德美描绘人参的信函写就于 1711 年 4 月 12 日的北京，发出后无法得知巴黎和西方世界有多少人知晓信的内容，尽管信的末尾显示写信人并不以此信为私家密信，信的内容不妨告知人们。但不久证明，杜德美的考虑多余了，这些信在写出后不久就有了反响。响动波澜扩大，竟然发展成一项新的大宗货品贸易，开辟了北美输华的人参商路。[④]

---

① ［法］杜赫德编：《耶稣会士中国书简集》第 2 卷，郑德弟译，第 53—55 页。
② 转引自蒋竹山：《人参帝国：清代人参的生产、消费与医疗》，杭州：浙江大学出版社，2015 年，第 54 页。
③ ［法］杜赫德编：《耶稣会士中国书简集》第 2 卷，郑德弟译，第 52 页。
④ ［法］杜赫德编：《耶稣会士中国书简集》第 1 卷，"中文版序"，郑州，大象出版社，2005 年，第 13 页。

（二）追踪北美

　　李明、杜德美等人的文字使欧美人对这种在中国药谱中占有顶级地位的植物有所了解。1713 年，杜德美描绘人参的信件在英国皇家学会的《哲学汇刊》第 28 期上发表，西方社会知晓人愈多。杜德美的信件还提供了寻宝线索：

> 若世界上还有某个国家生长此种植物，这个国家恐怕主要是加拿大，因为据在那里生活过的人们所述，那里的森林、山脉与此地的颇为相似。[①]

　　循此路线，1716 年，首先在加拿大森林中发现与中国人参同种的植物——所谓西洋参（另说为 1715 年或 1717 年），法国传教士拉菲托（Joseph Francis Lafitau）在印第安人的帮助下于魁北克发现了"参"，此参后被送到巴黎交植物学家鉴定，结论认为与中国人参同属五加科植物，但不同种，为示区别，又来自"西洋"，故名"西洋参"。1718 年，该耶稣会士拉菲托在巴黎发表了回忆录《献给法兰西摄政，奥尔良公爵殿下的纪念品，在加拿大发现的珍贵植物人参》，将西洋参的发现公之于众。

　　关于最早发现西洋参之人的国别有另外说法，有人提出发现者是美国人，文曰："由美人，名华萨拉布周者，于一七一六年，在坎拿大之蒙得利尔之地方发现。旋为法国人知悉，立即召集巨资，收买此根，晒干，输运入中国销售，获资极巨。……蒙得利尔贸易，遂因此而日益发达。"[②]这应该不属实，那时只有北美殖民地，尚无美国，何来"美人"？现在的研究表明，发现者是在加拿大的法国耶稣会士无疑。后来，寻宝足迹延伸，西人又在北美英国殖民地的东部森林中也发现了这种植物。揭开面纱后，西方人对人参的神秘感并未消失，耶稣会士殷弘绪（Francois-Xavier d'Enlzecalles）于 1734 年 11 月 4 日写于北京的信中如此描写人参，"又叫

---

① ［法］杜赫德编：《耶稣会士中国书简集》第 2 卷，郑德弟译，第 52 页。
② 《花旗参起源考》，《南强旬刊》1938 年第 1 卷第 13 期，第 4 页。

做 le china（中国药）……这是一种比鱼胶更加滋补的植物根"①。 1735 年，杜赫德（Du Halde）在巴黎出版了《中国全志》（Description de la China），其中的第二册和第三册都记述了中国人参。中国人参在 18 世纪初叶的欧洲已不是罕闻之词，但西方人对此植物仍深感迷惑，特别是对中国人对此物的"迷信"少见多怪，一位 18 世纪末来到广州、澳门等地的瑞典人写道：人参"被中国人视为万应灵药。所有生长于鞑靼的人参，都是皇帝的财产，他每年卖出若干数量给他的忠实臣民，他们拥有特权以同样重量的黄金来购买它！中国人每年消费大量的人参；他们认为任何一剂药如果缺了人参，就不算是好药"。② 一位 19 世纪初叶在华的法国人写道："人参，意思是'世界上最好的'，被视为万灵药。"③"万灵药"的称呼并非这位法国人首用，而来自近代生物分类学的奠基者瑞典人林奈（Carl Linnaeus, 1707—1778），其将人参命名为 Panax，即希腊文中的"万灵药"。

　　既然人参自来就是也始终只是中国、朝鲜等东方少数国家人们心目中的"珍品良药"，西方人并不以此为贵，因而人参也只有在"中华贸易圈"才有销路。北美的人参被发现后，很快就被运到中国。有一种说法，早在 1720 年（康熙五十九年），土著印第安人和法国移民就采集西洋参，并由一家法国贸易公司运销中国。④ 这在中国史籍中也可以得到某种佐证，雍正年间颁行的《常税则例》规定："人参每斤：三钱；熊胆、冰片、牛黄每斤：三钱；洋参每斤：一钱五分。"⑤ 说明"洋参"的输入已经有了一定的数额，中方才会形成相对固定的税收税率。

　　发现"宝贝"的地盘不断扩大，据说这种人形草根植物在当时北美的某些山林中有成片野生，哈密尔顿（Hamilton）1744 年 5 月至 9 月，从马里兰的安那波里斯（Annapolis）出发，经过德瓦拉（Delaware）、宾夕法尼亚、纽约、新泽西、康涅狄格、罗得岛，直到马萨诸塞及新罕布什尔的各州旅行，目的之一就是"有一种好奇心想要去看一看这样著名的东西（人

① ［法］杜赫德编：《耶稣会士中国书简集》第 4 卷，耿昇译，第 105—106 页。
② ［瑞典］龙思泰：《早期澳门史》，吴义雄、郭德焱、沈正邦译，第 347—348 页。
③ ［法］老尼克：《开放的中华——一个番鬼在大清国》，钱林森、蔡宏宁译，第 242 页。
④ 张连学：《美国人参栽培史的初步研究》，《特产科学实验》1987 年第 4 期。
⑤ 佚名撰：《常税则例》卷二，古香刻本，雍正年间，第 42 页。

参）"①，说明这种"东西"在当时的北美已经很有名气了。

西方的交易人主要依靠印第安人等来采集西洋参，原住民劳力廉价，熟悉地况，知道哪里可以采集到"参"。因容易见到收成利益，英国东印度公司经纪人曾赴北美东北部的新英格兰（New England），以金钱、威士忌酒、小饰物及烟草等为报酬，鼓励印第安人去寻找这种药草根。② 不料，土著们采挖西洋参的高涨热情引出宗教人士的担忧，美国著名神学家爱德华兹（Jonathan Edwards）对此感到忧心忡忡，在 1752 年致友人的信函中，爱德华兹注意到，近期在新英格兰和纽约的森林中发现的西洋参已经"严重损害了印第安人的宗教追求"，他们将大量时间用于采集西洋参，无暇上教堂。爱德华兹更担心的是，印第安人还用轻易赚到的工钱买朗姆酒，"喝得烂醉如泥"。③

英国东印度公司对华贸易的档案明确记录，1750 年，法国运到广州 40 担人参。④ 这些人参当是从法属北美领地采掘而来；1764 年，有 4 艘法国船驶至广州，运来"加拿大人参"28.7 担，而当年在广州"加拿大人参"的流通市价是每斤 1.44 两银子；十年后，加拿大"上等"人参的广州市价是每担 150 两银。⑤ 是时，英国等也从这些地区（法兰西岛，Isle of France）运送人参来华；英国的人参采集地甚至扩延到整个北美，有资料显示，1770 年英国人从美洲殖民地（包括纽芬兰、巴哈马群岛、百慕大群

① [美] 赖德烈：《早期中美关系史（1784—1844）》，陈郁译，北京：商务印书馆，1964 年，第 6 页。

② W. Speer, *The Oldest and the Newest Empire, China and the United States*, New York: 1877, p.410.

③ [美] 埃里克·杰·多林：《美国和中国最初的相遇——航海时代奇异的中美关系史》，朱颖译，第 13 页。人参的采集在中国与美洲不一样，中国的采集有组织，有规范，也更艰难，在清代，政府特许的采参队由约 1 万人组成，"队伍保持如下队形：他们先按所属的旗分配采挖场所，然后每百人为一队在指定地段一字形散开，每 10 人与另外 10 人间保持一定距离，然后就仔细寻找人参。他们缓缓地沿同一罗经方位向前推进，并以这种方式在一定期限内走遍为他们指定的整个区域。期限届满，住在便于牧马处帐篷里的官员们便派人巡察各队，下达命令并了解各队人数是否齐全。如发现缺员（因迷路或因被野兽吞食，这种情况时有发生），大家就寻找一两天，随后照旧重新开始。这些可怜人在这一冒险事业中备尝艰辛：他们不带帐篷，也不带床，因为每人携带的在炉子上烤熟的小米就让他们负荷够重了——整个期间他们便以此充饥。因此，他们只得在某棵树下打个盹，身上盖一点树枝或所能找到的树皮。官员们时而给他们送一点牛肉或野味，他们在火上一烤便狼吞虎咽起来。这一万人就这样度过了当年的六个月，尽管如此劳累，他们却依然身强力壮，仿佛像优秀的士兵"。参见 [法] 杜赫德编：《耶稣会士中国书简集》第 2 卷，郑德弟译，第 52—53 页。

④ [美] 马士：《东印度公司对华贸易编年史（1635—1834 年）》第一、二卷，区宗华译，第 296 页。

⑤ [美] 马士：《东印度公司对华贸易编年史（1635—1834 年）》第四、五卷，区宗华译，第 534、536、625 页。

岛）采购的物品中就有 74604 磅人参，价值 1243 英镑 8 先令。[①]

之后，便是美国的规模化和持续化的人参输华了。初始情况颇诡异，1783 年 9 月 3 日美英和约签订前，波士顿商人希尔斯（Isaac Sears）上校听闻一个欧洲联系人称，只要能在翌年 2 月 20 日前将 5 吨西洋参送到瑞典港口歌德堡，就能卖到每磅 8 美元，瑞典货船会将这些货物转运到广州。希尔斯决定接下这单买卖，为了让货物按时到达歌德堡，希尔斯预计，50 吨位的单桅船"哈丽雅特"号（Harriet）最晚要在 1783 年 12 月中旬出发。但船延至 12 月下旬方才启航，时间肯定赶不上了，希尔斯临时决定改变航线，不赴欧洲，直航广州。但该船驶经非洲南端的开普敦时，事情被英国东印度公司的职员探知，英人深忌美国参加对华贸易，提出用 2 磅中国熙春茶换 1 磅人参。船长哈莱特（Hallet）贪其重利，遂自好望角折回，"失掉了第一次在广州升上美国国旗的荣誉"[②]。

这是原宗主国用下作伎俩对刚刚脱离牢笼新独立国家的欺诈打压，"哈丽雅特"号不了解人参在中国的单价远远超过茶叶，为了眼前的小利错过了率先来华的机会。本可以享有中美直接贸易首航被载入史册的历史机遇被断送，而由另一艘船享有百世盛名，那就是"中国皇后号"（Empress of China）。该船出发前，进行了较长时间的备货，特别精心的就是尽可能多地搜集人参，"中国皇后号"的购参工作在 1783 年 8 月底就已展开，帕克（D. Parker）在纽约等地四处筹钱后，雇用了一名费城的西洋参供应商，后者则聘请 R. 约翰斯顿（Robert Johnston）医生，到弗吉尼亚和费城等地向印第安采参人大量购买。据说，约翰斯顿花了 3 个多月的时间"对西洋参展开地毯式搜索"，他本人后来也成为"中国皇后号"的随船大夫。最终，约翰斯顿成功地收集到大约 30 吨人参。从 11 月中旬到 12 月中旬，人参通过水路从费城送到纽约，按品质分类后，存放在 242 个木桶中装船。[③] 1784 年 2 月 22 日，"中国皇后号"从纽约放洋，该船乘风破浪于 8

① [美]赖德烈：《早期中美关系史（1784—1844）》，陈郁译，第 6 页。

② 李定一：《中美早期外交史》，北京：北京大学出版社，1997 年，第 6 页。

③ [美]埃里克·杰·多林：《美国和中国最初的相遇——航海时代奇异的中美关系史》，朱颖译，第 13—14 页。

月 28 日到达广州下游 12 英里处的黄埔停泊，运来货物重量分别是 32 吨铅、50 吨木材、500 码羽纱、12 桶酒、1 箱毛皮（主要是海狸皮），约 2 万枚西班牙银币，还有近 30 吨的人参。[①] 这些广州历史上前所未有的超大数量的美国参投放，加上同一时间，欧洲人也带来了大量西洋参，造成该年度到广州的洋参数量十倍于往年。雪上加霜的是，在美国人出货时，欧洲人已率先出货，结果导致中国市场上人参价格急跌。尽管遭遇种种不顺，参仍然带来最多的盈利，"中国皇后号"货物总售款 136454 银两，其中参售得款 80410 两银子，远超其他所有货物收入的总和，可见，人参的分量之重。[②] 美国学者的估算是，"中国皇后号"投资 120000 美元（包括购买这艘 360 吨船的费用），"船货中大部分是人参……这次航行的纯利估计有 30727 美元，约为投资额的 25%"[③]。丰厚利润仿佛集结的号角，商人们冲动起来。

自"中国皇后号"运参获利后，人参成为美国输华最重要的货品之一。美国船陆续运来大批人参，与其他赴华交易货品来源地的繁多复杂不一样，西洋参仅来自北美，故而参路未见多歧，美国人成为西人中无可匹敌的运参大户。从更广泛的意义考虑，在殖民时代，医学寻药和诸多事物一样，已经不单纯是概念和实践，还是那时商业和殖民事业构造的一部分，西方人在北美大地寻找人参的过程也是殖民版图逐步延展的历程，为了寻此中国人稀罕的药物，欧洲人与大西洋边缘的人们有了进一步的接触，进而与太平洋彼岸的人们加深了理解，无数的人与物延续了几个世纪地在全球移动，概因此药物在新的全球商贸中占有重要地位。

（三）千方百用

西洋参与中国传统的人参同为五加科植物，国人将其视为同类药物，乾隆年间刊定的《文房肆考图说》将其同列"参"的名目下，与太子参、

---

① ［美］马士：《东印度公司对华贸易编年史（1635—1834 年）》第一、二卷，区宗华译，第 417—418 页。

② ［美］马士：《东印度公司对华贸易编年史（1635—1834 年）》第一、二卷，区宗华译，第 417—418 页。
［美］埃里克·杰·多林：《美国和中国最初的相遇——航海时代奇异的中美关系史》，朱颖译，第 12 页。

③ ［美］赖德烈：《早期中美关系史（1784—1844）》，陈郁译，第 10—11 页。

大参、珠参、党参、粉沙参等并列。[①] 其在中国医药中可配置千种方剂，适合百般用途，也在日益普及的使用中渐渐被国人了解。

首先是中文名称的国别指向日趋明确，称谓的流变反映出中国人对海外洋参的知识在逐步加深。外洋人参入华，初名"洋参"，前揭雍正年间颁行的《常税则例》即以"洋参"名目[②]，这是一个范围颇广的泛称，那时的中国人对进口人参的来历并不清楚，只笼统知道来自于外，故简单地以"洋"目之。略后，有"西洋参"之称，"西洋参"的名称较早出现于1757年刊行的《本草从新》里："出大西洋佛兰西"，范围框定西洋，比"洋参"有所局限，但该人参并不产自法兰西，只是由法国人最早在北美发现运到中国。因为那时来自外域的，除了生长于朝鲜半岛的高丽参外，还有"东洋参"（中国参、高丽参、东洋参均属于亚洲人参，是同科同属同种植物，只因生产地不同叫法有别），"日本国所产之东洋参，江、浙诸省盛行之，医家或以为胜于高丽者"。[③] 西洋参的得名除了产地和由西洋人发现外，或与"东洋参"亦有关系，两者"相对"而言，今人研究亦认为："东洋参是朝鲜和日本的人参，特别是日本。清代时贫穷人家以此代替辽参（另有一种东洋参产自奉天、旅顺一带，在日本境内被视为珍品，高价收购后转卖中国）。"[④] 西洋参的称谓在东西洋之间作了区划。[⑤]《本草纲目拾遗》也说，西洋参"出大西洋、佛兰西"[⑥]，这后来者的记述与前述一样，部分有误解，西洋参只产北美，不产欧洲。发生误会，是因为只看到运送来华者，不了解产地挖掘者的缘故，认为运输人就是出产人。

---

① 唐秉钧：《文房肆考图说》卷七，嘉定唐氏竹映山庄刻本，乾隆年间，第88页。

② 佚名撰：《常税则例》卷二，古香刻本，雍正年间，第42页。

③ 陈其元：《庸闲斋笔记》，北京：中华书局，1989年，第203页。

④ 蒋竹山：《人参帝国：清代人参的生产、消费与医疗》，第45页。

⑤ 东洋参与西洋参在抗日战争期间还引出了具有民族情结的故事，"其始花旗参，只有光白两种，近时又增多毛皮参一种，其原因系倭寇作伪，以生料小东洋参，擦去表皮，名曰副光，售与我国奸商市侩，诡云花旗参，以骗取金钱。……故近年美商，乃有不去皮之毛西参，运入我国，意在杜绝倭寇浪人之作伪。讵知未及数年，而倭寇之原皮伪毛参，又充斥市上。非老于此道者，颇不易分别。闻诸贩参专家云：真花旗参，切开成片，内层肉纹，有微细菊花心之纹，味初嚼则苦，渐含转甘，入口未几，津液旋生，清爽芬芳；伪者肉无菊花心纹，含之味苦，不堪甘，味渐淡，不及真者生津止渴之力。以此试验，真伪立辨"《花旗参起源考》，《南强旬刊》1938年第1卷第13期，第4页。览此报道，其固然有东西洋参的质量差异，也有日本乘着战时对中国的经贸诈骗，当然也有对侵略者的民族抵抗情绪的正义表达。

⑥ 赵学敏：《本草纲目拾遗》卷三，吉心堂刻本，同治十年，第44页。

《本草纲目拾遗》还将东西洋参作了比较，西洋参的形状类似辽东糙米参，煎之不香，其气甚薄，若是能对半撕开的称为"片参"，品相不佳。① 这些记载也只是抄录《本草从新》而已。乾隆年间刊行的医书称"西洋参：形似白泡糙参，煎之不香，啜之苦多"②，但中国人只是大略得知此物来自西洋，仍不能明确道出来自西洋何处，随着西洋参成为美人输华的专利，又出现了"花旗参"的名称。③ "以此根类似中国人参，乃名之曰花旗人参。"④ 从早期的"洋参"到"西洋参"，再到"花旗参"与"美国人参"等，名称的变换，是国别指向的愈趋明确，西洋参因其国旗得名花旗参，花旗参渐在中国消费者的心目中历久不衰地奠定了声誉。另有"广东人参"等称谓⑤，千万不要以为这是广东出产的人参，而是以输入口岸来命名，泛指经广东输入的外国参，鸦片战争之前，西洋参的入华和大行其道，是从广东开始的。到如今，反倒是"洋参"的名目不太流行，而"西洋参""花旗参"的称呼充斥坊间。

　　中医对药源地特别在意，认为产自东北的最好。西人对此有转述，"尽管许多地方都出产人参，但质量最佳的人参过去出自 Petcij。现在，人们使用的人参是辽东产的，这是位于东鞑靼的，附属于中国的一个省份"⑥。人参主要生长于"辽宁省的山区，不过，必须是阴历二月、四月、八月采摘的人参才有价值"⑦。这与人参的生长期和中国人的另一习惯有关，不仅讲究地域，而且讲究时令，不食不时，不违天时。自然，西人对人参产地的认识也有谬误，卫匡国（Martini）就曾认为人参"成长于北京省永平府山区"。后来证明这是错误，北京只是人参的集散地，而非产地。⑧ 国人

① 吴义洛：《本草从新》卷一"草部：山草类"，上海：启新书局，民国十一年，第44页。有关西洋参的历史，另见赵宝林：《西洋参在清代引进和传播的历史条件》，载《中华医史杂志》2014年第1期，第28—31页。

② 唐秉钧：《文房肆考图说》卷七，嘉定唐氏竹映山庄刻本，乾隆年间，第88页。

③ 余德埙：《鼠疫抉微》，铅印本，宣统二年，第36页。

④ 《花旗参起源考》，《南强旬刊》1938年第1卷第13期，第4页。

⑤ 黄遵宪就有"广东人参"的叫法。参见黄遵宪：《日本国志》卷六"邻交志"，广东富文斋刻本，光绪十六年，第87页。

⑥ ［法］李明：《中国近事报道（1687—1692）》，郭强等译，第202—203页。

⑦ ［法］老尼克：《开放的中华——一个番鬼在大清国》，钱林森、蔡宏宁译，第242页。

⑧ ［法］杜赫德编：《耶稣会士中国书简集》第2卷，郑德弟译，第56页。

对西洋参产地比较早的明确的知晓来自于广东嘉应州（今梅县）人谢清高的叙述，谢曾随外国商船"遍历海中诸国"，于1820年成书《海录》，谢足迹所至，只是欧洲等，美国是得自传闻，但记载大体不错："即来广东之花旗也"，土产有"洋参"等物。① 然而，谢清高叙述流传不广，说法不太为时人留意，就连对西洋情事多有知晓的魏源在其名作《海国图志》中也没有完全正确记载，一方面确认美国"地膏腴，丰物产"，盛产"洋参"等，还具体指出"因第阿那部"（印第安纳）"产洋参"，这些指认都是正确的（西洋参主要生长在海拔2000米左右、海洋性气候的丘陵地带，主产于加拿大南部的蒙特利尔山区和美国北部、东北部、东南部的州）；不过，魏源又认为位于西南洋的印度也出产"洋参"②，明显是将英国殖民地印度与北美混淆（此混淆或源出于西人，哥伦布等要寻找印度，却去到美洲，并始终认为美洲是印度，当地原住民是印度人——印第安人）。在徐继畬的《瀛寰志略》中产地便比较清晰了："合众国地产"洋参，特别是"英厘安纳（印第安纳）出产"洋参"。③

再是用途，人参自古以来就很稀罕，至晚在春秋战国，中国就以人参作为医疗药品。战国时期的《神农本草经》云：

> 人参，一名人衔，一名鬼盖。味甘、微寒。无毒，主补五脏，安精神，定魂魄，止心悸，除邪气，明目，开心益智。久服轻身，延年。生山谷。④

明代，人参的主产地在山西东部的太行山麓，即上党的人参——党参，是时辽参的知名度并不高，直到清入关后，上党参的资源减少——但产于外地的党参仍流行——加上满人原居东北，东北转而成为主产区。辽参的药效也远高于党参，辽参的价值受到重视。清朝是唯一实行人参专卖的朝代。人参作为贵重物品成为皇室宫廷优遇的象征，出现在清朝给藩属国

---

① 谢清高口述，杨炳南笔录：《海录校释》，第331、264页。
② 魏源：《海国图志》上册，第1663、1724、669页。
③ 徐继畬：《瀛寰志略》卷九，福建抚署刻本，道光二十八年，第179、186页。
④ 转引自蒋竹山：《人参帝国：清代人参的生产、消费与医疗》，第25页。

和各国来华使节的特殊赏赐中。雍正五年（1727）葡萄牙使节来朝，清廷"特赐国王人参四十斤"，这是不寻常的"礼遇"。乾隆十八年（1753）二月，暹罗入贡林林总总的方物，恳求中方回赐人参，清政府讨论后认为不符合"规制"，予以驳回。但为了顾惜对方的面子，还是加恩破例赐给人参4斤。[①] 可见，人参在国人心目中的地位之重。西方人士就注意到："在所有的滋补药中，没有什么药能比得上人参在中国人的心目中的地位。……医生们谈起它的功能真是滔滔不绝。"[②] 又对中西方关于人参的不同看法表示不理解，认为西方人不利用人参是一大损失，"如果人参不能产生经久不衰的好效应，人们就无法想象汉人和鞑靼人如此看重它。……如果精通制药的欧洲人有足够的人参进行必要的试验，通过化学方法测试其特性并根据病情适量地对症下药，那么，人参在他们手里将成为上佳良药"[③]。

西洋参传入后，即在中国药谱中占有重要地位，也很快被中国医学界广泛使用。西洋参的功用与人参相仿，是可以用来救命的急救药品，"使气不下泄，急取洋参纳诸口，则气可复矣"。[④] 当然，与中土自产的人参比较，西洋参的药性略平和，旧时人们就发现，中国人参对身体强壮的人，反而"不能受纳，服之反生病症"，对此类人可以"舍人参，而服花旗参。……故对不能服人参者，则以花旗参代之"。[⑤] 也因为此，中国人偏向认为西洋参的药力疗效不如中国人参，"新英格兰的人参容易购到，进口商争着将它大量抛入市场，但是中国人认为这种人参质量较差"。[⑥] "从美国进口的洋参运到广州，对皇家在北方销售人参不发生多大影响，因为中国深信自己的产品高超得多。"[⑦] 西洋参也自有优势，其性能偏温性，不似人参容

---

① 梁廷枏：《粤海关志》，袁钟仁校注，第451、430页。

② ［法］李明：《中国近事报道（1687—1692）》，郭强等译，第202—203页。

③ ［法］杜赫德编：《耶稣会士中国书简集》第2卷，郑德弟译，第50—51页。

④ 管同：《因寄轩文集》二集卷五，管氏刻本，道光十三年，第96页。

⑤ 《花旗参起源考》，《南强旬刊》1938年第1卷第13期，第4页。

⑥ ［美］韩祥：《中美特殊关系的形成——1914年前的美国与中国》，项立岭等译，上海：复旦大学出版社，1993年，第7页。

⑦ ［美］卫三畏：《中国总论》上册，陈俱译，第258页。

易"大补上火"①，故适应症各有偏重。唐秉钧于乾隆年间刊行医书称西洋参"宜于治火"②，对西洋参的服用方法、药效药理有所阐释。同治年间的名医王士雄也将其作为治疗"热邪传入厥阴者"的良药，称遇到"热邪"患者，必须将人参改易西洋参，则有"回阳"之效。③意在避人参之"热"，采西洋参之"温凉"。《本草纲目拾遗》的撰者专列条目《西洋参药性考》，称"洋参似辽参"，"惟性寒"。④取此"良寒"之性，光绪年间的医书特将其掺入"清燥救肺汤"中，并标明"西洋参宜入煎"。⑤同时代的另一名医也利用西洋参的偏凉药性，开出"清热解毒法：治温毒深入、阳明劫伤、津液舌绛齿燥"。⑥值得注意的是，国人还利用洋参制成化解鸦片烟毒的妙方。中医历来将"毒"与"热"相联，将"排毒"与"却热"牵连，西洋参既含"凉性"，以外来良药治疗外来之"烟火之毒"，岂不善哉！1838年，在禁烟高潮时，时任湖广总督的林则徐便开出了两道戒鸦片的药方，一道名曰"忌酸丸方"，另一道名曰"补正丸方"，两道药方的首味用药都是"生洋参"。瘾君子服用后疗效显著，挽救了不少中毒之人和他们的家庭，但也因为需用洋参较多，并要做到湖北省城各药店无家不有、无日不售此戒烟药，导致洋参等价格涨价数倍。⑦将西洋参用于戒除鸦片，在中国曾长期流行，到同治年间，冯苏开列"解鸦片烟药丸方"和"解鸦片烟药酒秘方"，西洋参也还是重要用剂。⑧人参还有其他功用，有些说来甚至令人难以置信，如殷弘绪神父于信中就称中国人用人参等制成"药剂来合成"喂养珍珠贝等。⑨此法若当真，喂养出来的珍珠该何等值钱！

---

① 对于人参的"火重"，西人也有考察：重病患者"每次服用的量不超过二钱干人参。至于身体健康的人和仅为防病或偶患微恙的人"，则"每次服用的量别超过一钱，而且不必每天服用"。[法]杜赫德编：《耶稣会士中国书简集》第2卷，郑德弟译，第51页。

② 唐秉钧：《文房肆考图说》卷七，第88页。

③ 王士雄：《随息居重订霍乱论》卷三"医案篇"，刻本，同治年间，第38页。

④ 赵学敏：《本草纲目拾遗》卷三，吉心堂刻本，同治十年，第44页。

⑤ 陈葆善：《白喉条辨》，刻本，光绪年间，第4页。

⑥ 雷丰：《时病论》卷一，雷氏慎修堂刻本，光绪十年，第5页。

⑦ 林则徐：《戒烟断瘾前后两方总论》《楚省查拿烟贩收缴烟具情形折》，林则徐全集编辑委员会编：《林则徐全集》第3册，第1165、1200页。

⑧ 冯苏：《见闻随笔》卷二十五，天空海阔之居刻本，同治十年，第216页。

⑨ [法]杜赫德编：《耶稣会士中国书简集》第4卷，耿昇译，第105—106页。

还有服用方式，中国人参使用历史悠久，形成多种服用方法，"取一格罗人参根茎（开始时必须用小剂量，然后，根据最初服用后产生的效果，再考虑增加用量），垫纸在火上烤干或浸入酒中直至浸透。接着用牙（而不是用刀切，铁会降低人参的功效）咬成小块，焙烧后根据病情的许可，将粉末用水或酒送服。这将是一服极好的滋补剂，连续服用，您会明显地感到身体强壮。如果您极为虚弱，取同样量的人参或更多些，分成小块后，浸入半杯滚开的水中，或放在水中一同煮沸，喝下这杯水，可有同样效果。人参根还可反复用第二次，但效力就不如前了。可以用人参煮汤，或制成人参软糖、人参膏、人参糖浆，这都是治疗各种疾病的极好的药"。①关于煮烧方法：把干人参切成小片放入罐中，倒入水，罐子盖紧，以温火焖煮，用时略长，等放入的水煮剩少许后可放点糖立即服用。残渣仍可煮用，以便提取全部精华及残留养分。两份汁液于早晚各服用一次。17世纪来华的西人还见识到新鲜的人参叶子，咀嚼后也有疗效。人们常把人参叶代替茶叶泡着喝，有的人喜欢人参叶甚至超过最好的茶叶，人参叶泡的水色泽宜人，香味、口味俱佳。②茎、叶、枝、根，各有功用；膏、丹、丸、散、浆、汤，不一而足——西洋参的服用方法相当花式，嘉庆年间就有制成膏剂的，"大生膏酸甘醎法：人参二斤（无力者以制洋参代之）"③。也有以西洋参、梨汁、蔗汁混合熬成浆液的，此方专治"津干火盛者"，方剂因为口感发甜，又是汤汁，对老幼者效果更好。④还有别出心裁者，以"糯米饭上蒸用"，据说具有"补阴退热，姜制益元扶正气"的疗效。⑤说明加工方式不一，或可更好发扬人参的"药性"，中和人参的"热性"。

人参的采摘与保存也大费周章，中国东北参农中有诸多人参具有"活性"的传说，发现后需当即用红线系住"人参娃娃"，防止"跑掉"。"前去采挖这种植物的人只保留其根部，并把在10至15天时间里采集到的人参埋在同一地方。他们将其仔细清洗，用毛刷去除其中一切异物，然后置

---

① [法]李明：《中国近事报道（1687—1692）》，郭强等译，第202—203页。

② [法]杜赫德编：《耶稣会士中国书简集》第2卷，郑德弟译，第51—52页。

③ 吴瑭：《温病条辨》卷三"下焦篇"，问心堂室刻本，嘉庆十八年，第113页。

④ 王士雄：《温热经纬》卷三，清刻本，第52页。

⑤ 赵学敏：《本草纲目拾遗》卷三，第44页。

于几乎沸腾的水中略泡片刻，再利用煮黄米发出的蒸汽将其熏干——这可使人参稍许染上些黄米的颜色。黄米置于容器中，倒入些水，以小火烧煮，人参置于架在容器上方的小木档上，用一块布头或另一个器皿盖住，慢慢就会熏干。也可以在太阳下晒干甚至用火烤十人参；这种办法虽无损其功效，却使它缺乏中国人喜欢的色泽。人参干燥后应密封于同样干燥之处，否则就有腐烂虫蛀之虑"。① 记载出自西人之手，未必完全真确。

既然谈到"参"，与人参同样得到推崇的还有海参，一个是陆地生长，一个是海中生长，同属"参"类，国人仿佛习惯于将顶级的食品、药品谓之"参"，一旦进入了"参"的行列，便了不得。海参属棘皮门海参纲动物，广泛生活在浅水至8000米的海底，柔软而富含胶质，体内存有氨基酸、维生素、皂苷和胶原蛋白等人体所需的50多种营养成分，海参在各类山珍海味中位尊"八珍"之列，海参也被国人认为能够滋阴壮阳、强身健体、驻颜保寿。而西方人不大接受此食物，达尔文曾形容海参"黏滑、恶心"。鲜海参制成干海参后，便于长期存放远途搬运，泡发后不影响口味。19世纪前后，南太平洋群岛周边海区盛产此物，海参亦进入美国对华贸易货物行列，只是数量很少。

（四）贸易尤物

人参很早就出现在中国外贸的名单中，宋绍兴三年（1133）和十一年（1141），户部重新裁定市舶贸易的物品名色，内有人参。此乃中国参的出口，并非西洋参的进口。明代人参税收较清代便宜很多，万历十二年（1584），当时人参每斤抽税一钱，以值百抽十的税率换算，每斤人参价格约需银子3两。到万历三十九年（1611），一斤普通人参要银子7至10两，崇祯年间升至16两。入清后，受满人影响，人参受宠，参价不断抬高，清发迹时，参价每斤25两，通过贩卖人参，清政府总计约可获得白银250万两。顺治年间的人参价格，平均在每斤售银30—60两之间。从康熙二十八年到五十三年（1689—1714），每斤普通人参要价从15两左右涨至五六十

---

① ［法］杜赫德编：《耶稣会士中国书简集》第2卷，郑德弟译，第56页。

两，头等参甚至高达 82 两银。雍正十一年（1733）的四等人参是 90 两，五等人参是 65 两。乾隆年间上涨最快，到乾隆六年（1741），五等人参一斤要 90 两银。乾隆十五年（1750），涨价至每斤 280 两银；到乾隆三十年至四十年（1665—1775）之间，参价飙高至每斤 600 至 800 两银子，乾隆末年，最高价格上涨至每斤 1440 两银。到嘉庆年间，参价狂升到每斤 2240 两银子。① 这是现代学者的研究所得。另有时人记录可作补证，汪辉祖《梦痕录余》等言，康熙五十三年（1714）10 两银子可购 1 两人参；到乾隆二十四年（1759）时，"质钱十千，易参一株，重一钱一分"；再到嘉庆三年（1798），"参每株重一钱余者，十金不能易二分矣。其重二三分者，亦非二十七八金不能得一钱，况一两耶？"② 可见，西洋参是在中国参货稀缺，价格节节攀升的时候进入中国市场；但西洋参的进入并没有能拉低参价，主要是进口量不大，国人的初始印象有待改变（国人对外来参如高丽参、东洋参历来低瞧），那时仍以国产参为佳，很多人还不知有西洋参一说。但是，道光年间以后，参价逐渐下滑，这与秧参的出现有关，人工栽培后产量大幅增加，必然价格下落，各色物品，莫不如此。而野参的价格仍然居高不下，特别是老山参，凡是重量超过 2 两的人参价格仍达到数百两银。③

在 1833 年之前，中国海关税则规定的征税额度是人参（包括西洋参）每斤、人参须每 10 斤，纳税 3 钱银子，比一般药材的税 2 钱略多。④ 这还只是正税，其他陋规暗征甚多，无法一一明示。人参是高级奢侈品，因人因量服用是对身体有益无害的高档滋补品，除了医患救急，滋补健体外，还用于上流社会的应酬交际礼尚往来。除了流向正规药用渠道外，也有些是被行商或经办人直接购买用于送礼以至偿付"行佣"等，广州的某些小行商就曾要求西商预付资金，"以便他们能够缴纳税捐以及人参、黄酒、规礼、军需等用途的行佣"；也有外商、行商向官员、朝廷的馈赠"报效"，1819 年，为庆祝嘉庆 60 寿辰，行商均有供奉，其中就包括"购买人参送

① 蒋竹山：《人参帝国：清代人参的生产、消费与医疗》，第 173 页。
② 全汉昇：《美洲白银与十八世纪中国物价革命的关系》，《中国经济史论丛》（二），第 569 页。
③ 蒋竹山：《人参帝国：清代人参的生产、消费与医疗》，第 174 页。
④ 梁廷枏：《粤海关志》，袁钟仁校注，第 28、30、178 页。

给朝廷"。[1] 1822 年 5 月 27 日，东印度公司驻广州委员会收到部分行商要求"预付下月当局需索现金的信"，其中以购买人参占了很大比重，总计："鹏年官"提出人参款 4500 两银子，"鳌官"4000 两，"人和"9500 两，"柏官"9500 两，"发官"4500 两。这应该是行商向粤海关监督等官员交纳的款子，也是官员向行商勒索的款项，此种索取已被目为常规。不应忽略的是，这还仅仅是部分的小行商，未列大行商；而且所告知的对象是英国，并非那时经营西洋参的主要国家美国。1828 年 7 月 19 日，两广总督谕令 53 种外洋进口货，只能由行商经营，里面就列出了人参[2]，强调进口洋参的专营垄断，正好说明西洋参的利润空间不容小觑，在清朝官商心目中的功用所关非细。

因为西洋参在中外贸易中是长期获利的品类，利之所在，走私现象也很突出，御史梁绍献曾上折要求清查沿海各关的走私积弊，获清帝批示："国家设关征税，权衡货力，制有常经，全在各该将军督抚及各关监督等严察弊端，庶期税务日有起色"，其中特别提出洋参"等货近来报税尤少，似此藐法走私，暗亏国课，于税务大有关碍，着各该将军督抚及各关监督等按照折内所指各情，认真查办"。[3] 鸦片战争后，中美进行《望厦条约》谈判，美方仅就两种进口中国的货物提出减税要求，其中之一就是西洋参，要求实行"值百抽五"的税率，获得中方同意。[4]

西洋参产自北美，用于中华，素来是飘洋而至的贸易尤物。西洋参的输华先后有法国人、英国人参与，但都输入量小且时断时续；美国立国后，立即成为西洋参输华的主力。法国等退出，英国介入程度加深，1774 年，英属印度总督哈斯丁斯（Warren Hastings）委派波格尔（George Bogle）入西藏，在其委任指令中，规定此行主要任务之一是通过谈判建立印度与西藏的贸易关系；调查西藏产品，并要求带回一些有价值的种子，特别是大黄和人参。[5]

---

[1] ［美］马士：《东印度公司对华贸易编年史（1635—1834 年）》第三卷，区宗华译，第 350 页。

[2] ［美］马士：《东印度公司对华贸易编年史（1635—1834 年）》第四、五卷，区宗华译，第 58、75、183 页。

[3] 刘锦藻：《清朝续文献通考》卷三〇"征榷二"，考七八一九。

[4] 赵尔巽等：《清史稿》卷一五六《邦交志》，第 16 册，第 4577 页。

[5] Clements R. Markham ed., *Narratives of the Mission of George Bogle to Tibet and of the Journey of Thomas Manning to Lhasa*, New Delhi: ManJusRi Publishing house, 1971, pp.45,131.

可见英人对人参的刻意追求和处心积虑。因为西藏不出产人参，波格尔的任务无法完成。英人只得别开途径，仍旧从北美获取西洋参，从 1791 年开始，英国在广州方向成规模地介入到对华人参贸易中，持续了 20 余年，请参见下表 3-3：

表3-3　广州口岸美英输入人参数量统计表（1791—1815 年）

年　份	美　国（担）	英　国（担）
1791	51	133
1792	44	125
1794	50	127
1795	92	29
1796	30	25
1797	90	165
1798	177	68
1799	532	89
1800	887	454
1801	933	493
1802	2229	381
1803	1024	124
1804	905	
1805	1517	
1806	1344	
1807	1407	45
1808		
1809	1362	
1810	1165	
1811	1555	
1812		
1813		
1814	108	
1815	2933	23

数据来源：马士《东印度公司对华贸易编年史》第一、二卷，第 502、510、518、570–571、579、590、594、607、624、631、635、667、695、707–708、723、725–726 页；第三卷，第 7、26、51–52、74、98、127–128、153–154、171、187、203、227 页。

从表 3–3 可以发现，英国出手当年就远超美国人，期间，英国人运入广州的西洋参不少。但是好景不长，毕竟英国要辗转远赴北美获取货源，再运往中国，要横跨多个大洲大洋，成本高昂；再是独立后的美国是西洋参的主产地，先前的宗主国从那儿取得货源越来越难，故从 1798 年后，英国人便不再能与美国人竞争。1804 年后，英国人基本退出此项贸易。1808年，美英关系紧张，花旗参贸易大受影响；1812 年，美国爆发第二次对英战争，在英国的封锁下，美国船不能来到广州，花旗参贸易停顿；1814 年12 月 24 日美国与英国缔结和约，同年，美国立即重启人参贸易；翌年，英国船也恢复运送西洋参入华，估计此乃存货，因为从这年之后，英国的西洋参对华贸易终结。一位曾长期在华生活的西方人士在 1832 年出版的著作中称：美国出产人参，并出口到中国①，已不提英国。在鸦片战争结束后的中英税则谈判中，英国代表罗伯聃（R.Thom）声称："洋参，此为波动极大之贸易，全由美商经营。"② 申明英国前已全然退出中国的人参市场。这是一个饶有意味的进程，可以说，18 世纪后期到 19 世纪前期，中美贸易在整个中西方的贸易中只占较小的比例，远远无法与英国的对华贸易比较或抗衡，中美贸易关系只是中英贸易关系的配角或补充，但花旗参贸易却凭借地缘优势，很早就异军突起，将英国远远地抛在后面，乃至将其彻底挤出市场。美国盛产参给当时的全世界留下深刻观感，林则徐主持的译作就称美国山地出产"洋参"。③

此时的输华人参是野生物种，挖掘无法定量，产量时多时少，难有保证，所以对华输入量也起伏不定，旋起旋落。1788 年美国入华人参 1065担，已超千担。1789 年陡升至 2055 担。但到 1790 年，却骤然降至 399担。1796 年更滑落到 30 担的低点。有几年甚至没有输入。④ 在英美战争结束后的几年大致维持在一千余担。进入 19 世纪 20 年代后，输入增加，1821 年即输入 2506 担。1824 年，骤增至 6039 担，也是美国野山参输华

---

① ［瑞典］龙思泰：《早期澳门史》，吴义雄、郭德焱、沈正邦译，第 347—348 页。

② Public Record Office, *British Foreign Office Records*, 228/32.

③ 《四洲志》，林则徐全集编辑委员会：《林则徐全集》第 10 册，第 4920 页。

④ ［美］马士：《东印度公司对华贸易编年史（1635—1834 年）》第一、二卷，区宗华译，第 470、492、497、590、594 页。

的高点。此时尚无人工育参，远洋而至的野参价值贵重，非等闲人家受用得起，超量输入势必引起市场的过剩，难以迅速消化。1825 年，即下降到3357 担。到 1827 年，回落到 866 担。之后，长期在两千担上下徘徊，这也许是那个时期中国西洋参年度消费的适中量。①

花旗参系美国对华早期贸易的货品，有初始性质，在计价方式上也比较单一，主要采用 E.X-Godown 的方式，即到中国口岸交货，一切费用均包括在货价之内，客户无须另外付费。后来常见的多样计价方式未见。有学者认为西洋参在华价格"极不稳定"，并举例 1786 年"大土耳其号"（Grand Turk）的人参，"每磅仅以六角六分西币售出"，而"中国皇后号"的人参"每磅约值一元八角西币，相差几达三倍之多"。② 这应该分时段来说。西洋参入华之初，因为新奇和数量少，价格确实较高，每担价格曾跃升至 150 两银。但从美国批量进行花旗参输华以后，价格下落并保持基本均价。上列奇高奇低是少数年份的个案，再如 1789 年每担西洋参广州售价 40 两银，第二年便降至每担 30 两银。③ 西洋参的价格确实随输入数量与市场需求有所波动，但从长时段来考察，应该说仍属基本稳定。一直到 19 世纪 20 年代中期，价格才出现某些滑落拐点，1824 年美国输华花旗参 6039 担，价值 181170 元，每担 30 元；1825 年也是 30 元。④ 这里的"元"是当时在广州贸易中通行的西班牙银元，与中国白银的汇率是"番银每元以七钱二分结算"。⑤ 30 元只相当于 20 两多一点的银子，价格确实降低。1826 年，美国船运来参 2535 担，价值 66388 元，每担只得 26.19元，创西洋参在华价格的新低。1827 年，美国入华人参 866 担，每担 30元，价格随输入量的减少反转回升。1828 年，中国进口西洋参 1754 担，价值 127460 元，每担价格跳升至 72.69 元。充分印证了稀者为贵的价值规律。此后，输入量大致稳定在 2000 担上下，价格也稳定在 50—60 元之

① ［美］马士：《东印度公司对华贸易编年史（1635—1834 年）》第四、五卷，区宗华译，第 6、124、103、168、403 页。

② 李定一：《中美早期外交史》，第 8 页。

③ ［美］马士：《东印度公司对华贸易编年史（1635—1834 年）》第一、二卷，区宗华译，第 492、497 页。

④ ［美］马士：《东印度公司对华贸易编年史（1635—1834 年）》第四、五卷，区宗华译，第 103、124 页。

⑤ 梁嘉彬：《广东十三行考》，南京：国立编译馆，1937 年，第 174 页。

间（1830 年共 1934 担，每担 56.64 元；1831 年共 2698 担，每担 59.14 元；1832 年共 2507 担，每担 58.26 元[①]）；符合时人的判断，此间"精制的人参每担为 60 至 65 元不等；粗制的每担 35 至 40 元"。[②] 价格与半个世纪前差不多。与此价格对比，西洋人参的价格比中国人参差不少。

花旗参入华主要是为了交换中国货品。来华的美国商人与其说是到中国去销货，无宁说是去购货。购销之间能够平衡买卖关系的货品不多，人参是其中之一。人参无疑非常对应中国人胃口而大受欢迎，此方中国有市场，有销路，彼方美国有货源，有产出，于是，花旗参的对华贸易蓬勃开展，缘此在中国（也只能在中国）诞生了一个美国花旗参的供应市场和消费群体。在 18 世纪后期和 19 世纪初期，也就是西洋参贸易的兴盛时期，绝大多数原先和中国进行贸易的西方国家有退出中国市场的现象。惟有英国与美国等少数国家仍能保持其对华贸易不下落，甚或快速发展。其重要原因在于，当白银危机发生时，拜西洋参等所赐，美国仍能来和中国进行物品交换，花旗参对于美国人来说是寻找到了不可多得的对华交易物品，赖此等货品，美国人在抵抗了英国人之后，仍能独立接续与中国的贸易，仍能享用种种"中国货"，这点在中美早期关系史上需要格外关注。

毕竟，舶来的西洋参不是生活必需品，而是有之更好，没有也无碍国计民生的高档奢侈品，是小众消费品；何况，中国自产人参，且被国人认定药效更佳，洋参因此只是补缺。"从最初的贸易时候起，美国人就已经面临上述的困难。有一个时期，他们希望用他们所发现的一种产品——人参，来供应中国的需要，但不久就看出中国对人参须的需要是有限的。"加上野生的采掘环境制约，产量的不确定带来输入量的不确定，到 19 世纪 20 年代，西洋参的利润已经有大幅滑落，一方面，采集愈来愈难，成本愈来愈高，而售价没有太大的上涨，"当美国人参第一次被运来时，其利润为 500–600%。但近年来利润大为降低，几乎只能收回成本"。先前扮演美货输华第一大货值的人参的地位也出现改变，"中国只需要很少的

---

① ［美］马士：《东印度公司对华贸易编年史（1635—1834 年）》第四、五卷，区宗华译，第 147、168、193、261、285、351 页。

② ［瑞典］龙思泰：《早期澳门史》，吴义雄、郭德焱、沈正邦译，第 347—348 页。

人参，因此美国有一个时期似乎没有其他土产足以吸引中国人的爱好。然而，不出几年，便发觉它对于皮货、檀香和南洋的各种产品的需要"。[①] 1832 年。美国船运来人参 2507 担，价值 146054 元。而这年输华货值最大的是水银，价值 629548 元；其次是棉织品，价值 591468 元；再次是毛织品，价值 483538 元。这些货物的价值都超过了花旗参，当年美国输华货物总值是 2907936 元，人参价值连 5% 都不到。[②] 无怪乎，赖德烈要作出这样的估算，在 1830 年代，"人参仍然继续由美国运往，但很少价达 20万元"[③]。

到 19 世纪后半期，由于采挖量过大，加上美国东部的森林大部分被砍伐，破坏了人参生长的自然条件，野生参的分布密度锐减，光凭采集山参已不能满足市场需要。人工栽培被提上日程，开始时，把人参与大田作物等同对待，结果无论播籽还是移苗皆归失败。实际上，在中国也早就进行过人工栽培的试验：

> 人们播下种子，却从不见其生长；可能正因为如此，鞑靼人中才流传着一则传说：他们说一只鸟吞食了地上一颗（人参）种子，却无法消化，便在胃里把它洗净后又排了出来；这颗种子后来在鸟把它与粪便一起排出的地方长了出来。我更倾向于认为这种果核长出根芽以前需在泥土里埋很长时间。[④]

人们曾一度得出人参不能种植的结论。美国人工栽培人参比中国以及日本、朝鲜要迟一些，同治十三年（1874）雕印的陈其元的著作中谈及日本产的"东洋参""肥大"，因此受到医家欢迎，殊不知，"今阅其国人盐谷世宏日光从轶录所记云'会津七里村有参圃，享保中所创种，以日光高寒，土必宜参，乃求韩种以播焉。根荄果茂，仍遍种于北土。诸侯官参

① ［美］赖德烈：《早期中美关系史（1784—1844）》，陈郁译，第 23、25 页。

② ［美］马士：《东印度公司对华贸易编年史（1635—1834 年）》第四、五卷，区宗华译，第 351 页。

③ ［美］赖德烈：《早期中美关系史（1784—1844）》，陈郁译，第 69 页。

④ ［法］杜赫德编：《耶稣会士中国书简集》第 2 卷，郑德弟译，第 55 页。张连学：《美国人参栽培史的初步研究》，《特产科学实验》1987 年第 4 期。

之利，遂溥天下'等语，则直是高丽之种参耳，何足重哉！记之以破世惑"。[①] 原来是从朝鲜移植的高丽参。就此来看，人工育参的路线图就比较清楚了，道光年间中国人工培植"秧参"成功，然后传至朝鲜，再至日本（中国参、高丽参与东洋参基本同种属）。而西洋参的人工培育略晚。美国最早栽培人参的人可能是亚伯拉罕·惠斯曼（Abraham Whisman），在弗吉尼亚州进行的。但成功者却是斯坦顿（Geoge Stanton），1887 年他成功地在纽约州试种 150 英亩的花旗参，斯氏因此被称"西洋参之父"。1895 年美国农业部出版了一本《美国人参及其贸易、保护和栽培》的小册子，介绍了人参栽培方法。此后不太长的时间里，美国人参栽培业迅速兴旺起来。野参采集早成凤毛麟角，称雄一时的野山参贸易衰落后，中国市场上的西洋参亦从野生原种转换成人工栽培（不过，野山参和移山参——森林栽培参、园参，几者的价差在数倍或数十倍之间），西洋参或花旗参的对华贸易风光接续。不过，在中美贸易大幅发展的前时、此时，新货品叠出，花旗参只能是中美贸易中的细枝末节，不可能再是双边贸易中的大宗了。1938 年，时人记述：

> 此参有野生及栽植两种，野生者，系天然野出，形似辽参而小，皮色微黄，有皱纹，质实，气清芬。栽植者，皮不皱，质松，清芬略减。美国各属，随地皆有产生，该国人士，向来不甚重视。我国留学生，及华侨，每购其生者，以煲猪肉助膳，谓食之与中国之玉竹不相上下，殊不觉有若何功效。若晒干运至我国，则视为珍品，每斤售至百元以上。[②]

---

① 陈其元：《庸闲斋笔记》，第 203 页。

② 《花旗参起源考》，《南强旬刊》1938 年第 1 卷第 13 期，第 4 页。

三　从海獭到海豹

古今中外，珍贵的毛皮被人们看作是"软黄金"，衣着"小貂"被视为身份富贵的象征[①]。而在环境保护者的眼中，没有沾染上这种不良嗜好的消费，便没有珍稀动物的杀戮，没有生物链的某项断裂，没有自然界的一大悲剧。据说，从 1800 年到 1915 年，大约有 4000 万只海豹被杀，种群减少到原来的 1/5。[②] 贪婪的需求、有限的供给、缺乏约束的破坏，人类为了一己私利无底限地掠夺自然资源，丝毫不考虑长期的恶果。年复一年，成群的海獭、海豹被杀戮，大大小小的船只满载着成千上万件毛皮离开动物家园。终于，皮毛捕猎者的猎物越来越少，甚或绝迹。商人想从自然界榨取尽可能多的利润，短浅的目光却让衰退过早地来临。鉴古知今，教训惨痛！

（一）皮毛贸易

1524 年，探察北美东海岸的意大利探险家用小物件同土著交换毛皮，这是关于白人同印第安人进行皮毛交换的较早记载。十年后，还是在东海岸，土著主动要求用皮毛来同白人交换，他们甚至连身上穿的毛皮衣物都脱了下来交换物品，以至于光着身子回家，说明当地人欢迎这种物物交换，渐成习惯，皮毛在当地不稀奇。不过，这些皮毛没有交换到亚洲大陆。北美皮毛对华商路的开拓者是英国人，具体年份说法不一。有说，1742 年，在白令海峡失事船只的船员曾杀死海獭充当食品，带了千张獭皮到亚洲，被华商高价购买。只是，此交易未必发生在中国领土上。又有记述，1776 年后随同英国著名探险家库克船长（Captain Cook）的水手们在"西北海

---

① 15 世纪前后，法国限制一般人穿用皮毛。英国规定只有王室成员可以穿用黑貂，贵族和牧师可以穿用进口皮毛，而平民只能穿用羊皮。在德国的某些地方，法律禁止商人穿戴貂皮。James Robinson, *History of British Costume*, London: C.Knight, 1834, p.118.

② 付成双：《动物改变世界：海狸、毛皮贸易与北美开发》，北京：北京大学出版社，2016 年，第 324 页。

岸"（Northwest Coast，泛指美国华盛顿州、俄勒冈州，加利福尼亚州北部及加拿大西岸等太平洋沿岸地区）捡到一些海獭皮，到广州时出卖，获得的价款数目惊人。另有补充，库克船长等 1778 年在"西北海岸"无意间发现海獭皮蕴含的巨大商机，他们从印第安人处换购了 1500 张海獭皮，当其船队到达广东的时候，最好的毛皮竟然卖出了 120 美元的高价，而其成本只有 1 先令，利润率高达 1800%！[①]

较确切的说法是，1779 年，库克率领的英国两艘探险船"坚定号"（Resolution）和"发现号"（Discovery）由西北海岸驶抵广州，揭开北美至广州海运毛皮贸易的序幕。这只是无意间的小试身手，库克船队于 1780年初回到伦敦。1785 年，英国人汉纳（James Hanna）率船开启了美洲与广州间皮毛交易的首次商业航行[②]；1787 年，英国东印度公司两船从北美运来兽皮，以 5 万元售给广州行商石琼官。[③] 年份上众说纷纭，国别的指认却不约而同——英国。

继英人后，美国人也试水此项贸易，曾随库克船长探险的 32 岁的黎亚德（John Ledyard）在 1782 年返美后，将冒险经历写了一本书，该书于 1783 年 6 月出版，黎亚德预言：通过北太平洋打通与中国和东印度群岛（"东印度群岛"当时笼统地包括中国、印度、日本和远东其他地区）的贸易，这条航道极具商业价值，对美国特别是北部各州尤其实用。该航道便是皮毛航道。黎亚德回国后热衷于利用这个发现来获利，曾与波士顿、纽约的商人们接洽；还赴欧洲，到"皮毛之都"巴黎，试图得到赞助未果；又想穿过俄国，也未成功，在折回途中丧命。人虽死，书犹在，人们对黎亚德以低价购得海獭皮在广州可以获利上百倍的说法将信将疑，但随后的实践部分证实了他的说法。1784 年，"中国皇后号"到达广州后的载货中有毛皮 2600 张，售得银子约 5000 两。[④] 此次试航表明外国毛皮在中国具

---

① [美]赖德烈：《早期中美关系史（1784—1844）》，陈郁译，第 26 页；付成双：《动物改变世界：海狸、毛皮贸易与北美开发》，第 228—229 页。

② 周湘对中国与俄国皮毛贸易有一系列精彩论述，参见《"北皮南运"与广州口岸》，载蔡鸿生主编：《广州与海洋文明》，广州：中山大学出版社，1997 年；《清代毛皮贸易中的广州与恰克图》，《中山大学学报论丛》2000 年第 3 期等。

③ [美]马士：《东印度公司对华贸易编年史（1635—1834 年）》第一、二卷，区宗华译，第 455 页。

④ [美]马士：《东印度公司对华贸易编年史（1635—1834 年）》第一、二卷，区宗华译，第 418 页。

有市场，只是售价远不如黎亚德宣称的价码。

1785 年是中外皮毛贸易的关键年份，这年，中俄贸易的重镇恰克图闭市，由于缺少了传统皮货输华大国——俄罗斯的竞争，广州皮货市场呈现顶替性繁荣。此后数年间，毛皮价格攀升了 20%。[①] 如果说，波士顿是海獭皮商路的重要出发点，那么，海豹皮的交易则由来自萨莱姆、纽黑文、纽约和费城等地的商人办理，这些城市成为海豹皮的新出发点，海豹是此间皮货市场上出现的新品种，这一新品在未来的贸易中将蔚为大观。不过，不是所有海豹种属的皮毛都有价值，只有软毛海豹才适合穿用，海狮等的粗毛不够软滑，刺扎皮肤。海豹皮在华销路的打开纯属偶然，同样在 1785 年，第一艘专门猎捕海豹的商船在汤森（E. Townsend）船长的指挥下起航，首次便获得 13000 张海豹皮，汤森船长的第二次航行获得 8 万张海豹皮，在广州卖了 28 万美元。关于这些海豹皮来货的故事还有更细致描述：是时，著名的捕鲸家族成员罗奇（William Rotch）在伦敦读到库克船长发表的关于在广州销售海兽皮获得惊人利润的文章，想起曾在马尔维纳斯群岛见到无数海豹。于是，该家族的船被派往该群岛，船长赫西（Benjamin Hussey）在当地收集了 13000 张海豹皮和 90 吨鲸脂油。离开群岛前，赫西遇到了英国船长波特洛克（Nathaniel Portlock），后者正在前往西北太平洋沿岸收购海獭皮的途中。波特洛克曾随库克船队到过中国，十分清楚中国对毛皮的大量需求。波特洛克也认为，海豹皮"极有可能"在广州打开销路，向赫西提出购买这些毛皮，但赫西打算自己把这些海豹皮运往中国，因此拒绝了提议。不过他们并没有走那么远，这批货物在纽约以 50 美分一件的价格卖出，并由麦特卡夫（Simon Metcalfe）任船长的"埃莉诺拉号"（Eleanora）运往广州，最后以 10 倍价格售出。[②] 海豹皮出乎意料地成了海獭皮的衍生品。如以单张皮草的面积来算，海豹皮的价格和海獭皮相比要低不少，仍是获利丰厚，因为海豹皮比海獭皮的数量要多太多。

1787 年，一群熟稔黎亚德著作和库克船长日记的波士顿商人决定开展

---

① 周湘：《夷务与商务——以广州口岸毛皮禁运事件为例》，《中山大学学报（社会科学版）》，2000 年第 2 期。

② ［美］埃里克·杰·多林：《美国和中国最初的相遇——航海时代奇异的中美关系史》，朱颖译，第 100 页。

与中国的皮毛贸易；1788年，在波士顿商人的资助下，"哥伦比亚号"开通了西北海岸与中国之间皮毛贸易的固定商路。该船运载从西北海岸收集的千余张海獭皮抵达广州售卖，翌年返回美国，成为第一艘到达太平洋西北岸和夏威夷的美国船只，也是第一艘实现环球航行的美国船。此行奠定美国人同中国进行毛皮贸易的基本模式——四角贸易，即从波士顿、费城、纽约等地购买各种土著人感兴趣的洋货，运至西北海岸同印第安人交换毛皮，再运至广州换购茶丝等，最后运回新英格兰等地销售。

1791年，除了英国船运来海獭、海狸、狐狸和兔等皮品外，另有普鲁士船"诺特卡号"（Nootks）运来海豹皮9616张，皮毛贸易也有了更多国家的介入，但都为时不长。这年的3月13日，负责专营的广州行商通知英国东印度公司驻华特选委员会：中国与俄国交恶，故禁止输入海獭皮，因为中方怀疑这些皮张"是从俄罗斯人那里购来的"。这种"一刀切"的作法意在打击俄国，却连带了所有西方国家，英船"亚尔古英雄号"（Argonaut）"载有很多海獭皮，但由于最近的禁令而无法售出"。还有悬挂西班牙旗的英国私商船"皇家公主号"（Princess Royal）"运来约3000张海獭皮，经过很大困难，中国人才答应将它存入该处的税馆，由官员将其封存，等候皇帝的决定"。因为各类皮的混装是那时来华商船的通例，中方又不可能分类核查，所以皮品的禁令虽然是针对獭皮，实际却牵连其他皮种。有英国船在圣保罗岛（Island of St. Paut）和纽约获得海豹皮8000张，"下碇澳门，并企图驶入黄埔"，被拦阻。关张皮毛市场成为中国对外关系中颇具攻击力的武器。不过，禁令实施时间不长，1792年便取消。贸易即时恢复，并报复性地大张旗鼓开展起来，该年度，英国船运入兔皮195650张，每张售价2钱，售得银39130两；海狸皮68856张，每张4两，售得银275424两；海獭皮8314张，每张10元，售得83140元。美国也运入兔皮60288张，海狸皮1974张，海獭皮5425张，海豹皮24000张。[①]

北美对华皮毛贸易蓬勃发展，因为有利可图，迅速出现了很多经营单位，形成了多个对华贸易港和多条皮毛商路，诸多公司的"船只由撒冷、

① ［美］马士：《东印度公司对华贸易编年史（1635—1834年）》第一、二卷，区宗华译，第502、518、504、510、520页。

波士顿、斯通宁顿、哈得福、新伦敦、新港、纽约、菲列得尔菲亚出发，照例是由许多人出资的，每人投资的数目较少。新港于 1790 年开始投入这种贸易，但由这个港口出发的最著名的航行是 1796 年至 1799 年'海神'号的航行，这是新港和哈得福许多人从事的冒险事业。这个航行给其老板带来了在当时说来是巨大的利润"[①]。这一期间，数以万计的皮张从西北部的太平洋沿岸和加州流向广州，暴利随行就市，随着越来越多的毛皮进入市场，价格随之下跌。不过，一张海獭皮依然可以卖出 20—30 美元，利润往往能达到航行成本的 300% 以上，并且一度飙升至 2200%。19 世纪的一位作家写道："美国西北部到广州之间毛皮交易的利润之高，可以和沙里淘金相比，只要河中沙金不绝，投入极少的劳力或技术就能取得闪亮的真金。"[②]

陡然增长的皮货使得中国市场吃不消。1793 年，"伦敦运来发票价值 12075 镑的毛皮，现款交易者出价不超过 20000 元；后来有一位行商出价 22300 元，条件是按本季合约价格以色种茶作价款；按主要成本计，亏损达 56%"。这发出了一个信号，说明供求失衡，因为当年黄河沿岸水灾，影响了毛皮的内地销售，进而牵动进口皮毛在广州市场滞销。鉴于此情，东印度公司驻穗"委员会通知董事部，毛皮已大量过剩，1793 年的状况就可以证明"。但西商对此警告并不在意，1794 年的输华量仍然不少，美国船运来上等毛皮 43770 张，英国船运来上等毛皮 62790 张和兔皮 262095 张。市场法则是不容违背的铁律，供过于求必然导致价格下降，"海豹皮充斥于广州市场，因而使价格跌到无利可图的地步"，市场之手的逆转不可改易。从 1795 年开始，皮毛输华量连续几年减少，在低位徘徊。1796 年，东印度公司船从伦敦运来 5149 张，另一艘从美洲西北海岸来的单桅船运来 2400 张。请注意，英国运皮张入华的已经不是东印度公司的行为，而是公司船员的"私人吨位"。美国船运来 19846 张。次年的情况也不好，多集中于毛色不佳皮块较小的兔皮。[③]

① [美] 赖德烈：《早期中美关系史（1784—1844）》，陈郁译，第 35 页。

② [美] 埃里克·杰·多林：《美国和中国最初的相遇——航海时代奇异的中美关系史》，朱颖译，第 108 页。

③ [美] 马士：《东印度公司对华贸易编年史（1635—1834 年）》第一、二卷，区宗华译，第 529、570—571、590—591、606—607 页。

　　到 1798 年，市场消化得差不多了，贸易恢复上升势头，美国入华优质毛皮首次超过 10 万张。率先开展中国贸易的美国商人包括来自纽约的阿斯特（John Jacob Astor）、费城的吉拉德（Stephen Girard）和塞勒姆的德比（Elias Hasket Derby）等人。阿斯特是德国一名屠夫的儿子，祖传手艺活使他对动物的杀戮情有独钟，1784 年移民纽约，以销售在伦敦的兄长制作的乐器谋生。他在当地立足之后没多久，就被利润诱人的毛皮贸易吸引，抓住了 18 世纪 90 年代晚期的"中国热"的机会，除了精美的毛皮之外，也开始向客户兜售中国丝绸和茶叶。居间贸易虽然进行得很顺利，但阿斯特不满足于中间商的赚差价。1800 年他和商业伙伴合作，租船前往中国，甩掉中间商，直接和客户进行交易。后来，发了财的阿斯特组建了自己的对华贸易船队，包括"马达兰号"（以他的长女命名）、"塞文号""西尔芙号""福克斯号""进取号"和"海狸号"，最后这只船的名字尤其贴切，因为他的许多财富都来自这种啮齿动物的光亮毛皮。阿斯特的远东贸易取得巨大成功，为他赢得了"对华贸易王子"（Prince of the China Trade）的称号。[①] 1800 年，美国输华皮毛更有巨量增长，一举突破 40 万张的量级，运来毛皮 411167 张，其中仅海豹皮就有 387304 张。海豹皮渐被中国人认可，成为高级皮草，需求量增大。这一时期，美国人和英国人并驾齐驱，成为皮毛输华的双要角。要知道，此间输华的英国人的优质皮毛（兔皮等除外）也多来自北美。1801 年，美国船运来优质毛皮 444087 张，英国运来 42650 张，至于兔皮，英船运来 80364 张。广州市场价格：海豹皮每百张为 80 元，海狸皮每张 6 元，海獭皮每张 22 元。[②] 此乃北美皮毛输华的鼎盛年份。

　　西方商人为了追逐皮毛顾不上许多，海獭、海豹的出没所在便是他们的踏足之地，违法越界也毫不在乎。美国人的船只一步步地抵达上加利福尼亚，此地时为新西班牙的一部分尽管西班牙人发出警告，不许在海岸沿线交易，美国人不管不顾，还是从土著手中取得毛皮，他们也成为第一批

① ［美］埃里克·杰·多林：《美国和中国最初的相遇——航海时代奇异的中美关系史》，朱颖译，第 88—89 页。

② ［美］马士：《东印度公司对华贸易编年史（1635—1834 年）》第一、二卷，区宗华译，第 624、656—657、666—667 页。

踏上这片后来成为加利福尼亚州的美国人。商人的眼中紧盯着利润，竞争对手转身可以成为合作友伴，这便是市场经济的"调性"，皮毛商人成为美国拓殖疆域的急先锋。1803年，美国商人与宿敌俄国毛皮商联手合作共同开发新的商机。此前，阿拉斯加的俄国人曾驱使阿留申群岛、科迪亚克群岛以及库克湾的土著居民猎取海獭；此时，俄国人将土著人送上美国船只，前往下加利福尼亚等地，猎捕的兽皮由两国商人瓜分，销往中国。产地"合作"持续了大约10年时间。阿拉斯加终于被卖给了美国人，皮毛贸易给美国人带来的更大附加值是合众国领土的随之扩大。

商业领域的合作往往是暂时的，竞争才是长久的，一切以最大牟利为依归，1805年，俄国船"希望号"（Nadejda）悄然到达广州，该船携带包括15.1万张海豹皮、9288张狐狸皮和4220张海獭皮，总价值442819卢布的皮货等。此举暴露出俄人吃着碗里看着锅里的贪婪野心，除了传统占有的恰可图等北方市场外，还极力向中国南方市场渗透，企图介入先前由西欧北美国家控制的广州市场。俄国人的试探当即遭到循海路而来国家的联合抵制，美国人乘机在广州扩大皮毛销售市场。贸易的新发展需要新货源，除了西北海岸为皮毛的重要产地外，另从南太平洋运来海豹皮。由此一来，美国的皮毛来源地延伸到大西洋和太平洋的诸多海岸。1807年，美国船运来海豹皮230670张，英国没有；其他优质毛皮，美国19735张，英国1136张，英国还运来20150张兔皮。除了兔皮以外，英国运入的皮张大幅减少，特别是缺乏海洋动物的皮毛，反映英国在北美受到美国的挤压。以后几年的情况延续这一趋势。1808年，美国船运来海豹皮35486张，海獭皮3000张；英国船运来狐皮400张和兔皮7000张，这些陆地动物皮应该主要产自英国本土。1810年，美国船运来海豹皮27764张，英国船运来狐皮等4440张和兔皮46850张。1811年，英国一度恢复海豹皮的输华，但不稳定，这年，美国船运来海豹皮330315张，英国运来海豹皮1400张，另有兔皮5690张。[①]

---

① ［美］马士：《东印度公司对华贸易编年史（1635—1834年）》第三卷，区宗华译，第2—4、52、74、128、154页。

表 3-4　美国、英国输华皮张统计（1794—1815 年）

年份	国别	优等皮（獭皮、海狸、海豹、狐狸皮等）	次等皮（兔皮等）	合计（计量单位：张）	国别	优等皮（獭皮、海狸、海豹、狐狸皮等）	次等皮（兔皮等）	合计（计量单位：张）
1794	美国	43770		43770	英国	62790	262095	324885
1795	美国	7477		7477	英国	34085	79735	113820
1796	美国	19846		19846	英国	7549		7549
1797	美国	26316	2856	29168	英国	7030	88705	95735
1798	美国	102257		102257	英国	19024	116220	135244
1799	美国	35234		35234	英国	20708	77678	98386
1800	美国	411167	3940	415107	英国	27233	49392	76625
1801	美国	444087		444087	英国	42650	80364	123014
1802	美国	388746		388746	英国	18518	105750	124268
1803	美国	186779		186779	英国	45480	25550	71030
1805	美国	214710	33205	247915	英国	860		860
1806	美国	208160	1514	209674	英国	22983	54000	76983
1807	美国	250405		250405	英国	1136	20150	21286
1808	美国	38486		38486	英国	400	7000	7400
1809	美国	67176		67176	英国	4440	46850	51290
1810	美国	208160	1514	209674	英国	22983	54000	76983
1811	美国	399481	27250	426731	英国	1400	5690	7090
1812	美国	42228		42228	英国	14872	84300	99172
1813	美国				英国	14668	10000	24668
1814	美国	71393		71393	英国	46125		46125
1815	美国	115126		115126	英国	29110		29110
总计	美国	3281004	70279	3351283	英国	444197	1167479	1611676

资料来源：马士《东印度公司对华贸易编年史》第一、二卷，第 570—571、578—579、590—591、606—607、624、635、656—657、666—667、695、708 页；第三卷，第 2、26、52、74、98—99、128、154、171、187、203、227 页。

细察表 3-4 可以看出，英美两国为北美皮毛输华最重要的国家，在统计时段的 20 年时间内，总计向中国出口毛皮近 500 万张。是时还有一个俄国，但其主要是中国北方市场的陆路贸易，皮毛的来源地也有不同。除此三国以外的其他国家，无非都是些零星输送的配角。从历时动态分析，皮毛输华量在 1795 年短暂下滑之后，逐步走高，到 1801 年达到顶点，美英两国相加为 567101 张，此乃空前绝后的数字。之所以是空前，是因为经过数年的市场培育，中国对外来皮货的容纳大为扩展，中国人对海洋动物皮毛的认知度有了大幅提升，外贸皮毛对中国内地的营销渠道大为通畅。说实话，面对时有四亿人口的偌大中国市场，区区 50 多万张的毛皮年输入量，实在算不得什么。之所以是绝后，是因为从这年的高点之后，北美皮毛的输华量缓慢下坠，这不能归因于中国市场，而是由于外方货源的渐趋萎缩。从英美两国的数据比较分析，在 1799 年之前，是英国占有优势地位，步入 19 世纪后，美国大幅反超；整个统计时段，美国的皮毛输华量超过英国一倍有余，这主要是地缘地理方面的因素所致。英国的海獭、海豹等皮毛主要来自北美，跨洲越洋，距离较远，辗转来华，成本居高，而美国近水楼台，靠近皮毛产地，得地利之便；而且美国出口的多为优质皮，海洋动物皮占多，而英国则次等皮较多，陆地动物皮（特别是兔皮等）不少。美国货品的低成本、高质素自然具有竞争力。

这一时期，猎获海豹的规模之大几乎超出想象。据估计，1792—1812 年间，美国商船运往广州的海豹皮数量达 250 万张，也有人称实际数字更高。优质的皮张用来制作披肩、腰带、手套、帽子、皮袍，品质较差的则经过修剪后鞣制成皮革，松散的毛皮则制成毛毡。美国人从毛皮对华贸易中得到丰厚回报，如“德斯帕奇号”（Despatch）在 1794—1796 年去中国的航行中，各项支出共 25563 美元，收入是 51541 美元，202% 的利润率。再如，贸易商苏特（J. Suter）1804 年通过向中国出口皮毛获利 156743 美元；1810 年，有人从单趟贸易就收获了 206650 元；1811 年，“阿塔瓦尔帕号”（Atahualpa）由于战争而被迫低价销售货物，仍然收入 120000 美元，而其投资才只有 40000 美元。在 1804—1814 年间，共有 21 艘美国船携带价值 50.78 万美元的货物去西北海岸，换回 491981 美元的毛皮，在中国卖得 1112.3 万美元，利润率高达 2200%，除去人员和船只开支，仍有525% 的净利润。[①] 充盈的“毛皮仓库”一度成为中美贸易保持相对平衡，减少出入差的重要构成。

皮毛的洲际贩运，全程充满凶险，内部有船员等禁不住皮毛贸易暴利

---

① 付成双：《动物改变世界：海狸、毛皮贸易与北美开发》，第 237—238 页。

的诱惑，库克船队的船员们就因部分船员希望改变既定行程立刻重返西北海岸收买更多的毛皮，几乎酿出"兵变"。外部有猎捕地和途中遇到的原住民、岛民的攻击；还有海上失事的危险，例如 1797 年前往西北海岸的"鹦鹉螺号"，因遭风浪袭击，多次改变航向，未能抵达目的地。此类搁浅、绕道的经历数不胜数，那些停留在岛屿上的船上人员在驻停期间并没有闲着，他们或者寻找猎物，或者营建洞窟，或者搭建小屋，最多的劳作是剥皮晾晒，捕猎者们将兽皮用刀刮去脂肪和肉，在海水中冲洗后，放到木架上晾干，经过处理的皮可以保存多年不坏。有的捕猎老手能在一小时内剥下 60 张海豹皮。他们等待离岛机会，有时要在岛上等候几个月乃至几年，也有一些干脆成了异国他乡的常驻狩猎人。

战争是利益方竞争白热化的表现，也是肆无忌惮互相抢劫的机会。1811 年春，美国人刚刚在哥伦比亚河口建立皮毛贸易点——阿斯特里亚（Astoria），翌年战争爆发后就被英国西北毛皮贸易公司占领。美国不甘示弱，继承祖先英国人开辟的传统——"私掠默许状"，美船以无异于海盗的手法在东亚海面捕获英船，将强抢来的战利品直接运往中国销售。海上力量远更强大的英国的反制措施更加严厉而肆无忌惮，美船"猎人号"从广州黄埔启碇后，即被英国战船捕获。中国当局要求释船，英方申辩捕获行动"是在中国管辖权之外"，宣称"美国与大不列颠之间存在战争状态"，遂将美船押往"圣乔治要塞海军法庭受理"。[①]

1813 年，美国船的来华商道被完全拦截，英国人独占了广州市场。第二年，战争消歇，贸易始得恢复，美国船运来海豹皮 58225 张，其他毛皮 13168 张；英国船运来海豹皮 4639 张，其他优质毛皮 41486 张。1815 年，美国船运来海豹皮 68189 张，其他毛皮 46937 张；英国船运来海豹皮 4214 张，其他毛皮 24896 张。[②]战后的皮毛运入量比战前减少一半多。

嗣后不久，因为资源萎缩，皮毛输华更是急剧衰减。"毛皮贸易虽然以危险而获利迅速著称，但贸易量从来没有超过美国对华贸易年贸易量的

---

① [美]赖德烈：《早期中美关系史（1784—1844）》，陈郁译，第 35 页。

② [美]马士：《东印度公司对华贸易编年史（1635—1834 年）》第三卷，区宗华译，第 187、203、227 页。

六分之一，而且持续时间非常短暂。"[①] 1817 年，美国毛皮入华销售所得 250000 元，其他国家竟然未见销售。届 1819 年，先前的运送大户英国已经连续三年没有毛皮入华。1820 年，英国输华毛皮略有恢复，也只是售得微不足道的 3900 元。[②] 面对窘境，英国东印度公司萌生退意，转由英国散商承接，皮张输华量也从 1825 年之后始终处在 5 位数的低位，1829 年，私商运入皮毛价值 7660 元；1830 年，运入皮毛价值 6650 元。[③] 以后的市道愈发不振。1844 年 2 月 16 日英国在华官员发往英国政府的报告中有一纸翻译官罗伯聃（R. Thom）于税则谈判时制作的文件，其中谈道："二十年前，皮毛贸易纯操于美商之手，总值为 1000000 元。由于兽毛无法辨识，贸易大减，最近二三年来，皮毛进口已绝迹。"[④] 不仅说明英国人早已退出皮毛贸易，美国人也无法坚守此项交易。

（二）盘局变换

市场变动着实厉害，对华皮毛贸易是当时世界皮毛交易的大头，搅动着国际皮毛市场发生变化。

经销国的变化。 中国人较早就关注到外域皮毛，但主要是周边近地。明人张燮记述，柬埔寨产"獭皮"，大泥（今马来半岛中部之北大年）、交趾（今越南）亦有出产。所指主要是近邻国，并局限于陆地獭皮等品种。[⑤] 洲际远洋皮毛贸易的兴盛得益于北美皮毛产地的"发现"，北美国际皮毛贸易的经营者最初是法国人，16 世纪，欧洲的毛皮业迅速发展，戴海狸皮帽成了时尚。很快，西欧的海狸被捕杀灭绝。法国帽商转向北美寻求更加廉价的毛皮，到 16 世纪末，魁北克地区的萨格奈河（Saguenay）下游已成为毛皮贸易中心，欧洲的商船在这里停泊。[⑥] 不过，法国皮毛贸易的销售

---

① [美]雅克·当斯：《黄金圈住地——广州的美国商人群体与美国对华政策的形成，1784～1844》，周湘、江滢河译，第 137 页。
② [美]马士：《东印度公司对华贸易编年史（1635—1834年）》第三卷，区宗华译，第 325、342、381 页。
③ [美]马士：《东印度公司对华贸易编年史（1635—1834年）》第四、五卷，区宗华译，第 208、260 页。
④ 姚贤镐编：《中国近代对外贸易史资料》第 1 册，第 260 页。
⑤ 张燮：《东西洋考》，谢方校注，第 54、58 页。
⑥ 姜芃主编：《加拿大文明》，北京：中国社会科学出版社，2001 年，第 42—43、60 页。

地主要是西欧，未及中国。向中国规模化出口皮毛最早的应该是俄国人，因为气候寒冷，北欧的"条顿骑士团"和俄国人是欧洲最早从事皮毛贸易的，莫斯科大公国"八月以至四月皆衣皮裘。多兽皮，如狐貉貂鼠之属，一裘或至千金者。熊皮以为卧褥，永绝虮虱。产皮处即用以充赋税，以遗邻国，多至数十车"[1]。俄罗斯北部盛产各种皮毛，又近临中国，俄国人成为皮毛贸易的开路先锋。俄国商队早在《尼布楚条约》签署前就已来华贸易，1728 年，中俄签订《恰克图条约》，皮毛边贸成为"合法"，此后很长时间，恰克图成为中俄皮毛贸易的主要口岸。俄国人甚至还把毛皮从西伯利亚直接运到北京。

如果说，皮毛对华陆路贸易的发起者是俄国人，那么，皮毛对华海路贸易的开创者则是英国人，特别是广州皮毛市场的开辟。但英国人同法国人一样，皮毛来源主要不是欧洲本土，而是遥远的北美，从事北美皮毛的转手倒卖，英国人为此专门成立了一家名符其实的"英国西北毛皮公司"，该公司也是较早开发广州皮毛市场的。正因为此，清朝人指认英国的皮货是腾挪而至，"多从商舶采自远洋"[2]。这一认知是正确的。只是，英国人参与中国与北美皮毛贸易不久就遇到阻碍，除了资源枯竭、海难、哗变和败血症以外，主要麻烦是皮货商路跨洲延长后带来地缘垄断权的纠纷。英国的海洋动物毛皮需要越洋得来，这已是侵入了别人的地盘；英国人内部也有麻烦，东印度公司和"南海公司""西北公司"之间便有利害冲突，某些个人商船为逃避公司盘剥，不顾被没收商品的危险而擅自前往，自行降价出售。同时，英商面临西班牙、奥地利、葡萄牙、瑞典等国商人的竞争。

更大的竞逐者是美国人，有欧洲人树立榜样，美国甫建国，便知道在中国存在着一个广阔的皮毛需求市场，更由于美国的国土就在北美，岂能对此天时地利人和的紧俏货品拱手相让，运送皮毛的美船纷至沓来，1785年，"一万三千件皮货送到纽约之后，又由一艘双桅方帆船'艾利奥诺拉号'运往加尔各答和广州。1790 年，新港的艾利亚·奥斯丁由于听到这次

---

[1] [意]艾儒略：《职方外纪》，谢方校释，第 100 页。

[2] 王之春：《清朝柔远记》，赵春晨点校，第 48 页。

航行的消息，于是装载了两船货开往福克兰群岛和南佐治亚岛，其中之一载着皮货向广州出发，经过三年之后，才取道好望角回到美国"①。美国人参与后，迅速成为对华皮毛贸易的最大经销国，几十甚至上百艘船只从美国的港口出发，前往全球各地寻找猎物。"其地产皮"遂成国人对美国的最初印象。②但认为这些毛皮出自"山产"则又是误解③，此物主要不是如中国似的出自山地，而是来自海洋。统而言之，到 19 世纪早期，皮毛贸易逐步成为"美国人的专长，几乎被美国人垄断"。在所有参与这项贸易的美国港口中，又以波士顿港发出的船只最多，以至于在某些印第安人的印象中，不知道美国和美国人，但知道波士顿和波士顿人。经销国的变化也反映出新兴国家依靠人少我丰你远我近的特种物流而迅速崛起。

　　市场的变化。若说法国人对北美皮毛的开拓市场是在欧洲，那么，后来居上的英国人和美国人则将中国作为皮毛的重要运销地，国际皮毛市场的重心因此从欧洲转到中国。市场竞争有时很惨烈，仅 1804 年一年之内，美国的海豹猎取者就同英国人发生三次以上大的冲突。至于中国国内的皮毛市场也有变化，即从北方到南方的拓展，北方外贸皮毛市场的"摊主"是俄国人，南方外贸皮毛市场的主创是英美人，但俄国人却不以此一南一北既成格局为满足，多次试图越界，都遭到其他列强还有清政府的抵制。清政府不许俄人插足广州市场，认为这是违规越界四处抢占的恶霸行径，中国的"皇帝陛下对俄国人另寻其他途径与中国人贸易，似乎表示惊愕与不快，因为他们已获准在边境的恰克图进行贸易，皇帝陛下的意图是要把他们今后严格限制在内陆贸易范围之内"④。也就是说，俄国人只能参与中国的内陆皮毛市场，海路市场不许染指。

　　产出地的变化。北美皮毛产地最初集中在加拿大，但当毛皮贸易的商路不断向北美大陆内部延伸时，运输与贮存毛皮的成本都不断增加，这就使欧洲人获取毛皮必须付出比过去高得多的代价。为了获得较便宜的毛皮，

---

① ［美］赖德烈：《早期中美关系史（1784—1844）》，陈郁译，第 35 页。

② 梁廷枬：《粤海关志》，袁钟仁校注，第 476 页。

③ 《四洲志》，林则徐全集编辑委员会：《林则徐全集》第 10 册，第 4920 页。

④ ［美］马士：《东印度公司对华贸易编年史（1635—1834 年）》第三卷，区宗华译，第 3 页。

商路不断向大陆内部延伸，在西方人驱使下，印第安人也不遗余力地捕捉和猎杀动物，以至于在许多地区出产毛皮的动物不复存在。反过来，这种情况又进一步使商路推向遥远的未开发的处女地。继之，皮毛产地扩大到美国和其他新领地，开辟了几个毛皮的新供给地，一是西北海岸；再是福克兰群岛（Falkland Islands）；还有是南美洲西部海岸的岛屿。皮毛生意直接地刺激了美国"开疆拓土"的历程，阿斯特（J. J. Astor）在1807年制定了雄心勃勃的计划：建立连串的贸易据点，北起密苏里河，越过北美大陆分水岭，经哥伦比亚河直抵太平洋沿岸。1811年，阿斯特在哥伦比亚河口建立毛皮帝国的门户，居然以自己的名字命名为阿斯特里亚（Astoria）要塞，还一度涉足俄勒冈地区，进而控制了大平原和洛基山区的毛皮贸易。为了寻踪皮毛，美国人还到达了加里福利亚海岸，甚至远赴夏威夷，美国捕猎船巡弋于太平洋、南大西洋和印度洋的岛屿。李定一如是评断：

> 早期中美贸易，是促成美国向太平洋岸拓殖的唯一因素。美国从偏居北美大西洋之一隅，于短短数十年间，便俨然成为横跨北美大陆，雄踞两大洋岸，更进而发展成为太平洋上的大帝国（1898年）。分析造成美国这种局面的原因，如果说它主要是受中美贸易之赐，亦非过分。[1]

把中美贸易列为美国向太平洋岸拓殖的"唯一因素"，或许有一点过，但视之为重要因素则是可以肯定的。皮货贸易还引出了其他货品的对华贸易，比如，美国人在寻找皮毛的时候，发现檀香木在中国也有很大市场。商品具有连带性，由此及彼，每每带出新货品，另辟新货源。

皮毛品种的变化。中国人原先熟悉的皮种多为陆地兽，"虎、豹至纹，将军用以彰身。犬、豕至贱，役夫用以适足"。诸如虎、狐、羊、兔等，尤以獭皮、貂皮等珍贵，"凡取兽皮制服，统名曰裘。贵至貂、狐，贱至羊、麂"，可见，国人只知道陆地裘皮，"服貂裘者立风雪中，更暖于宇下"。甚至有人说，灰沙眯眼时，用貂皮一擦即出，表明时人对貂皮

---

[1] 李定一：《中美早期外交史》，第30页。

的喜好，明朝时一顶黑色貂皮帽值 50 两银子。再有就不是中原所产，只
有皇帝才能使用的海外稀罕珍品了，"殊方异物如金丝猿，上用为帽套。
扯里狲御服以为袍，皆非中华物也"①。凡此皮种，来路不一，但有一个
统一特征，全是陆地动物皮毛。皮毛也作为藩属国的指定贡品，崇德元
年（1636），后金大军攻陷江华岛，俘获朝鲜王室后妃及王子等。翌年，
朝鲜仁祖请降，签城下之盟，盟约出自皇太极之手，规定朝鲜每年进贡一
次，方物包括豹皮百张，鹿皮百张，水獭皮四百张等。②同样，珍皮也作
为清廷的国礼赏赐，雍正三年（1725），意大利使节来华，中方给其国王
的"赐物"中便有"貂皮"。③獭皮也是优品，不过，中国人原先所认知的
主要是旱獭特别是水獭，《埤雅》曰：水獭"似狐而小，青黑色，肤如伏
翼……今人集其皮为裘"④；清人屈大均也述："水獭，一名猵獭，类青狐
而小，喙尖足骈，能知水信高下为穴。……《淮南子》云：畜池鱼者必去
猵獭。"⑤

　　西方人输华的主要是与陆地淡水河湖中生长的水獭小有区别的海獭及
其他海洋动物皮毛。海獭有加利福利亚和阿拉斯加两个亚种，皮毛异常珍
贵，海獭不像其他海洋哺乳动物那样有厚厚的皮下脂肪，全靠皮毛来防止
热量流失，因而拥有动物界最为浓密的毛发，平均达到每平方厘米 12.5 万
根，比北极熊还多，皮色要么银光闪烁，要么墨玉黑亮，堪与貂皮媲美。
有时每张海獭皮在广东可以卖到 80—90 美元，相当于海狸皮价格的 30
倍。"海豹皮和海獭皮的需求最多。……海狸皮、狐狸皮和兔皮都有需求，
但供应有限。"⑥相比起来，生活在海水中的海獭皮毛比生活在淡水中的
水獭和陆地上的旱獭皮毛更密实保暖，海獭毛皮色泽光亮，质地柔软，毛
密绒实，皮张也更大块，国人尤为喜爱。美国人输华最早的是海獭皮，在
"西北海岸"，美国商人用一个铁项圈就可以向土著换 3 张海獭皮。在 1817

①　宋应星：《天工开物》，潘吉星译注，第 111—113 页。

②　《清太宗实录》卷三三，崇德二年正月戊辰。

③　梁廷枏：《海国四说》，第 226 页。

④　张燮：《东西洋考》，谢方校注，第 15 页。

⑤　屈大均：《广东新语》下，第 541 页。

⑥　[瑞典] 龙思泰：《早期澳门史》，吴义雄、郭德焱、沈正邦译，第 359 页。

年以前的 25 年间，美国年均销往中国的海獭皮约 14000 张，年值 350000 美元，[①] 尤其是黑獭皮特受欢迎，有利可图。代之而起的是海豹皮。

海豹使中国人大开眼界，1682 年康熙巡行盛京，来自朝鲜半岛的几名朝鲜人敬献活海豹。康熙询问随驾的耶稣会士比利时人南怀仁（Ferdinand Verbiest）"欧洲何书中记载这种'鱼'？"南怀仁回答在北京教会的"图书室中，有一册关于这种'鱼'的写生画和说明的书籍。皇帝立即命令将那本书寄来"。于是从北京飞鸿传书，"皇帝看到那书上的画和说明，同朝鲜送来的实物完全一样，大喜，命令将这种'鱼'精心送到北京养治"。[②]应该说，英国人或者美国人未必是第一个把海豹皮带到中国的商人。乾隆年间著名学者赵翼曾获赠海虎裘，即海豹皮。"裘出塞北俄罗斯国，色黑而毛密，中土人名之曰海虎。"从康熙时候的稀见到乾隆时候的不太稀罕，证明进货量大增。但是，海豹作为广州市场上极具价值的商业品种却是由英、美人"开发"的，犹如一片新开垦的处女地，一时间数量"爆棚"，"丰收"就在眼前，1792 年，有皮货商"在圣亚姆布罗斯弄到了一万一千张海豹皮"，同时发觉在马尔维纳斯群岛"猎取海豹已有相当基础"。[③]美商还囤积居奇，曾担任过美国驻广州"领事"的商人卡灵顿，让美国代理商购买能够买到的所有海豹皮，一次性就将超过 4 万美元的海豹皮卖给行商郑崇谦（Nuequa），郑氏也是"一位著名的毛皮投机商"。[④]中外商人联手，高抛低吸，获取垄断利润分肥。

品种的变换，说明西人外销量大，中国的需求量更大，进口海豹皮张略多后，"中国人对修剪海豹皮有很高的技术，他们把长的和粗的毛剪掉，留下一层细软毛"[⑤]。国人已经成为打理海豹皮的行家里手。经过无节制的大肆猎捕，传统优品衰减到难以规模化提供的时候，便会出现皮张品种

---

① ［美］赖德烈：《早期中美关系史（1784—1844）》，陈郁译，第 26、37 页。

② 杜文凯：《清代西人见闻录》，北京：中国人民大学出版社，1985 年，第 76 页。

③ 这些皮子以很低的价格出售，仅得 16000 元。转引自［美］赖德烈：《早期中美关系史（1784—1844）》，陈郁译，第 35 页。

④ ［美］雅克·当斯：《黄金圈住地——广州的美国商人群体与美国对华政策的形成，1784~1844》，周湘、江滢河译，第 111 页。

⑤ ［法］佩雷菲特：《停滞的帝国：两个世界的撞击》，王国卿等译，第 30 页。

的转换和新品种的开发，从单一品种扩大到多品种，从高级品种移动到略低级品种，海豹皮与海獭皮在广州的易货成为皮货商路变化的信号，海豹渐成输华皮货的大宗。经营此业的不同地区的不同商号由不同皮毛之路出航，目的归一，在于获取海豹皮。

表 3-5　广州进口的海獭皮和海豹皮的数量（1805—1822 年）

年份	獭皮（皮张）	海豹皮（皮张）	年份	獭皮（皮张）	海豹（皮张）
1805	11003	183000	1814—1815	6200	59000
1806	17445	140297	1816	4300	109000
1807	14251	261000	1817	3650	27000
1808	16647	100000	1818	4177	47290
1809	7944	3400	1819	4714	91500
1810	11003		1820	2488	24726
1811	9200	45000	1821	3575	13887
1812	11593	173000	1822	3507	111924
1813	8222	109000			

资料来源：赖德烈《早期中美关系史（1784—1844）》，第50—51页。

税率的变化。皮毛为中国传统的进口货，很早就列入国家的关税名录。万历十七年（1589）明政府的税则标定："獐皮每百张税银六分；獭皮每十张税银六分。"到万历四十三年（1615）时小有变化："獭皮每十张税银五分二厘。"[①]至清代，粤海关的税则"皮张"条目下列有："象皮、犀牛皮每百斤各税一两，山马匹、麂皮每百斤各税二钱六分，鹿皮、小花片獐皮每百斤各税二钱五分，银鼠皮、灰鼠皮、貂獾皮、獭皮每百张各税二钱四分，牛皮每百斤、兔皮每百张各税二钱，貂皮、虎皮、豹皮每张各税一钱，狐皮每张、小者每二张作一张，各税五分。"[②]品种增多，琳琅满目，与清人入关后服用皮草的风习大兴有关，也印证了那个时代皮品的丰沛。鸦片战争后，税率又有变动，1843 年 10 月 8 日签订的中英《五口通商章程：海关税则》规定进口海豹、海獭皮（又称"海虎皮"和"海龙

---

① 张燮：《东西洋考》，谢方校注，第 143、145 页。

② 梁廷枏：《粤海关志》，袁钟仁校注，第 174 页

皮"）每条一两五钱；獭皮"每百条贰两"。可见海獭皮（sea otter）比一般陆生獭皮（land otter）的税率要高出不少。美国等其他国家也按此税率执行。1858 年 11 月 8 日，再签中英《通商章程善后条约：海关税则》，还是此税率。[①] 1902 年 8 月 29 日中国和外国签订《续修增改各国通商进口税则：善后章程》，也是不见海狸皮的条目，前此大行其市的海豹皮也不见踪影，说明业已退市；而獭皮的税率上涨至每百张 8 两银[②]，佐证货源减少，货品稀罕，税费因应售价有了大幅抬升。除了正税，还有各种规费。1822 年，英国东印度公司董事部送出一批皮毛，主要成本 33515 镑，交货成本 35577 镑，售得款却只等于 27716 镑。档册记载了购货者所付税额如下：每百张海獭皮在广州售得款 2160 两银子，税费却达到 174.14 两银子（包括：广州进口税 141.5 两，规费 12 两，广东转口税 9.64 两，广州至陕西税捐 11 两），税费率达到 8.062% 还多。若是运到苏州就更高，广州至苏州税费为每百张 192.04 两银子（包括：广州税捐和规费 163.14 两，赣州的规费 5.9 两，杭州的规费 13 两，广州至苏州的税捐 10 两），也就是在途经各地的税关均须收取规费，燕过拔毛，不一而足，税费率达到 8.89%。[③] 高成本低售价加上各种税费，这趟买卖只能是亏本。这当然是不常见的极端案例，一般对华皮毛贸易是能够赚钱的，但清政府的税费高也是事实。

（三）惨淡收市

北美皮毛在华曾一度盛销，一方面，是皮货易得，新发现地方的海豹通常不怕人，猎杀者可以到海豹中间任意杀死它们；如果是已经被猎杀过的兽群，当人靠近时，感到威胁的海豹会挤在一起，激烈地大叫。捕猎者将其包围起来，手持木棍冲进海豹群击打其头部，轻易获得大量皮毛。另一方面，是需求市场广阔。皮毛是人类最早的御寒蔽体的"服饰"之一，中国人自来便服用皮毛，葡萄牙人平托（Fernao Mendes Pinto）在 1580 年完成的《游记》中描述北京集市上有大量的貂皮、鼬皮出售，使外人看得

① 王铁崖编：《中外旧约章汇编》第 1 册，第 50、125 页。

② 王铁崖编：《中外旧约章汇编》第 2 册，第 99 页。

③ [美]马士：《东印度公司对华贸易编年史（1635—1834 年）》第四、五卷，区宗华译，第 95—96 页。

"目瞪口呆"。① 19 世纪的情形是，"北京市场常见海豹皮，价格低廉"（按：
21 世纪的今天，海豹只能在动物园和海洋馆中方能见到，海豹皮可能只有
在科研机构的标本室才能见得到了）。② 皮毛在中国具有广泛销路还与满族
入关并统治中国有关，其祖辈的居住地在兴安岭与辽河之间，"地处这样的
自然环境，方圆 67500 里的满洲自然就是一个辽阔的高山地区了，其地形
难以发展畜牧业，而茂密的山林却适合狩猎"③。满族对皮毛有传统的穿
用习惯，入主中原后，更影响了关内人对皮毛的喜爱。一本 1688 年出版的
西方人写的北京观察纪实这样写道："京城的四千名官员从头到脚穿戴价
值极其昂贵的紫貂皮，在皇宫正殿里朝贺天子。有钱人简直就是裹在裘皮
里过日子，他们的鞋子、马鞍镶着毛皮，座椅有毛皮垫子，帐篷用毛皮做
衬里。钱少一些的人用羔羊皮御寒，穷人穿老羊皮。"④ 尽管"服羊裘者，
腥膻之气习久而俱化，南方不习者不堪也。然寒凉渐杀，亦无所用之"⑤。
南方天热，使鞣制不佳的羊皮腥膻气味浓郁，但北方穷人穿用，也不在
意。衣貂服裘是上流社会的奢华享用，平民百姓也有自己的皮毛穿戴。朝
廷专设皮毛加工部门，工部的制造库分设皮作坊，分工有缝皮匠、熟皮匠、
粉皮匠、熏皮匠、染皮匠、砍鞍匠、滕皮匠、条儿匠、油漆匠、缨子匠、
毡匠等各色分工匠人。民间的制皮业也素称发达，并形成一些重要的皮毛
加工制作中心，山西交城，"向为洗皮浸革之需，居民苦之。暮春初夏，秽
气满城，见者伤心，行人掩鼻，遂使清净法坛，终年龌龊，风雅盛地，尽
日腥膻"⑥。皮毛成为地不分南北，人不分贵贱的衣用，如此一来，人口
众多的中国成为世界皮毛的大吸纳地也就不奇怪了。而在此时，国际主流
商品交易市场也出现变局。进口皮毛主要是为了交换中国茶叶，与花旗参、
鸦片、棉花等同属白银短缺后的替代舶来品，用这些"新开发"物品来和

① ［葡］费尔南·门德斯·平托：《葡萄牙人在华见闻录》，王锁英译，海口：海南出版社，1998 年，第
213 页。

② ［美］卫三畏：《中国总论》上册，陈俱译，第 234 页。

③ 曹天生主编：《19 世纪中叶俄罗斯驻北京布道团人员关于中国问题的论著》，张琨等译，北京：中华
书局，2004 年，第 7 页。

④ ［法］布罗代尔：《15 至 18 世纪的物质文明、经济和资本主义》第 1 卷，顾良、施康强译，第 644—645 页。

⑤ 宋应星：《天工开物》，潘吉星译注，第 114—115 页。

⑥ 彭泽益编：《中国近代手工业史资料》第 1 卷，第 158、432 页。

中国进行交易。新美国的皮毛商人在英国旧垄断体系中打开了一些缺口。

但皮毛贸易未能持久，入市几十年，随后退市，原因是货源断档。在工业革命完成之前，一般的国际贸易多为原发的资源性商品，但依赖难以再生的资源赚快钱的营生终究难以持久。皮毛生意亦如此，其疯狂猎杀基础上的野蛮增长很难长久维系。对华皮毛贸易在1800年后步入高峰，西北皮毛贸易的全盛时期是在1808年以前的几年。之后，尽管在加利福尼亚开辟了新的园地，但也不能挽救贸易的衰落。其原因，有国际竞争的影响，就是人与人的竞争，比如有来自俄国人的侵入；有来自西班牙殖民当局的阻挠，此时仍统辖这些地区的西班牙人禁止捕猎海豹，1803年，西班牙的军舰曾限令猎海豹者离开，否则予以逮捕，1805年，在西属领地上果然有猎捕者被关押。毫无疑问，对华皮毛贸易的衰落与上述国际地缘争执有关。另有各地土著的纷起，土著人更了解动物的生存地和习性，为此既是各国皮毛商的"好帮手"，又是竞争者，土著熟门熟路，索价不高，吃苦耐劳，西方人很难同其争抢。至于那些人迹罕至的地方，一旦被"发现"，属于不同国别不同公司的"猎人们"便蜂拥而至，各公司在捕猎海豹的岛上常常发生诉诸武力的拼抢。

最主要还是资源的枯竭，就是人与自然的争拗。在近海沿岸，猎捕者两三人结队，乘坐包皮小舟"拜达卡"，小船操作灵活，吃水很浅。猎捕人方法多样，或利用巨藻掩护，悄悄接近猎物，然后猎杀；或将猎物围成一圈，驱赶喊叫之下，圈子不断收缩，然后撒网、枪击、棒打。有时一名猎杀人在一个季节就可以杀死上万只海豹，可谓赶尽杀绝。1810年，马萨夫洛岛上的海豹几乎绝迹；1814年，两年前曾发现大量海豹的福克兰群岛已经"没有海豹"。1815年，"从新港出发的最后一次猎海豹航行是失败的"。[1] 1826年，仅有一艘美国船开往"西北海岸"。断崖式的跌落走势从皮张输华数量起伏上可以看得更清楚，波士顿曾是北美海獭皮的集散地和运送中国的最大出发港，据不完全统计，仅波士顿商人运往广州的毛皮，1804—1805年11003张，1805—1806年17445张，1806—1807年14251张，1810—1811年9200张，1812—1813年8222张，1814—1815年6200

---

[1]　[美]赖德烈：《早期中美关系史（1784—1844）》，陈郁译，第35—36、51页。

张，到 1820 年下降到 2488 张，西北海岸的海獭皮更从 1802 年的 15000
张降到了 1829 年的 600 张，1830 年仅有 300 张。美国人向广东输出的毛
皮价值也由 1821 年的 480000 美元降至 1832 年的 200000 美元，再到 1839
年降到 56000 美元。[①]

　　捕猎者不得不兵分多路寻找新的毛皮来源，这一次，康涅狄格州斯
通宁顿的商人抢得头筹。1819 年，J. P. 谢菲尔德（James P. Sheffield）船
长在合恩角（Cape Horn）400 英里以外的南设得兰群岛（South Shetland
Islands）收获了近 1 万张海豹皮。回航不久，9 艘船先后追随而来。
1820—1821 年，南设德兰群岛迎来了捕猎的高峰，云集了 30 艘美国船，
甚至连英国和俄罗斯的船只也闻风而至，一下子在该群岛有 32 万只海豹
被剥下毛皮。只是，这样的好光景已经没有第三年可言。在南设德兰群岛
发生的实为有系统的灭绝，只要有海豹爬到岸边，无论大小，就会被立即
杀死，剥下外皮，海豹几近绝种。[②] 被高额利润冲弄昏头的美国人甚至在
1828 年派遣一个探查队到南洋去开发皮毛贸易的新资源，殊不知，该地区
早已是开发经年、资源殆尽的"熟地"；而且，该地区属于热带，也没有
寒带的厚毛海洋动物。美国人饥不择食，寻错了目标，此行铩羽而归。

　　到 19 世纪 20 年代末，商业猎杀使许多地方的所谓"新皮种"短时便
陷于灭绝。曾经，1806—1807 年，大约有 21.1 万张海豹皮在中国市场销
售；1820 年，中国市场上仍然销售了超过 10 万张海豹皮。但 10 年以后，
有猎捕船到太平洋西南海域寻找海豹皮，所获无几，继海獭皮之后，海豹
皮资源也枯竭了。到 19 世纪 30 年代中期，美国船只运往广州的海豹皮数
量几乎骤减为零。末了，资源的减少导致价格的昂贵，1832 年出版的西
人著作指出"毛皮以前是能够运到中国市场的利润最高的商品之一"，但
令人难以承受的价格使进口停滞。[③] 真个是眼见它起高楼，眼见它宴宾客，
眼见它楼塌了，眼见它客散了！在各条对华主商道里面，海洋皮毛之路是

① 付成双：《动物改变世界：海狸、毛皮贸易与北美开发》，第 237 页。
② [美]埃里克·杰·多林：《美国和中国最初的相遇——航海时代奇异的中美关系史》，朱颖译，第 146—148 页。
③ [瑞典]龙思泰：《早期澳门史》，吴义雄、郭德焱、沈正邦译，第 359 页。

分岔最多、维持时间最短的商道。皮毛贸易的盛期不过三十几年。无疑地，这与资源枯竭有关，产业革命前的美国主要还是依赖自然资源型的出口。

人类过量的滥捕滥杀势必造成本来与人类共处一个地球的珍贵动物资源濒于灭绝，又反过来对人类的生活形成制约。这是 18 和 19 世纪之交的国际皮毛贸易由盛转衰留下的深刻教训。在对世界各大洋、大洲快进搜索的过程中，西方人为了开发新的商业领域，登上了原来不为外人所知的岛屿海岸，高山极地，包括北极和南极，以及第三极（世界高峰）和第四极（地球深海）；同样由于商业贪欲的驱使，他们无限制地摧毁了难以再生的自然资源，太平洋水域的海獭、海豹，太平洋岛屿上的檀木森林，以及北美的野山参等，都濒临灭绝。

毛皮贸易与北美早期的政治经贸、文化交流、国际争霸、印白关系、海洋探险、环境变迁等密切关联。浅层次的边疆开发势必让位于深层次开发，以开发现有资源为主的森林边疆、矿业边疆、毛皮边疆会随着开发的深入而不断让位于需要较多资本和技术才能运作的农业边疆和城市边疆。毛皮的淡出，固然是生物意义上的枯竭，也是人类的农业和工业边疆对毛皮边疆的胜利。在破坏北美原有生态系统的同时，在当地重建了一个欧洲化的生态系统。

远古时代，人类在生物界无量数的种群中只是不大的一个种群，今天，已有 70 亿人，而在人类无限制地获取、榨取之下，不知有多少生物种群灭绝或濒于灭绝。人类在开辟自我商路的同时，毫不考虑给这些被纳入“消费商品”的生物以生路，人类的商路愈开愈多，诸多生物的生路愈断愈绝。这涉及生物多样性的大问题。在原本相对完整互相依存不可缺少的生态系统中，处在生物链顶端的人类不断损坏掐断链条的环节，使有机串连的链条因缺失某些环节而虚悬空置，易于断裂崩碎。人类没有将地球村的所有生物种群看为平等，在人类的破坏下，几乎时时刻刻都有物种灭亡。生态系统是相对完整的命运共同体，人类对其他生物的灭绝，最终将自尝苦果，反过头来荼毒人类自己，从远古至今，这方面的灾难历历可述，这方面的教训斑斑血痕，多少次的流行瘟疫，多少年的自然灾害，都是由于人类与其他生物种群丧失了边际，越过了不能逾越的界限，到头来反噬自身，重创人类。我们共有一个地球，地球上的一切都是"我们"，与周遭环境其他物种和谐相处，维持生物链的连续和完整，才是地球村绵延永续的共生之道。

四　盛极而衰的檀香木

"檀香（Sandal wood）本品是一种小树檀香的心材，生长于印度以及印度洋和太平洋上的许多岛屿。檀香树的大小和外形与加州桂相似，花红色，紫果黑色而多汁。檀木的颜色由浅红至深黄，颜色最深者为最好。又以根部附近的檀木为最佳。挑选檀香时应选择最大块，质地坚硬致密，无结节，有甜味者。白色的外层木质要由白蚁蠹去。把截成短条的树干埋在泥土里，白蚁就会蠹食掉外层的木质，而不会伤害心材。……中国人把檀香研成细末，用来制造线香，在居室和寺庙里燃点。檀香可提炼出油，由于质地芬芳，很受人们珍视。其稠度如蓖麻油，黄色，气味极芬芳，在水中会下沉。"[①] 这是早年来华的西方人对檀香的认识，未必精准。中国人对檀香木的推崇与檀香一般悠远深厚[②]，及至臻于"迷信"的程度。唐玄奘赴"西天"求法，"至秣罗矩吒国，亦谓枳秣罗国，南印度境……有秣剌耶山，崇崖峻岭，洞谷深涧，其中则有白檀香树、旃檀你婆树，树类白檀，不可以别，唯于盛夏，登高远瞩，其有大蛇萦者，于是知之，犹其木性凉冷，故蛇盘也，既望见已，射箭为记。冬蛰之后，方乃采伐"[③]。以蛇为记，确乎"神木"。檀香树（Santalum album），梵文名 Sarpahridaya tchandana，波斯语作 Candan，阿拉伯

---

① ［瑞典］龙思泰：《早期澳门史》，吴义雄、郭德焱、沈正邦译，第 358 页。

② 关于檀香木中外贸易的历史研究甚少。但有学者有片段性的精彩叙说，特别集中在葡萄牙人通过澳门经营中国与帝汶檀香木贸易方面，其中代表性论著有：Charles Ralph Boxer, *Fidalgos in the Far East, 1550-1700: Fact and Fancy in the History of Macau*, The Hague: Martinus Nijhof, 1948. 张廷茂：《明清时期澳门海上贸易史》，（澳门）澳亚周刊出版有限公司，2004 年；普塔克：《明朝年间澳门的檀香木贸易》，《文化杂志》中文版第 1 期，澳门文化司署 1987 年；何平：《印度尼西亚弗洛勒斯及其附近岛屿上的"黑色葡萄牙人"》，《世界民族》2006 年第 5 期；汤开建、彭蕙：《明清时期澳门人在帝汶的活动》，《世界民族》2007 年第 2 期。另有关于夏威夷檀香木贸易情况的研究，可参看王华：《夏威夷檀香木贸易的兴衰及其影响》，《世界历史》2015 年第 1 期。

③ 玄奘：《大唐西域记》，季羡林校注，北京：中华书局，1985 年，第 856—859 页。

语作 Sandal，英语的 Sandal wood 即本阿拉伯名。属檀香科常绿乔木，中国古人细分有白檀、黄檀等，大约是以颜色来分别，叶廷珪《香谱》云："皮实而色黄者为黄檀，皮洁而色白者为白檀，皮腐而色紫者为紫檀。"[1] 可见古人虽有区别，但混称"檀"，并认为均有清香。在近代植物分类学建立之前，人们对檀树的区别不甚了解，每每混称檀香树，国人还往往以"色"来分"香"。清人屈大均在书中专列"檀香"条，"岭南亦产檀香。皮坚而黄者黄檀；白者白檀；皮腐而色紫者紫檀。皆有香"。[2] 不过，从植物学科属来看，紫檀（也有的将其称为红檀[3]）为另一纲目（檀香木属于单子叶植物纲，紫檀木属于双子叶植物纲），产地较多，产量较大。即使今人的历史著述，也少见区分产檀香的檀木与做家具的檀木，因为近代植物分科学形成之前的人们并无此类科属概念，我们既然谈论历史，理所当然要回到当时的语境。波斯人依萨克依宾阿姆兰（Isak Ibn Amran）谓檀香树源自中国，其实有误。[4] 中国的南方仅有小量生长。檀香树属半寄生植物，栽种困难，产量受限，需求又旺，供求的巨大落差导致其从古至今都珍稀昂贵。[5] 檀木亦可药用，据称紫檀具"降辟恶气，宣胸理气"的功效；而白檀"止心腹之痛最良，辟鬼杀虫开胃口，每逢噎隔是神方"。[6] 更不用说檀香了，多见于各种药典之中。

---

[1] 赵汝适：《诸蕃志》，杨博文校释，第 179—180 页。

[2] 屈大均：《广东新语》下，第 680 页。

[3] 赵汝适：《诸蕃志》，杨博文校释，第 101 页。

[4] 张星烺编注：《中西交通史料汇编》第 3 册，北京：中华书局，1977 年，第 198—199 页。

[5] 正因檀木珍贵，历来多有造假，"仿造紫檀之法甚多"："梅、李、榆等木，浸以苏木热液，干后，涂以醋酸铜冷液。"吴素娟：《仿造紫檀》，《通问报》1930 年 8 月，第 14 号。

[6] 胡仿西录：《分类本草诗》，《中医杂志》1925 年第 14 期。另按：本章节部分内容曾刊发，承蒙王华老师来函指出，主要用于香料制作的檀香木与主要用于家具等制作的紫檀本有区别。在现代的植物分类学中，檀香木和紫檀的区别就更为明显：檀香木，拉丁文名为 Santalum album linn，就其分类而言，檀香木属于单子叶植物纲—蔷薇亚纲—檀香目—檀香科—檀香族—檀香属。檀香属下有两个种：檀香种和巴布亚檀香种，檀香属之内的都属于檀香木。紫檀，拉丁文名为 Pterocarpus indicus Willd。就其分类而言，紫檀属于双子叶植物纲—蔷薇亚纲—豆目—蝶形花科—紫檀族—紫檀属—紫檀种。在"纲"一级就已经与檀香木分野。但是，在缺乏现代植物分类学概念的古人对檀香木和紫檀的区分并不了然，不仅古代中国人，即或现时的著作家们对两類多不加区别，正如王华老师函中所说"中国文化中，对'檀'、'紫檀'、'檀香木'的认知的确模糊"。宋人赵汝适在其书中设"檀香条"目，指出檀香"气清劲而易泄，炳之能夺众香。色黄者谓之黄檀，紫者谓之紫檀，轻而脆者谓之沙檀，气味大率相类"。参见赵汝适：《诸蕃志》，杨博文校释，第 179 页。为了既要适合古今论述，又要适合现代植物分科，本章力所能及的加以某些区分，若难以区分时，则用"檀木"表述，若是古意引述，无法修正，则一仍其旧。在此特别说明，并对王华老师表示谢意！

（一）此木稀罕

檀木或两属，要么木质奇香，香味隽永；要么质地坚硬，木纹美丽；因其品质不同，功用多样，或用作香料制品，或造作家具建材，等等。中国用檀历史悠久，《诗经·小雅·鹤鸣》名句"爰有树檀，其下维箨"，千古流传。檀香木开发出来的是香料——檀香。在古印度，人们妙用檀香逾四千年。檀香被各教的宗奉者崇信，佛家习称"栴檀"，意味给人"与乐"。① 佛典曰："此树香洁，世所希有。"② 在伊斯兰国度，习惯在逝人脚部燃檀，借由香气引领死者魂魄，平净生者心灵。

檀香属各种香料中的极品，香料之路开辟极早，与丝绸之路一般，系古老的国际贸易。宋太平兴国七年（982），鉴于各地短少，诏令放行香料37款，包括沉香、檀香等。宋建炎元年（1127），有人建议对闽广市舶旧税法改革，专列"檀香之类"。③ 16世纪初叶，西人对入华檀木就有关注，1510年在罗马出版的瓦尔塞玛（Ludovico di Varthema）的《行程记》记述了主要面向中国贸易的马六甲，港口"有大量的檀香木"。④ 来华西人对中国的檀香市肆亦有描绘，葡萄牙冒险家平托（Fernao Mendes Pinto）于1580年完成的《游记》述北京市场有大量的檀香出售，"数量如此丰盛，似乎找不到词汇来形容"。⑤

檀香（木）因其珍贵，也多用作中外国家间互酬的国礼贡物。宋朝时，就有"占城"（今越南中南部）、"下港"（今印度尼西亚万丹）、"大尼"（今马来半岛北大年）等进贡。⑥ 渤泥国（今加里曼丹）于宋太平兴国二年（977）遣使进贡，内中有檀香等物。《宋史·渤泥传》记，该年其王遣使来华，进贡有"檀香三撅"等。⑦ 明朝初建，太祖遣使，琉球等回报"贡

---

① 释玄应撰、释希麟续：《一切经音义》卷二一，日本：狮谷莲社刻本，元文三年，第327页。

② 释道世：《法苑珠林》卷六三，四部丛刊景明万历本，第766页。

③ 梁廷枏：《粤海关志》，袁钟仁校注，第20、26页。

④ [英]C.F.赫德逊：《欧洲与中国》，王遵仲、李申、张毅等译，北京：中华书局，2004年，第157页。

⑤ [葡]费尔南·门德斯·平托等：《葡萄牙人在华见闻录》，王锁英译，第213页。

⑥ 张燮：《东西洋考》，第27、45、58页。

⑦ 赵汝适：《诸蕃志》，杨博文校释，第137、139页。

方物"，有"檀香、木香、黄熟香等"。[①] 此外增列的国家有："爪哇"（今印度尼西亚爪哇岛）、"满刺加"（今马六甲）、"浡泥"（今加里曼丹北部及文莱苏丹）、"彭亨"（今马来西亚彭亨州）、"暹罗"（今泰国）、"古里"（今印度科泽科德）、"锡兰山"（今锡兰）等。[②] 明朝正统后，属国贡物中亦有檀香。[③] 此例清朝延承，康熙十二年（1673）暹罗贡使来华，贡品中有"黄檀香"。檀木的另一种类——紫檀器物也出现在往来礼单内，乾隆十八年（1753），外使来朝，清廷经过慎重讨论后决定仿照雍正五年（1727）意大利使节来华例，中方"赐物""紫檀木器"。[④] 檀木有种种用途，"除作木器、念珠、扇骨、小盒外，并作香料、颜料、药品、神香等用"[⑤]。清人推崇的紫檀，"来自番舶，以轻重为价。粤人以作小器具，售于天下"[⑥]。不仅仅制作小器具，也有造作满堂大型家具的（在此基础上发展起来的"苏作""广作"都因此而名满天下）。进口的部分又用作出口，中国人在其间赢利的是设计与精制。说来殊有意趣，1852年俄罗斯驻北京布道团的人员刊文《中国人制造墨、香粉和胭脂的方法》，称中国人制造上等墨时，要掺入"红檀香"等原料。[⑦] 檀木也成为巨富之家争强夸富的炫料，在1556年冬天访问过广州的葡萄牙多明我会士克路士（Gaspar da Cruz）称曾看见"很漂亮的床"，用象牙和檀木等制，价格奇昂。[⑧] 而广州行商潘庭官的巨宅"比一个国王的领地还大"，房屋的"套间都用活动的柏木或檀木间壁隔开"，所指当是檀木屏风。[⑨] 此珍木良材在东方世界自

① 周煌：《琉球国志略》卷三，漱润堂刻本，乾隆二十四年，第7页。

② 黄省曾：《西洋朝贡典录》，谢方校注，第12、29、41、45、49、60、102页。另见屈大均：《广东新语》下，第428—431页。

③ 黄省曾：《西洋朝贡典录》，谢方校注，第12页。

④ 梁廷枏：《海国四说》，第206、178、221页。1793年，英国使臣马戛尔尼（George Macartney）来华，在进献"贡品"后，乾隆皇帝同样以诸多檀香木物品回赐英王，包括紫檀彩漆铜掐丝珐琅龙舟仙台、紫檀座青玉夔龙盖瓶、紫檀座青玉龙凤扁壶、紫檀匣御笔书画册页等。参见故宫博物院：《掌故丛编》"英使马戛尔尼来聘案"，北京：故宫博物院刊印，1928年，第34—38页。

⑤ 陈重民：《中国进口贸易》，上海：商务印书馆，1930年，第105页。

⑥ 屈大均：《广东新语》下，第655页。

⑦ 曹天生主编：《19世纪中叶俄罗斯驻北京布道团人员关于中国问题的论著》，张琨等译，第173页。

⑧ [英] C. R. 博克舍编注：《十六世纪中国南部行纪》，何高济译，北京：中华书局，1990年，第88页。

⑨ [美] 亨特：《旧中国杂记》，沈正邦译，第94页。

来受推崇，1655 年 7 月土耳其军队没收一位库尔德王子的财宝拍卖，拍品清单令人赏心悦目，除了象牙、光芒四射的玫瑰香水瓶、饰以宝石的可兰经之外，还有紫檀木的箱子等。[①]

　　商品的海外市场打开后，檀木是国际物流中的重要货品。只不过这一产自东方的传统国际商贸货品，自此主要改由西人经营，这是一个重要转变，传统的东西方间接交通的形式被摆脱开来，地缘传递性贸易被跨洲直接性贸易替代，"世界贸易和世界市场在 16 世纪揭开了资本的近代生活史"[②]，檀木等形形色色的商路终至造就近代世界经贸体系网络。"东方航线的发现者"葡萄牙人是西人中较早染指此项生意者。明人林希元言："佛郎机之来，皆以其地胡椒、苏木、象牙、苏柚、沉、速、檀、乳诸香，与边民交易。"[③] 所指运进"诸香"不错，但认为来自"其地"则谬，上述诸物都不是葡萄牙出产，葡人是居间转卖。欧亚贸易的兴起也导致西方范围内的外贸格局由"内海（地中海）"向"外洋（大西洋乃至太平洋）"挪移。1548 年，宁波双屿港发生大火，停泊港内的多艘中外船只被烧，损失 150 万金，毁损货物中就有葡人从海外运来的檀香。[④] 葡人输华檀木主要来源地是位于东南亚努沙登加拉群岛中的最大岛屿帝汶岛（Ilha de Timor）。信息即财富，古今依然，16 世纪初，控制了马六甲的葡萄牙人听闻帝汶盛产檀木，而此货在中国大有销路，在广州可以 3 倍买价的价钱出手。1515 年后，葡人开始经常光顾帝汶，但受到土著居民的抵制，不许居留岛上，只许一年往返一次按规定价格收购檀木。占据中国澳门的葡人从帝汶的文那港（Mena）、马度米亚（Matomea）和卡文那士（Camanase）等地获得檀木转运中国。[⑤] 并由此开辟了延承许久影响深远的澳门—望加锡—帝汶航路，财源滚滚。1590 年，席尔瓦主教（D. Francisco Pedro da Silva）记述："檀香木在中国很受重视；虽然其一般价格是每担 20 帕塔卡（Pataca），而在有些年份，当由帝汶开来澳门的船只不足时，其澳门售价

---

① [法] 布罗代尔：《15 至 18 世纪的物质文明、经济和资本主义》第 1 卷，顾良、施康强译，第 337 页。
② [德] 马克思：《资本论》第 1 卷，中央编译局译，第 167 页。
③ 林希元：《与翁见愚别驾书》，陈子龙等选编：《明经世文编》卷一六五，北京：中华书局，1962 年，第 5 页。
④ [葡] 费尔南·门德斯·平托：《远游记》下册，金国平译，1999 年，第 699—700 页。
⑤ 普塔克：《明朝年间澳门的檀香木贸易》，《文化杂志》中文版第 1 期，1987 年。

将达到 150 帕塔卡。"1633 年的另一份报告称，利润可达 200%。[1] 贸易中，火枪往往比口舌更具"说服力"。面对不驯服的原住民，1640 年，全副武装的葡萄牙军队留驻帝汶岛北岸的"利福"（Lifau），开始控制岛上的檀香木贸易，将出货源源不断运往澳门转至大陆。[2] 那时的中国人对此悉然，帝汶"沿山皆旃檀，至伐以为薪"，被西人运来，"络绎而至，与商贸易"。[3] 明朝崇祯年间颜俊彦刊《盟水斋存牍》列出与"夷商"有关的铺行，有所谓的"四季香户"与"漳行"，专事进口的沉、檀、速、降等香，也有经营紫檀的铺户。[4] 说明此舶来品已具规模，致使中国的从业者蔚然形成"传统行当"和"专业区划"。

在相当长的一段时间里，葡人享有帝汶檀木贸易的专营权，此细木良材也一时间成为澳门最大的利润来源。"这一项多年来为澳门所进口的物品，使澳门政府从这上面获得的收入是如此可观，以致几乎这个居留地的所有开支都从这种物品的进口而来。"[5] 尤有甚者，明清时代的某些人认为澳门被葡人占据便与包括此香物的香料贸易有关："祖宗朝贡有定期，防边有常制，故来者不多，近因布政吴廷举谓缺上供香物，不问何方，来即取货，致番舶不绝……防禁既疏，水道益熟，此佛郎机（葡萄牙）所以乘机突至也。"[6] 而在清朝平定台湾后，1723 年，雍正诏谕废除清廷 1717 年颁布的禁止南洋贸易令，中国商人于是从帝汶和巴达维亚运回大量檀木，在广州低价出售，大大影响了葡人的交易。[7] 于此，澳门当局立即有了反应，1724 年 8 月 31 日，帝汶新总督马塞多（Antonio Moniz de Macedo）抵

① 张廷茂：《明清时期澳门海上贸易史》，第 113、115 页。

② Charles Ralph Boxer, *Fidalgos in the Far East, 1550-1700: Fact and Fancy in the History of Macau*, p.197.

③ 张燮：《东西洋考》，第 87—88 页。

④ 颜俊彦：《盟水斋存牍》，北京：中国政法大学出版社，2002 年，第 662—663 页。

⑤ [瑞典]龙思泰：《早期澳门史》，吴义雄、郭德焱、沈正邦译，第 145 页。

⑥ 王之春：《清朝柔远记》，赵春晨点校，第 6 页。

⑦ 实际上，远在西方人到来之前，中国与南洋的贸易已"是一派生机勃勃的景象"。但亚洲内部与欧亚之间的贸易亦有差别，早期的亚洲贸易是一种以小商贩为主，受季风影响，市场直接联结，经营物品量小质优价高的近海贸易。略后的欧亚贸易则在广度和频率上有大幅发展，是庞大远洋船队经常性地往返于各个贸易点线，运输物品巨量，并趋向于从奢侈品向日用品的转变。Jacob Cornelis van Leur, *Indonesian Trade And Society: Essays in Asian Social and Economic History*, Bandung: W.van Hoeve Ltd-The Hague, 1955, pp.120-121, 194-200,220.

达澳门，同船有澳门新总督欧嘉苏华（Antonio Carneiro Alcacova）。澳门当局抓住帝汶总督在澳门停留的机会，当即召集议事会大会，"建议与帝汶新总督订立条约，委托他管理印度总督决定给澳门船只的三百担檀香"，并就檀香木运销地点及价格作了限制性规定。此举只是救急，不能解决长久问题，1732 年 1 月 14 日，鉴于"财源枯竭"，澳门议事会专门召开全体会议研究解决之道，因为帝汶当地民众的反抗，使葡萄牙对帝汶的统治"处于大衰落之中"，澳门"商业贸易的支柱——檀香——今天已失去以往的声望"。[①] 此后，更由于葡萄牙和其他列强势力的消长，1785 年，帝汶政府宣布废止澳门享有的檀香木贸易的垄断特权，葡人的经营难以为继。

（二）国人喜好

继葡人之后，其他西人开始介入此项买卖。跟进的是荷兰人，初以"入贡"形式，清顺治十三年（1656）荷兰东印度公司使节德·豪伊尔（Pieter de Goyer）到访北京，有"檀香十石，共一千斤恭进"。康熙五年（1666），荷兰贡方物，内有"檀香三千斤"。翌年的贡品则有檀香 20 石，檀香油 1 罐。[②] 油从木中提炼析出，"质地芬芳，很受人们珍视"，据说，这种黄色的油"在水中会下沉"。[③] 17 世纪的荷兰人还建立了亚洲的海上贸易网，他们将东南亚檀等香料卖往中国（东南亚是檀木的盛产地，明人记录，爪哇国"其土物多苏木、金刚子、白檀香"[④]）换回丝织品等，转手日本，赚得白银；复去购买印度的棉织品，再回东南亚换取檀木及香料。如此这般，远近流转，彼此易物。"通过这种亚洲国家间的贸易谋利。荷兰东印度公司购买运回欧洲货物所需的钱款，用于维持与扩大在亚洲的要塞、船队和货栈所需的资金，大部分由此而出。"[⑤]

---

① ［葡］施白蒂：《澳门编年史》，小雨译，第 109、118 页。

② 梁廷枏：《粤海关志》，袁钟仁校注，第 442、444 页。

③ ［瑞典］龙思泰：《早期澳门史》，吴义雄、郭德焱、沈正邦译，第 358 页。另按：檀香油用途甚多，"东西各国所制化妆品类多用此油"。参见龚作霖：《檀香油之制法》，《通问报》1918 年 11 月第 45 号；檀香油据称还可药用。参见宋克申：《替檀香油叫屈》，《民众医药汇刊》1934 年第 1 期。

④ 黄省曾：《西洋朝贡典录》，谢方校注，第 26—27 页。

⑤ J. E. Wills, *Pepper, Guns and Parleys*, Harvard University Press, 1974, p.20.

当然，更大的经营者是英国。雍正三年（1725）"六、七月间……又续到哥沙国、咖喇吧国、吗吧喇斯国洋船、英吉利洋船"载檀香等来至广州黄埔。[①]1736 年，英国东印度公司船"里奇蒙号"在代利杰里（Tellicherry）装运檀木859 担来华，该船在广州货物的总售价是 56384 两银，毛利 47%，檀木占该船所有货物赢利的近 1/5。这是所见较早的英国运檀木入穗的记录。在英国人那里，檀香木径直摆脱了"贡物"的面目，成为一般的交易商品，从朝廷方物变身国际贸易品。而且，英国人的檀香木来源与葡萄牙人、荷兰人有别，英人输入的主要来源于中国檀香传统主产地的印度，受到格外青睐。早期英人输檀入华是不经常的，每每间隔数年。1742 年 7 月 1 日，英国两船抵达黄埔，其中"防卫号"从伦敦直接开出，装运的是铅、绒布等"英国产品"；"翁斯洛号"经孟买，装运的便是檀木等"印度产品"。十余年后，是项贸易又延续，1756 年，"霍顿号"从孟加拉和代利杰里运来檀香木。从此开始，也许解决了稳定的货源，英船比较经常地运檀来华。1757 年，"皇家公爵号"载檀木入广州。1759 年，东印度公司有 12 艘船来华，其中 9 艘经停印度口岸载檀，[②]此货品成为广州口岸的长线进口项目。作为那时唯一对外开放的商埠，广州长期作为中国进口檀木的分销地，由此再运送他地，"大约长江销路最好。惜来源殊少，不敷客商购买耳"[③]。1764 年，作为清代官商的"公行"公布进口货物的价格，各类檀木每担 16 两银。而当年广州市场上流通价格是马拉巴尔（Malabar）木（一级和二级）每担 18—19.4 两银，帝汶木 12 两银，马德拉斯（Madras）木 10.5 两银。因产地不同，檀木的价格也有差别。"公行"公布的是平均价。1771 年，英国输入广州的檀木，除了东印度公司的 3830 担以外，还有散商的 35 担。此间正在崛起的新商人群体也参与到檀木这一有利可图的交易中。1772 年，进口的檀木，英国东印度公司有 6699 担，散商承运 5 担；另有 890 担是荷兰人运来，反映荷兰等国也不时

① 王之春：《清朝柔远记》，赵春晨点校，第 60—61 页。
② [美] 马士：《东印度公司对华贸易编年史（1635—1834 年）》第一、二卷，区宗华译，第 236—237、284—285 页。
③ 《各省商情：檀香货少》，《湖北商务报》1899 年第 15 号。

参预。1774 年，檀香木的广州价格是一级每担 21 两银，二级 16 两银，三级 13 两银，帝汶大块木 10—12 两银。[①] 价格较十年前略有攀升。1778 年英国东印度公司运入檀木 980 担，散商运入 1468 担。此乃重要转变信号：散商贸易量首次超过公司，且逾出不少，散商经营有了大幅跃增。长期以来，公司一直将中国最重要的出口货品——茶叶的经营权牢牢把持住，而在其他货品上开放口子，以弥补公司因大量进口中国茶而造成的巨额逆差。檀木是散商较早经营的比较有声有色的货品，公司也作为其代言人予以保护。1781 年 10 月 11 日，公司驻穗大班向粤海关监督提出抗议："去年的进口货价太低，希望本季给予散商船一些鼓励，否则他们不会再来此埠。"近乎要挟。中方答称："他们来否是有自由的，至于价格一定要依市场需要而定，而且没有一个商人会给价超出货物所值，从前这种做法已使很多人破产，因此，官员现在必须考虑欧洲人和商人双方的利益。"此处可见，檀木的价格主要受供求关系影响，受消费市场左右。[②] 此间有逐级递进，从低端的原料产地，经过运输，到达中国的制造与消费，在产业链中，中国是终端，也是高端，中方也因此具有较多的定价话语权。几天后，粤海关明令公布了价格：每担 22.22 两银[③]，双方博弈的结果是，价格小幅提升。公司出面为散商说项，佐证体制内外的两者利益具有某种一致性。除公司和散商外，此间经营檀木的还有另一支力量，就是"私人吨位"，这是东印度公司对航行中国船员的酬劳，允许相关人员随船携带规定数量的货品（船长通常获 56 吨的免费吨位，后来增加到 99 吨，其他船员共同分配 47 吨，这些吨位也常常被散商以每吨 20—40 英镑的价钱抢购）。[④] 1805 年，"私人吨位"从马德拉斯运到广州 20 吨檀木。[⑤] 1825 年，

---

① ［美］马士：《东印度公司对华贸易编年史（1635—1834 年）》第四、五卷，区宗华译，第 461、479、484、530、535、579、598、623—625 页。

② ［美］马士：《东印度公司对华贸易编年史（1635—1834 年）》第一、二卷，区宗华译，第 354、392—393 页。另按：檀香价格还受到季节等多种因素的影响，"檀香市价，因春季香汛已过，去路狭隘，价遂下降"。详：《香汛已过，檀香去路狭隘》，《商品新闻》240 号，1949 年 4 月 23 日。

③ ［美］马士：《东印度公司对华贸易编年史（1635—1834 年）》第一、二卷，区宗华译，第 354、392—393 页。

④ ［英］格林堡：《鸦片战争前中英通商史》，康成译，第 11 页。

⑤ ［美］马士：《东印度公司对华贸易编年史（1635—1834 年）》第三卷，区宗华译，第 4 页。

"私人吨位"运入 574 担；1826 年运入 1793 担，价值 36000 元；这还不包括直接从加尔各答至广州的"斯科特爵士号"船长的 109 担，来货售给广州行商鹏年官，售价 2626 元。① 在这些年份，散商的载运量时常超过公司，其原因在于，他们居处印度，容易就地获取质高价廉的货源。

1787 年，英印总督康沃利斯勋爵（Lord Cornwallis）致函东印度公司驻华特选委员会，因为英国货在华缺乏销路，"没有比将印度商品在中国出售的方式更好"。当年英国对华贸易总值，来自英伦的产品占 47%，而来自殖民地印度的产品占 53%。循名责实，康沃利斯称印度对这间专以"东印度"命名的公司委实"是很重要的"。② 由此可以理解为什么"到东方去"会成为西方世界熙攘一时的口号。这在散商贸易中表现得更为突显，1792 年，英国散商船运入檀木售银 175600 两，在散商该年度对华出口货物总额中的占比仅次于鸦片和棉花，而高于锡、胡椒、象牙等"东方产品"。这年，荷兰船也运入 926 担，此后，便不见荷兰人运檀的记录，说明其已退出。同年，英国东印度公司 16 艘船运檀在广州售银 26092 两，盈利 8.3%，与英国输华的其他货品比较，赢利率算中等，其运入印度棉花和胡椒的赢利分别是 67.5% 与 62.2%；但运入英国毛织品则亏损0.6%，全部"英国产品"的赢利也不过 1.4%。1795 年，公司船从印度运来檀香木成本 80467 镑，售得款 27745 两，赢利率 3.4%，较三年前降低；但也要比出口中国的"英国产品"在该年度亏本 1.1% 要好，檀木在由棉花、胡椒等"印度产品"组合中赢利波动较大，整个"印度产品"盈利率 25.1%，其中棉花盈利率高达 38.4%。但转到 1800 年，檀木利润陡升至72%；而棉花的利润降至 27%。③ 可见，各货品间利润起伏不定，尤其是檀木等波动剧烈。到 1828 年，散商运入广州的货物中，来自欧洲的产品不到总货值的 2%，其他尽数是"印度货"；这年，散商输华货值的排序仍

① ［美］马士：《东印度公司对华贸易编年史（1635—1834 年）》第四、五卷，区宗华译，第 124、127、134、147、152 页。

② ［美］马士：《东印度公司对华贸易编年史（1635—1834 年）》第一、二卷，区宗华译，第 460—461、509 页。

③ ［美］马士：《东印度公司对华贸易编年史（1635—1834 年）》第一、二卷，区宗华译，第 509、518—519、578—579、656—657 页。

旧是第一位鸦片，第二位印度原棉，第三位便是檀木。[①] "东方产品"在
中国的畅销证明："欧洲繁荣的极大部分是建立在它们的美洲大陆的姐妹
国家，它们在亚洲的租借地和在非洲的殖民地基础上的。"[②] 这是一种不
平衡乃至不平等的贸易错位，也是西方早期海外原始资本积累进程中不应
忽视的重要来源和模式。

先前的檀香木国际贸易主要局限于印度洋，东西航路开通后，拓展到
大西洋，更主要是太平洋诸岛，西人采集的地域空前延伸，只要有檀，无
处不去，从而形成一个国际檀香木交易的庞大货流网络，由地球各个点位
涓涓细流的采集物品融成滔滔巨流汇聚中国。1800 年前后，西人发现了南
太平洋斐济岛（时属英国）上的檀树林，第一个将斐济檀木介绍到西方世
界的是 O. 斯莱特（Oliver Slater），他是美国帆船"阿尔戈"（Argo）号上
的水手，在开往澳大利亚的途中，船只在斐济拉克巴岛 11 英里外触礁沉
没。斯莱特幸存下来，在斐济度过两年后，一艘路过的澳大利亚船将他带
走，该船驶往中国。在斐济时，斯莱特就注意到当地郁郁葱葱的檀香树林，
到广州以及回到澳大利亚后，他向众人诉说自己的"发现"。很快，美国、
澳大利亚、英国的船只纷纷开往斐济，在这片被称为"檀香群岛"的乐土，
竞相取用芳香的宝藏。

采运檀木的路程满布艰辛与危险，有时"要付出生命的代价"。1804
年纽约商船"联合号"远赴斐济获取檀香木，"结果船长及船员多人被
杀"。[③] 运输途中时有不测，海难每每不期而至，如 1793 年 7 月 18 日，载
檀英船"国王乔治号"在驶入黄埔途中，被雷电击中起火，全船烧毁。[④]
此外，威胁最大的是列强之间的战争。1812 年，美船在东亚海面捕获英船
后，将战利品运往广州销售。英国随即报复，美船"猎人号"载运檀木等
货驶来，1814 年 3 月 16 日从广州黄埔启碇，几天后被英国战船捕获。消
息传到广州，美方派员乘坐中国小艇前往查看，果然见到两船在一起。中

---

① [英] 格林堡：《鸦片战争前中英通商史》，康成译，第 12 页。

② [德] 奥古斯特·勒施：《经济空间秩序——经济财货与地理间的关系》，王守礼译，北京：商务印书馆，
2010 年，第 436 页。

③ 李定一：《中美早期外交史》，第 18 页。

④ [美] 马士：《东印度公司对华贸易编年史（1635—1834 年）》第一、二卷，区宗华译，第 531 页。

国当局认为英国战船侵犯了中国领水，"干犯天朝律例"，要求英方放船。英方申辩："捕获是在远离老万山的西南外方，因此是在中国管辖权之外，所以复称，美国与大不列颠之间存在战争状态，按照各国法律，此次捕获是完全合法的。"4月20日，英舰押送美船离去。25日，中方命令：既然美国商船已经离开，那么所有的外国战船应即驶离中国海域，"不得在外游荡，滋生事端"。[①]在战争状况下，外国商船多数不敢冒险出海，檀木贸易时有中断。

利润之蓝海深不可测，因为利之所在，不乏冒险犯难的人。在1830年代中期之前，英国对华檀木输入持续进行。1806年，东印度公司船运来印度檀香木在广州售银93289两；次年，增至112800两；1810年，售得银89861两；越五年后的1815年，售银39421两；再逾五年后的1820年，售得196669元。[②]此后，东印度公司逐步退出此项贸易，散商成为当然主力，1825年，散商运入檀木价值72000元，公司没有运入，只有公司职员的"私人吨位"574担。1830年，散商运檀价值144300元，公司同样没有。翌年照样。1832年，散商输华檀香木价值22825元，公司运入2986元。1833年，英国东印度公司对华贸易垄断权终结，这年，与公司抵牾蓼辖近百年的英国散商入华檀香木41400元，公司运入仅区区75元。[③]自由商人是如何从依附、到竞争、再到击败公司，于檀香木贸易的生成流变可见一斑。

殖民者将海外檀木产区视为毫不足惜的掠取地，实行依靠本地人就地榨取的策略。檀木商人的惯用手法是"忽悠"，先与产檀岛屿的国王、酋长、头人、首领们，总之就是同当地统治者搞好关系，送上见面礼，联络感情。那时，抹香鲸的牙齿是原住民青睐有加的物品，巨大的鲸牙重可达2磅以上，被土著认为具有神圣的力量，用作贵人嫁妆或巩固部族间的联盟，在战争中，佩戴鲸牙的人相信能够所向披靡。拜物之下，欧美的捕鲸

---

① [美]马士：《东印度公司对华贸易编年史（1635—1834年）》第三卷，区宗华译，第212—214页。
② [美]马士：《东印度公司对华贸易编年史（1635—1834年）》第三卷，区宗华译，第24、50、127、225、227、381、367页。
③ [美]马士：《东印度公司对华贸易编年史（1635—1834年）》第四、五卷，区宗华译，第124、127、285、351、260、380页。

船纵横太平洋捕捞这种深海的庞然大物，再交换檀木。和鲸牙一样受欢迎的还有象牙和布匹，以及镜子、斧头、玻璃瓶、钉子之类的小玩意。依靠这些手段，西人与土著间有些甚至建立了亲密的私人关系，有个美国人于1807年时在瓦努阿莱武岛住过一段时间，学会了当地方言，当地首领很喜欢这位求知欲强烈的和善客人，收为义子。在离开该岛时，这名年轻人保证会再回来，1808年12月，他果然重返此地。令久别重逢的"国王"欣喜若狂，抱住大呼"孩子！孩子"，热泪流过脸颊。双方建立"感情"后便开始付诸西方的契约原则，签订协议，规定砍伐檀木的条件和数量。然后依靠原住民采伐树木，国王选出大队劳力登上山坡，外来船也派出监工。原住民很有经验，知道在什么地方可以选取粗大的檀树，一般情况下，伐木人不用斧头，而是用锯子，以免多浪费木屑——檀香树过于珍贵。大树倒下后，人们砍下树冠，修剪掉多余的树枝，掘除树根，去掉外皮，只留下浸透油脂的树心——这才是有贸易价值的。[1]

（三）寻树步履

有学者称："在中美商务中起作用的第一种物品是檀香。"[2] 这自是夸大之词。实际上，1784年，第一艘抵达中国的美国商船"中国皇后号"的货品中并没有檀香木，而只有人参等。中美檀香木贸易是怎样开始的尚不能确定。"传说有一奥斯特公司（Astor）所属的船，于夏威夷停泊时，在岛上砍伐了一些木材作燃料，到广州燃烧时，引起中国人的惊讶，遂全部出售，大发意外之财，并且将这个秘密保持了十七年之久。"[3] 还有的记述是：1790年，"格里斯号"（Grace）的道格拉斯（W. Douglas）船长首次把夏威夷的檀香木运到广州，这之后，到广东贸易的美国商船一般在夏威夷停留进行补充和休整。在贸易最高峰的1821年，从夏威夷向广东运送了3万担檀木，占中国市场消费量的一半。每担在中国卖9美元左右。[4]

---

① [美] 埃里克·杰·多林：《美国和中国最初的相遇——航海时代奇异的中美关系史》，朱颖译，第111—112页。

② [美] 赖德烈：《早期中美关系史（1784—1844）》，陈郁译，第39页。

③ 李定一：《中美早期外交史》，第12—13页。

④ 付成双：《动物改变世界：海狸、毛皮贸易与北美开发》，第240页。

这些故事不知是否真确，夏威夷群岛却因盛产檀香木而闻名于世倒是真实的。严格说起来，夏威夷位于西太平洋中部，处在美洲、亚洲、大洋洲之间，地理位置上属于大洋洲而不是美洲，但与前述盛产檀木的太平洋诸岛所处位置一样，多位于美国船来华的商途中，这些岛产檀木的输送者和主要获利者是美国人（而不是当地土著），檀木也是维系中美贸易的重要货品；甚而，后来夏威夷更被并入美国，成为美国的第 50 个州。故将夏威夷放在"美洲篇"中论述。公元 4 世纪，波利尼西亚人乘独木舟破浪至岛定居，起名"夏威夷"。1778 年，库克（James Cook）"发现"该群岛。随后而来者更感兴趣的是岛上的檀林，贸易蓬勃开展起来。夏威夷的檀香被认为没有南亚甚至东南亚出品的好，但香味也足以悦人。而且顺路，皮货商经停夏威夷时，顺便将檀木填满货舱。檀木贸易成为皮货贸易的延伸，贸易链条多出一个环节，节节添加，链条不断延长，利润不断增长。最早可以确定的是 1792 年 3 月 10 日，美商已运夏威夷岛上的檀木到达广州。[①]随后，"波士顿的威廉·台维斯和约纳桑·温喜薄在 1793 年左右开始装运檀香，后来就取得了经营这种贸易的专利权"。1794 年英国航海家威廉·布朗（William Brown）也抵达夏威夷，夏威夷自此成为过往船只的停靠地，凡经"西北海岸"驶往中国的商船，多在此停泊，不仅为了水煤的供应和船员休息，更重要的是檀木的获取。是时，武力统一了夏威夷诸岛的卡米哈米哈一世国王（King Kamehameha I）将大片的檀林据为己有，购买船只，创立海军。美国人或用旧船等物件交换檀木，或用金钱购买，或进行期货贸易，受托将檀木运往广州，再将挣的钱按一定比例返还国王。

砍伐檀香树的劳作异常艰苦，原住民没有牲畜和机械的助力——这些在崎岖的山林中也不适宜，他们不分男女将檀树扛在肩上，徒步来往于艰险的山径，沉重的木料让许多人的身体变形。被迫在檀林劳动的苦工顾不上自家的农事，粮食逐渐缺乏，饥荒随即到来。面临这种情形，卡米

---

① ［美］赖德烈：《早期中美关系史（1784—1844）》，陈郁译，第 39 页；李定一：《中美早期外交史》，第 12—13 页。此间亦有华人随外船到夏威夷定居。参见陈流生：《檀香山华侨述概》，《海外月刊》1933 年第 10 期。

哈米哈国王只得稍微收手，下令减少檀木的征调采伐。但其子利霍利霍（Liholiho，即卡米哈米哈二世）1819 年继位后，情形转差。利霍利霍更改了乃父的政策，不仅王室肆无忌惮地砍伐，还允许某些关系好的头领进行檀木交易，购买朗姆酒、枪支、丝绸、家具，恣意挥霍。最豪奢之举是利霍利霍还从别人手中购买了美国制造的第一艘航海游艇——83 英尺的"埃及艳后"号，这艘船以欧洲皇室游艇为蓝本，装饰如同宫殿，有天鹅绒沙发、枝形吊灯、全套精制玻璃和瓷器的餐柜。该船在原主人逝世后，装饰被部分拆除用做商船，倒手几次后，利霍利霍用檀香木换购了这只船。檀木贸易一时间带给当地统治者巨大的财富。当然，更大的财富被欧美商人获取，1812 年，波士顿出发的"猎人"号船长以 800 美元的价格购买了几百吨檀木，在广州以 80000 美元卖出，马萨诸塞州纽伯里波特的一家报纸惊呼，"这简直是一本万利！"不过也不时闹出"乌龙"，曾有一艘从夏威夷运来"檀香木"的美国货船，由于弄错了树种，砍伐的树木里几乎不含中国人需要的那种宝贵油脂，因此，在广州获得的利润极其有限。[①]

　　19 世纪初夏威夷的檀香木贸易大兴，外来移民日增。首府火奴鲁鲁（Honolulu）因此被华人名符其实地称为"檀香山"，"华人初至其地，见檀香山之木最多，遂呼此名"。[②]正如研究早期中美关系史的名家赖德烈所言，地图上的"檀香湾这些名称乃是在那些遥远地区早期美国贸易的存在和他的开拓的性质的证据"[③]。

　　美国人的寻木足迹不断延伸。1804 年，纽约的两桅帆船"联合号"没有取得皮货，便与英人订约去斐济物色檀木，虽然船长和几个船员被土人杀死，这艘船还是装了货驶往广州。美国人渗入当地对华檀香木的经营，引起了英国人的警觉，1805 年英国东印度公司档案记载："本季美国与广州的贸易有新的发展。但现在有一个大发现，就是南海各岛屿出产的檀香木。"第二年的 1 月 22 日，又出现如下记录："最近从南海到达的一艘美

---

① ［美］埃里克·杰·多林：《美国和中国最初的相遇——航海时代奇异的中美关系史》，朱颖译，第 151、112 页。

② 仲超：《檀香山之今日观》，《教育界》1913 年第 2 期。

③ ［美］赖德烈：《早期中美关系史（1784—1844）》，陈郁译，第 56 页。

国船，运来斐济群岛出产的檀香木约 2000 至 3000 担之间，据说该处发现有同样木材的森林很多"，运入的檀木块头大，成本与广州市价相比溢价一倍多。① 1806 年，在"联合号"发财的刺激下，专事采运檀木的"希望号"出航，船抵斐济后，与当地酋长订了采集合同，土人把檀香木从山上运下堆在海边装船，美商以各色小饰品交换。当"希望号"离开时，酋长答应在 18 个月内再收集好第二船货，合同甚而规定，在同一时期内不得把檀木卖给别船，等于是获得了买断权。1808 年 6 月 15 日，"唐昆号"在"希望号"船长的指挥下自纽约出航，获得特别优待而免受当时在美国实行的封港令限制，它发觉前此所订合同为"土人丝毫不苟地遵守着"。1810 年 5 月，"兴隆号"从撒冷驶往斐济，"这是从该港口出发的许许多多次类似的航行"。② 1811 年，美国从斐济运来檀木 4130 担，英国从该地运来 3521 担。1812 年，美人的寻木足迹扩及太平洋上的多岛，运来檀木 7350 担。③ 那个时代，美国能用来对华进行交换的物品非常有限，主要是人参、皮毛和檀木，其中前两宗产自美国本土或临近地区，是暖寒地区的产品；檀木则取自远离本土的"东方"，是热带地区的产品，恰如时论："此间的美国人实际上成了世界的公共搬运夫。"④ 美国人跨越大洲大洋，曲折绕道，中停数站，即为获取此类商品。"美国人总算幸运，在毛利西亚和广州之间的各个口岸所愿意要的交换物品各不相同。……在船抵达广州之前，商货会有三、四次的调换。"⑤ 寻寻觅觅，终得结果，反复比较，良品显露：

---

① [美]马士：《东印度公司对华贸易编年史（1635—1834 年）》第三卷，区宗华译，第 3—4 页。另按：斐济、夏威夷和毛利西亚（Mauritius）等也是英国人获取檀香木的重要地区。参见[英]格林堡：《鸦片战争前中英通商史》，康成译，第 71、87 页。

② [美]赖德烈：《早期中美关系史（1784—1844）》，陈郁译，第 40、41 页。

③ [美]马士：《东印度公司对华贸易编年史（1635—1834 年）》第三卷，区宗华译，第 153—154、171 页。

④ Blakeslee, *China and the Far East*, New York: 1856, pp.49-50.

⑤ [美]泰勒·丹涅特：《美国人在东亚》，姚曾廙译，北京：商务印书馆，1959 年，第 17 页。

最好的檀香来自马拉巴尔海岸，售价每担 10 至 12 元；来自帝汶的每担 8 至 9 元；而桑威奇群岛所产既小又多节，每担 1 至 6 元。碎屑也自成一个品种。[①]

"檀香贸易的衰落不像毛皮贸易或捕海豹航行那样早。1817 年考兹布发现檀香贸易在夏威夷群岛仍然极盛。"鉴于当地政府已经获得这种木料来源的管理权，交易方式也有变化，除了早期的物物交换外，支付金钱硬通货也愈来愈常见。在 1825 年或 1826 年，有人估计夏威夷群岛年檀香木的出口为 30 万元，"但这个估计过高了"[②]。估计的确"过高了"，实际上，美国在华的檀香木年销售额从未达到过 30 万元。1817 年，英国在华檀木的销售额是 75200 元，美国是 166200 元，已然超过了英国。但这类情况并不多见，多数年份，美国的输华量还是无法抗衡英国。1819 年，英国人通过檀香木获益 139617 元，美国人获益 101228 元。1821 年，美国售得 269320 元，此乃美国檀香木收入的鼎盛年份，距离 30 万元仍有差距，之后便下落。1822 年，英、美的收益分别是 113676 元和 139408 元。美国虽然超过英国，但自身减少很多。1824 年，英国运入檀香木价值 166447元；美国 66942 元。[③]被英国大幅反超。[④]外贸是国际竞争综合实力的体现，葡萄牙、荷兰、英国、美国等檀木经营国的轮替显明地反映出新兴国家的不断雄起。

表 3-6　美国船只输入广州的檀木数量（1805—1828 年）

年份	檀木（担）	年份	檀木（担）	年份	檀木（担）
1805—06	1600	1813—14	1100	1821—22	26822
1806—07	2700	1814—15		1822—23	20653

① ［瑞典］龙思泰：《早期澳门史》，吴义雄、郭德焱、沈正邦译，第 358 页。

② ［美］赖德烈：《早期中美关系史（1784—1844）》，陈郁译，第 54 页。

③ ［美］马士：《东印度公司对华贸易编年史（1635—1834 年）》第四、五卷，区宗华译，第 22、68、91—92、103 页。

④ 在鸦片战争前广州的檀香木交易史上，确有几个年份的进口额超过 30 万元，分别是 1827 年的336574 元，1828 年的 416981 元，1829 年的 330358 元。但这是各国的交易总值，而非美国一国。之后便因货源吃紧而急剧下落，1830 年是 183300 元，1831 年是 81471 元，1832 年是 54411 元，1833 年仅得41475 元。姚贤镐编：《中国近代对外贸易史资料》第 1 册，第 257 页。

（续表）

年份	檀木（担）	年份	檀木（担）	年份	檀木（担）
1807—08	2000	1815—16	2500	1823—24	8404
1808—09	2000	1816—17	7400	1824—25	7438
1809—10	1815	1817—18	15825	1825—26	3097
1810—11	496	1818—19	14874	1826—27	6680
1811—12	11261	1819—20	10073	1827—28	13265
1812—13	19036	1820—21	6005	1828—29	18206

资料来源：马士《东印度公司对华贸易编年史》第四、五卷，区宗华译，第403—404页。

　　檀木及副产品，很早就是国际舶来品，也早就形成国家关税。宋绍兴三年（1133），户部勘定"番商"市舶抽解，析出檀香、木香等品名。[1]明万历十七年（1589）的货物抽税则例规定"乌木每百斤税银一分八厘，紫檀每百斤税银六分"；还规定"檀香成器者每百斤税银五钱，不成器者每百斤税银二钱四分"。万历四十三年（1615）的税则，一是细分，二是减税："檀香，成器者每百斤税银四钱三分二厘，不成器者每百斤税银二钱七厘。……紫檀，每百斤税银五分二厘。"[2]鸦片战争之前清朝的税例秉持分门别类愈发细化的原则：进口紫檀每百斤税九钱；檀香木制成品则有界属区别，在"木器"门类下："紫檀器、檀香器、影木器每百斤各税九钱"；在"竹木器"门类下："紫檀大围屏每架税五两，紫檀小围屏每架税二两五钱"；在"杂料"门类下：檀香油每百斤纳税三两；在"香料"门类下："上檀香每百斤税一两，下檀香每百斤税七钱，上下对报每百斤税八钱五分"[3]，与其他香料税率比较，檀香因价格高，税率也高。以上是官方公布的正规关税，檀香木进口当然不止"正税"，还有各种"规费"，外商例举1832年1月粤海关收缴"檀香水"的相关关税与规费：钦定税饷0.85两，附加税0.255两，秤量0.15两，行佣0.45两，关规0.08两，共计1.785两；另加贸易捐0.415两；正税2.2两。各项"陋规"与"正

---

① 梁廷枏：《粤海关志》，袁钟仁校注，第29页。

② 张燮：《东西洋考》，谢方校注，第141—144页。

③ 梁廷枏：《粤海关志》，袁钟仁校注，第180、175、175、179页。

税"大致相当。难怪外商对此抱怨不已。[①]清朝当局还实行专营制,除了官方指定的行商外,其他商人不得染指檀香木的进口。[②]

檀香木来自海外,国人也寻香踪影,追根溯源,对产香诸国有了渐次了解。唐朝玄奘已经知晓印度出此俏货,唐人知道的产檀国还有"哥罗"(今马来半岛西岸)、"堕婆登"(今苏门答腊东岸或东南岸)等。[③]宋人曰:"檀香出阇婆之打纲(今加里曼丹岛之吉打榜)、底勿二国(今帝汶岛),三佛斋(今苏门答腊东南)亦有之。其树如中国之荔支,其叶亦然,土人斫而阴干,气清劲而易泄。"开列的产檀国还有"佛罗安"(今马来半岛中部)、"苏吉丹"(今苏加丹拿)等。[④]明人述"爪哇国",土产多"白檀香";甚至远记"阿丹国"(今也门亚丁)"土物多紫檀木"。[⑤]

檀香木产地渐多发现,国人也更多关注,魏源叙"东南洋"的"松巴岛,又名桑巴,在南洋州之西佛罗利斯岛之南……岛中土产檀香为最"[⑥]。张德彝为中国最早的驻外使臣之一,1866年随团出使,一生8次出国,每次都写下详细日记,依次辑成《航海述奇》《再述奇》至《八述奇》。其《四述奇》称:"扎美喀岛,在中阿美里加之东南,距古巴二百七十里",出产"檀香、沉香等"。[⑦]其《五述奇》称:"搜娄门群岛,亦在澳大利亚之东北,周共五千七百方洋里,居民八万,土产檀香。"[⑧]清末,宗室载振出访各国,集见闻纂《英轺日记》,专门提到纳入"新版图者曰夏威仁岛,俗呼檀香

---

① [美]马士:《东印度公司对华贸易编年史(1635—1834年)》第四、五卷,区宗华译,第382、183、193页。另按:据吴义雄根据《广州周报》(*The Canton Press*)等资料对鸦片战争前粤海关进口檀木税率的统计为每担正税例规为0.9两银,税率5.2%,实际征收为2.15两银,浮收后的税率为12.43%。"规费"甚至超过"正税"不少。而在鸦片战争之前,檀木的进口税率是走高的,1778年的纳税额是每担1.25两银,1838年的税额为2.15两银;鸦片战争后签订的中英《五口通商章程:海关税则》中规定的税额是0.5两银。吴义雄:《条约口岸体制的酝酿——19世纪30年代中英关系研究》,北京:中华书局,2009年,第176、228页;王铁崖:《中外旧约章汇编》第1册,第46页。

② John Phipps, *Practical Treatise on the China and Eastern Trade*, Calcutta: 1835, p.148. 檀香木属于"专委行商承办之"输入品。另参见梁嘉彬:《广东十三行考》,第133页。

③ 刘昫等:《旧唐书》卷一九七《堕婆登传》,北京:中华书局,1975年,第5273页;[阿拉伯]苏莱曼等:《中国印度见闻录》,穆根来、汶江、黄倬汉译,北京:中华书局,1983年,第109页。

④ 赵汝适:《诸蕃志》,杨博文校释,第47、60、179—180页。

⑤ 黄省曾:《西洋朝贡典录》,谢方校注,第26、114页。

⑥ 魏源:《海国图志》上册,陈华等校注,第514页。

⑦ 张德彝:《航海述奇·四述奇》卷六,清《小方壶斋舆地丛钞》本,第485页。

⑧ 张德彝:《航海述奇·五述奇》卷五,清《小方壶斋舆地丛钞》本,第772页。

山"①。此时距 1898 年美国将夏威夷划入领土版图为时不久，故有此记。

仅从制作檀香来说，檀香木分有几类，一曰老山香，产印度，条形大，材致密，香气醇。制香时往往要先行搁置，待气息沉稳醇和，有存放数十年者，可谓极品，故又称"老山檀"。二曰地门香，产于印度尼西亚及帝汶（地门即"Timor"之音译），多弯曲有分枝，但有些质量亦极佳。三曰雪梨香，产于大洋洲或南太平洋岛国，以斐济出产为好。而后两种檀香（亦称"新山檀"）正是海道开通后新发见的。②在中外大宗货品交易中，檀木来源地分布略广，檀木之路分岔较多。此在"新世界"经济贸易体架构进程研究中颇具特色。

檀木贸易是那个年代存续众多的三角和矩阵贸易（食糖、丝绸、茶叶、白银、鸦片）中的一种，本应为双边的供销贸易却横空多出一角，起始之由在西人于贸易圈中的搅动，他们以坚船利炮的优势（尚无工业品的优势）占领了殖民地或控制了产出国，从这些地区运送檀木等来华。从产地国与西方运送国的关系来说，这是一种早期殖民主义的贸易体系，是原始资本积累时期具掠夺性的经贸体系；从西方运送国与中国的关系来说，这是自然资源和初级产品交易，不出传统国际贸易体系的范围。应该看到，传统国际贸易商品实际上是很单调的，因为经济的不发达，交通特别是远洋运输工具的落后，导致外贸商品价格畸高，能够享用舶来品的人局限在上流社会，与普通民众无涉。为富贵之家造作的错彩镂金，精雕细刻，经年累月方能完成，其中少有工本时效的计量，与工业年代机械流水线的生产自有时代的差别，只能是些小众消费的奢侈品。③那时的中国所需要的

---

① 载振：《英轺日记》卷一〇，上海：文明书局，光绪二十九年，第 87 页。

② 新老山檀历来价格差异很大，"广东运来檀香分两种，老山每担价十二两至二十四两；新山每担价七两至九两不等"。参见《各省商情：檀香货少》，《湖北商务报》1899 年第 15 号。随着年代推移，大品类中愈发细分："价格互呈参差，天字白贡（又名白皮老山）价每担六千五百元，天字香税每担四千二百元……老山优供五千六百元；西优贡每担二千元。"参见商品调查所讯：《檀香木销令未届市况参差》，《商品新闻》134 号，1948 年 12 月 10 日。

③ 作为奢侈品的檀（香）木，消费量毕竟有限。仅以 1948 年底的上海市场来看，12 月 10 日的商情是"近市尚未得令"，即未见檀香木。参见商品调查所讯：《檀香木销令未届市况参差》，《商品新闻》134 号，1948 年 12 月 10 日。17 日的商情是"檀香产地报价上翔，汇率关系，申销未畅"。参见古：《檀香产地报涨市势看好》，《商品新闻》第 140 号，1948 年 12 月 17 日。29 日的商情是有价少市。参见祥：《檀香价涨无销路》，《商品新闻》第 150 号，1948 年 12 月 29 日。

多与民族喜好有关，仍是传统初级产品（檀木、皮毛等），进口中国后再行精加工，方能进入消费领域，中国的需求决定了进口。从市场角度看，生产力时居世界领先地位的中国仍占有主导与自主地位，这与工业革命之后的状况有大不同。这还牵扯到世界范围内劳动分工的改组和分化，那时的国际劳动分工仍以自然地理产品配置为转移。雅克·阿达在《经济全球化》一书中指出："以一体化体制的形象出现的世界经济，来源于一个欧洲的经济世界，或者说是一个以欧洲为中心的经济世界。"[①]但在檀香木进口中国的昌盛年代，欧洲"中心"并未形成，放眼物流走向，中国是重要的海外商品聚集消费中心，此时是西人走向东方，物品流向东方，简言之，是西方"服务"东方。

一花一世界，一树一菩提，檀香木贸易是洲际之间互动交流进程中的典型案例，东西方交往的历史于此似可寻得另外的解释框架：不拘泥于民族国家的界限，单向度地分析某个民族国家与国际市场的关联，而是更关注双向或多向间的互动依存，以及这种依存对自身同时也对世界历史的演化所造成的结果。檀香木贸易构成了地理大发现之后至工业革命完成之前几百年牵连数个大洲众多地区国际贸易的重要图景，一定程度反映出前工业革命时代的自然资源配置和传统向近代国际经贸体系演变转轨的走势。

这真是印证了一个道理：人类一旦喜欢上一个珍稀物种，那这一物种也便面临灭绝威胁。中国温暖的南方早有檀树，周人记述远古燧人钻木取火，四季用木各异，"春取榆柳之火……冬取槐檀之火"。[②] 2500 年前的《诗经》不乏檀木记载，《大雅·大明》中"牧野洋洋，檀车煌煌"，描述了用坚檀制造的战车在辽阔的牧野战场上堂皇出阵的情景；《魏风》中有《伐檀》篇，"坎坎伐檀兮"，歌咏伐檀时的景致情怀。说明在远古中国，檀木并不稀罕，却也正在这伐檀声声中（也许还有气候变化的原因），自唐代以降，檀木渐成珍稀，只能用在乐器、雕刻、香料等有限品类。唐人诗吟："管琵琶声亮，紫檀槽能歌。"[③]宋人词赋："手拍锦囊空得句，眼

---

① [法] 雅克·阿达：《经济全球化》，何竟、周晓幸译，北京：中央编译出版社，2000 年，第 7 页。

② 尸佼：《尸子》卷下，平津馆丛书本，第 21 页。

③ 范摅：《云溪友议》卷中，清文渊阁四库全书本，第 25 页。

看檀板遇知音。"① 也从唐代以后，中国开始进口檀香木，历代延续，以致生活在明清之际的屈大均铺叙"岭南亦产檀香"，屡经砍伐后，仅罗山、三水各见一株被斫的白檀，新安黄松冈有已变质而无香味的"香树三株"，其他檀木"皆来自海舶"。美丽中国已难觅檀香树，令人唏嘘！屈氏为之慨叹："噫，神物固不可以贪求也哉！"②

    清代中期的檀木进口是历代规模最大的。在谋利的驱使下，世界各地的檀树被争相采伐，人们走遍世界寻寻觅觅，檀木也随着人类的足迹所至而急剧衰减。人类文明的进化难道总要以生态文明的丧失作为代价？西方殖民者在人类历史上第一次依靠技术的力量大规模地戡天役物，造成对生态的致命性毁败。下面引述几则资料来说明檀木在全球各地相继被戕伐，几乎消耗殆尽的过程，"1810 年在马贵撒斯群岛发现的檀香实际在七年中全部出口了"。在 1812 年之前，斐济的这种芳香树木就已所剩无几，当地的檀香木贸易仍在勉强维持，到 1816 年，群岛的所有檀香树都被砍伐殆尽。一度成为输华檀木最大来源地并以此得名的檀香山及至夏威夷，到 19 世纪 20 年代末，该群岛的檀香林已经被悉数砍光，美国贸易商也不再开赴夏威夷购买檀木。尽管后来几年，还有少量夏威夷檀香木运往广州，但由于尺寸过小，质量不高，因此销价很低。新发现檀木的地点也迅速面临厄运，1812 年，发现了一个新的檀香木来源——马克萨斯群岛（Marquesas Islands），此时英美交战，美国军舰和俘获的英国捕鲸船为躲避风暴到了该群岛，发现岛上密布檀香树。一时间，消息传播开来，澳大利亚人、美国人和其他国家的冒险家纷纷赶往该群岛，采伐换购檀香木，有人用 10 颗抹香鲸的牙齿便从这个岛上拉走 300 吨檀香木，仅仅三年后，该群岛上的檀香木被砍光。人们在触目惊心之余，会不会生发些许痛楚和惋惜？到最后出现的情景是，在这些地方"寻找稀少的檀香，几乎是得不偿失的"，寻找成本已逾出销售本钱。1833 年美船输华檀香木仅值 8935 美元，降至

---

① 戴复古：《石屏诗集》卷三，清文渊阁四库全书本，第 35 页。

② 屈大均：《广东新语》下，第 680 页。

微不足道。① 通观中美的整个贸易额，从 1805—1809 年的年均 780 万美元
上升到 1810 年代的 920 万美元，1820 年代攀升至 1230 万美元，1830 年
代却反其道而行之地降到 1020 万美元，1840—1844 年进一步下降到 630
万美元。② 皮毛、檀木、野山参贸易在此期间同时衰落，应是重要原因。
皮毛之路、檀木之路、洋参之路在鸦片战争之前已全然毁败，中美贸易转
而依靠工业品而续命发展。

　　夏威夷和斐济的绿色山脉很快就变成了无生机的荒原，大部分的林木
被砍伐，只留下触目的残枝和树桩。百年树木，况且檀树的生长期极为缓
慢，檀木交易成了一项资源挥霍性、自然破坏性的难以持续的贸易。③ 有
人总结，滥伐森林无外乎三种原因："最常见的是为耕作和定居而砍伐，
包括防范野生动物与火的威胁。第二种可能是为取暖、烹饪以及像烧窑和
冶炼这类工业生产供应燃料而砍伐。第三种是为提供营建所需的木材而砍
伐；如建造房屋、小舟、大船和桥梁需要木材。"④ 也有人以为森林的减
少，很大程度上是农耕文明对游猎采集文明替代的结果。刀耕火种，开垦
林地，兴修水利，为果园、菜园、农田和渔业腾出空间。而且，公共用地
被私有化，农业牵引着私有化，小农经济不断放大，农耕意味清除森林。
《诗经·大雅·皇矣》描写周王室毁林的热情："启之辟之，其柽其椐。……
帝省其山，柞棫斯拔，松柏斯兑。帝作邦作对。"《诗经·大雅·绵》写
周朝先祖古公亶父清理周原时候："柞棫拔矣，行道兑矣。"上述说法总
体上能够成立，而对檀木的追逐则提供了另一种解释：并非农耕文明的结

① ［美］赖德烈：《早期中美关系史（1784—1844）》，陈郁译，第 54 页。1834 年后的数年间，很少见
及檀香木入华的记录（包括从印度及"海峡殖民地"的输华货品名录中）。可参阅 *Chinese Repository*, Vol.
IX, Aug., 1840, pp.191—193; Vol.XII, Oct., 1943, pp.514—515。更有甚者，几十年后，有人居停以盛产檀
树得名的檀香山，列举当地各种植物，独不见檀香树。参见《美洲近事：檀香山植物之盛》，《知新报》
1898 年第 73 期。
② 付成双：《动物改变世界：海狸、毛皮贸易与北美开发》，第 241 页。嗣后年代，中国仍然间歇地从
境外输入檀香木，如 1928 年中国从中国香港、新加坡和大洋洲转口或进口了檀木，还有价值 2 万余两的
檀香木锯末等。陈重民：《中国进口贸易》，第 105 页。
③ 海参贸易与檀香木贸易有着某种接续性，美国海参贸易和檀香木贸易同时兴起，但在 1812 年战争前
规模有限。随着檀香木日渐稀少，美国人也就更加重视海参输华，他们利用斐济、夏威夷、马克萨斯等
岛屿的土著人采集海参。但海参与檀木都是需要耗费时日的自然生长产品，前者的产量更为有限，远不
足对后者形成替代。
④ ［英］伊懋可：《大象的退却：一部中国环境史》，梅雪芹、毛利霞、王玉山译，南京：江苏人民出版社，
2014 年，第 22 页。

果，而是小众奢侈的需求导致，这种无谓的消费代价更高，甚至使得不止一种珍稀物种濒临灭绝。还要看到，农耕文明替代游猎采集文明过程中对大自然的破坏远不及工业文明的时代——耸立的烟囱取代了林立的树木，灰色的水泥楼阵换装了绿色的家园，荒秃的矿山顶替了葱茏的森林，原始森林成了稀见的景致；大工业对大森林的毁坏使得气候调节的重要因素消失，酷热天数加增，良田变荒漠，海平面上升，洪水泛滥。直到进入第二次工业革命乃至后工业革命时代，人类才痛感：青山绿水是无价的，是什么珍惜宝物都换不来的！

第四篇　南亚对华商道上的重要货品

　　南亚印度与东亚中国同处亚洲，早有道路可通，只是古代人们走的主要是陆路，印度洋、太平洋至大西洋尚未沟通循环。东方是人类古文明发达地区，到此地去寻找梦寐以求的财富，无疑是启动地理发现者远航的主因。可惜，哥伦布念兹在兹想要去往印度，到头来去到的却是另一方向的美洲（后来西人以东、西印度之别来校正偏向），这个东方梦，他至死没醒。未竟事业被达·伽马和麦哲伦继承，终于完成东印度航路的"发现"和"环球"航行。这以后，各个陆地点经海洋的串联不再孤立，海陆两界不再有隔断，"海"的意义上升，伴随从陆路交通到海洋交通的变化，全球性的"商业网络"开始打造，"当时市场已经可能扩大为而且规模愈来愈大地扩大为世界市场"。[①]商道和市场全新布局，其中，亚洲内部的南亚次大陆与东亚的通道和市场既是传统的，历史上的往来主要是东方人之间的陆域交往，更知名的未必是商道货流，而是求经拜佛的文化苦旅，且基本没有越出洲界；又是近代的，海道大通后，西方人充当了海上主角，从 16 世纪开始直到日本人于 1905 年在对马海峡大败俄国舰队之前，西方人长期是世界海洋上无人挑战的狠角色。南亚一步一步地成为西方的殖民地，中国与南亚间不再局限于主要是宗教文化层面的交流，荷兰、法国、英国等西方国家纷纷成立各自的"东印度公司"，大规模的物资流动通过

---

① 　中共中央马克思恩格斯列宁斯大林著作编译局：《马克思恩格斯选集》第 1 卷，北京：人民出版社，1972 年，第 63 页。

海路开展起来。这时，通过大西洋等海路串连起了印度洋与太平洋，连接起了亚洲与欧美，重新构建了中国与印度的海上往来。本课题关注中西方贸易，为何要将均位于东方的中印贸易纳入？这是因为此处所论时段中印主交通线不再是东方古道，而是西人开辟的从东方延伸到西方及各方的新商道；在此商路上的主要货运者是西方人，中印贸易的主要获利者是英国人，尽管输华货品来自印度，但操控人是西方殖民者，且不局限于东方贸易体系之内，而是英国人操盘的中英印三角贸易，本质上仍归属中西贸易的大格局。

一　东方贸易圈[①]

恩格斯指出，地理发现之后的世界贸易"已经扩大到了美洲和印度，就重要性来说，迅速地超过了欧洲各国相互之间的和每个国家内部的交换"。[②] 经典作家的这一指陈是正确的，真正意义上的全球性的国际贸易由此而奠立。但仔细考察，我们又可以发现，由西方人所开启的所谓国际贸易，在很长一段时间里，实际上主要不是西方与东方之间的物品交换关系，而是东方与东方的物物交换。是时，少有西方货品进入国际贸易领域，是西方人利用东方物品去向东方国家交换，是亚洲商品的内循环，西人只是充当中间运送者却两头取巧首尾得利，换言之，"货"主要是东方的，"人"主要是西方的。本章侧重讨论南亚商道上的货流，略为扩大，延展为南亚和东南亚对华商道上的货流。

（一）东方内环

从产品角度来说，这一时期的国际贸易还是传统贸易的延续，交易物

---

① 此处的"东方"是欧洲人所提出或规范的概念，他们人为地以其所处地域为基准从而在文化上将完整浑一的地球分为"西方""东方"两个想象空间。进而从18世纪以后，逐渐演绎成一种"东方主义"（Orientalism）的话语体系、学术范式乃至文化传统，"西方人"进而成为"东方人"的代言人，东方无语，惟有西方！这明显地带有西方殖民文化的强权色彩。因此东西方的划分由来已久约定俗成，我们只能借用，但要强调的是，我们对此概念的运用主要限于单纯地理即物理空间的范围。

② ［德］恩格斯：《反杜林论》，北京：人民出版社，1974年，第102页。

品基本上都是千百年沿袭下来的那些东西。那时的西方人"到东方去"的目的本身就是单方面地寻求东方的财富，而不是用西方的物品来与之做交换。而且，那时东方生产力的发展水平在西方之上，说实话，西方人也拿不出多少东方人"瞧得上眼"的物品来交换。于是，西方人要么依靠殖民掠夺，要么依靠商贾伎俩，在东方国家之间进行倒买倒卖，便中渔利，获取西方所需要的产品，那时候的东西方贸易，从货品来说，主要是东方内部的自循环。有统计资料可证：

表 4-1　广州主要进口东西方商品货值（1817—1933 年）

年份	西方产品进口值（银元）	东方产品进口值（银元）
1817	4558990	14134450
1818	4834230	13997000
1819	3264117	10616727
1820	3412103	15571883
1821	4533363	16896655
1822	4341837	14635796
1823	5139598	13211962
1824	5066574	13425096
1825	5445639	17823421
1826	5677630	17905900
1827	4343807	22229902
1828	4877009	19077882
1829	4920933	21139707
1830	4774076	22040584
1831	5109543	19291954
1832	5693640	21607777
1833	6349902	20514327

资料来源：姚贤镐编《中国近代对外贸易史资料》第 1 册，第 257 页。

表 4-1 数据颇出人意料，本为西方国家的对华贸易，但输入商品中，来自东方者远超产自西方者。这一现象自东西航路开通之后便长期存续。

首先来到东方的是葡萄牙人，大航海之前，欧洲前往东方的通路被控制整个北非和中东的穆斯林势力封锁，对古代的欧洲人来说，地中海仿佛是一所牢狱，将部分欧洲濒海国关在其间。砸开桎梏，冲破封锁，才有出路。葡萄牙地处欧洲的西南端，海岸线长，有航海优势。1415 年，葡萄牙人攻克了摩洛哥的申特（Ceuta），标志着葡萄牙人向东开辟航路的开始；15 世纪二三十年代，葡人占领了亚速尔群岛（Azores Islands）；1487 年，葡王派科维汉姆（Pero de Covilham）前往调查印度洋的情况，他受命去了坎那诺尔（Cannanore）、卡利卡特（Calicut）、果阿（Goa）、霍尔木兹（Hurmuz），表现出对印度的浓厚兴趣；1488 年，迪亚士（B. Dias）绕过了好望角，1497 年 7 月，达·伽马率领 3 艘在那时看来也不算大的船只从里斯本出发，1498 年 5 月到 10 月一直航行于印度的西南海岸，1499 年 8 月回到葡萄牙，此行备尝艰辛，有两次连续 90 天都看不见陆地，无涯大海令人绝望，终于抵达梦寐以求的印度，葡国举国欢庆；1500 年 3 月，卡布拉尔（Cabral）率领的庞大船队再度远航，一上来的目的地便瞄准印度；1510 年，阿尔布魁克（Afonso de Albuquerque）占领位于古吉拉特至马拉巴海贸易航道中点的果阿。但是，"15 世纪的葡萄牙的确是一个又小、又穷的国家，人口不到 100 万"[①]，他们与东方居民间的正常通商发生困难，"因为葡萄牙（和整个欧洲）当时生产不出什么能使东方诸民族感兴趣的东西。欧洲制造品通常比东方产品质量差、价格高。达·伽马的一位同伴说：我们没能使这些货物按我们希望的价格出售……因为在葡萄牙能卖得300 里尔的一件很漂亮的衬衫，在这里仅值 30 里尔"[②]。

1511 年，葡萄牙人又立足位于太平洋、印度洋两大洋要道冲口的马六甲，此地是中国的丝绸、瓷器，东南亚的香料和印度纺织品的交换枢纽，是东方产品的重要集散地。开了眼界的葡人对中国货发生了莫大兴致，1553 年，葡人骗取在澳门的驻舶贸易权，更方便中国产品的获得。于是，以果阿、马六甲、澳门等基地为起始，由点成线，构成盛极一时的葡萄牙国际商路。只是，葡萄牙人与亚洲人的交易物仍多限于"东方货"，诸如香料、丝绸、瓷器及各类贵金属。1608 年，澳门运往马尼拉的商品价值

---

① [新西兰] M.N.皮尔森：《新编剑桥印度史：葡萄牙人在印度》，邵菊译，昆明：云南人民出版社，2014 年，第 23 页。

② [美] 斯塔夫里阿诺斯：《全球通史——1500 年以后的世界》，吴象婴、梁赤民译，第 132 页。

20万比索，丝织品就占了19万；1620年马尼拉进口税总额中澳门来货所占比重是13.2%，到1640年增至50%以上[1]；葡人只是过一道手，将中国的丝织品与美洲白银在东方的某个贸易基地交换，据说，倒手一次的利润率在100%左右。这些年月，葡萄牙人试图染指东方的一切值钱畅销的货品，企图把全部东西方贸易抓到手中，他们垄断亚欧航运百有余年，独占中西贸易市场七八十年。他们从东方某国来往另一国转运丝绸、琥珀、珊瑚、象牙、檀香、白银、贵金属等，以及胡椒。[2]

跟进者是西班牙人，索性将"大帆船贸易"的中转站设在"东方"的马尼拉[3]，一头的端点在中国，另一头的端点在欧洲、美洲。乾隆四十八年九月（1783年10月），入华货物有苏木、槟榔、呀兰米、海参、鹿脯。嘉庆十四年五月（1809年6月），入华货物有海参、虾米、槟榔、鹿筋、牛皮、玳瑁、红燕窝、呀兰米、火艾棉等。[4]货单中无一例外地都是些东方产品。其间，中国丝织品脱颖而出，与美洲白银一并成为一来一往的交换大宗，来路上，大型商船上的白银将船身压得很低，回路上，中国丝绸特招青睐，是换购首选货。华美丝绸占领美洲市场的速度异常之快，1602年，秘鲁总督报告："身居利马的西班牙人都穿用价格昂贵的绸缎。"稍后，"从智利到巴拿马，到处都售卖和穿着中国丝绸"。[5]

荷兰人尾随而来，"和兰人就诸国转贩"。[6]"转贩"是来华西人的共同特点，荷兰未能例外。荷兰人擅长航海，从16世纪初至17世纪中叶，其商船队的数量猛增10倍，位居欧洲首位，其他所有欧洲国家船队的总

① 王士鹤：《明代后期中国—马尼拉—墨西哥贸易的发展》，《地理集刊》第7号，第56页。

② A. Ljungstedt, *An Historical Sketch of the Portuguese Settlements in China, and of the Roman Catholic Church and Mission in China*, Boston: James Munroe & Co, 1836, p.83.

③ 华侨在菲律宾的中外商品转运中发挥了很大作用，也付出了沉重代价。1598年，菲律宾吕宋岛的数百名华人给西班牙国王腓力二世（Felipe II）写信，控诉其受到当地船主和商人不公平对待甚至遭受虐待的情况，请求国王介入纠正。参见中国国家档案局、北京大学编：《锦瑟万里 虹贯东西：16—20世纪初"丝绸之路"档案文献集萃》，第9页。

④ 姚贤镐编：《中国近代对外贸易史资料》第1册，第136页。

⑤ E. H. Blair and J. A. Robertson, *The Philippine Islands 1493-1898*, Cleveland: 1903, Vol.3, pp.179-181; Vol.8, p.8; Vol.30, pp.75-77; Vol.27, p.199.

⑥ 张廷玉等：《明史》卷三二五《外国传·和兰》。

和也未必能超过它，所以它成为"整个贸易世界的经纪人和代理人"[①]。荷兰人代理的货物仍以东方各国的出品为主，其所控制的巴达维亚正是依靠东方货的转运得以繁盛。荷兰人在东方各国之间转来转去，1638 年，他们所经营的台湾对日贸易仅进口利润就近 250 万荷兰盾，而 1641 年这条航路的贸易总额升至 800 万盾。[②] 他们输往欧洲的自然以中国货为主打，从单项产品生丝来看，1631 年 1 万磅，1637 年增为 5 万磅。1616 年还有了中国蔗糖输入欧洲的记载，1622 年输入的中国生丝为 22 万磅，1636 年100 万磅，1637 年为 375 万磅。增幅惊人！[③] "荷兰在十七世纪是全世界的头等商业国家。但是荷兰船舶所装载的东西并不是荷兰的货物；这些船舶把东印度和西印度两个殖民地的产物、波罗的海沿岸诸国的金属或者东方宝贵的织品同样地运到各个目的地去。它们是转运业者，它们的大港口不过是些货栈而已"。[④]

还有法国，1728 年，法国在中国设立商馆。由华输出的商品有茶叶、丝绸、瓷器等，输华的商品有胡椒、锡、布匹和羽毛等，大多不产自法国，而来自东方，法国的贸易船也多半行驶于亚洲海域，每每启航于印度的苯第舍利（Pondicherry），在东方各国间兜圈子。1761 年，该地被英国夺占，法国与中国的贸易也中断了 20 年。1769 年，法王取消法国东印度公司的专利权。略后，法国对华海上贸易长期不振。再往后，法国逐步控制了印度支那的大部分，借助这些地方开展对华贸易，虽主要是陆路边贸，却也是东方贸易圈内的经济往来。

在近代国际贸易史上，15 世纪、16 世纪是葡萄牙人、西班牙人的世纪；17 世纪是荷兰人的世纪；然后是，也最重要的是英国人称霸的年代。霸主们无一例外地是兴起于新大陆及东方的殖民及贸易利益的基础上，他们之间的势力更替，也无一例外地以东方贸易霸主地位的换手为转移。

---

① ［英］威廉·配第：《政治算术》，王亚南主编：《资产阶级古典政治经济学选辑》，北京：商务印书馆，1979 年，第 85 页。

② 李金明：《明代海外贸易史》，北京：中国社会科学出版社，1990 年，第 117、200 页。

③ M. A. P. Meilink-Roelofz, *Asian Trade and European Influence in the Indonisian Archipelago between 1500-1630*, Hague: 1962, pp.116-117,153.

④ ［法］保尔·芒图：《十八世纪产业革命：英国近代大工业初期的概况》，杨人楩、陈希秦、吴绪译，第 68 页。

谁获得此，谁就能称雄当时的世界。18 世纪、19 世纪是所谓英国人的世纪，情况大抵相同。1742 年 7 月 1 日，英国东印度公司船"翁斯洛号"（Onstow）抵达广州黄埔，该船中道停泊孟买，装运的是檀香木、木香、乳香等"印度产品"。[①] 续后东方产品的分量更重：

表 4-2　英商输入中国货物的来源地年平均数（1775—1833 年）

年　　度	进口总值（银两）	自英国进口价值（银两）	自英国进口价值占比	自印度进口价值（银两）	自印度进口价值占比值
1775—1779	1247472	371475	29.8%	875997	70.2%
1780—1784	1301931	494502	38.0%	807429	62.0%
1785—1789	3612764	1008469	27.9%	2604295	72.1%
1790—1794	5007691	2021280	40.4%	2986411	59.6%
1795—1799	5373015	1955320	36.4%	3417695	63.6%
1817—1819	7646777	2111464	27.6%	5535313	72.4%
1820—1824	6525201	2250626	34.5%	4274575	65.5%
1825—1829	7591390	2336146	30.8%	5255244	69.2%
1830—1833	7335023	2318558	31.6%	5016465	68.4%

资料来源：严中平等《中国近代经济史统计资料选辑》，第 10 页。

1775—1833 年间，英国对华输出货物总值递升至 6 倍，而英国和印度的进口价值占比却没有太大变化，除 1790—1794 年度印度占比为 59.6% 以外，其他任何年度占比均在 60% 乃至 70% 以上，印度货始终为大头。另一方面的情况是，印度自中国进口的货物很少，使其对华贸易始终保持顺差。这是英印对华进口的情形，更主要的是英国自中国的出口（茶叶等），这对英国来说更具意义。"对于海岛国家来说海外贸易至为重要，所以英国人誓言不惜任何代价都要保护他们在印度的利益，在一个出口贸易可带来巨大利益的时代里，英国只要控制海洋就可以超越他的敌人。"[②] 就进出口而言，保护印度很大程度上是为了保护英中贸易。西方列强相继打造了自己的国际商业版图，编织这些物流版图的经纬线主要来自东方，

---

① ［美］马士：《东印度公司对华贸易编年史（1635—1834 年）》第一、二卷，区宗华译，第 284—285 页。
② ［美］芭芭拉·麦卡夫、汤玛斯·麦卡夫：《剑桥印度简史》，陈琦郁译，台北：左岸文化出版，2005 年，第 85 页。

但线头与线尾却捏在西方人手里，西人由此操控着这张地缘版图。

（二）东高西低

在很长的时间里面，世界贸易的货品受限于运输工具，基本是大洲内部的流动；即或有少量货物的洲际旅行，也呈现出东方流向西方的货流走势，这又主要是因为东西方生产水平的差异显示出东高西低的格局。1521年11月14日西人发出的信函描述了此时畅销中国的货物，"大宗货物为胡椒，每年若有10条中国式帆船满载而至，也会一售而空。丁香、肉豆蔻的需求量不大。木香、儿茶（学名为 Acacia catechu Wild）稍有需求。香料购买量极大。华人抢购象牙、锡器、沉香、婆罗洲樟脑、红念珠、白檀香、红木及大量产于新加坡的乌木、坎贝（Cambaya）的光玉髓、羽纱、洋红绒及染色呢料"。[①]不消说，这都是些东方产品。其中胡椒一度居有重要地位，1777年，英国东印度公司宣称输入中国的胡椒一项单独所得的利润，已超过公司其他全部入华货物的总利润。[②]

胡椒（Piper nig‐rum）原产于印度马拉巴尔海岸的喀拉拉（Kerala）等地，印度几乎长期是全世界胡椒的唯一供应者。但印度胡椒生产量小，售价不菲，不能满足需求。11世纪之前，胡椒被广泛移植到东南亚等地，元人的记述不差——印度马拉巴尔海岸的下里[③]"地产胡椒，冠于各蕃"，"他蕃之有胡椒者，皆此国流波之余也"。[④]16世纪，东南亚已取代印度成为胡椒主产区以及世界胡椒市场的主要供应地。随着好望角航路的开辟，印度去往欧洲又失去了地理区位优势。胡椒是经济作物，种植的主要目的就是为了出口，产地的扩大使产量剧增，以至于有学者认为到15世纪70年代，"欧洲不再寻求亚洲的香料"[⑤]，这话说的早了点。更可确认的是，到17世纪50年代，因印度尼西亚的胡椒物美价廉，货源充足，西方人对

---

① 金国平编译：《西方澳门史料选萃（15—16世纪）》，广州：广东人民出版社，2005年，第23页。

② ［美］马士：《东印度公司对华贸易编年史（1635—1834年）》第一、二卷，区宗华译，第349页。

③ 下里，在今科钦（Cochin，明代典籍中为柯枝）以北约20英里处的小港阿尔瓦耶（Alwaye），汪大渊航海时，柯枝尚未形成港口，胡椒贸易以下里为集中地，其后，柯枝兴起，取代下里。

④ 汪大渊：《岛夷志略》，苏继廎校释，第267页。

⑤ ［新西兰］M. N. 皮尔森：《新编剑桥印度史：葡萄牙人在印度》，邵菊译，第23页。

印度胡椒方才很少问津。17世纪后半叶，印度自己都要从东南亚进口胡椒。[1]胡椒随后长期名列东南亚出口货物的榜首。

中国的胡椒需求主要由国外供应。张骞通西域后，西域产品通过陆上商路输入，"胡椒"名称中的"胡"表明其产地和输入通道。东汉时期，天竺出产"胡椒、姜、黑盐。和帝时，数遣使贡献"。[2]看来，胡椒自古便是外来货。魏晋南北朝时期，官方正史多将胡椒记作是波斯货，实际上是印度货，只不过中介商是波斯人，所以被当成波斯货。[3]唐代中外交通发达，胡椒作为调味品使更多国人享用，《酉阳杂俎》中记载胡椒"子形似汉椒，至辛辣。六月采，今人作胡盘肉食皆用之"[4]。宋代，胡椒作为东南亚特产，出现在占城（今越南部分地区）、三佛齐（今苏门答腊东岸巨港一带）等东南亚朝贡使团的贡品清单上。[5]特别是阇婆番"胡椒萃聚，商舶利倍蓰之获，往往冒禁，潜载铜钱博换，朝廷屡行禁止兴贩，蕃商诡计，易其名曰苏吉丹"[6]。由于利润丰厚，商船甘愿冒险进行走私。元代，爪哇地产胡椒"每岁万斤"[7]。《马可波罗行纪》中记载俱蓝国（即今 Kollam，奎隆印度西南岸港口城市）"出产胡椒甚多"，中国及阿拉伯商人等"乘舟载货来此，获取大利"。欧洲人未至以前，中国人"重载印度香料而归，尤以胡椒之额为最巨"[8]。明代，胡椒食用从上层社会遍及普通平民，明代的饮食著作《遵生八笺》《宋氏尊生》《竹屿山房杂部》《易牙遗意》等都频繁提到胡椒。[9]胡椒还被广泛用来赏赐，上至王公贵族、下至士兵百姓，均赐胡椒。洪武十六年（1383），在京文武官吏人等，正旦元宵节发给胡椒。永乐二十二年（1424），朱棣死后，朱高炽继位，

---

① [澳]安东尼·瑞德：《东南亚的贸易时代：1450—1680》第2卷，吴小安、孙来臣、李塔娜译，北京：商务印书馆，2013年，第10页。

② 范晔：《后汉书》卷八八《西域传·天竺》，北京：中华书局，2007年，第866页。

③ 殷小平：《从印度到东南亚：中古胡椒的种植与输入》，《农业考古》2013年第4期。

④ 段成式：《酉阳杂俎》卷一八，曹中孚校点，上海：上海古籍出版社，2012年，第111页。

⑤ 徐松辑：《宋会要辑稿》，北京：中华书局，1957年，第7746、7747、7863、7867页。

⑥ 赵汝适：《诸蕃志》，杨博文校释，第61页。

⑦ 汪大渊：《岛夷志略》，苏继顾校释，第159页。

⑧ [意]马可波罗：《马可波罗行纪》，沙海昂注，冯承钧译，上海：上海古籍出版社，2014年，第378—379、338页。

⑨ 高濂：《遵生八笺》，成都：巴蜀书社，1992年，第753、759页。

赐汉王高煦、赵王高燧胡椒各 5000 斤。[①] 登基时，更大规模赏赐旗军校尉、将军力士、监生生员、吏典知印、医生，乃至"城厢百姓、僧道匠人、乐工厨子等，并各衙皂吏膳夫人等，胡椒一斤"[②]。明朝胡椒甚至作为薪俸发放给官员，永乐年间，规定"每岁京官之俸，春夏折钞，秋冬则苏木、胡椒，五品以上折支十之七，以下则十之六"[③]。正统元年（1436），再把配给范围由两京文武官员扩大到包括北直隶卫所官军。[④] 这种配给方法大概维持到成化七年（1471）才告停止。[⑤] 但应该承认，胡椒在中国始终没有获得在西方的价值存在，这应当与主食构成及饮食习惯有关，胡椒在肉食居重的人群中格外被看重。

因是东方产品，西运大费周折（各地的关卡关税，海途中人为和自然的风险），胡椒价格在距离遥远的西方出奇昂贵，在 16 世纪以前是用一定量的金银来衡量，法国谚语"贵如胡椒"就是对某件物品很贵重的形容词。[⑥] 胡椒在欧洲是奢侈品，是上流社会的显摆物。当先到先得的葡萄牙人在世界胡椒贸易中占据上风的时候，居然引起了威尼斯人的惊恐，1501年 7 月的某天，有人在日记中写道："失去香料就像一个婴儿缺乏奶和食品。"[⑦] 西方列强就此展开激烈争夺，1641 年，巨港苏丹被迫与荷兰人签约，荷兰公司垄断了当地胡椒的购销。1643 年，占碑苏丹与荷兰人签订排华性的胡椒贸易协定。1684 年，万丹成为荷兰东印度公司的保护领。自此以后的几十年，占据垄断地位的荷兰人卖给中国帆船的货物中，胡椒最重要。从 1685 年至 1704 年，胡椒对华中转贸易从每年 4000—5000 担增长到每年 20000—26000 担，以至供应过量，价格下跌。1700 年 12 月，公司最高领导机构"十七人理事会"（The Gentlemen Seventeen）采取措施，规

---

① 《大明仁宗昭皇帝实录》卷二，永乐二十二年九月壬午。

② 《大明仁宗昭皇帝实录》卷二，永乐二十二年九月己亥。

③ 黄瑜：《双槐岁钞》卷九"京官折俸"，魏连科点校，北京：中华书局，1999 年，第 184 页。

④ 《大明英宗睿皇帝实录》卷一九，正统元年闰六月戊寅。

⑤ 《大明宪宗纯皇帝实录》卷九七，成化七年十月丁丑。

⑥ 田汝康：《中国帆船贸易与对外关系史论集》，杭州：浙江人民出版社，1987 年，第 113 页。

⑦ ［法］费尔南·布罗代尔：《菲利普二世时代的地中海和地中海世界》上卷，唐家龙、曾培耿等译，第 815 页。

定了胡椒的最低保护价。[①] 1740 年，巴达维亚政府制造了"红溪惨案"，万名中国人惨遭屠杀，荷兰东印度公司将中国人视为主要竞争对手，用暴力手段维护竞争地位。[②] 因为中荷贸易里面，东方产品占荷兰输华商品一多半，利润更占据绝大部分，仅胡椒的平均利润就有 200%，荷兰殖民者必须紧紧抓住不放，不惜动武来排斥市场对手。输华胡椒到 1775 年达到高点 1282534 磅，但来年，输华货品中的胡椒归零，应该是市场过剩，1777 年又巨幅下跌，仅有 1775 年的 1/4，以后的四年，又是贸易额的上升期。1780 年 12 月，因荷兰介入美国独立战争，英国向荷兰宣战，爆发第四次英荷战争（1780—1784 年），荷兰舰队遭重创，海上运输也受影响，1781 年和 1782 年，没有荷兰船到达广州。为了继续对华贸易，荷兰商船冒名挂中立国的国旗，1783 年，3 艘荷兰船挂普鲁士国旗驶达广州。这年输入广州的胡椒数量是战前 1780 年的 1.5 倍。1783 至 1788 年，荷兰输华的胡椒数量几乎连年下降。荷兰东印度公司在英荷战争后负债累累，1794 年终告破产。[③]

取而代之的英国人早在 1684 年就在萌菇莲（Benkulen，即今印度尼西亚苏门达腊岛西海岸的明古鲁）建立了商馆，之后又占据槟榔屿。英国人从这些地区的市场购货。1735 年，英国东印度公司船在孟买装运棉花、乳香等，在代利杰里装运胡椒、檀香木，在广州售出胡椒 3155 担，每担 10.5 银两，共 33128 两，棉花 605 担，共 5143 银两，檀香木 859 担，售银 10995 两，悉数为东方产品。1739 年，公司船载有胡椒 3701 担，毛利为 51%。有一年，英船载运商品在广州售出后，呢料亏本，这货物却是来自英国；胡椒赢利 18.5%，珍珠赢利 18%，倒是来自东方。马士说得很清楚："直至 1750 年，从伦敦来的公司船只的货物（毛织品和铅）只占资金的一小部分，从未超过 5%，而经常是 2%。"[④] 东方货保持赢利大

① Kristof Glamann, *Dutch-Asiatic Trade 1620-1740*, p.216; Leonard Blusse, *Strange Company: Chinese Settlers, Mestizo Women, and the Dutch in VOC Batavia*, Foris Publications, 1988, p.130.

② C. J. A. Jörg, *Porcelain and the Dutch China Trade*, Hague: Martinus Nijhoff, 1982, pp.21-45. 转引自曹茜茜《鸦片战争之前胡椒输华问题研究》，北京大学历史学系硕士论文，2017 年。

③ Yong Liu, *The Dutch East India Company's Tea Trade with China, 1757-1781*, p.150.

④ [美] 马士：《东印度公司对华贸易编年史（1635—1834 年）》第一、二卷，区宗华译，第 236—237、264—266、328、350 页。

项。1768 年，运到广州的胡椒约为 1743 担，售得款为 29638 两，成本为 16038 两，盈利 85%。1771 年，英国人运载到广州的胡椒 8492 担，价格保持在每担 13—14 两。其后，基本每年均有 2000 担以上数量的输入，高的达到 13736 担。东印度公司转运胡椒，某种程度上是为了倾销英国毛织品。公司管理会曾向董事部报告：签订胡椒合约的动机是鼓励中方"购买我们的毛织品"。[①] 胡椒输入的利润在一定程度上弥补了毛织品的亏损。也是在 1770 年代，在英国东印度公司的转运品中，胡椒相比棉花退居东方产品的次席，但仅就单品来看，胡椒的输华量并未萎缩，依然是赢利大项，1789 年，公司售出胡椒盈利 43%。1792 年，胡椒盈利 62.2%，棉花盈利 67.5%。[②] 散商因居处印度得地利之便，自 1771 年开始涉足胡椒贩运，运入广州胡椒 248 担。1774 年，公司与散商在胡椒贸易上地位颠倒，当年，公司船仅输入胡椒 133 担，而散商高达 6341 担。1792 年，公司运销胡椒收银 42737 两，散商收银 83505 两，散商的贸易额已是公司的近两倍。1817 年后，散商在胡椒贸易中已稳定地占居主导地位。1820—1825 年，年均散商运销胡椒的价额是公司的 3 倍。[③] 但总体来看，一进入 19 世纪，英国对华胡椒转运便顿然下落，1800 年，公司的胡椒贸易亏损 18%，而其他东方产品棉花和檀香木，分获 27% 和 72% 的利润。[④] 1817 年至 1825 年，就货物价值而言，胡椒在英国输华货物中的比重在 1%—3% 之间，所占份额越来越微不足道。1826 年后，份额已不足 1%。此间，英国输华货值大幅跃升，分子的缩小与分母的扩大，对比愈发地显明。[⑤] 对比并没有说明东方货品居重的状况有任何改变，只是货品变化而已，直到鸦片战争爆发，英商入华货物，来自英伦和印度两地，前者始终在 40% 以下，后

① ［美］马士：《东印度公司对华贸易编年史（1635—1834 年）》第四、五卷，区宗华译，第 553、564、579—592、591、598、576 页。

② ［美］马士：《东印度公司对华贸易编年史（1635—1834 年）》第一、二卷，区宗华译，第 491、606、656 页。

③ ［美］马士：《东印度公司对华贸易编年史（1635—1834 年）》第四、五卷，区宗华译，第 127 页。

④ ［美］马士：《东印度公司对华贸易编年史（1635—1834 年）》第一、二卷，区宗华译，第 491、606、656 页。

⑤ ［英］格林堡：《鸦片战争前的中英通商史》，康成译，第 97 页。

者却总在 60%—70%。[①]

　　还有他国加入此间的东方胡椒输华行列，1774 年，法国输华胡椒 2536 担，丹麦 933 担；1792 年，两艘法国船运载胡椒 159 担来华。此种插足只是偶发，未形成规模。但随之而来美国的加入，情形却大不一样，1784 年入华之初便运来胡椒 26 担。[②] 19 世纪 20 年代前后，美船的输入量更大，1819 年，美国输入胡椒价值 39352 银元；1824 年，美国输入胡椒价值 357700 银元，竟然高于当年英国输入胡椒的总额 327922 元。[③]美国成为经营对华胡椒贸易的第二大西方商业力量。美国人的胡椒也不例外地来自东南亚，特别是苏门答腊北部的亚齐等地，1824 年当地生产胡椒 9000 吨，几乎占据当时世界市场上胡椒供应量的一半。在这前后，每年有三十多艘美国船停留在亚齐海面。[④] 18 世纪，欧洲胡椒贸易达到高峰，世纪末开始步入低谷，随着垄断的打破，种植的扩大，胡椒不再神秘稀有。"香料的孤立封闭状态被打破了，它们自古以来的稀有和贵重的二重性至此已成明日黄花。由于供应方式发生了变化，需求也随之改变……香料已被其他更新、更有利可图的商品如茶叶、白银、橡胶及编织品超过了。"[⑤]产量和运送都不成问题，胡椒价格持续走低，使得食用浓郁口味以遮盖食物原先不良气味的更多成了穷人，而富人们更想体验的是对食物本色和新鲜度的追求。旧时的香料世贸时代远去。

　　接续谈谈更多的货品。1832 年，到中国来的英国船只总计有 74 艘，运到中国来的货物种类有产自东方的棉花、鸦片、檀香木、乌木、藤、槟榔、木香、胡椒、丁香、洋红、乳香、硝、兽皮、象牙、珊瑚、珍珠、玛瑙、锡、水银、鱼翅、鱼肚、鱼干等，而来自英国的货物有大呢、竹布、

① 严中平等编：《中国近代经济史统计资料选辑》，第 9 页。

② ［美］马士：《东印度公司对华贸易编年史（1635—1834 年）》第一、二卷，区宗华译，第 518—520、418 页。

③ ［美］马士：《东印度公司对华贸易编年史（1635—1834 年）》第四、五卷，区宗华译，第 103、147、260 页。

④ Devaid Bulbeck, *Southeast Asian Exports since the 14th century, Cloves, Pepper, Coffee, and Sugar*, New York: Oxford University Press, 1985, p.66.

⑤ ［澳］杰克·特纳：《香料传奇：一部由诱惑衍生的历史》，周子平译，北京：生活·读书·新知三联书店，2015 年，第 346 页。

羽纱、细布、棉纱、绒线等①，前者在种类和单品数量上都要比后者产出
地多得多。可证，在几百年的漫长时间里，东方产品长期保持优势，难有
更替。1834 年，外侨在华创办的《中国丛报》刊登了美国来华教士卫三畏
（S. W. Williams）的文章，开列当时中国主要进口商品名录：琼脂、琥珀、
龙涎香、豆蔻、豆蔻油、豆蔻花、烧酒、阿魏、蜂腊、槟榔、安息香、海
参、燕窝、黄铜箔、樟脑、小豆蔻、桂皮油、丁香、母丁香、丁香油、铜、
珊瑚、棉花、儿茶、芨马树脂、龙血、乌木、象牙、鱼肚、火石、槟榔膏、
黄藤、上胶、黄金、珠海壳、麝香、麝香子、没药、乳香、鸦片、胡椒、
木香、沙藤、胃石（牛黄等）、大米、苏合油、洋硝、檀香、苏木、贝壳、
海藻、鱼翅、洋青、锡、龟甲、姜黄等，一股脑地产自东方；而产自西方
的货品要少得多：铅（出自欧美）、毛皮（出自北美和俄国）、胭脂红（出
自英国和墨西哥）、钢（来自英国和瑞典）、柴鱼（出自德国和英国）、金
线和银线（出自英国和荷兰）、棉织品（部分出自欧美）、地衣紫（产自冰
岛）、水银（出自欧美）、毛织品（部分出自欧美）。②可见，一直到鸦片战
争前夕，出自西方的产品仍远远无法与东方产品比肩。质言之，生产力的
差距所致，东方的生产力水平高于西方，东高西低的结果是东方的产品更
多流向西方，在此期间，西方在外贸商品的原料、生产方面均与东方有差
距，此差距却因西方在远洋交通、军事技术、贸易信息、政经制度、海外
殖民等方面的占优得以赶超，且能称霸。威廉·伯恩斯坦指出，西方国际
公司将货物沿着地球表面到处运送，并塑造消费者的喜好，让他们以为一
杯用树叶泡出的热饮是一种"人人都应该享有的东西"。在 1700 年以前，
全球商业的运转是以武装贸易为核心的，因为武装贸易的目的是维持对来
自异域的珍稀商品的垄断。但这一模式在 1700 年以后发生了彻底变化，
"新的商品——咖啡、蔗糖、茶叶和棉花"，这些过去不为西方人所知的产
品在不同的大陆间迁移，并"开始了对全球贸易的统治"③。这位美国学

---

① A. Ljungstedt, *An Historical Sketch of the Portuguese Settlements in China, and of the Roman Catholic Church and Mission in China*, Boston: James Munroe & Co, 1836, pp.83-84.

② Samuel Wells Williams, "Articles of Imports and Export of Canton", *Chinese Repository*, Vol.2, 1834, pp.447-472.

③ [美] 威廉·伯恩斯坦：《茶叶·石油·WTO：贸易改变世界》，李晖译，第 246 页。

者所列商品的"新"主要是对西方人而言，对出产地的东方人来说，并不
"新"。以此看来，至少在早期国际经贸"一体化"的时代，"欧洲中心"
尚难立说，长时间流行西方世界的观念把"东方"和"西方"间的沟堑挖
掘至极端，未将双方发展价值上的平等性充分揽入视野。当时的经贸呈现
多中心，要把眼光更多转向东方，进而重构属于东方自身的社会经贸史。

　　早期东方货品转手进入中国的多为种类繁多、量小价昂的奢侈品，在
棉花贸易特别是鸦片贸易兴起之前，少有主打品。与输华产品的量小品杂
不一样，中国输出的货品却数量庞大，单品数额较高，诸如丝绸、茶叶、
瓷器等类的数量级都是外来货远远无法比拟的。中国输出的，早期主打产
品有丝绸，据估计，17 世纪上半叶的某些年份，从中国向东南亚输出的生
丝每年有 160—200 吨，绸缎一至两万匹。还有中国瓷器，也是外人大批
购买的对象，1614 年，仅荷兰东印度公司的一艘船就装运瓷器 69057 件，
价值 11545 盾。1604 至 1657 年运往欧洲市场的瓷器总数超过 300 万件。[1]
1620 年和 1622 年，荷兰东印度公司两次要求由中国输入各类瓷器，分别
为 64500 件和 75000 件。[2]当然，在中国的各类出口货中，最重要的莫过
于茶叶，成为国际商界的大卖品，外人用"西印度"的银子来购买"东印
度"的茶叶，形成盛极一时的"茶银之路"。美洲白银短缺后，应对之计
还是用东方产品来换购中国产品。1785 年 11 月 11 日，美国驻英国大使
约翰·亚当斯（John Adams）在一封信函中建议美国人："如果信息准确
的话，烟草、皮毛、西洋参，都是在中国市场上大有销路的货品。"[3]还
有鸦片和檀木，其中多来自东方。正因为东方货品和东方贸易的重要性，
1789 年，美国新海关设立，国会通过关税征收法，规定对进口美国的商品

① T.Voiker, *Porcelain and the Dutch East India Company, as Recorded in the Dagh-Registers of Batavia Castle, Those of Hirado and Deshima and Other Contermporary Papers, 1602—1682*, Leiden: Brill, 1954, pp.25,59.

② Jacob Cornelis van Leur, *Indonesian Trade And Society: Essays in Asian Social and Economic History*, W.van Hoeve Ltd-The Hague: Bandung, 1955, pp.210,126.

③ John Adams to John Jay, November 11,1785, in Charles Francis Adams ed., *The Works of John Adams*, Boston: Little, Brown and Company, 1853, p.343.

征收 12.5% 的关税，但中国茶叶除外，中国器皿也只收取 10% 的关税。[1]

（三）东西转向

西人所到的东方也名不虚传，产品富足，随地掘金，马可·波罗的记述真假难辨，后来西人在东方的亲见实足让人相信。1536 年葡萄牙人科里斯万托·维耶拉（Cristovao Vieira）写自广州的信函称"从葡萄牙无需带来任何东西"，因为这里的"货物充裕得令人吃惊"。[2] 与之适成对比的是，此时的欧洲诸多国家资源贫乏，生产落后，"葡萄牙的小规模和贫乏的人口与其所取得的宏大成就之间的反差是这一时期最明显和最令人感兴趣的特征"。[3] 这不只是葡萄牙一国独然。富裕的东方与贫乏的西方之间形成由高到低由好到次的物流落差，被西方史家称之为"单向度贸易"[4]，说明白点，就是东西方贸易实际上是东方货品的自我交易。荷兰史家范厄尔曾对此间东西方主要交易货品进行过估算，认为当时东方的贸易和消费规模远大于西方，无论是"导航者"葡萄牙人，还是"海上马车夫"荷兰人都没有使此格局发生根本改变，早期的西人主要从事的是贩运，并没有把多少新的经济因素带入东方经贸中，西人的到来只不过是在亚洲早已存在的贸易系统中新增了一个分销（流向欧洲的）渠道而已。[5] 现如今的经济区位研究论者习惯于将东方作为边缘地区，实则在 16—19 世纪前期，东方更扮演了世界贸易中心的角色。由于东方的重要性，独立后的美国首先强烈反对英国人对亚洲贸易的垄断，积极推动《杰伊条约》的签订，通过该约的第 13 款等，美国船被允许进入英国在其东印度领地的港口；美国人被允许在上述领地与美洲之间进行自由贸易。但《杰伊条约》也给美国人留下很大的遗憾，那就是未能为美国谋求到将印度货物运往中国销售的权

---

[1]　Treasure Department, *"Operations of the Act of Laying Duties on Imports,"* in Henry Cabot Lodge ed., The Works of Alexander Hamilton, Vol.ll, New York: The Knickerbocker press, no date, p.295.

[2]　金国平编译：《西方澳门史料选萃（15—16 世纪）》，第 117 页。

[3]　[英] E.E. 里奇、C.H. 威尔逊主编：《剑桥欧洲经济史》第 4 卷，张锦冬、钟和、晏波译，第 274 页。

[4]　Jacob Cornelis van Leur, *Indonesian Trade And Society: Essays in Asian Social and Economic History*, p.277.

[5]　Jacob Cornelis van Leur, *Indonesian Trade And Society: Essays in Asian Social and Economic History*, pp.123-126,117-118.

利。1795 年 9 月 25 日，卸任的美国财长汉密尔顿致函总统华盛顿："从美国出发到孟买，从孟买上货后转赴广州，再在广东购进茶叶，不消说，这是一条常见的有利可图的贸易路线。"① 英国人对这一巨利商道把持不放，美国人则千方百计试图突破并最终捣毁了英国人的霸道占位。

东方贸易圈独大主要因为那时东方经济的发展水平不在西方之下。查得忽睿（Chaudhuri）指出："在 1500 至 1750 年间，印度次大陆和中国拥有亚洲最先进和最复杂的经济。"弗兰克（G. Frank）的补充是："不仅是亚洲的，而且是全世界最先进的经济！"琼斯（Jones）的估算是："1750 年亚洲占世界总人口的 66%，而亚洲的产值占世界的 80%。也就是说，占世界人口 2/3 的亚洲人生产出世界 4/5 的产值，而占世界 1/5 的欧洲人仅生产出其余 1/5 产值中的一部分，另外的部分是非洲人和美洲人的贡献。"据拜罗克（Bairoch）的研究：到 1750 年时，欧洲生活水准低于世界其他地区，尤其低于中国。② 格林伯格（M. Greenberg）也承认"在机器生产以前，在大多数工业技术方面，东方属于领先地位"。③ 那时段，西人只得充任东方商品之间的"倒爷"，这种倒货贸易不存在西方制造品与东方产品的交易，而是建立在中国—亚洲各国的多边关系之上，即所谓"东方贸易圈"。此"圈"内的商路也独具特点，就是绕道、分段、不直达，为的是沿途上下货物。

"东方产品"的畅销，又是血火交加殖民地经济的反映，近世欧洲繁荣的重要基础是建立在其他大洲的属地、租借地、占领地和殖民地之上的。西人鸠占鹊巢的窃位适成关键，权势的转移在坚船利炮，缺少交易货品的西人不乏炮舰火枪，西方人依靠武力控制了海洋，占领了大片东方殖民地，因此而获取的独霸地位使西方人能够随意在产地与销地之间横行插手。除了坚船利炮之外，早期西方殖民者并没有把多少新社会的有价值的因素带入东方，亚细亚的生产方式仍处于旧式"超稳定形态"。职是之故，

---

① Alexander Hamilton to George Washington, September 25,1795, in Henry Cabot Lodge ed., *The Works of Alexander Hamilton*, Vol.VI, New York: The Knickerbocker press, no date, p.302.

② ［德］贡德·弗兰克：《白银资本》，刘北成译，第 240—243 页。

③ M. Greenberg, *British Trade and the Opening of China, 1800-1842*, Cambridge, 1951, p.1.

前工业革命时期的东方贸易圈正是殖民地暴力掠夺经济的映照，东方处在被侵占、被汲取的地位。如此一来，欧洲经济体突破了它在"延长的"16世纪前既有的边界，开始把广大的东方纳入到它的国际经贸体系之中，使整个东方被动地成为欧洲经济体的融入部分。"18世纪末的局势是：东印度公司在印度的贸易已无利可图，因为它的利润不但不能随着孟加拉国的税收而增加，反而在事实上被行政开支耗费殆尽。东印度公司的利润来自中国……维持英国在印度统治权的有说服力的理由，就是维护与中国的贸易。"① 由英人支配的中国—英国—印度的三角航线成为当时物流最繁忙的商道，不仅是为了从东方贸易中赚取丰厚利润，而且是为了英国长期保有印度殖民地的需要，英国人把印度视为商业殖民地、货值榨取地、资本投机地、毒品生产地。作为独立国家的中国因此而与列强在东方的殖民经济有了联结。

此亦是资源天然配置和生产水平高下选择的自然结果。相当长时间，西方产品在东方中国不甚受待见。

表 4-3　英国东印度公司输华商货的盈亏（1775—1799 年）

年份	毛织品 净亏（银两）	金属品 盈亏（银两）	印度产品 盈亏（银两）	共计 净亏（银两）
1775—1779	−23788	+7989	+17512	−2831
1780—1784	−22456	+6754	−4849	−23199
1785—1789	−26284	−4443	+24829	−7906
1790—1794	−106187	+24746	+26703	−62141
1795—1799	−191552	+9772	+20687	−168099

编者注：（1）输华各货在广州的售价减各货在英印的采购成本与运费、保险等项总和，不足为亏，有余为盈。（2）共计净亏包括毛织品、金属品、印度产品以外之杂项亏损在内。
资料来源：严中平等编《中国近代经济史统计资料选辑》，第18页。

此种贸易格局反映那时的西方经贸某种程度上受制于东方，对于西方来说，16—19世纪前期最有潜力的生产力和大市场不是在西方，而是在海外，在新世界，在新大陆，在东方。同时反映出英国等西方国家对海外

---

① [美]伊曼纽尔·沃勒斯坦：《现代世界体系》第3卷，庞卓恒等译，北京：高等教育出版社，2000年，第230—231页。

贸易的依存度相当之高，且与日俱增，"1688 年的估数中认为，英国出口占其国民收入总值的 5% 或 6%。一个世纪以后，这个比例增加到 14%。大体又过了一个世纪以后，这个比例在 19 世纪 80 年代初期达到 36% 左右这样一个空前的高峰水平"[①]。此亦呈现出地理发现之后初步联为一体的世界地域分工版图，在持续扩大的世界市场中，各洲所起的作用实不相同，大体概况是：亚洲提供丰富多样的商品，非洲提供廉价的劳动力，美洲提供作为货币的白银和大量未开垦的肥沃土地，而欧洲因为在地理发现进程中处在先发位置，并掌握了较强的军事和运输能力，使其可以役使非洲的劳动力采冶美洲的金银和开辟大型种植园，用以购买亚洲的商品，运销世界各地，这样就把各国各地区的经济紧密联系起来，西人成了那个时代世界经贸网络的穿针引线之人。东方产品的行销走俏，也是世界资源生成和经济地理配置的表现，西方古典经济学的奠基人亚当·斯密（Adam Smith）在 1776 年的《国富论》中有一著名论断：

> 任何两国之间的贸易，不太可能双方全然以他们本国的商品互为交换；也不太可能互为交换的一方全是本国的商品，而另一方全是外国的商品。几乎所有国家互相交换的商品当中，都有一部分是本国的，也有一部分是外国的。然而，哪一国的货物当中，本国货所占比例最大，外国货所占比例最小，哪一国将一定是双边贸易中最主要的获利者。[②]

但 16 世纪后三百年东西方贸易史的事实证明亚当·斯密的这一论断不一定正确，在这三国或多国演义中，西方各国拿出的本国商品最少，却是获利最丰的一方。东南亚的香料，日本的金、银、铜，中国的茶、丝，印度的棉花，等等，但世贸的枢机按钮主要掌握在西方人手里。不过，这时的东方产品多为初级产品，多为未加工的原料，多为慢工出细活的手工制品，这与工业革命之后，西方的舶来品以批量工业制成品为主的情况有绝大反差。

---

① ［英］H.J.哈巴库克、M.M.波斯坦等主编：《剑桥欧洲经济史》第 6 卷，王春发、张伟、赵海波译，北京：经济科学出版社，2002 年，第 47 页。

② ［英］亚当·斯密：《国富论》第 2 册，谢宗林译，北京：中央编译出版社，2010 年，第 554 页。

西方人缔造的世贸秩序带来的一个严重后果是东方资源的严重受损。早期的东方产品多为资源型，容易导致资源的枯竭。相比之下，采集型的比较好，如胡椒、咖啡、茶叶、桑树、棉花等可以不断地种植采摘，因此，这些个"商路"经久不息。采挖型的略差，诸如野山参，19世纪后期基本上被挖取净尽，其后被人工栽培的西洋参取代。采伐型的代价很大，诸如檀香木等，生长期很长，一朝毁伐，百年植树。猎取型的则受到致命性伤害，例如海獭、海豹的屠杀性贸易。采矿型的也是如此，疯狂开采使得美洲银矿枯竭便是典型例证。从这一角度来说，西方的单向贸易，对那些遭受掠夺的东方国家，便是资源的荡尽、活路的断绝、经济发展的难以持续和民众的绝对贫困。

全球化的历史进程以工业革命画出界标，之后的岁月，国际贸易进入商品多样化多量级的时代，在大机器制式批量化条件下生产的西方工业品，相对于建立在资源型手工业生产条件下的东方产品形成了很大的比较优势，东方产品遭到空前打击，西方工业品迅速霸占了东方市场。工业革命使东方与西方的优势易位，1750年世界制造业产量相对份额中，所有欧洲国家合算占比23%，其中英国仅为1.9%，而中国一国便占32.8%的比重，印度（包括今巴基斯坦、孟加拉）占24.5%，东方优势突出；到1830年，相应的比例变为34.2%、9.5%、29.8%、17.6%，东方削弱；到1860年工业革命完成时，四个相应数字为53.2%、19.9%、19.7%和8.6%，欧洲尤其是英国绝对占优，此乃工业文明对农业文明、机器制造对手工制作的优势显现。[①]西方反居主导和支配，将前此的"东方产品"国相继排挤出局。

在西方近代工业体系建立的同时还有近代国际贸易管理体系的搭建，列强根据不同时期的需要轮番施行贸易保护主义和自由贸易主义的政策。仅以美国而言，19世纪初叶，为了保护本国刚刚生长又十分脆弱的新生产工业，实行了愈来愈严厉的贸易保护政策，1816年颁布新关税法令，将除了低价纺织品外的所有纺织品的关税从约7.5%上调到约25%，其后，又不断调高最低起征点；1828年，变本加厉出台"可恶关税"，使棉纺织

---

① [美] 保罗·肯尼迪：《大国的兴衰》，王保存、陈景彪、王章辉等译，北京：求实出版社，1988年，第181—182页。

品关税税率"站到内战前的最高点"，1830—1832 年期间，棉纺织品的实际关税税率为 71%；1833 年达到 82%；1842 年，实际上超过 100%；随后又废止了最低起征点的规定，将从价税率拉平在 25%。但 1846 年后，关税率开始下降，1857 年，棉纺织品税率降至与一般制成品关税相应的 24%。高低变化的来去略有说道，关税税率的调高是为了提高进口商品的门坎，保护母国的新兴产业；随着母国新兴产业的成熟壮大，以前的贸易保护政策被自由贸易政策替换，除了调低本国的关税税率，更强求出口对象国撤除关税壁垒，以利本国商品出口；但当别国产业发达到挑战本国产业甚至有可能替代本国产业时，政策又会反转，趋向于贸易保护主义。总原则是助益本国产业一枝独秀的"永葆青春"。贸易关税对美国纺织业的成长起到了明显的促进作用，1816—1840 年间，新英格兰规模制造业雇工人数从占总体劳动力的 1% 稍多跃升到接近 15%，显示了以棉纺织业为主导的制造业的迅猛发展，同期内，新英格兰纺织业的增加值提高了 20 多倍，至 1840 年，棉纺织业已占该地区制造业附加值的 2/3；全美范围内，棉布产量 1815—1835 年间年均增长 15.4%。全美棉纺厂在 1831 年已有 795 家，到 1859 年再增至 1091 家，到该世纪末，美国人已建立起了举世罕匹的最大工业体系。生产和贸易从来并进，直到 1860 年代之前，棉纺业始终是美国外贸的主宰，棉品出口 1816—1820 年占美国总出口值的 39%，1836—1840 年增至 63%。[①]工业革命打破了既往的世界格局，世界经贸结构出现整体本质改造，手工生产的东方产品敌不过机器生产的西方产品，前时西方外贸货品"空心化"的状况不再，此前东方与东方之间的货品主流被此后东方与西方之间的货品主流所取代，亚洲地区之间的商品内循环被亚洲与欧美洲际之间的商品外循环所顶替，古老的东方贸易圈衰落，西方工业品支配的贸易圈一方独大。

时至今日，伴随着中国、日本、韩国、印度等东方国家的经济崛起，东方再度兴盛。1960 年代之后，"欧洲的棉花帝国霸业在一片唏嘘声中终结"。美国今天市场上所卖成衣 98% 来自国外，中国供应美国约 40% 的成

---

① 彭波、施诚：《千年贸易战争史：贸易冲突与大国兴衰》，北京：中国人民大学出版社，2020 年，第 62—63 页。

衣。今天全世界将近一半的纺锭和织布机在中国工厂里，它使用全球 43%
的原棉，全亚洲使用 82.2%，北美使用 4.2%，西欧 0.7%，"经过两百多年
之后，全球棉花使用最多的国家又集中到一七八零年之前棉花工业的心脏
地带"。1990 年代中期开始，合成纤维超过纯棉纺织品。[①] 这只是棉品一
个行业，未尝不是一叶知秋。转到当今，人们又从环境保护和人体健康的
角度开始讲究纯棉织品。但不管是合成纤维还是棉纺织品，东方的生产量
都远远超过西方。日本、韩国的高技术；中国、印度的快速进步；今日中
国已经成为世界上第二大经济体，拥有全世界最完整的制造业链条，加持
发达的互联网商业网络等，新东方的再度雄起还会远吗！？

二 印度货第一次大规模输华

印度近邻中国，两国交往源远流长，仅就贸易往来而言至晚可以追
溯到公元前，阇那迦《利论》一书谈到公元前 4 世纪以前的"支那帕塔"
（Chinapatta）就是中国的丝织品。[②] 不过，两国间的古代交往主要局限于
文化特别是佛教领域，西天取经，佛国求法，载入史册。就此中印文化交
流领域的研讨连篇累牍，高见频出，兹不赘言。本章侧重讨论中印物质方
面的交往，两国中古之前的交流主要在形而上方面；之后，形而下物质层
面的交流遂成主题，此乃中印关系史上的巨变。坦白地说，中古前后中印
关系史的研究反差极大，特别是两国物品交往史的研究乏人问津[③]，值得
吾辈努力用功垦荒。

食品、纤维、建材、燃料是人类的四大必需品，此时段，棉料横空斜

---

① ［美］斯温·贝克特：《棉花帝国：资本主义全球化的过去与未来》，林添贵译，第 450、454 页。

② 李庆新：《濒海之地：南海贸易与中外关系史研究》，北京：中华书局，2010 年第 7 页。

③ 关于古代中印交通，研究文化特别是宗教交流的作品较多，研究物品交流的著述甚少见。值得注
意的有刘欣如前后相贯的两部英文著作：*Ancient India and Ancient China, Trade and Religious Exchanges,
AD1-600*, Delhi: Oxford University Press,1988. *Silk and Religiou, An Exploration of Material life and the
Thought and People, AD600-1200*, Delhi: Oxford University Press, 1996. 只是两著主要涉及中国对印度的出
口贸易，特别是丝绸；另有李明伟的《丝绸之路贸易史研究》（兰州：甘肃人民出版社，1991 年）等几
本专著，但同上列著作一样，主要考察宋朝以前中国对印度的单向贸易，未及后来朝代印度对中国的棉
花输出。

出，主宰衣被市场，"夫棉为人之必须品，功用伟大，衣被万邦，我国以农立国，棉为农产物出品之大宗，关系国计民生至为重要"。[1] 应该说，每个人从出生之时到死亡之日，从婴儿坠地的包裹布到亡者的丧服，多离不开棉花。明清以降，棉纺织成为中国产值最大的工业领域，"棉业现居吾国基本工业之首位，较之其他各业为更为重要"[2]。印度是世界棉花的主产国，印度棉的输入，曾一度居于中国进口货的第一位；海外货品也赖此与中国万千耕织结合的小农经济体紧密联系，从而与偌大的国际市场接轨。中国是一个以农立国的国度，这对数量庞大的小农业、小手工业有着极大意义。不消说，这些问题的考察十分重要。[3]

（一）印棉入华

宋宗室赵汝适于南宋理宗宝庆元年（1225）所撰《诸蕃志》称交趾（今河内一带）土产有"吉贝之属"[4]，"吉贝"为中国古代对棉花的统称，但早期所指主要是木棉之属，并非后来普及的草棉。印度输入的是草棉，输入者却是英国人，1704 年 7 月 21 日，英国东印度公司船长詹尼弗（Capt. Jenifer）指挥的"凯瑟琳号"（Catherine）运入厦门 1116 担原棉，每担叫价 7 两银，购者还价 4.5 两，买卖双方各让一步，以 5.5 两成交。[5]这是西方输印度棉花入华之始，带"试销"性质，也是偶然事情。[6]

为何运印度而不是其他地方的棉花入华？这是因为草棉发源于印度，

---

① 叶元鼎等：《中国棉花贸易情形》，《工商部上海商品检验局丛刊》第 4 期，1921 年 4 月，第 62 页。

② 《穆次长在两团体之演辞》，《申报》1928 年 11 月 13 日，第 16 版。

③ 对中国棉史的研究甚多，各时段较重要者有：方显廷：《中国之棉纺织业》，北京：商务印书馆，2011 年；严中平：《中国棉纺织史稿》，北京：科学出版社，1963 年；赵冈、陈钟毅：《中国棉业史》，台北：联经出版事业有限公司，1977 年；[日] 森时彦：《中国近代棉纺织业史研究》，袁广泉译，北京：社会科学文献出版社，2010 年；于新娟：《长江三角洲棉业外贸研究（1912—1936）》，上海：上海人民出版社，2010 年；等等。但对印度棉花输华问题则没有专门研究。

④ 赵汝适：《诸蕃志》，杨博文校释，第 1、7 页。

⑤ [美] 马士：《东印度公司对华贸易编年史（1635—1834 年）》第一、二卷，区宗华译，第 128—130页。早在 1592 年，西班牙驻菲律宾总督就曾向西班牙国王报告中国商人收购菲律宾的棉花。参见刘军：《明清时期海上商品贸易研究 1368—1840》，东北财经大学博士学位论文，2009 年，第 107 页。

⑥ 此亦揭开外国棉花输华的序幕，嗣后，外棉在中国的棉花消费中占据了愈来愈重要的位置。直到1930 年代初期亦如此，如 1931 年，中国的棉花供需状况为，国内产量：7587 千担，进口 3456 千担；1932 年：国内产量：8810 千担，进口 4653 千担。但此时也有中国棉的出口。参见王子建：《民国二十三年的中国棉纺织业》，《东方杂志》第 32 卷第 7 号，1935 年，第 33 页。

印度自古是棉花的重要产区。印度北部为高山区，中部为恒河流域平原区，南部为德干高原区。仅以如今的印度本土看（不包括巴基斯坦、孟加拉等），印度棉产区大部分在中部平原区和德干高原区，棉田面积占世界棉田总面积的 23% 左右（早期比重远大于此）。具体看，印度棉产区主要集中在马哈拉施特拉邦和古吉拉特邦，产量占本国总产的 53% 以上，该地区土壤为黑绵土，质地相对较粘，保肥保水性较好，土壤肥沃，是棉花的主产区，主要依靠降雨生长。其次是旁遮普邦、哈亚那邦、拉加斯坦邦，产量占总产的 19%，这些地区处亚热带干旱、半干旱地，主要依靠灌溉，但是每年 7 至 9 月的降雨对棉花生产影响很大。再次是安得拉邦、卡纳塔克邦、泰米尔纳德邦，产量占总产的 17.5%。最后是中央邦及奥里萨邦，产量占总产的 6.5%。南部与中部地区土壤多为干旱土、盐碱土、冲积土等类型，土壤 PH 值较高，棉花生产受品种、土壤、降雨多寡和气候季节变化的影响很大。印度不仅是世界上植棉历史最悠久的国家，还是棉花品种最丰富的国家，棉花按纤维长度分为三个类别：短纤维（含短纤维、中纤维）属印度土种棉；中长纤维（含较长、长纤维）属美种陆地棉；特长纤维属陆地棉和埃及棉品种。印度基本上囊括了各品种，其主要品种包括 Deshi、J34、V797、LRA、MECH1、Bunny、Shanker-6、MCU5、DCH32、Suvin 等。不同的省邦有不同的播种习惯，其中国际市场比较流行的 Shanker-6，只在古吉拉特等邦种植。

印度还自来便是棉织品的出口大国，印度棉纺专业技术传统悠久，这就让印度制造的布匹品种非常丰富精良，很早就开始供应西方，印度手工纺织的精美棉布在西方享有与中国"南京布"同样的名气，且出口量更大。1854 年孟买建立了第一个机器纺织工厂，开始了印度近代纺织工业，惜其机织布在欧美不具太多的竞争力，反而本国的传统手工棉纺织业被西方的机器纺织产品冲击得七零八落。但是，机纺业不振，原料棉却好，印度在工业革命兴起后的西欧（主要是英国）依旧保持着原棉主要供应地的地位。棉花在印度适得其地还因农业机械化之前，其栽培加工需要密集型劳动，要消耗大量的劳动力，这正好符合印度国情，充沛的廉价劳动力产出了价格低廉的丰沛棉花；印度棉花产量直到第二次世界大战前一直产大于需，有 25% 以上的原棉供出口。

印度棉花入华，是中国历史上第一次规模化的外来原料输入，牵扯到中国最重要的两个经济领域——农业和手工业，又因其制成品的出口——"南京布"等，复与国外的众多消费者发生关联，这个年代，中国的棉布纺织者处在国际生产链条的高端。印度棉花产量高，无掺水之弊[1]，质量还比较划一，其主要棉类从纤维长度来看又与中国棉最接近，而其天然卷曲度却优于中国棉，印棉每寸可达 150 个卷曲，中国棉仅 66 个[2]；中国棉纺成的纱抗牵拉强度较低，除非与其他棉类混糅，否则便很难纺成高支纱。早期的印棉品质虽不足以纺织细纱，却适宜纺织粗纱，而中国正是粗纱纺织的大国，印度处于那时节全球原棉供应者的位阶势所必然。还有运输成本，"广东一带人民从印度购棉比买江浙的棉花运费要低一些。广东地区的印棉价格大约能比国产棉花每担低一两银子之谱"。[3]印棉的这些优势为其大宗输华奠定了生物地理条件。"因自然资源天赋之不平衡，人们必须互助始能维持全世界人民全体之生存；同时世界经济进展至现阶段已成为一密接不能分离之整个体系。"[4]

棉花在中国是全民性需求。自北宋开始，衣棉者渐多。1289 年，元世祖设"木棉提举司"，责民岁输棉布十万匹。[5]迄明朝，棉花已成中国最重要的经济作物，政府专门规定有地 5 亩以上的至少植棉半亩，10 亩以上的加倍。[6]清人亲历："予尝北至幽燕，南抵楚粤，东游江淮，西极秦陇，足迹所经，无不衣棉之人，无不宜棉之土。"[7]又谓："江南产木棉，种者

---

[1] 中国的棉花掺水相沿成习，1900 年，上海设"水气检查所"，严查棉花掺水掺杂。参见金国宝：《中国棉业问题》，上海：商务印书馆，1926 年，第 23 页。但到 1928 年，国民政府工商部常务次长穆藕初仍痛斥"数十年来棉花贸易之陈陈相因，弊端百出，为诸君之所熟知，即以搀水一端而论，亦非从速设法积极改革不可"。参见：《穆次长在两团体之演辞》，《申报》1928 年 11 月 13 日，第 16 版。

[2] 参见叶元鼎：《中国棉花贸易情形》，《工商部上海商品检验局丛刊》第 4 期，1921 年 4 月，第 6 页。

[3] 参见赵冈、陈钟毅：《中国棉业史》，第 127 页。印棉价廉的情况曾长期存在，到 20 世纪 20 年代，也还是"惟印度棉花较中国土产价值极为低廉"。《九年度通商各口贸易总论（六）》，《申报》1921 年 7 月 10 日，第 23 版。

[4] 张白衣：《世界经济的展望续》，《申报》1937 年 1 月 25 日，第 11 版。

[5] 宋濂等：《元史》卷一五《世祖本纪第十二》，北京：中华书局，1976 年，第 19 页。

[6] 张廷玉等：《明史》卷七八《食货志》，北京：中华书局，1974 年，第 1894 页。

[7] 彭泽益编：《中国近代手工业史资料（1840—1949）》第 1 辑，第 225 页。

十之五，借以裕民生，大半此为主。"①中国是世界人口最多的国家，棉花在中国有着极广阔的市场是毋庸置疑的。于是，中方有需求，印方有供给，中方有市场，印方有货品，供求关系赖此搭建。《海国图志》述：孟买"邻地丰产棉花，大半运赴中国"②。

印度棉花输华不是印度人所为，而是英国人所为，不是通过喜马拉雅或荒漠戈壁艰难备至的传统陆路——古代中印之间商路难通，此为最主要的隔绝原因，而是通过方便快捷巨载的海路——从印度洋到太平洋的无间隔道，唯此，作为近邻的中印方能实现大规模物流。1704 年英国初次输印棉入华后，中断了一些时间，1730 年代开始成规模地向中国转售印度棉，1735 年，东印度公司从孟买装运棉花 605 担运往广州，每担售价 8.5 两银。③自此，孟买成为"印棉出货之总机关埠"。④1739 年，孟买棉花续运广州，毛利 107%，远超此次航行中所带其他货品的收益率。这时印棉输华的特点是运量不大，利润不低。1742 年，有印棉 870 担入穗。⑤但此间印棉入华仍是断断续续，时有时无。1756 年，公司船"霍顿号"运来印棉等，"脱售共获纯利 8012 两"。1757 年，在宁波的东印度公司代表收到来自广州贸易情况的通报，告知"皇家公爵号"满载棉花等前来，预计"将获得极大的利润"。到 18 世纪 60 年代，英国开始比较稳定地输入印棉。1764 年，有印度棉花运入。1768 年，输入印棉成本为 72891 两银，售得97225 两银。1769 年，输入广州口岸的棉花已增长到 21996 担。⑥

到 1770 年代，印棉在中英贸易中取得"至尊"地位。这时，中国发生灾荒饥馑，政府鼓励种植粮食，不得已减少植棉，导致中国对进口棉的需求陡然增长，印棉乘虚而入，中国传统的自然经济封闭体在此方向被打开较大缺口。1775—1779 年间，在广州贸易的主要输入品中，印棉的售

① 王庆勋：《木棉叹》，张应昌辑：《诗铎》卷七，秀芷堂刻本，清同治八年，第 147 页。

② 魏源：《海国图志》，陈华等校注，第 746 页。

③ [美] 马士：《东印度公司对华贸易编年史（1635—1834 年）》第一、二卷，区宗华译，第 237 页。

④ 退之：《外商在华航业之概况（十二）》，《申报》1926 年 6 月 20 日，第 21 版。

⑤ [美] 马士：《东印度公司对华贸易编年史（1635—1834 年）》第一、二卷，区宗华译，第 264—266、284 页。

⑥ [美] 马士：《东印度公司对华贸易编年史（1635—1834 年）》第四、五卷，区宗华译，第 461、479—481、524、553、559 页。

得是年均 288334 银两，首次超过英国毛织品（年均额 277671 银两），成
为英国输华第一大货品；1785—1789 年印棉的输华价值是年均 1698001 银
两，更远超同期英国毛织品的年均价额 801879 银两。此后，印棉输入更
有了惊人跃进，1804 年输入棉花 232368 担，"棉花已成为印度贸易上的一
种重要货物"。[①] 1814 年输入 317022 担，1816 年达到 463867 担。[②] 价值
方面，1817—1819 年，年均升至 4527211 银两，已是 1775—1779 年均额
的十余倍。[③] 此局面延续到 1819 年，印棉一直雄踞英国输华货品的首位。
（见表 4-4）此时的中国棉花经济，已不单纯局限于国内，而开始受到远
离国境的异域影响。

表 4-4　广州口岸的外国棉花进口量（1786—1833 年）

年份	进口量 （担）	年份	进口量 （担）	年份	进口量 （担）	年份	进口量 （担）
1786	93572	1798	185253	1810	252471	1822	226554
1787	187311	1799	127831	1811	294992	1823	255063
1788	146345	1800	237986	1812	240279	1824	302420
1789	226789	1801	56063	1813	243230	1825	368505
1790	172224	1802	161438	1814	317022	1826	393843
1791	32307	1803	284570	1815	257157	1827	448051
1792	208784	1804	232368	1816	463867	1828	475385
1793	194173	1805	414208	1817	438397	1829	375961
1794	158854	1806	354779	1818	392650	1830	501920
1795	145704	1807	360688	1819	253095	1831	443238
1796	171554	1808	348282	1820	182532	1832	427488
1797	205441	1809	219837	1821	345147	1833	442640

资料来源：根据马士《东印度公司对华贸易编年史（1635—1834 年）》各卷提供数据统计制作。

[①] ［美］马士：《东印度公司对华贸易编年史（1635—1834 年）》第一、二卷，区宗华译，第 723、
725—726 页。另参见［日］田中正俊：《中国社会的解体与鸦片战争》，武汉大学历史系鸦片战争研究组
等编译：《外国学者论鸦片战争与林则徐》上册，第 19 页。

[②] ［美］马士：《东印度公司对华贸易编年史（1635—1834 年）》第三卷，区宗华译，第 203、241 页。

[③] 参见陈慈玉：《以中印英三角贸易为基轴探讨十九世纪中国的对外贸易》，（台湾）中国海洋发展史论
文集编辑委员会主编：《中国海洋发展史论文集》（一），台北：1984 年，第 137 页。

　　棉花的输入主要是为了交换中国货品，19 世纪前后，英国找到了来源渐枯的白银的替代品，那就是印度的出货。1770 年以前，作为印棉主产地古吉拉特（Gujarat）的棉花除了在境内的信德、马德拉斯和孟加拉等地输出外，从来没有海外出口的记录。在这之后，英国启动了印棉向中国的出口贸易，古吉拉特的棉花不够，扩及其他地方，1800 年，英国吞并苏拉特（Surat）这一重要产棉区。

　　18 世纪 70 年代至 19 世纪 20 年代，英国对华贸易以印度棉花为最重要的补充。棉花和茶叶类似，都是世界步入近代国际贸易时期的重要交换物品。这对英国这类具有庞大殖民地和强大航海力量的国家尤其如此，英国没有把主要精力放在欧洲大陆的扩张上，而是依赖举世无匹的海军致力于海外日不落帝国的打造和远洋贸易优势地位的获取。

　　　　印度棉花之输入，当必为一极可获利之贸易。证诸 1768、1774、1792、1795、1796 及 1800 等六年之统计，显示 1800 年之赢利率最低，为 27%，1774 年之赢利率最高，达 113.8%。……1804 年自孟加拉输入至中国之棉花，值银 96289 两，实获利 93136 两，或 96.7%。自孟买输入至中国之棉花，值银 276574 两，实获利仅 77182 两，或 27.9%。[1]

　　除英国外，还有其他国家进行棉花输华，1750 年，荷兰运棉 1859 担入广州，表明他国开始进入这项有利可图的买卖。[2] 1769 年，输入广州口岸的棉花为 21996 担，其中有荷兰的 954 担，法国的 103 担。1772 年，丹麦输入 155 担。1774 年，荷兰输入 207 担，法国 4441 担。[3] 当然，他国的参与比较有限，此时的英国已成为对华贸易的最大国，印度全境也相继沦为英国的殖民地，英国必然是印棉输华的绝对主力。1785 年入穗的进口棉中，丹麦有 632 担，普鲁士 983 担，西班牙 798 担。1787 年则有意大利

① 方显廷：《中国之棉纺织业》，北京：商务印书馆，2011 年，第 51 页。

② ［美］马士：《东印度公司对华贸易编年史（1635—1834 年）》第一、二卷，区宗华译，第 296 页。

③ ［美］马士：《东印度公司对华贸易编年史（1635—1834 年）》第四、五卷，区宗华译，第 559、579、598、619 页。

4000 担。愈来愈多的国家参与进来，但数量有限。此间的印棉交易还流行托名顶替，1792 年的入华棉，除了英、美外，还有法国输入的 82 担，瑞典的 5452 担，以及热纳亚和托斯卡纳输入的 2302 担，但后两者实际上为英国人运作。打着其他国别地区的旗号来做生意，那时很常见。[1] 此期，多数国家运往中国的棉花来自印度。

1784 年，美国商船运来输华货物中发现有棉花 316 担，刚刚建国的美国即将棉花纳入对华贸易的名录；此时的美国输华原棉并非产自本土，同样来自印度。1786 年，来自美国巴尔的摩的"折撒匹克号"商船进入到印度港口，在此前后，美国船"在印度受到热烈欢迎，孟加拉最高委员会豁免了它的一切关税，以示优异。康华理勋爵和印度政府会同发布了一道命令，准许美国船只在东印度公司的居留区内，一切都享受最惠国外国人的待遇"[2]。棉路开通，美—印—中的棉花贸易有了快速发展，1788 年美国输入中国印度原棉 545 担，第二年骤增至 17411 担，美国已然成为仅次于英国的第二大印棉输华国。[3] 大约在 1791 年，美国人在本土开始了自种棉花，随后，扩种势头一日千里，靠着"黑奴"血汗滋生骤起的棉花大种植园在南方迅速铺开。1801 年，美国人除了转运印度棉外，美国棉也开始向海外出口，但主要是出口欧美方向，这年，美国出口到英国的棉花已经和整个西印度群岛相当。1811 年，美国出口到英国的棉花达到 43900 吨，占英国工厂使用棉花总量的 56%。[4]

1812 年，美国输华棉花仅 268 担。这与英美战争有关，美船来华海道被切断，1813 至 1814 两年间，美国人再也无法运棉花到广州。而英国较近距离地转运印棉却基本未受战争影响，1813 年输华棉花 243230 担，1814 年增至 317022 担，反倒是填补美国的空白。1814 年年底，战争结束。翌年，美国开始恢复棉花对华贸易。不过，在之后的一段时间，美商

---

① ［美］马士：《东印度公司对华贸易编年史（1635—1834 年）》第一、二卷，区宗华译，第 417—418、432、440、456、470—471、492、510、519—520 页。

② ［美］泰勒·丹涅特：《美国人在东亚》，姚曾廙译，第 24 页。

③ ［美］马士：《东印度公司对华贸易编年史（1635—1834 年）》第一、二卷，区宗华译，第 440、456、470—471 页。

④ ［意］乔吉奥·列略：《棉的全球史》，刘媺译，第 225 页。

输华仍以转运印度的棉品为主，毕竟中印近便。1818 年，美国从英属印度运入澳门价值 250000 元的棉花。[①] 从路途上来看，美洲棉花转运欧洲，比从亚洲甚至西非海岸到欧洲的路途更短，运费也更便宜。所以美棉的输出地主要是欧洲，特别是英国。美国本土棉运到亚洲中国，比直接转运印度棉入华要远得多。

随着美棉产量的剧增，到 1826 年前后，美商输华棉花基本来自印度的局面有了改变，"美国才开始运本国产的棉花及粗棉织品到中国及南洋各地"。[②] 美国棉花也进入对华直接运送交易的阶段，这是一个很大的变化，从转运他国棉到直接输送美国棉。此前，印度长期是世界上第一大棉花输出国。到 1830 年代，美国棉花在国际棉市上也不遑多让，很多时间内都居于世界上最大的棉花出口国，除了美国内战期间，在整个 19 世纪，美国棉花的出口量占其出产的一半以上。

因着输华棉花的重要，这一经济作物也每每受到超经济强制因素的支配，1777 年 6 月，广东当局"接到皇帝谕旨，本季度禁止棉花进口，亦不准在广州出售"。朝廷给出的解释是：鉴于"各国夷船……重载棉花，海运来广，以致内地棉花拥塞不通"。[③] 但据英国打探的情报是：乾隆皇帝"从云南总督得到的报告，说勃固人用售棉花给欧洲人的办法，来支持他们反对中国，因此皇帝下令不准欧洲人向中华帝国输入棉花"。查禁棉花也还有内部原因，曾任两广总督，刚刚调任云贵总督的李侍尧上奏："在粤省时见近年外洋港脚船只全载棉花，颇为行商之累，因与监督德魁严行饬禁。嗣后倘再混装棉花入口，不许交易，定将原船押逐。"故而上谕也提到"内地处处出产棉花，供用极为宽裕，何籍取给外洋？"内外因素中，以外因为重，鉴于外交事态很快平息，"自从勃固政府归顺（清朝），并允许将长期扣留的总督的儿子释放后，皇帝现在对勃固人已没有什么意见，

---

① [美] 马士：《东印度公司对华贸易编年史（1635—1834 年）》第三卷，区宗华译，第 171、187、203、226—227、342 页。

② 李定一：《中美早期外交史》，第 42—43 页。

③ 刘芳辑：《葡萄牙东波塔档案馆藏清代澳门中文档案汇编》，章文钦校，第 149—151 页。

故命令官员通知欧洲人，可在广州照常进行棉花贸易"。①这道禁令，施行两个月后即废止，对外棉输华影响不大。

棉花能够赚钱，由是经常发生花包在广东海域被盗的情况。1786 年 9 月 17 日，船长沃森（Capt. Watson）来见东印度公司驻华管理委员会主席，说在转载棉包的清朝官艇上发现棉花被盗，追究时一名印度水手又被该艇上的中国船夫殴打并推落水中溺死，其他印度水手亦被打，甚至被殴成重伤；中国船夫还将艇绳解开，使被殴者无法求救。后来，中方海关官吏赶来将船夫监禁。几天后，行商通知英国大班："船夫已受审讯，并向他们保证，假如印度水手的尸首发现有任何伤痕，其中一名船夫无疑要处死刑。"1787 年，发生同样盗案，船长拉金斯（Capt. Larkins）的载棉船在广州被窃，装货册记载在孟买和广州的装卸货均为 5204 担，在商馆交货时只有 4473 担；不仅担数短少，那些表面完好的花包也被做了手脚，底部短了约一英尺，然后缝合。据说"驳艇载运船上货物到商馆途中"，此类窃案"经常发生"；英方于是向粤海关申诉，一个月后，海关监督勒令行商共同赔偿损失，分摊数额如下：祚官系该船保商和驳艇所有主，赔 3000 元，棉花购买者石琼官和宜官分赔 1500 元和 1000 元，潘启官、周官、文官、平官、浩官每人摊赔 500 元。对此方案，英国大班并不满意，认为"祚官应负担全部赔偿，因为驳艇是他的，显然是他的船夫偷去的"。由于案件已经定案，英方表示，此次"他们接受这个解决的办法，但下一季度，他们起运公司货物时，一定要由保商负责全部损失责任"。中方解释由行商连坐分摊是相沿已久的"老规矩"，答应嗣后如再发生此类盗案会考虑英方只由当事人赔偿的建议。②

（二）经办群体

按常规，本是供求双方，只应是双边贸易，但是因为当时的印度沦为

① ［美］马士：《东印度公司对华贸易编年史（1635—1834 年）》第一、二卷，区宗华译，第 346 页。另记："照得前因云贵总督李（侍尧）折奏，外洋夷商由缅甸地方装棉花来广，奉上谕查禁，不许进口。"许地山编：《达衷集》，上海：商务印书馆，1931 年，第 148—153 页。
② ［美］马士：《东印度公司对华贸易编年史（1635—1834 年）》第一、二卷，区宗华译，第 452、467—468 页。

英国的殖民地，使得中印双边关系演生成中英印三角关系。由于中印贸易的开展，亦使印度殖民地的经贸状况改观，"当时中国与所有各国间的贸易几乎都是顺差，唯有与印度的贸易是为逆差"①。如此这般，一个新贸易体系开始兴盛——英国货卖到印度，印度棉卖到中国，中国茶卖到英国。英国也极力维护其在印度的殖民利益，时有印度关税法规定：从英国船上进口的英国棉制品的关税为 3.5%，而从外国船上进口的英国棉制品的关税为 7%。这一政策使得英国在印度殖民地的制造品市场中居于垄断地位。②殖民地的印度扮演双重角色，既向宗主国提供原料，又吸收宗主国的成品，原本不管是原棉，还是棉布，都是印度向英国的单向出口。到 19 世纪初叶，印度这一棉纺织的传统大国优势不再，反而变成英国纺织品倾销的市场，从 1814 年到 1835 年，英国输向印度的棉织品从不足 100 万码激增到 5100 万码以上；而从 1818 年至 1836 年间，从英国输往印度的棉纱增加了 5200 倍，从而导致印度传统棉纺业的破产，使印度这个原棉的故乡和棉品的"祖国"充满了英国的棉织品，"棉织工人的白骨把印度平原都漂白了"的名言③，所指即此。亚当·斯密断言殖民地贸易"决不能成为英国贸易盛大的原因"④，终难立论。另须看到，棉布时代来临后，棉花依然是印度重要的商品作物和出口货物，以满足英国棉纺织工业的原料需要，这个地位没有改变，由此特别加强了印度经贸对英国的附庸依存。印度棉花在 19 世纪前期出口量很大，随后出口值一度被鸦片替代；从 1850 年起，棉花又超过鸦片，成为印度最大的出口物资。1861—1865 年的美国内战，使美国减少了对英国棉花的输出，英国立即增加了对印度棉花的需求，印棉在英国棉花进口数额中所占比重，从 1860 年的 12.25% 增加到 1868 年的 41.69%；1868 年印度棉花输出总额的 81% 运往英国市场。印度长期是英国棉花的重要供应者。出口的增加刺激了印度棉花种植面积的不断扩大。

---

① 林满红：《中国的白银外流与世界金银减产（1814—1850）》，参见吴剑雄主编：《中国海洋发展史论文集》第 4 辑，第 2 页。

② ［英］彼得·马赛厄斯、悉尼·波拉德主编：《剑桥欧洲经济史》第 8 卷，王宏伟、钟和等译，北京：经济科学出版社，2004 年，第 99 页。

③ ［德］马克思：《资本论》第 1 卷，中央编译局译，第 525 页。

④ ［英］亚当·斯密：《国民财富的性质和原因研究》下卷，郭大力、王亚南译，北京：商务印书馆，1972 年，第 169 页。

　　人们时常谈论中国—英国—印度之间的三角贸易，每每将此与鸦片贸易相联，认为鸦片贸易奠定了三角贸易的基石。其实，较早的中英印三角贸易是由棉花开始，并不像鸦片贸易一样是不对等的邪恶贸易，而基本是互利性的，合作方取得多赢的成绩。从空间经济地理而言，当某个地区被融入到世界经济体时，往往导致与之毗邻的另一个地区也被拖入外部区域，看上去好像这里存在着一个不断扩张的外部边缘，当印度被融入时，中国似乎成了边缘部分。这些习惯看法，惯于将近代时段的欧洲目为中心，而将亚非拉视作边缘地区。但是，现在似乎看到了一个悖论，在这个三角关系中，英国是拿不出太多东西来和中国交换的，反倒是中国的茶叶和印度的棉花成为交易主角。由此证伪，至少在这一时段，仅就大宗交换商品而言，"西方中心论"有伪命题之嫌。

　　从事印棉输华的主力是"散商"，他们是居住在印度的英国人和其他族群的经商者，专门经营中印之间的贸易，他们在印度根植有年，有些干脆就是土生土长，熟门熟路，还有些与生俱来地就是惯于经商的种族，驾轻就熟。1764年，散商运棉入广州，表明此商人群体一开始即从棉花交易下手，软和的棉花是孕育散商长大的适宜温床。1769年，输入广州口岸的棉花，公司有14296担，散商承运6643担。散商不及公司。1774年，公司运入14198担，散商运入27106担。[①] 自此，散商的运量超过公司，成为印棉输华的主体，嗣后格局基本未再改变。以几个年度为例：1778年，公司承运降至4位数（7020担），散商是19344担，供货量大幅超过公司。1786年公司是28120担，散商65130担。1788年公司是61632担，散商运入却高达84165担。1789年，散商的比例更有提升，公司输华65426担，散商输华143952担，一举突破10万量级。1803年的数据是：公司运进69228担，散商运进214959担[②]，步入20万的数量级，并且远远超迈公司。有统计，从1785年到1833年，大部分都是英国船从印度输华，也有其他国家"特别系由美国船输入者，仅163238担，占全额

① [美]马士：《东印度公司对华贸易编年史（1635—1834年）》第四、五卷，区宗华译，第530、559、579、619页。

② [美]马士：《东印度公司对华贸易编年史（1635—1834年）》第一、二卷，区宗华译，第353、440、470—471、492、707页。

1.22% 而已。英国船装运者占 6329489 担，中由东印度公司船只输运者有 4173472 担，占 31.13%，余 9067949 担或 67.65%，系由民船运输者"。[①] 这里的"民船"，便指散商船。在散商贸易中，印棉一度是其获利的主要货品，1774—1797 年，印棉的交易额占到散商贸易总额的 95% 以上。[②] 利润率可在 40% 上下，甚至还要更高，如 1815 年运入的孟买棉花赚到了进货价 56% 强的利润。[③] 下面列举英国东印度公司与散商运棉织品入华数量之比较，计量单位是西班牙银元，1827 年：公司 107100 元，散商 66487 元；1828 年：公司 69614 元，散商 185022 元；1830 年：公司 231000 元，散商 110929 元；1831 年：公司 273681 元，散商 227043 元；1832 年：公司 214020 元，散商 254933 元；1833 年：公司 275217 元，散商 351957 元。[④] 这边潮落那边潮起，公司的输入量缓慢下降，散商的输入量较快增长，公司与散商形成对冲，公司减少对应的是散商增长。

东印度公司以向散商颁发"许可证"等，从中获利，不过，这是蝇头小利。公司更希望通过散商赢利改变中英贸易英方逆差的局面。这就造成中印贸易的不平衡，中国大量从印度进口原棉，但中国对印度只输出极少量的商品，主要是糖，"在 18 世纪，印度西部与中国贸易关系的发展在很大程度上归因于用古吉诺特（Gujarat）的棉花交换中国的糖"[⑤]。公司与散商在棉花业务也有纠结，1809 年，东印度公司驻华监理会讨论对华贸易问题时，喇弗图（Robarta）表示：以公司的大班充当散商的代理人，于散商是一个很大的方便；而"将棉花委托给印度土著、印度袄教徒和印度回教徒代理商是有害于广州的贸易的"，还影响到公司利益。1822 年，散商"福布士公司"（Forbes & Co.）的孟买办事处曾申请东印度公司监理委员会"经营他们一笔棉花委托业务，可是遭到了拒绝"。[⑥]

---

① 方显廷：《中国之棉纺织业》，第 50 页。

② E. H. Pritchard, "The Crucial Years of Early Anglo-Chinese Relations, 1750-1800", *Research Studies of the State College of Washington*, 1936, Vol.4, p.142.

③ K. N. Chaudhuri, *The Trading World of Asia and the English East India Company*, Cambridge University Press, 1978, p.208.

④ 方显廷：《中国之棉纺织业》，第 306 页。

⑤ K. N. Chaudhuri, *The Trading World of Asia and the English East India Company*, p.208.

⑥ [英] 格林堡：《鸦片战争前中英通商史》，康成译，第 26、29 页。

印棉的出口基地主要是孟买，略后，苏拉特和加尔各答也参与进来，不过，仍不能撼动孟买棉市的地位，因其有广大的腹地供应，距离英国的海交航程也更近便。在 1801 年到 1839 年间，孟买输华货物中棉花份额最大，为总货值的 49.7%。[①]操控了孟买商业的巴斯（Parsee）人系散商的重要成分，在其经营的各色商品中，原棉和鸦片"这两项产品，1828—1829 年度占印度出口总产品的 32%，1833—1834 年度占 46%"。[②]继之，孟加拉也成为印棉的重要输出地。

公司职员也是运送印棉的补充力量，"对广州贸易的各船船主、大班及其他办事人员所允许的私下贸易，单是东印度公司船从广州作的这种输出贸易的平均价值，就是 135 万元一年，这个数目完全由私下的输入贸易来偿付"[③]。职位并不很高的随船医生斯科特（David Scott）就曾出售搭船印棉 27 担，价值 375 元。1826 年公司职员运送印棉 66326 担，价值 796000 元，份额不小。[④]公司人员多能从额外兼差或体外印棉贸易中分沾利益。

散商虽然在棉花交易上居于主角，但在整个中英印贸易中仍属配角，资金也多受制于公司。公司至迟于 1761 年开始在广州提供汇票业务，允许散商将贸易所得交给公司驻广州财务部门，按适时汇率换取在伦敦或孟买支付的长期汇票（在伦敦以英镑支付，在孟买以卢比支付）。汇票业务的开设，一方面给散商提供了将印棉利润带回印度或英国的便利途径，另一方面散商将销货所得银两与东印度公司换取汇票，这些银两进入公司的账房后就转为公司的现金，公司亦可以通过控制汇率来盘剥散商。在 18 世纪后半叶，东印度公司贸易与散商的"港脚贸易"基本上是相互促进的。汇票业务的开设使金融方式改变，1777 年，散商运来印棉 23375 担，售得的大部分，约银 20 万两流入公司财库，换取伦敦票据。1796 年印棉售得银 22.5 万两，其中的"大部分纳入公司财库"。1798 年，英国各船载棉往广州，不管是用公司账户，还是私人账户，最终售款都需要按照约定

---

① 龚缨晏:《鸦片的传播与对华鸦片贸易》，北京：东方出版社，1999 年，第 179 页。

② 郭德焱:《清代广州的巴斯商人》，北京：中华书局，2005 年，第 77 页。

③ [美] 马士:《中华帝国对外关系史》第 1 卷，张汇文、姚曾廙、杨志信、马伯煌、伍丹戈合译，第 94 页。

④ [美] 马士:《东印度公司对华贸易编年史（1635—1834 年）》第四、五卷，区宗华译，第 134、152 页。

上交公司财库。① 通过此，尽管公司输棉量不如散商，但在对华棉花贸易中，仍保持某种操控地位。同时，如果不是散商的资金填补，公司对华贸易的不平衡将更加严重。随着"港脚贸易"的发展，公司通过签发汇票所筹资金占广州贸易总额的比重愈来愈大，1769 年为 18%，1771 年为 22%，1775 年上升至 43%。② 因此，汇票制实行后，其出卖汇票所得的白银量已大大超过公司运入中国的实银量。1765—1769 年间东印度公司在广州平均每年的汇票业务提供的白银在公司采购中国货物的资金总额中只占 4%，到 1770—1774 年间比例升为 26%，1775—1779 年间猛增为 61%，1780—1784 年间为 64%。这也是对白银短缺的应对之策。1825 年的公司账本上还出现有所谓"棉花债券"796861 元。③ 债券的发行说明棉业与金融业的联手，对华出口棉花在英印经济结构中日居重要地位。

在中国一方承接印棉的主要是广州行商。1764 年，行商组织"公行"公布了进口货物的价目表，标明棉花每担 8 两银，试图获得进口印棉的定价权。④ 1769 年 9 月 11 日，行商潘启官到广州商馆通知东印度公司代表，"将他全部的利息作为棉花的预付定金。公行曾把棉花的价钱定为每担 10 两，但不能成功，于是他提议要把本季度运到的棉花全部定购，每担银 11 两"。可见，棉花受到欢迎，中方的压价行为难以奏效，棉价主要受市场供求的制约。1771 年，潘启官购棉花每担 9 两银，英方之所以接受低价，是为了鼓励潘启官购买英国的毛织品，以棉花赢利来填补毛织品的亏损。⑤ 1790 年，行商宜官破产，欠外商棉花贷款 25 万元以上。乾隆皇帝对是案亲作批示：该商"应照拟发遣。所欠银两，估变家产，余银先给夷商收领，不敷之数，各商分限代还"。⑥ 遥在京城的最高统治者的过问，反映出输华

---

① [美] 马士：《东印度公司对华贸易编年史（1635—1834 年）》第一、二卷，区宗华译，第 346、590、594、624、631 页。

② 吴建雍：《18 世纪的中国与世界》对外关系卷，沈阳：辽海出版社，1999 年，第 93 页。

③ [美] 马士：《东印度公司对华贸易编年史（1635—1834 年）》第四、五卷，区宗华译，第 108 页。

④ Marguerite Eyer Wilbur, *The India Company and the British Empire in the Far East*, New York: Richard R. Smith, 1945. p.326.

⑤ [美] 马士：《东印度公司对华贸易编年史（1635—1834 年）》第四、五卷，区宗华译，第 530、564、575—576 页。

⑥ 梁廷枏：《粤海关志》，袁钟仁校注，第 500 页。

印棉的分量。还有这样的情况——人死债不销，行商如果死亡，欠债由继承人偿还，有一年，"斯科特爵士号"的货物交给行商鹏年官，行商未付货款已死亡，但其子认账，父债子还，其中包括棉花891担，价值12370元。[①] 输华棉还牵扯到中国的其他重要商业群体，"数以百计的山西票商，他们住在城市里经营同西北地区的庞大的棉花生意，出借银钱"[②]。旁证外棉在中国流通地域之广和部分购货资金来源。

至于输华印棉的价格，1781年，每担售银9两；第二年11.5两，一年之间涨幅不小。[③] 1783年，棉花在欧洲价格折算银每担9.5两；中国价格15两，本身能够生产棉花的中国的棉价竟然远高于不太出产棉花的欧洲，不能说是正常现象。故，来华印棉赢利率也畸高，1789年运入广州棉花6468担，主要成本128330卢比，在中国市场上售得90552两银，为获利最大的货品。根据具体产地的不同，印棉质量略有差欠，价格也小有区别，1804年时，孟加拉棉每担广州售价14.5两银，孟买棉售价14两。[④] 清政府对进口棉征收关税与规费，很不正规，定额之外超量抽取是常态，嘉庆十五年（1810）：

> 大班喇哂等诉于广东巡抚韩崶，略曰：始时洋商行用减少，与夷无大损益，今行用日伙，致坏远人贸迁。如棉花一项，每石价银八两，行用二钱四分，连税银约四钱耳，兹棉花进口三倍于前，行用亦多至三倍，每石约银二两，即二十倍矣。他货称是。各洋行费用皆由祖家贸易摊还，其何以堪？伏恳照旧酌量裁减，远人幸甚！韩崶与总督、监督及属僚核议，佥谓洋人无利可获，或可杜其偕来，遂不许。[⑤]

———————————

① ［美］马士：《东印度公司对华贸易编年史（1635—1834年）》第四、五卷，区宗华译，第134页。

② ［美］魏斐德：《大门口的陌生人》，王小荷译，北京：中国社会科学出版社，1988年，第44页。

③ ［美］马士：《东印度公司对华贸易编年史（1635—1834年）》第一、二卷，区宗华译，第392、403页。另按：印棉价格的波动历来有自，如1922—1924年，印棉价格便由15.8美分增至23.5美分。参见全国经济委员会、棉业统制委员会统计课编：《棉花统计》，1932年，第38页。

④ ［美］马士：《东印度公司对华贸易编年史（1635—1834年）》第一、二卷，区宗华译，第413、491、725—726页。

⑤ 王之春：《清朝柔远记》，赵春晨点校，第162—163页。

韩巡抚等一众官员很不负责任，简直不把国家外贸当回事；不以为这是双方平等共赢的贸易，而是居高临下地认为是外人有求华人，外国有求中国，这是天朝大吏的习惯认知。外人不堪受辱，面对贸易情势和盲目虚骄的中方官员，却又无奈。清政府的税费时有变化，因时因地亦有差异，1832 年的税项是每担棉花：钦定税银 0.15 两，附加税 0.045 两，秤量费 0.15 两，行佣 0.24 两，贸易捐 0.92 两，正税 1.5 两。[①]因为棉花是印度最早规模输华的物品，有初始性质，在定价计货上主要采用 E. X-Godown 方式，即到中国口岸交货，一切费用均包括在货价内，客户无须另外付费。至于鸦片战争后棉货进口经常采用的另几种计价方式：C. I. F.（Cost Insurance & Freight），即定价中包括货值和货舱从外国口岸启锚后航途中的水脚、水火保险费在内，但运至中国口岸后的税饷、码头捐，货栈的栈租、火险费、上下扛力以及洋行佣金，均需客户外加；C. I. F. C.（Cost Insurance Freight & Commission），即定价中包括洋行佣金在内，其他外加等，未见采行。[②]

附带谈及，是时中国的棉花进口地并非只是印度，还有其他东方邻国。据乾隆六十年（1795）出使缅甸的英属印度总督使节迈克尔·西姆斯（Micheal Symes）的记录，当时在缅都阿瓦与中国云南之间进行着广泛的贸易。从阿瓦出口的大宗货物是棉花，有两种颜色，一种是棕色的，用于制造夏布；另一种是白色的，与印度的棉花一样。这些货物由大船载运，沿伊洛瓦底江而上，运抵八莫，而后再由中国商人或由水路，或由陆路运往云南。除棉花外，琥珀、象牙、宝石、坚果，以及来自东印度群岛的燕窝，也是缅甸出口到中国的重要货物。至于缅甸从中国进口的商品则有：生丝、绸缎、天鹅绒、金叶、蜜饯、纸张，以及五金器具和器皿[③]。到 19世纪初期，中缅陆路、水路通商，无论是贸易货物抑或贸易价值，都有所扩大和增长。缅甸从中国进口的货物为铜、雌黄、水银、朱砂、铁锅、铜线、锡、铅、明矾、金及金叶、陶瓷器、油漆、地毯、大黄、茶叶、蜂

---

① ［美］马士：《东印度公司对华贸易编年史（1635—1834 年）》第四、五卷，区宗华译，第 382 页。

② 上海市工商行政管理局、上海市纺织品公司棉布商业史料组：《上海市棉布商业》，北京：中华书局，1979 年，第 44—45 页。

③ Micheal Symes, An Account of an Embassy to the Kingdom of Ava, *Sent by the Governor-general of India, in the Year 1795,* Vol.2, London, 1831, p.64.

蜜、生丝、天鹅绒、绸缎、麝香、干果、纸张、扇子、雨伞、鞋子、服装，以及少量的鲜活动物。出口到中国的货物则有原棉、翠羽、燕窝、象牙、犀角、鹿角、蓝宝石、蛇纹石，以及少量的英国毛织品。其中，原棉数量不少于 2 万包，约 14000000 磅，价值 228000 英镑。据估计，道光七年（1827）中缅陆路贸易额达 400000 至 700000 英镑。其中，仅丝绸和棉花两大进出口货物贸易额就多达 309000 英镑[①]。缅甸的棉花与中国的丝绸是中缅陆路通商主要的进出口货物。据亨利·玉尔（Henry Yule）的估计，缅甸出口到中国的棉花，咸丰四年（1854）为 400 万维司，每 100 维司售价 50 铢，总价值达 200 万铢，即 225000 镑。进口丝绸超过 40000 捆，每捆均价 166 铢即 30 卢比，丝的总价值达 120000 镑。丝绸及棉花两项的贸易额达 345000 英镑，比道光七年（1827）增加了 36000 英镑，约占当年中缅陆路贸易总额 422500 英镑的 82% 左右。[②]另据记载，仅云南省在鸦片战争后从缅甸进口的棉花就达到年均价值 114 万英镑。[③]这一切，与印棉一样，不过仍是东方货品的流动。还要提醒的是，1824—1885 年间，英国逐步占领缅甸全境，缅甸沦为英国殖民地。所以，中缅贸易不能摆脱英国因素的考量。

（三）商情逆转

到 1820 年前后，商情逆转。减少实际上从 1818 年就开始了，印棉输华，1817 年为 438397 担，1818 年为 392650 担，1819 年为 253095 担[④]，逐年递减。直观来看，缘于"孟买棉花歉收"。但此因并不重要，因为嗣后几年，印棉无论丰歉，对华输出总是一蹶不振。输华棉花的剧减是那个

① John Crawfurd, *Journal of An Embassy from the Governor-general of India to the Court of Ava, in the year 1827*, London: 1829, pp. 436-438.

② Henry Yule, *A Narrative of the Mission Sent by the Governor-General of India to the Court of Ava in 1855*, London: 1858, pp.145-149.

③ ［美］卫三畏：《中国总论》上册，陈俱译，第 128 页。

④ ［美］马士：《东印度公司对华贸易编年史（1635—1834 年）》第三卷，区宗华译，第 304、329、346 页。为了帮助了解鸦片战争前印棉入华的数量，特进行比照：1912 年，长江三角洲印棉的进口数量是 255000 担，1913 年 103000 担，1914 年 100000 担，而百年前，印棉的进口量就已经远超此数。参见于新娟：《长江三角洲棉业外贸研究（1912—1936）》，第 43 页。

时代对华进出口贸易中的大事，不乏历史记述："大约从 1819 年起以后的十年中，广州的印度棉花市场就处于剧烈的、长期的萧条状态。1819 年10 月，查理·麦尼克写过一封诉苦的信给他的孟买棉花主要发货人说：我们的棉花市场多少有点古怪，虽然从你那里输入的很有限，而且从孟加拉来的几乎完全断绝，可是并不见有什么起色和兴旺。"到 1820 年，入华外棉减少到 182532 担。① 这年 6 月，查理·麦尼克再函孟买发货人，表示"很大的遗憾，因为我们的萧条的棉花市场并没有改变，尽管货主们还没有出售新运进的货物"。1821 年，在华英商致函孟买最大的棉花出口商默塞尔公司（Mereer & Co.），建议其不要再做棉花买卖。因为当年的"棉花市场是二十年来最坏的；在广州有十万包以上搁着卖不掉，而且还有七万包要装运进来。也卖掉了一些，但这是在亏本和特殊条件下售出的……5—6 个月的长期赊帐——通常是 3 个月——还要交换一部分回程货。12 月，麦尼克不得不写信告诉最大的孟买棉花出口商说：我们不能鼓励你在下一季度再做棉花买卖了"。波峰之后急速跌入谷底令人颇感惊慌失措。总体来看，"1820 年棉花贸易完全陷于停顿；在 1821 年是无可挽救的萧条"。1822 年的市况也不景气。转到 1823 年，棉市"还处在萧条状态之中"，伊里萨里洋行写给加尔各答默塞尔公司的信上仍称："我们深为抱歉，在这另一年度通信的开始，仍不得不说你所最感兴趣的产品还处在萧条状态之中。孟加拉棉花售价是八两二钱，四个月内付款。"1824—1825 年，"由于南京棉产的局部歉收，曾经有过暂时的好转。在听说大量存货被焚毁以后，市价又跟着有一度短时的上升——棉花市场变成依赖于这种偶然的刺激了"。1826 年，霉运又缠上了身，棉花"完全是滞销货。在下一季度中棉花是处在最惨淡的境地……商人们对于上一季度的亏蚀还有余痛，而行商们又避免向散户购货，因为他们知道他们都必须承担东印度公司配销的棉花。……棉花的低价（七两五钱）使投机者狼狈不堪。……人力无法使经营这种货物的投机者不遭受严重亏蚀"。到了 1829 年，"棉花的市价更低了，最差的棉花的市价是六两九钱。……棉花危机把孟买商业打击得很

---

① ［美］马士：《东印度公司对华贸易编年史（1635—1834 年）》第三卷，区宗华译，第 367、346、368 页。

苦"。"有十条船同时在黄埔停留了几个月，因为他们装载的货物卖不出去。行商们自己连一包货也不肯买，只愿意做做掮客。"1830 年，"却来了一次更大的崩溃局面，那时候最便宜的棉花只卖到五两七钱！广州的棉花经纪人企图阻止港脚船卸落它们的棉花"。在华贸易人给孟买公司的信上写道："我们从来没有看到过比这更大的不景气"；是否赢利已经无从计较，"船主贩运棉花不过是怕他们的船闲下来，对于没有这层利害关系的商人，棉花是不相宜的"。①

"棉花贸易的衰退是十九世纪二十年代港脚贸易一般恐慌中最重要的方面。"为何会出现这种情况？那时的人们就有许多判断。有抱怨英国的营销方式不当的：1821 年，从伦敦运来孟加拉棉 24558 担，这真是舍近求远劳命伤财的倒腾，体大量轻运输不易的孟加拉棉包不是直接运到中国，而是兜了一个大圈，运到英国后再转运中国，使得成本大增，"因而它的售价低于发票价值船上交货成本 30% 以上"。②在棉花输华交易中扮演重要角色的"巴斯商人们把这种情况归罪于东印度公司的商业制度"③。还有些外商将棉花"无利可图的投机买卖"归咎于在印度的"无理由的"抬价，"好像这种货色在这里几乎永远可以获得最大的价钱"④。

有归咎于中国的行商制度的："真可叹息，获得中国政府许可可以公开同外国人往来的仅仅十一个人当中，有七个人即使还没有落到破产状态，至少已陷于极端窘迫的地步；由于这个原因，那四个殷实的人就勾结在一起，不受竞争的约束，经常操纵市面，现在棉花的情况就是这样。"事实上中国行商普遍受到外棉的拖累，某些外商就坦白中国"行商在棉花危机中也同样受到损失——由于市价跌落，有些人也破产了。行商中货币的空前缺乏，部分是因为大量资本都呆滞在棉花上"。因为"以前托售的棉花的中国买主，交款很拖拉"。还应该看到，那时的广州行商代售棉花的利润委实太低，大致为每担 0.2657 两银子；即便如此，也"经常发生亏蚀。

———————

① ［英］格林堡：《鸦片战争前中英通商史》，康成译，第 80—82 页。

② ［美］马士：《东印度公司对华贸易编年史（1635—1834 年）》第四、五卷，区宗华译，第 7—8 页。

③ 郭德焱：《清代广州的巴斯商人》，第 78 页。

④ ［英］格林堡：《鸦片战争前中英通商史》，康成译，第 84 页。

如果中国的棉花商人拒绝采购，他们的存货就卖不出去，可是他们——行商们——在进货三个月以后必须付给欧洲进口商的价款。每一船货载都被认为是一桩单独的冒险生意，并且常常是在六、七个月以前口头商定的。但是，尽管有这种契约，偿付价款常常是同行商争论不休的问题"。① 买卖没有稳定的预期，交易成为冒险，谁也不愿意接盘，担心砸在手里。

有寻找根源于供求关系失衡的：1821 年来自东印度公司的档册证实"从印度输入的原棉，也发现市价呆滞，原因是由于输入过多与需求减少。大致估计一种货品迄今在中国需求减少，其原因是难以说明的，除非说是由于中国本地棉花种植的扩展。"② 还有的归因于中国人的贫困："从中国内部情况来解释棉花跌价的还有另外一种意见——中国商人认为原因是这种货物的消费者的贫困，因为他们的国家曾经遭遇着水灾，因而米价相应地高涨。"③ 也有人责怪是英国的棉品流入中国太多所致，东印度公司监理委员会证实：印度棉花的输华"当然由于输入大不列颠的棉织品和棉纱而有很大的影响"④。英国私商也强调了这方面的原因，成品的大量涌入肯定影响原料的售卖：

> 棉花似乎在一种无可挽救的恐慌之下，我疑心这同英国制造大量进口妨碍了本地制造业有关系。接着，他又说由于一种非常的致命伤以及在某种程度上我疑心是由于英国棉制品的涌入而引起的制造业的停滞，是恐慌的原因。⑤

所有责难都或有道理，却也未必是主要原因。据研究，在印棉大规模输华的 18 世纪末叶和 19 世纪初叶，中国人的"富裕"水平不亚于西人⑥，何况，棉在多种衣被原料和织品中是比较便宜的；再有，此时英国

---

① ［英］格林堡：《鸦片战争前中英通商史》，康成译，第 83—85 页。

② ［美］马士：《东印度公司对华贸易编年史（1635—1834 年）》第四、五卷，区宗华译，第 7—8 页。

③ ［英］格林堡：《鸦片战争前中英通商史》，康成译，第 83—84 页。

④ ［美］马士：《东印度公司对华贸易编年史（1635—1834 年）》第四、五卷，区宗华译，第 199 页。

⑤ ［英］格林堡：《鸦片战争前中英通商史》，康成译，第 83—84 页。

⑥ 洪亮吉《卷施阁文甲集》卷一"生计篇"说乾隆五十八年（1793）的棉布价格比 50 年前要高出好几倍。转引自全汉昇：《美洲白银与十八世纪中国物价革命的关系》，《中国经济史论丛》（二），第 568 页。

棉纱、棉布对中国人还没有多大的吸引力，这还是中国"南京布"的旺销年代。总之，上述说词都无法解释印棉对华出口盛衰的内在缘由。实际上，印棉衰退最主要的原因是受中国和英国双方市场的制约。

在中国一方，进口印棉只是起着一种补缺作用，没有也不可能替代中国的棉花生产。"中国地气温和，土性肥沃，棉花一物几于南北咸宜。产棉之盛，本足供通国之用。"[①]在各种农作物中，棉花的比较效益颇高，"纯益最厚，较谷子约多三倍，较小麦几多八倍，利之所在，故农民多种棉花"[②]。难怪明末来华的耶稣会士要发出感叹"中国可以生长的棉花足够供应全世界"。[③]中国的棉纺织业很早就具极强的商品化色彩，除自给外，商品量很大。徐光启在17世纪初年指出："今北土之吉贝贱而布贵，南方反是。吉贝则泛舟而鬻诸南，布则泛舟而鬻诸北。"[④]据统计，清政府在公开市场上采购的棉布每年不下2000万匹[⑤]，而仅松江一府年产土布就有3000万匹[⑥]。从绝对数量看，在19世纪上半叶的某些时段印棉入华曾达到年均40万担的庞大数字，但与中国自产棉的数量相比就是小巫见大巫了。据估算，鸦片战争前中国棉花的年商品量达到255.5万担（不包括进口棉），商品量占整个棉产量的26.3%，而外棉进口量高估也仅只是到个别年份的60.5万担[⑦]，根本无法撼动中国自产棉的地位。进口主要取决于内需，印棉入华主要由中国市场状况决定，而不是由伦敦、孟买的棉市决定，"华棉价贵……惟印度棉花则利用时机大批输入"[⑧]，反之亦然。棉品在中国有着普遍种植和发达交易，中国棉市主要是依赖自产棉。鸦片战争前后旅华的西人就坚称"棉花解决了（中国）国内千百万人的衣服，

① 贺长龄编：《清经世文三编》卷三十一"户政九"，思补楼重校本，清光绪十二年，第618页。

② 方显廷：《中国经济研究》（上），上海：商务印书馆，1938年，第202页。

③ ［意］利玛窦、［法］金尼阁：《利玛窦中国札记》，何高济、王遵仲、李申译，第13页。

④ 徐光启：《农政全书》，北京：中华书局，1956年，第708页。

⑤ 严中平：《中国棉纺织史稿》，第16页。

⑥ 张忠民：《鸦片战争前上海地区棉、布产量估计》，《上海经济研究》1987年第4期，第66—68页。

⑦ 参见许涤新、吴承明主编：《中国资本主义发展史》第1卷，第289页。

⑧ 《棉贵声中之印棉存数》，《申报》1923年3月10日，第14版。

无须依赖其他国家"①。所以，印棉输华波动与中国棉花的收成息息相关。

还可以从入华印棉的消费地区来考察，作为国产原棉，其在中国的流通走向大致是北棉南运或西棉东运，因为中国的棉纺织区主要在长三角、珠三角和华北；而作为海外的进口棉，则主要是外棉北上，同样因为中国最大的精细商品棉纺织区在长三角。应该说，部分印棉在广州口岸只是过境，并非就地消费，而是运销华东等地，"这种情况在孟加拉棉花上表现得特别明显，它在广东省很少有人使用，仅只在'南京棉'歉收的时候送到内地去，因为它同南京棉在质地上很相近"。②

这一切造成印棉完全受中国市场制约，价格和输入量摇荡不稳。③ 结果是"印度棉花在中国的售价从而它的利润都决定于中国收获的情况。……中国本身是一个大的产棉国家的事实，不仅是印度棉花扩张可能性的限制，而且是那些依靠棉花作为'大宗货物'的外国商人的永远存在的威胁"。④ 印棉的配角作用导致印棉输华受中国国内棉市的影响很大。如1805年，"比尔·麦尼克商号"按照与行商"浩官"的约定运至广州一批棉花，到港后，"浩官"认为是"陈货"，拒绝接收，"别的行商都不肯碰一碰棉花包"。末了，"浩官"还是降价收购了这批棉花，却为此亏了上万元，原因很清楚，华棉丰足，棉市滞涨，卖不出价钱。谁知，第二个贸易年度，因为中国棉花歉收，原棉转成俏货，这年输入了大约14万包（31万担），正常年景约输入6万包，在华经营多年的外商惊呼这是"一种没有听说过的输入"。价格也好得惊人，过去不太好销的孟加拉棉创下每担十四两五钱银子的新高，"质地恶劣"的苏拉特（Surat）棉也卖到十一两五钱银子的价钱；这只是广州价格，在南京可以卖到32两。⑤ 但转过年去，棉价又急

① ［美］卫三畏：《中国总论》下册，陈俱译，第590页。

② ［英］格林堡：《鸦片战争前中英通商史》，康成译，第72—73页。

③ 直到20世纪，中国棉产量仍然是剧烈波动，如主产区之一的江苏省的棉花亩产量大起大落：1919年18.1市斤，1920年跃升至30.6斤，1921年又猛跌至13.7斤，1922年又升至32.2斤。参见上海市棉纺织工业同业公会储备会：《中国棉纺统计史料》，上海：1950年，第118页。

④ ［英］格林堡：《鸦片战争前中英通商史》，康成译，第83—84页。另按：中国棉价波动较大，乾隆五十六年（1791）浙江萧山一带棉花歉收，棉花一斤，"价至百文"，翻过一年，仅售"制钱八十余文"。转引自全汉昇：《美洲白银与十八世纪中国物价革命的关系》，《中国经济史论丛》（二），第568页。

⑤ ［英］格林堡：《鸦片战争前中英通商史》，康成译，第72—73页。

剧跌落。几年后，"广州市场上的棉花又几乎等于是死货，有几个行商手上还压存有一两年前买进的棉花没有卖出"。①这就说明，广州棉价的波动与印度棉花的质量无关，印度棉花的输华数量与英印无关，而完全取决于中国棉花的收成。

印度棉花在中国的售价与利润高低取决于中国棉市，还使英国输入商不能事先精确判断下一季的需要。外商宁愿充当收取佣金的代理人而不愿担任经理人，试图用长期契约的办法绑架中国行商，将损失转嫁出去，以此保有棉花生意的经常性利润，摆脱难于预料的亏损。加上中国地域辽阔，信息交流不畅，官方政治信息交流虽有驿站快马的保障，也不能说是畅通快捷。更毋庸说民间市场经济信息的相对滞后，何况涉及外商的信息更没有多少人关心，那个时代的英国商人，"除了中国人对于印度棉花的需要是决定于南京棉产量之外，他们知道得很少。在行情报告中人们常常看到下列的注解：我们的棉花市场，由于本地棉产的丰收，继续不利于外国的进口"。中国对印度棉花需求的减少或波动，还因为中国运输方法的改变更有利于国产棉花的远距离调剂。"那常常丰收的中国本地棉花，已经改变了过去由陆路运输的习惯，用帆船运进广州，这就使它在市场上的卖价比以往便宜得多，现在的售价已经不是二十五两和三十两，而是十五两；并且由于它的质量比印度棉花好得多，严重地妨碍了后者的销售。"②水运比陆运有优势，在境内运输中亦有体现。

在英国一方，印棉入华形成与英国本土棉纺业的原料竞争。早年间，英人穿用的棉织品不多。不仅英国，欧洲"大国"也基本如此，1780年代法国的亚麻织物产量为人均6.9磅左右，棉织品为微不足道的0.3磅。毛织物数据仅有平方码而没有磅，难以换算。德国，1816年毛织物产量为每人1.1磅，1838年的棉织物产量更是每人仅有0.6磅，1850年的亚麻产量约为

① ［美］马士：《东印度公司对华贸易编年史（1635—1834年）》第三卷，区宗华译，第50—51、73—74页。因交易量巨大，印度棉花成为此间广州行商亏本的重要导因，1790年，行商宜官（Eequa，即吴昭平）即因此破产，欠外商棉花款项25万元以上。此事甚至引起乾隆皇帝的几次过问。参见郭德焱：《清代广州的巴斯商人》，第81页。

② ［英］格林堡：《鸦片战争前中英通商史》，康成译，第73、82—84页。

每人 3.3 磅。[①] 显见，亚麻和毛织物消费仍然居重，与之形成鲜明对比的是，中国和印度那时已经是棉花棉布消费的大国。但西方普及棉布的速度很快，也许是没有传统因袭的负担而有更多的自由天地，也许是受到种种阻难而不得不随时准备采取新技术，棉织业是除印刷业之外最早装备机械的部门。

前述所言，英国不出产棉，所用棉花来自海外。棉花是工业革命最重要的原料，棉纺织业又是工业革命的先导。19 世纪前期，棉纺织业率先实现小手工业向近代工厂的过渡，大工业的新时代就此奠立。这一切，既意外又意料中地发端于来自海外的那既巨量又轻飘的棉花和细细的纱线，果真是牵一发动全身！随着工业时代的来临，进口棉花的供应对象也从手工作坊转变成大机器工厂，需求呈几何级数的增长，原料问题愈发尖锐，出现"棉荒"，当产业结构升级换代，棉纺织品产量突飞猛涨时，产业革命的源发地欧洲大陆发现原棉缺口极大，对于英国来说更是如此，"英国壤地褊小，棉花出产无多，势必取之他国"[②]。为获得原棉以供英国纺织工业需要，殖民当局鼓励印度尽力扩大棉花种植。18 世纪下半叶，引进中长纤维陆地棉，印度成了世界棉花的最大出口国。18 世纪初，英国的原棉进口量不足 500 吨，1800 年突破 25000 吨，再到 1860 年超过 50 万吨。[③] 进口原料棉是英国棉纺织工业赖以生存的前提，英国输入的棉花，如果用同等重量的大麻或亚麻代替，需要增加的土地，1815 年为 20 万英亩，1830 年为 50 万英亩。英国盛产羊毛，棉花与羊毛的比较优势更明显，仍以 1815 年和 1830 年的进口棉花数字来换算，如果换成羊毛，"需要的土地数量令人无法相信：用典型农田的系数计算，1815 年为将近 900 万英亩，1830 年为 2300 多万英亩。最后这个数字超过了英国农田和牧场的总和"[④]。还有劳动力的问题，也是英国无法解决的，按照 1860 年英国的棉花需求量统计，若不是海外进口，英国需要超过全国农业劳动力的一半来

---

① ［美］彭慕兰：《大分流：欧洲、中国及现代世界经济的发展》，史建云译，第 132 页。

② 贺长龄编：《清经世文三编》卷三一《户政九》，第 618 页。

③ ［美］龙多·卡梅伦、拉里·尼尔：《世界经济简史》，潘宁等译，上海：上海译文出版社，2009 年，第 181 页。

④ ［美］彭慕兰：《大分流：欧洲、中国及现代世界经济的发展》，史建云译，第 258 页。

种植棉田。①因之而来，英国庞大的棉纺工业只能与生俱来地建立在原棉进口的基础之上。从 16 世纪开始的"羊吃人"的"圈地运动"，持续了三个世纪，期间，英国有 600 万英亩以上的土地被圈占，被迫脱离土地的农民提供了大批劳动力，原始资本积累赖此完成。工业革命时期，不增加本国土地供给，而依赖海外棉吸引大批失业劳动力进工厂就业，进而拉动国民经济起飞是理解英国近代工业化的一把密钥。原料的极度"空心化"却能成就庞大产业进而发展出全新的生产体系，多赖远洋交通的发达，否则的话，简直令人难以想象。

"白色黄金"从世界各地运到英国。开始时也遇到阻难，英国东印度公司就曾一度反对从遥远的印度向英国本土输出棉花，认为这会加大成本，不仅对英国无济于事，反而会伤害到印度具有"优良"传统的棉布制造业。这是公司站在"东印度"的立场上来说话，站在英国本土立场上来说话就不这样了——不从"遥远的印度"获取棉花，又从哪儿获取呢？英国纺织资本集团驳斥此说，曼彻斯特商会向东印度公司施压，反其道而行之地要求推动印度多种棉花而不是将棉布供应英国。随着棉纺大工业的突飞猛进，输往英伦的印度原棉不敷使用，由是，又有美洲原棉的接棒，大批量进入英国，美国的棉花部分填补了印度棉花的空缺。1795 年，第一批美国棉花"首度运到利物浦"；1830 年，全美有 100 万人，即美国人口的1/13 在种植棉花，其中大多数是奴隶。英国棉纺业的扩张仰赖大西洋彼岸即美国的暴力、土地、奴隶制产生的棉花来维系，"到 1857 年，美国生产的棉花数量已和中国并驾齐驱"。②

洲际的物品交流使全世界的人们普遍受益，亚洲和美洲的棉花，使得欧洲生产出廉价和空前数量的布匹；"新大陆"的茶、糖和咖啡有助于人们热量的供给，这些商品都使人类"暖意洋洋"。适应地区物候的种植和跨地区的输送，不仅突出了区位优势，获得了隐形节约，还使得非本土种植的原料进口国凭空增加了无限的"虚拟土地"，这些地处外洲他国的土地上产出的各种作物（棉花、茶叶、蚕丝、香料、粮食等）大量供应进口

① ［美］斯温·贝克特：《棉花帝国：资本主义全球化的过去与未来》，林添贵译，第 112 页。
② ［美］斯温·贝克特：《棉花帝国：资本主义全球化的过去与未来》，林添贵译，第 119、126、121 页。

国；这些土地又并非是虚拟的，而是实实在在的，成为进口国另一种意义上的"境外土地"，这些"海外土地"对人口稠密、土地缺乏、工业先发的西欧国家尤其重要。领土不断扩张的美国也成为英国大面积占有的"海外土地"，成为世界棉花市场的供给大户，以致在美国南北战争时期，棉花对英国的输出大幅减少，英国只有转身进一步开发印度的棉花，并减少对华供应量，但1861年印度运往英国的棉花仍然不到美国发货量的一半。还有埃及，埃及的棉花"出口开始于1821年，1824年超过了2700万磅，到1850年代几乎达到5000万磅。但这个数字还不到早至1815年美国输出总量的一半。在其最高峰，埃及的出口接近了20000万磅（仍然没有达到美国1830年的出口量），此后即急剧下跌"。美国南北战争时期，尼罗河三角洲在任一季节都有约40%的耕地种植棉花。据统计：从1815年到1900年，英国的"棉花输入增长了令人注目的20倍"。[①]

由此可见，"工业革命是从棉纺织工业开始的，但这既需要越来越多的'外来的'棉花供给（对于欧洲来说，这种供给来自殖民地），也需要面向一切人的'世界'市场"[②]。1854年是英国"真正记录贸易价值的第一年"，该年英国的净输入（即减去明显的重复输出后的输入）为13300万镑，1873年为31500万镑，1907年达到55300万镑，1913年是69300万镑，1920年是132100万镑。其输出价值从1840年的5100万镑增加到1873年的25600万镑，1907年达到了42600万镑。[③]其中的输出，棉布占很大份额，其中的输入，棉花占很大份额。

棉花也帮助英国构建了外向型的全球经济体系，原棉由大洋彼岸运来，经手英国工厂加工过的机织棉品又运去大千世界。英国是靠海外贸易立国的成功典型，英国大规模的对外贸易史恰恰是在美洲殖民地脱离英国的时候获得了迅猛增长，因为，大致在那个时候，工业革命开始启动，美利坚合众国的独立大大刺激了英国人民转向自己所擅长的技术改良和规模生产；机器工业的兴发又需要更多的海外原料。1830年代起，美国成了棉

① [美]彭慕兰：《大分流：欧洲、中国及现代世界经济的发展》，史建云译，第260、266页。
② [德]贡德·弗兰克：《白银资本》，刘北成译，第416页。
③ [英]马歇尔：《货币、信用与商业》，叶元龙、郭家麟译，第124—125页。

花生产王国，英国顺理成章地成为棉布纺织王国；1860 年代起，美国也成为棉布生产的大国。

> 　　外国匹头之输华，论其成绩美籍商船似较英籍商船为优，当英商尚未以匹头输入广州之时，美籍商船已于 1821 年输入值 179410 元之匹头至广州。除少数例外，由美籍商船输华之匹头，几年有增加：1823 年值 161918 元，1824 年 154388 元，1825 年 240736 元，1826 年 261700 元，1827 年 357386 元，1828 年 174413 元，1829 年 414420 元，1830 年 359179 元，1831 年 483382 元，1832 年 591468 元。虽然，美籍商船输华之匹头均为英货，由英国运广州，借以抵制东印度公司之专利。——至少亦系英国工厂将其制造品售与美国，复由美商运至广州销售，盖其时英国在远东之贸易，经英皇特许东印度公司专利，故其他英商莫能染指，而美国商人，固不受其限制也。[①]

因棉花而起的工业革命是世界文明演进历史上非常重要的事件，也是基本依靠外来原料支撑莫大产业革命的罕见史例。这就是结论：既然英国本身的棉花都不够用，又岂能坐视印度原棉大量流入中国？同时，棉花在印度同样是"抢手货"，1802 年，孟加拉种植的棉花产量仅仅略多于 700 万磅，从西印度运来的棉花却超过 4300 万磅。[②]可见，印度本身也需要大量棉花，依靠境内地区商品棉的调剂。不过，作为殖民地，在宗主国的干预下，印度首先要满足英国而不是印度，更不是中国的需要。

减少印度棉花的输华还牵扯中英两国棉纺织业的原料竞争，减少输华便是增加输英。到 1827 年，英国棉纺织品在华销售开始获利。[③]这在中英贸易史上是一个转折点，也对英国的棉纺织业是一个巨大的鼓舞。机器纺织开始显露优势，但全面优势地位的获得仍有待于技术的更大进步，到

---

① 方显廷：《中国之棉纺织业》，第 304 页。

② ［美］斯温·贝克特：《棉花帝国：资本主义全球化的过去与未来》，林添贵译，第 151 页。

③ 1775 年时，英国每磅棉纱的生产费用为 120 便士，到 1826 年只需六又二分之一便士，也就是说，由于纺机的进步，这 50 年间棉纱的生产费用跌落了 94% 还强。再例举一组数据，1841—1845 年间世界纺织工厂的棉花消耗量为平均 9.4 亿磅，其中英国就占了 5.2 亿磅，美国也占了 1.5 亿磅。棉纺业的飞速进步于此可见。严中平：《中国棉纺织史稿》，第 41、47 页。

1833 年的情况是，"南京布"在当时"还是从中国输往西方的一种货物，轧棉机、纺织机和电力织机还没有来得及扭转这个流转的趋势"。[①]这一问题在技术革命的持续推进下迅速解题，中国的手工土布生产遭到毁灭性打击。中国在前资本主义时代，就已经输入大量的海外棉，其延伸的经贸链条很长，印度棉花从广州口岸进口，经过行商、棉商等多级代理，最后落到千家万户的棉纺业者手中，影响自上而下，到中国社会的最基层；其纺成品的部分又自内而外地流动，制成的"南京布"等又出口海外。上下内外，多向流动每经过一个层次都会发生影响，环节多级相扣，运销的距离之长、运销的规模之大、涉及的人群之多都是空前的。

棉花交易的暂时性衰减还与鸦片贸易的陡然剧增在时间上重合，说明两者间也有着密切关联。棉花为英国所急需，鸦片为英国所不需，两者替代有着内在的难以遏制的利益冲动。鸦片巨量汲取中国人的资金且对棉花贸易形成挤压的局面持续发酵，中国人的有限钱财用于购买鸦片后势必减少对棉花的购进。

三　特定时段的贸易"宠儿"——鸦片

进入 19 世纪后，先前维持中国与西方贸易的支点——白银枯竭，严峻选择横亘眼前，要么像大多数欧美对华贸易国那样不得不退出中国市场，要么另寻白银替代品。作为当时对华贸易的最大国家，维系中国市场是英国的不二之选，英国又拿不出批量他物来华交易——试行多年的棉花因英国急需而发生问题，抉择之下，鸦片贸易应时而生。鸦片乃戕害人类的毒品，那时的英国人不是不知道，对华鸦片贸易主要仅基于经贸的因素，而完全没有道德的考量，因而非常无耻。

（一）"魔鬼"显现

16 世纪中期，西人将鸦片灼火吸食的方法传入中国，由此，鸦片便从

---

① ［美］马士、宓亨利：《远东国际关系史》，姚曾廙等译，第 65—66 页。

救人的药物变成了害人的毒品，中国当局对此并不完全了然。1589 年，鸦片被列入明政府的关税征收表，每十斤税银二钱，鸦片依照前朝旧例仍被当作无害品允许合法进口。清初，鸦片每斤纳税三分亦准输入，吸食鸦片呈蔓延之势，"其时，沿海居民得南洋吸食法而愈精思之，煮土成膏，镶柱为管，就灯吸食。其烟不数年流行各省，甚至开馆卖烟"①。

1729 年，中国的年输入鸦片已达 200 箱，也在这年，清廷首次对愈益严重的鸦片吸食有了反应，首颁禁烟诏令。可惜效果不彰，到 1767 年，进口量已达 1000 箱。有一种说法："在 1773 年以前，英国人自身没有直接运鸦片进入中国，他们的贸易全部都是通过葡萄牙人在澳门转手。"②这话过分粉饰了英国人，但 1773 年的确是个关键年份，这年，英国驻孟加拉总督哈斯廷（W. Hastings）向参事会提出由东印度公司承揽鸦片的收购，建立所谓"收购承包人制"，英国的鸦片贸易以殖民政府同大公司的联手实现了垄断专营和规模化生产，一开始起点就比较"高"，迅速成为对华鸦片输入的最大商家。英国殖民者也具备了这样的条件，1757 年的普拉西之战使英国征服了孟加拉，当时世界上几个最大的鸦片产地麻洼、比哈尔（Behar）、八达拿（Patna）和比纳莱斯（Benares）等均在英国控制下。1773 年，东印度公司作了"一次小规模冒险"，试探把鸦片从孟加拉运至中国。但是，为了避免正在实行禁烟政策的中国政府抗议和出于对英印政府脸面及维护对华正常贸易的现实利益的顾虑，英国东印度公司的策略是——实行分段"包干制"，印度境内的鸦片由公司主理，在印度市场拍卖后则主要由"港脚商人"运销中国。殖民者在做的是一种既当婊子又想立牌坊且保证对华贸易最大利润的事。1799 年，东印度公司废除了"收购承包人制"，全面垄断了鸦片从生产到收购、再到拍卖的全流程。③此后，"英国贸易的规模，靠了鸦片的滋养，正在与日俱增。在十六年（1818—1833）当中，鸦片的比重从初期的六分之一上升到后期的一半以上"。④

---

① 李圭：《鸦片事略》卷上，海宁州署刊本，光绪二十一年。

② J. B. Eames, *The English in China*, London: 1974, pp.232-233.

③ "The Traffic in Opium with China", *Chinese Repository*, Vol.5, No.12, April,1837.

④ [美] 马士、宓亨利：《远东国际关系史》，姚曾廙等译，第 65—66 页。

（二）年份考订

1820 年又是一个关键年份，从这年开始，英国输华棉花和鸦片的价值份额呈现拐点，鸦片货值首次超过棉花。这年输入中国的鸦片统计有些凌乱，马士（H. B. Morse）所撰被视为近代中西关系奠基性著述的两本书的数据就不一致，《中华帝国对外关系史》的数字是 4244 箱（其中来自孟加拉和加尔各答 2591 箱，来自麻洼 1653 箱），此数被学者们广泛采用。数字的来源是英国传教士麦都思（W. H. Medhurst）根据 1798—1855 年从孟加拉和孟买输出到所有东方口岸的官方数字编制而成，最早发表于《北华捷报》（*North China Herald*）1855 年 11 月 3 日的版面上；另一来源是美国传教士裨治文（E. C. Bridgman）编制的 1795—1835 年间从加尔各答输出到中国的鸦片数，发表在《中国丛报》（*Chinese Repository*）1837 年 8 月的版面上。另一本书《东印度公司对华贸易编年史（1635—1834）》的数字是 5906 箱，其中在黄埔的来自孟加拉的鸦片 894 箱，囤在澳门的来自孟加拉的鸦片 1221 箱，在澳门的来自麻洼的鸦片 1222 箱，三处共 3337 箱，上列为英国船运入；另有通过不明国籍船输入的来自孟加拉的鸦片约 1500 箱和通过葡萄牙船运入的来自麻洼的鸦片 1069 箱（马士将此数目列在英国的名下，而没有列在美国和其他国家的统计栏目下，证明这些鸦片也是英人通过雇用第三方船输入的）[1]。这些数字的来源是东印度公司的档案记载。鸦片交易属不愿人知晓的秘密走私，记载不一，也不奇怪。还因为《中华帝国对外关系史》使用的是产出地运到广州的统计数据，此数据往往是含多国运入的数据；而《东印度公司对华贸易编年史（1635—1834）》是分国别的统计，可以清楚地知晓我们的研究对象英国的比较准确的数据。两个数字比较起来，笔者更倾向后一个数字，因为公司档案为当时的记录，而前一数字毕竟是稍后编制。有学者通过鸦片战争前发刊于广州的《广州纪事报》和《广州周报》等资料的比对，认定《东印度公司对华贸易编年史（1635—1834）》比《中华帝国对外关系史》所提供的此

---

① 请有兴趣的读者比较参看 [美] 马士：《中华帝国对外关系史》第 1 卷，张汇文、姚曾廙、杨志信、马伯煌、伍丹戈合译，第 238、240 页；H. B. Morse, *The Chronicles of the East India Company trading to China 1635-1834*, Vol.III, p.383。

类数据更准确。并指出："得到普遍重视的马士《中华帝国对外关系史》第一卷中的鸦片统计表，后来被马士自己放弃，原因是很明显的，因为它并不完全是马士自己根据原始资料进行的统计……因此《东印度公司对华贸易编年史》的鸦片贸易统计的学术价值要明显高于《中华帝国对外关系史》的相关统计的价值。"[①]

我们之所以不厌其烦地对这年的数字详加论证，是因为它关涉一个重大问题，就是鸦片何时成为输华货品中的第一大宗。几乎所有的中外学者谈到这个问题时都认为 1823 年甚或之后才出现棉花与鸦片贸易的易位，即从 1823 年开始，鸦片成为输华货物的最大份额。此说大概源于 1934 年出版的欧文（D. E. Owen）的书[②]；1951 年，格林堡（Michael Greenbery）在其出版的另一本流传更广的书中对这点又作了特别强调，书名是 *British Trade and the Opening of China 1800—1842*，中文本译名《鸦片战争前中英通商史》，该书指出"直到 1823 年为止，棉花的进口在价值上没有被第二种大宗货物——鸦片——所压倒"。又指出"1823 年以后，鸦片进口的价值一直超过棉花"。[③]另一位西方作者也持类似看法："在 1817 年到 1818年，以港脚走私方式输入广州和澳门的鸦片的价值是 2950000 元，也就是说比原棉的价值少一半。但是这种相对的情况马上就改变了。从 1822 年起，增长的数率大大加快了，到 1833 年，输出超过了 20000 箱，价值约为 14000000 西班牙银元。"[④]谭中也认为直到 1827 年起，鸦片才超过棉花，成为最主要的出口商品。[⑤]

格林堡等据何资料作出这一判断，没有说明，但阅读书后附录，可以看出，主要是来自两方面的记载：其一，1823 年鸦片输华数量根据马士的记载（按：格林堡的书称此来自于马士的 *International Relations* 一

① 吴义雄：《条约口岸体制的酝酿——19 世纪 30 年代中英关系研究》，北京：中华书局，2009 年，第346、358—359 页。

② D. E. Owen, *British Opium Policy in China and India*, New Haven,1934, p.62.

③ ［英］格林堡：《鸦片战争前中英通商史》，康成译，第 73、97 页。

④ A. J. Sargent, *Anglo-Chnese Commerce and Diplomacy*, pp.49-57. 姚贤镐编：《中国近代对外贸易史资料》第 1 册，第 270—271 页。

⑤ 转引自龚缨晏：《鸦片的传播与对华鸦片贸易》，第 179 页。

书①，但翻查马士的所有著作，却并没有一本名称为 *International Relations* 的书。② 考究内容，此书当为马士的名著 *International Relations of the Chinese Empire*，中译本名为《中华帝国对外关系史》，只是格林堡有时用 *International Relations*，有时又用 *International Relations of the Chinese Empire*，使译者认为其为两本书，并分别翻译为《国际关系史》和《中华帝国对外关系史》。再查《中华帝国对外关系史》第一卷中 1822—1823 年的记载与格林堡所引完全一致，数量是 7773 箱）；其二，1822—1823 年印度鸦片在华消费价值的核算根据"麦尼克行"编制的发表于《广州纪事报及行情报》（又称《广州纪事报》[*Canton Register*]）上的统计（按：统计价值为 7988930 银元，比马士的统计数 7989000 银元少一丁点，估计马士以四舍五入法得出）。③ 但查阅马士提供的东印度公司的记录，可以发现，1823 年的判定失之过晚，英国人其实早在 1820 年就完成了鸦片与棉花的"地位"转换，该贸易年度，英人输华的鸦片价值 6486000 银元，而输入的棉花总值不过是 3239931 银元，鸦片价值已超过棉花价值一倍。④

请注意，此主要以英国为分析对象，不包含其他国家。再证以前后几年的比较数，1818 年：英国东印度公司向广州输入棉花价值 1347586 元，散商为 5534916 元，总计 6882502 元；而英国人通过广州输入的鸦片价值为 1358000 元（不包括美国和其他国家输华的鸦片价值），后者较前者

---

① Michael Greenbery, *British Trade and the Opening of China 1800-1842*, Cambridge University Press, 1951, p.220.[英] 格林堡：《鸦片战争前中英通商史》，康成译，第 43、199 页。

② [美] 马士的相关著作有：*Trade and Administion of China*, 1908 年出版；*The Guilds of China*, 1909 年出版；*International Relations of the Chinese Empire*, 1910 至 1918 年出版；*The Chronicles of the East India Company Trading to China, 1635-1834*, 1926 至 1929 年出版；*In the Days of the Taipings*, 1927 年出版；还有他与宓亨利合作的 *Far Eastern International Relations*, 1928 年出版。

③ 比照 [美] 马士：《中华帝国对外关系史》第 1 卷，张汇文、姚曾廙、杨志信、马伯煌、伍丹戈合译，第 238—239 页；[英] 格林堡：《鸦片战争前中英通商史》，康成译，第 199—201 页。需要注意，此处所征引的是该年度真正流入中国的数量（马士称为"消费的交货数量"），而不是该年度从印度等地新运到中国的鸦片数量，该年度新运到中国的鸦片是 7773 箱，而真正进入中国的"消费的交货数量"是 5822 箱，前者要比后者多，说明有一部分鸦片虽然到了中国周边沿海，但未进入中国被列入"消费的交货数量"，成为暂时的存货。"运到中国的数量"与"消费的交货数量"两个数据间并不一致，有时是前者多，有时为后者多，此乃正常现象。另按：*Canton Register* 系 1827—1843 年存续，故"麦尼可行"的上引"统计"是对前些年的"追记"。

④ H. B. Morse, *The Chronicles of the East India Company Trading to China 1635-1834*, Oxford University Press, 1927, Vol.III. p.383.

仍有较大差距。1819 年：公司向广州输入棉花价值 1643143 元，散商输入 2361583 元，总计 4004726 元；而英国输入广州的鸦片价值为 1531800 元。[①] 棉花输入额仍比鸦片保持了较大优势。但自 1820 年后，情况有了根本转变，1820 年的数据前已列举，其后的情况亦复相同。1821 年：鸦片输入值 4166250 银元，棉花 5010667 银元，棉花反超鸦片，说明两者间的地位转换尚不稳定。但到了 1822 年后，转换的大局已定：鸦片输入值 9220500 元（此数字尚未包括算在英国名下但可能是美国船从土耳其运入的 178500 元的鸦片），棉花输入值 2984998 元。[②] 鸦片已远超棉花输入值的两倍还有余。可证，我们将 1823 年的传统时间认定修正为 1820 年的结论是可以成立的。正是从 1820 年开始，印度的鸦片压倒了印度棉花，成为并维持着此后三十余年英国和整个西方对华输出货品第一大宗的位置。

殖民主义的典型特征是无限榨取被占领地的利益，"国旗所到之处贸易随之而来"[③]，不管这是正常商品贸易，还是不齿于人类的黑暗贸易——毒品、奴隶贸易等。1820 年输华鸦片占据新高的原因之一是印度鸦片输华的突增，考察印度输华鸦片最重要的产区孟加拉，鸦片收入在该省财政收入中占比在 1820 年时有了明显增长，1818 年该省的财政总收入为 12370370 镑，鸦片专卖收入为 830585 镑，占总收入的 6%；1819 年的财政总收入为 12187570 镑，鸦片专卖为 799825 镑，占总收入的 6%；但是到 1820 年，该省的财政总收入为 13487218 镑，鸦片专卖为 1436432 镑，超过上年近一倍，占总收入的比率也陡然提高到 10% 以上。[④] 孟买，也从这年开始大规模参与对华鸦片输出。"我们不要忘记，鸦片成为孟买的一种出口商品仅仅是从 1820 年开始的。"[⑤] 鸦片在华销售价格此间有了大幅提升，据统计，1819 至 1920 年度在华鸦片"消费"数量为 4780 箱，而

① 　H. B. Morse, *The Chronicles of the East India Company Trading to China 1635-1834*, Vol.III, pp.344,365.

② 　据 H. B. Morse, *The Chronicles of the East India Company Trading to China 1635-1834*, Vol.IV, pp.20,67,134-135. 另，吴义雄关于上述年代鸦片输华价值亦有统计，分别为 1821—1822 年：8753500 元；1822—1823 年：8030930 元。此乃新近研究，值得注意。见吴义雄：《条约口岸体制的酝酿——19 世纪 30 年代中英关系研究》，第 357 页。

③ 　[英] 马歇尔：《货币、信用与商业》，叶元龙、郭家麟译，第 130—131 页。

④ 　严中平等编：《中国近代经济史统计资料选辑》，25 页。

⑤ 　龚缨晏：《鸦片的传播与对华鸦片贸易》，第 179 页。

1820—1821 年度为 4770 箱，两者差距不大，但从"消费价值"看，前者为 5795000 元，后者剧增到 8400800 元。[①]

（三）黑白颠倒

在中西贸易中能够改变西方对华贸易入超局面的不是棉花，而是鸦片。据统计，从 1795 年到 1840 年，加尔各答输往中国的商品以两种最为重要，一是鸦片，占出口总额的 64.4%；再是棉花，占总额的 27.6%。在另一个主要殖民城市孟买，从 1801 年到 1839 年，输华货物中棉花占的份额最大，为 49.7%，鸦片占 40%。但实际上，孟买介入规模化的鸦片贸易是从 1820 年后开始的，即前二十年绝大部分是棉花占比，后续年份鸦片占比突飞猛进。[②] 从 1775—1819 年，印棉一直位列英国输华货品的首位。之后便被印度鸦片取代。

鸦片在毒害中国人身心的同时榨取了中国人的财富，西方殖民者几百年追求未得的白银由中国转流欧洲的企望，经鸦片贸易的途径得以实现，完成了英国对华贸易长期逆差的局面改观。1839 年，鸦片战争爆发之前在华的西方人就已经道明，英国人"欲令中国人嗜好此物"，是为了"致竭中国之财源。中国乃天下生齿繁盛、出产最丰之国，若以鸦片易纹银，犹如拔取其国中之精华"。[③]

其实，因为鸦片的输华，英国对华贸易的均衡早在 1807 年前后就已实现[④]。该年 3 月 12 日，英印总督巴洛（G. H. Barlow）命令孟买、马德拉斯和槟榔屿的殖民当局截留运往中国的全部白银，转送加尔各答。原因是，驻广州的东印度公司分理机构"手头充裕，已存有足够资产以供应他们的回程投资，已经不需借用任何外来的白银"。当年，英国人不仅没有运入广州白银，

---

① ［美］马士：《中华帝国对外关系史》第 1 卷，张汇文、姚曾廙、杨志信、马伯煌、伍丹戈合译，第 238 页。

② 龚缨晏：《鸦片的传播与对华鸦片贸易》，第 179 页。

③ 《澳门新闻纸》，林则徐全集编辑委员会：《林则徐全集》第 10 册，第 4960—4961 页。

④ 有一说是 1805 年东印度公司即停止从伦敦运白银到广州。参 W. E. Cheong, "Trade and Finance in China 1784-1843", *Businese History*, January 1965. 这种说法略嫌绝对，如 1814 年公司董事会即从伦敦运银币 1020400 元（折合 889784 盎司）给广州委员会。参 H. B. Morse, *The Chronicles of the East India Company Trading to China 1635-1834*, Vol.3, p.227.

还用战船"有利号"（Modeste）从广州运往加尔各答银元共计3377070元。^①此后，公司和散商不断从广州运出白银。请参见表4–5、表4–6：

表4-5　英国东印度公司自广州输出白银数量（1807—1832年）

年　度	白银数量（银元）	运抵地
1807	3377070	加尔各答
1808	1870000	孟加拉
1809	1564518	孟加拉、马德拉斯、槟榔屿
1810	2689928	英国、马德拉斯、槟榔屿
1811	3116977	英国、印度
1817	2000000	孟加拉
1818	400000	加尔各答
1831	3971813	英国、印度
1832	1506341	欧洲

资料来源：H. B. Morse, *The Chronicles of the East India Company Trading to Chian 1635-1834*, Vol.III、IV, 不一定完全准确。如格林堡列出的1830—1832年东印度公司从中国运走的银元数量是：1830年计有1911000元，1831年计有1174000元，1832年计有1356000元。英国散商在从中国输出白银的过程中也扮演了重要角色。

表4-6　英国散商自广州输出白银数量（1817—1834年）

年度	银元（千元）
1817	3920
1818	2690
1819	861
1820	495
1821	481
1822	234
1823	2619
1824	1743
1825	4341
1826	4083
1827	6095
1828	4703
1829	6656

① H. B. Morse, *The Chronicles of the East India Company Trading to China 1635-1834*, Vol.3, pp.54-56.

（续表）

年度	银元（千元）
1830	4684
1831	2845
1832	2761
1833	6577

资料来源：[英]格林堡《鸦片战争前中英通商史》，康成译，第198页。

鸦片入华改变了中西贸易的出入超格局，绝不单单表现在中国现银的输出上，还表现在汇票的结算方式上，英国东印度公司不仅对本国人，而且对外国人均提供汇票服务①，使毒品等上不了台面的交易变得更加隐蔽。鸦片在中国谋取的利润还有很大一部分是被用来在华采办出口货。所以，鸦片在中国所赚的利润，至少以三种方式呈现：汇票、现货、白银。笼而统之的估算是，1790—1838年间输入中国的鸦片达440576箱，价值239045040两白银。在各国中，又以英国殖民者的表现最恶劣，一般认为，美商输华的鸦片数额相当于其他输华商品总额的1/10。而英商输华的鸦片价值则接近甚或在个别年份超过了其他输华商品的总价值。试予说明：1817—1833年，英商输华鸦片总值约为76918124两，而英国东印度公司输华其他商品总价值是23928061两，如单以公司算，鸦片额超过其他商品额两倍有余，若加上同期散商输华商品的总值164710800两，那么，鸦片总额略少一些。同期，中国流出的现金银占中国全部出口总值的五分之一②。若以个别年份来看，问题更突出，1838年，英人输入中国的鸦片总值为13344030银元，而其他货品约值11214432元，鸦片价值已然超过了合法货品价值；这年，英商从中国输出的丝茶等各类货品总值为22004700元，如抛开鸦片，从正常商品角度比较，英国的贸易逆差是10790268元，但一加上鸦片，反使中国出现2553762元的逆差。有学者认为，在1835年

① 几乎是与之相应，在1796至1820年间，中国也出现了正式的划票汇兑业务，1824年第一家经营此项业务的山西平遥"日升长"染坊正式成立了票庄，1831年改为票号，在此前后，专营汇兑银钱的机构——"山西票号"（多来自山西的太谷、平遥、介休）在广州纷纷设立分号以服务于外贸，堪称便利的"汇票制"也同时在广州等地大行其市。那时，纹银从广州运到上海，要抽20—30%的佣金，但如使用汇票，只抽3%的佣金。这方面的详情可参见陈其田：《山西票庄考略》，上海：1937年；魏聚贤：《山西票号史》，重庆：1944年。

② 根据严中平等编：《中国近代经济史统计资料选辑》，第11页；以及[英]格林堡：《鸦片战争前中英通商史》，康成译，第9、197—198、200—201页等资料统计折算得出。

前的十年中，鸦片收入"给英国每年带来600万镑"的纯利进入国库。^①
600万镑的估算可能高了一些，因为另有统计表明，到19世纪50年代，
印度鸦片的利润率是约400万镑。那么，19世纪20—30年代，鸦片入华
量要小于50年代，逻辑推算，前一时期不一定能达到600万镑。但利润
的日益加增是没有问题的。1800年，东印度公司从印度鸦片生产上获净
利2370772卢比，1815年增至8144178卢比，1832年达到1000万卢比，
1838年几乎达到3000万卢比。^②

　　表4-7可以加强论述黑的鸦片与白的棉花贸易位置相互置换的最直接
后果，即是改变了数百年来经久不停的中国外贸顺差的局面，而导致了中
英贸易当中的中国逆差。

表 4-7　中英进出口贸易价值（1760—1833 年）

价值单位：银两

年份	进出口价值	进出口指数	进口价值	进口指数	出口价值	出口指数
1760–1764	1449872	42.8	470286	36.1	979586	47.0
1765–1769	3383534	99.9	1192915	91.6	2190619	105.1
1770–1774	3585524	105.9	1466466	112.6	2119058	101.7
1775–1779	3216242	95.0	1247471	95.8	1968771	94.5
1780–1784	3385277	100.0	1301931	100.0	2083346	100.0
1785–1789	9104271	268.9	3612763	277.5	5491508	263.6
1790–1794	10851405	320.5	5007691	384.6	5843714	280.5
1795–1799	11092987	327.7	5373015	412.7	5719972	274.6
1800–1804	15272029	451.1	7715556	592.6	7556473	362.7
1805–1806	18874732	557.6	11474509	881.3	7400223	355.2
1817–1819	15707048	464.0	7646777	587.0	8060271	386.9
1820–1824	16341267	482.7	6525201	501.2	9816066	471.2
1825–1829	17806955	526.0	7591390	583.1	10215565	490.3
1830–1833	17285309	510.6	7335023	563.4	9950286	477.6

（英国包括印度在内，其中缺1807—1816年间资料，以1780—1784年平均指数为100）

资料来源：严中平等编《中国近代经济史统计资料选辑》，第3页。

---

① 姚贤镐编：《中国近代对外贸易史资料》第1册，第281页。[英]格林堡：《鸦片战争前中英通商史》，康成译，第96—97页。

② [美]张馨保：《林钦差与鸦片战争》，徐梅芬、刘亚猛、许罗迈、萧致治、叶大波译，第33、51页。

因此，造成 19 世纪初叶中国与西方贸易全局变动的不是棉品，而是鸦片。对入华鸦片和棉花价值的换位如此较真，确实是因为该问题所关非细。它绝不是所谓"黑货"与"白货"的简单互换，也不是两种输华货品的一般易位。棉花输华的背后，促进了中国棉纺业的发展，加强了中国棉纺业与英国棉纺业的竞争力，这种纳入国际分工环节和流通领域的状况对中国生产技术的进步和资本主义的生成必定是很有帮助的。但鸦片的进入，则有百害而无一利。其中最被国人诟病的便是白银外流。嘉庆年间以后鸦片的大量进入使得银在中国的留存量大为降低。至道光年间问题就更严重了，群臣纷纷入奏，其中以大学士兼直隶总督琦善的上奏可作一般代表，奏曰：

> 以内地纹银流入外夷一节而论，纹银为内地之至宝，今外夷烟土不以货物与我易，必以纹银向之买，计三四年间，为数已数十万万。此数十万万之数归内地者虽复不少，而漏入外夷者固已十居七八。……今外夷数十年间收内地千余年之积，且以极害之土赚内地难得之银，以致京师银价一千六百文；浙江两千文；又奉天地方竟有不取纹银，粮课关税短绌，外县报销迟延，无不受其重累。①

1836—1837 年，清朝有关方面展开了有关进口鸦片的讨论，赞同者与反对者的观点对立，却又殊途同归，反对弛禁的想以严禁鸦片来防止白银外流；赞同弛禁的则以高关税来实行鸦片贸易合法化，杜绝走私，并实行鸦片的以货易货，不让银子出现在鸦片交易渠道，"议请弛禁，除照例完纳税饷及分头银两外，丝毫不准多取，惟鸦片进口后止准全行易货，回帆不得带回银两出口"。②当时的人把"一年数千万之纹银不为外洋席卷"，看作是那个时期最大的社会问题之一，若能解决，民富国强。③改变"鸦片耗中国之精华，岁千亿计。此漏不塞，虽万物为金，阴阳为炭，不能供尾闾之

① Public Record Office, British Foreign Office Records, 233/181/35.
② Public Record Office, British Foreign Office Records, 233/180/18.
③ Public Record Office, British Foreign Office Records, 233/180/45.

垫"的现状势在必行 ①，情势已经到了不得不采取断然措施的地步，终于促使道光帝在 1838 年下了严禁鸦片固塞白银外流的决心，"禁烟"遂而成为"运动"，在全国轰轰烈烈地铺开。从 1838 年 8 月到 1839 年底，清廷接连颁发了 106 道禁烟上谕，其中以《查禁鸦片章程》39 条尤为集大成，禁烟运动中惩办查禁不力的官员 130 多人，奖励有功官员 70 多人，在各地拿获鸦片贩子 15000 多人；更重要的是改变了过去"禁内（中国人）不禁外（外国人）"的方略，不管是中国人还是外国人只要涉毒，就一律查办。

鸦片战争前的中西贸易史，中国外贸的对换物集中在白银，的确是太单一了，那时的西方生产力已呈加速发展之势，新技艺、新发明、新事物层出不穷，可惜多不在天朝人的视野中，那时的君臣们盯着的主要是银子。中国对外银的依赖还造成白银的输出输入对中国的经济和社会具有了致命的影响力，而这条生命线的终端是牵在外国人手里的。这种牵引又是间接的多环节的，环节愈多，出问题的概率也就愈高，一旦发生问题，中国又将身不由己，主动权并没有操诸己手。更由于白银在中国的广泛使用，其所出现的麻烦将可能导致全民性的灾难，鸦片战争前，朝野一致地对白银外流产生的那种恐慌情绪就再典型不过地说明了这点，当时，除了"废银"主张外，还有人提出外贸全部改用现银，"每年出口统计不过若干之限，俱用现银交易，不准以货物抵换，如此变通办理，庶几贵重之物不至充溢于夷邦，而从前夷人以鸦片骗去之银亦可渐归内地"。② 这都是没有办法的办法，也终不是办法。

末了，解释一下本章节的题目，为什么说中英规模化的鸦片贸易是"特定时段"的产物。其因在于，印棉的进口地位被鸦片取代，是在工业革命开始（唯其开始，英国才需要大批量的愈来愈多的棉花），又在工业革命尚未完成的特定时代中出现的状况（唯其未完成，故无法大批量生产质优价廉的棉纺织品来倾销中国）。工业革命完成后，机器制成品全面显出优势，鸦片愈来愈成为西方倾销工业品的障碍，在 19 世纪末期和 20

---

① 魏源:《魏源全集》第 3 册，长沙：岳麓书社，2004 年，第 567 页。

② Public Record office, British Foreign Office Records, 1080/7.

世纪初期，列强转而同意中国禁绝鸦片。[①] 但到这时，为时已晚，外来鸦片（洋烟）输华路线受控而未绝迹，中土自产的"土烟"（鸦片）却泛滥开来。

鸦片在 19 世纪上半叶被置于英国对华贸易的基石地位，别无他物。进而可以解释，为什么在 1838 年清政府实行严厉禁烟政策后，英国政府要作出如此强烈的反应——为邪恶的毒品贸易不惜打一场国际战争，因为这个基石在英国殖民者的"那时"是万万不能抽动的。踩踏着以往和平商路而来的英国远征军向中国发动了大规模的侵略战争，毒品贸易变成暴力经济，罪恶的贸易引发罪恶的战争，鸦片贸易和两次鸦片战争之间因此具有了历史和逻辑的因果关系。尽管西方的若干政客、学者力图回避前因与后果间再直接不过的关系，甚至否定鸦片战争的性质乃至名称，这种不持平客观的立场决定态度的抵赖，实难辩解。

① 对外国鸦片与工业品输华的消长关系，马克思曾作如是评论："中国人不能同时购买商品又购买毒品。"马克思：《鸦片贸易史》，《马克思恩格斯选集》第 2 卷，北京：人民出版社，1972 年，第 23—24 页。而在英国，1881 年重又兴起了"反对鸦片的运动"，在此前后，中国与英美等国签订了多项限制乃至禁止外国鸦片输华的条约与公约。这方面的情况详见 [美] 马士：《中华帝国对外关系史》第 2 卷，张汇文、姚曾廙、杨志信、马伯煌、伍丹戈合译，第 359、414—420、425—427 页；王铁崖编：《中外旧约章汇编》第 2 册，第 444—448、711—714 页；上海市禁毒工作领导小组办公室、上海市档案馆编：《清末民初的禁烟运动和万国禁烟会》，上海：上海科学技术文献出版社，1996 年，第 64、111 页；J.V. A. MacMurray, *Treaties and Agreements with and concerning China 1894-1919*, Oxford University Press, 1921. Vol.II, pp. 931-945。

结束语　新商道引入的文明形态转进

　　具体的货品流通盛衰往复，旧去新来，具象的商路打造断续兴替，总有终点。但新商道引入的文明形态却不断进步，不会止息。商路绝不简单是一条条物流途径，不仅仅具有道路一通黄金万两的经贸价值，而对社会诸领域发散着由此达彼别开洞天的深巨影响。风帆时代的八面来风迎来八方来客，星辰大海的宽广视野打开无限思路，人员的往来必然带来人有我无的新思想新观念，必然导入外部的意识形态和政治制度，必然引来新文明形态的扎根散叶，百花齐放，文化交汇，气象万千，世界文明的演进大势随之骤然变更或平和渐进地发生着变化。

　　本书所研究的时代主要是海洋交通、海洋商贸大发展的时代，侧重于海洋国际贸易史。近代商路的开辟，主要是海上商路的开发，海洋是流动性的、开放性的、发散性的、渗透性的，无边无垠，无遮无拦；文明如水，浸润无声，无物不及，无所不包，无时不在。"1500 年以前，文明基本上以大陆为中心，海上联系相对来说并不重要。假如把 1500 年作为划分世界历史新时期的标志，这是因为从这时起，在各个大陆间建立了直接的海上联系。这样就不仅把历史舞台扩大到在此以前仍与世隔绝的地区，而且导致向欧亚大陆中心平衡进行挑战。"[①] 也是从这之后，人类足迹所至从先前仅占地球表面百分之三四十的陆地近海逐步伸展到所有地界，人类真

---

① [英]杰弗里·巴勒克拉夫主编：《泰晤士世界历史地图集》，毛昭晰等译，北京：生活·读书·新知三联书店，1982 年，第 153 页。

正地成了全地球的"占领者"。水是生命之源，大海母亲，孕育万物，海纳百川，有容乃大，从海洋物理、海洋生物、海洋化学到海洋政治、海洋社会、海洋意识，"四海翻腾云水怒，五洲震荡风雷激"。

中华文明本身具有"元"的性质，本土生发、自我主体、延绵不绝、从未断篇。但是，中国固有的内生性文明形态在这个时间段伴随外来海洋文明形态的输入而风生水起潮起潮落，中华传统的古典文明在这个时间段遇到了空前挑战，那就是遭遇到了西方近代文明的全面冲击。此前，中华文明代有变迁，但主要还是中华文明内部的整合，即便是受异域文明的影响，也主要是来自内陆的东方文明（如印度的佛教、阿拉伯的伊斯兰教，唐朝时期的景教不过是属于基督教异端的东方教会）。来自海洋的西方文明的影响不能说绝然没有，但多是间接微末（元朝的"也里可温教"短时泯灭无踪），到明清之际经海越洋而至的耶稣会士们的传送，西方文明的入华有一小高潮，但并未影响到中华古典文明的主体。近代以降就完全不同了，人类文明的区域性联系变为世界性交往，殖民主义的猖獗和工业革命的进行又使西方文明形成一种霸权优势在全球扩张，在中西两大文明的交冲对撞之下，一方面，西方"新文明之势力，方挟风鼓浪，蔽天而来，叩吾关而窥吾室，以吾数千年之旧文明当之，乃如败叶之遇疾风，无往而不败衄"①，中华传统文明发生嬗变，其中的某些部分出现了变异，中华文明中更多地容纳吸取了其他文明体系特别是西方文明体系的内容，中华文明更紧密地与世界其他文明体系相融合同步调，海洋文明更有机地与内陆文明联接成为与时俱进的人类文明共同体。另一方面，中华传统文明的某些成分仍然在生生不息地固守着、传承着，中华文明仍然葆有自己民族与生俱来的特色活力。总体趋势是，传统文明的诸多样式或式微或演进，东西方文明前所未有地糅合，西洋文明的大规模引入，使得中华古文明出现了结构性变迁——外延扩大，内容增多，蕴义演进，中华近代文明整体格局开始架构成形。

---

① 周质平主编：《胡适早年文存》，台北：远流出版公司，1995 年，第 353 页。

一　农业文明

自远古发生农耕与渔猎的分工之后，定居农业在许多地区成为传统社会的主要营生，华夏很早就成为以农为本的国度，农作物品种的引进输出便有了格外重要的意义。在中国现有的粮食、果蔬品种里面，至少有 50 多种是自国外传入，明中叶之前，传入通道侧重陆路，输入品种多为果蔬，鲜有粮食作物，造成主要农作物的品种（五谷、六谷之属）在中国历数千年而未变。直到"地理大发现"后，物种开始经由海路全球性地传播，辣椒等约近 30 种可食性美洲植物品种悉数通过海上商道传入中国。其中，影响尤大的主要是农作物的流播，农作物新品的入华引领生物链条广度延伸，作物谱系极度扩大，粮安天下，进而引致农人和非农人生产生活文明形态的"翻篇"。地理发现海运大通对人类农业文明的进步有着至关重要的意义，从那之后，物种流通成为庞大物流中特别有价值的内容；在那之后，世界的主要农作物和经济作物播撒全球；自那之后，中国主要农作物的品种不再增加。其时，对国人来说，最为可述的作物引种大类有：玉米、甘薯、土豆、烟草等，均是明代中期后从海外引进。[①] 这些作物原产美洲，新大陆发现后，它们从不同的途径陆续分布于全球，导致引种地区人们食物构成的一场场革命和生活乃至消闲方式的重大变迁。一颗颗的种粒，经由不同海路商道，播种世界，在异国他乡生根发芽，繁茂大地，芸芸众生，赖此养育。经过比较研究，明代中国颇能适应新大陆的作物，古来务农的中国人很会侍弄外来新种，在这方面，中国人并不闭关保守。"显然，'不变的中国'与同时代的欧洲相比，事实上更能迅速而广泛地采用这些作物。"[②] 直到今天，这些作物仍为中国人提供重要的多样性食物构成。全球一体化，最先实现或极具意义的可能是农作物栽培的全球一体化，这一

---

① 关于美洲作物的在华引种，自 1956 年《历史研究》第 3 期发表罗尔纲《玉蜀黍传入中国》的专论后，国内外学者屡屡发覆研讨，较集中的研究可参见郑南：《美洲原产作物的传入及其对中国社会影响问题的研究》，浙江大学博士学位论文，2009 年。但此题目关涉极其广泛，后来者并非漫无剩义。

② ［英］崔瑞德、［美］牟复礼编：《剑桥中国明代史（1368—1644 年）》下卷，杨品泉等译，北京：中国社会科学出版社，2006 年，第 4—5 页。

过程从地理大发现后便悄无声息而又波澜壮阔地开始。

土豆，公元前五千年在美洲就有印第安人的栽培。播种全球是在大航海时代后，从引种时间可以概见土豆的传播路径：1570年，引种西班牙；1588年引种于奥地利、英国、爱尔兰（在该地尤其受到欢迎）；葡萄牙的引种应该比这更早一些。17世纪前期传入中国沿海地区，1650年，荷兰人斯特儒斯（Henry Struys）曾在中国台湾见到栽培中的土豆，名"荷兰豆"（与今天俗称的豌豆科属的"荷兰豆"是两码事）。① 1700年福建松溪的县志中已明确有"马铃薯"的记载。清朝中叶传入四川、湖北、河南、直隶等省，其中以陕甘、内蒙的引种效果尤佳，成就这些地方沙瓤土豆"甲天下"的美名。同时传入广东（称"爪哇薯"）、广西（右江称"番鬼慈菇"）、江南（温州称"番人芋"，江苏等地称"洋山芋"）、云贵（称"洋芋"）。② 土豆在中国的传播规模不如欧洲（16至19世纪在欧洲各国相继进行"土豆革命"，嗣后土豆成为欧美人的主食之一，中国近年来拟将土豆推广为主食，效果似乎不明显）。相对于气温要求较高的引进作物而言，土豆正好形成补差，适于苦寒山区，因而成为中国少数山民的主食。土豆在中国气温相对较低的西北、华北、西南的某些山地有广泛的种植，1921—1925年的农业调查显示，在山西五台土豆的种植面积甚至超过了小麦。③ 在西北的某些县土豆是第一大农作物。但这样的地区，在中国并不多。

玉米。哥伦布1492年10月12日登上美洲大陆，16日的日记中就出现了关于"玉米"的记述④。玉米引入中国的具体路线，学者们有多种解释。较多的是东南海路说⑤。也有主张西北路线传入，从西班牙传到麦

---

① 何炳棣：《美洲作物的引进、传播及其对中国粮食生产的影响》，《大公报在港复刊三十周年纪念文集》下卷，香港：《大公报》出版，1978年，第715页。

② 土豆在中国的传播是多渠道的，上述可能来自于荷属爪哇的南线和法国传教士传入山陕的北线。此外，较晚近的确切可考知的还有，"福建魁岐红皮"引种于旧金山，"华北白皮"引种于日本北海道，"广东蓝花黄皮"引种于加拿大，"苏联红"引种于苏联。唐启宇编著：《中国作物栽培史稿》，北京：农业出版社，1986年，第278页。

③ ［美］卜凯：《中国农家经济》（中），张履鸾译，太原：山西人民出版社，2015年，第247页。

④ J.N.Leonard, *Ancient America*, New York, 1967, p.17.

⑤ 支撑此说的重要史料有明中期杭州人田艺蘅关于"御麦"的记录等，参见田艺蘅：《留青日札》，上海古籍出版社影印本，1985年，第851页。

加，再由麦加经中亚、西亚引种中国[①]，其文献依据是甘肃《平凉府志》："番麦……实如塔，如桐子大，生节间。花垂红绒在塔末，长五六寸，三月种，八月收。"这是中国关于玉米植物形态的最早描述，确证至晚在明朝嘉靖年间，玉米已传入中国。[②] 在16世纪50至70年代修撰的地方志中，"玉麦"（玉米古名）已出现在河南的《巩县志》《襄城县志》《温县志》和云南的《大理府志》等文献中，提供了玉米传入中国各地区的途径线索[③]。玉米产量高，生长期短（短的只需75天——主要在南美等较热的地区，在中国的大部分地方往往需要3个月左右的时间，构成"大春"的主要作物或"秋粮"的重要收成），且在成熟前15天即可食用（中国北方谓之"老玉米"，实则是嫩玉米）；除一定的气温要求外，几乎在各种土壤中均能生长，栽种起来省力省事省工本。这些有利方面使玉米得以在中国境内较快推广，到19世纪，中国大多数省份的旱地山地均有栽培。"大航海"后的物质传入每每从沿海地区开始，玉米在华的流播区域却并非如此，不是说玉米未从沿海进入，而是其在沿海地区（或与高杆作物承受不了台风有关）的栽种远不如内地。著名的农业经济学家美国人卜凯（J. L. Bank）曾在1920年代主持在中国农村多个地区的调查，结果表明玉米在中国北方地区是主要的轮作作物[④]。表明对生物而言，物候对其的广种丰收更为重要，天时与地利超过了"人和"，在农业科技不太发达的年代，人类对"天""地"的依赖性更强。还不妨说，科学技术再怎么发达，"人定胜天"也总是有限的，只是相对某些特定时空而言。人类永远生活在天地之间，受其制约，人与自然的和谐共生，"天人合一"方为恒久之道。

甘薯[⑤]。16世纪末期，甘薯多路传入中国。一路由福建，得自西班牙人从美洲向菲律宾的传种，有一说是晋江于万历十一年（1583）最早引种；

---

① 曹树基：《玉米和番薯传入中国路线新探》，《中国社会经济史研究》1988年第4期，第62—74页。
② 1590年出版的《本草纲目》言"玉蜀黍种出西土，种者亦罕"，所附玉米插图也多有错误，说明玉米栽种在中国还不普及。参梁家勉主编：《中国农业科学技术史稿》，北京：农业出版社，1989年，第485页。
③ 详参咸金山：《从方志记载看玉米在我国的引进和传播》，《古今农业》1988年第1期，第99—110页。
④ ［美］卜凯：《中国农家经济》（中），张履鸾译，第245页。
⑤ 东汉到宋元文献中多见"甘薯"等相似名称，实指薯蓣科的山药，此处所说的甘薯属旋花科，现在各地被称为"红薯""白薯""地瓜""红苕""番薯"等。

又一说是 1593 年初夏商人陈振龙由菲律宾带回，翌年，福建受台风侵袭，民众饥馑，巡抚金学曾推广种植，荒不成灾，"闽人德之，号为金薯"[①]。另一路由广东，1582 年，陈益从越南将薯种带回东莞。还有一种颇富传奇色彩的说法，说是番薯传到越南后，当地统治者严禁其传入中国，违禁者死罪。时有吴川人林怀兰行医中越，怀兰医术高超，曾给越方守关将领治病，疗效甚佳，于是被推荐为国王女儿医治，亦痊愈。某日，国王赐食番薯，林求食生者，怀半截而出，急忙归国。过边界时正好被先前救治的关将盘查，林告以实情。关将称"今日之事，我食君禄，纵之不忠；然先生德，背之不义"，于是赴水自尽。后引种于广东各地，遇到大旱，仍有收成，无死徙者。为纪念林怀兰，乡人在霞洞乡建林公庙，庙祀旁以关将相配。[②] 从气候检视，甘薯首先引种于福建、广东等气温较高的地区是符合实情的。除了地蔓块根植物飓风吹袭无碍外，甘薯最大好处是高产稳产，单位面积产量超过麦谷若干倍，是绝佳的济灾作物。甘薯在中国的推广每每与灾荒联系在一起。17 世纪初江南灾荒，经徐光启等人倡导，引种闽薯于淞沪等地，渐及长江以北；18 世纪 40 年代，甘薯栽培术向北推广到山东、豫南；90 年代后到豫北、冀南、顺天，其间又入关中；向西推广到湖南、贵州等省，甘薯粮道几遍全国，多得力于客民的移植和官府的提倡。还从中国再传入日本、朝鲜、俄罗斯等。根据 1920 年代前期福建、浙江、安徽、江苏、河南、河北、山西 7 省 17 个县镇统共 2866 处田场的调查，甘薯在这些农村属于块根类种植的第一大品，其种植面积达到调查田地平均数的 28.9%，虽未能撼动稻谷、小麦的主导地位，但在贫瘠地区和灾荒年份的价值着实不能忽略。有学者对 20 世纪初叶主产国作物每公顷的产量进行比较，在小麦、玉米、棉花等作物中，中国都落在较后的位置；但是，在稻谷的产量方面中国仅次于日本；而"山薯"，中国每公顷产量达到 68.5 公担，远远超出农业经济向来发达的美国（每公顷平均产量为 24.6

① 苏琰《朱蕷疏》，见龚咏樵《亦园胜读》。另有一种意见认为甘薯是从文莱先引进到中国台湾，亦未可知，"其种本出文莱国，有金姓者自其地携回，故亦名金薯"。参见《台海采风图考》卷二。另参吴德铎：《甘薯的故事》，载《科学》1960 年 4 月。即使到 20 世纪初，福建连江等地的红薯"栽培的面积也很大"。[美] 卜凯：《中国农家经济》（中），张履鸾译，第 245 页。

② 邵咏、崔翼周：《电白县志》"杂录"，刊本，道光六年。

公担），学者解释为何中国此项作物的产量是美国的 2.8 倍，"一部分由于中国所花于翻藤的人工很多，因此藤上不易生根。而中美土壤或者不同也是原因之一"。^①来自美洲近土的甘薯居然不如在遥隔重洋的中土更适应生长。

种子具有"活性"，作物种属的传播往往是梯级递进，先传入近邻地带，再逐次扩延，美洲与中国，遥隔重洋，中间几多转手，方才到达，许是终极点之一。种子循商道而来，大多却没有进入商贸领域，而是"自然而然"的交流（这与现代种子商的垄断买卖大有不同），但是，这些大多没有进入商贸交易的种子在新地块的普及长成却对引种国的国内商贸乃至对国际市场带来了极为远大的影响，筑构了密布世界城乡的大小粮道商路。沧海一粟，以海之大，以种之小，不成比例，殊不知，小小种子，大大作用。美洲作物的引进，不仅使中国千年未变的作物结构获得大的变种，并使国人的栽培技艺特别是块根作物的种植技术有了跨越性的进步；不仅使山地旱地的更大开发成为有利可图，并使有限的土地面积能够供养更多的人口；不仅使中国农民在灾荒中有了更多的选择余地，并使中国的荒山瘠壤得到大面积利用；不仅使中国的食料作物品种得到极大丰富，并使中国人的食物构成部分改变。更有深层社会意义的是，它对中国延续了四五千年以上的主要农业作物资源配置和生物地理及经济地理布局发生了革命性的影响，中国的主要作物品种稻、稷、黍、粟、豆、麻、桑等的栽培至少有 7000 年以上的历史，小麦的栽培史较晚，也在 4000 年左右。可以说，从商、周一直到明朝中期，中国的主要农作物数千年没有大变化，4000 年前有的品类，4000 年后还是这些，只是在作物的品种改良和地区种植上有所整合罢了。万历以降，数种新作物推出，局面蔚然不同，几种引进作物全部成为全国性的栽培品种，旧有的作物分布状况被打破，种植空间前所未有地被拓宽，农本国人能够更大程度地适应和利用自然环境，传统的耕植习惯和技术有所改进，产区部分重组，穷乡僻壤的粮道多有增加，形成新作物的产品和商品基地，改变了中国传统的食料生产结构，农

---

① ［美］卜凯：《中国农家经济》（中），张履鸾译，第 257—259、290—292 页。

业商品化的进程大大加快。最关键的是，有了"新"吃食，使得长久以来"民艰于食"的基本国情改善，因而提供了人口大幅度增长的必须条件。1741 年，朝廷下令统计全国"大小男妇"，得数约 1.4 亿，1836 年的数字是 4 亿人，时不过百年，中国人口陡增三倍（其间自然有"摊丁入亩""滋生人丁，永不加赋"等政策对统计数的影响，但中国人口在此期的巨量增长是确然的）。在世间各种因素中，人永远是第一位的，只要有了人，任何奇迹都可能在"人间"出现。新作物引进带来的农业革命和方方面面的进步，其变革的进程未必速度很快，但规模很大，涉及面极广。

农业文明是人类步入文明社会后最先生发的形态，农业文明的改观带来的影响是多维度的，种子的漂游引来种子的革命，进而在新地界的各方面开花结实，再育新种，繁衍光大。新作物的引进还极大地改变了中国人的生活乃至消闲方式，这又突出地表现在烟草的引种上。1492 年 11 月 2 日，哥伦布的部属在古巴的"纳坎"（土著语"Cubanacan"，意指中部，哥伦布当时坚信这是中国的泉州或杭州）发现沿途村子的人都在吸食一种会冒烟的草，"由于吸这种烟，那些人肉体麻木，甚至感到醉晕，据说这样他们便不感到疲劳"。这是欧洲人第一次看到人吞云吐雾醺醺然的情景。[1] 半个世纪后，这种带有"香味"的烟终于缭绕于欧亚大陆。烟草和种子随着新商道开辟者的足迹游荡世界：1558 年以前鼻烟已经在葡萄牙的一些城市"流行"；同年在西班牙首种；1560 年引入法国，据说有清除"多余脑分泌物"的功效；1575 年随"大帆船"抵达菲律宾；之后入日本（1590）、印度和锡兰（1605—1610）。烟草由菲律宾传至中国，目前所知最早的记录为万历时期姚旅的《露书》，是书记其从吕宋传入福建漳州，"吕宋国出一草曰淡巴菰，一名曰醇，以火烧一头，以一头向口，烟气从管中入喉咙，能令人醉，且可嗣瘴气。有人携漳州种之，今反多于吕宋，载入其国售之"。[2] 作为经济作物的烟草获利远比作为农作物的玉米、甘薯、土豆要高。烟草作为一种刺激物并非生活必备品，它的引进使中国

---

① ［西］萨尔瓦多·德·马达里亚加：《哥伦布评传》，朱伦译，北京：中国社会科学出版社，1991 年，第 298 页。

② 姚旅《露书》卷一〇《错篇下》，《续修四库全书》第 1132 册，上海：上海古籍出版社，1995 年，第 704 页。另参吴晗：《谈烟草》，《光明日报》1959 年 10 月 28 日。

人（不分尊卑阶层、不分男女老幼）在茶、酒之外平添另一种"轻奢"或消闲的大众"食品"。过去我们对历朝历代各阶层"消闲"方式变迁情况的研究非常不够，其实，这是人类"文明"生活非关小可的一个方面。烟草更与咖啡、茶叶、可可，及至鸦片等同具"致瘾性"，人一旦吸烟上瘾，就很难戒除，因此每每成为人们既爱又恨的东西，不分国籍种族区域的"烟民"队伍在"禁烟"呼声日益高涨的情势下日益壮大，烟也往往成为政府当局较为稳定的高税收来源。通过烟草，另外衍生出了诸般消费品，高档的鼻烟壶、烟嘴等种种烟具既是实用器，又是"玩件"，是欣赏品、收藏品，从中繁衍出、升格为令人爱不释手存之长远的艺术品。

物种传播带来了生物谱系的地区延扩和全球同一，它是原生态的，是基础性的，为其他的变化提供了基础。美洲作物的引进，绝非中国独然；中国作物的对引，绝非美洲独然（中国茶叶、桑树也曾引种于他国），地区物质在世界范围内的流通，给人们带来了许多前所未见的新东西（用"东西"来形容物件很有意思，恰当不过地道明了物品在东来西往中搬移聚散）。大航海开辟了海运时代，在重构的世界贸易新体系中，海运替代陆运成为远距离重载货的主流，由是，外贸市场下移，外贸商品消费群体下移，一些过去昂贵的高级消费品变成价格低廉的大众用品，原本不起眼的物种亦形成交流——这对人类社会的影响较之奢侈品远更重要。人们的生活用品空前丰富，一本在 18 世纪的英国最流行的烹饪书籍，格拉斯（H. Glasse）编写的《简易烹调术》（*The Art of Cookery Made Plain and Easy*），居然能够根据所处季节开列出 160 种不同的食物原料，其中的相当部分都是来自外地。①

无论是马克思、恩格斯，还是古典经济学的亚当·斯密，或者再加上当今世界流行的新市场经济理论的开创者之一希克斯（J. R. Hicks）等，都无一例外地把人类跨入近代门槛的时限定于公元 16 世纪，其间，最引人注意的或许就是席卷全球的商业革命和生物革命了，它们为两个世纪后发生的工业革命奠定了基础。若不是这三次革命，今天的世界文明存在远不是这模样！种子是植物之起源，农作物的种子既是粮食之根本，又是植

---

① Kirstin Olsen, *Daily Life in 18th–Century England*, London:1999, p.232.

物的再传母本，启运他地亦有多重含义——无意识的种子或有意识的粮食，今人已难究其详。我们所知道的是：自种子革命起始，世界农业文明有了划时代的重构或解构，食为政首，一粒粒良种看似很小，却因关系人类的生存发展，其存在价值怎样估计也不过分。当今世界，种子作为基因库或种源库中最宝贵的知识产权或战略物资，一方面是种子的国家主义和民族主义，各大国倾力研究，刻意垄断，努力保有，防止泄露。另一方面是种子的世界性普及，无处不到。同样值得注意的还有近代海洋农业和海洋牧业的飞速发展，远古就有的耕海牧洋至今也还有无尽的潜力，这同样有待于海洋动植物种属的引种播撒和培育改良。人们已经在努力着！作为第一产业的农业（包括种植业、林业、牧业和渔业）是最基础的业态，它的改观势必引出第二、三产业的变革。

二　商业文明

宽宽窄窄长长短短纵纵横横的道路开辟，为的是便利人们的交往，交往的内容主要是经济活动，是商品交换和物品流通，道路斯为商路，商路内含商机，商路开辟越远，商机也就越多，利润也就越高。人类生存的许多基本物料，是此时此地的人们无法自给自足的，必须仰赖于彼时彼地的旁人供应，于是便有了商业交换的场所和言行，演而化之，有了特殊的商业文明形态。因着地理物候、人文环境的差异，再怎样进化的"全球一体化"，也总有地区特长，总有区位优势，总有区域经济。马克思言："生产劳动的分工，使它们各自的产品互相变成商品，互相成为等价物，使它们互相成为市场。"[①] 商品经济的要义就是"互相"，商贸经营的本质就是交换，商贸文明的诉求就是开放，社会愈进化，人们的生活水平愈提高，彼此享用其他地方"特产"的机会愈多，商贸交易的空间范围愈大，时间频率愈密，商业文明也就愈发达。商贸往来不断突破人为的边界和物理的边际，遍及人类居住的每一个角落，达及每一个民族种群，商贸网点渐渐密

---

① ［德］马克思：《资本论》第3卷，中央编译局译，第718页。

布全球，商品从一地一域向多地多域供应，商品开始了漫游世界。从 1500 年前后开始辟出的重要商道主要是海路，海洋经贸——人类在海洋中及以海洋资源为对象的生产、交换、分配和消费的活动蓬勃发展，商品大潮席卷而来，人们在商海中游走沉浮，其后的几百年间特别表现为五种海洋生计（俗语"讨海"是谓也）：海洋渔业、海水制盐、海洋贸易、海洋移民、海洋交通（造船与海运）。[①] 海洋文明与商业文明互为促进，在很长的时间里，海洋经贸是商业步入近代文明形态莫大的源动力。

在各地区政治生态仍处于破碎化的时候，商业已经开始了全球化，在各国别和族群仍处于地域相对隔绝的时候，经贸已开始了一体化。同时，商道又与地缘政治密不可分，商道的转移伴随着国势的转移，国势的强弱影响着商道的控制；谁掌控了国际商道，谁就是国际商业霸主；反过来道理也成立，谁要成为世界霸主，谁必然掌控主要的国际商道。"大航海时代"来临后，最主要的商道便是航路，列强在海洋上展开了激烈竞拼，海上霸主不断易手，转手的结果也是称霸世界地位的换手。早先是"新航道"的开辟者和"新世界"的发现者，伊比利亚本具征伐传统，这些早期殖民者生性只是航海人、探险家、冒险者，他们虽奔着发财赚钱的商业目的而来，却不是理想的移民，更不是久待的商户，他们习惯于四处漂泊，逞一时之勇征服捉摸不定的大风大浪；他们生性蛮横，不安分守己，横冲直撞，干事缺乏耐心，没有长久经营理念，互相争吵，动辄动用武力，虐待原住民，总想一夜暴富，骤发横财。掠夺经济总归难以繁荣，随着世界海洋版图重心的挪动，欧洲的经济中心从地中海北部整个地转移到了北方，使波罗的海—北海地区新的大宗贸易（谷物、木材、鱼和粗布）超越地中海传统的奢侈品贸易（香料、丝绸、金银）。荷兰人驱赶着葡萄牙人和西班牙人。随着欧洲经济的发展和生活水平的提高，迎合一般平民的大宗贸易的增长速度远远高于面向少数富人的奢侈品贸易，更重要的转移是从南欧、中欧转移到了大西洋沿岸的西欧，把握商机的胜利者是富有商业头脑擅于经营的英国人。英国在变为典型工业国之前"五十年的时候已经是一

---

① 陈东有：《走向海洋贸易带——近代世界市场互动中的中国东南商人行为》，南昌：江西高校出版社，1998 年，第 6 页。

个大商业国，正如一句名言所云：是个商人的国家。在那里，商业发达走在工业变化的前头，而且，它也许决定着工业的变化"①。得天独厚的海洋环境成为岛国商业文明进化的"康庄大道"，英国的进出口贸易都在海港进行。英国来华使团的首领马戛尔尼就很自觉地"在他整个外交生涯中也总把自己当作这场风帆革命——海上商业革命的代理人"。②英国学者安德鲁·兰伯特（Andrew Lambert）同样以"文明史"来描述历史上的海洋权力变迁，将英国列入历史上最后一个"海权"国家（seapower）。有别于马汉（A. T. Mahan）传统的"制海权"（sea power）的概念③，安德鲁·兰伯特使用的这一"海权"概念远不只是海洋的军事控制权，甚至也不只是面向海洋的国家战略，而是一种"文明样态"，它包含了商业贸易、经济体系、政治制度、思想文化等一系列价值观。"海权"国家虽然消亡，但西方接受了其"文明"范式，进而形成了现代世界。④

英国人的得势约莫有两个世纪，之后反被曾是欧洲殖民地的美洲新国家赶超。近世以降的海洋霸权转移走势表明，随着海交工具的不断改进，愈是濒临大洋多而宽广的国家愈容易得势，后发制人，终得大利。漫观近世列强地理位置，面临三个大洋的唯有美利坚等个别大国，而美国所处的海洋地界更为优越——东海岸和西海岸的挑头发展，更广阔的大洋面向更广阔的商海，更广阔的商海孕育着更多的商机，更多的商机召唤着更多的弄潮儿，美利坚合众国的后来居上绝非偶然。

商品只有流动才能实现交换，交通工具的进步使得物流速度与日俱增地加快，距离创造价值的定律在远距离运输中特别显现；同时，其又平衡着暴利，减少（也只能是减少，而不能抹平）各种不同物品相对价格的不

---

① ［法］保尔·芒图：《十八世纪产业革命：英国近代大工业初期的概况》，杨人楩、陈希秦、吴绪译，第 69 页。

② ［法］佩雷菲特：《停滞的帝国：两个世界的撞击》，王国卿等译，第 13 页。

③ 马汉（1840—1914），曾出任美国海军学院院长及海军事务委员会主席等，近代海权理论的重要创建人。代表作有：《海权对历史的影响》《海权的影响与 1812 年战争的关系》等。

④ ［英］安德鲁·兰伯特：《海洋与权力：一部新文明史》，龚昊译，长沙：湖南文艺出版社，2021 年。作者并不把美国、俄国、中国看作是"海权国家"，除了这几个国家有广大的内陆外，还因为"在任何政治体系当中，最强大的国家总是把精力集中在陆地上，而把海洋留给相对弱小的海权国家"。上述内容引自该书的"中文版序"，以及施展先生、李筠先生的"推荐序"。

等价。从寒带到热带，从落后地区到先进地区，商品的相对价值变化极大，一般认为货币购买力往往取决于非熟练劳动者的收入和主要粮食价格。其实也不尽然，农区的粮食便宜，牧区的肉食便宜，物品在交换中仿佛有一根中轴线——价值规律与市场调节。

近代商业革命的一个重要特点是对外贸易量的显著增长，商贸的空间范围不再受限境内，海外来品成为大宗，所谓"海外"具有了越来越特别越来越广大的含义。1715—1787 年间，法国从海外输入的进口商品增加了10 倍，而出口商品增加了 7—8 倍。英国的海外贸易也有了几乎同样惊人的增长——从 1698 年至 1775 年的这一时期中，进口商品和出口商品都增长到 500%—600% 之间。[①] 进出口是国际间的商品交换，是世界范围内的顶级交换，交换节点的相对固化成就了国际市场，市场就是以交换行为作为主要活动的特别地点，市场本是"物理"空间，行之以交换便发生"化学"作用；国际交换市场的物理定点演变扩容成为国际化的城市，依赖外部经贸，沿海兴起了大都市，"有明中叶以后，欧人东来，租地互市，吾国商业遂由国家之性质而渐趋于世界之性质，此古今最大关键也"[②]。

商业革命的最大变化是从古代形态向近代形态的过渡，外来品从奢侈品转向了小民百姓的消费品，遂而成为新时代的"大路货"，原来的物流小宗变成了大宗，先前的享用小众变成了普罗大众。经重载巨舶漂洋过海的商品，价格日降，不再稀罕，老百姓受用得起。丝绸商路、香料商路、茶叶商路、棉布商路、大米商路、白银商路……在实现四通八达的同时也实现着"高档商品"的不断掉价，进而完成舶来货从"贵族化"到"平民化"享用的变迁历程。

物流与人流同步，安土重迁的中国人成了海外移民的商户前驱，他们早于西方人到达中国以外的亚洲多地——巴达维亚、万丹、满剌加、望加锡、长崎、暹罗等，"1700 年代末，巴达维亚及其周围地区可知的已有 10万中国人，比纽约、波士顿和费城 1770 年的人口加在一起还多"。他们为

① ［美］斯塔夫里阿诺斯：《全球通史——1500 年以后的世界》，吴象婴、梁赤民译，第 277 页。
② 柳诒徵：《中国商业史》，杨共乐、张昭军主编：《柳诒徵文集》卷二，北京：商务印书馆，2018 年，第 94 页。

商贸而来，不为掠夺而去，他们秉承温良恭俭让的民族禀性，多从事商贸，不做殖民者，华侨在异国他乡安分守己，只寻商机，不事抢占，勤劳致富，是理想的安全的经贸移民，1710 年巴达维亚的 84 家糖厂老板中有 79 个是中国人。[①] 中国的侨民在西人到来之前与当地土著和平共处，引入先进文明；在西人到来之后，致力于不同族群间的调解弥合，忍气吞声地接受新殖民者的盘剥。1625 年，荷兰人开始对居住在巴达维亚等地的华侨征收 3 个里亚尔的特别税，此外，当地华人还要支付人头税，"这两种税收超过巴达维亚捐税的一半。1644 年，荷兰人在巴达维亚的 24 种捐税和垄断事业中，有 19 种为中国人承包"[②]。中国侨民是"模范移民"，是"温顺移民"，是"经贸移民"。

除了海外移民，海道的大发展，滋生了一批以海路为生的人，船商、水手、引水员、导航者、舶地接待人、港口人员、搬运工、供销商、海关官员乃至海盗劫匪等都是直接以海上商路为生的人，间接为生者更多得无法记数。鸦片战争之前中西方商家之间的合作不能说是完全无间，没有摩擦，但从长时段考察，仍以正常的互通有无的商业合作关系为主，交易各方基本上维持了良好的伙伴关系。鸦片战争之后，这一平等互利的均势有了性质的蜕变，华商多了些"低眉顺眼"，西商多了些"欺行霸市"。中外商家姿态的转变反映着中国与西方列强国家地位的反转。与此相应，中国传统自主商路（不仅是商路，而是国与国之间的全面关系）的另一重要途径——宗藩国际关系也逐步崩塌，被西方主导的国际条约关系替代。鸦片战争后，暹罗国王拉玛四世继位，遣使入贡清朝请封，咸丰帝予以册封。不料暹罗贡使自北京返回广州途中，在河南商丘被匪徒劫掠一空，中国与暹罗的宗藩关系因此不起眼的偶发事件扯断，内底里却反映出在西方冲击下传统中外关系摇摇欲坠的必然。在这前后，中国旧有的藩属国相继沦为西方列强的殖民地，陆续终止与中国的朝贡往来，商贸也由先前的自主自营变为列强控制；1895 年《马关条约》签订，中国宗藩关系的最后一根支柱朝鲜被日本控制，延续日久的宗藩关系总体崩溃。1903 年，清中央增设

[①] ［美］彭慕兰：《大分流：欧洲、中国及现代世界经济的发展》，史建云译，第 190、192 页。

[②] ［英］崔瑞德、［美］牟复礼主编：《剑桥中国明代史（1368—1644 年）》下卷，杨品泉等译，第 352 页。

"商部"，传统中国，商为四民社会之末，商部的专设映射出"重商主义"氛围影响下国人观念的演进。

海上商路运来了前时人们无法想象的无限丰富的货品，培育了不断扩大的消费群体，一言以蔽之，大海滋润着世人，但旧时大多数交易物品仍是初级产品，顶多是些手工制品，还不是工业品，消费进入近代，生产仍在古代，消费呼唤生产文明的进步。不仅如此，商品的大物流预示着社会流、资本流、意识流、信息流的无限流动，商品流动的程度愈深入广泛，上述各因素的流动愈自由自在。海洋经贸的发展必然带来政治、文化、宗教、制度诸面相的会通。欧洲人从商业文明入手，进而从各个方面——种族、经济、制度、文化向整个世界移植着他们的"文明"。美洲、大洋洲全面"欧化"，亚洲、非洲部分"欧化"。若以殖民国家的"文明"形态论，似乎近代资本主义制度策源地和工业革命发生地的英国的形态"层次"较高，影响较大，存之较久，与殖民地和占领地之间"良性"互动略多，如北美的美国、加拿大，大洋洲的澳大利亚、新西兰，还有扩而广之的"英联邦"；但也正因为"英属"殖民地或占领地存续深远地受到宗主国的影响，英国也是殖民地最大的"麻烦制造者"（当今世界上冲突"热点"地区，如印巴、中东等，许多都是先前英国的殖民地）。在地缘政治上挣脱殖民枷锁的独立国家和地区，在政治文化形态上摆脱"宗主国影响"仍是难度较大。还是恩格斯说得好：

> 大工业便把世界各国人民互相联系起来，把所有地方性的小市场联合成为一个世界市场，到处为文明和进步准备好地盘，使各文明国家里发生的一切必然影响到其余各国。[①]

中国人的消费结构也承接着西方工商业文明的输出，"西化""欧化""洋化"的征象愈来愈明显。商埠开放之后，价廉、物美、耐用的舶来品以不容阻挡的势头侵夺着传统土货的固有市场。西洋文明通过海洋传

---

① ［德］恩格斯：《共产主义原理》，中共中央马克思恩格斯列宁斯大林著作编译局：《马克思恩格斯选集》第1卷，北京：人民出版社，1972年，第214页。

导，因而在大洋彼岸最早登陆，在沿海口岸先行接纳，由此点向内地面上散播。中国行政体制的变动也首先是在沿海口岸因外贸而发生，1850 年代，中国旧式海关转型为近代的海关制度，却主要由西人操纵，仿自"西制"，谓之"洋关"。1850 年，上海的洋货进口总值为 390.8 万元，1860 年就达到 3667.9 万元，剧增 8 倍多。[①] 天津 1865 年进口洋货总值为 7724571 海关两，5 年后增长到 11935176 海关两。如果说，这主要还是口岸情况的话，那么，19 世纪 70 年代以后，洋货以更大的规模更快的速度向中国全境蔓延，若以 1871—1873 年的进口值为 100%，1891 至 1893 年即增加到 206.6%。[②] 到这时，地方市场逐步迈入国际市场，国家的生产与消费渐次成为世界性的，"过去那种地方的和民族的自给自足的闭关自守状态，被各民族的各方面的互相往来和互相依赖所代替了"。[③] 1899 年，日本近代中国学的重要开创人内藤湖南到中国北方游历，在北京往张家口途中的南口小镇，见到"南口旅店竟然有西洋式浴盆，以稚拙笔法写道 Bathroom，并具备西洋便器，可知一路外国游客之多，亦足知英国人之感化，不可小看"[④]。趋新、求异、逐洋成为时尚，"洋火""洋车""洋油"等"洋货"充斥于市，汪洋阂肆。从"西洋"扩及"东洋"，"东京人铃木德次郎轫意制人力车代竹兜，众便之，数年遍全国。遂及清国，清国人称东洋车"[⑤]。服装是人类生活文明变迁的一项具体而微又极其外在、极易察辨的指标特征，中国传统的宽袍阔袖的衣着日渐被更合身特别是更适宜工厂加工的服饰所替代。在城市人中，"西服""西饰"的影响更为明显，天津卫的"洋人之侍僮马夫辈，率多短衫窄绔，头戴小草帽，口衔烟卷，时辰表链，特挂胸前，顾影自怜，唯恐不肖"[⑥]。上海滩十里洋场的时髦派，"女界所不可少的东西：尖头高底上等皮鞋一双，紫貂手筒一个，金刚钻

---

① 张仲礼主编：《近代上海城市研究》，上海：上海人民出版社，1990 年，第 108—114 页。

② 严中平主编：《中国近代经济史统计资料选辑》，第 49、72 页。

③ ［德］马克思、恩格斯：《共产党宣言》，中共中央马克思恩格斯列宁斯大林著作编译局：《马克思恩格斯选集》第 1 卷，第 254—255 页。

④ ［日］内藤湖南、青木正儿：《两个日本汉学家的中国纪行》，王青译，北京：光明日报出版社，1999 年，第 84 页。

⑤ 王先谦：《日本源流考》卷二〇，清光绪二十八年刻本，第 868 页。

⑥ 张焘：《津门杂记》卷下，天津：天津古籍出版社，1986 年，第 137 页。

或宝石金扣针二三只，百绒绳或皮围巾一条，金丝边新式眼镜一幅，弯形牙梳一只，丝巾一方。再说男子不可少的东西：西装、大衣、西帽、革履、手杖外加花球一个，夹鼻眼镜一幅，洋泾话几句"[1]。此等人的穿戴配饰主要不是来自左近城乡，而是来自大洋彼岸的欧洲美洲，他们活脱脱已具"世界公民"的形象。消费生活逐步打破了封建等级制的约束，而表现出个性化、大众化、流行化和西洋化的特征，尤其是崇洋成为近代国人消费的重要调性。

西方近代的商业文明改造着中国古代的商业文明。工商业不停地吸纳着农村人口，人口的聚集形成了新的特大商埠（特别在欧风美雨容易吹拂到的沿江沿海），百货商场成为城市消费的崭新"市集"。与商业文明转型相伴而行的是近代的城市化，中国出现了第一次近代城市化的浪潮，中国的城市化水平有了决定性发展。城市更多的由以政治统治中心为主的各自独立缺少联系的传统模型向以经济贸易为主的网络联结的近代模型嬗变，"城"与"市"的功能愈发合一，"市"更多的带动了"城"，营造出了众多新城市；军事意义的"城"日渐退化（热兵器时代，城墙箭垛的作用越来越小），经贸意义的"市"愈益凸显（"旧城"改造中，为避免影响交通，太多的"城门楼子"被拆除）。城市生活方式也更多的由单一、封闭、慢节奏的农业社会形态向多元、开放、快节奏的工商业社会形态转化。城市前所未有的在经济上取得了对愈来愈多的农村地区的支配地位，过去是"农村包围城市"，后来是城市"命令"农村，商品化浪潮席卷下的城乡一体化趋势愈来愈加速，农田成了城市商品房用地，没有土地的"失根"农民不断涌入城市成为"打工仔"，农民工迅速化身"新市民"。商业文明走向近代化，开始出现所谓"铜山东崩，洛钟西应"的经济现象，就是农村听命于城市，小城镇听命于大城市，大城市听命于通商大埠，通商大埠又听命于世界各大商场的状况，中国与世界经贸一体化的浪潮掀动，并逐步形成了长江下游、珠江三角洲和京津地区三大市镇密集区。这三大经贸共同体的兴起，有一些共同特点，首先是有临海的城市做"龙头"，所邻海

---

[1] 《西装叹》，《申报》1912 年 4 月 22 日。

洋越广阔，辐射程度越长远越好，如通过东海汇入太平洋的上海，通过南海汇入太平洋的广州，通过渤海汇入太平洋的天津都是得自海洋经贸的天成和外向型经贸的重镇。其次是要有通达入海的大江大河做"龙身"，此处通江达海适为关键，其地界经流的江河越长越远，流域面积越广越深越好，如长江之于上海，珠江之于广州，海河之于天津。再次是要有广阔的腹地做"龙尾"，这些腹地越阔大，越富庶，出产越丰足愈好，如长三角之于上海，珠三角之于广州，华北之于天津。其中以上海为中心的长江下游城市带的崛起适为典型，上海等城市的跳跃性发展更多地体现出外向型经贸的拉动和城市自身商业、工贸、金融、交通运输等积聚发展的效用，并由此带来市场的统一化、生产的社会化、移民的归属化、管理的科学化乃至城镇居民生活方式和价值观念的根本位移。1893 年，中国除台湾和东北以外的地区已拥有市镇中心 1779 个，城市人口达 23513000 人，城市人口占人口总数的 6%。[①] 从中可以发现，在海洋经济时代，世界级的大城市，基本位临大海，只有通过大洋，才方便拥抱世界；而内陆城市，每每只能成为国家级或地区级的城市。这种情况延续三百年，步入 20 世纪后，随着陆路汽车的普及和空中立体交通的开辟，情形有了很大改变。但海洋通过商业交通对人类文明的影响仍在持续放大。

三　工业文明

商业每每是其他业态的"领航"，商业的巨大发展要求提供更多的商品，由是召唤着产业革命的到来，无限扩大的市场招呼着批量生产源源不断的产品，这只有通过大机器生产方能实现。荷兰在 17 世纪享有黄金时代，但缺乏机器生产必须的原料、劳动力和科技基础；法国因 1763 年被逐出加拿大，独立战争和拿破仑战争期间英国舰队的封锁使法国的贸易值下降到 1788 年时的一半左右，直到 1825 年才恢复到原有水平。[②] 而在那

---

① ［美］施坚雅主编：《中华帝国晚期的城市》，叶光庭等译，北京：中华书局，2000 年，第 264 页。
② ［美］斯塔夫里阿诺斯：《全球通史——1500 年以后的世界》，吴象婴、梁赤民译，第 282—283 页。

个特殊年代，英国独具远程贸易、商业资本和面向出口的生产三者之间的紧密联系，享有海上优势、广袤的殖民地和鼓励科技发展的土壤。斯时斯地诞生了工业革命。工业革命极大地释放了生产力，使"旧商品"巨量增长，"新商品"层出不穷，供应超过需求，卖方市场转为买方市场，出现此前难以想象的商品过剩的经济危机，各种"推销术"纷至沓来，渐进的商品渗入和突进的战争殖民双管齐下，有了"暴力经济学"的称呼。

新商业文明促成了工业文明的产生，商业文明自古有之，建立在大机器生产体系基础上的工业文明却自古所无，从依赖人力手工到依赖机器是人类历史上生产力和生产关系的伟大飞跃。依靠新式舟车，人类的腿无限延长；依靠机器，人类的手无限灵巧；依靠化石能、电能、蒸汽能、机械能，人类的动能无限增大；依靠科技发明，人类的头脑无限开发。从家庭手工业到手工作坊，再到工场手工业，最后进至大机器工厂，这一演变顺序从理论和逻辑上是对的，但从历史上看，少有近代工厂按此顺序演变而来，它们多是大资本、新科技和众多劳动力的既凑巧又有机的组合，是平地起高楼式的发展。一般来说，手工业主要适合业主独自或家族操作，灵工巧匠往往需要几代人的修为，独门技艺一般也是秘不外传的，和近代工厂集体化、批量化、制式化的流水线作业有本质区别。工业革命实现的不仅是少量技术、单项产品或个别产业部门的升级换代，更是全产业链的更新兴替；不仅如此，近代工业，除了工具改良机器使用以外，还可以理解为一种全新的组织方式，一种崭新的生产制度，一种创新的文明生态——生产方式和人力组织方式的全新构建。"把法文大工业这个词译成英语，最好的译文就是 factory system。Factory 这一词的意思就是制造厂或工厂。在十八世纪中叶，它仍保有法语中的 factorerie 这一词的专有意义，因为它和法语这个词有亲属关系；factorerie 的意义是商店、柜台、仓库。当最初的工厂出现的时候，人们起初并不称之为工厂，而称之为 mill 水车场，因为引人注目的东西就是设在河上的，类似磨坊车轮的大车轮。而且，mill 这个词有了越来越广泛的意义，终于几乎成为机器的同义词。这样，工厂、水车场和机器就成为一个东西了。在十八世纪的最后几年中，mill 和 factory 这两个词几乎被人无区别地使用着。在规定工厂劳动条件的最初法令条文中，这两个词都使用着。……最后，到 1844 年，我们便有了一个法定的定义如下：工厂（factory）就是这样一个场所，在那里，人们借助于由水力、蒸汽力或任何其他机械动力发动的机器来工作，把棉花、羊毛、鬃、丝、亚麻、大麻、黄麻或麻屑等进行准备、制造或改变为某种形状。"[1] 遣词造句的变化典型地印证着从"商店"到工场再到"工厂"的演进。

第一次工业革命实现了国际分工的重新调整，欧洲与亚洲产工贸转势，转势的出现是因为欧洲用机器制造完胜手工亚洲，能用西方的工业文明换装世界的农业、商业文明。那个时间段，其他大洲提供原料与人力，而西欧一隅引领着机器生产。机器生产替代手工生产的一个重要结果是：商品升级，贸易扩容，物流换向。

屏蔽于工业革命之外的天朝步履蹒跚。18 世纪末来华的"马戛尔尼记住了一点：自有中国以来，中国高人一等就是一个无可争辩的原则。'文明'或'未开化'并不是人种问题。归顺的番人官话称为'熟番'；在这以前叫做'生番'。因此有三等人。他们自称为'黔首'，是惟一的文明人；熟番是服从天命的人；生番，是未能（这尚可原谅）或不愿（这不可原谅）分享文明成果的人"[2]。彼时国人视域外为蛮荒之地，视西人为未受到文明开化的"夷人"。此时的西方人对中国的看法却调了个过儿，西人认为他们才是"文明人"，西方的文明进化要高于中国，最突出的体现就是他们有"机器"。仍处于手工作业的中国已然是只纸老虎，外表威武赫然，碰到钢铁机件，一捅就破。明眼人仔细观察便知，1839 年 12 月 3 日，西人在华办的新闻纸报道："中国之武备，普天之下为至软弱、极不中用之武备。及其所行为之事，亦如纸上说谎而已。其所出之论，亦皆是恐吓之语。皇帝之官府办事，只有好斗气相争而小胆，其国中之兵，说有七十万之众，若有事之时，未必有一千合用，余皆系下等聚集之辈，其炮台却似花园之围墙，周围有窗，在海岸望远亦是破坏，炮架亦不能转

---

[1] ［法］保尔·芒图：《十八世纪产业革命：英国近代大工业初期的概况》，杨人梗、陈希秦、吴绪译，第 22—23 页。

[2] ［法］佩雷菲特：《停滞的帝国：两个世界的撞击》，王国卿等译，第 29 页。

动，却似蜂巢，其师船之样，若得一只我等或米利坚之私兵船，在一点钟之久，即可赶散各师船。中国敌外国人，不过以纸上言语，真可谓纸王谕矣。"①"纸王谕"真是一语中的，打嘴仗、撑门面，对内骗、对外怂是中国统治者的拿手好戏。转年 6 月爆发的鸦片战争终使真相败露，大清"樯橹灰飞烟灭"。初至中国的英国东方远征军，人数不到 7000，后陆续增兵到约 2 万人。清朝方面，前后共动员 10 万兵力迎敌，与英军兵力之比，占较大优势。但战争结局，却迥出国人的意料之外。②洋兵从海上来，战火遍燃东南沿海，浙江的定海，广州的大角、沙角、虎门，江苏的镇海，上海的吴淞等先后成为激战的风暴眼，面对主要还是使用大刀长矛等冷兵器的清朝军队，手持热兵器的英国侵略军横冲直撞，攻城陷地。清王朝尽管从全国各地调集精兵良将，动用了能够动用的武器装备，却几乎未能打过一次大的胜仗，没能守住一个重要阵地。英军在战争中死亡人数不到 500 人，其中绝大部分还不是在同中国军队的作战中战死，而是在占领中国期间因水土不服等原因而病死（据亲自参加占领舟山的英国海军上尉奥塞隆尼的统计，仅从 1840 年 7 月 13 日到 12 月 31 日，只在浙江舟山一地，英军的病死人数就有 448 人③）。但清军却死亡惨重，直接战死的人数倍于此（自此，中国与列强战争中死亡人数令人难以想象的比例悬殊成为常见，1860 年保卫北京的最激烈战役——八里桥之战，清军死亡超过 1200 人，而法军死亡 3 人，英军死亡 2 人），至于人民生命财产的损失更是无法计算。战争的结局为什么对中国那样地严酷？中国人战败的最主要的原因何在？

　　时人比较一致的总结是"器不如人"。虽仍坚执从形而上的文明程度上看，"我大清"仍处在高级，但毕竟进了一步，承认在形而下的"奇技淫巧"方面略有欠缺。战时先后担任直隶和两广总督负责与英方交涉的琦善曾对英军舰船进行过调查："舱中分设三层，逐层有炮百余位（笔者按：

① 《澳门新闻纸》，林则徐全集编辑委员会：《林则徐全集》第 10 册，第 5020—5021 页。

② 茅海建：《天朝的崩溃：鸦片战争再研究》，北京：生活·读书·新知三联书店，1995 年，第 48、56 页。

③ 奥塞隆尼：《对华战争记》，中国第一历史档案馆编：《鸦片战争在舟山史料选编》，杭州：浙江人民出版社，1992 年，第 558 页。另参 Public Record Office, British Foreign Office Record, 17/61。

当时清军水师战船配炮一般在十多门）……炮位之下设有石磨盘（笔者按：'石磨盘'是不明了钢铁之故），中具机轴，只须转移磨盘，炮即随其所向"；另有"火焰船……其后梢两旁内外俱有风轮，中设火池，上有风斗。火乘风起，烟气上熏，轮盘即激水自转，无风无潮，顺水逆水，皆能飞渡（笔者按：此指当时新发明不久的使用蒸汽机为动力的舰船）"。① 这是舰船的情况，武器弹药方面，英军的优势更明显。1841 年 1 月 7 日，在广州虎门口外爆发了大角、沙角之役，首次亲见英军炮火威力的广东大员被极大震慑，特别是英军使用的开花弹更给清朝官兵造成很大的恐惧感：

> 该夷现在所用飞炮子内藏放火药，所至炸裂焚烧，不独为我军所无，亦该夷兵械中向所未见。经此次猖獗之后，我师势必益形气馁。②

差距是显而易见的。故而，鸦片战后，时代先觉者们提出的挽救国势的第一方略就是"师夷长技以制夷"。所谓"长技"者，主要是指技术和器物。那时的统治精英们并不认为中国的精神文化、典章制度有何不适（这是封建统治者的惯常论调，不能否认"体"和"制"的优越，因为否认了体制，也就否认了既存的统治，否认了自身的合法性与合理性），所欠缺的只在技术领域。"该夷人除炮火以外，一无长技"③，师夷制器以自强，这便是中国官绅普遍认可西方文明的第一级台阶。

到第二次鸦片战争，随着英法联军攻占北京，咸丰帝出逃，圆明园被烧。奇耻大辱之中的无助和无奈，更加剧了朝野间对"技不如人"的深切体认："诸国构煽，实为数千年来未有之变局。轮船电报，瞬息千里，军火机器，工力百倍，又为数千年来未有之强敌。"④ 到 19 世纪 60 年代，在中华文明的原有体系中注入西方的物质文明（洋器）渐成某些当权人物

---

① 《直隶总督琦善奏陈查看现到英船式样片》，中国第一历史档案馆编：《鸦片战争档案史料》第 2 册，第 290 页。

② 《钦差大臣琦善奏报沙角大角两炮台失陷及义律来文等情形折》，中国第一历史档案馆编：《鸦片战争档案史料》第 2 册，第 771 页。

③ 《卢坤等片》，中国史学会主编：中国近代史资料丛刊《鸦片战争》（一），上海：神州国光社，1954 年，第 122 页。

④ 赵尔巽等：《清史稿》卷四——"列传"，第 39 册，第 12017 页。

的共识。曾国藩把购买外洋船炮看作是挽救时局的"第一要务"。李鸿章也认为："洋务最难着手，终无办法"，只有"讲求洋器"。[①] 还说："西人专恃其枪炮轮船之精利，故能横行于中土，中国向用弓矛小枪小炮，故不敌于彼等，是以受制于西人。"[②]

1776 年蒸汽机的发明，使人类进入了动力机械化时代，标志着第一次工业革命浪潮初动；1821 年，法拉利发明电动机，人类进入电气化时代，标志第二次工业革命的起步；1946 年，电子计算机出现，奠定如今数字化、大数据、云计算、人工智能等新技术的发展基础，标志第三次工业革命的揭幕。历次工业革命均从西方开始，近代中国面临一个外来工业技术输入的问题，时人讨论"援西入中""师夷长技""中体西用""实业救国""西艺之精"时多谈及此。

在开明者的推动下，被目为中国历史上第一次工业化运动的洋务运动发轫，输入西方的工业文明是其中要旨，各地洋务派的大佬们首要的事便是派人出洋购机器、买舰炮、学技术、聘顾问，采取各种能够有效落实习得西方"长技"的办法。一些企业建立之初便对标西方，起点较高，具相当规模。如江南制造局，同治六年（1867）迁上海高昌庙新址，占地 70 余亩，分有熟铁厂、气炉厂、机器厂、木工厂、铸铜铁厂、洋枪楼、煤栈、轮船厂等分厂，并在陈家巷设立火箭分厂；其后又陆续兴建气锤厂、枪厂、炮厂、炮弹厂、水雷厂、炼钢厂、栗色火药厂、无烟火药厂；又在龙华镇设黑药厂、枪子厂；在松江建火药库等。产品更新的速度也颇快。

> 同治四年创办之初，厂中机器均未全备。先就原有机器推广，造成大小机器三十余座，用以铸造枪炮炸弹。六年始造轮船。十三年仿制黑色火药。光绪四年仿造九磅子、四十磅子前膛快炮。五年更造前膛四十八磅、八十磅各种开花实心弹。七年造筒式一百磅药，碰电、热铁浮雷。六年仿造新式全钢后膛快炮。十一年停造轮船，专修

---

① 顾廷龙、戴逸主编：《李鸿章全集》第 29 册，第 220 页。

② 《李鸿章奏筹议制造轮船未可裁撤折》，宝鋆等编：《（同治朝）筹办夷务始末》卷八六，第 9 册，第 3476 页。

理南北洋各省兵轮船只。十七年改造快利新枪，试炼钢料，又造各种新式后膛快炮，及五十二吨、四十七吨大炮。十九年仿制栗色火药。二十一年试造无烟火药。二十四年造七密里九口径新毛瑟枪。[①]

对西方工业文明的效法，不是从其他方面，而从兵工肇始，以"自强"为要旨的洋务运动率先从军事工业起步。自 19 世纪 60 年代后，陆续出现了中国最早的近代兵工厂——安庆军械所、天津机器局、山东机器局；出现了中国最早的近代舰炮制造厂——福州船政局、江南制造局；出现了中国最早的侧重用于军事的近代通讯设施——津沪电报线、天津电报总局。中国的近代化运动很大程度上由军事牵动，军事改革往往要比其他方面的改革快一拍，其他方面的改革又每每由军事改革引发。大机器工业是一成龙配套的体系，军用工业不可能长久地孤立发展，势必会带动其他的相关产业。制造舰船枪炮需要机器，制造机器需要钢铁，冶炼钢铁需要煤铁矿，煤铁矿开采后需要运输……制造业、钢铁业、采矿业、运输业、动力业互成流程诸环节。更关键的是，这一切都需要掌握西学新知的人才。李鸿章等便发现："洋机器于耕织、印刷、陶埴诸器皆能制造，有裨民生日用，原不专为军火而设。"于是，"自同治十三年海防议起，鸿章即沥陈煤铁矿必须开挖，电线、铁路必应仿设，各海口必应添洋学、格致书馆，以造就人才"。[②]

除军用工业外，民用工矿业的兴办提上日程，洋务期间创办的此类企业中具规模的有：上海轮船招商局、台湾基隆煤矿、直隶开平煤矿、上海机器织布局、兰州织呢局等，初步构建了中国大机器工业体系的基石。除了官办方式外，中国民间开始涉足机器工业，出现了上海发昌机器厂、广东继昌隆缲丝厂等，中国的民办工业因此发生，近代工业文明在另一社会阶层生发，因此产生了一个属于那个时代的全新阶级。

中国近代工业科技主要从西方输入，大多不是本土自然生成，导入的

---

① 江南制造局编：《江南制造局记》，中国史学会主编：中国近代史资料丛刊《洋务运动》（四），上海：上海人民出版社，1961 年，第 73 页。

② 顾廷龙、戴逸主编：《李鸿章全集》第 32 册，第 75 页。

过程不仅仅是西洋物件移植中土那般简单，更是近代物件移植传统境域，"旧头脑"能否装下"新东西"的问题。当时运输体系中新兴的铁路在中国开始铺设，然而起步跌跌撞撞，1878年，李鸿章创办唐山开平煤矿，为便于运输，修筑小铁路，担心周边民众不解，引出麻烦，最初用马车做牵引动力（与此有一比的是19世纪初叶法国的马拉船胜景，时人日记："走水路同样快捷，而且不累。我上了一条载满货物和50多名乘客的驳船，船上为去往巴黎的旅客预备了一个极其干净、饰以天鹅绒的房间，四匹总是以小碎步奔跑的驿马，套着我们的船，使它像在水面滑行，尽管水手们不是很累，但马夫却要很多的勇气和机智。漫起的河水淹没了河边的草地，因此驿马常常是在水中游行，而马夫则是站在马身上，为了防止水流将他们冲走，在水太深的地方，驳船就会放下小艇，用来支撑马头"[①]，这是陆路马道与水路船道的完美合作，其河中驭马的难度似乎大过中国的马拉火车——毕竟铁轨比河道易于定向滑行）。说实话，李鸿章最初的"马拉轨道车"还不能称为"火车"，因为没有"火"。待百姓们见多不怪之后，李鸿章的铁路方才改用小机关车，用机车牵引，成了使用蒸汽动力会冒烟火的正儿八经的火车。该铁路直到1886年才扩筑路轨，轨距四尺八寸半，成为中国铁路轨道的定例。

　　工业和文明挂上钩，以"文化产业"最直截了当。此间，印刷业的进步引人瞩目，印刷术曾是中国古代的四大发明之一，但至近代已落伍。1798年，捷克发明家塞尼费尔德（A. Senefeider）发明了石印术，在鸦片战前已传入广州，而影响较大的是由《申报》馆主英国商人美查（E. Major）在华办的点石斋石印局，他于1884年5月在上海创办《点石斋画报》，其后的20年间以其图文并茂印制精良风靡中国。由企业家徐润创办的近代中国最大的石印企业——同文书局则在不长的时间里将"二十四史"、《古今图书集成》等数万种鸿篇巨帙秘籍珍本批量石印推广开去。西洋石印较中式木刻优点很多，而几乎与石印技术同时出现的中文铅印术更与现当代的中国印刷术直接联系。印刷术的改善特别明显地兼具了物质文

---

① ［法］让·蒂拉尔：《拿破仑时代法国人的生活》，房一丁译，第122页。

明与精神文明相时进步的双重效用，石印和铅印术的采用，使书籍报刊的快速批量廉价印制成为可能，为文化书籍的普及化、平民化创造了优越的条件。姚公鹤的《上海闲话》记载："闻点石斋石印第一获利之书为《康熙字典》，第一批印四万部，不数月而售罄。第二批印六万部，适某科举子北上会试，道出沪上，每名率购五、六部以作自用及赠友之需，故又不数月而罄。"① 在商人赚取物质财富的同时我们还看到了文化的下移和空前的传播。1895 年 12 月 28 日，法国青年卢米埃尔（Louis Lumiere）在巴黎卡普辛路的印度沙龙内正式放映了《婴孩喝汤》和《水浇园丁》等世界上最早的影片，标志着电影时代的到来。仅仅过了 8 个月，也就是 1896 年 8 月 11 日，这门全新的大众艺术便在中国落户，所谓"西洋影戏"在上海徐园的"又一村"与观众见面。② 1897 年 7 月，上海天华茶园的电影广告宣传"此戏纯用机器运动，灵活如生，且戏目繁多，使观者如入山阴道上，有应接不暇之势"。市民争相观看"西洋景"。③ 1897 年 9 月 5 日，上海《游戏报》第七十四号载文《观美国影戏记》，"叹曰：天地之间，千变万化，如蜃楼海市，与过影何以异？自电法既创，开古今未有之奇，泄造物无穷之秘。如影戏者，数万里在咫尺，不必求缩地之方，千百状而纷呈，何殊乎铸鼎之像，乍隐乍现，人生真梦幻泡影耳"。电影是机器工业与艺术制造联袂演出的结晶，看电影是工业时代大众聚集娱乐的典型图景。类似样态的还有报刊新闻业，近代中国的新闻业率先由西人涉足，1815 年 8 月 5 日，伦敦会士米怜（W. Milne）等在马六甲创办了第一份以中国人为读者对象的中文报刊《察世俗每月统记传》；1822 年 9 月 12 日，天主教会在澳门创办《蜜蜂华报》，是第一份在中国土地上出现的外文报刊。到 19 世纪 90 年代中期，中国已有 12 份报纸，基本上由西人操办。戊戌维新运动开创了中国近代报业史兴起的局面，也开创了报纸这种源出西方的新媒体由中国人自办的事局。从 1895 至 1898 年间，出现各类新报刊约 60 种，多由国人自办。其中影响最大的《时务报》，在 15 个省和日

---

① 姚公鹤：《上海闲话》，上海：上海古籍出版社，1989 年，第 12 页。

② 《申报》（附张），1896 年 8 月 10—14 日。

③ 《申报》（附张），1897 年 7 月 27 日。

本、东南亚设有分销处 67 所，销量逾万，"为中国有报以来所未有"，主要撰稿人梁启超因此声名大噪，"自通都大邑，下至僻壤穷陬，无不知有新会梁氏者"。①演出了中国最早的借助近代传媒而迅成新闻人物的先例。

中国工业的近代化有时、空两个特征。时间上的跨越性：近代工厂基本不是由工场手工业循序发展过来，而是跳跃进入大机器生产阶段，所采用的机器设备用当时的世界水平衡量并不落伍，每每直接从海外进口先进机械设备，体现出近代工业输入化的特点；但缺乏工业母机——生产机器的机器。空间上的局限性：突出表现在近代工业的点状存在，集中于少量的大都市，尤其是方便与西方联系的沿海城市；广大内陆地区仍处在前工业时代，未受工业文明的洗礼。

工业革命改变了人类社会的生存面貌，在创造前人不敢想象的财富的同时缔造了新的生产制度和组织方式，工厂不仅仅是劳动集中的场所，还是一种制度化或体制化（institutionalized）的操练。出于环境的影响、代际的积习、人间的竞争，中国人的勤劳举世闻名。但在农业时代，靠天吃饭，看天出工，农忙农闲，待时而动，自己说了算，"个体户"的自由散漫也是有的。一入工厂立马旧貌换新颜，进到"体制"之内，纳入集体生活，形成了朝九晚五（那时的工作时间比这要长很多，但总有相对固定的上工时候）的作息时间，接受规则训练（也许用"驯化"一词更为准确），这套外在于人的"机制"却内化了（经典作家往往用词"异化"）人的行为举止，成为工业时代的新教养。农业时代的人转化为工业时代的人（农民——农民工——工人），只能入此流，必须入此流，否则便与新时代格格不入（19 世纪以降的各国农民工都经历过这一"农转工"的规训淘汰）。进而在缔造近代大工业体系的同时产生了新的生产方式和生产关系，出现了新的阶级分层和新的国家治理体系。

工业文明首先得益于科技文明和文化教育的进步，中古建立在农业社会基础之上的传统知识谱系具有笼统性和模糊性的特点。与近代劳动分工的细密化、专门化匹配，近代的学科谱系也出现了分类化、专业化，近

---

① 胡思敬：《戊戌履霜录》，南昌：退庐刻本，民国二年。

代型的"分科"是"西学东渐"的重要部分，也有科技文教"输入化"的特点。1873 年，美国北长老会教士狄考文（Calvin Wilson Mateer）设办的"登州蒙养学堂正斋"，开设的课程包括测绘学、代数备旨、航海法、声、光、电、化、地石学、动植物学、微积分、天文揭要、富国策、万国通鉴等。① 但这些近代的课业分类基本局限在少数教会学校中。在西学的持续影响下，中式旧学的地位动摇。1897 年，浙江巡抚廖寿丰奏请将诂经精舍、学海堂等 6 所旧书院改并为专课中西实学的求是书院，一代经学大师俞樾辞职。局势到了变亦变，不变亦变的地步。② 1902 年，张百熙主持制定《钦定京师大学堂章程》，专列"大学分科门目表"，过去居于庙堂首尊的经学居然未被单科罗列，只是并列于文学科的 7 个子目之下，即经学、史学、理学、诸子学、掌故学、词章学和外国语言文字学。③ 过去的正统之学日益边缘化，而过去处在边缘的新学或西学却日渐居于正统。1903 年，清政府推出"癸卯学制"，以政令形式规定全国学校需实行完全仿照西制的统一的分级学制。自此，分科教育和研修体系成为官方制度而正式确立。西学的各门学科也成为范式，哲学：1906 年，王国维作《奏定经学科大学文学科大学章程书后》，反对将经学单列一科，却主张开哲学科。④ 经学与哲学的地位已然颠倒。社会学：1842 年法国学者孔德（Auguste Comte）首次使用"社会学"（Sociology）一词，该学科在 19 世纪末的中国，因契合时局而有了迅速传播，俨然成为"显学"。⑤

此间所有学科门类中，要说起了较大社会影响的是生物学，但那是被转换了样态的生物学，即不仅是自然科学意义上的"纯"生物学，而是更多地杂糅了社会达尔文主义的进化论。是时，严复节译赫胥黎（T. H. Huxley）的《进化与伦理》（Evolution and Ethics），并结合中国的时政分析掺进大量自己的发挥，出版了《天演论》，是书将进化论的适用范围推

---

① 郭卫东：《中土基督》，昆明：云南人民出版社，2001 年，第 209、216 页。
② 王栻编：《严复集》第 1 册，北京：中华书局，1986 年，第 94、95 页。
③ 北京大学、中国第一历史档案馆编：《京师大学堂档案选编》，北京：北京大学出版社，2001 年，第 150 页。
④ 王国维：《王国维学术经典集》下册，南昌：江西人民出版社，1997 年，第 154—161 页。
⑤ 汪子春：《我国传播近代植物学知识的第一部译著》，《自然科学史研究》1984 年第 1 期，第 90—96 页。

向极限，痛陈物竞天择弱肉强食是万古不易万般皆适的天演定律。该书将人们的目光从传统和古代转向当下和近代，"以为文明世界在于他日，日进而日盛"。[①]梁启超曾给严复的启蒙译作以历史的定位：维新运动的"急先锋康有为、梁启超一班人的中国学问是有底子的，外国文却一字不懂。他们不能告诉国人'外国学问是什么，应该怎样学法'，只会日日大声疾呼，说：'中国旧东西是不行的，外国人许多好处是要学的。'……这一期学问最有价值的出品，要推严复翻译的几部书，算是把十九世纪主要思潮的一部分介绍进来"。[②]这里所说的"最有价值"的几部书除《天演论》外，还有译自亚当·斯密（A. Smith）的经济学著作《原富》（*An Inquiry into the Nature and Causes of the Wealth of Nations*），译自孟德斯鸠（C. L. S. Montesquieu）的政治学著作《法意》（*L'Esprit des Lois*），译自穆勒（J. S. Mill）的逻辑学著作《名学》（*System of Logic*）等。"严译名著"是多门新学科在中国的奠基作，严复堪称近代西学引介中国的第一人。到 20 世纪初叶，与世界通行的中国近代学术体系基本确立。

中国近代型的新式学堂最早亦由西人创办，1834 年，英籍妇女温斯特（Wanstall）建"澳门女塾"，是中国土地上出现最早的西式学堂，略晚几年的"马礼逊学堂"更具近代西方学堂的模式。国人自办新式学堂始于洋务运动期间，惜这些学堂一般都规模很小，多为附属于某一军队或企业的专业训练性质的简易学堂。戊戌维新期间，试图建立全国性的新式学校体系，成立了中国第一所国立大学——京师大学堂。其后，陆续在全国建立了小学、中学、大学等全面与国际接轨（主要是与西方接轨）的三级学制。

教育制度改造中，最突出的大事便是废科举。1905 年 9 月 2 日，清廷决心停罢科举，这是一纸具有里程碑意义的诏书：

> 方今时局多艰，储才为急。……兹据该督（袁世凯）等奏称：科

[①]　梁启超：《与严幼陵先生书》《南海康先生传》，分见《饮冰室合集·文集》之一，第 110 页；之六，第 72 页。

[②]　梁启超：《五十年中国进化概论》，《饮冰室合集》之五，第 39—48 页。

举不停，民间相率观望，欲推广学堂，必先停科举等语，所陈不为无见。着即自丙午科（1906 年）为始，所有乡、会试一律停止。[①]

一举结束了在中国延续一千多年的科举制度，而最终判定新教育制度在中国的胜利。1912 年 1 月 1 日，中华民国成立，在中国延续了两千多年的封建君主专制制度被根本倾覆，因工业革命生成壮大的新阶级的新理念——政党、宪法、国会、共和等舶来观念第一次落实在中国的土地上。中华文明历经蒙昧形态、古典形态而至近代形态，近代政体的建立说明整个近代中华文明大系有了制度化法律化的保障，已成为神圣不可侵犯的"正统"。至此，中国的传统文明有了脱胎换骨的更替，融合古今、汇通中西的中华近代文明的确立已成定局。总之，工业革命引发了物理层面、化学层面、意识层面、社会层面乃至制度层面的种种演变，一句话，推动了整个社会文明大系的全方位进步，杠杆的撬动效应实在太大。

随着"时序"的延长和"位序"的拓宽，旧商路无可挽回地衰落，新商道势不可挡地兴起，丝绸之路因着棉花经贸的崛起而不再，也因为时代的变迁而停歇，服务于少数贵人的旧丝路属于古代国际贸易的范畴；中国外贸因着茶叶世纪的来临而风光延续，茶叶之路、棉布之路、银钱之路等服务于全社会人的新商道则属于近代国际贸易的范畴（这些商路"生命线"的长短完全与众生使用的多少成比例），发生这种时代转变的很重要的因素在远洋交通工具的改进使舶来品不再稀罕贵重。自此，人类生活的物理空间从陆地近海扩展至全球大洋。但工业革命之前的世界，在"新商道"上载运的仍是"旧商品"（如手工制作的"南京布"、英国毛呢、白银铸币、丝绸瓷器、鸦片毒品等，更多的则是原料，如棉花、胡椒、檀木、毛皮、洋参等），也就是说，商贸文明先行一步，已然进入近代形态，而制造业仍未进入近代文明形态。直至工业革命发生，人类文明才算比较完整地进入了近代形态——机器取代手工使量产成为可能。如果说，商业文明缔造了资产阶级，那么，工业文明在壮大资产阶级的同时缔造了工人阶级，集约化的生产要求使工厂兴起，产业工人的现身使生产关系、阶级

---

① 朱寿朋编：《光绪朝东华录》（四），第 4093 页；（五），第 5392 页。

关系、社会制度发生巨变。工业革命伴行科技革命，科技的功用被空前且持续放大，近代知识群体在思想文化、新知建设、文明形态等方面引领巨变。

本书放眼中国与世界，因此观察到，商道多见中断，却无碍文明转进。那么如何看待由商路物流连带而起的文明的延承性、传导性、多元性、民族性？对此"迷思"笔者以为：全球化不是以"国家"身份融入世界，恰恰是以"去国家化"为导向，个人和企业的"国际化"，把一个个独立的国族文明实体，融合到一个整体的世界文明体系中去，使得各国族文明向全球文明大同整合。但这种整合是保有各国族文明的叠加还是不分疆界打乱了的重塑，仍有争议，有论者便提出中国从古代到近代的转型恰好是走了一条从文明国家到民族国家建构的路程。集各国之所长的整合，说来容易，实行却难，单是这"所长"就看法不一，自己认为的"长"，或恰是别人认为的"短"，自我认定的"优势"，正好是旁人认定的"劣势"。相向而行，是要别人跟着我相向而行，还是我跟着别人相向而行，大有不同，单是这"向"（方向），由谁说了算？凭什么说了算——国力、武力、正义、公道、声调、音高、老规矩、新规则？多元与一元，普世与自我，在在多歧。全球化在近代发生，正好说明了它的吊诡性，一方面"去国家化"，特别在经贸领域中表现突出；另一方面"强国家化"，国家疆界、国家观念、民族意识正好产生于、盛行于近代时段。但从长时段来看，经贸因素仍是决定性的，物质需求与生产交换仍是决定性的，因而，各国别民族各社会形态的和合共通、和平发展是大趋势；从农业、商业、工业文明的演进历程来看，在世界日渐融合的场域下，不是吾国强大，必然意味他国衰落的"零和"游戏。共处地球村，更多的是一荣俱荣、一损俱损，不同国家的利益相互依存普惠包容，他国他族的灾难，对吾国吾民没有一点好处，地球那么大，完全容得下各国各族共同繁荣。

附录：征引文献

一　中外档册

Public Record Office, *British Foreign Office Records*, 17.

Public Record Office, *British Foreign Office Records*, 228.

Public Record Office, *British Foreign Office Records*, 233.

Public Record Office, *British Foreign Office Records*, 682.

Public Record Office, *British Foreign office Records*, 931.

Public Record Office, *British Foreign Office Records*, 1080.

Public Record Office, *British Foreign office Records*, 1087.

（以上系英国国家档案局藏档）

British Parlimentary Papers, China 30,31,37, Irish University, 1971.

澳门档案馆藏海外历史档案：澳门，箱号：10，32，36，41。

上海图书馆藏："盛宣怀档案"。

台北故宫博物院：台湾外事主管部门"寄存文物清册"。

中国第一历史档案馆藏：《军机处录副奏折》。

北京大学、中国第一历史档案馆编：《京师大学堂档案选编》，北京：北京
　　大学出版社，2001年。

[比利时]钟鸣旦、杜鼎克主编：《耶稣会罗马档案馆藏明清天主教文献》，
　　台北：利氏学社，2002年。

[朝]朝鲜交涉通商事务衙门编印：《中朝约章合编》，汉城：高宗
　　二十四年。

陈霞飞主编：《中国海关密档——赫德、金登干函电汇编》第4卷，杨魁
　　信等译，北京：中华书局，1992年。

陈旭麓、顾廷龙、汪熙主编：《中国通商银行——盛宣怀档案资料选辑之
　　五》，上海：上海人民出版社，2000年。

国家档案局明清档案馆编：《戊戌变法档案史料》，北京：中华书局，
　　1958年。

故宫博物院明清档案部编：《清代中俄关系档案史料选编》第1编，北京：
　　中华书局，1979年。

胡滨译：《英国档案有关鸦片战争资料选译》，北京：中华书局，1993年。

刘芳编辑：《葡萄牙东波塔档案馆藏清代澳门中文档案汇编》，章文钦校，
　　澳门：澳门基金会，1999年。

上海市禁毒工作领导小组办公室、上海市档案馆编：《清末民初的禁烟运
　　动和万国禁烟会》，上海：上海科学技术文献出版社，1996年。

天津市档案馆编：《三口通商大臣致津海关税务司札文选编》，天津：天津
　　人民出版社，1992年。

"中研院"近代史研究所编：《海防档》，台北：艺文印书馆，1957年。

[日]佐々木正哉编：《鸦片战争前中英交涉文书》，東京：严南堂书店，
　　1967年。

[日]佐々木正哉编：《鸦片战争の研究》（资料篇稿），東京：日本近代
　　中国研究会，1964年。

[日]佐々木正哉编：《鸦片战争後の中英抗争》（资料篇稿），東京：日
　　本近代中国研究会，1964年。

中国第一历史档案馆整理：《康熙起居注》，北京：中华书局，1984年。

中国第一历史档案馆编：《鸦片战争档案史料》，天津：天津古籍出版社，
　　1992 年。

中国第一历史档案馆编：《鸦片战争在舟山史料选编》，杭州：浙江人民出
　　版社，1992 年。

中国第一历史档案馆、澳门基金会、暨南大学古籍研究所合编：《明清时
　　期澳门问题档案文献汇编》，北京：人民出版社，1999 年。

中国第一历史档案馆编：《澳门问题明清珍档荟萃》，澳门：澳门基金会，
　　2000 年。

中国第一历史档案馆编：《清宫粤港澳商贸档案全集》，北京：中国书店影
　　印本，2002 年。

中国第一历史档案馆编：《清中前期西洋天主教在华活动档案史料》，北京：
　　中华书局，2003 年。

中国国家档案局、北京大学编：《锦瑟万里　虹贯东西：16—20 世纪初"丝
　　绸之路"档案文献集萃》，北京：中华书局，2019 年。

庄树华等编：《澳门专档》，台北：1995 年。

二　实录典籍

（西汉）司马迁：《史记》，北京：中华书局，1959 年。

（南朝）范晔：《后汉书》，北京：中华书局，1965 年。

（后晋）刘昫等：《旧唐书》，北京：中华书局，1975 年。

（明）宋濂等：《元史》，北京：中华书局，1976 年。

（清）张廷玉等：《明史》，北京：中华书局，1974 年。

赵尔巽等：《清史稿》，北京：中华书局，1977 年。

《大明太宗文皇帝实录》

《大明仁宗昭皇帝实录》

《大明英宗睿皇帝实录》

《大明宪宗纯皇帝实录》

《大明世宗肃皇帝实录》

《大明神宗显皇帝实录》

《大清太宗文皇帝实录》
《大清世祖章皇帝实录》
《大清圣祖仁皇帝实录》
《大清世宗纯皇帝实录》
《大清高宗纯皇帝实录》
《大清仁宗睿皇帝实录》
《大清宣宗成皇帝实录》
《大清文宗显皇帝实录》
《大清穆宗毅皇帝实录》
《大清德宗景皇帝实录》
《大清宣统政纪》

（元）马端临：《文献通考》，杭州：浙江古籍出版社，2000年。

（明）官修：《大明会典》，明万历内府刻本。

（清）乾隆官修：《清朝文献通考》，杭州，浙江古籍出版社，2000年。

（清）刘锦藻：《清朝续文献通考》，杭州：浙江古籍出版社，2000年。

（清）惠祥等：《钦定户部则例》，清同治年间刊本。

（清）会典馆：《清会典》，北京：中华书局影印本，1991年。

（清）会典馆：《清会典事例》，北京：中华书局影印本，2012年。

（清）文庆等编：《（道光朝）筹办夷务始末》，北京：中华书局，
　　1964年。

（清）贾桢等编：《（咸丰朝）筹办夷务始末》，北京：中华书局，
　　1979年。

（清）宝鋆等编：《（同治朝）筹办夷务始末》，北京：中华书局，
　　2008年。

（清）徐松：《宋会要辑稿》，北京：中华书局，1957年。

（清）王先谦编：《东华续录·乾隆朝》，上海：积山书局石印本，光绪

三十二年。

（清）王彦威、王亮辑编：《清季外交史料》，李育民等点校，长沙：湖南师范大学出版社，2015 年。

（清）朱寿朋编：《光绪朝东华录》，北京：中华书局，1958 年。

故宫博物院编印：《清代外交史料》，北京：刊本，民国二十一年。

三 文献汇编

陈翰笙主编：《华工出国史料汇编》，北京：中华书局，1984 年。

辞海编辑委员会编：《辞海》，上海：上海辞书出版社，1980 年。

邓开颂、黄启臣编：《澳门港史资料汇编》，广州：广东人民出版社，1991 年。

度支部辑：《度支部币制奏案辑要》，北京：益森刊本，宣统年间。

福建师范大学历史系编：《鸦片战争在闽台史料选编》，福州：福建人民出版社，1982 年。

郭卫东编：《中外旧约章补编（清朝）》，北京：中华书局，2018 年。

故宫博物院：《掌故丛编·英使马戛尔尼来聘案》，北京：故宫博物院刊印，1928 年。

广东省文史研究馆编：《三元里人民抗英斗争史料》，北京：中华书局，1978 年。

韩琦、吴旻校注：《熙朝崇正集·熙朝定案（外三种）》，北京：中华书局，2006 年。

黄月波等编：《中外条约汇编》，上海：商务印书馆，1936 年。

黄鸿钊编：《中葡澳门交涉史料》，澳门：澳门基金会，1998 年。

江恒源编：《中国关税史料》，上海：上海人文编辑所，1931 年。

李翰章等编：《通商约章成案汇编》，铁城广皕宋斋版。

李文治编：《中国近代农业史资料》，北京：科学出版社，2016 年。

刘民声、孟宪章、步平编：《十七世纪沙俄侵略黑龙江流域史料》，哈尔滨：黑龙江教育出版社，1998 年。

麦仲华辑：《皇朝经世文新编》，上海：上海书局石印本，光绪二十四年。

孟宪章主编：《中苏贸易史资料》，北京：中国对外经济贸易出版社，1991 年。

聂宝璋编：《中国近代航运史资料》（第一辑）上册，上海：上海人民出版社，1983 年。

彭泽益编：《中国近代手工业史资料》，北京：科学出版社，2016 年。

戚其章主编：中国近代史资料丛刊续编《中日战争》，北京：中华书局，1993 年。

全国经济委员会、棉业统制委员会统计课编：《棉花统计》，1932 年。

荣孟源、章伯锋主编：《近代稗海》，成都：四川人民出版社，1985 年。

商务印书馆编译所编纂：《大清光绪新法令》，上海：商务印书馆，宣统元年。

孙毓棠编：《中国近代工业史资料》，北京：科学出版社，2016 年。

陕西省社会科学界联合会编：《司马迁与史记论集》，2005 年刊。

上海市棉纺织工业同业公会储备会：《中国棉纺统计史料》，上海：1950 年。

汤开建、吴志良主编：《"澳门宪报"中文资料辑录》，澳门：澳门基金会，2002 年。

汤开建汇释校注：《利玛窦明清中文文献资料汇释》，上海：上海古籍出版社，2017 年。

台湾银行经济研究室编：《十七世纪台湾英国贸易史料》，台北：台湾银行，1958 年。

王克敏、杨毓辉编：《光绪丙午（三十二）年交涉要览》，北洋官报局代印，光绪三十四年。

王铁崖编：《中外旧约章汇编》，北京：生活·读书·新知三联书店，1957—1962 年。

王亚南主编：《资产阶级古典政治经济学选辑》，北京：商务印书馆，1979 年。

吴旻、韩琦编校：《欧洲所藏雍正乾隆朝天主教文献汇编》，上海：上海人民出版社，2008 年。

《续修四库全书》编纂委员会编：《续修四库全书》，上海：上海古籍出版
　　社，2002 年。

许同莘、汪毅、张承棨编：《咸丰条约》，北京：1915 年。

许地山编：《达衷集》，上海：商务印书馆，1931 年。

徐宗亮等编：《通商约章类纂》，天津：北洋石印官书局，光绪戊戌年。

姚贤镐编：《中国近代对外贸易史资料》，北京：中华书局，1962 年。

颜石清等编：《约章成案汇览》，上海：点石斋刊本。

中华民国外交部统计科编刊：《外交部储藏条约原本编号目录》，北京，
　　1913 年。

中华民国外交部条约司编印：《中国约章汇编》，北京：中华民国十六年。

中国近代经济史资料丛刊编辑委员会主编：《中国海关与中法战争》，北京：
　　中华书局，1983 年。

中国近代经济史资料丛刊编辑委员会主编：《辛丑和约订立以后的商约谈
　　判》，北京：中华书局，1994 年。

中国社会科学院近代史研究所编：《中葡关系史资料集》上卷，成都：四
　　川人民出版社，1999 年。

中国人民银行总行参事室金融史料组编：《中国近代货币史资料》，北京：
　　中华书局，1964 年。

中国史学会主编：《中国近代史资料丛刊·鸦片战争》，上海：神州国光社，
　　1954 年。

中国史学会主编：《中国近代史资料丛刊·第二次鸦片战争》，上海：上海
　　人民出版社，1978 年。

中国史学会主编：《中国近代史资料丛刊·中法战争》，上海：新知识出版
　　社，1955 年。

中国史学会主编：《中国近代史资料丛刊·戊戌变法》，上海：上海人民出
　　版社，1961 年。

中国史学会主编：《中国近代史资料丛刊·洋务运动》，上海：上海人民出
　　版社，1961 年。

中国第一历史档案馆、福建师范大学历史系合编：《中国近代史资料丛刊

续编·清末教案》，北京：中华书局，1996 年。

中国人民银行金融研究所编：《美国花旗银行在华史料》，北京：中国金融
　　出版社，1990 年。

朱士嘉：《十九世纪美国侵华档案史料选辑》（上册），北京：中华书局，
　　1959 年。

朱自振编：《中国茶叶历史资料续辑》，南京：东南大学出版社，1991 年。

章开沅、罗福惠、严昌洪主编：《辛亥革命史资料新编》，武汉：湖北人民
　　出版社、湖北长江出版集团，2006 年。

张星烺编注：《中西交通史料汇编》，北京：中华书局，1977 年。

四　文集方志

[先秦] 尸佼：《尸子》，平津馆丛书本。

[唐] 范摅：《云溪友议》，清文渊阁《四库全书》本。

[唐] 玄奘：《大唐西域记》，季羡林校注，北京：中华书局，1985 年。

[唐] 释玄应撰，释希麟续：《一切经音义》，日本：狮谷莲社刻本，元文
　　三年。

[唐] 释道世：《法苑珠林》，《四部丛刊》景明万历本。

[唐] 段成式：《酉阳杂俎》，曹中孚校点，上海：上海古籍出版社，
　　2012 年。

[宋] 戴复古：《石屏诗集》，清文渊阁《四库全书》本。

[宋] 吕洞宾：《吕帝诗集》，清重刊道藏辑要本。

[宋] 吴自牧：《梦粱录》，杭州：浙江人民出版社，1980 年。

[宋] 文天祥：《文山先生全集》，《四部丛刊》、景明本。

[宋] 姚宽：《西溪丛语》，北京：中华书局，1993 年。

[宋] 赵汝适：《诸蕃志》，杨博文校释，北京：中华书局，2000 年。

[宋] 真德秀：《西山先生真文忠公文集》，《四部丛刊》景明正德刊本。

[元] 汪大渊：《岛夷志略》，苏继庼校释，北京：中华书局，1981 年。

[元] 熊太古：《冀越集记》，抄本，清乾隆四十七年。

[明] 程开祜：《筹辽硕画》，刻本，明万历年间。

［明］陈子龙、徐孚远、宋徵璧选编：《明经世文编》，北京：中华书局，1962 年。

［明］蔡献臣：《清白堂稿》，刻本，明崇祯年间。

［明］顾起元：《客座赘语》，北京：中华书局，1997 年。

［明］顾炎武：《天下郡国利病书》，上海：集成书局，光绪廿七年。

［明］高濂：《遵生八笺》，成都：巴蜀书社，1992 年。

［明］茅元仪：《武备志》，刻本，明天启元年。

［明］梁兆阳、林凤翥、谢宗泽等：《（崇祯）海澄县志》，刻本，明崇祯六年。

［明］黄瑜：《双槐岁钞》，魏连科点校，北京：中华书局，1999 年。

［明］黄省曾：《西洋朝贡典录》，谢方校注，北京：中华书局，2000 年。

［明］李之藻：《天学初函》，台湾：学生书局，1965 年。

［明］丘浚：《大学衍义补》，清文渊阁《四库全书》本。

［明］宋应星：《天工开物》，潘吉星译注本，上海：上海古籍出版社，2008 年。

［明］田艺蘅：《留青日札》，上海：上海古籍出版社影印本，1985 年。

［明］徐昌治：《圣朝破邪集》，香港：建道神学院，1996 年。

［明］徐光启：《农政全书》，北京：中华书局，1956 年。

［明］颜俊彦：《盟水斋存牍》，北京：中国政法大学出版社，2002 年。

［明］张燮：《东西洋考》，谢方校注，北京：中华书局，2000 年。

［明］郑晓：《皇明四夷考》，台湾：华文书局据嘉靖刻本影印本。

［明］姚旅：《露书》，《续修四库全书》第 1132 册，上海：上海古籍出版社，1995 年。

［清］范咸、庄年、褚禄等：《（乾隆）重修台湾府志》，刻本，乾隆十二年。

［清］陈兰芝辑：《岭海名胜记》，刊本，乾隆五十五年。

［清］陈文述：《颐道堂集》，刻本，嘉庆十二年。

［清］陈其元：《庸闲斋笔记》，北京：中华书局，1989 年。

［清］陈康祺：《郎潜纪闻初笔二笔三笔》，北京：中华书局，1984 年。

[清]陈葆善：《白喉条辨》，刻本，光绪年间。

[清]陈伦炯：《海国闻见录》，李长傅校注，郑州：中州古籍出版社，1985年。

[清]椿园七十一：《异域琐谈》，强恕堂刊本，嘉庆二十三年。

[清]方恒泰：《橡坪诗话》，刊本，道光十三年。

[清]冯苏：《见闻随笔》，天空海阔之居刻本，同治十年。

[清]傅恒：《皇清职贡图》，沈阳：辽沈书社，1991年影印本。

[清]管同：《因寄轩文集》，管氏刻本，道光十三年。

[清]纪昀：《阅微草堂笔记》，望益书屋刻本，嘉庆五年。

[清]胡思敬：《戊戌履霜录》，南昌：退庐刻本，民国二年。

[清]黄叔璥：《（康熙）台海使槎录》，清文渊阁《四库全书》本。

[清]黄遵宪：《日本国志》，广东：富文斋刻本，光绪十六年。

[清]黄遵宪：《黄遵宪集》，吴振清、徐勇、王家祥编校整理，天津：天津人民出版社，2003年。

[清]贺长龄编：《清经世文三编》，思补楼重校本，光绪十二年。

[清]皮锡瑞：《鉴古斋日记评》，北京：中华书局，2015年。

[清]李遐龄：《勺园诗钞》，刊本，嘉庆十九年。

[清]卢坤、陈鸿墀、梁廷枏：《广东海防汇览》，王宏斌等校点，石家庄：河北人民出版社，2009年。

[清]梁廷枏：《海国四说》，北京：中华书局，1993年。

[清]梁廷枏：《粤海关志》，袁钟仁点校，广州：广东人民出版社，2014年。

[清]雷丰：《时病论》，雷氏慎修堂刻本，光绪十年。

[清]廖平：《何氏公羊解诂三十论》，成都：四益馆经学丛书本，光绪十二年。

[清]钱泳：《履园丛话》，北京：中华书局，1979年。

[清]求自强斋主人辑：《皇朝经济文编》，石印本，光绪二十七年。

[清]丘逢甲：《岭云海日楼诗钞》，刊本，民国二十六年。

[清] 屈大均：《广东新语》，北京：中华书局，1985 年。

[清] 清朝农工商部编：《中国生产实业统计表》，日本：大阪重印本，1912 年。

[清] 孙宝瑄：《忘山庐日记》，上海：上海古籍出版社，1983 年。

[清] 松筠：《松筠丛著五种》，北京：书目文献出版社，1988 年。

[清] 唐秉钧：《文房肆考图说》，嘉定唐氏竹映山庄刻本，乾隆年间。

[清] 王孟英：《温热经纬》，刻本，1852 年。

[清] 王先谦：《日本源流考》，刻本，光绪二十八年。

[清] 王士雄：《随息居重订霍乱论》，刻本，同治年间。

[清] 王文韶：《王文韶日记》，袁英光、胡逢祥整理，北京：中华书局，1989 年。

[清] 王之春：《清朝柔远记》，赵春晨点校，北京：中华书局，2000 年。

[清] 汪灏等编：《广群芳谱》，北京：内府刻本，康熙四十七年。

[清] 汪日桢：《湖蚕述》，吴兴：汪氏刻本，光绪六年。

[清] 翁同龢：《翁同龢日记》，陈义杰点校，北京：中华书局，1989 年。

[清] 吴历：《三巴集》，小石山房丛书本。

[清] 吴瑭：《温病条辨》，问心堂刻本，嘉庆十八年。

[清] 吴义洛：《本草从新》，上海：启新书局，民国十一年。

[清] 魏源：《海国图志》，陈华等校注，长沙：岳麓书社，1998 年。

[清] 魏源：《魏源全集》，长沙：岳麓书社，2004 年。

[清] 谢清高口述、杨炳南笔录、安京校释：《海录校释》，北京：商务印书馆，2002 年。

[清] 薛福成：《出使英法义比四国日记》，长沙：岳麓书社，1985 年。

[清] 徐继畬：《瀛寰志略》，上海：上海书店出版社，2001 年。

[清] 佚名：《伊江集载》，清抄本。

[清] 佚名：《常税则例》卷二，古香刻本，雍正年间。

[清] 永璇监修，董诰撰：《皇清职贡图》，台湾：华文书局据乾隆二十六年刊本影印。

[清]叶廷勋：《梅花书屋诗钞》，刊本，道光年间。

[清]余德埙：《鼠疫抉微》，铅印本，宣统二年。

[清]郑观应：《盛世危言》，上海：图书集成局，1896年。

[清]郑观应：《罗浮待鹤山人诗草》，上海：著易堂刊本，宣统元年。

[清]郑光祖：《一斑录》，北京：中国书店，1990年。

[清]张德彝：《航海述奇·四述奇》，清小方壶斋舆地丛钞本。

[清]张德彝：《航海述奇·五述奇》，清小方壶斋舆地丛钞本。

[清]张应昌辑：《诗铎》，秀芷堂刻本，同治八年。

[清]张琳：《澳门竹枝词》，刻本，嘉庆戊寅。

[清]张心泰：《粤游小志》，清小方壶斋舆地丛钞本。

[清]赵学敏：《本草纲目拾遗》，吉心堂刻本，同治十年。

[清]载振：《英轺日记》，上海：文明书局，光绪二十九年。

[清]周煌：《琉球国志略》，漱润堂刻本，乾隆二十四年。

[清]曾纪泽：《曾纪泽日记》，刘志惠校注，长沙：岳麓书社，1998年。

[清]暴煜：《（乾隆）香山县志》，刊本，乾隆十五年。

[清]鄂尔泰：《（雍正）云南通志》，清文渊阁《四库全书》本。

[清]鄂尔泰：《（乾隆）贵州通志》，清乾隆六年刻，嘉庆年间修补本。

[清]郭廷弼、周建鼎、包尔康等：《（康熙）松江府志》，刻本，康熙二年。

[清]侯宗海、褚翔等：《（光绪）靖江县志》，刊本，光绪五年。

[清]金鉷：《（雍正）广西通志》，清文渊阁《四库全书》本。

[清]厉式金：《（民国）香山县志续编》，刊本，民国十二年。

[清]李卫、嵇曾筠：《（雍正）浙江通志》，清文渊阁《四库全书》本。

[清]李拔：《（乾隆）福宁府志》，重刻本，光绪六年。

[清]穆彰阿：《（嘉庆）大清一统志》，《四部丛刊》续编景旧钞本。

[清]阮元：《广东通志》，上海：商务印书馆，1934年。

[清]田明曜修、陈澧等纂：《（同治）香山县志》，刊本，同治十二年。

[清]邵咏、崔翼周：《（道光）电白县志》，刊本，道光六年。

［清］王崇熙：《（嘉庆）新安县志》，刊本，嘉庆廿四年。

［清］徐宗亮：《（光绪）重修天津府志》，刻本，光绪二十五年。

［清］印光任、张汝霖：《（乾隆）澳门纪略》，澳门：澳门文化司署，1992 年。

［清］张陈典等：《（乾隆）嘉定县志》，刊本，乾隆七年。

［清］张景祁修，黄锦灿等纂：《（光绪）福安县志》，刻本，光绪十年。

［清］祝淮、黄培芳：《（道光）香山县志》，刊本，道光七年。

包遵彭等编：《中国近代史论丛》第 1 辑，台北：正中书局，1979 年。

陈垣：《陈垣学术论文集》第一集，北京：中华书局，1980 年。

福建社会科学院历史研究所编：《林则徐与鸦片战争研究论文集》，福州：福建人民出版社，1985 年。

沈鹏、张品兴等主编：《梁启超全集》，北京：北京出版社，1999 年。

顾廷龙、戴逸主编：《李鸿章全集》，合肥：安徽教育出版社，2008 年。

姜义华、张荣华编校：《康有为全集》，北京：中国人民大学出版社，2007 年。

林则徐全集编辑委员会：《林则徐全集》，福州：海峡文艺出版社，2002 年。

梁方仲：《梁方仲经济史论文选》，北京：中华书局，1989 年。

列岛编：《鸦片战争史论文专集》，北京：人民出版社，1990 年。

欧初、王贵忱主编：《屈大均全集》，北京：人民文学出版社，1996 年。

全汉昇：《中国经济史论丛》，北京：中华书局，2012 年。

日本渥美国际交流财团关口全球研究会：《日本·中国·韩国国史对话的可能性——第 4 次圆桌会议论文集》，东京：日本渥美国际交流财团关口全球研究会出刊，2020 年。

田汝康：《中国帆船贸易与对外关系史论集》，杭州：浙江人民出版社，1987 年。

王栻编：《严复集》，北京：中华书局，1986 年。

王国维：《王国维学术经典集》，南昌：江西人民出版社，1997 年。

王宏志主编：《翻译史研究》，上海：复旦大学出版社，2011 年。

汪叔子等编：《陈宝箴集》，北京：中华书局，2003 年。

吴剑雄主编：《中国海洋发展史论文集》第四辑，台北："中研院"中山人文社会科学研究所，1991 年。

杨伯峻：《列子集释》，北京：中华书局，1979 年。

杨共乐、张昭军主编：《柳诒徵文集》，北京：商务印书馆，2018 年。

苑书义、孙华峰、李秉新主编：《张之洞全集》，石家庄：河北人民出版社，1998 年。

周质平编：《胡适早年文存》，台湾：远流出版公司，1995 年。

中国社会科学院近代史研究所、广东省社会科学院历史研究所、中山大学历史系编：《孙中山全集》，北京：中华书局，1981 年。

郑成功研究学术讨论会学术编：《台湾郑成功研究论文选》，台湾：1982 年。

五　中文论著

曹永和：《台湾早期历史研究续集》，台北：联经出版事业有限公司，2000 年。

陈重民：《中国进口贸易》，上海：商务印书馆，1934 年。

陈佳荣、朱鉴秋：《中国历代海路针经》，广州：广东科技出版社，2016 年。

陈其田：《山西票庄考略》，上海：1937 年。

陈文华：《中国古代农业科技史图谱》，北京：农业出版社，1991 年。

陈孔立主编：《台湾历史纲要》，台北：人间出版社，1996 年。

陈东有：《走向海洋贸易带——近代世界市场互动中的中国东南商人行为》，南昌：江西高校出版社，1998 年。

陈福康：《中国译学史》，上海：上海人民出版社，2010 年。

陈慈玉：《近代中国茶业之发展》，北京：中国人民大学出版社，2013 年。

蔡鸿生主编：《广州与海洋文明》，广州：中山大学出版社，1997 年。

崔维孝：《明清之际西班牙方济会在华传教研究（1579—1732）》，北京：

中华书局，2006 年。

戴裔煊、钟国豪：《澳门历史纲要》，北京：知识出版社，1999 年。

丁守和主编：《辛亥革命时期期刊介绍》，北京：人民出版社，1987 年。

邓开颂、吴志良、陆晓敏主编：《粤澳关系史》，北京：中国书店，
　　1999 年。

杜文凯：《清代西人见闻录》，北京：中国人民大学出版社，1985 年。

方豪：《中国天主教史人物传》，北京：宗教文化出版社，2007 年。

方豪：《中西交通史》，上海：上海人民出版社，2008 年。

方显廷：《中国之棉纺织业》，北京：商务印书馆，2011 年。

冯自由：《华侨革命开国史》，上海：商务印书馆，1946 年。

冯承钧：《中国南洋交通史》，北京：商务印书馆，1998 年。

费成康：《澳门四百年》，上海：上海人民出版社，1988 年。

复旦大学历史系《沙俄侵华史》编写组：《沙俄侵华史》，上海：上海人民
　　出版社，1975 年。

付成双：《动物改变世界：海狸、毛皮贸易与北美开发》，北京：北京大学
　　出版社，2016 年。

高育仁、劭恩新等主修，郭嘉雄编纂：《重修台湾省通志·政治志·外事
　　篇》，台北：台湾省文献委员会，1998 年。

高翔：《近代的初曙：18 世纪中国观念变迁与社会发展》，北京：社会科学
　　文献出版社，2000 年。

高智瑜、马爱德编：《栅栏：北京最古老的天主教墓地》，澳门：澳门特别
　　行政区文化局、美国旧金山大学利玛窦研究所，2001 年。

顾卫民：《中国与罗马教廷关系史略》，北京：东方出版社，2000 年。

顾卫民：《中国天主教编年史》，上海：上海书店出版社，2003 年。

郭卫东：《中土基督》，昆明：云南人民出版社，2001 年。

郭卫东：《转折：以早期中英关系和"南京条约"为考察中心》，石家庄：
　　河北人民出版社，2003 年。

郭德焱：《清代广州的巴斯商人》，北京：中华书局，2005 年。

龚缨晏：《鸦片的传播与对华鸦片贸易》，北京：东方出版社，1999 年。

黄浚：《花随人圣庵摭忆》，上海：上海古籍出版社，1983年。

黄鸿钊：《澳门史》，福州：福建人民出版社，1999年。

黄国盛：《鸦片战争前的东南四省海关》，福州：福建人民出版社，2000年。

黄时鉴、龚缨晏：《利玛窦世界地图研究》，上海：上海古籍出版社，2006年。

黄一农：《两头蛇——明末清初的第一代天主教徒》，上海：上海古籍出版社，2006年。

衡志义主编：《中华学人论稿·清代直隶总督研究》，北京：中国文联出版社，1999年。

何炳贤：《中国的国际贸易》，上海：商务印书馆，1937年。

何芳川主编：《中外文化交流史》，北京：国际文化出版公司，2008年。

吉辰：《昂贵的和平——中日马关议和研究》，北京：生活·读书·新知三联书店，2014年。

金国宝：《中国棉业问题》，上海：商务印书馆，1926年。

金应熙主编：《菲律宾史》，开封：河南大学出版社，1990年。

江树生译，黄永松发行：《郑成功与荷兰人的缔和条约，1662》，台北：汉声杂志社，1992年。

蒋竹山：《人参帝国：清代人参的生产、消费与医疗》，杭州：浙江大学出版社，2015年。

姜芃主编：《加拿大文明》，北京：中国社会科学出版社，2001年。

康有为：《康有为自编年谱》（外二种），北京：中华书局，1992年。

李言恭、郝杰：《日本考》，北京：中华书局，1983年。

李浩培：《条约法概论》，北京：法律出版社，1987年。

李金明：《明代海外贸易史》，北京：中国社会科学出版社，1990年。

李中清、郭松义主编：《清代皇族人口行为和社会环境》，北京：北京大学出版社，1994年。

李定一：《中美早期外交史》，北京：北京大学出版社，1997年。

李孝悌：《清末的下层社会启蒙运动：1901—1911》，石家庄：河北教育出版社，2001 年。

李伯重：《多视角看江南经济史（1250—1850）》，北京：生活·读书·新知三联书店，2003 年。

李庆新：《濒海之地：南海贸易与中外关系史研究》，北京：中华书局，2010 年。

林准祥：《银流票汇：中国早期银行业与香港》，香港：中国书局，2006 年。

刘淑兰：《英国产业革命史》，长春：吉林人民出版社，1982 年。

刘鉴唐、张力：《中英关系系年要录》第一卷，成都：四川省社会科学院出版社，1989 年。

刘永连：《近代广东对外丝绸贸易研究》，北京：中华书局，2006 年。

刘鸿亮：《中西火炮与英法联军侵华之役》，北京：科学出版社，2015 年。

林金水：《利玛窦与中国》，北京：中国社会科学出版社，1996 年。

梁敬镦：《在华领事裁判权论》，上海：商务印书馆，1931 年。

梁嘉彬：《广东十三行考》，上海：上海书店据国立编译馆 1937 年版影印。

梁家勉主编：《中国农业科学技术史稿》，北京：农业出版社，1989 年。

梁启超：《中国近三百年学术史》，夏晓虹、陆胤校，北京：商务印书馆，2011 年。

赖永祥、卜新贤、张美惠纂修：《台湾省通志稿·政事志·外事篇》，台北：台湾省政府，1960 年。

赖文、李永宸：《岭南瘟疫史》，广州：广东人民出版社，2004 年。

廖乐柏：《中国通商口岸：贸易与最早的条约港》，李筱译，上海：东方出版中心，2010 年。

罗玉东：《中国厘金史》，北京：商务印书馆，2010 年。

茅海建：《天朝的崩溃——鸦片战争再研究》，北京：生活·读书·新知三联书店，1995 年。

茅海建：《近代的尺度——两次鸦片战争军事与外交》，北京：生活·读书·新知三联书店，2011 年。

欧阳哲生：《古代北京与西方文明》，北京：北京大学出版社，2018 年。

彭泽益：《十九世纪后半期的中国财政与经济》，北京：人民出版社，1983 年。

彭波、施诚：《千年贸易战争史：贸易冲突与大国兴衰》，北京：中国人民大学出版社，2021 年。

上海市工商行政管理局、上海市纺织品公司棉布商业史料组编：《上海市棉布商业》，北京：中华书局，1979 年。

唐启宇：《中国作物栽培史稿》，北京：农业出版社，1986 年。

吴昆吾：《条约论》，上海：商务印书馆，1931 年。

吴建雍：《18 世纪的中国与世界》（对外关系卷），沈阳：辽海出版社，1999 年。

吴志良：《澳门政治发展史》，上海：上海社会科学院出版社，1999 年。

吴义雄：《条约口岸体制的酝酿——19 世纪 30 年代中英关系研究》，北京：中华书局，2009 年。

吴虬：《北洋派之起源及其崩溃》，北京：中华书局，2007 年。

武汉市地方志编纂委员会主编：《武汉市志·教育志》，武汉：武汉大学出版社，1991 年。

万鄂湘：《国际条约法》，武汉：武汉大学出版社，1998 年。

万明：《中葡早期关系史》，北京：社会科学文献出版社，2001 年。

王纪元：《不平等条约史》，上海：亚细亚书局，1935 年。

王翔：《近代中国传统丝绸业转型研究》，天津：南开大学出版社，2005 年。

王巨新：《清朝前期涉外法律研究》，北京，人民出版社，2012 年。

王尔敏：《晚清商约外交》，北京：中华书局，2009 年。

汪敬虞：《十九世纪西方资本主义对中国的经济侵略》，北京：人民出版社，1983 年。

魏聚贤：《山西票号史》，重庆：1944 年。

魏建猷《中国近代货币史》，上海：群联出版社，1955 年。

许涤新、吴承明主编：《中国资本主义发展史》，北京：人民出版社，2003 年。

徐新吾主编：《江南土布史》，上海：上海社会科学院出版社，1992 年。

冼维逊：《鼠疫流行史》，广州：广东省卫生防疫站，1989 年印本。

萧致治、杨卫东：《鸦片战争前中西关系纪事（1517—1840）》，武汉：湖北人民出版社，1986 年。

献可编著：《近百年来帝国主义在华银行发行纸币概况》，上海：上海人民出版社，1958 年。

严中平：《中国棉纺织史稿》，北京：科学出版社，1963 年。

严中平等编：《中国近代经济史统计资料选辑》，北京：中国社会科学出版社，2012 年。

阎步克：《士大夫政治演生史稿》，北京：北京大学出版社，1996 年。

杨端六：《清代货币金融史稿》，北京：生活·读书·新知三联书店，1962 年。

杨彦杰：《荷据时代台湾史》，台北：联经出版事业有限公司，2000 年。

杨天宏：《口岸开放与社会变革——近代中国自开商埠研究》，北京：中华书局，2002 年。

余绳武、刘存宽主编：《十九世纪的香港》，北京：中华书局，1994 年。

余新忠等：《瘟疫下的社会拯救：中国近世重大疫情与社会反应研究》，北京：中国书店，2004 年。

云南省钱币研究会、广西钱币学会编：《越南历史货币》，北京：中国金融出版社，1993 年。

周景廉：《中葡外交史》，北京：商务印书馆，1961 年。

自然科学史所编：《中国古代科技成就》，北京：中国青年出版社，1978 年。

钟宝贤：《太古之道——太古在华一百五十年》，香港：生活·读书·新知三联书店（香港）有限公司，2016 年。

张家骧：《中华币制史》，北平：民国大学，1936 年。

张雁深：《中法外交关系史考》，史哲研究社，1950 年。

张焘：《津门杂记》，天津：天津古籍出版社，1986 年。

张仲礼：《近代上海城市研究》，上海：上海人民出版社，1990 年。

张一麐：《古红梅阁笔记》，上海：上海书店出版社，1998 年。

张铠：《中国与西班牙关系史》，郑州：大象出版社，2003 年。

张廷茂：《明清时期澳门海上贸易史》，澳门：澳亚周刊出版有限公司，2004年。

张先清：《官府、宗族与天主教——17—19世纪福安乡村教会的历史叙事》，北京：中华书局，2009年。

章友江：《对外贸易政策》，上海：上海书店据正中书局1947年版影印。

章鸿钊：《石雅》，上海：上海书店影印本，1990年。

赵冈、陈钟毅：《中国棉业史》，台北：联经出版事业有限公司，1977年。

朱玉麒：《瀚海零缣：西域文献研究一集》，北京：中华书局，2019年。

六　中文译著

[阿拉伯] 苏莱曼等：《中国印度见闻录》，穆根来等译，北京：中华书局，1983年。

[澳] 安东尼·瑞德：《东南亚的贸易时代：1450—1680》，孙来尘、李塔娜、吴小安译，北京：商务印书馆，2013年。

[澳] 杰克·特纳：《香料传奇：一部由诱惑衍生的历史》，周子平译，北京：生活·读书·新知三联书店，2015年。

[比利时] 高华士：《清初耶稣会士鲁日满——常熟账本及灵修笔记研究》，赵殿红译，郑州：大象出版社，2007年。

[德] 伯恩特·卡尔格-德克尔：《医药文化史》，姚燕、周惠译，北京：生活·读书·新知三联书店，2004年。

[德] 恩格斯：《反杜林论》，中央编译局译，北京：人民出版社，1974年。

[德] 贡德·弗兰克：《白银资本——重视经济全球化的东方》，刘北成译，北京：中央编译出版社，2000年。

[德] 郎宓榭、阿梅龙、顾有信：《新词语新概念：西学译介与晚清汉语词汇之变迁》，赵兴胜等译，济南：山东画报出版社，2012年。

[德] 马克思、恩格斯：《马克思恩格斯选集》，中共中央马克思恩格斯列宁斯大林著作编译局译，北京：人民出版社，1972年。

[德] 马克思：《资本论》，中央编译局译，北京：人民出版社，1975年。

[德] 奥古斯特·勒施：《经济空间秩序——经济财货与地理间的关系》，

王守礼译，北京：商务印书馆，2010 年。

[俄] 尼古拉·班蒂什 – 卡缅斯基：《俄中两国外交文献汇编（1619—1792）》，中国人民大学俄语教研室译，北京：商务印书馆，1982 年。

[法] A. 施阿兰：《使华记（1893—1897）》，袁传璋、郑永慧译，北京：商务印书馆，1989 年。

[法] 布罗代尔：《十五至十八世纪的物质文明、经济和资本主义》，顾良、施康强译，北京：生活·读书·新知三联书店，1992—1993 年。

[法] 保尔·芒图：《十八世纪产业革命：英国近代大工业初期的概况》，杨人楩、陈希秦、吴绪译，北京：商务印书馆，1983 年。

[法] 让·蒂拉尔：《拿破仑时代法国人的生活》，房一丁译，上海：上海人民出版社，2007 年。

[法] 杜赫德编：《耶稣会士中国书简集》，耿昇、郑德弟译，郑州：大象出版社，2001—2005 年。

[法] 费赖之：《在华耶稣会士列传及书目》，冯承钧译，北京：中华书局，1995 年。

[法] 费尔南·布罗代尔：《菲利普二世时代的地中海和地中海世界》，唐家龙、曾培耿等译，北京：商务印书馆，1998 年。

[法] 罗贝尔·福西耶：《中世纪劳动史》，陈青瑶译，上海：上海人民出版社，2007 年。

[法] 李明：《中国近事报道（1687—1692）》，郭强等译，郑州：大象出版社，2004 年。

[法] 老尼克：《开放的中华——一个番鬼在大清国》，钱林森、蔡宏宁译，济南：山东画报出版社，2004 年。

[法] 裴化行：《天主教十六世纪在华传教志》，萧浚华译，上海：商务印书馆，1936 年。

[法] 佩雷菲特：《停滞的帝国：两个世界的撞击》，王国卿等译，北京：生活·读书·新知三联书店，2013 年。

[法] 史式徽：《江南传教史》第一卷，天主教上海教区史料译写组译，上海：上海译文出版社，1983 年。

［法］卫青心：《法国对华传教政策》，黄庆华译，北京：中国社会科学出版社，1991年。

［法］雅克·阿达：《经济全球化》，何竟、周晓幸译，北京：中央编译出版社，2000年。

［法］雅克·勒夫隆：《凡尔赛宫的生活（17~18世纪）》，王殿忠译，济南：山东画报出版社，2005年。

［荷］包乐史：《中荷交往史》，庄国土、程绍刚译，香港：路口店出版社，1989年。

［加拿大］葛松：《李泰国与中英关系》，中国海关史研究中心译，厦门：厦门大学出版社，1991年。

［葡］安文思：《中国新史》，何高济、李申译，郑州：大象出版社，2004年。

［葡］费尔南·门德斯·平托等：《葡萄牙人在华见闻录》，王锁英译，海口：海南出版社，1998年。

［葡］费尔南·门德斯·平托：《远游记》，金国平译，澳门：1999年。

［葡］萨安东：《葡萄牙在华外交政策》，金国平译，澳门：葡中关系研究中心、澳门基金会，1997年。

［葡］施白蒂：《澳门编年史》，小雨译，澳门：澳门基金会，1992年。

［葡］施白蒂：《澳门编年史》（十九世纪），姚京明译，澳门：澳门基金会，1998年。

［美］爱德华·V.吉利克：《伯驾与中国的开放》，董少新译，桂林：广西师范大学出版社，2008年。

［美］埃里克·杰·多林：《美国和中国最初的相遇——航海时代奇异的中美关系史》，朱颖译，北京：社会科学文献出版社，2014年。

［美］保罗·肯尼迪：《大国的兴衰》，王保存、陈景彪译，北京：求实出版社，1988年。

［美］卜凯：《中国农家经济》，张履鸾译，太原：山西人民出版社，2015年。

［美］芭芭拉·麦卡夫、汤玛斯·麦卡夫：《剑桥印度简史》，陈琦郁译，

台北：左岸文化出版，2005 年。

[美] 泰勒·丹涅特：《美国人在东亚》，姚曾廙译，北京：商务印书馆，1962 年。

[美] 费正清主编：《剑桥中国晚清史》，中国社会科学院历史研究所编译室译，北京：中国社会科学出版社，1993 年。

[美] 耿爱德：《中国货币论》，蔡受百译，上海：商务印书馆，1929 年。

[美] 亨特：《旧中国杂记》，沈正邦译，广州：广东人民出版社，2000 年。

[美] 郝延平：《中国近代商业革命》，陈潮、陈任译，上海：上海人民出版社，1991 年。

[美] 何天爵：《真正的中国佬》，鞠方安译，北京：光明日报出版社，1998 年。

[美] 何伟亚：《英国的课业：19 世纪中国的帝国主义教程》，刘天路、邓红风译，北京：社会科学文献出版社，2007 年。

[美] 韩德：《中美特殊关系的形成——1914 年前的美国与中国》，项立岭、林勇军译，上海：复旦大学出版社，1993 年。

[美] 昆西：《山茂召少校日记及其生平：美国第一任驻广州领事》，褚艳红译，桂林：广西师范大学出版社，2015 年。

[美] 赖德烈：《早期中美关系史（1784—1844）》，陈郁译，北京：商务印书馆，1964 年。

[美] 龙多·卡梅伦、拉里·尼尔：《世界经济简史：从旧石器时代到 20 世纪末》，潘宁等译，上海：上海译文出版社，2009 年。

[美] 罗伯特·金·默顿：《十七世纪英格兰的科学、技术与社会》，范岱年等译，北京：商务印书馆，2000 年。

[美] 李明珠：《中国近代蚕丝业及外销（1842~1937）》，徐秀丽译，上海：上海社会科学院出版社，1996 年。

[美] 尼克·邦克：《大英帝国的崩溃与美国的诞生》，银凡译，北京：民主与建设出版社，2017 年。

[美] 马士：《中华帝国对外关系史》，张汇文、姚曾廙、杨志信、马伯煌、伍丹戈译，北京：商务印书馆，1963 年。

[美]马士：《东印度公司对华贸易编年史（1635—1834年）》，区宗华译，广州：中山大学出版社，1991年。

[美]马士、宓亨利：《远东国际关系史》，姚曾廙等译，上海：上海书店出版社，1998年。

[美]梅维恒、[瑞典]郝也麟：《茶的世界史》，高文海译，香港：商务印书馆有限公司，2013年。

[美]彭慕兰：《大分流：欧洲、中国及现代世界经济的发展》，史建云译，南京：江苏人民出版社，2003年。

[美]彭慕兰、史蒂文·托皮克：《贸易打造的世界——1400年至今的社会、文化与世界经济》，黄中宪、吴莉苇译，上海：上海人民出版社，2017年。

[美]桑贾伊·苏拉马尼亚姆：《葡萄牙帝国在亚洲——1500—1700年政治和经济史》，何吉贤译，澳门：纪念葡萄牙发现事业澳门地区委员会，1997年。

[美]斯塔夫里阿诺斯：《全球通史——1500年以后的世界》，吴象婴、梁赤民译，上海：上海社会科学院出版社，1992年。

[美]斯温·贝克特：《棉花帝国：资本主义全球化的过去与未来》，林添贵译，台北：远见天下文化出版股份有限公司，2017年。

[美]施坚雅主编：《中华帝国晚期的城市》，叶光庭等译，北京：中华书局，2000年。

[美]泰勒·丹涅特：《美国人在东亚》，姚曾廙译，北京：商务印书馆，1959年。

[美]唐纳德·F.拉赫：《欧洲形成中的亚洲》第一卷《发现的世纪》第一册（上），周宁总校译，北京：人民出版社，2013年。

[美]王国斌：《转变的中国：历史变迁及欧洲经验的局限》，李伯重、连玲玲译，南京：江苏人民出版社，2010年。

[美]卫三畏：《中国总论》，陈俱译，上海：上海古籍出版社，2014年。

[美]威廉·伯恩斯坦：《茶叶·石油·WTO：贸易改变世界》，李晖译，海口：海南出版社，2010年。

[美]魏斐德：《大门口的陌生人：1839—1861年间华南的社会动乱》，王小荷译，北京：中国社会科学出版社，1988年。

[美]雅克·当斯：《黄金圈住地——广州的美国商人群体与美国对华政策的形成，1784～1844》，周湘、江滢河译，广州：南方出版传媒、广东人民出版社，2015年。

[美]伊曼纽尔·沃勒斯坦：《现代世界体系》，庞卓恒等译，北京：高等教育出版社，2000年。

[美]张馨保：《林钦差与鸦片战争》，徐梅芬、刘亚猛、许罗迈、萧致治、叶大波译，福州：福建人民出版社，1989年。

[日]滨下武志：《中国、东亚与全球经济：区域和历史的视角》，王玉茹、赵劲松、张玮译，北京：社会科学文献出版社，2009年。

[日]木宫泰彦：《中日交通史》，陈捷译，北京：商务印书馆，1931年。

[日]内藤湖南、青木正儿：《两个日本汉学家的中国纪行》，王青译，北京：光明日报出版社，1999年。

[日]内山完造：《上海下海：上海生活35年》，杨晓钟等译，西安：陕西人民出版社，2012年。

[日]松浦章：《清代海外贸易史研究》，李小林译，天津：天津人民出版社，2016年。

[日]森时彦：《中国近代棉纺织业史研究》，袁广泉译，北京：社会科学文献出版社，2010年。

[瑞典]龙思泰：《早期澳门史》，吴义雄、郭德焱、沈正邦译，北京：东方出版社，1997年。

[苏联]罗曼诺夫：《帝俄侵略满洲史》，民耿译，上海：商务印书馆，1937年。

[苏联]苏联科学院远东研究所等编：《十七世纪俄中关系》，黑龙江大学俄语系翻译组、黑龙江省哲学社会科学研究所第三室合译，北京：商务印书馆，1975年。

[西班牙]萨尔瓦多·德·马达里亚加：《哥伦布评传》，朱伦译，北京：中国社会科学出版社，1991年。

[新西兰] M. N. 皮尔森：《新编剑桥印度史：葡萄牙人在印度》，邰菊译，
　　昆明：云南人民出版社，2014 年。

[意] 艾儒略：《职方外纪》，谢方校释，北京：中华书局，2000 年。

[意] 卡洛.M.奇波拉主编：《欧洲经济史》，徐璇、林尔蔚等译，北京：
　　商务印书馆，1989 年。

[意] 利玛窦、[法] 金尼阁：《利玛窦中国札记》，何高济、王遵仲、李申
　　译，北京：中华书局，1983 年。

[意] 利玛窦：《耶稣会与天主教进入中国史》，文铮译，北京：商务印书
　　馆，2014 年。

[意] 马可波罗：《马可波罗行纪》，沙海昂注，冯承钧译，上海：上海古
　　籍出版社，2014 年。

[意] 乔吉奥·列略：《棉的全球史》，刘媺译，上海：上海人民出版社，
　　2018 年。

[英] 彼得·马赛厄斯、悉尼·波拉德主编：《剑桥欧洲经济史》第 8 卷，
　　王宏伟、钟和等译，北京：经济科学出版社，2004 年。

[英] 彼得·迪肯：《全球性转变——重塑 21 世纪的全球经济地图》，刘卫
　　东等译，北京：商务印书馆，2007 年。

[英] C. R. 博克舍：《十六世纪中国南部行纪》，何高济译，北京：中华书
　　局，1990 年。

[英] 崔瑞德、[美] 牟复礼主编：《剑桥中国明代史》下卷，杨品泉等译，
　　北京：中国社会科学出版社，2006 年。

[英] E. E. 里奇、C. H. 威尔逊主编：《剑桥欧洲经济史》第 4 卷，张锦冬、
　　钟和、晏波译，北京：经济科学出版社，2003 年。

[英] 额尔金、沃尔龙德：《额尔金书信和日记选》，汪洪章、陈以侃译，
　　上海：中西书局，2011 年。

[英] 弗兰克·韦尔什：《香港史》，王皖强、黄亚红译，北京：中央编译
　　出版社，2007 年。

[英] 格林堡：《鸦片战争前中英通商史》，康成译，北京：商务印书馆，
　　1961 年。

[英] M. M. 波斯坦等主编：《剑桥欧洲经济史》第 5 卷，王春发主译，北京：经济科学出版社，2002 年。

[英] H. J. 哈巴库克、M. M. 波斯坦等主编：《剑桥欧洲经济史》第 6 卷，王春发、张伟、赵海波译，北京：经济科学出版社，2002 年。

[英] 哈孟德夫妇：《近代工业的兴起》，韦国栋译，北京：商务印书馆，1960 年。

[英] 赫德逊：《欧洲与中国》，王遵仲、李申、张毅译，北京：中华书局，1995 年。

[英] 杰弗里·巴勒克拉夫主编：《泰晤士世界历史地图集》，毛昭晰等译，北京：生活·读书·新知三联书店，1982 年。

[英] 杰克·古迪：《金属，文化与资本主义：论现代世界的起源》，李文锋译，杭州：浙江大学出版社，2018 年。

[英] 莱特：《中国关税沿革史》，姚曾廙译，北京：商务印书馆，1963 年。

[英] 莱斯利·贝瑟尔主编：《剑桥拉丁美洲史》，胡毓鼎等译，北京：经济管理出版社，1995 年。

[英] 罗伯特·福琼：《两访中国茶乡》，敖雪岗译，南京：江苏人民出版社，2015 年。

[英] 马歇尔：《货币、信用与商业》，叶元龙、郭家麟译，北京：商务印书馆，1997 年。

[英] M. M. 波斯坦、爱德华·米勒主编：《剑桥欧洲经济史》第 2 卷，钟和、张四齐、晏波、张金秀译，北京：经济科学出版社，2004 年。

[英] 斯坦利·莱恩-普尔、弗雷德里克·维克多·狄更斯：《巴夏礼在中国》，金莹译，桂林：广西师范大学出版社，2008 年。

[英] W. H. B. Court：《英国近代经济史》，周宪文译，台北：中华书局，1971 年。

[英] 亚·沃尔夫：《十八世纪科学、技术和哲学史》，周昌忠等译，北京：商务印书馆，1991 年。

[英] 亚·沃尔夫：《十六、十七世纪科学、技术和哲学史》，周昌忠、苗以顺、毛荣运、傅学恒、朱水林译，北京：商务印书馆，1997 年。

[英]亚当·斯密：《国富论》第2册，谢宗林译，北京：中央编译出版社，2010年。

[英]亚当·斯密：《国民财富的性质和原因研究》，郭大力、王亚南译，北京：商务印书馆，1972年。

[英]伊懋可：《大象的退却：一部中国环境史》，梅雪芹、毛利霞、王玉山译，南京：江苏人民出版社，2014年。

程绍刚编：《荷兰人在福尔摩莎》，程绍刚译注，台北：联经出版事业有限公司，2000年。

曹天生主编：《19世纪中叶俄罗斯驻北京布道团人员关于中国问题的论著》，张琨等译，北京：中华书局，2004年。

方显廷：《方显廷回忆录》，方露茜译，北京：商务印书馆，2001年。

金国平编：《西方澳门史料选萃（15—16世纪）》，金国平译，广州：广东人民出版社，2005年。

广东省文史研究馆编：《鸦片战争史料选译》，广东省文史研究馆译，北京：中华书局，1983年。

李少军编：《晚清日本驻华领事报告编译》，李少军等译，北京：社会科学文献出版社，2016年。

李必樟译编：《上海近代贸易经济发展概况：1854—1898年英国驻上海领事贸易报告汇编》，李必樟译，上海：上海社会科学院出版社，1993年。

林满红：《银线：19世纪的世界与中国》，詹庆华、林满红等译，南京：江苏人民出版社，2011年。

刘俊文主编：《日本学者研究中国史论著选译》第一卷《通论》，黄约瑟译，北京：中华书局，1993年。

商务印书馆编：《中俄边界条约集（俄文汉译本）》，商务印书馆译，北京：商务印书馆，1973年。

田中正俊等著：《外国学者论鸦片战争与林则徐》，武汉大学历史系鸦片战争研究组等译，福州：福建人民出版社，1991年。

朱杰勤编：《中外关系史译丛》，朱杰勤译，北京：海洋出版社，1984 年。

七 外文著作：

Anon, *A Modern Sabbath, or a Sunday Ramble in and about the Cities of London and Westminister*, London: 1807.

A. Ljungstedt, *An Historical Sketch of the Portuguese Settlements in China, and of the Roman Catholic Church and Mission in China*, Boston: James Munroe & Co, 1836.

A. Michie, *The Englishman in China during the Victorian Era, as illustrated in the Career of Sir Rutherford Alcock*, London: 1900.

A. Lubbock, *The Opium Clippers*, Brown: Son & Ferguson, 1933.

A. S. Turberville, *Johnson's England*, London: Oxford University, 1952.

A. Coates, *Macao and the British 1637—1842,* Hong Kong: 1989.

Alexander Hamilton to George Washington, September 25,1795, in Henry Cabot Lodge ed., *The Works of Alexander Hamilton*, New York: The Knickerbocker press, no date.

Blakeslee, *China and the Far East*, New York：1856.

A. R. Boxer, *Fidalgos in the Far East, 1500-1770, Fact and Fancy in the History of Macao*, London: 1948.

Craik, George L., *History of Commerce*, London: 1844.

Chalmers, Sir Robert, *A History of Currency in the British Colonies*, London: Printed for HMSO, 1893.

C. A. Montalto de Jesus, *History Macao*, Hong Kong: 1902.

Charles Ralph Boxer, *Fidalgos in the Far East, 1550—1700: Fact and Fancy in the History of Macau*, The Hague: Martinus Nijhof, 1948.

Clements R. Markham ed., *Narratives of the Mission of George Bogle to Tibet and of the Journey of Thomas Manning to Lhasa*, New Delhi: ManJusRi Publishing House, 1971.

C. J. A. Jörg, *Porcelain and the Dutch China Trade*, The Hague: Martinus

Nijhoff, 1982.

C. Y. Hsu, *The Rise of Modern China*, Oxford University, 1995.

David Macpherson, *Annals of Commerce*, London: 1805.

David Macpherson, *The History of the European Commerce with India*, London: 1812.

Daniel W. Fisher, *Calvin Wilson Mateer: Forty-Five Years a Missionary in Shantung, China: a biography,* Philadelphia: the Westminster, 1911.

D. E. Owen, *British Opium Policy in China and India*, Yale University, 1934.

Derek Jarrett, *Britain 1688-1815*, London: 1965.

D. MacGillvray, *A Century of Protestant Missions in China (1807-1907)*, San Francisco: 1979.

Devaid Bulbeck, *Southeast Asian Exports since the 14th century, Cloves, Pepper, Coffee, and Sugar, Development in Asian Societies*, New York: Oxford University, 1985.

E. J. Eitel, *Europe in China, the History of Hong Kong from the Beginning to the Year 1882*, Hong Kong: Kelly & Walsh, L. D. Press, 1895.

E. H. Blair and J. A. Robertson, *The Philippine Islands 1493-1898,* Cleveland: 1903.

E. P. Thompson, *Customs in Common: Studies in Traditional Popular Culture*, New York: New Press, 1993.

Fong, H. D., *Cotton Industry and Trade in China*, Tientsin: 1932.

George L. Craik, *The History of Commerce*, London: 1844.

Georgiana Hill, *History of English Dress from the Saxon Period to the Present Day*, New York: 1893.

George Bryan Souza, *The Survival of Empire: Portuguese Trade and Society in China and the South China Sea, 1630-1754*, Cambridge University Press, 1986.

Guy Williams, *The Age of Agony: The Art of Healing, 1700-1800*, Academy Chicago Publishers, 1996.

Gary Hamilton, *Commerce and Capitalism in Chinese Societies*, London: Routledge, 2006.

Henry Yule, *A Narrative of the Mission Sent by the Governor-General of India to the Court of Ava in 1855*, London: 1858.

Hill, Georgiana, *History of English Dress from the Saxon Period to the Present Day*, New York: 1893.

H. B. Morse, *The International Trade and Administration of the Chinese Empire*, London: 1908.

H. B. Morse, *The Chronicles of the East India Company Trading to China 1635-1834*, Oxford University, 1926-1929.

Hakluyt Society, *The Travel of Peter Mundy*, Vol.3. London: Cambridge, 1919.

James Robinson, *History of British costume*, London: C.Knight, 1834.

Jonas Hanway, *An Essay on Tea*, London: 1756.

J. Hanway, *Letters on the Importance of the Rising Generation of the Labouring Part of Our Fellow-Subjects*, London: 1767.

John Entick, *A New and Accurate History and Survey of London, Westminster, South Wark and Other Places Adjacent*, London: 1776.

John Crawfurd, *Journal of An Embassy from the Governor-general of India to the Court of Ava, in the year 1827*, London: 1829.

John Adams to John Jay, *November 11,1785, in Charles Francis Adams ed., The Works of John Adams*, Boston: Little, Brown and Company, 1853.

J. V. A. MacMurray, *Treaties and Agreements with and concerning China 1894-1919*, Oxford University, 1921.

J. K. Fairbank, *Trade and Diplomacy on the China Coast*, Harvard University, 1953.

Jacob Cornelis van Leur, *Indonesian Trade and Society: Essays in Asian Social and Economic History,* Bandung: W. van Hoeve Ltd-The Hague, 1955.

J. Steven Watson, *The Reign of George lll 1760-1815*, London: Oxford University, 1960.

Jan Barrett Botsford, *English Society in the Eighteenth Century, As Influenced from Oversea*, New York: 1965.

J. Carswell, *From Revolution to Revolution: England 1688-1776*, London: Routledge & Kegan Paul, 1973.

J. K. Fairbank, *Trade and Diplomacy on the China Coast: The Opening of the Treaty Ports, 1842-1854*, Stanford University, 1969.

John E. Wills, Jr, *Pepper, Guns, and Parleys; the Dutch East India Company and China, 1622-1681*, Cambridge: Harvard University, 1974.

J. B. Eames, *The English in China*, London: 1974.

J. E. Wills, *Pepper, Guns and Parleys*, Harvard University, 1974.

J.N.Leonard, *Ancient America*, New York: 1967.

Jeremy Gregory and John Stevenson, *Britain in the Eighteenth Century, 1688-1820*, London and New York: 1999.

Kaempfer, *The History of Japan*, London: 1728.

Kristof Glamann, *Dutch-Asiatic Trade 1620-1740*, The Hague: 1958.

K. N. Chaudhuri, *The Trading World of Asia and English East India Company 1660-1760*, Cambridge University, 1978.

Kirstin Olsen, *Daily Life in 18th–Century England*, London: Baker & Taylor Books, 1999.

Leonard Blusse, *Strange Company, Chinese Settlers, Mestizo Women, and the Dutch in VOC Batavia*, Foris Publications, 1988.

Lewin B. Bowring, *Autobiographical Recollection of Sir John Bowring, with a brief memoir*, Cornell University, 1877.

Macpherson David, *The History of the European Commerce with India*, London: 1812.

Micheal Symes, *An Account of an Embassy to the Kingdom of Ava, Sent by the Governor-general of India, in the Year 1795*, London: 1831.

Montalto de Jesus, *Historic Macao*, Hong Kong: Oxford University, 1902.

M. E. Willbur, *The East India Company*, Stanford, 1945.

Marguerite Eyer Wilbur, *The India Company and the British Empire in the Far East*, New York: Richard R. Smith, 1945.

Michael Greenbery, *British Trade and the Opening of China 1800-1842*, Cambridge at the University, 1951.

M. A. P. Meilink-Roelofz, *Asian Trade and European Influence in the Indonisian Archipelago between 1500-1630*, The Hague: 1962.

Mui Hoh-Cheung, and Mui H.Lorna, *Shops and Shopkeeping in Eighteenth Century England*, Kingston: McGih-Queen's Univerdity, 1989.

P. Martin, *A Cycle of Cathay*, P. H. Revell Co, 1897.

Porter Roy, *English Society in the Eighteenth Century*, New York: Penguin USA, 1990.

R. H. Hilton, *The English Peasantry in the Later Middle age*, Oxford: Clarendon Press, 1974.

R. B. Schwartz, *Daily Life in Johnson's London*, University of Wisconsin, 1985.

R. Ptak. Portuguese Asia, *Aspects in History and Economic History*, Stuttgart, 1987.

Stanley F. Wright, *China's Struggle for Tariff Autonomy 1843-1938*, Shanghai: 1938.

Smollett, Tobias G., *The Expedition of Humphrey Clinker*, Penguin Classics, 1976.

Simpson Helen, *The London Ritz Book of Afternoon Tea: The Art and Pleasures of Taking Tea*, New York: Arbor House, 1986.

The Inspector General of Customs, China, *Treaties, Conventions, Etc. Between China and Foreign States*. Shanghai: 1908.

T. Volker, *Porcelain and the Dutch East India Company*, Leiden: E.J.Brill, 1954.

Treasure Department, "Operations of the Act of Laying Duties on Imports," in Henry Cabot Lodge ed., *The Works of Alexander Hamilton*, New York: The Knickerbocker press, no date.

William Milburn, *Oriental Commercial: Containing a Description of the*

Principal Places in the East India, China and Japan, etc., London: Black Parry & Co, 1813.

W. Speer, *The Oldest and the Newest Empire, China and the United States*, New York: 1877.

W. Forster, *The English Factories in India*, London: Oxford, 1919.

W. E. Soothill, *China and West*, London: 1925.

W. C. Costin, *Great Britain and China, 1833-1860*, London: Oxford, 1937.

W. A. T. Voiker, *Porcelain and the Dutch East India Company, as Recorded in the Dagh-Registers of Batavia Castle, Those of Hirado and Deshima and Other Contermporary Papers, 1602-1682*, Leiden: Brill, 1954.

V. Purcell, *The Chinese in South East Asia*, London: 1952.

八　报刊论文

《安徽史学》，2013、2015 年。

《北大史学》，1997、2003 年。

《北京大学学报（哲学社会科学版）》，2014 年。

《察哈尔实业杂志》，1926 年。

《大公报》天津版，1907—1930 年。

《大陆银行月刊》，1923 年。

《大众》，1944 年。

《大学时代》，2004 年。

《东西洋考每月统记传》，1833—1838 年。

《东方杂志》，1909—1935 年。

《福建时报》，1947 年。

《福建论坛》，2015、2019 年。

《国闻报》，1898 年。

《古今农业》，1988 年。

《工商部上海商品检验局丛刊》，1921 年。

《关声》，1934 年。

《广西金融研究》，2000 年。

《广东社会科学》，2013 年。

《光明日报》，1959 年。

《湖北商务报》，1899 年。

《进步日报》，1953 年。

《近代史资料》，1958 年。

《近代史研究》，1979、1997、1998、2014 年。

《警钟日报》，1904 年。

《教会新报》，1874 年。

《教育界》，1913 年。

《镜海丛报》，1894—1895 年。

《经济周刊》，1931 年。

《经济社会史评论》，2020 年。

《海交史研究》，1992 年。

《科学》，1960 年。

《鹭江报》，1903 年。

《历史教学》，1986 年。

《历史教学问题》，2005 年。

《历史研究》，1955、2004、2018、2019 年。

《历史地理》，2007 年。

《历史档案》，2008、2016、2019 年。

《辽宁大学学报（哲学社会科学版）》，2005 年。

《民众教育季刊》，1932 年。

《民众医药汇刊》，1934 年。

《农业考古》，2013 年。

《南强旬刊》，1938 年。

《南国学术》，2016、2019 年。

《秦汉研究》，2016 年。

《清史研究》，2015—2019 年。

《日本研究》，2018 年。

《人言月刊》，1934 年。

《人民日报》，1950 年。

《社会科学研究》，2021 年。

《史料旬刊》，1930—1931 年。

《史林》，2015 年。

《史学月刊》，2006 年。

《时报》，1908—1921 年。

《世界民族》，2006、2007 年。

《世界历史》，2013、2015 年。

《申报》，1872—1928 年。

《上海经济研究》，1987 年。

《首都博物馆论丛》，2015 年。

《商品新闻》，1948—1949 年。

《山西师大学报》，2021 年。

《生命》，1924 年。

《天府新论》，2014、2020 年。

《铁报》，1931 年。

《通俗教育报》，1913 年。

《通问报》，1918 年、1930 年。

《统计汇刊》，1930 年。

《唐大月刊》，1925 年。

《特产科学实验》，1987 年。

《文化杂志》，1987、1995、2002 年。

《万国公报》，1896—1897 年。

《学术月刊》，2015—2020 年。

《香山旬报》，1908 年。

《香港华商总会月刊》，1934 年。

《新闻报》，1922 年。

《新亚书院学术年刊》，1967 年。

《西北农学》，1963 年。

《西北工业大学学报（社会科学版）》，2020 年。

《小日报》，1947 年。

《银行月刊》，1922 年。

《银行杂志》，1924 年。

《银行周报》，1939 年。

《浙江师范大学学报（社会科学版）》，1986 年。

《浙江大学学报（人文社会科学版）》，2017 年。

《知新报》，1898 年。

《自然科学史研究》，1984、2013 年。

《自然辩证法通讯》，2017 年。

《中华国货月报》，1916 年。

《中医杂志》，1925 年。

《中国社会经济史研究》，1998 年。

《中国边疆史地研究》，1999 年。

《中国钱币》，2003 年。

《中国经济史研究》，2018 年。

《中国社会经济史研究》，1988 年。

《中国史研究》，2001、2020 年。

Chinese Repository, 1832-1851.

Businese History, 1965.

THE NORTH-CHINA HERALD, 1876-1895.

Research Studies of the State College of Washington, 1936.

The Yenching Journal of Social Studies, 1950.

Royal Asiatic Sociaty's Journal, 1938.

曹茜茜：《鸦片战争之前胡椒输华问题研究》，北京大学历史学系硕士论文，

2017 年。

刘军：《明清时期海上商品贸易研究（1368—1840）》，东北财经大学博士论文，2009 年。

苏载玓：《不通不宝：1840—1868 香港货币政策略述》，北京大学博士生未刊稿，2018 年。

王晓利：《西班牙比绍银币的流通与世界贸易的形成》，苏州科技学院硕士论文，2012 年。

周志明：《明清时期闽台多明我会关系研究》，福建师范大学硕士论文，2007 年。

郑南：《美洲原产作物的传入及其对中国社会影响问题的研究》，浙江大学博士论文，2009 年。